KB235747

命星

임 정 환 지음

◉ 구성 간지비법

◉ 구성실례(비법·비방) 공개

◉ 구기성(九氣星)으로 보는 년운(年運)

청학 출판사

삼합과 방합국

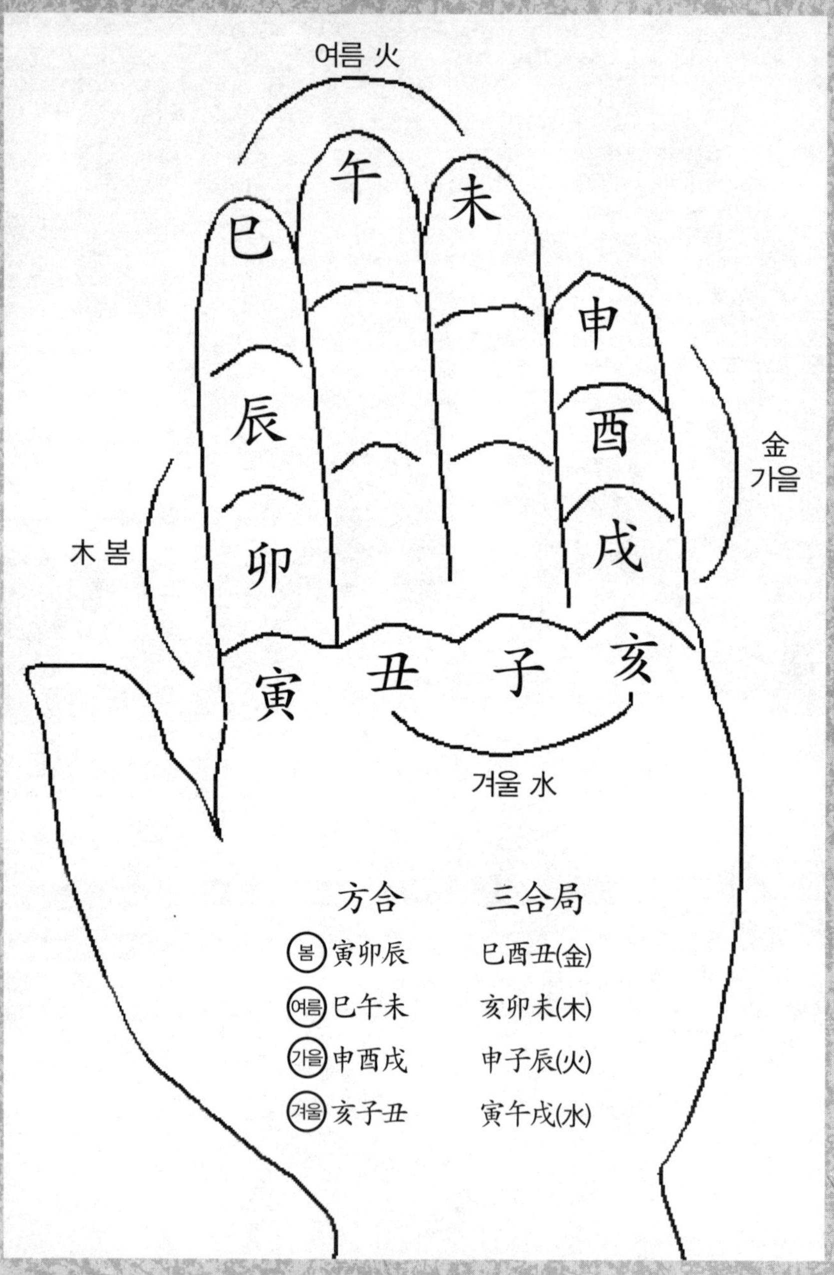

여름 火
午
未
巳
申
辰
酉
金
가을
木 봄
卯
戌
寅
丑
子
亥
겨울 水
方合
三合局
봄 寅卯辰
巳酉丑(金)
여름 巳午未
亥卯未(木)
가을 申酉戌
申子辰(火)
겨울 亥子丑
寅午戌(水)

比肩 · 劫財
양 甲 乙 음
寅 卯

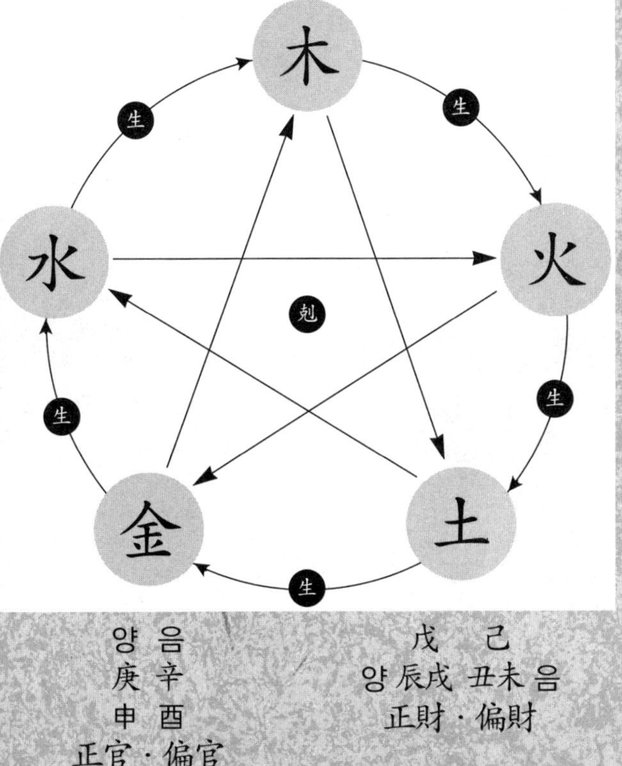

(印綬)
正印 · 偏印
양 음
壬 癸
子 亥

食神 · 傷官
양 음
丙 丁
午 巳

양 음
庚 辛
申 酉
正官 · 偏官

戊 己
양 辰戌 丑未 음
正財 · 偏財

머리말

자신自身을 살리고 죽이는 상생상극相生相剋
천중살天中殺, 간지비법干支秘法에 즈음하여!

우리가 살고 있는 웅대雄大한 지구地球 속에 살고 있는 자연自然 만물萬物은 어떠한 환경과 조건이 어떻든 하늘 속에 흐르는 공기空氣, 역易에서 말하는 '천간天干' 위력에서 이 세상 만물은 벗어날 수 없을 것이다.

하늘의 천후변화天候變化, 지구地球의 생태변화生態變化(지진地震 등), 극치의 차원 변화, 시대 흐름 따라 살아가는 환경과 조건, 분위기 변동 등등 우리가 살아가는 일상생활日常生活에 주는 영향은 말할 것도 없이 크다.

이러한 하늘의 자연기력自然氣力은 태어나는 인간人間의 시점時點(공기를 마시는 순간)부터 영향을 받게 되고 이러한 영향은 살아가는데 시시각각時時刻刻 시간의 흐름 따라 자연 순환 기류를 좌지우지 삶을 지배하게 된다.
전혀 알지 못한 사람과의 인연, 상호相互 떨어질 수 없는 인연, 사람과 사람의 만남으로서 행幸 또는 불행不幸, 파탄, 이러한 미묘하고도 불가사의不可思議한 일은 찾아볼 수 없을 것이다.

중국 4,000년의 영지결정英知結晶, 역경易經을 근거로 자신自身을 살리고 죽이는 상생상극相生相剋, 천간天干, 지지地支, 천중살天中殺, 공망空亡, 육성六星을 찾아 십이 년 주기十二年週期의 운기運氣를 알아낼 수 있다.

태어난 사람의 '생년월일' 간지로 그 사람의 숙명기력을 알아내고 감정을 의뢰하는 '일 · 시'의 간지 혼돈 사태를 살펴보고 현재 하고 있는 일(사업, 직업) 성패 사건, 재난, 병, 진로 상태를 찾아보는 점사占事이다.
기본원리는 오행간지五行干支로 천간天干 지지地支의 예비지식에 준하게 되지만 단순하고 소박한 원시적인 '점술' 응용법으로 적중률이 정확하다는 것이다.

간지干支로 보는 자식의 숙명, 밀어 닥쳐오는 악운을 대처해 나가는 개운요령, 간지 해석을 모르고서는 전혀 알 수 없는 만큼 '간지비법'을 안다는 것은 장래 앞을 내다본다는 뜻과 같다.

간지 해석법은 과학을 초월한 신비한 효율적인 목적이 있고 간지 해석법은 여러 가지 해석 차이 생기지만 해석자의 나름대로 타당성과 주장이 있다고 보지만 오행을 벗어난 해석은 있을 수 없다.
신비한 복술卜術, 올바른 해석, 합리적인 상식으로 응용하는 데 운명적인 진가가 나온다는 사실이다.

임정환

九기성 간지(干支) 영수 조견표(음력)

●음력 (1)의 편

1916년 ~ 1939년

음양	출생년도	간지	본명성 구기성별	1월	2월	3월	4월	5월	6월	7월	8월	9월	10월	11월	12월
⊕	1916년	丙辰	三벽목성	7	36	6	35	5	34	4	34	3	33	2	32
⊖	1917년	丁巳	二흑토성	1	31/0	29	59	28	58	28	57	27	57	26	56
⊕	1918년	戊午	一백수성	25	55	24	53	23	52	22	51	21	51	21	50
⊖	1919년	己未	九자화성	20	49	19	48	17	47	13/46	15	45	15	44	14
⊕	1920년	庚申	八백토성	44	13	43	12	41	11	40	9	39	9	38	8
⊖	1921년	辛酉	七적금성	38	8	37	7	36	5	35	4	33	3	32	2
⊕	1922년	壬戌	六백금성	32	2	31	1	31/0	29	59	28	57	27	56	26
⊖	1923년	癸亥	五황토성	56	25	55	25	54	24	53	23	52	22	51	20
⊕	1924년	甲子	四록목성	50	20	49	19	49	18	48	17	47	16	46	15
⊖	1925년	乙丑	三벽목성	44	14	43	13/43	12	42	11	41	11	40	10	39
⊕	1926년	丙寅	二흑토성	9	38	7	37	6	36	5	35	5	34	4	34
⊖	1927년	丁卯	一백수성	3	33	2	31	1	30	0	29	49	29	58	28
⊕	1928년	戊辰	九자화성	8	27/57	26	55	25	54	23	53	23	52	22	52
⊖	1929년	己巳	八백토성	22	51	21	50	19	49	18	47	17	46	16	46
⊕	1930년	丙午	七적금성	16	45	15	45	14	43/13	42	11	41	10	40	10
⊖	1931년	辛未	六백금성	39	9	39	9	38	7	37	6	35	5	34	4
⊕	1932년	壬申	五황토성	33	3	33	3	32	2	31	1	30	59	29	58
⊖	1933년	癸酉	四록목성	28	57	27	57	26/56	26	55	25	54	24	53	22
⊕	1934년	甲戌	三벽목성	52	21	51	20	50	20	49	19	49	18	48	17
⊖	1935년	乙亥	二흑토성	47	16	45	15	44	14	43	13	43	12	42	12
⊕	1936년	丙子	一백수성	41	11	40/9	39	8	38	7	37	6	36	6	36
⊖	1937년	丁丑	九자화성	5	35	4	33	3	32	1	31	0	30	0	30
⊕	1938년	戊寅	八백토성	59	29	59	28	57	27	56/25	55	24	54	24	53
⊖	1939년	己卯	七적금성	23	59	23	52	21	51	20	49	19	48	18	47

※ 월 / 윤달 (사선 밑의 숫자는 윤달임)

●음력 (2)의 편

1940년 ~ 1966년

음양	출생년도	간지	본명성 구기성별	1월	2월	3월	4월	5월	6월	7월	8월	9월	10월	11월	12월
⊕	1940년	庚辰	六백금성	17	47	17	46	16	45	15	44	13	43	12	42
⊖	1941년	辛巳	五황토성	11	41	11	40	10	40/9	39	8	37	7	36	6
⊕	1942년	壬午	四록목성	35	5	34	4	34	3	33	3	32	2	31	0
⊖	1943년	癸未	三벽목성	30	59	29	58	28	57	27	57	26	56	26	55
⊕	1944년	甲申	二흑토성	25	54	23	59/22	52	21	51	20	50	20	49	19
⊖	1945년	乙酉	一백수성	49	18	47	17	46	15	45	14	44	14	44	13
⊕	1946년	丙戌	九자화성	43	13	42	11	41	10	39	9	38	8	38	7
⊖	1947년	丁亥	八백토성	37	737	6	35	5	34	3	33	2	32	1	31
⊕	1948년	戊子	七적금성	1	31	0	30	59	29	58	27	57	26	56	25
⊖	1949년	己丑	六백금성	55	25	55	24	54	23	53/22	51	21	50	20	49
⊕	1950년	庚寅	五황토성	19	49	18	48	18	47	7	46	15	45	14	44
⊖	1951년	辛卯	四록목성	13	43	12	42	12	41	11	40	10	39	9	38
⊕	1952년	壬辰	三벽목성	8	37	7	36	63/5	5	35	4	34	3	33	2
⊖	1953년	癸巳	二흑토성	32	1	31	0	29	59	29	58	28	58	27	57
⊕	1954년	甲午	一백수성	27	56	25	55	24	53	23	52	22	52	21	51
⊖	1955년	乙未	九자화성	21	51	20/49	19	48	17	47	16	46	15	45	15
⊕	1956년	丙申	八백토성	45	14	44	13	43	12	41	11	40	10	39	9
⊖	1957년	丁酉	七적금성	39	9	38	8	37	7	36	5/35	4	34	3	33
⊕	1958년	戊戌	六백금성	3	32	2	32	1	31	0	29	59	28	58	27
⊖	1959년	己亥	五황토성	57	26	56	26	55	25	54	24	53	23	52	22
⊕	1960년	庚子	四록목성	51	21	50	20	49	19/49	18	48	17	47	16	46
⊖	1961년	辛丑	三벽목성	15	45	14	44	13	43	12	42	12	41	11	40
⊕	1962년	壬寅	二흑토성	10	39	9	38	7	37	6	36	6	35	5	35
⊖	1963년	癸卯	一백수성	4	34	3	33/2	31	1	30	0	29	59	29	59
⊕	1964년	甲辰	九자화성	28	58	27	57	26	55	25	54	24	53	23	53
⊖	1965년	乙巳	八백토성	23	52	22	51	21	50	19	49	18	47	17	49
⊕	1966년	丙午	七적금성	17	46	16/41	15	45	14	43	13	42	11	41	11

(사선 밑의 숫자는 윤달임)

●음력 (3)의 편

1967년 ~ 1993년

음양	출생년도	간지	본명성 구기성별	1월	2월	3월	4월	5월	6월	7월	8월	9월	10월	11월	12월
⊖	1967년	丁未	六백금성	40	10	40	9	37	9	38	7	37	6	36	5
⊕	1968년	戊申	五황토성	35	4	34	4	33	3	32/2	31	1	30	0	29
⊖	1969년	己酉	四록목성	59	28	58	27	57	26	56	26	55	25	54	24
⊕	1970년	庚戌	三벽목성	53	23	52	21	51	21	50	20	49	19	49	18
⊖	1971년	辛亥	二흑토성	48	17	47	16	45/15	44	14	43	13	43	13	12
⊕	1972년	壬子	一백수성	12	41	11	40	9	39	8	38	7	37	7	37
⊖	1973년	癸丑	九자화성	6	36	5	35	4	33	3	32	1	31	1	31
⊕	1974년	甲寅	八백토성	0	30	0	29/59	28	57	27	56	25	55	25	54
⊖	1975년	乙卯	七적금성	24	54	24	53	23	52	21	51	20	49	19	48
⊕	1976년	丙辰	六백금성	18	48	18	47	17	46	16	45/15	44	14	43	12
⊖	1977년	丁巳	五황토성	42	12	41	11	41	10	40	9	39	8	38	7
⊕	1978년	戊午	四록목성	36	6	39	5	35	4	34	4	33	3	32	2
⊖	1979년	己未	三벽목성	55	2	30	51	29	58/28	58	27	57	27	56	26
⊕	1980년	庚申	二흑토성	55	25	54	23	53	122	52	21	51	21	50	20
⊖	1981년	辛酉	一백수성	50	19	49	18	47	17	46	15	45	15	44	14
⊕	1982년	壬戌	九자화성	44	14	43	13/42	11	41	10	39	9	39	8	38
⊖	1983년	癸亥	八백토성	8	38	7	57	6	35	5	34	3	33	2	32
⊕	1984년	甲子	七적금성	2	32	1	31	1	30	59	29	58	27	57/26	56
⊖	1985년	乙丑	六백금성	26	55	25	55	24	54	23	53	22	51	21	50
⊕	1986년	丙寅	五황토성	20	49	19	49	18	48	18	47	17	46	16	45
⊖	1987년	丁卯	四록목성	14	44	13	43	13	42/12	41	11	41	10	40	9
⊕	1988년	戊辰	三벽목성	39	8	37	9	36	6	35	5	35	4	34	4
⊖	1989년	己巳	二흑토성	33	3	32	1	31	0	30	59	29	59	28	58
⊕	1990년	庚午	一백수성	28	57	27	56	25/55	24	53	23	53	22	52	22
⊖	1991년	辛未	九자화성	52	21	51	20	49	19	48	17	47	16	46	16
⊕	1992년	壬申	八백토성	46	15	45	15	44	13	43	12	41	11	40	10
⊖	1993년	癸酉	七적금성	40	9	39/9	38	8	37	7	36	5	35	4	34

(사선 밑의 숫자는 윤달임)

●음력 (4)의 편

1994년 ~ 2020년

음양	출생년도	간지	본명성 구기성별	1월	2월	3월	4월	5월	6월	7월	8월	9월	10월	11월	12월
⊕	1994년	甲戌	六백금성	3	33	3	33	2	32	1	31	0	29	59	28
⊖	1995년	乙亥	五황토성	58	27	57	27	56	26	56	25/56	24	54	23	52
⊕	1996년	丙子	四록목성	22	51	21	50	20	50	19	49	18	48	18	47
⊖	1997년	丁丑	三벽목성	17	46	15	45	14	44	13	43	13	42	12	42
⊕	1998년	戊寅	二흑토성	11	41	10	39	9/38	7	37	7	36	6	36	6
⊖	1999년	己卯	一백수성	35	5	34	3	33	2	31	1	30	0	30	0
⊕	2000년	丙辰	九자화성	29	59	29	58	27	57	26	55	25	54	24	54
⊖	2001년	辛巳	八백토성	23	53	23	53/22	51	31	50	19	49	18	48	17
⊕	2002년	壬午	七적금성	47	17	47	16	46	15	45	14	43	13	42	12
⊖	2003년	癸未	六백금성	41	11	41	10	40	10	39	9	38	7	37	6
⊕	2004년	甲申	五황토성	36	5/35	4	34	4	33	3	32	2	31	1	30
⊖	2005년	乙酉	四록목성	0	29	59	28	58	27	57	27	56	36	56	25
⊕	2006년	丙戌	三벽목성	55	24	53	23	52	22	51/21	50	20	50	19	49
⊖	2007년	丁亥	二흑토성	19	48	17	47	16	45	15	44	4	44	14	43
⊕	2008년	戊子	一백수성	13	43	12	53	23	40	9	39	8	38	8	37
⊖	2009년	己丑	九자화성	7	37	7	36	5/35	4	33	3	32	2	31	1
⊕	2010년	庚寅	八백토성	31	1	30	0	29	59	28	57	27	56	26	55
⊖	2011년	辛卯	七적금성	25	55	24	54	24	53	23	52	21	51	20	50
⊕	2012년	壬辰	六백금성	19	49	18/48	18	48	17	47	16	45	15	44	4
⊖	2013년	癸巳	五황토성	43	13	42	12	42	11	41	10	40	9	39	8
⊕	2014년	甲午	四록목성	38	7	37	6	36	5	35	4	39/4	33	3	32
⊖	2015년	乙未	三벽목성	2	31	1	30	59	29	58	28	58	28	57	21
⊕	2016년	丙申	二흑토성	57	26	55	25	54	23	53	22	52	22	51	21
⊖	2017년	丁酉	一백수성	51	21	50	19	49/18	47	17	46	16	45	15	45
⊕	2018년	戊戌	九자화성	15	44	14	43	13	42	11	41	10	40	9	39
⊖	2019년	己亥	八백토성	9	39	8	38	7	37	6	35	5	34	4	33
⊕	2020년	庚子	七적금성	3	33	2	32/2	43	1	30	59	29	58	28	57

(사선 밑의 숫자는 윤달임)

九기성 간지(干支) 영수 조견표(양력)

●양력 (1)의 편

1916년 ~ 1939년

음양	출생년도	간지	본명성 구기성별	1월	2월	3월	4월	5월	6월	7월	8월	9월	10월	11월	12월
⊕	1916년	丙辰	三벽목성	33	4	33	4	34	5	35	6	37	7	38	8
⊖	1917년	丁巳	二흑토성	39	10	38	9	39	10	40	11	42	12	43	13
⊕	1918년	戊午	一백수성	44	15	43	14	44	15	45	16	47	17	48	18
⊖	1919년	己未	九자화성	49	20	48	19	49	20	50	21	52	22	53	23
⊕	1920년	庚申	八백토성	54	25	54	25	55	26	56	27	58	28	59	29
⊖	1921년	辛酉	七적금성	0	31	59	30	0	31	1	32	3	33	4	34
⊕	1922년	壬戌	六백금성	5	36	4	35	5	36	6	37	8	38	9	39
⊖	1923년	癸亥	五황토성	10	41	9	40	10	41	11	42	13	43	14	44
⊕	1924년	甲子	四록목성	15	46	15	46	16	47	17	48	19	49	20	50
⊖	1925년	乙丑	三벽목성	21	52	20	51	21	52	22	53	24	54	25	55
⊕	1926년	丙寅	二흑토성	26	57	25	56	26	57	27	58	29	59	30	0
⊖	1927년	丁卯	一백수성	31	2	30	1	31	2	32	3	34	4	35	5
⊕	1928년	戊辰	九자화성	36	7	36	7	37	8	38	9	40	10	41	11
⊖	1929년	己巳	八백토성	42	13	42	12	42	13	43	14	45	15	46	16
⊕	1930년	丙午	七적금성	47	18	46	17	447	18	48	19	50	20	51	21
⊖	1931년	辛未	六백금성	52	23	51	22	52	23	53	24	55	25	56	26
⊕	1932년	壬申	五황토성	57	28	57	28	58	29	59	30	1	31	2	32
⊖	1933년	癸酉	四록목성	3	34	2	33	3	34	4	35	6	36	7	37
⊕	1934년	甲戌	三벽목성	8	39	7	8	8	39	9	40	11	41	12	42
⊖	1935년	乙亥	二흑토성	13	44	12	43	13	44	14	45	16	46	17	47
⊕	1936년	丙子	一백수성	18	49	18	49	19	50	20	51	22	52	23	53
⊖	1937년	丁丑	九자화성	24	55	23	54	24	55	25	56	27	57	28	58
⊕	1938년	戊寅	八백토성	29	0	28	59	29	0	30	1	32	2	33	3
⊖	1939년	己卯	七적금성	34	5	33	4	34	5	35	6	37	7	38	8

※ 월 ⧄ 윤달 (사선 밑의 숫자는 윤달임)

●양력 (2)의 편

1940년 ~ 1966년

음양	출생년도	간지	본명성 구기성별	1월	2월	3월	4월	5월	6월	7월	8월	9월	10월	11월	12월
⊕	1940년	庚辰	六백금성	39	10	39	10	40	11	41	12	43	13	44	14
⊖	1941년	辛巳	五황토성	45	16	44	15	45	16	46	17	48	18	49	19
⊕	1942년	壬午	四록목성	50	21	49	20	50	21	51	22	53	23	54	24
⊖	1943년	癸未	三벽목성	55	26	54	25	55	26	56	27	58	28	59	29
⊕	1944년	甲申	二흑토성	0	31	0	31	1	32	2	33	4	34	5	35
⊖	1945년	乙酉	一백수성	6	37	5	36	6	37	7	38	9	39	10	40
⊕	1946년	丙戌	九자화성	11	42	10	41	11	42	12	43	14	44	15	45
⊖	1947년	丁亥	八백토성	16	47	15	46	16	47	17	48	19	49	20	50
⊕	1948년	戊子	七적금성	21	52	21	52	22	53	23	54	25	55	26	56
⊖	1949년	己丑	六백금성	27	58	26	57	27	58	28	59	30	0	31	1
⊕	1950년	庚寅	五황토성	32	3	31	2	32	3	33	4	35	5	36	6
⊖	1951년	辛卯	四록목성	37	8	36	7	37	8	38	9	40	10	41	11
⊕	1952년	壬辰	三벽목성	42	13	42	13	43	14	44	15	46	16	47	7
⊖	1953년	癸巳	二흑토성	48	19	47	18	18	19	49	20	51	21	52	22
⊕	1954년	甲午	一백수성	53	24	52	23	53	24	54	25	56	26	57	27
⊖	1955년	乙未	九자화성	58	29	57	28	58	29	59	30	1	31	2	32
⊕	1956년	丙申	八백토성	3	34	3	34	4	35	5	36	7	37	8	38
⊖	1957년	丁酉	七적금성	9	40	8	39	9	40	10	41	12	42	13	43
⊕	1958년	戊戌	六백금성	14	45	13	44	14	45	15	46	17	47	18	48
⊖	1959년	己亥	五황토성	19	50	18	49	19	50	20	51	22	52	23	53
⊕	1960년	庚子	四록목성	24	55	24	55	25	56	26	57	28	58	29	59
⊖	1961년	辛丑	三벽목성	30	1	29	0	30	1	31	2	33	3	34	4
⊕	1962년	壬寅	二흑토성	35	6	34	5	35	6	36	7	38	8	39	9
⊖	1963년	癸卯	一백수성	40	11	39	10	40	11	41	12	43	13	44	14
⊕	1964년	甲辰	九자화성	45	16	45	16	46	17	47	18	49	19	50	20
⊖	1965년	乙巳	八백토성	51	22	50	21	51	22	52	23	54	24	55	25
⊕	1966년	丙午	七적금성	56	22	50	21	51	22	52	23	54	24	55	25

(사선 밑의 숫자는 윤달임)

●양력 (3)의 편

1967년 ~ 1993년

음양	출생년도	간지	본명성 구기성별	1월	2월	3월	4월	5월	6월	7월	8월	9월	10월	11월	12월
⊖	1967년	丁未	六백금성	1	32	0	31	1	32	2	33	4	34	5	35
⊕	1968년	戊申	五황토성	6	37	6	37	7	38	8	39	10	40	11	41
⊖	1969년	己酉	四록목성	12	43	11	42	12	43	13	44	15	45	16	46
⊕	1970년	庚戌	三벽목성	17	48	16	47	17	48	18	49	20	50	21	51
⊖	1971년	辛亥	二흑토성	22	53	21	52	22	53	23	54	25	55	26	56
⊕	1972년	壬子	一백수성	27	58	27	58	28	59	29	0	31	1	32	2
⊖	1973년	癸丑	九자화성	33	4	32	3	33	4	34	5	36	6	37	7
⊕	1974년	甲寅	八백토성	38	9	37	8	38	9	39	10	41	11	42	12
⊖	1975년	乙卯	七적금성	43	14	42	13	43	14	44	15	46	16	47	17
⊕	1976년	丙辰	六백금성	48	19	48	19	49	20	50	21	52	22	53	23
⊖	1977년	丁巳	五황토성	54	25	53	24	54	25	55	26	57	27	58	28
⊕	1978년	戊午	四록목성	59	30	58	29	59	30	0	31	2	32	3	33
⊖	1979년	己未	三벽목성	4	35	3	34	4	35	5	36	7	37	8	38
⊕	1980년	庚申	二흑토성	9	40	9	40	10	41	11	42	13	43	14	44
⊖	1981년	辛酉	一백수성	15	46	14	45	15	46	16	47	18	48	19	49
⊕	1982년	壬戌	九자화성	20	51	19	50	20	51	21	52	23	53	24	54
⊖	1983년	癸亥	八백토성	25	56	24	55	25	56	26	57	28	58	29	59
⊕	1984년	甲子	七적금성	30	1	30	1	31	2	32	3	34	4	35	5
⊖	1985년	乙丑	六백금성	36	7	35	6	36	7	37	8	39	9	40	10
⊕	1986년	丙寅	五황토성	41	12	40	11	41	12	42	13	44	14	45	15
⊖	1987년	丁卯	四록목성	46	17	45	16	46	17	47	18	49	19	50	20
⊕	1988년	戊辰	三벽목성	51	22	51	22	52	23	53	24	55	25	56	26
⊖	1989년	己巳	二흑토성	57	28	56	27	57	28	58	29	0	30	1	31
⊕	1990년	庚午	一백수성	2	33	1	32	2	33	3	34	5	35	6	36
⊖	1991년	辛未	九자화성	7	38	6	37	7	38	8	39	10	40	11	41
⊕	1992년	壬申	八백토성	12	473	12	43	13	44	14	45	16	46	17	47
⊖	1993년	癸酉	七적금성	18	49	17	48	18	49	19	50	21	51	22	52

(사선 밑의 숫자는 윤달임)

●양력 (4)의 편

1994년 ~ 2020년

음양	출생년도	간지	본명성 구기성별	1월	2월	3월	4월	5월	6월	7월	8월	9월	10월	11월	12월
⊕	1994년	甲戌	六백금성	23	54	22	53	23	54	24	55	26	56	27	57
⊖	1995년	乙亥	五황토성	28	59	27	58	28	59	29	0	31	1	32	2
⊕	1996년	丙子	四록목성	33	4	33	4	34	5	35	6	37	7	38	8
⊖	1997년	丁丑	三벽목성	39	10	38	9	39	10	40	11	42	12	43	13
⊕	1998년	戊寅	二흑토성	44	15	43	14	44	15	45	16	47	17	48	18
⊖	1999년	己卯	一백수성	49	20	48	19	49	20	50	21	52	22	53	23
⊕	2000년	丙辰	九자화성	54	25	54	25	55	26	56	27	58	28	59	29
⊖	2001년	辛巳	八백토성	0	31	59	30	0	31	1	32	3	33	4	34
⊕	2002년	壬午	七적금성	5	36	4	35	5	36	6	37	8	38	9	39
⊖	2003년	癸未	六백금성	10	41	9	40	10	41	11	42	13	43	14	44
⊕	2004년	甲申	五황토성	15	46	15	46	16	47	17	48	19	49	20	50
⊖	2005년	乙酉	四록목성	21	52	28	51	21	52	22	53	24	54	25	55
⊕	2006년	丙戌	三벽목성	26	57	25	56	26	57	27	58	29	59	30	0
⊖	2007년	丁亥	二흑토성	31	2	30	1	31	2	32	3	34	4	35	5
⊕	2008년	戊子	一백수성	36	7	36	7	37	8	38	9	40	10	41	11
⊖	2009년	己丑	九자화성	42	13	41	12	42	13	43	14	45	15	46	16
⊕	2010년	庚寅	八백토성	47	18	46	17	47	18	48	19	50	20	51	21
⊖	2011년	辛卯	七적금성	52	23	51	22	52	23	53	24	55	25	56	26
⊕	2012년	壬辰	六백금성	57	28	57	28	58	29	59	30	1	31	2	32
⊖	2013년	癸巳	五황토성	3	34	2	33	3	34	4	35	6	36	7	37
⊕	2014년	甲午	四록목성	8	39	77	38	8	39	9	40	11	41	12	42
⊖	2015년	乙未	三벽목성	13	44	12	43	13	44	14	45	16	46	17	47
⊕	2016년	丙申	二흑토성	18	49	18	49	19	50	20	51	22	52	23	53
⊖	2017년	丁酉	一백수성	24	55	23	54	24	55	25	56	27	57	28	58
⊕	2018년	戊戌	九자화성	29	0	28	59	28	0	30	1	32	2	33	3
⊖	2019년	己亥	八백토성	34	5	33	4	34	5	35	6	37	7	38	8
⊕	2020년	庚子	七적금성	39	10	39	10	40	11	41	12	43	13	44	14

六十갑자(甲子)와 이 책을 활용하는 법

역술易術하면 六十甲子, 즉 자신이 이 세상에 태어난 생년월일의 간지干支가 주워진 운명運命과 성격性格을 얼마만큼 올바르게 판단하는가에 따라 인생의 지표는 달라진다.

왜냐하면 인간의 시작은 현실적인 적응체로 매사 성격으로부터 시작하기 때문에 성격에서 발생하는 정신적 물질적 욕구에 따라 환경과 조건이 달라진다.

해마다 변화하는 간지干支와 자신에게 주어진 간지干支와의 조화調和, 사람과 사람의 부딪힘, 상생 상극 관계 등 이러한 특성 때문에 간단하게 자기 마음대로 넘길 수 없는 일이 많다.

이 책 한권으로 자신의 운명 바이오리듬을 알게 되고, 직업과 적성 동업 관계, 재물을 얻는 시기, 집 장만, 판매, 결혼, 연애, 섹스, 부부 상생 상극 관계, 시험 합격, 이혼, 재혼, 자식 번영, 택일, 이사 등 무엇이든지 알 수 있다.

특히 간지점사干支占事 비법은 100% 효율이 발휘된다.

때문에 일생을 살아가는 데 언제 누구와 어떠한 인연 관계가 상생相生 상극相剋하느냐에 따라 운세는 다르게 된다.

〈육십갑자 영수 조견표〉

六十甲子(영수) 조견표(영수 생일)												기성 (氣星)
(영수) 1~10	戊亥 공망	(1) 甲子	(2) 乙丑	(3) 丙寅	(4) 丁卯	(5) 戊辰	(6) 己巳	(7) 庚午	(8) 辛未	(9) 壬申	(10) 癸酉	토기성 (土氣星)
11~20	申酉 공망	(11) 甲戌	(12) 乙亥	(13) 丙子	(14) 丁丑	(15) 戊寅	(16) 己卯	(17) 庚辰	(18) 辛巳	(19) 壬午	(20) 癸未	금기성 (金氣星)
21~30	午未 공망	(21) 甲申	(22) 乙酉	(23) 丙戌	(24) 丁亥	(25) 戊子	(26) 己丑	(27) 庚寅	(28) 辛卯	(29) 壬辰	(30) 癸巳	화기성 (火氣星)
31~40	辰巳 공망	(31) 甲午	(32) 乙未	(33) 丙申	(34) 丁酉	(35) 戊戌	(36) 己亥	(37) 庚子	(38) 辛丑	(39) 壬寅	(40) 癸卯	천기성 (天氣星)
41~50	寅卯 공망	(41) 甲辰	(42) 乙巳	(43) 丙午	(44) 丁未	(45) 戊申	(46) 己酉	(47) 庚戌	(48) 辛亥	(49) 壬子	(50) 癸丑	목기성 (木氣星)
51~60	子丑 공망	(51) 甲寅	(52) 乙卯	(53) 丙辰	(54) 丁巳	(55) 戊午	(56) 己未	(57) 庚申	(58) 辛酉	(59) 壬戌	(60) 癸亥	수기성 (水氣星)

※ 음력의 월의 〈영수〉에 생일 일수를 가산하면 일주를 알 수 있는 동시에 공망을 알아낼 수 있다.

※ 양력의 월의 〈영수〉에 생일 일수를 가산하면 일주를 알아낼 수 있고, 공망 또한 나온다.

〈육십갑자 영수 조견표〉

●양력

월별(月別) 간지 조견표(干支 早見表)												
구 분	1月	2月	3月	4月	5月	6月	7月	8月	9月	10月	11月	12月
甲己년	丁丑	丙寅	丁卯	戊辰	己巳	庚午	辛未	壬申	癸酉	甲戌	乙亥	丙子
乙庚년	己丑	戊寅	巳卯	庚辰	辛巳	壬午	癸未	甲申	乙酉	丙戌	丁亥	戊子
丙辛년	辛丑	庚寅	辛卯	壬辰	癸巳	甲午	乙未	丙申	丁酉	戊戌	己亥	庚子
丁壬년	癸丑	壬寅	癸卯	甲辰	乙巳	丙午	丁未	戊申	己酉	庚戌	辛亥	壬子
戊癸년	乙丑	甲寅	乙卯	丙辰	丁巳	戊午	己未	庚申	辛酉	壬戌	癸亥	甲子

●음력

월별(月別) 간지 조견표(干支 早見表)												
구 분	1月	2月	3月	4月	5月	6月	7月	8月	9月	10月	11月	12月
甲己년	丙寅	丁卯	戊辰	己巳	庚午	辛未	壬申	癸酉	甲戌	乙亥	丙子	丁丑
乙庚년	戊寅	巳卯	庚辰	辛巳	壬午	癸未	甲申	乙酉	丙戌	丁亥	戊子	己丑
丙辛년	庚寅	辛卯	壬辰	癸巳	甲午	乙未	丙申	丁酉	戊戌	己亥	庚子	辛丑
丁壬년	壬寅	癸卯	甲辰	乙巳	丙午	丁未	戊申	己酉	庚戌	辛亥	壬子	癸丑
戊癸년	甲寅	乙卯	丙辰	丁巳	戊午	己未	庚申	辛酉	壬戌	癸亥	甲子	乙丑

◔ 영수(靈數)로 알아내는 六十甲子 만세력(萬歲曆)

예 1 음력 서기 1962년 3월 17일생

① 보기 부문의 생년을 찾아본다(7페이지 음력 (2)의 편 참고).

② 출생년도 1962년을 보면 그 해 간지는 壬寅이고 구기성은 二흑 토성임을 알 수 있다.

③ 태어난 월이 음력 3월이므로 15페이지의 월별 간지 조견표를 보면 甲辰월이 되며 월의 영수는 9가 된다.

④ 태어난 일의 일주는 자신의 생일 17에 월의 영수 9를 더하면 26이 되며 상기 육십갑자 영수 조견표에서 26을 찾아보면 태어난 일의 일주가 己丑일이 됨을 알 수 있다(생월 영수 + 생일).

※ 만약 생월 영수 + 생일의 합계가 60이 넘어 74가 나오면 60을 제외한 14가 본인의 영수가 되어 丁丑일에 태어났음을 알 수 있다.

⑤ 그래서 종합적으로 위 사람은 壬寅년 (二흑토성) 甲辰월 己丑일에 태어난 것을 알 수 있고, 己丑일에 태어났으므로 이 사람의 공망은 午未 공망이 된다.

■ 다시 한 번 종합해보면,

- 태어난 생년월일로 九기성 간지 조견표(음/양력), 육십갑자 영수 조견표와 월별 간지 조견표로 생년월일의 간지와 九기성을 확인한다.
- 태어난 해의 천간은 천간편(페이지 88~158)을 참고하고, 태어난 해의 지지가 寅이므로 지지편(페이지 159~268)을 참고한다.

- 二흑토성이므로 九성으로 보는 궁합, 동업, 교제, 거래, 이성, 친자관계(페이지 254~268)를 참고하면 다른 기성과의 상생 · 상극 관계를 알 수 있다
- 일주(己) + 월주(甲) = 생활 행동권, 일주(己) + 년주(壬) = 운명 행동권, 월주(甲) + 년주(壬) = 운명적인 생활권을 말하는데 천간편(페이지 88~158)을 참고하면 된다.

– 위 사람은 오미 공망으로 타인과의 상생상극(연애, 부부관계)(페이지 271~292)를 참고하면 알 수 있고 화기성의 성격, 연애, 결혼운, 재운, 적성운 등 다양한 내용들은 화기성의 천중살편(페이지 393~444)을 참고하면 확인할 수가 있는 것이다

예 2 양력 1985년 2월 28일생

① 보기 부문의 생년을 찾아본다(12페이지 양력 (3)의 편 참고).

② 출생년도 1985년을 보면 그 해 간지는 乙丑이고 구기성은 六백금성임을 알 수 있다.

③ 태어난 월이 양력 2월이므로 15페이지의 월별 간지 조견표를 보면 戊寅월이 되며 월의 영수는 7이 된다.

④ 태어난 일의 일주는 자신의 생일 28에 월의 영수 7를 더하면 35가 되며 상기 육십갑자 영수 조견표에서 35를 찾아보면 태어난 일의 일주는 戊戌일이 됨을 알 수 있다(생월 영수 + 생일).

⑤ 그래서 종합적으로 위 사람은 乙丑년 (六백금성) 戊寅월 戊戌일에 태어난 것을 알 수 있고 戊戌일에 태어났으므로 이 사람의 공

망은 辰巳 공망이 된다.

위 사람도 예1 설명처럼 해당 페이지를 참고하면 된다.

이렇게 본인 및 타인의 생년월일만 알고 있으면 손쉽게 상생 · 상극 관계 및 운명적 흐름을 자세히 알아낼 수가 있는 것이다.

1. 음력/양력 구기성 간지 조견표, 육십갑자 영수(靈數) 조견표와 월별 간지 조견표로 '본인', '타인' 생년월일의 천간과 지지를 알아낸다. 천간은 천간편(페이지 88~158)과 지지는 지지편(페이지 159~268)을 참고한다.
2. 태어난 년의 간지를 알아내어 九성을 확인하고 궁합, 동업, 교제, 거래, 이성, 친자, 친구관계, 상대와의 九성 조화관계를 알아낸다(페이지 254~268).
3. 태어난 월의 영수에 생일 일수로 태어난 일주를 알아내어 공망을 확인하고 타인과의 상생 · 상극관계를 알아낸다(페이지 271~292).
4. 태어난 일의 일주(日柱) 간(干)으로 월지 상생 상극을 알아낸다(페이지 207~241).
5. 공망 기성으로 지지(地支)와 그 해 년의 지(支)와의 상생 상극 바이오리듬을 통하여 사람, 일, 사생, 거래, 금전, 혼인 등을 점친다(페이지 242~253).
6. 개인별 해당 공망(토기성, 금기성, 화기성, 천기성, 목기성, 수기성)으로 성격, 성장, 가정, 결혼운, 재운, 직장운, 영합 토기성을 알 수 있다(페이지 295~599).

간지(干支) 응용감정(應用鑑定) 점사법(占事法)

차 례

자신自身을 살리고 죽이는
상생상극相生相剋 천중살天中殺,
간지비법干支秘法

자신의 행복을 위해서는 자신의 성격을 잘 알고 좋은 "인연" 상생관계를 찾아라

"인연"을 알려면 "인과"를 알아야 한다. 이러한 말은 우리 일상생활에 있어서 주변에서 많이 사용하는 말로 "인과"를 이은 것이 "연", "인연"으로 운명적인 변화에 통용하고 있는 말의 일부분이다.

"인연"을 해석하면 근원, 원인, 유래란 뜻이고, "인과"와의 관계로는 어떠한 뿌리 "연"으로부터 시작하여 결과를 얻는 "과"를 의미한다. "인", "연", "과"는 불교 용어로 본인과 하나하나 부딪혀 나가는 자연 실체에 대한 현상에 연관되는 "연"을 옛날 사람들은 어쩔 수 없는 연대 관계로 생각하였다.

억압적인 결혼 관계 등이 실례가 되고, 사람과 사람 관계로서 "참, 우리는 기구한 '인연'으로 만나 험악한 장애를 물리치고 행복한 가정을 세웠다.", "당신과는 어떠한 '인연'이길래, 하는 일마다 그 많은 재산을 다 날리고, 결국은 집도 없는 신세가 되었는지~" 천태 다양한 "인연" 관계가 생기며, 옛말로 "옷자락만 스쳐도 인연", "하룻밤을 지내도 만리장성" 등등 많다.

본인이 살아가는 생전에 눈으로 볼 수 있는 실체, 관계, 자연과는 "인연"이 있어 그 원인을 도와 결과를 만들어내는 작용을 말하여 모든 일, 거래, 대인 관계, 가정 관계에 "연"이 없으면 어떠한 일이든지 이루어지기 힘들게 된다.

때와 장소에서 어떤 사람을 만나. 무엇을 어떤 목적으로 어떻게 벌였든 간에 "인연"이 있어 상호간 만나서 행동하는 것은 좋지만 "인연"에는 상생 · 상극 관계가 행복과 불행을 지배하고 있으므로 상생 관계라면 행운을 약속받을 수 있고 상극 관계는 "악연"으로 고난과 저주, 불행과 파멸만 기다리게 된다.

가정에서도 상생 관계가 좋은 "인연"을 만나게 되면 우선 부부 사이에 불만이 없고, 자식 사랑과 행복한 가정으로 항상 생동감이 넘쳐 안정되고 행복한 가정을 세울 수 있지만, 상극 관계의 악연이 되면 의견 대립과 분열로 균열이 생겨 불륜 관계, 가정 파탄, 몰락과 불행한 가정이 되어 죄 없는 자식까지도 천대와 학대 등 어려운 환경에서 시달리게 된다. 또한 군대 조직이나 회사에 입사하는 "인연"은 좋지만 상극되는 상사가 있는 곳에 배속받게 되면 우선 마음이 불안정하여 동요가 심하고, 일에 대한 열기가 상실되어 얼마 못 가서 싫증이 생기며, 뜻하지 않는 실수를 연발하게 되고, 상사로부터 책망은 물론 불신으로 소외된다.

그러나 상생 관계가 성립되면 좋은 상사를 만나 큰 힘이 생기고 뜻하지 않는 창의력과 착안 등이 인정되어 영립과 신망으로 얼마든지 출세 길을 본인이 열어 놓게 된다.

이러한 점으로 보아 사람과 사람의 상생 관계는 얼마나 중요한 것인지 알 수 있으며, 천하일색, 황금재벌로 세상을 좌우한다 하더라도 상생이 맞지 않는 상대를 만나면 어쩔 수 없는 균열과 비극은 피할 수 없는 환경으로 돌아간다.

◘ 이 책의 목적은?

이 책의 목적은 정확한 자신의 잠재의식과 운명을 알아내고, 자신의 목적과 욕구를 차원 높게 관철시키기 위해서는 어떠한 "인연" 상생 관계를 찾아내어 교제함으로써 본인의 "인과"를 자신이 만들어내는데 큰 목적을 두고 있다(운명의 흐름을 알기 위해서는 페이지 242~253 참고).

이 책의 요체는 "6성 9기법"을 주로 이용한 것으로 6성은 "6성 공망", 9기는 "9기성"을 병행하여 운명적인 "지운과 둔갑"에 의한 변화를 알아내는 방법으로 적중률이 틀림없다. 따라서 역학易學 연구학도研究學徒에게는 학술용學術用으로 사용하도록 편집하였다.

◉ 6성이란?

중국 건국전설에 따르면 복희씨가 왕으로 있을 때 여주의 영하에 머리는 말과 용머리 같은 "용마"가 나타났는데, 말의 배 부분에 이상한 문양이 새겨져 있어 이 문양을 "하도"라 부른다.

이 "하도"가 역경의 기초로서 근세기까지 발전되어 "육십갑자", "산명학", "사주 명리학", "천문역학", "동의보감", "침구술", "한의학"으로 발전하며, "육십갑자"에서 분리한 것이 6성 공망이다. 이러한 원리를 현대인에게 알기 쉽게 일본에서 연구 개발한 "6성 천중살"을 뜻한다(271페이지~292페이지 면에 부부관계 참고).

◉ 9기란?

유래에 대하여 구구하지만 일명, 인도의 '석가여래'가 수도를 끝마치고, 본인의 친자식에게만 전수하였다는 '밀교' 중에 '만다라'란 칭호가 기학의 시초로 이 기에는 9기성이 있어 일명 불교에서는 "천반"이라고 한다.

이러한 '만다라'는 우주 천체를 간소화시킨 '정위반'으로 끊임없이 우주의 천체는 일정한 괘도의 법칙에 따라 선회(둔갑)하고 있음을 알려주며, (일명 중국에서 마법방진) 나아가서 국가 · 사회 · 조직 · 회사 · 가정 · 개인의 성패존망, 현재 입지조건을 상세히 분석할 수 있는 신비로운 이 점을 우리들에게 주고 있는 것이다.

일명 고대 중국 하국 우왕시대 구년 홍수 끝에 물줄을 잡아 나아갈 때 하구의 거북이 등에 1~9의 모양문을 발견하여 "신구낙서"라 하여 구기성의 근원이 되고 '천', '지', '인'의 삼태로 국가 · 사회 · 정치 등 옛날부터 풍수지리 · 건축 · 정치 · 치수 · 기상 · 국가 존망과 관련된 사안들을 결정시 천관의 도움을 받았으며, 이러한 맥이 현재에 이르러 불행한 기운을 좋은 기운으로 전환시키는 방위술을 이용하여 불운한 운명을 개조하는데 큰 효과를 얻어내고 있는 것이다(245페이지~268페이지 참고).

현대는 스피드 시대(빨리 알고 행하면 흥망성쇠, 죽음뿐).

다양한 현혹으로 전혀 이치에 맞지 않는 운명감정이 성행하고 있다. 단 30분 전화통화로 운명을 알 수 있을까?

귀신 점이란 귀신이 옮겨 붙어 살풀이, 조상 천도제 등을 유도하고 어쩌다가 던진 말이 맞아 상대를 유도하는 엉터리 운명감정사, 이러한 엉터리 감정사로 하여금 역학이 미신이 되고, 살기를 죽인다는 미명아래 이치에 맞지 않는 사기(재물을 얻는 길, 부부 불화, 건강 교정, 자식 낳는 길 등)로 사람들을 현혹하여 참된 역학을 땅에 떨어뜨리고 있는 것이다.

운명학, 추명 명리학, 숙명학은 전혀 운명을 개운시킬 수 없는 학술인데 부적 등을 이용하여 운명을 개운시킬 수 있다는 말은 숙명학의 본질을 망각하는 처사이다.

운명 감정으로 온 처녀의 '사례'를 소개한다.

어떠한 운명 감정소를 방문하여 운명을 감정하였는데 자신의 사주팔자가 과부팔자라 한다.

과부팔자라, 일단 돈 많은 노인에게 시집을 가면 그 노인이 일찍 죽게 되어 그 유산으로 평생 과부로 편하게 살 수 있지 않느냐! 묻는 여자가 있는가 하면, 자신이 과부팔자라면 일생 시집을 가지 않고 독신녀로 즐겁게 살겠다는 여성도 적지 않다.

과부팔자라 할지라도 어떤 사람과 상생相生이 된다면 과부가 될 수 없고, 오히려 행복한 가정을 꾸려낼 수 있는 것이다.

엉터리 감정사의 발언으로 시집 가기 꺼리는 여성 때문에 앞으로 이 나라의 인구 존망에 큰 영향을 준다는 사실과 이러한 엉터리 감정사에 속지 말라는 뜻으로 이 책을 내 놓게 되었다.

제 1 장

역학易學의 기본원리基本原理

1

역학易學의 기본원리基本原理와 태양太陽과 지구 관계地球 關係

태양은 매일 동쪽에서 뜨고 서쪽 하늘로 사라진다.

우리가 살고 있는 지구地球는 자전自轉, 24시간을 끝으로 하루를 끝맺고 一년은 365일 2422°로 한 해를 끝마친다.

태양 역시 흑점관측黑點觀測으로 약 27일 간격으로 한 번씩 회전하고 있다는 사실이 관측으로 확인되었다(우주 속에 존재하고 있는 만물은 움직이고 있다는 사실이다).

태양은 '가스체'로 상상할 수 없는 엄청난 화염을 내뿜고 있으며, 그 고열高熱은 육천도六千度로 예상되고 그 광열光熱과 태양에서 발산發散하는 모든 '에너지'는 원자력 에너지로 보면 될 것이다.

이러한 '원자력 에너지'의 20억분億分 1이 지구地球에 오고 있다는 것이다.

이러한 태양의 광열이 우리가 살고 있는 지구상地球上에 오는 데는 약 2개월이 걸린다는 사실로, 매년 하지夏至 때가 태양과의 직사直射거리로서 더워야 하는데, 실제는 2개월이 지난 未달에 가서 무더위가 기성을 부리게 되는 것은 열광이 오는 2개월 때문이다.

동지冬至 역시 태양과의 단축거리로 추워야 하는데 대한(丑)월에 한파가 몰아친다.

태양의 광사光射가 지구地球를 향하여 쏠 때 광분대光分帶가 일어나는데 이 광분대를 일명 '스팩터클' 이라 하는데 육안肉眼으로써 구분하기는 힘들지만 '빛' 속에는 자외선, 청색, 녹색, 황색, 갈색, 적색(적외선)이 섞여 쏘고 있는 것이다.

태양은 약 27일간 자전운동自轉運動을 하며 가면서 천구상天球上의 황도黃道를 따라 연동沿動하여 남南으로부터 북北을 향하여 적도赤道를 횡단橫斷하는 지점地點이 계절상 춘분春分과 추분秋分에 해당하는 것이다.

태양의 위치位置에 따라 계절변화季節變化, 춘하추동春夏秋冬이 생기고, 한난장단寒暖長短이 생기며 그 계절에 적응하는 만물 영고성쇠榮枯盛衰가 생기게 된다.

이 세상에 존재하고 있는 일목일초一木一草라 할지라도 대자연大自然의 법칙法則을 어기고서는 살 수 없는 것이다.

어떠한 과학이나 종교, 학술, 정치라 할지라도 지구상에 존재하고 있는 물체나 동물, 인간의 절대신絕對神은 '태양' 으로서 '태양의 은혜'를 받지 않고서는 생명을 보존할 수 없는 것이다.

그렇다면 '태양의 위치', 방위方位에 따라 나타나는 여러 작용과 결과는 어떻게 나타날 것인가, 어떻게 '태양의 은혜' 역량力量을 최대한으로 향수享受하는 방위를 찾아내는데, 행幸과 불행不幸, '운명의 열쇠'는 달라지는 것이다.

(1) 태양계太陽系 각 위성분자衛星分子와 지구 영향地球 影響

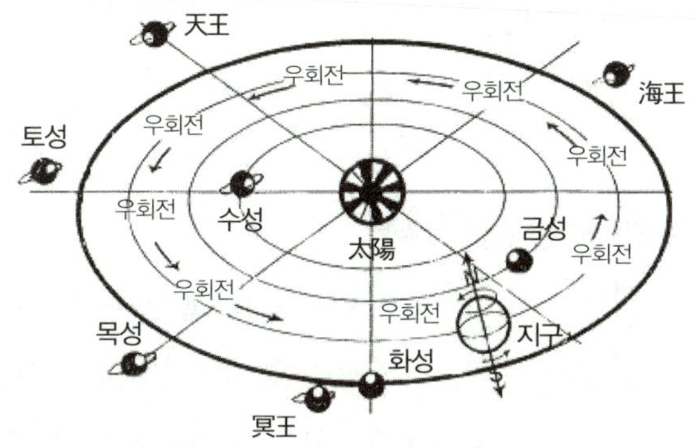

추정 : 약 60억 년 전 태양의 대폭발로 하여금 태양의 분자가, 우주공간에 확산 각 행성이 형성되었다고 한다.

태양을 중심으로 태양계 형성 : 수성水星 → 금성金星 → 지구地球 → 화성火星 → 목성木星 → 토성土星 → 천왕성天王星 → 해왕성海王星 → 명왕성冥王星 태양으로부터 순서 있게 돈다.

(2) 분자分子 행성行星과 사람의 성격, 상생 관계

태양 분자로 태어난 행성은 지구와 밀접한 관계를 갖는 존재로 태어난 해의 별 기성, 一백수성, 二흑토성, 三벽목성, 四록목성, 五황토성, 六백금성, 七적금성, 八백토성, 九자화성 차이로 성격은 달라진다.

행성이 지구 가까이 접근하는 해, 태양, 빛의 강약 따라 개운하기도

하고 별이 중복되어 그림자를 형성하면 운세가 약해진다.

주목할 점

■ 지구는 우회전으로 순행 지구상에 있는 만물을 고사시킨다.

■ 역학은 좌회전으로 역행 어떻게든지 고사에서 벗어나 개운을 유도하고 있다.

(3) 지구 변화(地球 變化)의 기준(基準)

● 지구변화 기준은 춘하추동(春夏秋冬) 사정(四正)과 사계절 중간 사우(四偶) 축인(丑寅) 동북, 진사(辰巳) 동남, 미신(未申) 서남, 술해(戌亥) 서북 관계, 운행(運行)과 힘, 궁리(窮理)에 따른 삼합(三合)을 낳는데 좌우(左右)되는 것이다.

즉 태양의 광열, 원자력 에너지가 지구상(地球上)에 내려오는 원리(原理)를 기반(基盤)으로 광열소장(光熱消長)을 극(極)한 것이다.

● 일년(一年)을 二十四절(節), 잡절(雜節) 三十六절(節), 월(月)은 二회에 걸쳐 절체(節替)가 있다.

자(子), 오(午), 묘(卯), 유(酉) 방위를 사정(四正), 천문학상-대충(남북)을 자오선(子午線) 직각, 수직, 묘유선(卯酉線)을 사귀는 연고 교고(交故)에 속임수 기(欺)가 있다고 보는 것이다.

지구자전(地球自轉) 따라 자축시각(子丑時刻)에는 심경(深更), 인묘시각(寅卯時刻)에는 박명(薄明)으로부터 연명(燃明), 진사시각(辰巳時刻)에는 광열직사(光熱直射)로 변하고, 오(午)에서 정상점(頂上點) 양둔각(陽遁刻) 미시각(未時刻)부터 음둔각(陰遁刻) 신유시각(申酉時刻) 점차 광열이 식어가고, 술해시각(戌亥時刻)에 어둠이 찾아들며 심야(深夜)로 들어간다.

이와 같이 지구공전(地球公轉)에 따른 계절의 소장(消長)을 알아낼 수 있고, 동지(冬至)에는 태양이 지구 가까이 접근하여 남쪽 가까운 동쪽에서 해가 떠올라 서쪽으로 해가 지기 때문에 북반구(北半球)로서 가장 햇빛이 짧은 기간이라 추위에 시달릴 때다.

계절변화(季節變化)는 음양이둔(陰陽二遁)이 되고, 음양이둔(陰陽二遁)은 九성운행(九星運行)과 상통(相通)되는 것이다.

(4) 순역(順逆)의 원리(原理)

- 순둔(順遁)과 음둔(陰遁)
- 지지는 삶, 장수, 성공의 지표
- 계절의 분포

- 지구자전(地球自轉)
  우회전(右回轉)
  시간 따라 고사(枯死)
- 좌회전(左回轉)
  행동력 활성화, 일 잘 풀린다.
- 우회전(右回轉)
  퇴보, 후퇴, 일이나 꿈이 맥 풀린다.

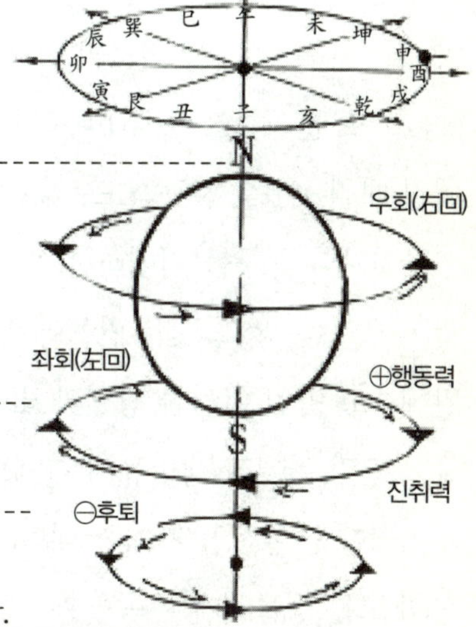

(5) **태양광열**(太陽光熱)**과 계절 관계**(季節 關係)

천지 음양의 二遁은 만물의 근원이 되고, 발원발생(發源發生)이며 유구한 신비와 광대(廣大)무변한 천체에 대한 엄숙하고 신성한 음양으로 이루어지는 핵원은, 사람의 지혜로서는 밝혀낼 수 없는 불가사의한 실체가 많다.

다만, 현대과학으로서도 밝혀낼 수 없는 것이 많은 것처럼 역학에 있어서도 음양으로부터 만물이 발생하는 것으로 보고, 만물에 대한 생사존부를 근거로 활기응변의 길을 찾아내는데 뜻이 있다.

밤하늘에 창공을 바라보게 되면, 무수한 많은 별들이 신비한 광체로 나름대로의 빛을 발산하고 눈으로도 분별하는 큰 천공의 기구가 시간따라 동에서 서쪽으로 이동하고 있는 것을 볼 수 있다.

웅장한 대구면(大球面)의 실체를 옛날부터 천구, 우주라 불러왔고 태양, 달, 지구, 무수한 별들이 하늘을 회전하는데 하늘에 있어서도 양축(兩軸)으로 분리하여 북극(北極), 남극(南極)으로 분리 양극으로부터 90° 떨어진 대원(大圓)을 천구적도(天球赤道)라 부른다.

무엇보다 천구를 지배하는 존재는 두말할 것 없는 태양이며, 이글이글 타오르는 광열, 빛은 만물에게 생명을 연장시키는 활력원과 육성을 말해주고 만일 이러한 광열과 빛이 없다고 본다면 만물의 발생은 불가능할 뿐만 아니라 생명유지 자체도 힘들 것이다.

이러한 근본적인 지대한 대덕(大德)의 태양 광열이 있기 때문에 지구상의 모든 생물체가 존속할 수 있는 것이다.

그렇다면 태양이 발산하는 광열과 지대한 대덕을 어떻게 하면 많이 효과적으로 받아들일 수 있을까? 인간생존에 있어서 광열이 주는 개운유도를 간지학(干支學)에서는 삼합(三合)이라 부른다.

태양은 하루도 빠지지 않고 동에서 떠 올라와 하루 종일 우리가 살고 있는 지구에게 빛을 주고 서쪽 하늘로 사라지는 형태가 되지만 사실은 지구자전(地球自轉)에 의한 것으로 24시간을 기준으로 하루가 끝나게 되며 이러한 회전이 365일 2422도(약 10일) 1년 또는 한세라고 부른다.

(6) 태양광열과 절기 상식

태양 흑점관측 이후 태양 역시 약 27일 사이에 1회 자전(自轉)한다는 사실을 근대 와서 확인하였고 상상만 하여도 웅장하고, 신비로운 '가스체에 폭발하는 화염' 그 열도는 6,000°에 달한다.

이렇게 발산하는 광열에너지는 원자력을 능가하는 에너지로서 지구에게 줄 수 있는 열광은 불과 총량의 20억분의 1에 불과하다는 사실을 알아야 한다.

또한 태양에서 오는 광열이 지구까지 오는 데는 약 2개월(60일 정도)의 시일이 소요되기 때문에 해마다 양력 6월 21일, 하지(夏至)가 태양과의 직선 먼 거리로 제일 더운 날씨가 되지만 실제는 2개월 뒤 8월경부터 무더위가 시작하는 것도 이러한 이유 때문이다.

동지(冬至) 역시 마찬가지로 태양과의 직선거리가 짧아 해가 일찍이 지고, 12월 21일경 한파와 동지 추위가 있어야 되는데 약 2달 후인 2월경에 한파와 강추위가 몰아닥친다.

태양의 빛과 광사를 살펴보면 자외선에 의하여 여러 색체로 분열하여 내려오게 되지만 대략 자색, 청색, 녹색, 황색, 갈색, 적색, 적외선으로 변질되어 지구에 내려온다.

간지학(干支學)에서는 엄숙한 대자연의 근본적 원리를 우리들의 인간에게 어떻게 적용시켜 나가야만 보다 좋은 운명을 개운하는데 큰 도움을 줄 수 있어 기력활용은 동학(動學)이다.

(7) 태양광열의 위치 변화는 계절 변화의 근원

태양 광열이 지구 공전으로 발생하는 위치변화에 따라 '춘하추동'의 4계절이 생기고, '한온장단' 이 생기며 계절에 적절한 만물의 '영고성쇠' 가 생긴다.

또한 어떠한 과학, 생물, 세포, 근핵 일지라도 대자연의 순리법칙을 거역하고서는 살아남을 수 없고 지구상의 일체 생존 체는 태양의 절대신으로부터 한시라도 벗어날 수 없는 것이다.

그렇다면 태양이 주는 광열의 위치, 방위를 사람이 잘 활용한다면 광열로부터 받는 작용, 수량, 힘을 얻을 수 있는 최선의 형수법(享受法)을 방위로서 찾아내는 묘안을 갖는다.

사람은 누구를 막론하고 '땅' 없이는 살아나갈 수 없고 '수기' 로써 만물을 성육하며 '대기' 가 있으므로 생존이 가능하므로 이를 보고 '천기 五기' 의 우월성을 과시하고 있는 것이다.

한편 음양교대의 극점인 동지, 하지로부터 음양으로 진입하는 광열은 24계절을 만들어 내었다.

※ 천문학상으로 24계절을 분류하면

평년, 윤년으로부터 하루 전후로 양년을 기준으로 子월부터

● 북방위의 활동계절(겨울)

子월 : 〈대설〉 12월 7일,
子 〈동지〉 12월 22일,
癸 〈소한〉 1월 6일
丑월 : 〈소한〉 1월 6일,
丑 〈대한〉 1월 21일,
艮 〈입춘〉 2월 5일
寅월 : 〈입춘〉 2월 5일,
寅 〈우수〉 2월 20일,
甲 〈경칩〉 3월 6일

● 동방위의 활동계절(봄)

卯월 : 〈경칩〉 3월 6일,
卯 〈춘분〉 3월 21일,
乙 〈청명〉 4월 5일
辰월 : 〈청명〉 4월 5일,
辰 〈곡우〉 4월 20일,
巽 〈입하〉 5월 5일
巳월 : 〈입하〉 5월 5일,
巳 〈소만〉 5월 21일,
丙 〈망종〉 6월 6일

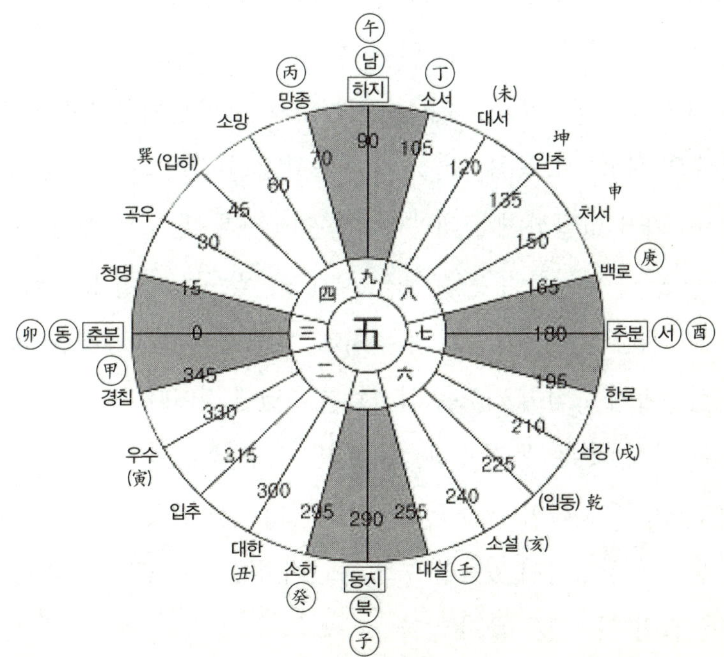

● 남방위의 활동계절(여름)

午월 : 〈망종〉 6월 6일,
午 〈하지〉 6월 21일,
丁 〈소서〉 7월 7일
未월 : 〈소서〉 7월 7일,
未 〈대서〉 7월 23일,
坤 〈입추〉 8월 7일
申월 : 〈입추〉 8월 7일,
申 〈처서〉 8월 23일,
庚 〈백로〉 9월 8일

● 서방위의 활동계절(가을)

酉월 : 〈백로〉 9월 8일,
酉 〈추분〉 9월 23일,
辛 〈한로〉 10월 8일
戌월 : 〈한로〉 10월 8일,
戌 〈상강〉 11월 7일,
乾 〈입동〉 11월 7일
亥월 : 〈입동〉 11월 7일,
亥 〈소설〉 12월 23일,
子 〈대설〉 12월 7일

(8) 인지문화의 발달

'달력이 없을 때' 고대 사람들은 어떻게 하면 시간을 알고 어려운 생활, 사람과 자연과의 관계, 열광, 흡입, 기력연구를 거듭한 결과 서양의 빠피론 12궁, 이집트 12궁, 중국 12지 등 우연치곤 이상할 정도로 12수의 표상으로 동물, 생, 고기 등을 비유한 것이 특징이 있다.

인지문화가 발달하면서 태양과 항성(恒星)관계, 황도를 중심으로 하여 양측 8°의 넓이를 두는 부분을 각기 30°씩 구분하여 12궁의 위치변화, 즉 태양의 광열이 12궁의 위치에 있을 때의 변화계절을 파악하여 일상생활에 보탬이 되도록 심려를 기울였던 것이다.

춘분, 하지, 추분, 동지 4계(季)를 1년의 4대변화(四大變化)로 보고, 1계(季)를 3으로 구분하여 12를 만들어 12개월로 분리하였으며 이러한 표상을 동물로 상징하여 있음을 보고 동물의 성질, 길흉화복을 비유하여 운명을 감정하는 것은 옳지 않다.

이러한 증거로 볼 때, 태양광열은 지구자전 공전에 의하여 '춘하추동' 4계절 12개월의 위치변화 따라 태양의 '수광, 변화', '에너지의 역량' 수광도량 변화에 영향을 주고 지구상의 만물 육성 성패에 큰 영향을 주고 있다는 사실을 알 수 있다.

그 어떠한 것도 자연의 원리, 존재를 거역할 수 없고, 태양의 열기와 광기의 2가지 기열은 지구의 토기, 수기, 중측 대기권의 기력을 바탕으로 우주의 만물은 시작되고, 한온(寒溫), 장단(長短), 영고(榮枯), 성쇠(盛衰)의 근원을 만들어 낸다.

태양은 천구(우주)의 황도 따라 남에서 북을 향하여 향진하는데 적도(赤道)를 가로지르는 시점을 지구에서는 춘분 지점(春分 地點)으로 3월 21일경으로 보고 그로부터 최고 직선거리인 양력 6월 21일경 하지(夏至) 지점에 진입하게 된다.

다시금 적도의 북으로 향진하다가 남으로 하강, 가로지르는 지점 9월 23일경이 추분(秋分) 지점이고 최단 남하하는 12월 21일경에 동지(冬至)를 맞아 해와 최단거리 된다.

말하자면 태양은 지구의 자전운동(自轉運動)의 영향으로 음양이 형성되고 매일 동에서 해가 뜨고 서쪽으로 해가 넘어가는 일주운동(日週運動), 공전(公轉) 때문에 서에서는 음기(陰氣)가 약동(弱動)하면서 맴돌고 있는 것이다.

지구가 공전하고 있는 순행괘도(巡行軌道) 역시 원형이 아니고 타원형 때문에 태양과 지구와의 일정한 거리, 속도 등이 다르고 계절에 따른 '동지' 에는 속도가 빠르며 '하지' 에는 느리고, 춘분, 하지, 추분, 동지 등 계절변화를 일으키고 있다.

(9) 절입 상태를 살펴보면!

봄의 계절 92일 21시간　여름의 계절 93일 14시간

가을의 계절 89일 18시간　겨울의 계절 89일 1시간

이러한 4계절에 들어 있는 토용절[丑辰未戌] 18일 6시간을 공제를 한다면 계절 성수기는?

봄의 계절 74일 15시간　여름의 계절 75일 8시간

가을의 계절 71일 12시간　겨울의 계절 70일 19시간

토용의 절기 73일로 구분되는 것이다.

즉, 만물의 생에 대한 기쁨, 죽음의 슬픔, 마음의 상처의 아픔, 신생에 대한 발아의 환희, 수확의 만족, 계절변화로 만물에게 주는 영향, 생태변화는 지대한 것으로 생, 정, 동, 감(生, 淨, 動, 減) 근원을 낳고, '절대적인 태양의 신' 의 광열변화는 만물육성과 사멸의 근원이 되는 것이다.

2
음양오행陰陽五行의 정의定義

(1) 음양(陰陽)이란?

대우주(大宇宙)권의 활동력, 자연계(自然界)에 있어서, 유형(有形)과 무형(無形)의 이대원소(二大元素)를 말하고 이러한 원소가 작용(作用), 상교(相交)함으로써 만물이 생성(生成)하고, 연장의 근원(根源)이 성립되기 때문에 음양정동(陰陽靜動)과 자연 순리(順理)에 따른 분산, '기력의 핵'을 잘 살펴야 옳은 해답이 나온다.

(2) 인도(印度)의 윤회법칙

사행사상(四行思想) : 수(水), 목(木), 풍(風), 화(火), 금(金)

이 지구에서 살고 있는 사람은 누구를 막론하고 보다 편리하고 행복하게 살기를 바라지, 어렵고 불행하게 살기를 원치 않는다.

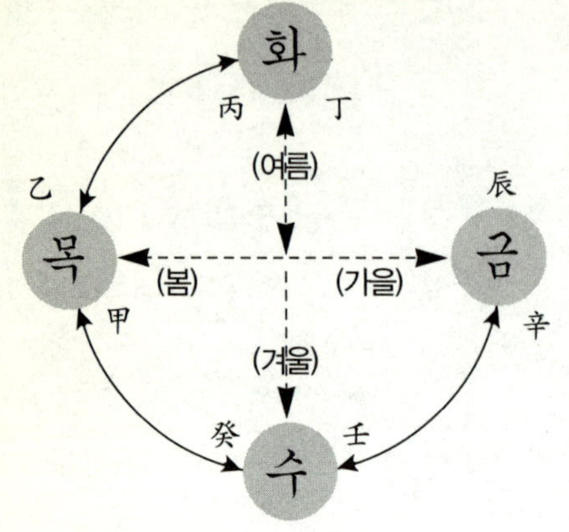

수는, 겨울의 계절
목은, 봄의 계절
화는, 여름의 계절
금은, 가을의 계절

} 1년이 지나가면 다시 겨울, 돌고 도는(윤회)

● **상생(相生) 길 관계(吉關係)**	● **상극(相剋) 흉 관계(凶關係)**
수-목→(상생)-목-수	수-화→(상극)-화-수
목-화→(상생)-화-목	목-금→(상극)-금-목
토-금→(상생)-금-토	
금-수→(상생)-수-금	

※ 바로 나타나는 것이(수생목) 목+수는 상당한 시간이 걸린다.

※ 금 수: 금수가 순행이 되어 광석에서 물이 나오고, 수 금 역행이 되었을 때는 물이 광석을 식혀 쇠가 단단해진다.

(3) 중국의 오행사상(五行思想)

수(水) → 목(木) → 화(火) → 토(土) → 금(金) → 수(水)

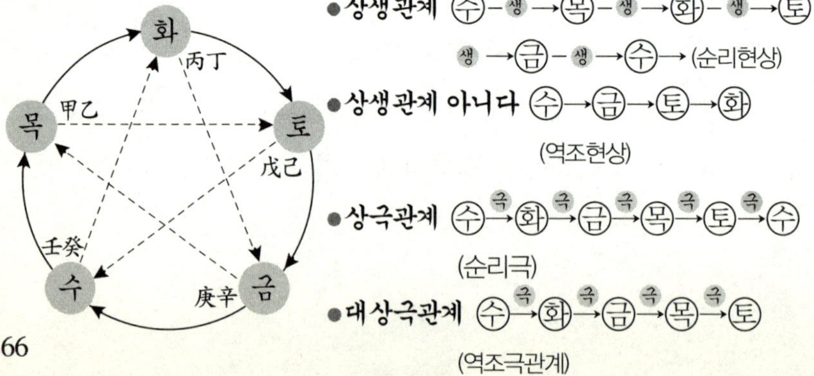

(4) 음양(陰陽) 오행(五行)이란?

이 세상 만물은 '목(木), 화(火), 토(土), 금(金), 수(水)' 오원소(五元素)를 근원으로 형성되어 있고 이러한 원소는 삼라만상(森羅萬象)한 상태로, 시대적 흐름에 따라 변화를 해명하는 이론으로 볼 수 있다.

(5) 오행상 상생(相生), 상극(相剋) 관계를 살펴보면?

- 목(木)의 나무는 나무끼리 마찰되어 화(火)의 불을 낳고
- 화(火)의 불은 재를 남기게 되어 따뜻한 훈기를 토(土)의 땅에 덮어주며
- 토(土)의 흙 속에서 냉기, 수분 조절을 돕고
- 금(金)에서는 수(水)의 물이 생기고
- 수(水)의 물은 목(木)에게 육성할 수 있는 생명력을 준다(이상이 상생관계이다). -70페이지 상생, 상극관계 그림 참고
- 목(木)의 나무는 금(金)의 쇠붙이로 잘려 나가고
- 금(金)의 쇠붙이는 화(火)의 불에게 녹아나고
- 화(火)의 불은 수(水)의 물로 그 위력이 꺼지며
- 수(水)의 물은 토(土)의 흙으로 물길 방향을 제지받게 되며
- 토(土)의 흙은 나무의 뿌리 등살에 자양분을 잃는다(이상이 상극관계이다).

(6) 사람과의 인연, 남녀 관계가 상생될 때

- 협력관계가 좋아지고 원조관계가 이루어지며 일하는 데 화합

이 잘 되고 서로를 아껴주고 사랑해 주며 원만하고 평화로운 생활과 안정된 가정이 형성된다.

오행기력五行氣力의 작용作用

(1) 목(木)은 푸른색, 동(東)에 위치

甲, 乙의 천간(天干), 震에, 寅卯의 지지(地支), 3벽(三碧)의 자리, 亥卯未(木局)의 중심 왕생권이다(천간은 보이지 않는 자연무형이고, 지지는 동물 표현으로 동물 유형으로 보아야 한다).

9개의 작용(사람이 받는 기氣)

- 나무는 천재지변 또는 남의 도움 없이 이동할 수 없으며, 살아가는 영역을 잘 지켜나간다.
- 어질고 인자하며, 키워나가 발전시켜 뜻을 이루는 목적을[亥卯未] 말한다(육성하는 기력).
- 주변의 영역은 잘 지키지만 자신의 영역을 넓히기 위해서는 낳아주신 어머니의 영역, 형제, 친구와의 관계가 원만하지 못하다. 공망(空亡)될 때.

- 푸른 초목이 얽히고 설켜, 자신의 성장을 위한 강약차질이 심한 운세로 노력은 좋지만, 신중, 우유부단.
- 때문에 주어진 좋은 기회를 놓치기 쉬워진다.
- 자라나는 나무(사람)가 힘이 없어지면, 병충이 많이 달라붙어 잔병 많고, 하는 일이 안 된다.
- 성급한 행동은 후회를 낳고, 머리 숙여 될 일도 체면 거만 때문에 고립된다.
- '공명정대' 함도 좋지만, 지나친 전진으로 후퇴하기 힘들고 양쪽으로 일이 얽힌다.
- 단순한 나무로 생각하지 않고, 모든 생물은 겨울잠(오행으로 볼 때는 동면(冬眠) 수(水))에서 깨어나 성장(成長)과 발전(發展)할 수 있는 희망에 넘치는 봄의 상징(象徵)이 목(木)이다.

(2) 화(火)는 붉은색, 남(南)에 위치

丙丁의 천간(天干), 離에, 巳午의 지지(地支), 9자(九紫)의 자리, 寅午戌(火局)의 중심, 왕생권이다(천간은 보이지 않는 자연무형이고, 지기는 동물 표현으로 유형으로 보아야 한다).

8개의 작용(사람이 받는 기氣)

- 불은 살아가는 정신 영역, 태울 수 있는 원료 개발에 노력한 사람은 승자로서 지위, 명예를 잘 키워낸다.
- 예절, 밝고, 박력이 있으며, 본인에 알맞은 취미, 지혜를 개발하며, 명예와 지위를 얻는 것(寅午戌)이다.

- 현실적이고, 박애정신은 좋지만, 인정에 사로잡히는 일 많고, 아는 것이 지나칠 때, 부하, 종업원, 자식, 제자 사이 원만치 못하다.
- 밝은 눈으로 진품 가리는 데 소질 있고, 물품에 편중되기 쉬워지며, 하는 일에 얼마 만큼의 집착 능력에 따라 지속력이 달라지고 불을 태울 수 있는 연료 탱크, 지혜, 개발이 얼마나 있는가에 따라 운세 달라진다.
- 명예(문서)가 실추되면, 조난에 시달리게 되고, 집안 이산, 좌절, 불길이 꺼지면 재기불능, 숨겨온 일은 밝혀지고 소송 대립, 자신 주변을 떠나는 사람 많다.
- 문서, 인감, 보증관계 하자 많고, 계획 창출력은 좋으나, 내실이 따라주지 않으며, 감정기복이 심하여 고립된다.
- 인맥 발전은 좋지만 성급한 행동은 후회를 부르고, 지나친 예감 능력보다 윗사람의 자문이 명약이다.
- 모든 열물질(熱物質)과 그 작용(作用)이 필요한 것으로 여름철에 발열작용으로써 융성해지고, 결심을 맺어가는 불의 상징이라 유형 열기는 유형대로, 무형 열기는 무형대로 실체가 나오는 상징이 여름의 화(火)이다.

(3) 토(土)는 황색, 중앙에 위치

(戊己) 천간이 있고, 간(艮)에 丑월(소한), 손(巽)에 辰월(곡우), 곤(坤)에 未월(소서), 건(乾)에 戌월(상강), 중앙의 천간(戊己) 四우(四偶) 동북, 동남, 서남, 서북에 지지(地支) 丑, 辰, 未, 戌이 토기로 2흑, 5황, 8백 토성, 三

합 조건에(목, 화, 금, 수) 四국은 있어도 토국이 없다.

8개의 작용(사람이 받는 기氣)

- 丑은 대를 이어가는 축적 장소이고, 辰은 영역 안정을 위한 영역권이며, 未는 생을 키워 발전시켜 나가는 지역권이고, 戌은 사람된 명예, 명성을 갖추어 나가는 정신권이다.
- 2흑은 생존욕, 5황은 폭욕, 8백은 강욕, 흑은 철저한 책임감에 신용이 있고, 꿈 많은 영역 창설, 따뜻한 무상, 모성적인 사랑, 한 푼 두 푼 모여 태산을 만들어내는 인내력, 자신 신위를 잊으려 않는다.
- 토(土)는 만물의 생물을 육성하는 반면 부패시키는 위력도 대단하여 금전, 신체, 건강문제 등으로 시달리게 된다.
- 토(土)에는 물심, 근로의욕의 표상이고, 동정, 승패 욕 등을 중개, 무에서 유를 형성시키는 위력 대단하다.
- 기계를 중지시키고, 현실을 가다듬는 장소이기도 하고, 매사가 분명하여 납득하는 무아독존자다.
- 환경, 조건에 관심 많고, 천리를 중시하는 사람이지만, 많은 돈을 벌어도 사회(흑)으로 환원시키기 바란다.
- 명예가 금전을 낳고, 금전이 명예를 울리는 운세이다.
- 대지토양(大地土壤)의 변화로, 사계절의 습도통용(濕度土用) 변화가 있고, 토(土)는 생물(生物)에 대해서는 성장(成長)과 자양을 제공하여 사물(死物)에 대해서는 철저하게 토화작용(土化作用)으로 원상복귀 시켜놓는 흙도 있는 것이다. 때문에 만물은 흙에서 나오고 흙

으로 돌아간다.

(4) 금(金)은 백색, 서(西)에 위치

庚辛의 천간(天干), 兌에, 申酉의 지지(地支), 7적(七赤)의 자리, 巳酉丑(金局)의 중심 왕생원이다.

7개의 작용(사람이 받는 기氣)

- 금은 강직하고 의리가 있으며, 건실한 조화로 번영을 쟁취하려 하고, 즉흥적이며 속박을 싫어하는 자유파로 사장의 지도력보다 보좌역이다. 거래교제로 발전시켜 뜻을 이루는 (巳酉丑) 재력운을 말한다.
- 뛰어 놀기 좋아하고, 한 예능에 뛰어나지만, 중년에는 파란 많고, 자신을 알게 된 말년에 가서 주변에서 알아주게 된다.
- 사막과 같은 곳, 해는 서산에 지고 가정에서 휴식을 취하려 하지만, 움직이는 동력 때문에 쉴 사이가 없고, 특히 배우자와의 관계가 어려워진다.
- 취미, 집념 강하지만, 금전은 돌고 도는 운기, 금전운 별로 없고, 산재 수 많으며, 여성은 독신 또는 혼기 늦다.
- 놀고먹고, 즐기기 바라며, 돈 씀씀이 거칠고, 이성에 휘말리면 애먹고, 건실한 사업, 열성으로 주변 이목을 끈다.
- 몸을 움직이는 만능선수 아니면 머리를 이용하는 천재형 많고, 대부분 본인 뜻대로 일이 풀리지 않으면 신경질에다 짜증스러운 점이 눈에 띤다.

- 일반적인 금속은 광물에서 나왔기 때문에, 바위, 돌에서 수검하는 과정이 분주하고, 쉴 사이 없으며, 또한 만물의 열매는 차가운 냉기(冷氣)를 견혀야만 속 알이 차고, 충실(充實)한 진가를 나타내는 가을의 상징이 금(金)이다.

(5) 수(水)는 흑색, 북(北)에 위치

壬癸의 천간(天干) 坎에, 亥子의 지지(地支), 1백(一白)의 자리, 申子辰(水局)의 중심, 왕생권이다.

7개의 작용(사람이 받는 기氣)

- 물은 쌀쌀하고 냉정하며, 지혜로우며, 사랑의 영역, 가정의 영역을 지키고 원조, 영립의 은혜를 입는다.
- 물질의 수액이 나는 곳으로, 신중하게 보는 눈이 있고, 환경, 조건, 유혹에 잘 말려들지 않아 천중살을 덜 받는다.
- 이기적이고 독립심 강하며 주변관계가 '너는 너', '나는 나' 이권, 타산적으로 생각해 부친, 선배, 윗사람과의 관계가 좋지 않고, 매사 인생의 선단에 서기를 바라 야심적인 출세가 가능하다.
- 타산적이라 신중하고 신경질적이며 만년에 갈수록 재운이 좋아지지만 자식 운이 별로 없다.
- 지나친 재주는 '남녀 이성문제', '자식 키우는 문제', '융자(차용금)' 등으로 시달리게 된다.
- 흐름에 의존하게 되고, 흐르는 과정에 '낙화유수' 보기에는 낭만적이나, 흐르는 물은 신고의 연속이다.

● 찬물, 액체(液體) 상태를 뜻하여 물의 상징으로 모든 액(液)을 뜻하지만 자연계의 만상으로 볼 때는 한 겨울 잠에 취해 있는 정직한 고독 상태로도 볼 수 있어, 춥고 어려운 겨우살이를 수(水)로 본다.

※ 이상의 다섯 작용이 온 세상을 지배하고, 생성발전(生成發展)하는 양상(樣相)을 오행(五行)으로 표시, 봄에는 신장(伸長), 여름에는 번성(繁盛), 가을에는 충실(充實), 겨울에는 안정휴지(安定休止), 현상에 계절 사이마다 토용변화(土用變化)를 넣어 자연철학의 근원을 만들어 놓은 것이다.
무엇보다 오행 기력의 기본 암기가 역학의 필수 조건이다.

(6) 오행분류(五行分類) 사상(事象)

五행 / 구분	목(木)	화(火)	토(土)	금(金)	수(水)
계절(季節)	봄(春)	여름(夏)	토용(土用)	가을(秋)	겨울(冬)
五방위(方位)	동(東)	남(南)	중앙(中央)	서(西)	북(北)
색(色)	청(靑)	적(赤)	황(黃)	백(白)	흑(黑)
미(味)	(신) 산(酸)	(쓴) 고(苦)	(단) 감(甘)	(매운) 신(辛)	(짠) 염(鹽)
장(臟)	간장	심장	비장	폐장	신장
상(常)	(인자) 인(仁)	(예의) 예(禮)	(믿음) 신(信)	(의의) 의(義)	(지혜) 지(智)
정(情)	(노여움) 노(怒)	(즐거움) 낙(樂)	(욕심) 욕(欲)	(기쁨) 희(喜)	(슬픔) 애(哀)

■ **해** (解)

- 봄이 오면 여름이 오고, 여름 오면 만물이 성장(토용)하여 가을의 열매를 맺으며 겨울을 맞이한다. 겨울 역시 다시 찾아오는 봄 준비의 기간, 이를 순행이라고 하고 상생관계로 본다.
- 우리가 살고 있는 대자연(大自然)과 인간구성(人間構成)의 섭리를 바탕으로 오행(五行)이 생긴다. '나무' 와 마찰되어 '불' 을 낳고, 불은 재로 변하며 '흙' 에 자양분을 주게 되며 흙 속에는 금속, 돌로 하여금 물을 낳고 물은 나무를 태운다.
- 이러한 오행이 순리(順理)대로 목(木), 화(火)가 되면, '상생' 이 되나 목(木) 봄이 금(金) 가을로 변하는 과정 또한 순행(順行)이 아니고 역행(逆行)할 때를 '상극' 으로 보는 것이다.
- 오행(五行)은 각각 다섯 요소(要素)가 음양으로 혼돈(치고 박고)하기 때문에 단독으로 존재할 수 없고, 불은 나무(땔나무)가 있어야 살아나고, 생기(生氣), 나무는 자신을 희생하기 때문에 퇴기(退氣)의 상생관계를 말한다.
- 이를 사람관계로 비교하면 목기(木氣)를 갖고 태어난 사람은 화기(火氣)를 갖고 있는 사람에게 매사 어김없이 헌신적으로 봉사하게 된다. 또한 목(木) 육성하는 일이 좋다고 보는 것이다.
- 상대에게 고통과 상처를 주는 관계를 상극(相剋)이라 한다.

오행 상 나무의 목(木)은 흙 토(土)에서 자양분을 빨아먹게 되고, 흙[土]은 물의 수분(水分)을 흡입하고 물줄기를 막는 역할을 하며,

물의 수(水)는 훨훨 타는 불의 화(火)를 끄게 되고, 화의 불은 금(金)의 광석을 녹이며, 금(金)은 나무를 자르고 찌르게 되는 것을 말한다.

이는 음양, 상대성원리(相對性原理)로 비교하면 상생은 양이고 상극은 음이다.

4

오행상五行上으로 본 알맞은 직업適職

적직을 찾기 위해서는 태어난 일주(행동권)에 맞는 일이 좋다.

태어난 일주가 약한 사람은 일주에 맞는 취미 있는 일에 손을 대면 운세가 강화되고 발전된다. 태어난 일주가 강한 사람은 일주에 상극되는 직업을 갖게 되면 길상작용(吉祥作用) 이 일어난다.

- **목(木)** 행정, 교육관계, 종교, 의사, 약품관계, 각종 액체관계, 목재, 숯 탄 대나무, 마사, 종이, 직물, 제지, 목기, 돗자리, 건구, 목수, 역술, 기도사, 약기, 전기 기구, 운송, 방송, 선전, 음식업, 육류 점, 풀, 식물, 열매를 다루는 일 일절
- **화(火)** 문학, 예술, 미술, 이화, 신문, 잡지, 설계, 문구, 완구, 미용실, 골동품, 화장품, 장식품, 인쇄소, 레저, 가스, 조명, 연주, 아나운서, 변호사, 검사, 판사, 외과의사, 법률관계 일절, 서

류취급, 어둠을 밝히는 역술, 탐정, 형사, 감시원, 불을 다루는 일 일절

- **토(土)** 농업, 상업, 철도, 교통, 산림, 토지, 가옥, 미곡, 채소, 과일, 토사, 토목, 건축, 기초공사, 재료 상, 운송, 도자기, 목장, 제과점, 광산관계 일절, 사관, 노동, 흙을 다루는 일 일절
- **금(金)** 금융관계 일절, 공업, 경찰, 군인, 보석, 귀금속, 금, 은, 동, 철, 기계, 자동차 일절, 기계, 무기, 은행, 장의사, 제사 기구, 주식, 제련, 전당포, 이재, 분쇄 업, 쇄를 다루는 일 일절
- **수(水)** 수학, 철학, 수산물, 취급일절, 어업, 수력사업, 주류사업, 요리업, 거물포, 온천, 염색, 대합실, 세탁소, 우유, 어류, 인쇄, 수상시장, 하천, 호수, 바다에 종사하는 일 일절

5

오행五行 상생相生 상극相剋

(1) 상생(相生)

상생(相生)이란, 천간(天干), 지지(地支), 간지(干支)에 대한 오행(木, 火, 土, 金, 水의 작용)의 상호관계(相互關係) 상생(相生)은 상호간에 친화성(親和性)이 있는 오행의 상호관계.

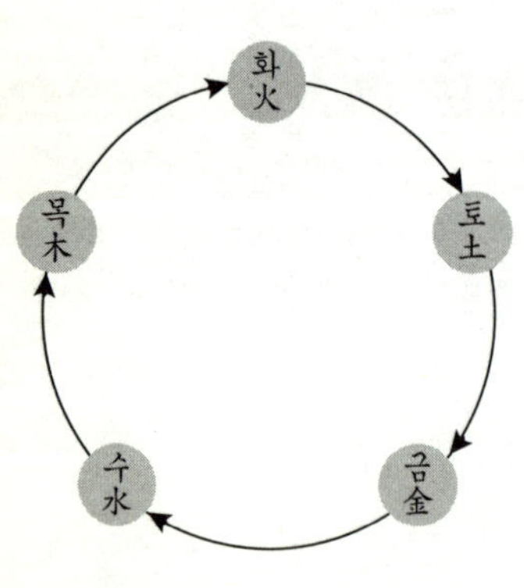

- 나무의 목은, 옛날에는 나무끼리 부딪혀 불이 생기기도 하고, 나무는 불을 만나게 되면, 타기 때문에 친화성(親和性)의 상생관계로, 이를 목생화(木生火).
- 불탄 재는, 흙을 따뜻하게 감싸주고, 덮어주어 흙의 자양을 돋워 주기 때문에 친화성의 상성관계로 이를 화생토(火生土).

- 흙 속에 광물체(돌), 금속물이 있어 이 또한 친화성의 상성관계로, 이를 토생금(土生金).
- 돌과 광물체의 금은 냉기(冷氣) 찬기를 불러 물을 생산하니 이 또한 금생수(金生水).
- 물은 생물 일체를 키워내는 물이라, 나무 물질과 친화성, 상성관계로 수생목(水生木).

이상과 같이 상생관계는 '목생화', '화생토', '토생금', '금생수', '수생목' 5종류의 상생(相生)이 있다.

예를 들면, 甲, 乙은 오행상 목(木)이라, 丙, 丁의 화(火)를 만나면 '목생화' 되고, 상생되므로 만일 태어난 생일에 丙이나 丁이 있고, 년, 월에 甲이나 乙이 있으면, 살아가는 일생동안, 금전상의 어려움은 어떻게든지 해결되는 운이다.

위와 같이 丙丁의 화(火)는 戊己가 '화생토' 되고, 戊己의 토(土)는 庚辛이 '토생금' 되고, 庚辛의 금(金)은 壬癸가 '금생수' 되고, 壬癸의 수(水)는 甲乙이 '수생목' 으로 본다.

(2) 상극(相剋)

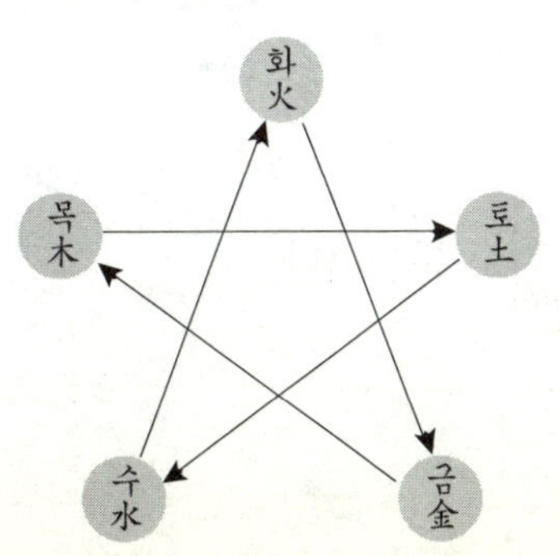

- 목성(木星)의 물질은 땅의 자양분으로 커, 목극토(木剋土).
- 토양(土壤)은 물을 탁하게 만들어 흐름을 막아 토극수(土剋水).

- 물은 불길을 소멸시켜 수극화(水剋火).
- 불은 쇠붙이를 녹이므로 화극금(火剋金).
- 쇠붙이는 나무를 쳐부숴 금극목(金剋木).

즉, 목극토(木剋土), 토극수(土剋水), 수극화(水剋火), 금극목(金剋木), 앞에 기록한 것과 같이 간지(干支), 오행에도 적용시켜 상극관계를 알아본다.

예를 들면, 甲乙은 오행상 목기(木氣)이라, 戊己의 토기(土氣)를 극하게 되고, 戊己는 수기(水氣)를 극하고, 壬癸는 화기(火氣)를, 丙丁은 금기(金氣)를, 庚辛은 목기(木氣)를 극하게 된다.

이 상극 역시, 두 종류로 '상극하는 편', '상극을 당하는 편' 으로 양분되는 것으로 甲乙의 목기(木氣)의 경우, 목극토(木剋土)는 자신이 戊己의 토향, 자양을 빨아먹는 '상극하는 편' 이 되지만, 반대로 庚辛의 금기(金氣)를 만나게 되면 '상극을 당하는 편' 이 된다.

■ 오행(五行)은 각각 다섯 요소(要素)가 음양으로 혼돈(치고 박고)하고 있기 때문 단독으로 존재할 수 없고, 불은 나무(땔나무)가 있어야 살아나고, 생기(生氣), 나무는 자신을 희생하기 때문에 퇴기(退氣)의 상생관계를 말한다.

(3) 한방의학에서 보는 五장六부

한방의학에서는 사람의 내장을 오장(五臟) 육부(六腑) 로 분류한다.

(4) 상생 관계(相生 關係)

- 목생화(木生火) : 간장(肝臟), 담(膽)이 좋아지면, 심장(心臟)과 소장(小腸)이 좋아진다.
- 화생토(火生土) : 심장(心臟)과 소장(小腸)이 좋아지면, 비장(脾臟)과 위(胃)가 좋아진다.
- 토생금(土生金) : 비장(脾臟)과 위(胃)가 좋아지면, 폐(肺)와 대장(大腸)이 좋아진다.
- 금생수(金生水) : 폐(肺)와 대장(大腸)이 좋아지면, 신장(腎臟)과 방광(膀胱)이 좋아진다.
- 수생목(水生木) : 신장(腎臟)과 방광(膀胱)이 좋아지면, 간장(肝臟)과 담(膽)이 좋아진다.

(5) 상극 관계(相剋 關係)

- 목극토(木剋土) : 간장(肝臟)과 담(膽)이 나빠지면, 비장(脾臟)과 위(胃)가 나빠진다.
- 토극수(土剋水) : 비장(脾臟)과 위(胃)가 나빠지면, 신장(腎臟)과 방광(膀胱)이 나빠진다.
- 수극화(水剋火) : 신장(腎臟)과 방광(膀胱)이 나빠지면, 심장(心臟)과 소장(小腸)이 나빠진다.
- 화극금(火剋金) : 심장(心臟)과 소장(小腸)이 나빠지면, 폐(肺)와 대장(大腸)이 나빠진다.
- 금극목(金剋木) : 폐(肺)와 대장(大腸)이 나빠지면, 간장(肝臟)과 담(膽)

이 나빠진다.

(6) 오행, 극응(剋應)의 구결(口訣)

수(水)가 화경(火卿)에 들어가면 중상(重傷), 생명을 잃을 정도로 어려워진다.

●금극목(金剋木) : 음란(淫亂), 중방(中房)을 범하기 쉽고, 집안, 음비(陰卑)한 문제가 발생된다.

●토극수(土剋水) : 주인이 우울, 열병, 유행병, 집안 신뢰가 무너져 내려간다.

●수극화(水剋火) : 재산(財産)을 잃든지, 스스로 목매여 일을 어렵게 만든다.

●수수(水水)가 중복(重複) : 마음의 파장, 걱정거리, 근심사.

●수극화(水剋火) : 형상(刑傷), 사애(事哀), 슬퍼하는 어려움, 얽매여지는 고통.

●화극금(火剋金) : 한(恨), 태상(胎傷), 난산(難産) 이루어져도 상처, 원만한 일, 요사, 혈담(血痰).

●목목(木木) : 풍성(風聲), 살상사(殺傷死) 죽음의 문제, 완패(完敗) 불가능.

●목극금(木剋金) : 교도소에서 죽음, 갇혀 산다. 무기징역, 형벌.

●토극목(土剋木) : 절상(折傷), 등뼈가 나온다. 목신(木神)의 해(害)는 칼보다 무섭다.

●금금(金金) : 요절(夭折), 흉폭(凶暴), 요사(夭死).

●토토(土土) : 맹롱음아로(盲聾音啞勞).

●이를 사람 관계로 비교하면 목기(木氣)를 갖고 태어난 사람은 화기(火氣)를 갖고 있는 사람에게 매사 아낌없이 헌신적으로 봉사하게 된다. 또한 목(木) 육성하는 일이 좋다고 보는 것이다.

※ 상대에게 고통과 상처를 주는 관계를 상극(相剋)이라 한다.
오행상 나무의 목(木)은 흙 토(土)에서 자양분을 빨아 먹게 되고,
흙[土]은 물의 수분(水分)을 흡입하고 물줄기를 막는 역할을 하며,
물의 수(水)는 훨훨 타는 불의 화(火)를 끄게 되고,
화의 불은 금(金)의 광석을 녹이며,
금(金)은 나무를 자르고, 찌르게 되는 것을 말한다.
이는 음양, 상대성원리(相對性原理)로 비교하면 상생은 양이고, 상극은 음이다.

※ 동양사상에서는 음양(陰陽), 서양사상에서는 상대성(相對性)으로 구분한다. 한마디로 대 우주(宇宙) 간에서 음양(陰陽)의 이대원소(二大元素)다. 혼돈(混沌) 또는 엉겨 모여 있는 응집(凝集)하여 모든 것을 낳고 또한 음양이 상교(相交)함으로써, 생성발전(生成發展)된다.

(7) 양(陽 ⊕)과 음(陰 ⊖)

양(陽)은 적극작용(積極作用), 음(陰)은 소극작용(消極作用), 사람으로 말하면 남과 여, 몸으로는 정신과 육체, 혈액으로 말하면, 적혈구, 청혈구(백혈구), 전기로는 ⊕(플러스), ⊖(마이너스), 노인과 젊음, 생사(生死), 밝음과 어두움, 청우(晴雨), 한서(寒暑), 대소(大小), 강약(强弱), 성쇠(盛衰) 등 의외로 많다.

6
오행간지五行干支 간지상극干支相剋 이용법利用法과 예비상식

상극(相剋)을 잘 안다 하여, 무조건 극(剋)한다는 생각은 잘못된 것으로 이러한 상극(相剋), 상대(相對), 닥쳐오는 월(月)을 잘 이용하면 자신의 운세는 달라진다.

※ 태어난 생년월일에 일을 기준으로 할 때 태어난 년 운을 개조시킬 수 있다.

(1) [1, 2월(寅卯, 甲乙) 우수-청명] 나무 목(木). (봄의 기력)

나무를 잘 키우기 위해서는, 나뭇가지를 적기에 잘 잘라주어야만, 가치 있는 원목으로 성장한다. 가지를 다듬어주는 도구는 쇠붙이로, 금(金)에 속하게 되므로 가지를 쳐줌으로써, 성장하는 생기가 왕성해진다. 때문에 1, 2월생은 금(金)의 활용에 따라 운세가 달라진다.

(2) [4, 5월(巳午, 丙丁) 소만-소서] 불 화(火). (여름 기력)

뜨거운 불, 햇볕이 내려 쪼이는 땅, 생존하고 있는 만물은 숨통이 막혀, 시원한 음식이나 찬물, 목욕이라도 냉탕을 즐기고, 시원한 곳을 찾게 된다. 때문에 4, 5월생은 수(水)의 활용에 따라 운세가 달라진다.

(3) [7, 8월(申酉, 庚辛) 처서-한로] 쇠 금(金). (가을 기력)

냉하고 단단하기 때문에 웬만한 물건에는 까딱하지 않는 단단한 견고성 때문에 다루는데 힘든 물체지만, 불[火]로써는 형체마저 유연하게 된다. 때문에 7, 8월생은 화(火)의 활용에 따라 운세가 달라진다.

(4) [10, 11월(亥子, 壬癸) 소설-소한] 물 수(水). (겨울 기력)

물이 넘쳐 흐르고, 추위에 얼어붙은 한기와 넘쳐흐르는 물을 막기 위해서는 '흙' 이외에는 막을 수가 없고, 한파 추위를 녹일 수 있는 방법은 '불' 이외는 없다. 때문에 10, 11월생은 토(土), 화(火)의 활용에 따라 운세가 달라진다.

(5) 3(辰), 6(未), 9(戌), 12(丑)월에 토(土)와 戊己(土)는 흙으로

흙에는 식물, 나무 성장이 없으면 죽은 땅이나 마찬가지다. 땅은, 땅의 자양을 식물에 주는 반면, 식물 잎이 떨어져 흙에게 거름을 제공하므로 '상부상조' 역할을 한다. 때문에 3, 6, 9, 12월생은 목(木)의 활용에 따라 운세가 달라진다.

제 2 장

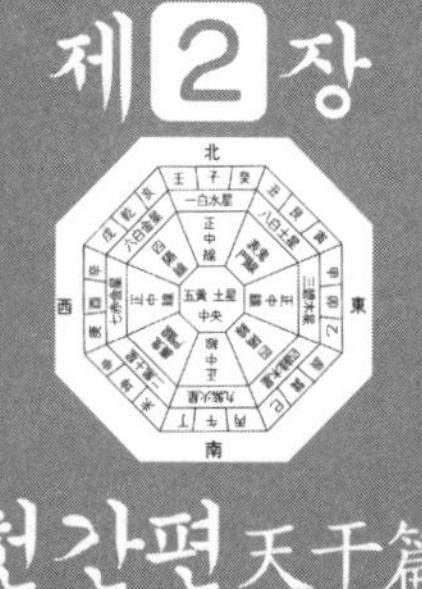

천간편 天干篇

1
천간天干

(1) 천간(天干)이란?

고대 중국 은(殷)나라 황제시대(黃帝時代) 당대의 명관 대효(大撓)의 제창 아래 만들어진 일로, 월삼도(月三度), 한 달에 세 번 휴가완목(休暇浣沐), 휴가를 주어서 목욕조변(沐浴潮變), 깨끗이 몸과 옷을 씻어내고 등장하라는, 당제십일(唐制十日) 일목욕(一木浴)이란 유래에서 내려온다.

당시 신하(臣下)들은, 십일에 한 번 꼴, 완목(浣沐) 목욕으로, 몸을 깨끗이 해야 하고, 당제복(唐制服) 조복(朝服)을 갈아입고 입궐하도록 하였다.

이때부터 달력의 부호(符號)로서, 십 일간을 상완(上浣), 중완(中浣), 하완(下浣) 30일을 정하고, 십일마다 옷을 빨고 목욕하였음을 알 수 있다.

이유야 어떻든 간에, 천간(天干)은 하늘의 천상, 순환으로 응대한 지구 속에 존재하고 있는 하늘의 기력으로 자연 만물에게 천기(天氣)의 오행오기(五行五氣)를 아낌없는 위력으로 오늘도 과시하고 있는 것이다.

대기방술에서 주축으로 하는 九성학의 천반에서는 천기위력 역시, 사람의 입체와 정신 판정에 중요한 부분을 차지하고 있으며, 천상의 자연 순환과 사회적인 조류관계, 기후천후조건, 지변변화, 흥망차원 등 옛날부터 대대적인 변동 암시를 근거로 하는 것이 특징이다.

때문에 옛날에는 하늘에서 발생하는 모든 일은, 천간(天干)을 기준으로 보아왔고, 그때마다 또한 적중률이 좋아 이러한 연구학문을 옛날에는 천자학문(天子學問)이라 불러왔다.

일반 학자로서는 천자(天子)의 실력을 따를 수 없었고, 하늘에 대한 오묘한 조화를 알기 위하여, 무한한 노력을 고금을 막론하고, 연구를 거듭하고 있지만, 올바른 천간을 다룸으로써 대자연의 동서남북(東西南北) 사정(四正)의 위력을 감지하게 될 것이다.

(2) 십간점술(十干占術)…사람 눈에 보이지 않는 무형실체(無形實體)

우주의 원체로서 음양이 혼돈되는 바람에 천간 오행작용이 상생, 상극관계로 분리하여 가면서 무형상태로 나타나게 되는 것이다.

태어난 생년월일의 간지(干支), 나타난 간지로서 돌아오는 해 년 월일의 상호관계, 교제, 부부, 애정, 부귀, 출세, 자손, 행, 불행, 재난, 병재 등을 알아낼 수 있는 것이다.

간지(干支) 공부에 있어서는 무엇보다 기초지식(基礎知識)을 철저히 알아두면 뒤에는 어떠한 문제가 되었든 간에 자기 스스로가 자유자재로 즐겁게 해석할 수가 있으며 그 실체의 결과(운명을 바꿔낼 수 있는 극치)를 맛보게 될 것이다.

(3) 기본 천간(基本 天干)

갑(甲)을(乙) 병(丙)정(丁) 무(戊)기(己) 경(庚)신(辛) 임(壬)계(癸)
(양) (음) (양) (음) (양) (음) (양) (음) (양) (음)
(木) (火) (土) (金) (水)

(4) 천간의 癸는 수소의 원체, 예를 들면

수소의 원체는 전혀 앞을 내다볼 수 없는 안개, 수증기가 증발하여 하늘 높이 올라가면 구름으로 변하고, 그 구름이 여름에는 비, 겨울에는 눈으로 변하는 것은 계절을 알기 때문이다.

(5) 천간의 甲이 辛 방향으로 이주하였을 때

지금까지 하는 일마다 일이 잘 풀려 많은 돈을 저축할 수 있었고, 집안 자녀도 본인이 원하는 방향으로 진출하여 부러울 것 없는 집안이었다.

그런데 현재 살고 있는 집이 도시계획지구로 부득이 다른 곳으로 이사를 가게 되었다. 다른 곳으로 이사간 후 3년이 경과되었을 때, 장남이 교통사고로 죽고 다음해 차남이 물에 빠져 죽어 집안 맥이 끊긴다. 과연 이것을 우연한 재난사고로 이 집안의 자손 맥줄이 끊어졌다고 생각할 것인가? 천간의 상극 방향을 침범하였기 때문에 일어난 일로 무형을 알아내려면 천간 공부가 필수적이다.

(6) 십간(十干) 강약(强弱), 음양(陰陽)

- 갑(甲) (양목) (양)의 에너지 강(强) ●을(乙) (음목) (음)의 에너지 약(弱)
- 병(丙) (양화) (양)의 에너지 강(强) ●정(丁) (음화) (음)의 에너지 약(弱)
- 무(戊) (양토) (양)의 에너지 강(强) ●기(己) (음토) (음)의 에너지 약(弱)
- 경(庚) (양금) (양)의 에너지 강(强) ●신(辛) (음금) (음)의 에너지 강(强)
- 임(壬) (양수) (양)의 에너지 강(强) ●계(癸) (음수) (음)의 에너지 강(强)

(7) 십이지(十二支) 강약(强弱), 음양(陰陽)

- 자(子) (양수) (양)의 에너지 약(弱) ●축(丑) (음토) (음)의 에너지 강(强)
- 인(寅) (양목) (양)의 에너지 강(强) ●묘(卯) (음목) (음)의 에너지 약(弱)
- 진(辰) (양토) (양)의 에너지 강(强) ●사(巳) (음화) (음)의 에너지 약(弱)
- 오(午) (양화) (양)의 에너지 강(强) ●미(未) (음토) (음)의 에너지 약(弱)
- 신(申) (양금) (양)의 에너지 강(强) ●유(酉) (음금) (음)의 에너지 강(强)
- 술(戌) (양토) (양)의 에너지 강(强) ●해(亥) (음수) (음)의 에너지 강(强)

- 십간 십이지(十干 十二支)는 태어난 생년월일시는 물론 현재의 달력 연월일시도 계절 따라 一년 十二달 일시에 붙는다.
- 자연 속에 있는 모든 물(유형, 무형) 음양의 두 종류로 대소하여 그 위치를 알아낸다.

  예 사람의 음양은 남녀관계 남은 (양), 여는 (음), 집안에서는 아버지는 (양), 어머니는 (음), 하루를 볼 때 오전은 (양), 오후는 (음), 밤 (음), 낮 (양), 봄 (양), 가을 (음), 여름은 (양), 겨울은 (음)

등으로 구분한다.

●강약(强弱)은, 사람은 남성이라 (양)인데 마음이 약하여 여성스러운 (약)한 사람으로 구분하고, 여성이라는 남성다운 활동가 강(强)이 있다. (천간 辛, 癸) 소유자로 자신이 말 못하는 비밀을 죽음에까지 갖고 가는 크레물린형 많다.

(8) 천간(天干) 상생(相生), 상극(相剋) 조견표(早見表)

관계 / 천간	상생(相生) 어쩔 수 없이 주어야 할 천간	동등한 비화(比和) 동승(기로점)	상생(相生) 어쩔 수 없이 이루어지는 천간	상극(相剋) 나쁘게 될 수밖에 없는(사항) 천간	상극(相剋) 나쁘게 당할 수밖에 없는 (사항) 천간
기력(氣力)	생기(生氣)	비화(比和)	퇴기(退氣)	사기(死氣)	살기(殺氣)
㉣양 갑(甲)생인	壬癸 →	㊀甲 →	乙丙丁	戊己	庚辛
음 을(乙)생인	甲壬癸 →	乙 →	丙丁	戊己	庚辛
양 병(丙)생인	甲乙 →	丙 →	丁戊己	庚辛	壬癸
음 정(丁)생인	丙甲乙 →	丁 →	戊己	庚辛	壬癸
양 무(戊)생인	丙丁 →	戊 →	己庚辛	壬癸	甲乙
음 기(己)생인	戊丙丁 →	己 →	庚辛	壬癸	甲乙
양 경(庚)생인	戊己 →	庚 →	辛壬癸	甲乙	丙丁
음 신(辛)생인	庚戊己 →	辛 →	壬癸	甲乙	丙丁
양 임(壬)생인	庚辛 →	壬 →	癸甲乙	丙丁	戊己
음 계(癸)생인	壬庚辛 →	癸 →	甲乙	丙丁	戊己
해설(解說)	①	②	③	④	⑤

해설 상생 ①, 비화 ②, 상생 ③, 상극 ④, 상극 ⑤

● 甲乙(木生人) : 丙丁(火生人) : 戊己(土生人) : 庚辛(金生人) : 壬癸(水生人)

① **상생** : 문서, 명예 지금까지 끌어 왔던 일, 재산, 직종 문제 어쩔 수 없는 변화로 해결된다.

회술, 예술, 배움, 정신적인 향학심이 작동.

● 甲乙(木生人) : 丙丁(火生人) : 戊己(土生人) : 庚辛(金生人) : 壬癸(水生人)

② **비화** : 주고받고, 집안간, 부부간, 형제 자매간 독립을 위하여 상호간에 얽히는 일, 출발 생긴다.

지금까지 끌어온 일이 매듭, 새로운 진출 이동 시작.

● 甲乙(木生人) : 丙丁(火生人) : 戊己(土生人) : 庚辛(金生人) : 壬癸(水生人)

③ **상생** : 금전, 물질, 먹고 살 수 있는 원조, 화합, 신장 발전이 어쩔 수 없이 이루어진다.

하는 일 잘 풀려 구애 받을 일이 없어지고 재력 형성.

● 甲乙(木生人) : 丙丁(火生人) : 戊己(土生人) : 庚辛(金生人) : 壬癸(水生人)

④ **상극** : 주거, 부동산, 영역(거래) 명예, 신체적인 병, 건강 문제, 화합 관계 등 나쁘게 된다.

집안 이동, 자손 번영문제 고민사.

● 甲乙(木生人) : 丙丁(火生人) : 戊己(土生人) : 庚辛(金生人) : 壬癸(水生人)

⑤ **상극** : 일, 직장, 먹고 살아가는 지나친 욕심, 출세, 일 벌리면 죽을 수밖에 없다.

직종 변경, 불평불만 속에 꿩 먹고 알 먹으려 한다.

(9) 생년월일 천간 구분

- 생년 · 운세 : 木生人, 火生人, 土生人, 金生人, 水生人을 알아야 하고,
- 생월 · 생활권 : 먹고 생활권의 오행 木生人, 火生人, 土生人, 金生人, 水生人을 알아야 하며,
- 일생 · 행동권 : 천간 生人을 알아야 한다.

또한 돌아오는 천간 연월일 천간을 99페이지 상생 상극 조견표에 대입해 보면 알 수 있는 것이다.

(10) 천간(天干) 음양(陰陽)

음양(陰陽)이 조화되어야 길흉(吉凶)이 발생되고 이때 순행은 길(吉), 역행은 흉(凶)으로 변질된다. 또한 음양에 있어서 음(陰)이 남는다.

2

천간天干의 해解

『甲』…사상(事象), **대립**(對立), **정의**(定義), **형용**(形容), **성격**(性格), **병**(病)

■ 대목(大木) : 甲, 乙, 丙, 丁, 戊, 己, 庚, 癸 있어야 '대목', 이해 변화 생긴다.

● 甲 + 丁 = 땔나무(헌신, 봉사, 지출, 대가성) (목생화).

● 甲 + 辛 = 몽둥이 감(파산, 풍지박살, 꿩 먹고 알 먹으려 한다) (목극금).

● 壬 + 甲 = 물 위에 뜬 목련(갈피 못 잡아 방랑, 뿌리박기 힘들 때) (수생목).

■ 간(幹), 진직(眞直), 전(田), 압(押), 봉(封), 부갑(孚甲), 추(抽), 인(引), 급(扱), 아출(芽出).

■ 관(官), 지위(地位), 신분(身分), 체면(體面), 합리(合理), 규격(規格), 상신(上伸), 근본(根本).

■ 근본, 줄기, 뿌리, 존엄, 기품, 고상, 프라이드, 고개 숙이기 어려워, 속마음 알리기 싫어해, 융통성 부족, 마찰 싫어해, 왕성한 독립심, 위를 바라는 향상심, 요령 없게 보이고, 나이 들수록 신용, 성급하게 일 벌리면 좌절, 예의 바르고 웃어른 공경 심 힘찬 금지 김이 대기만성, 간(幹), 전(田), 진(眞), 나무의 영역, 경첩, 발전, 새로운 시작, 움직임, 차분한 진동.

■ 얌전하고 이상적인 사람으로 남에게 지기 싫어하는 노력가 주어진 일에 책임감이 강하며 신뢰성이 있고 또한 냉정한 판단력이 있으며 매사 합리적인 이론가라 학술, 기술 분야에서 발전할 것이다.

완고한 고집 때문에 고개만 숙이면 잘 될 수 있는 일을 창피하여 못하여 손해 보는 일이 많고 목에 힘을 주는 거래, 사교관계 때문에 좋은 찬스를 놓치기 쉽고, 여성은 우유부단형과 결단형으로 구분된다.

■ 병, 목병, 어깨, 격련, 간질환, 비장, 심장, 히스테리, 신경쇠약.

『乙』…사상(事象), 대립(對立), 정의(定義), 형용(形容), 성격(性格), 병(病)

■ 식물(植物) : 丙, 戊, 辛, 壬, 癸 있어야 '식물 구실', 이해, 변화 생긴다.

고운 꽃, 마음의 안정과 평화, 풀과 넝쿨, 모지게 짓밟혀도 다시 살아나는 끈기, 부갑(孚甲) 찰합(擦合), 붕아(崩芽), 면곡(冕曲), 지엽(枝葉), 목적달성(目的達成).

●乙 + 甲 = 넝쿨이 대목을 휘여 감는다 (비화).

●乙 + 丁 = 불붙는 잔디의 풀 (목생화).

●乙 + 乙 = 잡초(양자, 라이벌) (비화).

●乙 + 庚 = 풀 속 화초, 무차별 희생 (목극금).

■ 나뭇가지 엽(葉), 삐걱거릴 알(軋), 넉넉할 우(優), 약(弱), 굽을 곡(曲), 곡절 끝에 성황.

■ 하면 할수록 많은 사람 몰려든다, 유연한 대입교제, 이성이 그리워 들뜬 기분, 헷갈림, 색연, 사기(邪氣), 음성, 내공성, 우연 중에 주동자로 등록, 섬세한 관찰력, 수공예, 문학, 그림 좋아해, 안정된 생활 강력하게 바란다. 얌전 표면에 숨기기까지, 꿈과 취미의 일 생기고, 유행 민감 모양 잘 내며, 위 사람에 대한 공경심, 자기주의 주장 고집 안 해, 주변 협력으로 성공, 아름다운 꽃 자태.

■ 만물의 씨종자가 새싹을 발아 땅위로 솟아 나오려 꿈틀거리는 과정, 표면은 얌전하지만 일단 자기 목표를 정하면 어떠한 어려움이 있어도 고집스러워 목적을 달성시킨다.

말, 음성적으로 사람과의 화합이 잘 되지만 때로는 지나치게 사람에게 의지해 보려는 의뢰심이 강하여 주변으로부터 색다른 변인 취급을 받는 일도 적지 않다.

■ 병 : 간장 질환, 천식, 후두결핵, 공포증, 발광, 다리 병.

『丙』…사상(事象), 대립(對立), 정의(定義), 형용(形容), 성격(性格), 병(病)

■ 태양(太陽), 일방적(一方的) 시여(施輿), 진(眞), 명(明), 병(炳), 양번(良

繁), 기세(氣勢).

■ 태양 빛 : 甲, 乙, 丙, 戊, 己, 庚, 癸 있어야 '빛' 되고, 이해, 변화 생긴다. 丙은 태양, 사람의 중심적 존재, 일방적으로 빛을 주고 열성 베푼다.

■ 만인에게 생명력을, 울렁거리는 활기, 활발한 행동력에 불안, 천정이 무너질까 걱정, 일 처리에는 스피드적인 결론을 선호, 풍부한 감정에 항상 즐겁게 살기 바람, 명성 있는 인생 구가 모여드는 사람과 돈, 인내와 지구력 부족, 오늘 안 되면 내일에 미련, 오늘 실패는 내일의 교훈, 몰려들면 돌려치기 명수, 표현, 행동 취미적인 일에 성공.

丙 : 재(財), 명성(名聲), 금전(金錢)

■ 겨울생은 하는 일이 잘 풀리고 여름 생은 지나치게 열기 강하여 어려움 많다.

■ 생기 왕성하여, 머리 회전이 빠르고 상대 말을 재빨리 알아차리며 앞질러 행동함으로써 교제, 사교 범위가 넓고 명예욕과 물질욕이 강한 자신감으로 지나치게 분수와 정도를 넘치는 행동은 자신도 모르게 이익보다 손재수와 구설수 따른다.

민감한 계산 속의 이득에다 계산통의 상술에 능숙하고 보기에는 뱃심 좋게 보이지만, 내면이 소심하고 적정가로 무엇보다 '희, 노, 애, 락' 의 변화가 많이 생긴다.

■ 병 : 심장질환, 경신, 열병, 눈병, 폐질환.

『丁』…사상(事象), 대립(對立), 정의(定義), 형용(形容), 성격(性格), 병(病)

■ 형(亨), 생장(生長), 지(止), 정차(正次), 행동(行動), 이(移), 인공(人工)불, 어둠을 밝히는 불.

■ 인공 불 : 乙, 丙, 戊, 己, 庚, 辛, 壬, 癸 있어야 '불' 해사, 이해, 변화 생긴다.

● 丁 + 丁 = 횃불, 가스 폭발 (비화).

● 丁 + 甲 = 땔나무(대가성) (목생화).

● 丁 + 戊 = 난롯불 (화생토).

● 丁 + 己 = 화롯불 (화생토).

● 丁 + 庚 = 용광로, 카바이드 쇳물 (화극금).

■ 丁 : 지혜, 학문, 붉은 색, 여러 방면으로 사용하는 불, 어둠을 밝혀주는 불, 부평초, 이동 많고, 정 때문에 따뜻한 포용력, 따뜻한 훈기, 정열적인 희 · 노 · 애 · 락, 마음이 좁아 성급한 결론, 예민한 이념으로 헌신, 표면 좋지만 내심 복잡한 신경 작용, 역사적으로 비극적, 격하고 이열 이냉, 싫증, 한 곳에 있으면 불안, 공부, 연구. 학문 선호, 아이디어, 창의력 살려 성공, 은근한 화롯불.

■ 남여 아버지와 별 인연이 없고 자유로운 행동과 순응성이 대인교재관계에 있어서 좋은 분위기를 만들어낸다. 성급한 성격은 있지만 양기로 얌전하게 보이나 사소한 충격에도 히스테리적인 언행을 서슴없이 하므로, 주변사람 또는 상대를 깜짝 놀라는 일도 생기지만 절대 상대를 멸시하여 하는 일이 없고 자신의 영역

을 중요시한다.

■ 병 : 위장질환, 흉부질환, 병이 경미하다.

『戊』…사상(事象), 대립(對立), 정의(定義), 형용(形容), 성격(性格), 병(病)

■ 암석(巖石) 바위 : 甲, 戊, 己, 庚, 癸 있어야 '바위', 이해, 변화 생긴다.

戊는 바위, 신(信), 이동, 넓은 땅, 성(城), 제방, 대지, 산야, 조상, 원천(源泉), 고(固), 건(乾), 토(土), 습기(濕氣), 오기(汚氣), 만물 번성, 역(易) 바뀐다. 꽃이 피면 실작(實作) 개시.

●丙 + 戊 = 산 } (소리만 요란 실속 없고) } (화생토).
●戊 + 辛 = 산 } (소리만 요란 실속 없고) } (토생금).
●丁 + 戊 = 난로(봉사정신, 대중을 위하여) (화생토).
●乙 + 戊 = 꽃병(모양 좋으나 뿌리박지 못해) (목극토).
●壬 + 戊 = 뚝, 제방(방패 역할) (수극토).

■ 무너진다, 붕괴, 불안, 침착성 없어져 헷갈린다, 딱딱하고 메마른 건토, 일정한 곳에 있을 수 없고 물길 홍수를 막는 제방, 벽, 봉사정신, 원대한 꿈을 세워보려고 돌보아주기 좋아하고 풍부한 서비스 정신, 현실 감각, 경제 감각 뛰어나 환경 조건 따라 변모, 불리하면 피하지만 감당할 수 없는 제방이라도 끝까지 사수하는 요령, 관음(觀音)(자비)을 주는 사람, 영력, 사람을 살리는 일에 실력 발휘, 재산 형성이 이루어질 때면 일 할수록 재산 형성, 일단 헷갈리고 '미워 모략하면' 성사 어렵고 싫증난다.

■ 외모가 사랑스럽게 보이고, 얌전하며 원만한 교제, 사교술로 하여금 때로는 팔방미인 격으로 오해받는 일도 적지 않으며 부친의 선조, 영력과 밀접한 관계가 있다.

어려운 일에는 끈기와 인내력으로 대응하는 저력이 있고, 일이 잘 풀리지 않으면 임기응변의 대처 능력 좋고 금전을 잘 벌어도 저축이 잘 안 되는 특징이 생기며 여성도 가정, 물 계통, 영력 계통에 종사하는 사람이 많다.

■ 병 ; 독성 종양, 성병, 수족 통, 허리, 관절, 가슴, 비장.

『己』…사상(事象), 대립(對立), 정의(定義), 형용(形容), 성격(性格), 병(病)

■ 땅, 대지 : 甲, 己, 丙, 戊, 庚 있어야 '땅', 이해, 변화 생긴다.

己는 대지, 불안정, 선과 악에 대한 혼돈 헷갈림, 변화, 일단 성사된다.

기(紀), 만물의 시작(始作), 원곡(元曲), 머리를 일으킨다. 전원(田園), 육성(育成), 할목(割目).

● 癸 + 己 = 문전옥답(빗물이 넘치면) (수극토).

● 丁 + 己 = 임시 난로(모양 좋은 화로) (화생토).

● 己 + 辛 = } 문전옥답이 흙탕물에 잠긴다. (토생금).

● 壬 + 己 = } 문전옥답이 흙탕물에 잠긴다. (수극토).

■ 정, 색정, 윤희, 성장, 익어가는 상태, 전원, 평원, 안정지대, 흙, 자기본위, 가꾼다, 육성, 넉넉하다, 할목(割目) 역할, 영양소 많은 토양, 사계절 식물 열매, 불리하면 피하든지 숨든지 잘 될 때는

기발, 안 될 때는 숨는다, 서민적인 따뜻한 정, 유연, 색정, 주변 호감, 매력, 여성 대리형, 완고, 충실, 대지, 어머니 역, 무상, 예의, 끈기 있는 일, 직접 운영한 일에는 파란, 직장은 불안, 인연에 대한 변화 점차 좋아진다.

■주어진 일에 대한 질서와 기율을 잘 지키고 대인관계 있어서 포용력과 관용으로 대하므로 인망 높은 걸작인이 많다. 어려운 일에 대해서는 과감, 용기와 정열은 있지만 결단력이 부족하고 애정면에서 상대를 끌어들이는 힘은 좋지만 자기 고집, 주장 때문에 어려움이 생기게 된다.

■병 : 소화기, 폐장, 비장, 심장, 복부의 병.

『庚』…사상(事象), 대립(對立), 정의(定義), 형용(形容), 성격(性格), 병(病)

■광석, 쇠(연금) : 丙, 己, 庚, 辛 있어야, '쇠', 이때 변화 생긴다. 庚은 수(秀), 강인(强忍), 원광석, 다시 만들어내는 의식, 질(質), 맥(脈), 변화, 갱신, 덤벙대는 색정(色情), 불안정, 윤토(潤土), 경(更), 생장(生長), 개화(改化), 과일 익어 견강(堅强) 모습.

●庚 + 壬, 癸 = 금 (금생수).

●戊 + 庚 = 금 (토생금).

●丁 + 庚 = 칼 (화극금) 제련(精鍊).

●庚 + 甲 = 토끼 (금극목).

●庚 + 乙 = 전원용 가위(낫) (금극목).

■단숨에 끊어버리는 쇠붙이, 완고한 고집, 행동력, 일하기 좋아한

다, 해결할 일은 정당하게 싸운다, 인간미와 정의감 강하고 착실한 근성으로 일에는 혼신을 다 바친다, 부정, 불확실한 것 싫어하고 분명하게 매듭짓는 일에 성공, 접촉하기 힘든 사람, 정치, 실업, 운동, 외교, 무용, 금융, 성공, 수명 길고 건강, 쇠는 물에 부식, 젊어 고생하게 되고 몸에 상처 수술, 흔적, 남성은 정의감 강하여 부정을 용납 않는다, 몰리면 어떻게 되겠지 생각하는 경향 있고, 변화, 여난, 색정 난.

■ 적극적인 활동력에 의지력과 수완이 좋고, 화려한 외모에 비하여 적막한 내면의 모순, 고민사가 많이 일어나게 되지만 이러한 내면을 밖으로 표현하기 싫어한다.

건강하고 매사 다감하여 사회적으로 기여하는 능력이 뛰어나 자신의 입지를 발전시켜 나갈 수 있는 기반을 세우게 되지만, 경제적 내면은 어쩔 수 없이 어려워질 것이다.

■ 병 : 구공질환, 호흡기 질환, 흉부, 폐장, 신장.

『辛』…사상(事象), 대립(對立), 정의(定義), 형용(形容), 성격(性格), 병(病)

■ 보석 : 甲, 丙, 丁, 戊, 己, 庚, 辛, 壬, 癸 있어야 보석, 이해, 변화 생긴다.

辛은 길(道), 직도(職道), 매울 신(辛), 미각(味覺), 금속, 혁신, 신고(辛苦), 괴로움, 사금, 예리, 성급, 고난, 사고력 짧아, 강정, 오기(汚氣), 수세(水洗), 빛, 개경(改更), 신복, 성취, 숙연한 죽음.

● 辛 + 乙 = 가위로 꽃 모가지 자른다. (금극목).

●辛 + 甲 = 몽둥이, 집안이 콩가루 (금극목).

●丙 + 辛 = 색정, 병신 노릇, 문서 잃는다 (화극금).

■주욕, 수세, 단련, 다이아몬드의 빛, 잔소리 물고 늘어진다, 자기 본위, 주변 눈을 집중 감시, 완전주의로 완벽하지 못하면 마음 놓을 수 없고 집착, 연구, 열렬한 마음, 열성, 잔신경, 극도로 밀어붙인다, 꿩 먹고 알 먹으려 혼줄, 보석은 땅 속에서 나와야 빛난다, 다듬어내므로 진가 발산, 인생경험 수양 완성품, 품격 때문에 프라이드 높고 예리한 감성 우월성, 색다른 이색 화끈한 욕망으로 이성 문제, 현실적이고 합리적이며 까다로운 추구방식, 지위, 명예, 인기, 책임감 강하다, 스스로 발목에 찔리는 일도 생기게 된다.

■보기에는 위험스럽고 대인 교제상 까다로운 인상을 주게 되지만 사귀어보면 유순하고 현실적이고 인내력과 실천력이 강하며 무엇보다 책임감이 강한 행동파이다.

자존심과 체면 때문에 선뜻 남을 받아들이는 마음의 범위가 좁고 또한 쓸데없는 일까지 잔신경을 쓰기도 하고 걱정하는 일이 많으며 사회, 직장활동 많으면 가족 운이 불리하다.

■병 ; 흉부질환, 신경쇠약, 수술을 필요로 하는 병, 암, 다침(골절).

『壬』…사상(事象), **대립**(對立), **정의**(定義), **형용**(形容), **성격**(性格), **병**(病)

■내천(탁수) : 戊, 庚, 辛 있어야 '내천', 이해, 변화 생긴다.

壬은 승(勝) 승부, 강인, 파도, 주고받는, 피스톤, 속 터지는 일,

하수, 호수, 늪, 흐르는 힘, 방랑, 고난, 해도 해도 끝이 없고, 막막, 요란, 말 많다. 지내(地內) 팽창, 음이 양에 직진(直進), 입(立).

- 壬 + 甲, 乙, 戊, 丁 = 호수 (수생목), (수극토), (수극화).
- 壬 + 丙 = 파워(위력) 호수 위의 햇빛(노을), (수극화) 휘(輝) 미(美).
- 壬 + 己 = 오염이 옥답을 침수, 물이 넘치고 괴롭히며 (수극토).
- 壬 + 癸 = 대홍수, 홍수 속에 휘말려 돌이킬 수 없는 고난, 수난.

■ 움직이고 흘러간다, 속박 싫은 자유분방, 떠돌아 여행 즐기고 집 비우는 일 많다, 한곳에 오래 있으면 답답, 한 방울의 물이 삼천초목의 암벽 속의 골짜기를 통과하는 시련을 거쳐 큰 강으로 흘러간다,

물론 용기, 모양 따라 유연해지고 물이 홍수로 범람해지면 주변을 파괴하며 때로는 전혀 손을 쓸 수 없는 격한 행동, 강인한 행동에 비해 계산 없이 앞뒤 가리지 않고 휘말려버리는 약점, 땅 속에서 솟아나는 승부욕, 실패의 시련 속에서 솟아나는 성장, 자신의 선택이 좌우.

■ 용감하고 재지 빠른 책략가이지만 주변 환경조건, 때와 장소, 분위기 따라 상황 판단력이 달라지고 주고받는 승산, 현황 따라 승패가 좌우된다. 금전적, 물질적인 욕심보다 명예를 소중히 여겨 사회적인 문화 사업에 보람을 찾는 사람이 많고 또한 사회적으로 불우한 사람에게 따뜻한 봉사와 자비심으로 공헌하는 일이 많다.

■ 병 : 비뇨질환, 신장질환, 부인병, 냉증, 위장, 소대장 질환.

『癸』…사상(事象), 대립(對立), 정의(定義), 형용(形容), 성격(性格), 병(病)

■ 비, 눈, 서리, 안개 : 甲, 乙, 丙, 丁, 戊, 己, 庚, 辛, 壬 있어야 '비, 눈, 서리, 안개', 이해, 변화 생긴다.

●癸 + 癸 = 소나기, 대우大雨, 장대비.

■ 여름 비, 겨울 눈(변신술 좋고) 다정다감, 무형에서 유형, 만물에 단 비, 유연성, 순응성, 정직, 결벽, 연구심, 기억력. 사고력 좋고 역경에서 개척 의욕, 다예다재, 예술 작가, 철학, 종교, 물, 약물 교통 도로 이외의 사태로 통곡, 한 방울 한 방울이 모여 대하大河, 원만한 교제 거래가 가능, 지나치게 돌보든지 일 벌려 고난 자초.

■ 얌전하고 생각하는 면이 깊이 있으며 매사 적극성보다 신중하게 생각하고 수동적으로 판단하지만 한번 마음을 정한 일에 대해서는 무조건 밀어붙여 성공보다 실패가 많다.
프라이드가 높고 주변 충고를 전혀 받아들이기를 싫어하며 진실한 사람을 버리고 아부하는 사람의 말을 듣다가 큰 손실 또는 착오를 범하게 된다.

■ 병 : 요통, 위액, 혈액, 신장질환, 냉증.

(1) 갑(甲)의 천간(天干)과 타간(他干)과의 대립조화(對立調和)

●갑(甲)의 가상(假象) : 대목(大木), 가지[枝]가 달린 나무 일절.

●갑(甲)의 특성(特性) : 살아 있는 나무, 위로 힘차게 솟아오르려는 나무, 한(寒), 완(暖), 건(乾), 습(濕), '계절과 밀접' 한 관계를 갖는다.

● 갑(甲)의 장점(長點) : 올바르고, 곧은 발전, 독립독보.

● 갑(甲)의 약점(弱點) : 원생집(나무의 영역), 성장하기 위하여 서둘러 산의 장군 되려다 좌절.

● 갑(甲)의 본능(本能) : 나무 영역의 주동자, '신분과 지위'를 갖는 본능(本能), 나무는 희생되므로 사회적으로 필요로 하는 건축, 필수 재목으로 유용하게 사용된다.

● 갑(甲)은 양간(陽干) 경(庚), 무(戊)에게 극(剋)이 되면 더욱 특성이 발휘된다.

일시(日時) 점사(占事) 이용 생년월일(生年月日) : 본인과 상대 관계, 본인 갑(甲)에 찾아오는 갑(甲)년.

● **甲甲** : 상승 효과(비화), 뜻이 잘 맞고 동등한 계급에 상사에게는 충실, 라이벌, 속마음을 알 수 없어 '답답함', 우유부단, 흐름대로 서두르면 불리, 흐름은 유연.

고향, 살아온 곳에서 떠나온 사람, 하는 일이 뜻대로 풀리지 않고 어려울 때 웃어른과 의견 대립, 원리 원칙으로 지나친 고집, 주장, 거만(프라이드) 때문에 주변으로부터 소외, 고개 숙이면 일이 된다, 노력하면 10개월 또는 5년에 행운, 어려움은 인생터널 지나야 빛을 본다.

● **甲乙** : (비화) '목+목', 영역권 甲이 어쩔 수 없이 乙에게 얽히기 싫으면 이익 배분, 겁재, 영역이 넓혀지고 왠지 현실이 얽혀져 색다른 혁신 변동, 일을 벌이는 것보다 영역의 내실

을 잘 지키고 매사 신중을 기할 때며 특히 색정에 휘말리기 쉽다.

●**甲丙** : (상생) '목생화', (친자관계) 하는 일 순조롭고 소원, 승진, 복신에 본인[甲]의 편.

여름 월생 : 골치 아프고 혼줄 나는 일, 문제, 사건, 스트레스 받는 일 생기고,

겨울 월생 : 즐겁고 기분 좋은 일, 하는 일마다 기쁨이 생긴다.

큰일을 저질렀다가 '재미'를 못 보고, 다시 '일확천금' 꿈에 도전하고 싶은 의욕에 사로 잡혔을 때 성급하게 서두르면 좌절, 상생되는 년, 월이 돌아올 때까지 기다리면 행운 온다.

●**甲丁** : (상생) '목생화', (땔감나무) 甲의 헌신적인 봉사로 영역권이 사라지고 만일 丁이 불륜, 색정관계라면 5년~10년 유지된다.

추진하고 있는 일이나 계획은 70% 자금 부족, 능력 부족으로 애 먹고 있을 것이지만 주위 도움 없이 자신의 추진력을 살려 뛰면 성공된다.

여성은 승기(勝氣), 공동사업은 불리, 독신자는 영립, 매사 능력이 약하여 반(半) 정도 성사된다.

●**甲戊** : (상극) '목극토', (바위 위에 연명하는 나무) 다른 곳으로 소동(疎動)하기 바라지만 나무 사정 지지 상생되면 이사, 이동,

부동산을 손에 넣을 수 있다.

현재 고립무원,우환, 재난,현존에 동요, 戊는 건조, 피로와 실망만 따른다.

실패, 쇠운, 실패 본 경비를 다른 곳에서 만회해 보려고 '애' 를 써보지만 서두르면 서둘수록 침체, 일단 후퇴하고 때를 기다려야 할 때, 언쟁, 주변으로 불신으로 고립, 가난보다 겸손.

● **甲己** : (상극) '목극토', (문전 옥탑에 침범한 나무) 음양(陰陽) 중정합화토(中正合化土) 자기 본위, 성급하게 서둘지 말고 (때와 시간이 해결) 습토로 하여금 위로 나무는 신장, 아래로 뿌리 깊게 뻗는다.

운기하강, 하는 일마다 뜻대로 잘 안 되고 실수, 헷갈림 많으며 살기 좋았던 영역, 거주지에 동요온다.

언동, 색정문제, 거주(토지) 환경 파란이 오고 넓은 마음과 아량으로 '상생년월' 까지 매사 참아 나가면 행운이 찾아온다.

● **甲庚** : (상극) '목극금', 나무가 잘리는 것, 벌목은 금극목, 목극금은 나무 가지치기, 정비, 해결(가지 제거) 끊어버리고 잘리는 아픔, 甲의 신장에는 도움되지만 본체는 잘리기 싫어한다. 庚은 낫(흉).

주어진 재산, 바른 돈에 의존, 태만하게 놀고 먹어온 사람, 자신의 출세를 위해서는 자존심 아부, 재력, 몸을 벗어 던지고 주변 도움에 매달리게 되면 자신이 바라는 목적이 이루어진다. 현재 불안, 일에 대한 성패 시달리면 길 방위를 이용하여 도전, 출발하면 된다.

- **甲辛** : (상극) '목극금'은 없다. 나무는 몽둥이, 곤봉(棍棒), 톱밥[分散], 여름의 월생은 수원력(水源力) 나온다. 취미에 맞는 일에는 집념 강하고 그 외는 관심 역부족, 제멋대로, 별 힘 나오지 않는다. 꿩 먹고 알 먹으려다 몽둥이 감, 하는 일 고집불통, 주장, 돈은 벌리지 않고 색정 잡기 불행, 이상 상태로 가족간에 흩어져 있고 해결할 수 없는 어려운 사정 때문에 '진퇴양난'에 놓인다. 하는 일마다 잘 풀리지 않으며 싸움, 파란, 일 변화, 신세 짓는 일 많으나 한 길을 서둘지 않고 길(거래) 학술을 거듭하면 개운의 문이 열린다.
- **甲壬** : (수생목)의 역경, (목생수)는 없다. 물의 파도는 목편(배) 표류, 뿌리를 박지 못하는 나무, 시간이 갈수록 뿌리는 썩고 壬 흘러내려 가는 하수에 甲 나무, 고맙지만 사양 거절, 속상해 점차 행운 진입, 생각지도 않은 영립, 알선, 주선으로 점차 발전되는 운기로 안정을 찾을 수 있고 큰 일은 위험하며 사소한 일은 풀리며 금전관계 있어서는 돈을 잡기 위해 모아 놓은 돈은 변재하려 하면 또한 써야 할 일 때문에 변재하는 데 어려움 따른다.
- **甲癸** : (수생목)이 역경, 자신의 모순을 개선하려면 심신의 수양, 연마, 단련이 필요하다.

여름 월생 : 단체, 회사, 조직,상사의 은혜, 영립, 육성의 기쁨 생기고 봄비 만나는 격.

겨울 월생 : 정지와 건약, 심신이 지나칠 정도로 과잉보호하는 격, 영역문서 잃고 통곡,

무언가 되겠지 하는 조급한 마음으로 앞질러 나가면 되려는 일 하나도 癸(안개) 안 된다. 침착하게 검토 목적을 한 발 한 발 밀고 나가야 성공, 들뜬 기분, 멋대로 행동, 남녀 하는 일 많고 이때의 색정문제는 두고두고 후회, 고생한다.

■ 甲…丙, 癸, 己…나무는 잘 자란다.

- 甲甲 : 답답하다.
- 甲乙 : 엉켜 이익, 겁재.
- 甲丁 : 땔나무.
- 甲丙 : 친자관계…복신(풀린다).
- 甲庚 : 나뭇가지 치기.
- 甲戊 : 고립무원, 이주, 주거변동, 재력문제, 우환, 재난.
- 甲辛 : 깝신거려 몽둥이 감.
- 甲己 : 상호 협동.
- 甲壬 : 방향 잃은 돛대배.
- 甲癸 : 여름 생은 연마 육성, 겨울 생은 정지.

(2) 을(乙)의 천간(天干)과 타간(他干)과의 대립조화(對立調和)

- 을(乙)의 가상 : 초화(草花), 나뭇가지에 달린 잎, 풀, 넝쿨 일절.

●을(乙)의 특성(特性) : 살아 있는 초화, 풀, 잔디, 순하고 연약하게 보이지만 한, 완, 건, 습, 환경 조건 따라 유연하게 장해물을 피해 가면서 잘 자라게 된다.

●을(乙)의 장점(長點) : 순하고 유연하며 풍부한 감성이 있다.

●을(乙)의 약점(弱點) : 백화요란(白花燎亂)스럽고 쑥스러워하는 성질이 있다.

●을(乙)의 본능(本能) : 안전과 평범, 자신 옆에 갑목(甲木)이 있으면 많은 은혜 입고 기쁨이 그치지 않는다. 갑(甲), 목(木)의 그늘 아래서 자기 자신을 마음껏 즐길 수 있다.

●乙甲 : (목목비견) 의지하고 기대할 수 있는 사람, 의지할 곳, 일(먹고 살 수 있는 일) 생기며 을(乙)의 파워가 강하면 갑(甲)은 넝쿨에 휘여 감겨 갑목의 수명을 위협받게 되므로 질병, 불륜 관계 등으로 시달리게 된다.

을(乙)이 순응하면 점차 호전, 근본적인 선택 따라 발전 양상이 달라지고 지나치게 서둘게 되면 짜증스러워지며 壬癸월부터 하는 일 잘 풀리고 명예, 문서, 승진, 육성 키워내는 데는 유리하지만 금전 욕심내고 망동적인 행동은 실패를 자초한다.

●乙乙 : (목목비견) 무성하게 살아난 잡초, 쓸모없는 일에 보수적, 양자(처가살이)운 있고 모방된 일, 동창, 라이벌, 동등계급, 여성 숭배.

본인의 일보다 주변 타인 라이벌에 신경 써 헷갈리는 실수 많고 자신의 방어 능력 부족으로 색연, 신용, 실패, 좌절, 몸을 그르치기 쉬우며 꽃피는 꽃을 풀밭으로 만들어 놓는다. 여성 가정불화, 이별, 별거 생기고 심신 개혁에 노력하면 7개월, 2년 이내 행운 찾는다.

- 乙丙 : (목생화) 꽃이 만발, 바라는 소원성취, 주변으로부터 흠모의 대상, 벌, 나비 따른다.

  여름 월생 : 매사 피로하고, 괴로워도 힘찬 노력으로 일을 성취시킨다.

  겨울 월생 : 매사 즐겁고 일에 대한 기쁨과 소원이 성취된다.

  매사 거창하고 화려한 것을 선호, 꿈, 하고 싶은 욕망이 많으며 사소한 일에는 안중에 들지 않고 꽃피는 '시간, 한계 되면 지는 법', 자신의 행동 따라 길흉의 행방이 달라지며 모양은 좋지만 결말은 원한, 사고, 질질 끌려 다니면서 깨진다.

- 乙丁 : (목생화) 잔디 풀(허신), 문예(文藝)의 연관.

  여름 월생 : 매혹되기 쉽고 일에 헷갈림, 어려운 고난(희생)에서 다시 솟아오른다.

  겨울 월생 : 매사 즐겁고 불로 하여금 기쁨, 조건 좋은 일 생긴다.

  때를 놓친 감이 들지만 바라는 일에 기회 있고 눈욕 헷갈려 제멋대로 판단 행동함으로써 색정문제 얽히게 되고 올바른 판단력으로 일을 진행하게 되면 壬, 癸월에 성공할 것이다.

● 乙戊 : (목극토) 꽃병(인과관계), 특별나게 보여 재벌 2세에게 눈독, 인연, 선택의 어려움 있어도 애써온 보람이 따른다. 뿌리를 박지 못하는 불안감.

쇠운, 집안에서는 어려움, 직장에서는 말썽, 어떠한 대책도 나오지 못해 이러지도 저러지도 판단하기 어려울 때, 하는 일 잘 안 되어 자포자기, 길 방위에 여행하면 미혼자는 좋은 인연, 기혼남녀는 자식 버리고 떠나려 한다.

● 乙己 : 들에 핀 꽃, 대지의 총애를 받아 오다가 애써 온 공적에 손실오고 유혹, 속임수, 모양은 좋게 보이지만 습기 때문에 조화가 맞지 않을 때 대흉살, 지난날의 실패는 생각지 않고 어떻게 되겠지 하는 마음.

계획 없이 새로운 일을 저질러 실패, 이때는 본인 힘으로는 역부족, 가까운 사람과의 유대관계로 일을 진행해 나가면 70일 내지 7개월 내에 좋은 방위로 이동하여 실패를 만회할 수 있지만 주변 마찰, 관재구설에 조심할 때.

● 乙庚 : (금극목) 들에 핀 초화(草花)가 무차별 큰 가위로 끊긴다. 정리, 생이별, 변심 마음에 걸리는 일, 음양 인의합화금(仁義合化金)은 꿩 먹고 알 먹으려는 신(辛).

평운 일상생활, 집안 사정 어려워 새로운 방법, 이동, 이직,

개혁하기 바라지만 마음의 결정이 갈팡질팡 결정하기 힘들 때, 매사 서두르면 일을 그릇치고 뒷줄을 활용하고 생년월이 상생되는 년월이 찾아올 때 일을 벌리면 행운이 찾아온다.

●乙辛 : (금극목) 가위로 꽃 모가지 끊긴다. 직업 변동, 생활고, 가까이 친근감을 주기 싫어해, 전혀 말이 먹혀들지 않아, 일석이조 허황된 꿈, 실현 불가능한 일, 색정.
하는 일마다 실패하는 원인은 마음의 중심을 잡을 수 없고 욕심과 욕정, 색이 원인이 되므로 무엇보다 정신 상태를 수정하고 기도, 80일 8개월 수도하면 행운이 온다.
병마에 조심.

●乙壬 : (수목) 이는 수생목 아니다. 초기는 어려워도 뒤(결과)는 (수생목). 호반에 피어나는 꽃, 명성과 낭만, 임관대길(任官大吉).
여름 월생 : 좋은 일(벼슬에 오르는 직위), 환경 조건 생긴다.
겨울 월생 : 호숫가에 피어난 꽃은 파도에 떠내려간다.
침체 상태에서 천우신조의 기회, 점진적인 발전을 맞게 될 것이고 주위의 도움, 상담, 알선 거래, 분수와 정도에 알맞은 범위를 유지하면 뜻 이루어진다.

●乙癸 : (수목) 수생목 아니다. 결과는 수생목, 빗방울 속에 피어나는 처량한 꽃.
여름 월생 : 친자관계가 되어 하는 일마다 상부상조, 영립.
겨울 월생 : 피어난 꽃이 썩어들어 간다.

지금으로부터 손대는 일은 잘 풀리고 소득, 문서, 명예를 얻을 수 있지만 지나치게 서둘러 벌리는 일은 불리, 어떻게 되겠지 하는 마음, 강요, 밀어붙이려 한 일은 뜻하지 않는 재난을 당하여 하늘 보고 통곡하게 될 것이다.

■乙…丙, 癸, 己 꽃이 피고 잘 자란다.

- 乙甲 : 의지하고 도움주는 형.
- 乙丙 : 꽃이 만발, 소원성취, 인기, 승진.
- 乙乙 : 무성하고 쓸모없는 잡초.
- 乙戊 : 꽃병, 뿌리박지 못하는 아쉬움.
- 乙丁 : 잔디, 꽃, 사람 발에 짓밟혀.
- 乙庚 : 들꽃, 초화를 낫으로 정리.
- 乙己 : 들에 피어난 화초(花草), 유추.
- 乙壬 : 호반에 피어나는 꽃.
- 乙辛 : 꽃 모가지가 잘리는 아픔.
- 乙癸 : 빗방울 속에 가련하게 피어난 꽃.

(3) 병(丙)의 천간(天干)과 타간(他干)과의 대립조화(對立調和)

- 병(丙)의 가상(假象) : 태양(太陽)의 꽃.
- 병(丙)의 특성(特性) : 천간(天干) 중에서 가장 강렬한 빛, 일방적으로 빛의 영향을 주면서도 타간(他干)으로부터 저항을 받는다.
- 병(丙)의 장점(長點) : 자기현시(自己顯示), 단독, 톱, 화미(華美), 조용하다.

● 병(丙)의 단점(短點) : 극성(極性), 앞뒤 생각 않고 격(激)하다.

● 병(丙)의 본능(本能) : 재(財), 금융, 명성, 태양 빛, 큰 열기, 힘준다, 봄에는 육성, 가을에는 곡물을 건조, 겨울에는 눈을 녹여준다.

하늘의 태양, 하나 있어야 최강 작용, 둘이 있을 때는 큰 문제, 어려움, 만물 녹인다.

● **丙甲** : (화목) 결과가 목생화, 문서, 명예, 승진, 육성, 순리, 처음은 상당히 어려워도 결과 좋다.

여름 월생 : 자아(自我)가 지나치게 강하며 상대를 어렵게 만드는 일 많다.

겨울 월생 : 본인으로 하여금 모든 일이 우연하게 살아난다. 순조로움이 일시적으로 막혀 색다른 계획을 세워 탈출을 계획하지만 이는 지나친 큰 욕망 때문에 일어나기 쉬우니 순리에 맞춰 나가면 뜻 이루어진다.

● **丙乙** : (화목) 처음은 될 듯하지만 잘 안 되고 과감하게 낚아챌 때 [乙]…(목생화) 꽃봉오리 활짝 핀다. 육성의 순리 따라 초화(草花)의 자태는 달라진다.

여름 월생 : 자신의 어려움 때문에 상대를 괴롭히는 일 많이 발생한다.

겨울 월생 : 활짝 피어오른 꽃, 기쁨주고 활력을 집어 넣어준다.

설마 안이하게 생각하고 벌린 일이 점차 심도가 강해져 모양에 치중하게 되며 주변 의견 무시하고 마음대로 행동하는 변화로 그르치기 쉬우니 자제력이 필요할 때.

●丙丙 : (화화) 열광이 넘쳐 견뎌내는 데 힘들 때 싫어져 감당하기 힘든다.

여름 월생 : 라이벌, 동등한 자리, 동압, 동기, 사실은 불필요한 존재(껄끄러운 관계).

겨울 월생 : 문서 취급, 정리할 문제나 사건 해결이 우둔하다.

지나치게 밝히고 쓸데없는 간섭과 걱정으로 주변을 불안하게 만들고 분수와 정도에 전혀 맞지 않는 욕심으로 집안 식구를 못살게 하며 앙심 말에는 꼬리를 물고 늘어져 못살게 굴어 부부 이별, 시름 많아진다.

●丙丁 : (화화) 질서, 정열, 친자관계, 양반과 하인 관계, 의리, 예의, 대부 역할.

여름 월생 : 예의 바르고 영리하다.

겨울 월생 : 우둔하다.

호화로운 유행 무드, 사치스럽고 화창한 곳에 마음 끓이고 들뜬 기분에 색다른 쓸데없는 부탁 들어주어 손실, 색정난, 사람관계는 어려움.

●丙戊 : (화생토) 자신의 노력과 선택 따라 하는 일 잘 풀리고 산 하늘에 눈부신 햇살(능력).

여름 월생 : 성급하게 서둘러 잘 될 일을 그르치기 쉽다.

겨울 월생 : 즐거운 비명, 하는 일마다 좋은 결과, 바라는 일 쟁취(계약).

계획 없이 달라붙는 일, 거만 등은 주위 신용 잃고 충동력 때문에 교제, 만회, 지출 많아지고 베푸는 데 박정, 건실한 일은 행운, 설마는 가정평화 지킬 수 없고 곤경.

● **丙己** : (화생토) 분수와 정도에 알맞은 빛은 옥탑에 행운, 빛이 지나치면 가뭄에 땅이 분열.

여름 월생 : 고달파지고, 고난을 자초하는 일이 많아진다.

겨울 월생 : 활동력이 살아나 기쁨 생긴다.

앞뒤 가리지 않고 밀어붙여 어렵고 지나치게 넓혀 놓은 일 지키고 마무리 짓는데 어렵지만 의욕, 용기, 심중한 검토는 행운.

독신자, 혼인관계는 걱정 사 생긴다.

● **丙庚** : (화극금) 광석을 태양 불로 녹여 보려 하지만 속만 터지고 망신 발각, 폭로.

여름 월생 : 멍청하게 일을 벌려놓고 버리게 된다.

겨울 월생 : 활력이 살아나 어려움을 극복하면 기쁨 생긴다.

근거나 터무니없는 일로 분별력을 잃어 마찰 생기고 신경질, 부득이한 사정으로 이동, 이전 단행하면 불리, 여성은 살기 어려워져 집 나가려 할 때.

● **丙辛** : (화극금) 되지만 음양 위제화합수(威制化合水), 계수(癸水), 병신 짓을 하여 통곡, 보석이 태양 빛으로 지나치게 아름다운

빛, '꿩 먹고 알 먹으려는 속심' 때문에 실패, 통곡, 이성문제, 어려움에 시달렸다가 점차 해결, 가출인 신고로 해결원하고 성공하기 위한 바람, 시작한 일은 문제, 사건, 이권, 욕정관계 때문에 물레방아, 계(癸)…서로가 등을 져야만 끝이 난다.

● **丙壬** : (화수) (수극화) 호수 물 위에 반짝이는 노을, 햇살, 파워, 대중으로부터 지지, 문서 소멸.

여름 월생 : 주변으로부터 영립, 주목, 인기, 은혜를 입는다.

겨울 월생 : 맥(힘) 빠진 상태, 뜻하지 않게 기쁨 찾아와 날뛴다.

고난, 마찰, 언쟁, 불이익을 알면서 될 대로 되라지 하는 마음으로 요행이란 희망 속에 억지로 어려움을 무릅쓰고 믿었든 것이 때를 만나 이루어 질 때, 전혀 불가능에서 인기호응.

● **丙癸** : (화수) 태양이 구름에 가려 하늘의 제압권을 일시적이나 비구름에 제압, 영향권을 행사, 일시적이나마 빛은 마비되어 태양은 계수(癸水) 먹구름이 깔려 있는 상태를 싫어한다.

집안의 어려움, 일(사업, 직장), 가계, 질병, 사고, 이러지도 저러지도 못하는 '사면초가', 남성은 색정, 여성은 이별, 생각하면 괴로워할 때.

일시적인 상태로 참고 기다려 보면 행운, 성급하게 서두르면 영영 후회할 뿐.

■丙…丁, 戊, 己…甲, 乙…빛의 진가다.

- 丙丙 : 견디기 힘든 열과 하염(下嫌).
- 丙庚 : 태양 빛으로 광석을 녹이려, 변경, 망신, 속임수, 속 터지는 일.
- 丙辛 : 더욱(허영, 사치) 병신, 색정, 가출, 법 투쟁, 다스려.
- 丙壬 : 햇살, 파워, 영립, 될 대로, 약, 문서 소멸.
- 丙癸 : 양보, 경쟁.

(4) 정(丁)의 천간(天干)과 타간(他干)과의 대립조화(對立調和)

- 정(丁)의 가상(假象) : 인공(人工)으로 만들어 낸 불, 지상(地上)의 불, 화효(火燒).
- 정(丁)의 특성(特性) : 유순하면서 밝아 융화(融和), 왕쇠강약(旺衰强弱), 불문, 특성을 유지한다.
- 정(丁)의 장점(長點) : 풍부한 감정에 온순하며 일에 대한 사고력이 깊고 일에 끈기 있다.
- 정(丁)의 단점(短點) : 성질 나면 격렬해지고 파괴력을 쏟는 이판 삼판격.
- 정(丁)의 본능(本能) : 지(知), 학문적 지혜, 촛불(어둠을 밝히는 불, 선생, 교사, 판관), 숯불(사회복지 따뜻한 인정), 인정, 색정, 동정, 쇠를 녹이는 카바이드, 용광로, 인공 불, 기계 제작, 은근한 불, 미장원, 불고기, 변화가 극단적인 불, 폭약 등이 있다. 매사 정 때문에.

정(丁)은 평시는 느긋하지만 사소한 일이라도 마음에 맞지 않으면 열화가 터져 격렬, '화' 잘 낸다.

- 丁甲 : (화목) 목생화 아니다, 일시적인 인연관계로 행복하지만 갑(甲)은 정(丁)의 연료 대상이 된다.
  한 목적을 세워 출발해 보려고 할 때 철저하게 알아보고 별 이상이 없을 것을 확신해 일을 추진하면 뜻대로 순조롭게 풀려 나가지만 지나치게 꿈 많고 욕심내면 좌절하며 털리는 신세.
- 丁乙 : (화목) (목생화) 전혀 힘을 쓸 수 없는 선향화화(線香花火), 잔디 풀, 정신 차리라.
  불꽃 모양, 정(丁), 정에 치중, 들뜬 기분 현혹되어 정신 못 차린다.
  사소한 일이나마 계획을 세웠다가 벽, 장애에 부딪혀 동요, 헷갈림, 결정짓는 데 힘들 때, 주위에 좌우되지 말고 밀고 나가면 사업자는 자금 부족, 직장인은 박봉이지만 참고 노력하면 9개월 후에 좋아진다.
- 丁丙 : (화목) (비화) 정성을 다 바쳐 노력하며 애쓴 일, 벌어(공양)왔지만 전혀 응답이 없고 오히려 탈취, 손재, 스트레스, 격분, 고민할 때.
  음성적인 행동력 때문에 주변의 권고, 주선을 받아들이면 새로운 변화로 하여금 충동적인 멋, 가시적이고 혁신적인 유행에 현혹될 것이나 현실을 지키면 별 탈 없다.

●丁丁 : (화화) (목생화) (비화) 모양, 닮은 꼴, 지적인 경쟁, 격분, 편지, 이론으로 승기를 잡아보려 할 때.

가정불화, 언쟁, 이동, 업종 변경, 지나치게 범위 넓혀 어려움을 자초, 공동 경영, 남에게 의지하지 말고 단독으로 하면 성공, 남성은 들뜬 기분, 전환을 바라고, 여성은 남에게 유혹 또는 하는 일 폭발로 큰 손재.

●丁戊 : (화생토) (목생화) 대중을 따뜻하게 돌보아주는 난로, 인정, 조절하고 수용할 때, 장수.

여름 월생 : 모든 것이 매혹된다.

겨울 월생 : 매사 역 부족, 힘 부족으로 따돌림 받을 때다.

지금까지 참아 왔던 영역이 요동치고 주변에게 새로운 희망을 심어주며 주변을 독려하고 충동에 사로잡히게 된다.

지키면 안정, 지나치면 불리.

●丁己 : (화생토) 자기 혼자 불 쪼이는 임시 화로, 어쩔 수 없는 정, 가족 불만, 본의 아님.

여름 월생 : 주위 시끄러워 멀리 소외시켜야 할 존재.

겨울 월생 : 주위는 좋아져도 자신은 불평 불만.

쓸데없는 일 벌리지 않으면 길, 진퇴양난 시에는 어쩔 수 없이 물러나는 것보다 6개월 참으면 해결, 색정, 불륜으로 이별 바라지만 자식 때문에….

●丁庚 : (화극금) 치솟는 열광에 녹아나는 광석, 쇠의 탄생, 다듬어

지는 칼, 출세.

여름 월생 : 말 많은 지배인, 대변하는 자세, 일정 영역(세트) 지배가 필요.

겨울 월생 : 자신에게 주어진 광석을 어떻게 녹이는가에 따라 지배력이 달라진다.

하는 일마다 분열, 마찰, 깨지는 일이 많고 이때는 일단 중지. 색정, 부정, 불륜, 해어질 수 없으며 여성은 웃어른 말에 반항 또는 몸을 망친다.

● 丁辛 : (화극금) 정신 차려야만, 보석 체면을 유지. 자신감이 지나쳐 폭주, 균형 맞춰야.

유통상 승부욕, 가슴에 못 박는 일, 전혀 알 수 없는 기운으로 맥 빠지고 힘의 손실, 주위의 신망 잃고 어려움에 빠져 있는 상태, 외면은 웃고 속으로 칼 갈고 있으며, 어떻게 보복 골탕을 먹일까 앙심 때문에 불운, 여성 몸 그르치기 쉽고, 오직 마음을 개선하면 4개월 후 행운, 유부녀는 잔꾀부려 집안 엉망.

● 丁壬 : (화극수) 불빛이 어두운 호반에 빛을, 음양 음란합화목(淫亂合化木) 을(乙), 좋든 싫든 탈선, 영역, 형제간에 만나고 뒹굴어야 할 일, 문제 사건, 지혜 끌어 덕에 빛춘다.

자만, 거만, 남을 하찮게 취급함으로써 실패, 현재 손실을 감수하고, 물러나야 할 때, 의리, 인정을 제제로 하는 일 시작은 원수 취급되어 더욱 어렵고 오직 정도(正道), 남녀 색정, 불륜관계는 뒤에 재난 따른다.

- 丁癸 : (화극수) 바치고, 헌신적으로 노력하여도 알아주지 않아, 비물로 타오르는 화기(火氣)는 꺼진다. 관재 해결할 일, 색다른 이질적인 일, 마음에 안 드는 일에 어쩔 수 없이 접근 상태.

  불운, 어려운 나머지 어떻게든지 악심을 품고 살아, 참으면 10개월 10년 후에 행운, 남녀 신용 잃고 제 멋대로 행동하면 불운, '참고 때를 기다려야 할 때'.

■ 丁…乙, 丙, 戊, 己, 辛, 壬, 癸…인공 불이다.

- 丁丁 : 카바이드, 굴속을 비치는 불.
- 甲丁 : 땔나무, 연료.
- 丁庚 : 용광로, 쇠를 만들어내는 물.
- 丁己 : 본인 뜻이 아닌.
- 丁辛 : 관재, 손실, 마음의 상처.
- 丁癸 : 선뜻 마음의 문 안 열려.

(5) 무(戊)의 천간(天干)과 타간(他干)과의 대립조화(對立調和)

- 무(戊)의 가상(假象) : 산, 산악(山嶽)의 바위, 토, 돌, 암석(巖石), 제방(提防).
- 무(戊)의 특성(特性) : 바위, 돌과 같이 딱딱하고 무거운 콘크리트(돌가루 일절), 만물의 근원, 건축(건립) 역할을 맞게 되고 행동력(활력)

에는 건(乾)보다 어느 정도 습기(濕氣)를 갖는 것이 유리하다.

●무(戊)의 장점(長點) : 보수적(保守的), 강기(剛氣), 입이 무겁다.

●무(戊)의 약점(弱點) : 견고(堅固), 자만심(自慢心).

●무(戊)의 본능(本能) : 신용(信用), 요령, 이동.

축진미술(丑辰未戌) 월생 : 매사 원만하고 좋지만 對沖이 될 때는 地震 일어난다.

춘하 월생(春夏 月生) : 활동력이 좋아지고 자연 발복(發福).

추동 월생(秋冬 月生) : 태양이 남 방향에 발휘된다.

●**戊甲** : (토목) (목극토) 불모(不毛)의 바위 틈에 서 있는 대목, 잘 커보라는(잔소리) 신경 써주는 말, 외롭게 보존하고 살아보려는 욕망, 남의 짐을 짊어져야 할 시발점.

불운, 진퇴양난, 때와 선정 잘못으로 고생 아닌 고생을 자초, 새로운 시작은 본인의 처지를 어렵게 만들고 현실을 지키면 5개월 후부터 좋아진다.

●**戊乙** : (토목) (목극토) 꽃병에 꽃에 관계, 꽃이 꽃병을 감싸줌으로써 꽃병의 가치는 더욱 아름다워지지만 전혀 믿기 어려운 일(문제 사건)에 휘말리기 쉽고, 쌍갈래 길, 버텨보려는 괴롭고, 피로, 병난에 시달리는 기세. 모든 일이 여의치 못하고 집안 어려움 아니면 부부 이별, 이러지도 저러지도 못한 딱한 사정, 결정 따라 하는 일 부서지고, 참고 기다리면 해결 방법 나온다.

●戊丙 : (토화) (화생토) 웅장, 산이 태양의 빛으로 신선함을 과시, 산의 만물에게 유익.

여름 월생 : 무리하게 벌린 일, 억지를 써 어렵게 된 일, 난제 해결하는 데 힘든다.

겨울 월생 : 따뜻하고 의의로 많은 사람이 몰려든다. 무병.

매사 순조로워 큰 일 벌리면 어려워지고 오직 현실을 지키는 것만이 좋으며 지나친 사치, 허영, 소리 있고, 형태 없어 주위에게 실망준다.

●戊丁 : (토화) (화생토) 무정(無情), 난로 속에서 타고 있는 재능, 애정, 행운, 균형 있는 화염.

여름 월생 : 보기와 달리 무정하고 날카로운 성격.

겨울 월생 : 믿을 수 있는 사람들이 몰려온다.

행운, 진일보, 분명하게 알아보지 않고 찾아 공으로 끝나고 그렇다고 일 벌리면 흉, 욕심과 변심은 운기 죽이기 쉽다. 찾아오는 운기를 기다릴 줄 알아야 한다.

●戊戊 : (토토) 비화관계, 바위와 바위가 심하게 부닥치는 관계, 행동적, 마음속으로는 사랑을 받기 원하고 갈등, 솔직하지 못해, 요령 좋고 사람을 잘 다루며 도움주고 설득력이 좋아 인기, 고집(잘난), 위를 배신 적을 만든다.

묵묵하다.

약운, 일(사업), 주거(부동산 이사), 직업, 헷갈림, 성급하게 서둘러 일 벌리면 어려움, 재난을 부르게 되고 적은 일이라도 한 발 한 발 오르면 성공, 부부 사이의 이별은 참아야 한다.

●**戊己** : (토토) 비화관계, 바위가 땅에게 영향, 썩은 인연, 애정, 색정, 불륜, 끊을 수 없는 관계, 사장과 부하관계, 부드러운 땅[己], 바위[戊]가 지켜주는 관계, 무기력.
지나친 욕심, 인정, 사정없는 약점(부도), 일이 꼬여 변동, 중도 좌절 때문에 돌아보는 기회가 없을 때 반성하고 물러나면 6개월 내 행운, 여성은 남편의 동요 때문에 고난, 경거망동은 더욱 손실.

●**戊庚** : (토생금) 바위(광석)에서 강인(强引)하게 금을 뽑아내는 형태, 조정 가능성도 있지만 요령이 좋고 적극적으로 최종에는 성공, 시련 속에 금은 다듬어지고, 미혹(迷惑) 피해주고, 파란극복으로 채광, 병은 치유, 무경 시아.
평운, 불평 불만 많고, 앞뒤 가리지 않는 성격, 불정, 불량, 불륜, 감언유혹으로 하여금 출비가 많지만 마음 행동을 개선하면 70일 후 행운, 젊은 여성은 쓸모없는 남성 유혹에 가출, 늙은 할머니는 자식과 떨어져 남의 집에 신세 짓는 불운.

●**戊辛** : (토생금) 산이 갖고 있는 아름다운 빛나는 보석을 뺏기는 쓰라림, 일시적으로 좋게 보이지만 결국은 실패, 신경질적으로 힘을 탈취, 돌보아 주었는데 보답보다 욕, 물질적, 꿩 먹고 알 먹으려다 욕, 실패, 무신론.

정상, 정복의 빛이 내리막길, 환상적인 꿈과 희망에 사로잡혀 일을 벌였지만 신경질적, 사기, 오기로 악순환, 사소한 일이지만 선악의 갈림길, 남성 현실 지키면 길, 여성은 대사 어려워질 때.

- **戊壬** : (토극수) 흐르는 물길을 지켜주는 제방, 뛰어난 장래를 약속받을 수 있지만 지나친 자제심 때문에 주어진 좋은 기회를 놓치기 쉽고 물, 내천과의 균형이 맞아야지 제방 둑에 범람해지면 붕괴, 항상 지속할 수 없는 불안(산사태).

  불운, 분수와 정도에 넘치는 일을 시도하게 되지만 매사 허탕, 때를 기다리는 것이 좋지만 마음의 안정 잘 안 되고 마찰(싸움), 싸울수록 불운을 부른다.

- **戊癸** : (토극수) 戊의 바위는 癸의 비로 하여금 깨끗하게 씻겨 신선미를 받게 되지만 빗물이 오래가면 침식 우려, 미남미녀 많고, 원하고 바라는 소망, 음양지합.

  운세 하강 기미, 앞뒤를 가리지 않고 지나치게 밀어붙여 매사 어렵고 반 정도의 결과만 나오게 되며 새로운 계획을 세워 시도하게 되면 성공, 남녀 색정 난 생긴다.

- 戊乙…화분, 꽃병.
- 戊丙…아름다운 산.
- 戊丁…난로 노(爐).
- 戊壬…제방.

●戊戌…바위, 암석.

●戊…흙…바위, 돌.

(6) 기(己)의 천간(天干)과 타간(他干)과의 대립조화(對立調和)

●기(己)의 가상(假象) : 전원(田園), 옥답(沃畓), 대지(大地).

●기(己)의 특성(特性) : 춘하추동, 식물 육성 손해, 될 성 싶으면 도망, 생사, 축장(蓄藏).

●기(己)의 장점(長點) : 대지와 같은 모정, 순(順)하고 예의 바르고 근거 건실(애정 깊다), 서민적 반복.

●기(己)의 약점(弱點) : 지나친 점착성(粘着性), 헷갈려.

●기(己)의 정(情), 색정(色情), 윤회(輪廻)의 본능(本能)

甲, 丙, 癸 춘하(春夏) 월생 : 윤습(潤濕) 있으면 발전.

추동(秋冬) 월생 : 甲, 丙 없으면 발전하기 어려우므로 남방을 이용하면 발전, 한, 완, 건, 습.

여름 월생 : 丙 있으면 땅을 초토화시킨다.

●己甲 : (토목) (목극토) 깊은 낭만적인 애정, 시간이 갈수록 땅에게 자양분(거름)을 준다.

신체적인 건강, 하는 일(사업, 직장), 위의 영립, 충고, 알선도 있겠지만 매사 하는 일 뜻대로 풀리지 않고 저주, 헷갈림, 주위 의견 따르면 이루어진다.

본인 고집으로 일을 벌이면 일생을 좌우하게 되고 부부 사이, 건강상에도 어려움이 생긴다.

● 己乙 : (토목) (목극토) 乙의 화초가 시들어져 거름되어 땅에 거름으로 변화, 기쁨 주는 꽃, 희생, 안정 제공, 양분 흡수로 실리, 때로는 풀밭으로.

하강운, 새로운 탈출구, 거처 이동, 전직 등을 바라게 되지만 매사 어려움만 따를 뿐, 성급하게 일을 서둘게 되면 일을 그르쳐 침착이 행운.

여성은 남성 때문에 어렵게 되지만 헤어지면 더욱 불리해진다.

● 己丙 : (토화) (화생토) 丙의 사랑의 열기에 만족하지만 지나친 열광은 피로감을 주고 가뭄으로 땅이 갈라지는 아픔, 균형 맞는 조절만이 살아난다.

여름 월생 : 사치스럽고 거추장스러운 일, 문제 때문에 신경질.

겨울 월생 : 주변으로부터 도움주는 일, 문제 다가온다.

호운, 주변의 영립 협조, 하는 일마다 잘 풀리고 이익, 신용거래 좋아져 많은 사람이 모여들고 오직 적극적인 대응 자세가 자신을 선양.

거만, 경거망동된 행동은 스스로 자멸시킨다.

● 己丁 : (토화) (화생토) 욕구 불만, 잠재의식 때문에 믿음이 가지 않고 무력감, 뒤를 돌아보는 역량이 필요, 임시 난로, 자신감이 없다.

여름 월생 : 하는 일마다 간섭 받고 속박 당하여 마음대로 할 수 없어 스트레스.

겨울 월생 : 능력은 없지만 뜻하지 않는 호전기.

상사, 주변 영립으로 출세, 발전기력, 헷갈리는 동요 때문에 침착성 잃어 불안정, 고집으로 일관하는 것보다 주변 의견 따르는 것이 좋고 독신자는 현존 수입이 좋다.

● 己戊 : (토토) (비화) 형제, 사장과 종업원, 실리를 얻어낼 수 있는 관계, 정 관계라면 상호간에 헤어질 수 없는 인연, 평화로운 전원을 지켜주는 것은 좋지만 옥탑에 티눈.

여름 월생 : 어려운 압력, 협박으로 하는 일에 혼선.

겨울 월생 : 어려움에서 구원의 손길이 나온다.

평운, 목적에 도전해 보려는 기회, 멋대로 행동하려는 모순된 점을 저버리고 침착하게 순리 따라 일하면 성공.

색정관계 조심 않으면 중도 좌절.

● 己己 : (토토) (비화) 평온, 안정, 대지 속의 밭, 좌장을 협력으로 막고, 수확(걷어 들이는 노력)은 좋지만 평범하고 재미없는 것이 난점, 동업, 주장 강하여 분열, 놀기 좋아하고 애티.

주거(가정), 일(직장) 때문에 고민, 불운, 때와 선택 잘못으로 진척은 있지만 위기, 일방적으로 자기주장을 관철시켜 실패 우려, 남의 말 들으면 해결책 나오고 여성은 가출하려 한다.

● 己庚 : (토생금) 대지 속에서 쇠붙이가 나와 기력(힘)을 흉취, 쇠가

부지런히 벌어도 낭비된다, 목표 달성은 어려워지며 놀기를 좋아하고 사람 좋은[己] 걱정형, 즉흥적인 행동파[庚], 영립이 좌우, 왕성한 봉사만이 기쁨 성취되고 (庚) 약탈, [己] 매진.

악운, 변태성, 자금 부족, 하는 일마다 어려움이 따르고 오직 현실을 지켜나가면 2개월 후에 행운.

남녀 불륜, 색정문제 일어나기 쉬울 때.

●己辛 : (토생금) 흙탕물에 보석이 오염, '귀신이 곡' 하듯 본인도 알 수 없는 사이에 자신이 오염, 무의식 중에 사람에게 상처를 주는 일 많고 '몸 또는 머리에 반점', 상호 가치관 차이, 더럽혀져 실수.

하강운, 일의 진척보다 악화일로, 조급해도 기다리면 길하고 직장인은 변동으로 손실, 독신자는 두 마리 토끼를 쫓다가 헷갈리는 상태.

●己壬 : (토극수) 흙탕물에 미나리 흙탕 발을 오염이 넘쳐 사소한 실수 많고 생각하는 방식 따라 성장 과정이 달라질 수 있으며 성급한 결단력의 [壬] 느긋하고 게으른 [己]와 대조, 싫어하고 배척, 흙탕물, 급하게 정화 어렵고, 참기 힘든 모욕.

하강운, 집안 운영 어렵고 직장(일) 변화, 주거 이동 등 일을 자진하여 벌려 더욱 어려워지므로 때를 기다리는 것이 현명, 남성은 다정다감, 여성은 인연 변화, 남편 버리고 떠나가려는 기세.

- 己癸 : (토극수) 문전옥답이 빗물에 흘러간다, 침수, 얌전, 말 많고 잔소리 심해 남녀관계 불안정, 빗물을 옥답이 흡입, 좋은 개발적 활동력을 계(癸) 여름 월생 경우 겨울 월생 경우는 계(癸)가 눈으로 변하여 옥답이 얼어붙어 좋지 않다, 문서, 증권 어려움.
  최악 운, 집안 이산, 고난 원인, 제멋대로 일을 벌려 주변으로부터 신용을 잃은 탓, 자신의 결점을 개선하고 신용 회복에 힘써야 할 때, 쓸데없는 일 벌리면 교제관계 무산.

■ 己…甲, 乙, 丙, 戊, 庚…대지, 문전옥답, 땅

- 己丁…임시난로, 화롯불(개인용).
- 己壬…흙탕물, 수정.
- 己癸…옥답 침수.

(7) 경(庚)의 천간(天干)과 타간(他干)과의 대립조화(對立調和)

- 경(庚)의 가상(假象) : 광석(鑛石)의 맥(脈), 망(網)의 금(金).
- 경(庚)의 특성(特性) : 고(固), 딱딱, 강강(剛强), 불[丁]을 이용하여 예리한(날카로움) 면이 없어진다.
- 경(庚)의 장점(長點) : 예리하고 강직(强直)하다.
- 경(庚)의 약점(弱點) : 속임수에 걸리기 쉽고 경솔한 데가 있다.
- 경(庚) : 양금(陽金)으로서 '丑辰' 습도가 있으면 매사가 좋다.
  '未戌' 화토가 되면 위태로움이 많고 감성(感性) 강하다.

경(庚), 정화(丁火), 정련(精鍊), 형틀이 다듬어지고 한랭(寒冷) 따라 예리하고 날카로운 도검(刀劍)으로 변하며 혁신품(革新品), 金水 한랭, 폐, 호흡기 병 걸리기 쉽다.

토(土)가 중복되면 금은 매장되고 말지만 甲木(갑목) 매장 피할 수 있다.

- **庚甲** : (금극목) (庚)은 도끼 (甲), 대목 도끼는 대목에 상처를 입히기도 하고 가지를 쳐줌으로써 신장에 도움을 준다. 나무의 불필요한 가지도 쳐주고 때로 재목, 가구, 연료도 만들어 낸다. 의심스럽지만 자연스럽게 휘말리게 된다.
  하강운, 자신의 부족함을 깨닫지 못하고 남의 행운을 시기, 윗사람과 마찰, 주변과의 상통관계가 먹혀들지 않아 좌절된다.
  독자적인 계획 수정이 없는 한 어려움이 많고 젊은 여성은 가정불화로 고민하게 된다.
- **庚乙** : (금극목) (乙)은 초화(草花), (庚)은 초화를 정리하는 큰 가위, 초화는 언제 목이 잘릴까 봐 불안한 처지에 살고 항상 긴장감, 신경을 쓰는 (乙) 처지. 그러나 잡초가 정리되어 때로는 타인이 부러워하는 특수성도 생긴다.
  서로가 원하고 바라지만 일단 경을 치게 된다.
  하강운, 마음의 동요 때문에 안정이 잘 안 되어 집, 거처에서 떠나가고 싶어지고 계획을 접어두고 현실을 지켜나가면 때가 좋아진다.

남녀 깊은 색정문제 때문에 몸 그르치고 재산 잃는다.

●**庚丙** : (금화) (화극금) (庚) 철, (丙) 태양, 철을 태양이 녹여보려 애 먹는 상태, '아무리 애써봤자 제발 그만' 이라고 말해봤자 강인하게 태양(丙)은 밀어붙일 것이다.

대범한 혁신은 위 상사로부터 인정받고 영립과 은혜를 입게 된다(요행운).

불운 위와 아래 사이에 끼여 신용과 신망을 잃어 하는 일(사업) 안 되고, 겉모양은 순조롭게 보이지만 속으로는 골탕, 독자적인 노력은 3개월 후에 빛이 난다.

여성은 가정 싸움에 휘말리기 쉽다.

●**庚丁** : (금화) (화극금) (庚) 칼, (丁) 불, 둘은 없어서는 안 되는 동반자의 존재, 멋진 일생을 약속받을 수 있을 것이고 종종 요란스러운 일이 생기지만 불은 예리하고 날카로운 쇠를 만든다.

혁신적인 보살핌으로 날카로운 명도(목적)로 만들어낸다.

하운, 남의 신용까지 피해를 주어 '자포자기' 상태로 하는 일(사업) 잘 안 되어 새로운 개혁을 시도하게 되지만 때가 때인 만큼 참고 현상 유지가 유익하다.

집안 식구 간에 균열, 독신자는 물 장사, 여자에게 금전 잃고 가정불화.

●**庚戊** : (금토) (토생금) (庚) 금, (戊) 바위, 시련을 거듭하여 닦여가는

금은 많은 고난이 따르지만 묵직한 바위는 돌보아주고 지켜보면 어려운 파도를 넘어가게 된다.

건토, 어려움과 고난은 어쩔 수 없는 조건.

변함없는 진출은 행운을 가져다준다, 아직 큰 꿈이 이루어진 것은 아니고 '혁신 변화'를 잡을 수 없는 손실이 많으며 쓸데없는 사사로운 '정'에 얽매이지 말고 행동에 신중을 기하면 길하다.

●**庚己**: (금토) (토생금) (庚) 금, (己) 대지, 대지로부터 나오는 금에 (에너지) 유연한 아량으로 격정적인 행동력이 냉정해지고 (庚)의 금은 느긋하게 잠잠하게 보이는 (己)의 대지에 동화작용, 땅의 솔직함을 인식하게 된다. 습토(濕土), 영립, 도움, 은혜를 입는다.

상승운, 자진하여 일감 찾는 일은 흉, 들어오는 일감은 길, 매사 순조롭고 주변으로부터 상담, 청탁, 의뢰, 변화는 유리, 일 잘 풀린다 하여 거만, 경거망동은 금물, 직장인 역시 스스로 전직은 금물.

●**庚庚**: (금금) (비화) 쇠, 쇠의 충돌, 격정의 충돌, 교통사고, 수술을 필요로 하는 발병, 양보할 수 없는 권리 주장, 분노, 인간불신, 소란하고 시끄러워 침착하게 생각하고 이해가 필요할 때.

하강세 거쳐 처자와의 생사별, 목적을 관찰시켜 보려고 애써 보지만 잘 안 되고 색정, 병, 도난, 재난 등 갈 곳마저 없는 신세, 초조함 버리고 2개월 고생하면 때가 온다.

●**庚辛** : (금금) (비화) 쇠와 다이아의 충돌, 쇠가 보석에게 상처를 입히고 쇠붙이의 둔한 감정과 격한 감정이 예리하고 신경질적 보석을 자극 주게 된다. 보석과 무쇠의 가치관, 보석이 망가트려 자포자기, 선후배관계 어쩔 수 없는 동질성.

쇠운, 새로운 변화는 무기(戊己)년 월에 오고 큰 길을 따라가면 원만하지만 새 길을 찾아 도피, 자신의 인망과 대인교제 관계 있어 차질이 생기고 현재 여성관계에 어려움이 있다.

●**庚壬** : (금생수) 흐르는 강물[壬]로 (庚) 금은 빛을 잃어 금은 물 위에 뜨지 못하고 무거워 물속에 갇혀 금에 녹슬게 된다. 거칠고 격렬한 행동력을 갖고 있는 (庚)이라도 용감하고 결단력이 빠른 (壬)에게는 (庚)의 '에너지'를 흡입, 감사해야 할 존재.

평운, 큰 포부는 좋지만 자금 부족, 분별력 없는 약점, 모양보다 내실을 굳혀 나가야 성공, 남녀 지나치게 다정하여 좋은 운이 깨지고 여성 또한 지나치게 게을러 일을 밀어오다가 '화'를 당한다.

●**庚癸** : (금생수) 쇠붙이 (庚), 빗물 (癸), 금의 빛이 빗물에 녹슨다. 좋은 장점을 살리지 못하는 비극형, 고집이 강하고 제멋대로, 변덕 많고, 개발적인 활동력을 좋아하는 (癸) 말로 상용되면 욕구 불만 해소된다.

전향적인 사고력으로 인생을 즐겨야 한다.

쇠운, 지금까지 많은 일을 거듭해 왔지만 마지막으로 일을 벌인 것이 뜻대로 일이 잘 안 되고 쓸데없이 남의 일 때문에 마찰 싸움이 많으며 이러한 모순된 약점을 사전에 감지하고 피하면 행운 찾아온다.

■庚…丙, 己, 庚, 辛 때, 쇠붙이 철

●庚丁…칼.

●庚甲…도끼.

●庚乙…화초를 정리하는 큰 가위.

●庚戊, 壬, 癸…금.

(8) 신(辛)의 천간(天干)과 타간(他干)과의 대립조화(對立調和)

●신(辛)의 가상(假象) : 보석, 사금(砂金), 옥(玉), 다이아, 귀금속.

●신(辛)의 특성(特性) : 유순, 청결, 아름다워, 목욕, 물, 씻기를 좋아한다. 더러워지는 것을 싫어한다.

●신(辛)의 장점(長點) : 예민한 감수성, 순하고 친절하며 사고력이 남달리 깊다.

●신(辛)의 단점(短點) : 자기본위, 완고, '꿩 먹고 알 먹으려는 욕심' 일석이조, 강욕.

●신(辛)의 본능(本能) : 사금(砂金)은 壬水로 씻겨 나면 순금(純金), 내면 己(기) 학문, 기술 알려진다.

주체성 없는 일도, 도(道), 수양(修養), 보석, 가위, 자동차, 시계, 금속품 원형, 빛.

● **辛甲** : (금목) (금극목) 甲 대목은 몽둥이로 변해 아름다운 보석에게 상처를 입힌다. 계획적이 아닌 무의식중에 일이 그르쳐 되는 일이 전혀 없고 일(사업)문제 해결하여도 인정받는 확률이 적다.

말운, 새로운 변화 또는 일을 벌이면 벌일수록 어려워지므로 일을 벌이는 것보다 현실을 지키는 것이 득과 실이 있으며 부모 형제 마찰은 일생이 분열되는 원인 되고, 집안을 돌보지 않는 원인 때문에 더욱 꼬이게 될 것이다.

● **辛乙** : (금목) (금극목) 乙 아름다운 꽃 辛, 가위, 꽃 모가지가 잘리는 형태, 항상 긴장, 마음을 놓을 수 없는 불안감, 초조감에 시달리게 되고, 어쩔 수 없이 괴로운 상처를 받게 되며 두 마리의 토끼를 잡으려다 놓쳐 버린다.

하운, 지금까지 애써 온 일은 보람도 없어지고 매사 허공에 매달려 주변으로부터 인정을 받기 힘들 것이며 남을 이용해 보려다 자신이 이용당하는 꼴, 오직 때를 기다려야 한다. 부부 사이도 너는 너, 나는 나 갈 데로 가라는 격이 된다.

● **辛丙** : (금화) (화극금) (辛) 보석, (丙) 태양, 보석의 빛은 증폭, 지나친 주장을 피하면 신선감, 생기가 넘쳐난다, 애장, 멍들기

쉽고, 여름 월생은 괴로움, 병, 피로해진다.

불운, 무언가 하지 않고서는 참을 수 없어 소자본을 갖고 큰 용을 잡아보려는 꿈, 날뛰는 모양, 벌릴수록 몰락, 직장인은 승급, 승진 바라다가 상사로부터 미움 받고 부부 사이 갈등과 불화, 젊은 사람은 길 아닌 길 헤매게 되므로 분수에 맞는 생활이 필요.

●**辛丁** : (금화) (화극금) (辛) 보석, (丁) 화력, 아름다운 보석을 지나치게 사랑함으로써, 폭주함으로써 못쓰게 만들어 버리므로 상호간의 거리를 두고 균형을 맞혀 가야만 보석의 가치가 나온다.

정신 못 차리도록 헷갈려 방향 감각 잃는다.

하운, 본인의 처지와 분수를 몰라보고 겉모양에 치중하며 매사 허언, 장담, 말도 안 되는 일을 벌려 신용을 잃게 되므로 마음을 가다듬고 노력하면 4개월 후 행운.

병, 고난, 가정 불화, 보기에는 유연하게 보이지만 극변과의 유대관계, 친절을 베풀어야 개운된다.

●**辛戊** : (금토) (토생금) (辛) 보석, (戊) 산에 에너지(힘), 알게 모르게 산의 힘이 빠지고 일(사업) 문제, 사전, 괴로워하며 무거운 짐을 짊어지는 형태.

매사 호전, 강정에다 지나친 이중성의 욕심, '꿩 먹고 알 먹으려는' 마음과 행동을 자제하면 주변으로부터 영립의 손길이 오고 하는 일 점진적으로 풀려 나간다.

여성은 자신의 처지를 알고 행동하게 되면 좋다.

●**辛己** : (금토) (토생금) (己) 오염된 땅(하수구의 흙), 시궁창, 흙물에 보석을 오염시켜, (辛) 놀기 좋아하고, 냉정하고 까다로우나 노력을 소홀히 않는 자신과 (己) 대사 본인 주장 강하고, 공부, 일을 계속하려는 상대관계는 가치관이 달라져 己의 방심에 마음이 끌리지 않는다.

도움과 협조관계는 오게 되지만 설마 하고 마음 놓으면 위에 몰린다.

행운, 쓸데없는 말 때문에 구설, 말썽 생기고 지나친 이익 추구, 겉모양에 치중하게 되면 인정사정 없는 것이 약점.

●**辛庚** : (금금) (비화) (辛) (庚)의 완벽주의 때문에 (辛)의 신경질적인 잔소리를 (庚)이 격분하여 사정없이 쇠붙이는 보석을 내려쳐 소리 나고 상처 받는다, 악의 없는 관대와 이해만이 유지, 충격, 위기, 갈등, 양보만이 최선, 부딪히는 소리의 상처, 이해만이 유지.

평운, 혼탁해진 주변 공기가 정화되어 가는 상태, 자신의 방향 선택 따라 탁한 공기 속에 들어갈 수도 있고 안 들어갈수도 있다. 남녀 이성문제 때문에 시끄럽고 여성(부인)은 이혼의 기분에 사로잡히게 되며 독신자는 쓸데없는 이성 유혹에 현혹되는 일이 많다.

●**辛辛** : (금금) (비화) 의지와 정의감이 강하고 어떠한 일을 성사시켜내는 고집, 완벽 때문에 많은 사람으로부터 상처를 받기도

하고 상처를 주는 일도 생기며, 매사 여유 있는 생활 수양, 도량을 닦아야 안전, 보석이 비벼(마찰) 분쟁.

불운, 태어난 고향(생가) 또는 거처(집), 직장(일)의 변화, 보다 좋은 새로운 변화를 바랄 때, 점진적인 행보를 유지해야지 주변 말 듣고 변동은 흉, 분수에 맞지 않는 꿈에 사로 잡혀 일하면 실패, 독자적인 행동만이 명답 나온다.

금전 마찰에서는 물러나 지키면 길, 색정문제, 자식문제 고민 생긴다.

● **辛壬** : (금생수) 보석은 흐르는 깨끗한 물(壬)로 씻겨 보석은 더욱 빛을 내고 주변으로부터 신임(辛壬)을 받게 되지만 표면은 멋지고 싱싱하지만 내면의 본심은 균형에 맞지 않는 가치관에 사로잡히고 있다.

한 점의 그림을 본뜨듯 진가는 알아주지만 실속은 없고, 자진하여 싸움 걸기 쉽다.

평운, 어려웠던 일이 겨우 안정되고 정착하는 상태, 아직 역부족한 곳이 많아 제반 일을 삼가야 하고 쓸데없는 고집, 주장, 쓸데없는 의리, 인정은 손실된다.

● **辛癸** : (금생수) 보석이 빗물에 적셔져 빛을 멍들게, '비극형', 혁신, 자신의 (辛) 보석을 어떻게 빛을 발산시킬 것인가? '고집과 의심' 많은 (辛), '제멋대로 행동 변덕스러운' (癸) 자유로운 행동을 풀어주는 아량이 무엇보다 필요.

평운, 순조롭게 살아가다가 살아가는 도중에 변화를 일으켜 깨지기 쉬워지고 매사 자신의 목적을 위해서는 싸우는 일이 많아지며, 어떠한 일이 되었든 간에 공동체(투자), 투자하는 업체, 투자를 피해야만 피해 적고, 여성이 (辛癸) 있으면 남성과 헤어지는 것이 유리하다(변칙운).

■ 辛…甲, 丙, 丁, 戊, 己, 庚, 辛, 壬, 癸…보석

● 辛乙…가위.

(9) 임(壬)의 천간(天干)과 타간(他干)과의 대립조화(對立調和)

● 임(壬)의 가상(假象) : 대하(大河), 호소(湖沼), 굴곡, 내천, 연목.

● 임(壬)의 특성(特性) : 보기에는 유연하게 보이지만 그 역량(力量)은 크고 강직(剛直)하며 시냇물은 하염없이 계속 아래로 흘러 내려간다. 침체하지 않는다.

● 임(壬)의 장점(長點) : 푸지고 낙관적이며 보는 시야의 관점이 넓다.

● 임(壬)의 약점(弱點) : 세, 치기, 밀어붙이기, 강인(强引), 홍수(洪水).

● 임(壬)의 본능(本能) : 승(勝), 이기는 것, 승부욕, 내천, 홍수, 호수, 수렁 속에서도 흘러가고 경(庚), 신(辛) 있으면 수원지(水源池) 있고, 쓸데없는 '장난이나 희롱하지 못하게 하여 싫어하지만' 주변 윗사람의 은혜를 입어 발복(發福)한다. 무(戊) 제방 있으면 물이 범람할 수 없다.

● 임(壬)은 따뜻하게 돌보아주는 병(丙) 태양이 필요하고 여름 월생은 물이 고갈 상태 오기 쉬우므로 (庚辛) 이 필요.

●壬甲 : (수생목) 어릴 때 가정 영역권에서 지나친 '과잉 보호' 아래 자라 자신의 갈 방향 잃어 대해에서 헤매게 되지만 (수생목) 후원자 도움(윗사람) 생긴다. (壬)은 (甲)목을 물 위에 뜨지 않도록 돌보아야 하고 (甲)목은 물 속에 잠겨 있는데 만족하지 말아야 육지에 닿는다.

평운, 갈팡질팡, 어려움에 시달렸다가 청산, 자신의 적성에 알맞은 일 찾아 순조롭지만 윗사람 거래처에 억눌려 기력(약묘) 죽이지 말고 적극적으로 새로운 길 찾으면 좋은 길 나온다.

●壬乙 : (수생목) 호반가에 피어 있는 꽃, (壬)의 호반은 아름다운 꽃의 설계, 계획을 빼내어 도움을 받게 되면 호반은 꽃의 아름다운 행복된 세월을 보내게 될 것이다.

수익을 걷어 주고 도와주는 상태를 싫다는 데도 걱정하고 간섭하는 조화.

평운, 쓸데없는 부탁이나 돌보아주는 일 때문에 손실이 생기고 현재 하고 있는 일은 7개월 후에 행운, 남녀 정사문제, 색정문제, 집안 재산을 잃게 되므로 조심해야 한다.

●壬丙 : (수화) (수극화) (壬) 호반 전면에 (丙) 빛 (아름다운) 물결, 햇살, 깊은 애정, 상승 효과, 상호간에 매력을 인출하여 존경, 대등하게 아껴주는 관계.

여름 월생 : 지나친 열기로 어려움 받기 쉽다.

겨울 월생 : 좋은 인연. 혜택을 받게 될 것이다.

평운, 본인의 자세 따라 영역(거래) 범위가 넓어져 좋아지지 만 관리와 대비, 마련이 미숙, 모양은 넓고 크게 보이지만 소심하여 일단 중도 좌절, 유혹과 구설의 대상이 되고 이어온 인연을 버리고 새로운 인연은 흉, 독신자는 바람에 휘말린다.

●壬丁 : (수화) (수극화) 복잡한 사고방식, 지혜를 모아 (壬)호반, (丁)불, 호반에 비추는 빛, (任) 호반에 매력을 (丁)의 불이 지혜를 성장시키는 관계, '높은 성장', 집안 형제자매 문제 때문에 어려운 파장에 휘말렸다가 '정'에 사로잡혀 이러지도 저러지도 못해.

하운, 일(사업) 변경, 거주 이주, 전직(직업)은 흉, 분별없는 색정, 소송 일(사업), 이산 또는 부부간에 이별 등이 도사리고 있다.

●壬戊 : (수토) (토극수) (壬)은 하천, (戊)는 제방, 하천의 물, 물의 범람을 어떻게 조절하는가에 따라 (戊)의 제방 강약이 달라지고 균형 조절이 필요, 위기를 막아주는 방패.

하운, 현재는 어떠한 일을 하여도 어렵고 그렇다고 새로운 일에 손을 대면 이 또한 잘 안 되므로 (庚辛)이 오는 년월까지 기다리면 인망 생기고 후원자 생긴다.

●壬己 : (수토) (토극수) (壬)의 오염된 물은 용감하면서 성급하고 결단력이 빠른 특징에 (己)는 느긋하고, 게을러 보여 참는 데도 한도가 생기며 잠식과 대조적 차이가 생긴다. 흙탕물이

문전옥답을 침수, 오염.

하운, 시세 흐름을 모르고 큰일을 벌려 보려고 준비 중, 만일 일을 강행하게 되면 자신의 운기, 명예에 상처를 받게 되며, 외면은 쾌활하지만 내면의 심중은 불이 타는 격, 유혹에 휘말리게 되면 두고두고 후회, 부부 정 떨어지고 실물(失物) 생긴다.

● **壬庚** : (수금) (금생수) (壬) 내천에 물이 (庚) 가라 앉아 있는 금, 금의 빛을 잃는다, 격정(激情)에 사람이 거칠고 행동력이 빠른(庚), 용감하고 결단력이 빠른(壬), 처음은 잘 맞는 것 같지만 결과적으로 (庚)은 (壬)에게 헌신하게 되고 (금생수) (壬)은 (庚)의 에너지(힘)를 흡입, 응원(應援)하게 되고 (壬)은 감사를 잊어서는 안 된다.

상승운, 점진적으로 인망이 높아지고 교제 범위 넓어지며 하는 일(사업) 잘 풀린다. 대인관계 있어서 마음의 문이 잘 열리지 않지만 때 지나면 열리게 되고 젊은 여성은 본인 뜻에 따라 자유로운 행동을 가질 것이며, 노파는 은거 생활 바란다.

● **壬辛** : (수금) (금생수) (壬)의 용감하고 성급한 행동력의 물결에 씻겨나가는 보석의 신(辛), 더욱 화려한 빛으로 기쁨이 오고 (辛) 무언가 일이 이루어 질 것이다. 기대감에 차 있는 가치관에 먹혀들지 않는 이질성이 있지만 이해하고 협조하면 뜻 이루어진다.

성운, 하는 일(사업) 잘 풀리고, 지나치게 활력이 나와 영역권이 넓어지며 남의 일을 잘 돌보아 줌으로써 도리어 '이익에 손실', 사람관계, 인정, 정사 문제 때문에 신경 쓰게 될 것이다.

● **壬壬** : (수수) (비화) (壬)이 거듭 물이 중복되어 대홍수(大洪水), 물결의 추진력, 승부욕 좋아하게 되고 어떠한 일이 되었든 간에 강제라도 뺏어 보려는 경쟁심이 투기, 도박, 이성 등이 모순이 되고, 대홍수로 폭주 위험이 크다.

지나친 강력한 라이벌, 증폭된 승부욕에 파산, 모순점을 알고서 폭주, 때로는 집안 상속을 받는 호운기로 본다.

약운, 현재 주변으로부터 신용 잃어 하는 일마다 일이 잘 안 되고 남에게 의지해 보려 하지 말고 때가 올 때까지 기다려야 한다.

남성은 악녀의 유혹에 현혹되어 손실되고, 여성은 새로운 출발로 기쁨 생긴다.

● **壬癸** : (수수) (비화) (癸) 비로 하여금 (壬) 내천은 범람해져 버린다. 냉정한 대처 방법을 찾아야 할 때, 한판 승부 걸기 좋아하는 (壬)과 개발적인 활동을 좋아하는 (癸), 동질성의 물이라 해도 (壬)의 승부와 경쟁력의 물, 안전하고(음둔) 조용하게 흘러가는 물(내천 물과 빗물), 조용히 흘러가다 홍수의 어려움을 극복하여야만 안정.

쇠운, 매사 모양 가시적(자존심), 치중하고 행동함으로써 내면에 어려움을 자초하는 경향을 낳게 되고 '없으면서 있는 척', 현실 그대로 살아가는 것이 유리하며 묵은 과거사의 결점을 서서히 바꾸어 나가면 행운이 찾아온다.

■ 壬…戊, 庚, 辛…내천 강(江)

● 壬…甲, 乙, 丙, 丁…호반 연못.

● 壬…己…오수(汚水).

● 壬…癸…대홍수(大洪水).

(10) 계(癸)의 천간(天干)과 타간(他干)과의 대립조화(對立調和)

● 계(癸)의 가상(假象) : 비, 서리, 눈, 안개, 우수(雨水), 습기(濕氣), 물.

● 계(癸)의 특성(特性) : 조용하고 연약하게 보이며 습기를 필요로 하는 모든 천간에게 자우(滋雨).

● 계(癸)의 장점(長點) : 인내력과 봉사정신이 투철하다.

● 계(癸)의 약점(弱點) : 쓸데없는 것까지 간섭, 태풍을 몰아온다.

● 계(癸)의 본능(本能) : 정(定), 안정, 우둔한, 소낙비, 비, 눈, 서리, 안개.

계(癸)는 천간의 마지막 간(干), 힘 약하고 계수(癸水)는 우로(雨露), 언젠가는 형체가 없어지고 살아지는 것으로 항상 자기 방어를 지켜야 할 본능을 게을리 하면 안 된다.

● **癸甲** : (수생목) 여름 월생은 대목이 육성, 가을 · 겨울 월생은 대목

을 얼린다. (甲)의 대목은 빗물(癸)로 하여금 깨끗하게 키워지고 뿌리 역시 감로(甘露)로 하여금 육성되며 빗물이 많아지면 뿌리가 썩는다.

(甲木)이 어려울 때는 도움이 오고 자기편에 나서 준다. 봉사정신이 알려져 기쁨, 겨울 월생은 과잉 보호, 지나친 간섭, 걱정, 바람나기 쉽다.

중운, 목적을 위하여 노력해 보지만 일시적인 장해를 받게 되지만 꾸준한 노력을 아끼지 않으면 영립(迎立)을 받아 성공한다.

주변 마찰을 피하고 순리 따라 일을 진행하면 뜻이 이루어진다.

●**癸乙** : (수생목) 최상급 상생, 꽃의 (乙)은 (癸)의 빗물에 성장되고 꽃을 피게 된다. (癸)는 식물에게 활기를 넣어주고 (乙)은 물로 하여금 생동감에 넘치고 싱싱한 아름다움을 자랑하게 되며 자우(滋雨)를 내려주고 사랑을 흡입하는 기쁨을 약속받을 것이다.

여름 월생은 : 막판 승부에 기대를 걸어보는 기회가 된다.

행운, 점차 어려움으로 변해가는 기회, 주변 앞에 나서려하면 '인망과 신용' 이 문제이고 바라는 목적은 있으나 자금 부족, 큰 일은 어려워도 적은 일은 성사된다.

남녀 색정문제 조심할 때다.

●**癸丙** : (수극화) (癸) 비와 (丙) 태양, 상호 갖고 있는 본능을 약화시

키고 (癸) 비는 태양을 만나면 본인 뜻대로 일이 잘 안 되므로 뿌리는 유순하지만 제멋대로 행동하려 들고 바람을 타고 방랑, 이질적인 면을 인정하면 불꽃은 좋은 관계, 오직 양보만이 화합.

흉운, 일(사업) 직장에서는 실적 나오기 힘들고 집안에는 어려운 사정, 병난 생기며 모든 계획은 구름이 사라질 때, 억지를 쓰게 되면 부서지고 여성은 자식을 버리고 떠나려 하며 남녀 관계 이성 사이에는 현실이 부서지게 된다.

●癸丁 : (수극화) 아무리 좋아하고 사랑하여도 (癸) 빗물은 (丁) 불의 열기를 소멸시키게 되고 이 또한 (丁) 역시 (癸)를 만나 열성이 식어가게 되므로 오직 장점을 살려 나가야 한다.

관재구설, 선뜻 마음에 들지 않는다.

불운, 주변의 '인망과 신용' 은 좋아도 일석이조(一石二鳥)의 욕구가 무산되기 쉽고 남이 말에 의존하고 때를 기다리면 5개월 후에 행운 잡는다.

가정에 대한 어려움, 송사 사건, 마찰 사건 등은 반드시 피해야 한다.

●癸戊 : (수토) (수극토) (戊)의 바위가 (癸) 빗물에 시켜주는 관계로 영립 또는 무한한 애정을 바치게 되고 (癸)의 빗물 살을 (戊) 바위는 돌보아 주는 관계이다. 부부로서는 상부상조 된다.

(癸)의 빗물이 지나치면 (戊)의 바위를 침식하게 되므로 조

심, (癸)는 격해지면 (戊)는 싫어한다.

하운, 하는 일(사업)이 주변으로부터 어려워지고 지장을 받게 되며 이때 성급하게 일을 개혁하고 강압적으로 밀어붙이면 결과는 흉하다.

남녀 네 마음대로 행동하기 쉽고 또한 간혀(집안) 이전을 꿈꾸면 때를 기다려야 한다.

●**癸己** : (수토) (수극토) 빗물인 (癸)가 밭(己)에 빗물을 쏟아 부어도 습도의 밭(己)이 먹어치우는 상태.

결국 불안하게 되므로 장점을 찾아야 하고 (癸)의 개별적 활동력을 잃게 된다.

밭에 대한 비 피해는 어쩔 수 없는 것으로 비도 적당한 한도야 균형이 좋아진다.

하운, 이때의 전업, 이사, 이동은 대 실패를 자초하게 되고 본인이 숨으려 하여도 숨을 곳이 없으며 오직 어려우도 현실을 지키고 있으면 행운 찾아온다.

무엇보다 병에 걸리기 쉬우니 조심할 때다.

●**癸庚** : (수금) (금생수) 일단 빗물(癸)이 쇠붙이(庚)를 녹슬게 만들고 (癸)의 개별적 활동력을 줄이는 (癸)를 (庚)은 말 잘하고, 설득력으로 균형을 유지 하는 바람에 (庚)의 욕구 불만이 많이 생기게 되지만 (癸)의 두목(대부형), (庚)은 부하, 친자상용(親子相容)되기 쉽다.

행운, 하는 일(사업) 잘 풀린다고 제멋대로 행동하는 것을 자제하여야 하고 주변 부탁은 진실성을 확인해야 하며 특히 젊은 사람은 제멋대로 행동하기 쉽다.

중년 남자는 여성으로 하여금 후회하게 되고, 직장인은 변동, 이동으로 길해진다.

●**癸辛** : (수금) (금생수) (癸)의 빗물이 (辛)의 보석을 어둡게 만들어 버릴 수 있으므로 (癸)는 (辛)에게 순하게 접촉하게 되면 (癸)의 변덕스러움이 교정될 수 있을 것이다.

(癸) 색다른 변모, (辛) 어려운 난관, 비극(悲劇).

중운, 매사 어려운 길흉변화가 많고 윗사람의 의견을 무시하여 실패된다.

쓸데없는 일에 간섭하지 말고. 행동력에 자제가 필요하며 주변 의견 따르면 유리, 가시적인 외면을 피해야 하고 남녀 이성문제, 검난, 상처나는 찰과상이나 수술이 우려된다.

●**癸壬** : (수수) (비화) 동질성 되나 음양 관계, (癸) 조용하고 안정된 음둔을 좋아하는 비 (壬)의 승부욕에 경쟁을 좋아하는 물살, 물의 기질도 정 반대, 때문에 물 흐름과 같이 흘러가게, 때로 급류에 흘러가기도 하고 거친 물살, 홍수 상태, 조화가 잘 안 된다.

행운, 파란 많은 노력 끝에 '인망과 신용' 을 얻어 내는 기회, 사업 확장 주거 변동에는 자본금 부족, 윗사람의 협조나 알선으로 좋아지고 독자적인 힘으로 일(사업) 벌리면 어려워진다.

●癸癸 : (수수) (비화) (癸) 빗물이 거듭 만물을 흘러내리고 내천을 범람시키며 홍수로 흙을 침식시켜 사람을 사멸시키고 전혀 한 치의 앞을 내다볼 수 없는 재난, 병난, 화난, 예민한 감수성 때문에 지나치게 신경이 써져 상처주기 쉽다.

한번 분노하면 그칠 줄 모르고 사람은 좋아도 집단생활을 싫어하여 고독을 좋아한다. 의의로 담백하면서 필적관계[匹敵] 되는 일 많다.

약운, 매사 뜻대로 안되기 때문에 변화를 갖으려고 할 때 지나치게 밀어붙이면 고난, 매사 철저한 사전 대비가 필요하고 때를 기다려야 할 때다.

■癸…甲, 乙, 丙, 丁, 戊, 己, 庚, 辛, 壬, 비

●癸癸…대우(大雨).

■ 십간 칠살표(十干 七殺表)와 해석 요령(解釋 要領)

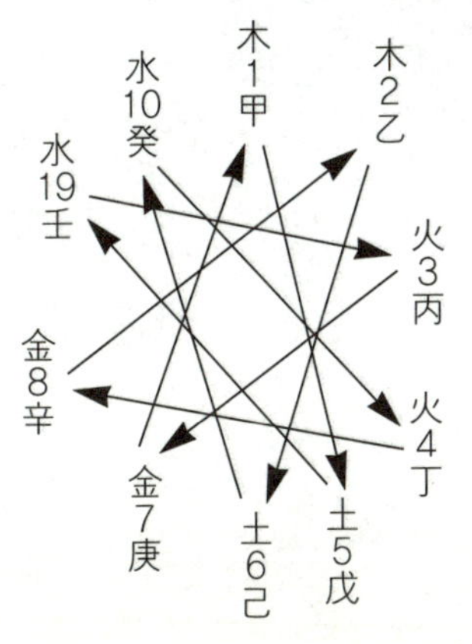

자신의 태어난

●생년의 간(干)…운명권에서 칠목(七目)의 간(干)에 걸리면 극(剋)해져 힘을 쓸 수 없어진다.

●생월의 간(干)…생활권에 칠목(七目)의 간(干)이 걸려 있으면, 극(剋)해져 힘이 약화된다.

●생일의 간(干)…행동권에 칠목(七目)의 간(干)이 걸리게 되면 극(剋)해져 전혀 힘을 쓸 수 없어진다.

◔ 천간의 형용은 일일 점사 승패에 대한 내용해석에 중요한 재료가 된다.

제 3 장

지지편 地支篇

1

지지(地支)

■ 12지지(十二地支) 동물(動物) 유형(有形)

●자(子) → 쥐, 축(丑) → 소, 인(寅) → 범, 묘(卯) → 토끼, 진(辰) → 용, 사(巳) → 뱀, 오(午) → 말, 미(未) → 양, 신(申) → 원숭이, 유(酉) → 닭, 술(戌) → 개, 해(亥) → 돼지

■ 지지오행(地支五行)

지지	음양	오행
해(亥)	음	(水)
자(子)	양	(水)
묘(卯)	음	(木)
인(寅)	양	(木)
사(巳)	음	(火)
오(午)	양	(火)
축미(丑未)	음	(土)
진술(辰戌)	양	(土)
유(酉)	음	(金)
신(申)	양	(金)

⑴ 순행 역행 도표

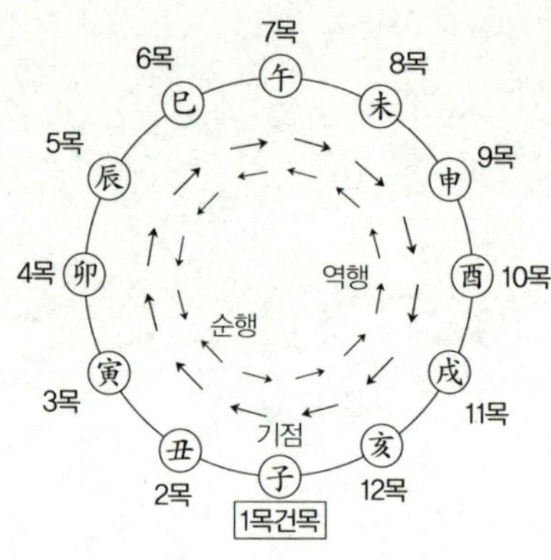

子년생이라면 子가 1목 건목된다. → 丑寅…순

巳년생이라면 巳가 1목 → 2목은 午未…순

卯년생이라면 卯가 1목 → 2목은 辰巳…순

未년생이라면 未가 1목 → 2목은 申酉…순

어떠한 시작의 자는 건목이 된다.

戌년 2006년의 丑년생은 4목에 해당

亥년 2007년의 卯년생은 5목에 해당

子년 2008년의 子년생은 건목에 재난이 있다.

건목(建目)이란?

생년의 지(生年支), 생월지(生月支), 생일지(生日支), 시지(時支), 점사(占事) 알고자 하는 일시지(日時支)

(2) 12지 목별(目別) (길, 흉)과 충, 해, 삼합, 합 관계

- 1목(目)은 '건목(建目)' 으로 재(災)가 숨어 있다.
- 2목(目)은 친자(親子) 관계로 길(吉)하지만 끊어야만 하고,
- 3목(目)은 길(吉)한데 혁신, 개혁하기 위하여 바삐 뛰어야 하며,
- 4목(目)은 파(破), 해(害)에 걸려 흉(凶)하다.
- 5목(目)은 삼합(三合)에 걸려 대길(大吉)하다.
- 6목(目)은 긴급선상 유혹에 걸리지 않으면 반흉(半凶)해지고 운기 침체 찾아 나서고 유혹에 현혹된다.
- 7목(目)은 대충(對冲) 관계로 날아가는 비(飛) 대흉(大凶)하다. 불륜관계, 부정도 날린다.
- 8목(目)은 탈취, 뺏겨, 책임지지 못하는 원망, 좌절 중흉(中凶) 벌려서 후회.
- 9목(目)은 삼합(三合) 寅午, 亥卯, 申子, 巳酉은 '반합' , 午戌, 卯未, 酉丑, 子辰은 '완합' . 중길(中吉)하다.
- 10목(目)은 소흉(小凶), 살기(殺氣), 지나친 욕심.
- 11, 12목(目)은 힘을 쓸 수 없는 공망(空亡). 중흉(中凶)이다.

(3) 지지(地支)의 생왕묘 삼합선(三合線)

생(生)	寅(지혜)	巳(신용거래)	申(가정 신장)	亥(핵심, 종자)
왕(旺)	午(명예)	酉(발효)	子(자식 생산)	卯(육성 성장)
묘(墓)	戌(직위)	丑(재산저축)	辰(가정 영역)	未(지역 성립)
국(局)	화(火)	금(金)	수(水)	목(木)

(4) 지지(地支)의 상생(相生) 상극(相剋) 관계

관계 / 지지	상생(相生)	동등한 비화(比和)	상생(相生)	상극(相剋)	상극(相剋)
	어쩔 수 없이 주어야 할 지	동승(기로점)	어쩔 수 없이 이루어지는 지	나쁘게 될 수밖에 없는 지	나쁘게 당할 수밖에 없는 지
기력(氣力)	생기대길(生氣大吉)	비화중길(比和中吉)	퇴기소길(退氣小吉)	사기흉(死氣凶)	살기대흉(殺氣大凶)
子	申酉 →	子 →	亥寅卯	巳午	辰未戌丑
丑	巳午戌辰 →	丑 →	申未酉	子亥	寅卯
寅	亥子 →	寅 →	卯巳午	丑辰未戌	申酉
卯	寅亥子 →	卯 →	巳午	丑辰未戌	申酉
辰	巳午 →	辰 →	申酉丑未戌	子亥	寅卯
巳	寅卯午 →	巳 →	辰未丑戌	申酉	子亥
午	寅卯 →	午 →	巳辰未丑戌	申酉	子亥
未	辰戌丑巳午 →	未 →	申酉	子亥	寅卯
申	丑辰未戌 →	申 →	酉子亥	寅卯	巳午
酉	申辰未戌 →	酉 →	子亥	寅卯	巳午
戌	巳午辰 →	戌 →	申酉丑未	子亥	寅卯
亥	子申酉 →	亥 →	寅卯	巳午	辰未戌丑

2

황도심비(黃道深秘) 12지(十二支) 호악비전(好惡秘傳)

『자(子)』 양수(陽水), 약하고, 북(北), 겨울, 점차 양기가 움튼다, 한(寒), 냉(冷)의 기력(氣力)

- 자(子)는 쥐, 밤의 야행성, 고난의 밤 기운, 모양은 어린아이, 천진난만, 우 정자와 같은 형태, 씨, 종자, 정액.
- 자윤(滋潤), 부를 자윤, 고르게 자양분을 주어 증생(增生)시키는 뜻이 있고, 동지(冬至) 계절부터 일양(一陽), 모든 만물은 자하, 아랫부분의 씨알 자양분이 부풀어가면서 생동이 일어난다.
- 씨는 솔직담백하고, 검약, 정직, 이러한 기력은 충만하는 기력이기 때문에 영리하고, 자상한 것은 좋지만, 지나치면 '희망과 성취' 에 지장오고, 분해하면 '了', '一' 끝 있고 시작이란 뜻, '孳' 새기칠 자, 흙 속에서 씨는 자란다.
- '씨' 의 개체는 가족간에 별로 친근감이 없고, 자(子)는 물이라 유

연성, 애교, 흘러가는 대인관계, 거래 교섭 등이 원만하지만 상사 또는 윗사람과의 의견이 잘 안 맞는다.

● 자(子)는 수리적(數理的)인 이해관계(利害關係)가 예민하여 재력(財力)운은 좋을 것이지만 자식, 부하, 아랫사람과의 상하 인연관계가 별로 없는 것이 특징이다. 충만, 희망이 성취된다.

● 병은 허리 아래의 병, 성병, 부인병, 소화기 질환, 중풍, 색정문제 등이 많고 특히 중풍에 걸린다면 회복은 힘들다.

● 성정은 활발하고, 순응성에 원만하지만, 부끄러움을 많이 타고, 쑥스러워하는 순진성이 있다.

● 쓸데없는 곳, 일, 사람까지 걱정하여야 하고, 이욕(利慾)을 위해서는 의리도 져버릴 수 있다.

『축(丑)』 음토(陰土), 동북변화, 끊고 이어지는 늦겨울, 촉촉한 양의 습기(濕氣)

● 축(丑)은 소, 소에는 뉴(紐) 끈, 묶여 있는 뜻, 겨울은 지나가고 봄으로(이어지는 꼬리) 축(丑)의 지리를 귀문(鬼門) 뿔 달린 호랑이 모양이 귀신(鬼神), 이 자리가 금고(金庫), 무기고, 집안의 농장, 상속인 자리.

● 소는 끈기 있는 노력으로 일하고, 사람에게 신뢰를 얻어내지만 결국은 사람에게 희생되어 식탁에 오르는 슬픔이 있고, 종자에서 벗어난 싹은 크게 자라나는 노력기이지만 자라나는 과정이 바르게 자라지 못하고, 구불구불 힘들다.

● 고생스러워 편굴함과 솔직함이 뒤범벅되는 일에 끌려 다니다가, 요행히 뜻하지 않는 사람의 원조나 협조 · 관계로써 성공이 이룩되지만, 대기만성운이다.

● 축만시(丑滿時)에 태어난 사람은 육친과 생사별되기 쉽고, 유랑성이 많아 방랑자되기 쉽다.

● 음기라 말이 적고, 정직하고 의리가 두터우나 활발한 면이 부족한 반면, 돌연 난폭한 일면이 나타난다.

● 위로는 신장(伸張)할 수 없고, 아래로 통할 수 없는 답답함 때문에 하는 일이 될 때는 잘 되어도 맺음에 문제 생겨 뜻 이루기 힘들고, 대략 본인이 사서 고생을 자초한다.

● 건실하여 지켜나가는 일이 좋고, 이어가는 아들이 필요할 때는 축(丑)의 방에서 임신하면 그 아이는 아들이다.

● 병은 소화기, 종기, 성병, 신경쇠약, 일단 병에 걸리면 축(丑)이라 오래 걸리지만 낳는다.

● 편굴강정(偏屈强情)하여 대인거래 교제가 원만하지 못하나 둔하고, 참아내는 힘이 강하여 인정받는다.

『인(寅)』 양목(陽木), 동북, 희망에 넘치는 화살, 초봄, 새로운 시작, 싹의 발아(發芽)의 기(氣)

● 인(寅)은 범, 혹독한 추운 겨울, 인연을 끊고 새로운 목적, 방향, 화살촉을 어떻게 쏘느냐에 따라 연(演), 연역(演役)이 넓혀지지만 자신에게 유리한 발아가 필요해질 때다.

- 도량(度量) 넓고, 대범한 범[寅]의 상징이다. 사람으로 비유하면 큰 사업을 성사시킬 수 있는 힘이 있고, 정직하고, 신념이 강하여 주어진 영역을 잘 지키게 된다.
- 또한 육친과 별 인연이 없어 젊었을 때부터 정신적 · 육체적으로 고난이 따르게 되지만 만년에 안정된다.
- 다만, 때로는 경거망동된 행동 때문에 죽도록 애쓰게 도와주고도 인덕이 없어 좋은 평가보다 욕먹는 일도 적지 않다.
- 인(寅)에 충(虫)을 붙이면 거미 호(虤), 싹이 땅 위에 솟아 올라올 때 거미줄 모양처럼 땅이 갈라진다.
- 동북의 인(寅)의 자리는 얼어붙었든, 액뉴(厄紐)의 흙 자리로서 봄 기력(氣力)으로 움틀거리고, 만물이 새로운 싹을 발아하는 자리로, 새로운 화살촉을 어떻게 쏘아 올려야만 되는가에 따라 지혜의 성폐는 달라진다. 또한 하나하나 막혀들지 않으면 다시 수정, 고쳐 나간다.
- 청렴담백(淸廉淡白), 맹기(猛氣)와 위기(威氣)로 활발하면서 의협적(義俠的)이고 강인력(强引力), 결단력, 경쟁심이 지나쳐 지나치게 앞질러 나가다가 뒤로 물러설 수 없는 위기에 몰리는 일도 생긴다.
- 하는 일마다 희망적이고 잘 풀리지만 혼인문제, 금전문제에 대한 거래, 교습은 깨진다.
- 비교적 건강하지만 담석, 각기, 호흡기질환 걸리기 쉽고 인(寅)의 특성은 병이 잘 낫는다.
- 뜻이 지나치게 강하여 안하무인 지경되기 쉽고, 새로운 영역을

찾아다닌다.

『묘(卯)』 음목(陰木), 동(東), 봄, 춘분(春分), 생기(生氣)로 잎(葉)이 쌍엽(雙葉)으로 갈라지는 모양, 풍(風), 기(氣)

- 묘(卯)는 토끼, 봄은 만물을 땅에서 솟아오르게 하고, 넓은 천지의 초목은 새로운 출발 시점으로 잎을 가르고 자신의 영역을 바람의 진동으로 넓혀나간다.
- 묘(卯)에 나무 목(木)을 합치면 버드나무 같은 유연성, 나른 나른한 흔들림에 바람이 심하게 불면 끝 부분이 얽히고설키게 되어 일, 관계, 교제, 거래관계가 꼬인다.
- 토끼의 귀는 높다. 유연하면서 보수형에 인정미가 극한되어 있고 애상, 흐름, 유행에 민감하며 주변 환경, 정보, 수집에 민첩하고 원만한 유대관계를 유지한다.
- 남성은 매사 순조로운 면이 많지만, 여성은 심적 변화로 믿을 수 없고 남녀 시작은 좋은 반면, 끝마무리 매듭을 짓는 것, 문제, 일 등이 잘 안 되고 마음은 넓지만 호색으로 인하여 몸을 그르친다.
- 놀기도 좋아하고, 태만하기 쉬우며 명랑, 온화, 애경(愛敬)도 있고, 때로는 지나치게 '술과 색'에 미치게 되면 모든 일을 방치해 버리는 폐단도 생기지만 바라는 희망은 통달(通達) 가능하다.
- 성정이 풍부하면서도 조용하고, 유연하면서도 주변 조건과 영향 때문에 흔들리는 일이 많으며 잘 졸고 잠이 많으며 꾀가 뛰어나다.
- 호흡기병, 각기, 담석, 간장염, 성병, 중풍, 묘(卯)의 특성상 중풍

에 걸리면 낳는 데 힘들다.

- 시작은 있어도 끝이 없다. 쌍엽(雙葉)의 상형문자, 겨우 땅 위에 솟아나온 '양 입' 뿌리가 약해서 불안정하다.

『진(辰)』 양토(陽土), 동남(東南), 만춘(晩春), 새싹이 땅을 갈라 나오는 요동, 놀램, 화(禍)의 기(氣)

- 진(辰)은 용, 만물, 생육(生育)에 있어서 서신(舒伸)하는 과정을 말하고, 나뭇가지가 뻗어 나가고 펼쳐질 때, 진동, 요동, 흔들림, 나무싹이 땅을 갈라 나올 때, 사람 귀에는 잘 들리지 않아도 만일 개미나 미생물이 들을 때는 진동에 놀라게 된다.
- 진(辰)에 수(扌)가 붙으면, 떨쳐나갈 진(振)이 되고, 조개가 이동할 때는 합족(蛤足)이 물 위를 튕겨 나르듯이 나르는 사태되며, 쌍 입의 새싹은 바람의 진동으로 힘차게 성장하게 된다.
- 분노, 분격, 방만, 쟁론, 격투, 파괴의 뜻이 있고 경쟁심 강하며, 쾌활하면서 자부심이 강하여 '화' 잘 내고, 싸우는 기력(氣力)이기 때문에 천재(天災), 상해(傷害), 되는 일보다 깨지는 일이 더 많이 생긴다.
- 다정다감하면서 직감력이 좋고, 로맨틱한 꿈에 사로잡혀 살며, 승부욕이 강하고, 본인 독주(獨走)로써 어려움을 스스로가 사서 고난을 만들어낸다.
- 밀어붙이는 배짱은 좋아도 성격상 장단점 때문에 대인거래, 교제관계가 불리하다.

- '화' 가 나면 밖으로 품어내는 기력이 강하여 따지기 좋아하고, 쟁론(爭論)이 설교 아닌 잔소리로 들리는 일도 있다.
- 어깨의 병, 근육통, 신경통, 관절염, 눈병, 성병, 신경쇠약. 진(辰)의 특성은 신경적인 히스테리, 눈병 등에 걸리면 완치하는 데 상당히 시간이 걸린다.
- 진동 또는 팔방으로 구르고 고집, 불손 때문에 화합이 잘 안 되며 예(藝)가 있어도 달난(達難), 펼쳐 나가는 과도라 물줄을 타면 세상을 놀래킨다.

『사(巳)』 음화(陰火), 동남(東南), 초여름, 만물에 열광(熱光)의 빛, 절정기(絕頂氣)

- 사(巳)는 뱀, 초여름을 기하여 점진적인 양기(陽氣)의 열광이 지구상에 내려옴으로써 만물이 스스로 지탱해 나갈 수 있는 기력(氣力), 힘이 생기고 적은 열매는 열광으로 붉게 익어 간다.
- 뱀은 굽이굽이쳐 가면서 앞으로 나가고 배로 기어가기 때문에 파란(波難)이란 뜻 때문에 어려움이 많고, 매사 기분 좋게 직선으로 나가지 못하는 약점이 있고, 근성은 좋지 않지만 일에는 열성 있으며 색욕이 많다.
- 또한 여름에는 벌레 충(虫), 하는 일마다 벌레가 좀먹는 영향 때문에 벌어도 좀먹는 상태 나오고, 뱀은 불리하고, 방어 태세를 갖출 때는 온 몸을 말고 내면을 보이지 않는 특성이 있다.
- 사(巳)는 옛부터 금운의 표상이다. 때문에 금전운이 일시적으로

없다 하더라도 천운에 복력이 있어 막판의 어려움에서는 반드시 구원의 손길이 찾아드는 것이 특징이다.

- 정지(靜止), 질투(嫉妬), 속 깊은 사고력(思考力)에 영리하고, 기예(技藝), 손재주가 있으며 인내력, 집착력도 깊지만 지나치게 과언, 질투심, 남에게 원한을 사는 일 때문에 해(害)를 보게 된다.
- 일, 거래, 혼인, 이성문제 등 좋든 나쁘든 간에 이루어지기 쉽고, '성장하는 입은' 정상정복 직선, 조용하게 힘을 저축하는 일에 영향을 준다.
- 색다른 일에 대해서는 호기심도 많고 관심의 대상이 되며, 직감력에 의지력이 강하고, 특히 색체나 밝혀내는 재간이 뛰어나고, 외면은 얌전하고 잠잠하지만 내면의 열기와 의심은 남에게 맡기지 못하고 우울, 불안하다.
- 무병(無病), 신경쇠약, 눈병. 사(巳)의 특성은 오래가도 낫지만, 칼을 대는 병은 위험하다.

『오(午)』 양화(陽火), 남(南), 한여름, 무성(茂盛)한 대성기(大盛期), 가지가 얽히고, 뻗어 나가는 열(熱)기

- 오(午)는 말, 거스릴 오(忤), 음양이 교체되는 탈바꿈, 상오(相忤), 밝은 마음으로 받치는 동정, 벗어던짐, 물 속에서 자라던 벌레가 잠자리로, 매미로, 나비로 변신하는 탈바꿈, 아름다운 자태로 변신부화된다.
- 열기(熱氣)는 오래 가지 못하기 때문에 유비무환의 대책이 항상

아쉬워지는 운세로 특히 어두움과 별 인연이 없어 자식, 아랫사람, 종업원에 대한 심리가 그치지 않는다.

- 합동, 협동, 활발, 사치, 가시적 모양, 허튼 수작에 말려들기 쉽고 화난, 여난, 금전난의 3난(三難)이 있으며, 붓기도 잘 붓고, 떨어지기도 잘 떨어지는 특성이 있으며 한 곳에 정착 어렵고, 비결을 숨길 수 없지만 말 많고, 호색가이다.
- 바라는 일은 시간 여유를 두지 말고 적극적으로 밀어붙이면 뜻이 이루어진다.
- 개방적이고, 현실적인 환경에 열하기도 쉽고, 냉하기도 쉬워 그때 그 사항 따라 마음이 달라지기 때문에 기분 여하에 따라 갈등은 달라지지만 일, 조건, 역시 거스를 것 없이 마음에 안 들면 교체한다.
- 젊었을 때는 순조로웠지만 말년에 들어갈수록 침체 극면에 시달리게 되고, 또한 쓸데없이 남을 도와주는 일이나 남이 바라지도 않는 것에 신경 쓰는 일이 적지 않다.
- 열병, 눈병, 심장병, 각기, 뇌병, 두통, 성병 등에 걸리기 쉽고, 오(午)의 특성은 열병, 눈병 이외의 병은 완치가 빠르다는 특징이 있다.
- 꽃이라면 만발하게 피어나는 꽃은 자신의 자태를 자랑하고 벌을 부르지만, 양과 음의 경목(境目)에 거슬린다.

『미(未)』 음토(陰土), 서남(西南), 늦여름, 음기(陰氣)가 들어 닥쳐, 만물은

쇠기(衰期)에 접한다

- 미(未)는 양, 강렬한 여름 열기가 '한풀' 꺾이고, 음기(陰氣)로 넘어가는 과정을 뜻하고, 아직 열기가 식지 않아 하는 일마다 아직도 말과 실천력이 달라진다.
- 세심하고 관찰력이 예민하며 항상 주변 조건이 깨끗하여야만 마음 놓고, 소극적이면서 마음에 드는 일에 대해서는 집착력이 강하다.
- 대인거래, 교제면에서도 표면에 나서지 못하고 쑥스러움을 많이 타는 순진형이지만, 상대가 자신을 괴롭히고 부정으로 일관하면 뿔로 받아친다.
- 정직하고 어리석을 정도로 마음씨가 곱지만, 배우자운은 '견우, 직녀운' 이라 '독수공방' 지키는 일 많다.
- 미(未)는 아니 미, 휠 미(昧), 태양 중심이 서쪽으로 기울어 내려가는 상태를 말한다.
- 음성적이라 정도에 넘치는 세심, 예민성에 정신적으로나 육체적으로 항상 주변 환경, 조건, 분위기 따라 깨끗하고 정돈되어 있지 못하면 '미주알이' 빠져 있는 기분에 사로잡혀 불안해한다.
- 미(未)는 말(末) 아직, 소극적이면서 지나치게 집념이 강하여 육친, 부부 인연이 별로 없는 것이 통례다.
- 노련(老鍊)하면서 매사 열기 있고, 향학심에 친절하며, 때로는 소심하고, 불, 활발하고, 변론한 변화가 일어난다.
- 주변에 신경 많이 쓰고, 말 많고, 마음 내키는 대로 행동하는 모

순된 점은 있지만, 바라는 일은 잘 풀린다.

- 병은 신경계질환, 두통, 뇌병, 호흡기병, 기타 만성질환. 미(未)의 특징은 오래 가도 대개 낫는다.
- 말(眛), 눈이 희미해 보이지 않는 뜻, 꽃이 지면 열매를 맺지만 아직 그 실체가 보이지 않는 상태를 나타낸다.

『신(申)』 양금(陽金), 서남(西南), 초가을, 열매가 익어 가을 수확, 진행, 저장, 일손이 바쁜 시기

- 신(申)은 원숭이, 펼칠 신(伸), 만물의 물체가 펼쳐져 있고, 성장이 완료되어 알곡을 얻는 기회다.
- 신(申)의 벌레는 'Ω', 몸이 오므라들었다가 '팍팍' 펼쳐나가는 모양이다.
- 영리한 재주와 교제술은 뛰어나지만 열하기 쉽고, 냉하기 쉬운 약점을 갖고 있으며, 현실에 대한 안목에 만족을 느끼지 못하고, 차원 높은 환경 조건의 개혁을 성취하기 바란다.
- 교활, 허언(虛言), 도난의 뜻 있고, 기민한 기용(器用)에 재지(才智), 진취력이 강하며, 이기주의(利己主義)이다.
- 또한 일시적인 불행과 시련은 자신의 체험과 수련이 되어 살아나가는 데 큰 힘이 되고, 바라는 소원은 급하게 서둘러 행하면 통달된다.
- 세파는 잘 넘기지만 끈기 부족으로 파란 많고, 쓸데없는 간섭이나 참견, 도움으로 어려움을 자초한다.

- 신(申)은 몸 신(身), 성급하게 짝지어 수확을 얻으려 하고, 만물박사로 팔방을 헤맨다.
- 뇌병, 눈병, 이비인후과질환, 호흡기질환, 부인병, 성병, 난산. 신(申)의 특성은 병에 잘 걸리고, 또 낫는 것도 빠르지만 뇌병, 눈병, 산후 처리병은 중환자로 변한다.
- 나무 열매가 탐스럽게 보여 아직 따먹기에는 이르고, '읊조릴 신(呻)', 따먹지 못하는 괴로움을 말한다.

『유(酉)』 음금(陰金), 서(西), 한가을, 결실의 그릇, 발효, 폭발, 휘빈다, 모양을 과시하는 기

- 유(酉)는 닭, 가을, 만물은 얼마 가지 못하고 유축(縮縮)되므로 일찍이 수확을 서둘러야 하고, 가을에는 주종(酒粽), 밀창(密敞), 심할 때는 폭발(爆發) 등이다.
- 추락, 하늘에서 해는 지고, 화려한 저녁노을, 미모, 재지, 인맥에게 의존하는 버릇은 독립하는 데 장해가 된다.
- 얌전하면서 지모가 뛰어나고, 거만하면서 지나치게 사람의 앞뒤를 살피며, 제 보는 버릇이 없다.
- 매사 민첩한 행동은 잘 통하지만, 지나치게 뜻에 줏대가 없을 때가 있다.
- 선견지명 있고, 실천하는 능력보다 기획, 말에 능하며, 여러 방면으로 손을 벌려 수입도 많거니와 지출 손실이 많고, 악의 없는 솔직한 대인 거래가 좋다.

- 성정이 용달하면서 거만하고, 사치스럽고, 무엇보다 배우는 화술을 좋아한다.
- 놀기 좋아하고, 하루를 살아도 문화적 수준에 맞춰 즐겁게 살기 바라지만 항상 1/3의 효과밖에 생기지 않는 특성이 있고, 사람 따라선 칼, 수술, 몸에 흉터를 갖는다.
- 좋든 나쁘든 후벼 파헤치고, 協하며, 또한 (釀 술비질 양), 나무열매가 맛있게 익어 즐거워하면서 먹는다.
- 호흡기질환, 신경쇠약, 역상, 눈병, 위장병, 종기. 유(酉)의 특성은 큰 병은 일어나지 않지만 적은 병이 만성화된다.

『술(戌)』 양토(陽土), 서북(西北), 만추(晩秋), 모든 열매를 거두어들이는 저장기

- 술(戌)은 개, 상강 계절로 만물을 서리로 쇠멸(衰滅)하고, 음기절정(陰氣絕頂), 사정없이 멸(滅)하고 자신의 책임을 지키려 한다.
- 저장 창고를 지키려 하며, 우선 신망, 편굴한 교제, 자멸이란 뜻이 있고, 지나친 자부심이 인생의 부침으로 나타나고, 의리 때문에 멍든다.
- 내심 노력은 하지만 한편으로는 배 아파하고, 하는 행동이 마음이 내키는 대로, 멋대로, 생각나는 대로, 눈에 보여 즉흥적인 행동으로 그때 그 장소 따라 달라진다.
- 의리 있고, 책임감이 강하며, 매사 친절하여 주변으로부터 신망은 두텁지만, 편굴한 교제성 때문에 스스로 자기 운세를 죽이는

결과를 낳는다.

- 지나치게 자신의 결벽을 믿고 일을 밀어붙여 인생의 부침을 만들어낸다. 경계하고 의심나면 잘 짖는다.
- 음험, 정의, 충실, 쟁론, 인고(因苦)에 견뎌내고, 열심, 강건, 뜻에 안 맞으면 심술 궂고 악기(惡氣) 품은 마음 때문에 싸움이 벌어질 수 있다.
- 집안 싸움 많고, 불리하면 억지를 잘 쓰기 때문에 바라는 목적이 이루어지기 힘들다.
- 자기본위에 내면에는 노기(怒氣)가 강하게 차 있지만, 의리가 남달리 강하다.
- 눈병, 과로, 신경쇠약, 정신이상, 특히 술(戌)의 병은 일단 걸리면 낫는 데 힘들다.
- 나무열매가 익을 대로 익어 나무에서 떨어지기 때문에 지키고, 종속보존(種屬保存), 들입 납(納), 거두어들여 지킨다.

『해(亥)』 음수(陰水), 서북(西北), 초겨울, 원소(元素), 근핵(根核), 수정된 원소, 수정된 물건, 변질기

- 해(亥)는 돼지, 양기는 하강(下降)하여 소멸(消滅)되고, 음기는 길어져 만물을 저장하여 수정(손 다듬어) 보호하여야 할 사정이 생긴다.
- 때문에 물건 썩은 곳은 칼로 도려내고 (이러한 모양, 형태를 비유하여 해석한다) 결백한 의지력으로 일찍이 손을 써야 하고, 닳게 다듬어 나갈 때 칼로 도려내는 아픔을 생각할 수 있다.

- 결백한 마음에 결단 빠르고, 일에는 끊임없는 노력, 연구에 전념하여 지도층에 오른다. 알곡과 찌꺼기를 분리하는 역할.
- 기량과 담력은 좋지만, 신경질을 수정하여야만 매사 밝아진다.
- 실직(實直), 독단(獨斷), 짧은 생각, 강심(强心), 일도(一途), 솔직 담백(率直淡白), 원모(遠謀)가 없어 실패, 완고한 뜻이 있다.
- 하는 일, 한 길에 치중하면 뒤를 돌보지 않고 밀고나가는 경솔한 면이 있다.
- 하는 일, 목적은 한눈을 팔지 않고 집착하기 때문에 이루어진다.
- 위장병, 신장병, 각기, 성병, 부인병. 해(亥)의 특성은 병에 걸려도 일찍 회복된다. 단 각기, 신장병은 조심하여야 한다.
- 핵(核)은 종자의 중심, 수원지(水源池), 문으로 들어가 밖으로 닫을 애(閡), 지켜온 종자를 땅 속에 간수하는 상태로 또다시 새싹의 준비 양상이다.

(1) 십이지(十二支)의 상(象)과 지년생(支年生)

- **자(子)** : 자식, 종자, 구멍, 색욕, 번영, 인색, 꾀, 탕진〔지나치게 살펴 고생〕고난〔주기 바란다〕, 절, 하품, 남을〔버리기도 하고 이용하기도 한다〕외유내강(外柔內剛), 현실파(現實派) 원인, 근본.
- **子년생**…냉정하고 날카로운 반면, 낭만적이며 의심이 많고 아무에게나 마음을 주지 않는다. 후할 때는 한없이 후하고, 박할 때는 한없이 박하다. '뼈 있는 집안' 태생으로 어릴 때 부잣집 가문에서 태어나 고고하게 자라난 사람은 사

회적 물정에 눈이 어두워 초년에 고생하게 된다. 청빈한 가정에서 태어난 사람은 '독립심 강하여' 성공률이 높고, 양자 '재치는 좋으나 자존심' 때문에 주변과의 화합 어려워 사람과의 인연보다 문화계통, 교육, 예술이 좋을 것이다. 물의 정기로 '일생 풍파, 성패와 굴곡' 이 있을 것이며, 초년에 고생 후년에 행운 있고, 호강 자는 중년에 침체 있다.

● 축(丑) : 뿌리 (根), 끊고 이어간다, 상속, 이어가는 운, 고난, 경우 운, 집착력(執着力), 알아도 염압(念押), 우유부단, 무언돌입(無言突入), 공격보다 수비 의지, 약속, 인사를 하지 않으면 화를 낸다.

● 丑년생…말이 적어 무게 있어 보이고, '정직하고 참을성' 있으며 성실하고 매사 부지런하다. 약삭빠른 '잔꾀' 부리기 싫어 하고 또한 남보다 앞장 서는 일도 싫어하며, 자기 마음에 맞지 않든지 수틀리면 그 황소고집을 꺾을 수 없고 겉모양보다 속궁리가 깊다. 물려받은 재산(유산)에 관계없이 타향에 나가 '자수성가운' 있고, 땅을 일구어 금을 얻어내는 것과 같이 '티끌모아 태산', '일한 만큼의 실리' 를 얻을 것이며, 초년에는 결점(병, 다침) 좌절, 중년에는 가정풍파 말년에는 자녀와 더불어 행복해진다.

● 인(寅) : 〔가중〕 화살촉을 손으로 겨냥, 돌진력, 불리하면 바꿈, 배신, 포획, 권위의식, 그릇에 차이 '큰 일은 길', '적은 일은

흉', 〔떠나가면〕 울지 않고 쫓아가지 않는다. 외고집, 지기 싫어해 프라이드 높고 이해관계 무시, 강기대성.

●**寅년생**…외향적으로 활발하여 속에서 하고 싶은 말은 담아두지 못한다. 의협심이 남달리 강하여 한번 도와주겠다고 마음을 먹으면 매사 자신감이 만만하여 상대로 하여금 존대를 받을 것이며 솔직하고 패기에 가득 차 있다. 성급하게 서두르다 어려움을 자초하는 경향이 있고, 화살촉을 어느 방향(선택, 목적)에 겨냥하고 돌진하였는가 따라 성패가 좌우되며 때로는 현실에 아부하지 않고 굽히기 싫어해 미움 받는 일도 생긴다.

●**묘(卯)** : 난소(卵巢), 부딪힌다. 교(交), 육성(育成), 늘어져, 말, 선발, 정상(頂上), 유연, 수술, 잠, 무드에 약해, 애교, 선주(先走), 사람 좋은 것이 재난, 결벽성, 몸치장을 좋아하며, 시간 나면 잘 졸고, 시간 손실, 두 개 연속, 어떻게 되겠지 한다. 위기에 몰리고 위기에서 잔꾀가 나온다.

●**卯년생**…'몸과 마음이 항상 잠잠하지 못하고', 새로운 '계획과 걱정'에 몰두하게 되어 바쁘며, 일이 잘 풀릴 때는 주변으로부터 흠모의 대상이 되고 '입춘의 향기에 넘쳐' 오르막 내리막의 '차이' 심한 부침운이다.

오르막에는 주변 '흠모와 주목의 대상'이 되지만, 내리막에는 '쩔쩔매고 주변을 깜짝 놀래 키는 이변도 생기고, '의아하게' 설마를 연발하는 일이 많이 생긴다. 사치, 돈

쓰쓰이 헤프고 바람기 때문에 망신수 생긴다. 용모 단정하고 일을 끝까지 밀고 나가는 '저력'이 부족하여 '용두사미격' 많으며 싫증, 권태, 감정적인 변덕심이 적용된다. 의리, 인정보다 이권을 보고 사람을 사귀게 되고 돈도 배짱 있게 잘 쓴다.

●**진(辰)** : 영역이 진동(振動), 물 위에서 팔팔뛰는 합족(蛤足), 방문(주변 나들이), 극강(極絳) 내려앉아, 로맨스, 환상의 세계, 수재(秀才), 승기(勝氣), 멋있게, 세상을 둥글게 보고, 노력에는 오해(誤解)받기 쉽고, 언론, 아래에는 유연, 위에는 반발, 남의 의견을 솔직히 받아들이고, 둥근 두부를 사각으로 만들려고 한다.

●**辰년생**…모험, 배짱이 좋고, 임기응변 수단이 좋으며, 매사 자부심, 승부욕이 강하고 남에게 지기 싫어 한다. 활발한 교제성은 좋지만 똥고집이 있고 항상 로맨틱한 꿈에 사로잡히며, 어떠한 일의 궁지에 몰리면 좌절하지 않고, 오직 신념으로 밀어붙이는 끈기가 대단하다. 때로는 모험성이 있는 일, 투기성이 있는 일에 손을 대어 기적적으로 일어나기도 하고, 때로는 수습하기 어려운 곤경에 빠지는 경우도 생기게 되므로 때를 잘 타면 재벌감이다. 일생 살아가는 '의식주' 걱정은 없을 것이고, '용은 왕의 상징', '재벌의 상징', '군인일 때 대장운'의 상징이다.

●**사(巳)** : 사(蛇), 뱀과 같이 구불구불, 공격 시 몸을 말고 목을 추켜

세움, 밝기(명랑), 온화, 쟁취욕, 신경질, 질투심, 파란, 총명, 계산통, 단기(短氣), 욕심덩어리, 지나친 욕심은 잃어, 부탁하면 거절 못해 손실, 사전의 '직감력으로 대응' 하는 것이 길하고, 매사 자기 본위, 어려우면 돌아가고 동면시만 한가롭다.

●巳년생… '용모 단정' 하고 고상한 취미 문장, 그림에 관심 소질 있으며 자유분방하고 도덕관념이 강하다. 언어 행동이 정직하고 윗사람에 대한 존경심이 강하며 남이 이유 없이 주는 것이나 동정, 선심 같은 것을 받기도 싫어 하고 주기도 싫어 해 남이 볼 때 인색하다고 평가를 받기도 한다.

부지런하고 붙임성이 좋으며, 대인거래 외교수완은 좋지만, 그에 상응된 인덕이 별로 없고, 지나치게 남을 믿다가 감언유혹에 현혹되어 실패하는 이변도 생긴다. '초년 부 중년 고', '초년 고 중년 부' 운이다.

보기에 부자같이 보이지만 '외부내빈', 남에게 알릴 수 없는 근심 있고, 고난 끝에 행운 찾아오며, 종교, 예술, 사무 분야 성공한다.

●오(午) : 보이는 것에 대한 책임감, 첨자 침에 찔리는 자극, 명상, 남방(南方)을 이용하면 과거사 해답이 나와야 하고, '탈바꿈' (물벌레가 잠자리로 변신), 허영심, 용감, 날뛴다. 마음 씀씀이는 좋으나 지속성이 없고, 흑백이 분명하며, 남을 잘 보살펴 주며, 일도 프로급, 남에게 먹을 것을 주고 본인은

물을 마시는 격.

●午년생…어른스러운 활달성은 좋아도 참을성이 부족하고, 매사 '마음속에 넣어두지 못하고 토해 내놓는' 특성을 갖고 있으며, 보기에는 편하게 보이지만 내심은 매사 이리저리 현실적인 변화에 탈바꿈할 곳을 찾아다닌다.
일정한 둘레(영역권)의 나들이(찾아다니기)를 좋아하고, 모양, 사치, 금전 사용이 헤프며 가진 것이 없어도 주변으로부터 '기'가 죽기 싫어하여 '국수 먹고 이 쑤시는 격'.
대인교제는 능숙하여도 상대에게 속마음(진실)을 주지 않고 성격상 열하기 쉽고 냉하기 쉬워지며, 일생 기복 차심하고, 세월 흐름 따라 점차 좋아진다.

●미(未) : 미련, 미해결, 미완성, 정답이 나오기 힘들어 '아직도~아직도', 색정 난, 후회, 원망, 파란 많고, 직녀운, 쓸쓸한 독방신세, 순하며, 매사 걱정이 많고 한 일에 집착력이 강하며, 깨끗해야 마음 놓고, 지나치게 '일 벌리면 위험' 한 예능을 갖고 있고, 남의 눈치에 신경 쓰며, 일을 벌이지 않으면 편할 것을 남의 일을 맡아서 고생을 자처한다.

●未년생…초목이 서리와 찬바람에 시달려 일생 풍파 많고, 쓸데없는 일을 벌려 사서 고생하며, 스스로가 자초하여 가련해지고 탄식하는 신세로 변모한다. 숙달하게 보여 젊어서는 나이에 비해 5살 위로 보고 늙어서는 나이에 비해 5살 아래로 보이며, 내면 역시 '어린 짓'을 예사로 하고

나이가 들어도 철부지 어린이 때를 벗지 못한다. 오직 유산 있으면 남부럽지 않은 생활이 된다. 일생 쓸데없는 근심 · 궁리를 거듭하며, 막상 심각하게 처리할 일이나 문제를 소홀히 다루어 큰 손재를 보게 되고, 인덕 없고, 쌓아 올려도 공든 탑 무너지며, '원대한 꿈'은 있어도 뜻 이루어지기 힘들다.

● **신(申)** : 몸(身), 신(神), 진(進), 사물에 대하여 매진, 원숭이 위세, 팔방미인(八方美人), 사견복(四見福)이 있고, 의리와 인정은 좋으나 끝맺음이 부족, 인연이 박하고 풍파 많으며, 매사 적당히 넘기려는 수단과 말이 오해를 부르고, 사람 없으면, 거짓으로(당신 때문에) 핑계, 최고라고 칭찬해주면 흡족, 정신없는 슬픔(본인 자식은 남이 키우고, 남의 자식을 본인이 키우는 격).

● **申년생**···활발한 성격이라 교제범위가 넓을 것이며, 성급하여 일방적으로 남의 의견에 개의치 않고, 함부로 자기 뜻으로 일관하여 주변으로부터 비난 받을 일이 많다. 도량이 좁아 '좋아도 못 참고, 나빠도 못 참으며' 꽁하는 성격에 금세 '화'를 냈다가도 금세 풀리며 주워진 일이나 취미에 맞는 일, 사람에게는 몸이 부서지는 한이 있더라도 헌신적으로 돕는다. 부모덕이 별로 없어 초년에 풍파가 많고, 남을 업신여기는 버릇이 있으며, 다만 불쌍한 사람은 측은한 마음 때문에 동정하게 되며 '여색 · 투기는 위

험', 귀인의 도움으로 재운이 좋아지지만 스스로 실패를 자초한다.

●유(酉) : 술단지 아니면 선물 주기 좋아해, 발효(부글부글) 속 터져, 무뚝뚝, 묵직한 쇠, 폭발, 빗장, 매정한 사람, 마찰, 주색잡기, 취미, 슬퍼해, 교제, 허영심 강해(비밀을 알아내는 명수), 머리를 자아내는 형(善惡不問), 눈앞의 닥치는 일을 장담, 모임에서는 중심인물, 거짓말도 그럴 듯, 성실한 교제가 필요, 사촌이 땅을 사면 배 아파하는 형.

●酉년생…매사 개방적이고 활발하여 교제범위가 넓고 꼼꼼하여 재주가 뛰어나 명예와 의리를 지키게 되면 길하다. 자신의 재주만 믿고 허황된 욕심을 내게 되면 쓰라린 고난을 맛보게 된다. 시작과 열성은 좋아, 처음 시작은 좋아도 점차 일이 어렵고 까다로워져 결국 '용두사미격'으로 끝나 마무리에 가서 좌절되는 일이 많다. 이성관계가 복잡해져 손재 또는 구설에 시달리게 되고, 일시적인 상승운세로 좋아졌다가 몰락하는 운세가 되므로 겸손한 태도만이 지속성을 가질 것이며, 돈 있다고 사치, 방탕, 흥청망청 쓰게 되면 후회한다.

●술(戌) : 창을 들고 '집을 지키고 보신술', 순하지만 독해, 멸, 칼, 약으로(고의 · 임의), 자살 위기에서 모면, 허영, 남을 부리는 일, 실질적이고 완고해, '말실수의 개선이 필요하며' 의리 있고, 공사를 혼동하는 일이 많으며, 항상 긴장을 잃

지 않으며, 한번 믿으면 끝까지 믿어 속임수에 걸리기 쉽고, 알지 못해 (썩은 물) 에서 빠져 나오기 힘들다.

●戌년생…청렴 정직한 것은 모범이 될 일이지만 성격이 과격하고 자기 주장이 강하여 자기 위주의 뜻을 관철시키려 든다. 남의 처지나 의견에는 전혀 생각지 않고 무조건 자기 뜻에 순종하도록 강요한다. 본인에게 동조하고 아부하는 사람에게는 자신의 간이라도 빼주려 하고, 자신이 하는 일에 비판 또는 반항하는 사람은 원수 취급하고 전혀 관용이란 도량은 찾아볼 수 없고 이를 갈고 덤벼든다. 또한 상호 이해관계가 없으며 박정하고, 여자를 좋아해 여자에 한해서는 후하게 대접하며, 자신의 목적을 위해서는 체면, 추잡함을 가리지 않고 밀어붙이는 명수로 주변으로부터 호감을 얻는다.

●해(亥) : '알맹이와 껍질', 핵(劾), 각(刻) 때만 기다린다. 쇠붙이 몸에 상처, 도덕적이고 담백하며, 결벽성에 저돌적이라 자신의 고집으로 승패,〔강직한 의지〕, 〔나갔다, 섰다, 나갔다〕를 반복, 결정 · 행동 · 생각 나름대로, 경솔한 전진은 후회, 주저앉으면 갈팡질팡 결정내리기 힘들다.

●亥년생…매사 겸손하고 양보하는 미덕이 있으며, 남을 어려워하고 '의리와 인정' 이 있으며 무엇보다 의협심이 강하다. 성격상 담백하고 흑백이 분명하여 납득하며, 어렵고 딱한 사람을 알게 되면 어떡하든지 구해주려 하며, 자기 일

처럼 안타까워하고 돌봐주는 미덕이 있다.

매사 공정한 판단으로 임하고, 사물에 대한 눈이 밝으며, 옳고 그릇됨을 잘 판단할 것이며 말이 적고 잔꾀를 부리지 않으며 항상 외면이나 내면이 일치하여 주변으로부터 존경받는다. 샘물이 솟아나는 근원지이기 때문에 물이 마르지 않아 운수대통할 것이고 상당한 직위, 관운도 따른다.

(2) 지합(支合) 삼합(三合) 형충파해(刑沖破害) 조견표(早見表)

亥	戌	酉	申	未	午	巳	辰	卯	寅	丑	子	相對性
		破	三合	害	沖		三合	刑		合		子
	刑	三合		刑沖	害	三合	破				合	丑
合破	三合		刑沖		三合	刑害						寅
三合	合	沖		三合	破		害				刑	卯
	沖	合	三合				刑	害		破	三合	辰
沖		三合	合刑破						刑害	三合		巳
	三合			合	刑			破	三合	害	沖	午
三合	刑破				合			三合		刑沖	害	未
害						合刑破	三合		刑沖		三合	申
	害	刑				三合	合	沖		三合	破	酉
		害		刑破	三合		沖	合	三合	刑		戌
刑			害	三合		沖		三合	合破			亥

(3) 지지(地支)의 상생(相生) 상극(相剋) 관계

지지(地支)의 실체를 자세히 살펴보면 동물 중 비유하여 활동, 성향, 사상 등을 나타나고 이를 오행으로 적용, 만상의 근원을 찾아낸다.

우선 '범과 뱀' 은 포식동물이지만 범은 찢어 뜯어 먹는 반면 뱀은 삼켜 버린다. 이러한 점을 자세히 살펴가면서 동물의 생활상을 알게 되면 정답을 알 수 있다.

■ 국(局)과 삼합(三合) 관계

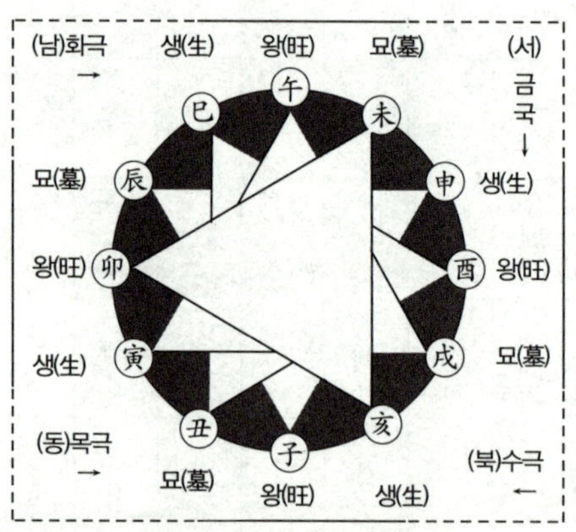

● 申子辰(亥子丑) 수국(水局) : 자손 번영

집안 친척, 집안 자손이 큰 은혜를 입고 건실한 노력과 화합이 두터워지며, 자손들이 사회적으로 명성을 얻어 신망과 일을 성공시킨다.

● 巳酉丑(申酉戌) 금국(金局) : 부귀영화

물질 금전 사람과의 신용거래, 유통 부동 재산, 금전운이 좋아지고 많은 재산을 쌓아 올려 영화를 누리는 것을 말한다.

● 寅午戌(巳午未) 화국(火局) : 명예로운 권위

지혜 발상 탐구로 내면을 탈바꿈을 시켜 사회적으로 인정을 받고 명성과 권위를, 이름을 남기는 명예운을 말한다.

● 亥卯未(寅卯辰) 목국(木局) : 사업발전(육성)

노력과 의지력으로 근원을 키워내어 지역(地役)을 다져 사업을 번성시켜 나가는 사업번영을 말한다.

태어난 년지 : 운명권, 운명의 흐름………1목(目) 건목(建目)
태어난 월지 : 살아가는 생활권……………1목(目) 건목(建目)
태어난 일지 : 행동권…………………………1목(目) 건목(建目) 된다.

● 삼합(三合) 관계는 십이지(十二支) 생(生) 왕(旺) 묘(墓) 3개가 서로 손을 잡고 있는 것

亥卯未(寅卯辰) : '木局', 寅午戌(巳午未) : '火局',

巳酉丑(申酉戌) : '金局', 申子辰(亥子丑) : '水局'

※ 서양점술(아스트로 로지)에서도 120각도에서 혹성이 손을 잡게 되므로 이러한 사람의 운세를 일생…살아가는 생애 충만한 은혜를 받을 수 있는 운, 영달 발전운으로 보는 것이다.

● 亥卯未…三合

● 寅卯辰…方合 : '일지' 辰이고 卯 → 寅 → 되면 영역의 꿈을 실현시키기 위하여 돌진한다. 이때, 흑은 산악(山岳)의 흑을 붕괴시키려는 재산, 이성, 금전, 일 취급 등을 장악하게 된다.

■ 지합(支合) 친자 관계(二合)

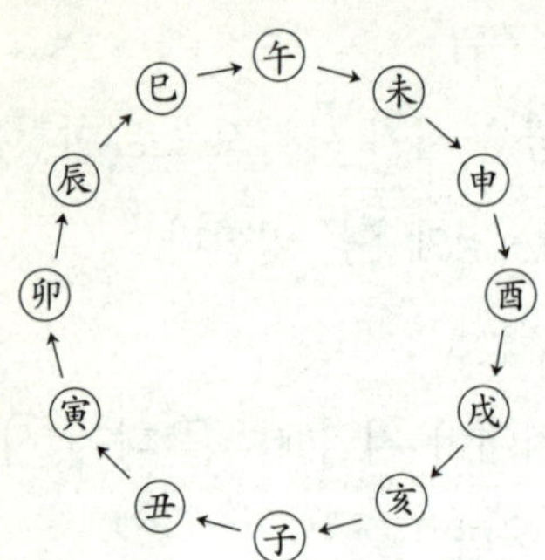

子가 있어 丑이 생긴다.

子가 애비 丑이 아들, 친자관계되므로 丑은 子의 도움을 받을 수 있다.

丑이 아버지 寅이 아들, 寅이 아버지 卯가 아들, 이런 식으로 보는 것이 친자관계다.

이때 참고할 것은 子가 아버지 때 子뿐만 아니라 申子辰도 아버지가 된다.

寅이 아버지 때 寅뿐만 아니라 寅午戌도 아버지가 된다.

※ 만일 금전이 아쉬워 丑년생이 申子辰의 아버지에게 부탁하면 이루어진다.

또 태어난 생년월일 寅년 子월 丑일이라 하여도 子丑寅 운명적으로 친자관계가 되므로 균형을 잘 맞추어 살아나가면 행복한 일생이 된다.

■ 지합(支合) 조화 관계(三지합)

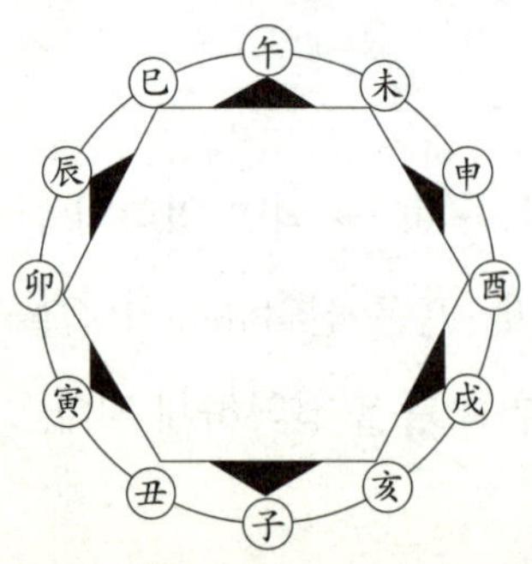

본인의 생년월일, 만일 辰년 巳월 未일이라면 辰巳는 친자관계가 되므로 자신의 어려움을 스스로 해결할 수 있는 덕량을 갖게 된다.

그러나 巳未 관계가 '巳 1목, 午 2목, 未 3목'이야 균형이 맞아 들어 가지만, 午 2목이 없이 조화가 맞아 들어가지 않으므로 바쁘기만 하지 결실 얻어내기 힘들다.

巳㊀未 : 午를 선택하여 조화를 가질 것인가.

(卯)辰巳 未(卯)를 선택하여 조화를 가질 것인가.

(申) 辰巳 未(申)를 선택, 본인의 바라는 목적, 꿈을 성사시키는 요령으로써 사람 선택, 방위 선택으로 조화관계가 성립된다.

■ 음양(陰陽) 지합 관계(支合關係)

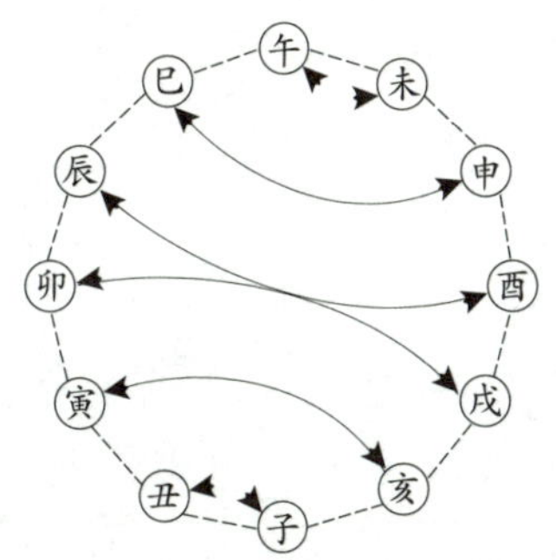

음양지합(陰陽支合)으로서 가까우면 가깝게 멀면 멀수록 긴급사태로 좋든 싫든 간에 일을 벌이면 상호 상생이 되어 협동, 후원, 격려, 원조 도움 받아 뜻이 이루어진다.

辰酉 : 토생금, 금전운 좋고 상생되어 매사 길하다.

午未 : 화세가 지나치게 강하여 변화 많고 결합 분열 이별수.

子丑 : 자손 번영, 부부관계 원만하다.

寅亥 : 일시적으로는 좋지만 지속성이 없어진다.

卯戌 : 다소간에 변화 많지만 도움으로 기쁨, 문서 들어온다.

巳申 : 형 살기 받지만 길흉 상반운 된다.

※ 생년월일 : 卯년 辰월 戌일

卯辰은 친자관계 : 일시적인 木의 영역권이 발전한다.

그러나 卯辰은 해, 영역권의 꿈, 부닥침으로 해를 받아 깨진다.

卯戌 : 헐값으로 계약한 물건, 문서 등이 오랜 세월(동-서) 끝에 큰 빛을 보게 될 것이다.

3

형(刑), 충(沖), 파(破), 해(害) 지흉 관계(支凶 關係)

(1) 4목(目), 운기(運氣), 제약(制約), 흉(凶)

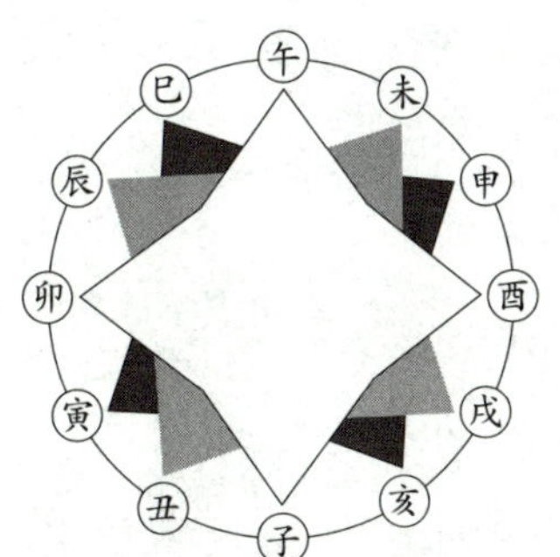

●子 – 午 – 卯 – 酉 – 子 …

(승부욕의 변화)

미궁 속에 빠졌던 일, 지금까지 제약을 받고 말 못하는 일 등 이해관계가 폭발되어 숨겨온 일이 표면화된다(90° 선).

●寅 → 巳 → 申 → 亥 → 寅 …

(씨의 선별 변화)

지나친 부딪침, 위세로 타박상 받기 쉽고 몸의 혹사, 몸의 재난, 파상을 받을 수 있다(90° 선).

● 丑 → 辰 → 未 → 戌 → 丑 …

(상충 동요 변화)

심신 불안정, 성급하게 서둘고 결과에 치우치며, 동요 많아 하는 일마다 침체된다(90° 선).

● 생년 : 자신의 노력에 비하여 별 성과가 나오지 않고 쓸데없는 일을 벌려 사서 고생을 자초하게 된다.

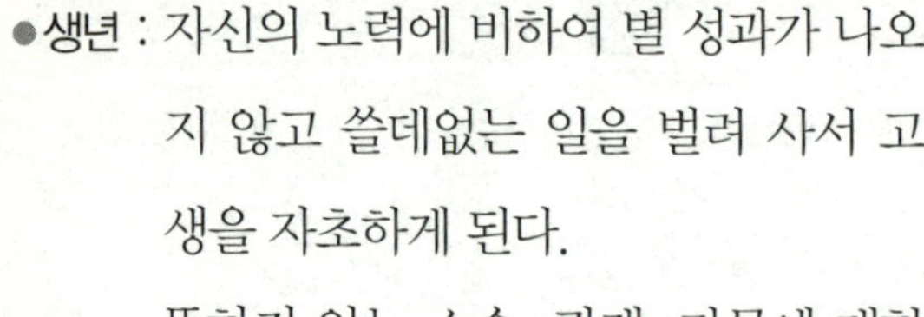

뜻하지 않는 소송, 관재, 가문에 대한 명예 훼손, 재산 손실

● 생월 : 주거, 직장, 이사, 생활권 변화가 많고, 미혼자는 출가, 분가, 육친 형제간에 의견 대립이 많고 마찰이 일어난다.

● 생일 : 배우자, 직계가족 간에 솔직히 털어놓고 말 못할 어려운 사정이 있고, 건강문제, 정신적으로나 육체적으로 짜증스러운 불화, 불만 사태로 시달린다.

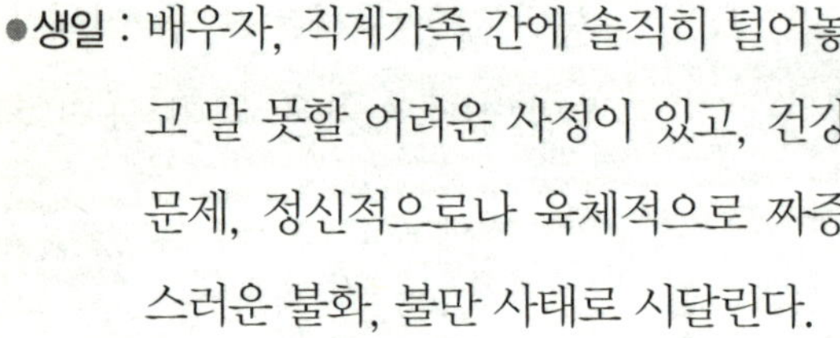

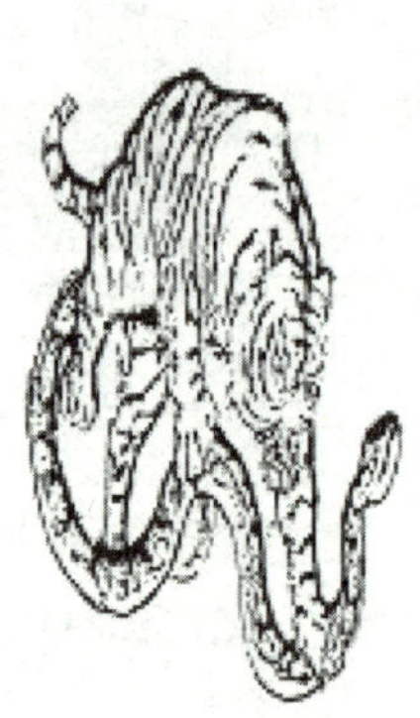

● 생시 : 앞으로 발생하는 사건, 자식문제에 대하여 걱정이 가중되어 속 썩는다.

※ 본인에게 생월 → 생일, 생년 → 생월, 생일 → 생시 4목 제약을 찾아본다.

(2) 치고 부숴버리는 파(破) 운기(運氣)

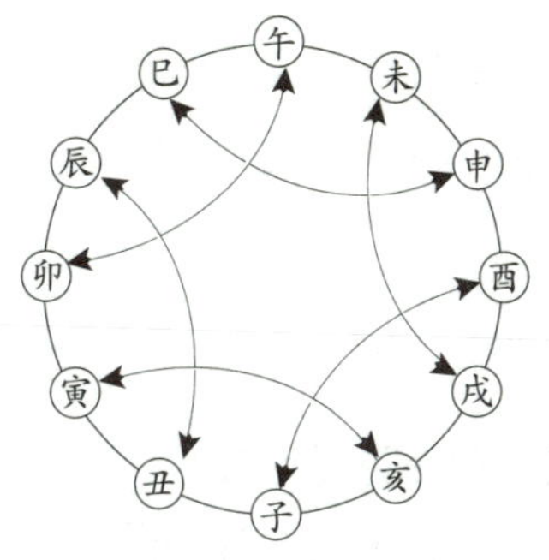

●丑 – 辰, 未 – 戌

목적을 위하여 밤낮 혼신의 노력을 아끼지 않지만 뜻대로 풀리지 않고 파산, 도산 기반 자체가 파괴된다.

●卯 – 午, 子 – 酉

왕성한 욕심은 대인관계, 거래관계, 일, 조건, 산산조각을 내게 되고 대립변화, 수단방법을 가리지 않으므로 그 자체가 파괴된다.

●申 – 巳, 寅 – 亥

사람 관계, 일, 거래조건에 있어서 당초 시작과 일 진행과정에 있어서 의견 대립, 주장 번복으로 중단 수정을 몇 번 번복하게 되므로 파괴된다.

寅亥, 巳申 : 시작, 개업, 창설

생(生)의 파(破)

卯午, 子酉 : 성왕, 진행, 집행

왕(旺)의 파(破)

丑辰, 未戌 : 기반, 왕성, 구축

묘(墓)의 파(破)

※ 생년월일시에 있든지 연결되는 교제관계 동업, 혼인관계는 깨진다.

(3) 남북절단(南北切斷) 해(害), 운기(運氣)

●卯 – 辰, 寅 – 巳, 丑 – 午, 子 – 未, 亥 – 申, 酉 – 戌

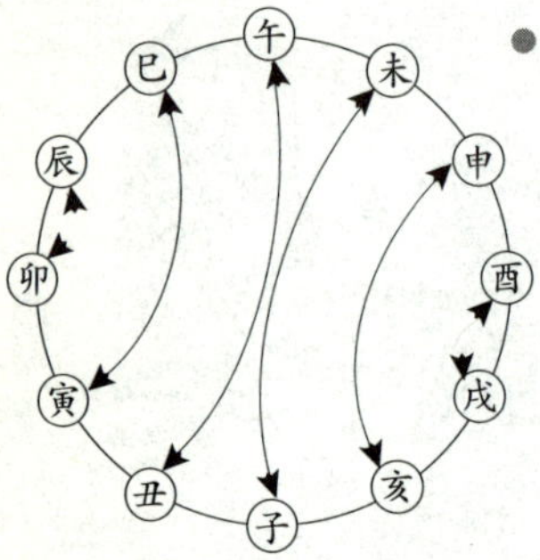

●卯 – 辰 : 윗사람을 욕보이게 하고 고독을 사랑하며 남에게 지기 싫어한다. 영역권이 해를 받아 몰락한다.

●酉 – 戌 : 가족, 몸에 발병 많고 부부간에 의견 대립이 많다. 금전 융통상, 해를 받아 금전 손실 많다.

운기상 해를 받아 사람 관계 화합이 잘 안 되고 인연관계, 거래관계 결함, 교제관계 등이 일단 성립되었다 하더라도 지속성이 없어진다.

일, 금전, 거래관계 있어서도 파산, 도산, 중도 좌절, 원망, 배신, 분열. 열심히 돌보아 주었더니 결과적으로는 피해. 도둑을 키우는 격.

●卯辰 : 타협, 소생할 암시가 있으나

●辰卯 : 타협 소생할 수 없는 해를 받는다.

●酉戌이냐

●戌酉 따라 해석이 달라진다.

●子 - 未

육친관계 나쁘고 잘 싸우며 불평불만. 불의 보살. 신경성, 하체, 위장병에 조심.

●寅 - 巳

앞뒤 가리지 않고 뛰어나가다 상처 입기 쉬우며 2개 있으면 만성병 또는 수술 받기 쉽고 寅寅이면 결단 부족, 巳巳면 정신질환, 노이로제, 발악. 조상 중에 미쳐 죽은 사람, 청춘 귀 있다.

●丑 - 午

참을성 없고, 남에게 지기 싫어하며 신경계통의 병. 부부 사이가 좋지 않으며 일을 서로 밀어붙이고 변덕스럽다. 불의 보살. 두통, 신경계통이 약하다.

●申 - 亥

높은 곳에서 추락. 좋은 물건을 잃을 수. 손에 잡을 수. 양단. 저돌적인 행각. 신경질 발병. 풍파. 전혀 소득 없는 과시로 오는 오해. 물고 늘어지는 피곤. 남의 것을 자기 것으로 착각하는 고집으로 해를 입는다.

(4) 七목(目), 대충(對沖), 대흉(大凶) : 운기를 날려 버리는 비(飛)
…화근이 날아가 호전되는 충(沖)

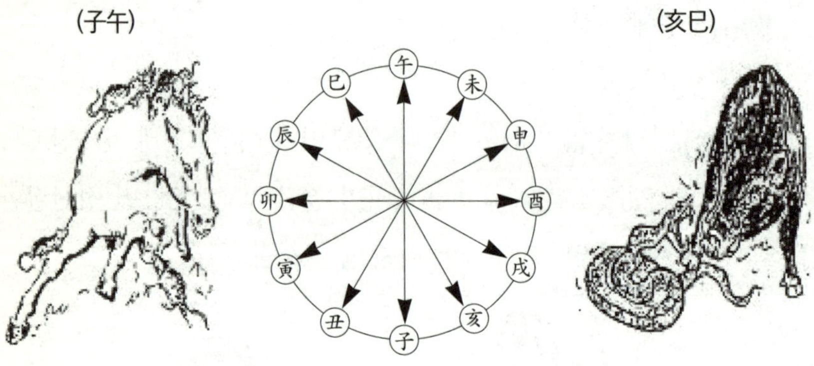

●子 - 午 : 의외의 돌발사고, 돌발 변화 많고, 하는 일이 뜻대로 풀리지 않아 심신이 불안정하다. 말, 금전, 사람과의 마찰, 언쟁, 분열, 이별, 물심양면으로 애를 써보아도 보람 없

이 끝난다.

항상 일신 불안하고, 부모형제 무덕하며 부부간에 인연도 바뀌고 분방하다.

●巳 - 亥 : 담백하고 저돌적인 행각. 신경성 병. 풍파 많고 쓸데없는 과시로 오해 받기 쉽다.

상대를 물고 늘어져 피곤을 주는 일 많고, 남의 것을 자기 것으로 착각하는 고집. 특히 이성에 대한 분별력이 없어진다. 여성은 고향 떠나(시집 가면) 객지풍파 많고, 쓸데없는 간섭 때문에 집 나가는 자식 수. 자수 성공 가능하다.

(寅申) (卯酉)

●寅 - 申 : 다정다감하나 물질거래, 금전거래 시작하면 감정 대립, 의견 대립 등 변화로 실체의 좌절. 실수, 갈등이 많고 '의리와 정' 에 대한 색정 변화에 시달리게 된다.

객지, 외국, 고향을 떠나야만(부모 슬하) 자수성가할 수 있고 수술, 관재구설, 교통사고 암시 있다.

●卯 - 酉 : 부모덕이 없고 자유분방하여 이성문제, 여러 번 결혼하게 되고 쓸데없는 간섭 때문에 불화 배신. 근심이 많아 심신이 괴롭다. 부부간에 불화, 색정, 태만, 후회, 주는 것 없이 보기 싫어 시달림을 받게 된다.

(丑未) (戌辰)

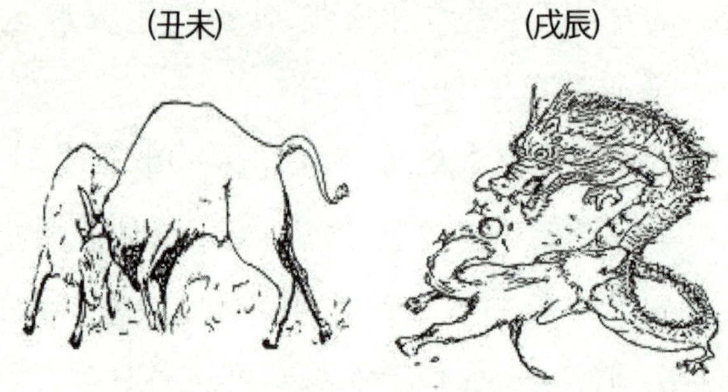

●丑 - 未 : 흑에 동질성으로 집안 형제문제 친구와의 불화, 금전문제로 싸우게 되고 견우직녀 운으로 싸우면 짐보따리를 싸게 되지만 동질성이라 헤어질 수 없다. 행동이 우둔하고 몸에 흉터가 생기며, 결혼 역시 두 번 이상 하나 고독하고 자식 덕이 없다. 매사 중도 좌절, 방해, 착각, 실수로 시달린다.

●戌 - 辰 : 가시적, 형식적인 요식을 잘 따지고 고집으로 인한 언쟁 마찰로 인하여 좋았던 관계가 분열이 생기며, 사람 따라 두 번 결혼하기 쉽고, 부모 형제 덕이 없으며, 종교에 대한 관심이 많고 때로는 재고(여의주)를 얻을 수 있는 기회도 생긴다.

(5) 六목(目), 긴급선(緊急線), 침체 운기

(감언유혹에 현혹되기 쉽고, 어떠한 일이라도 찾아보려고 서둘러 나선다.)

● 음양지(陰陽支)의 긴급관계 반흉(半凶)

'화살' 촉 → 상대를 극하게 된다.

'음지' 는 자신이 상대 '양지' 의 노골적인 부정 행각을 알면서도 상대와의 이권 관계 때문에 실토를 할 수 없어 상대를 끌어 들이는 형편이 된다.

음지의 巳는 양지의 子를 모순된 점을 알면서 이권과 관계되어 받아들인다. 子를 공격할 수 있는 未는 子를 원망하면서 표면보다 이면에서 죽일 놈이라고 욕과 불만을 털어 놓게 되는 삼수 관계이다.

(6) 형(刑)

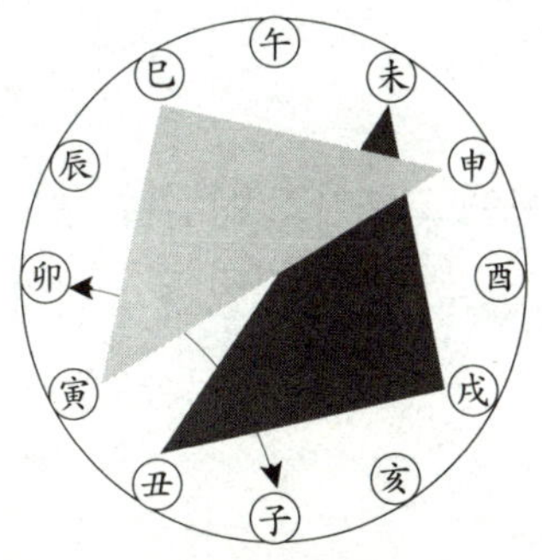

■ 지세형(地勢刑) : 寅 巳 申

■ 무은형(無恩刑) : 丑 未 戊

■ 무례형(無禮刑) : 子 卯

● 지세형(地勢刑) : 寅-巳, 巳-申

위세가 당당한 사람으로 매사 자기 본위에 직진적(直進的)인 고집에 경쟁심과 투쟁력에 자극을 받게 되면 갈등, 시비, 폭력 사태 많아지고 배신을 당하기도 하고 탈취하는 일도 생겨 송사 형을 받는 액운도 발생하게 된다.

● 무은형(無恩刑) : 丑 - 戌, 戌 - 未, 未 - 丑(견우직녀 운)

냉혹(冷酷)하고 무정하여 부끄러움(훌렁 훌렁 잘 벗는) 모르고 은혜를 입어도 은혜를 갚을 줄 모르며 부모 형제 사이도 불평불만으로 대립, 암투, 복잡하고 시끄러운 문제 등이 얽히게 된다.

여자는 부부간에 마찰 불화 때문에 생사별, 별거 등으로 고독을 씹어야 하고, 상대에게 자신이 배신하거나 배신당하는 운기이다.

발병으로 오는 뇌, 심장, 위장, 좌골신경, 비장(당뇨) 질환 등에 걸리기 쉬워진다.

● 무례형(無禮刑) : 子 - 卯

난폭하고 색정, 불륜, 관청 구설수 많고 때로는 난폭해져 예의가 밝지 못하며 어떠한 일이 되었든 간에 죽도록 돌보아 주고 일해줘도 그곳에서 인정을 받기 힘들다.

성관계 부부 사이에는 변태 성욕 때문에 고초가 많아진다.

발병으로 오는 비뇨, 자궁, 간 질환, 음독, 성병에 걸리기 쉬워진다.

(7) 자형(自刑)

■ 진진(辰辰) 자형(自刑) ■ 오오(午午) 자형(自刑)

■ 유유(酉酉) 자형(自刑) ■ 해해(亥亥) 자형(自刑)

●자형(自刑)

자존심(自尊心), 성의(誠意), 집착심(執着心) 없어진다.
독립심(獨立心)이 부족하면서 완강하게 뻐기는 버릇을 버리지 않고서는 발전을 기대할 수 없다. 생년월일이 상생되는 자형(自刑)은 더욱 자신의 활동 범위를 좁히고 고립한다.
충(沖)에 있어서도 대부분 행운을 상하게 되지만 충지(沖支)가 공망(空亡)을 맞고 있으면 오히려 화근(禍根)이 길운(吉運)으로 변해지는 것이다.

●辰辰 자형 : 무뚝뚝하고 성질이 나면 말을 더듬고 매사 억압과 구속 형태가 되며, 시비 구설수, 거래상의 수난 마찰이 많이 생겨 활동범위를 좁히게 된다.
수난, 몸이 진동 받는 일, 비뇨기 질환, 혈압관리에 힘써야 한다. 辰辰 = 戌 문제가 된다.

●午午 자형 : 욱! 하는 성격, 맥 빠진 비관으로 자해 행위, 충돌 교통사고 많고 화난 붕괴 폭발(가스통) 취급 부주의 재난 위험이 도사리고 있으며, 몸에 대한 상해 타박상 찰과상, 상처 받기 쉽다. 午午 = 子 문제가 된다.

- 酉酉 자형 : 몸에 흉터 생기고, 자상, 간장, 기관지 약하며, 여성은 생리질환(생리불순) 자식을 생산하는 데 어려움 많다.
  酉酉 = 卯 문제가 된다.
- 亥亥 자형 : 담백하고 수난, 화난 몸에 흉터 갖기 쉽고, 당뇨, 신장 질환, 혈압질환 등에 걸리기 쉬워진다.
  亥亥 = 巳 문제가 된다.

참고

형(刑) 글자대로 형 집행, 취급소, 경찰, 군인, 의술, 법원(검사, 판사) 교도관 뿐만 아니라 죄수, 범법자.

법(法)이란, 지날 거(去), 氵(水) 지나온 흐름을 조절하는 것이 법(法)이다.

4

천간(天干), 일주(日柱)에 태어난, 월주(月柱)의 지지(地支)를 대입하여

(1) 12지(十二支) 보조성(補助星)의 암시(暗示)를 알아낸다.

일주 / 보조성	甲생일	乙생일	丙생일	丁생일	戊생일	己생일	庚생일	辛생일	壬생일	癸생일
①	亥월	午월	寅월	酉월	寅월	酉월	巳월	子월	申월	卯월
②	子월	巳월	卯월	申월	卯월	申월	午월	亥월	酉월	庚월
③	丑월	辰월	辰월	未월	辰월	未월	未월	戌월	戌월	丑월
④	寅월	卯월	巳월	午월	巳월	午월	申월	酉월	亥월	子월
⑤	卯월	庚월	午월	巳월	午월	巳월	酉월	申월	子월	亥월
⑥	辰월	丑월	未월	辰월	未월	辰월	戌월	未월	丑월	戌월
⑦	巳월	子월	申월	卯월	申월	卯월	亥월	午월	寅월	酉월
⑧	午월	亥월	酉월	庚월	酉월	庚월	子월	巳월	卯월	申월
⑨	未월	戌월	戌월	丑월	戌월	丑월	丑월	辰월	辰월	未월
⑩	申월	酉월	亥월	子월	亥월	子월	寅월	卯월	巳월	午월
⑪	酉월	申월	子월	亥월	子월	亥월	卯월	庚월	午월	巳월
⑫	戌월	未월	丑월	戌월	丑월	戌월	辰월	丑월	未월	辰월

● 월주 : 생활권, 년 주 : 운명권, 일주 : 행동권 순으로 본다.

(2) 천간일주(天干日柱)로 보는 월주 12지(十二支), 보조성(補助星)의 암시(暗示)!

① [종자의 별] (새롭게 태어나는 신선한 체(상품))

사람으로 비교하면 새롭게 태어난 '아기', 장래성은 있지만 현재 힘이 약하여 많은 보호가 필요하지만 무엇이든 손을 대면 재능이 발전될 수 있고, 순하면서 감각이 뛰어나며 주변 은혜를 입으면서 발전한다(일주 천간 기준).

길흉분석

甲亥월생 : 어떠한 일이든 끈기 있게 달라붙어 유년월 대성, 저축이 가능하고 (중길)하다.

乙午월생 : 몸 바쳐 일하는 데 비하여 결실 작용이 약하고 묘년월 대성, 저축이 가능하고 (소길)하다.

丙寅월생 : 어떠한 일이든 하는 일마다 발전하고 사년월 대성, 저축이 가능하고 (최대길)하다.

丁酉월생 : 총명하고 민첩하지만, 결단 부족으로 불우되기 쉽고, 오년월 대성, 저축이 가능하고 (중길)하다.

戊寅월생 : 어떠한 일이든 적극적으로 매진하고 피부로 느껴야 하며 사년월 대성, 저축이 가능하고 (중길)하다.

己酉월생 : 성격이 격하여 처자에게 상처주기 쉽고, 황야를 개척하는 서민형, 오년월 대성, 저축이 가능하고 (중길)하다.

庚巳월생 : 머리가 명석하고 공격성과 결단력으로 출세 가능하며, 신년월 대성, 저축이 가능하고 (중길)하다.

辛子월생 : 온순한 성격에 착실하게 실리를 추구하지만 재난 우려가 있고, 유년월 대성, 저축이 가능하고 (소길)하다.

壬申월생 : 여성은 후계자 운이 있어 늦게 혼인하는 것이 좋고, 부귀의 운세로 해년월 대성, 저축이 가능하고 (대길)하다.

癸卯월생 : 총명하지만 파란 많아 세파에 시달리기 쉽고, 끈기로 성공, 자년월 대성, 저축이 가능하고 (중길)하다.

② [재기의 별] (불안정, 고난, 색난, 변동 합의점)

사람이 이 세상에 처음 태어나면 나체로 목욕하는 상태로 자리 위치 변화로 마음이 헷갈리고 불안정하며 약속과 절제의 이행 능력이 부족한 반면 활동적이고 외교 수단이 발달되며, [목욕]이란 음욕과 색난을 일으키는 원인이 된다(일주 천간 기준).

길흉분석

甲子월생 : 주변 조건과 환경에 따라 고난이 많아져 변동 생기고 유년월 대성, 저축이 가능하고 (흉) 색난에 조심해야 한다.

乙巳월생 : 밖에서 활동력은 좋지만 집안의 우환과 재난, 상처가 있어 조심하여야 되고 묘년월 대성, 저축이 가능하고 (대흉)하다.

丙卯월생 : 적극성과 진취의욕이 강하고 학술과 예술에 뛰어나며 사년월 대성, 저축이 가능하고 (대길)하다.

丁申월생 : 총명하여 어느 분야에서든지 두각이 나타나고 양처를 얻으며 오년월 대성, 저축이 가능하고 (소길)하다.

戊卯월생 : 어떠한 일이든 적극성이 부족하고 건강이 허약하며 사년월 대성, 저축이 가능하고 (소길)하다.

己申월생 : 성격이 격하여 처자에게 상처주기 쉽고, 고독은 인되기 쉬우며 오년월 대성, 저축이 가능하고 (소길)하다.

庚午월생 : 학예적인 재능에 명리를 잡아 성공할 수 있지만 걱정이 떠나지 않고 신년월 대성, 저축 가능하고 (평길)하다.

辛亥월생 : 결혼에는 어려움이 많고 조직적으로 [장] 상술 거래가 좋으며 유년월 대성, 저축이 가능하고 (중흉)하다.

壬酉월생 : 여성은 후계자운이 있어 결혼을 늦게 하여야 하고 지능이 뛰어나 성공하며 해년월 대성, 저축이 가능하고 (대길)하다.

癸寅월생 : 성격이 온순하고 총명하지만 파란을 이겨내는 끈기가 필요하며 자년월 대성, 저축이 가능하고 (소길)하다.

③ [성장의 별] (명예, 존경, 번영, 향상심, 성공)

자존심이 강해서 어떠한 일이라도 본인의 뜻대로 밀고 나가려는 진취성이 강하고, 남이 하는 일에는 비판적인 간섭이 많은 반면 본인의 잘못에는 극구 변명이 많아 많은 적을 만들게 되며, 사람에 따라 어려울 때 구원의 손길을 얻어 명예적인 발전이 기대되고 여성 역시 독단 진행형이 많다(일주 천간 기준).

길흉분석

甲丑월생 : 학문이 뛰어나고 끈기와 자립정신이 강하여 성공률이 좋고 유년월 대성, 저축이 가능하며 (대길)하다.

乙辰월생 : 외부적인 일에는 적극성으로 뜻이 이루어지지만 우환에 시달리고 묘년월 대성, 저축이 가능하며, (중길)하다.

丙辰월생 : 어떠한 일이 되었든 간에 적극적으로 진취하여 성공으로 유도하며 사년월 대성, 저축이 가능하며 (대길)하다.

丁未월생 : 총명하여 어느 부문에 진출하여도 두각을 나타나며 오년월 대성, 저축이 가능하며 (중길)하다.

戊辰월생 : 건강에 조심하여야 하고 로맨틱한 강약이 조화되며 사년월 대성, 저축이 가능하며 (길)하다.

己未월생 : 명예로운 발전이 기대되지만 난폭한 행동이 있으며, 오년월 대성, 저축이 가능하며 (대길)하다.

庚未월생 : 명리를 잡아 뜻은 이루어지지만 행동이 난폭하고 신년월대성, 저축이 가능하며 (흉)하다.

辛戌월생 : 재능은 뛰어나지만 어떠한 형태가 되었든 파란이 많고 유년월 대성, 저축이 가능하며 (흉)하다.

壬戌월생 : 여성은 후계자운으로 늦은 결혼이 좋고 해년월 대성, 저축이 가능하며 (흉)하다.

癸丑월생 : 여성은 육친에게 피해주고 이익을 위하여 안개 속을 헤매며 자년월 대성, 저축이 가능하며 (소길)하다.

④ [관도의 별] (온건, 고상, 풍부, 발전, 재운)

사람으로 말하자면 '장년기' 로 어떠한 일이 되었든 자신의 힘과 행동력으로써 쟁취하는 능력을 말하는 것으로 생가를 떠나 발전하고, 지위를 얻을 수 있으며 +생은 실력형, −생은 재지형이 많고 일반적으로 무에서 유를 창조해 내며 결혼은 만혼 자가 많다(일주 천간 기준).

길흉분석

甲寅월생 : 두뇌가 명석하고 끈기와 자립정신이 강하여 성공률이 높으며, 유년월 대성, 저축이 가능하며 (대길)하다.

乙卯월생 : 진보적인 기질에 의식에는 부자유없이 성공할 수 있으며 묘년월 대성, 저축이 가능하며 (길)하다.

丙巳월생 : 적극성, 진취성으로 부귀에 대한 은혜를 입게 되며 사년월 대성, 저축이 가능하며 (대길)하다.

丁午월생 : 예의가 바르고 주변과의 유화 관계가 원만하여 영립을 받으며 오년월 대성, 저축이 가능하며 (중길)하다.

戊巳월생 : 미남미녀가 많고 일시적인 고립경향이 있지만 명예를 얻으며 사년월 대성, 저축이 가능하며 (중길)하다.

己午월생 : 발전면은 기대할 수 있지만 난폭한 행동으로 고립되기 쉽고, 오년월 대성, 저축이 가능하며 (흉)하다.

庚申월생 : 명예와 이익을 얻어 대성하지만 항상 걱정거리가 떠나지 않고 신년월 대성, 저축이 가능하며 (대길)하다.

辛酉월생 : 재능은 뛰어나지만 색정문제로 상해받을 위기가 있고 유년월 대성, 저축이 가능하며 (흉)하다.

壬亥월생 : 사람의 '장'으로 될 수 있고 자력 성공이 있지만 배우자를 극하기 쉽고, 해년월 대성, 저축이 가능하며 (길)하다.

癸子월생 : 스스로 부귀를 얻을 수 있지만 이익을 쫓아 육친을 괴롭히며 자년월 대성, 저축이 가능하며 (중길)하다.

⑤ **[지배력의 별] (왕성, 독단, 독립, 두령, 낭비)**

독립독주의 정신력으로 운세를 개척해 나가지만 자존심이 강하여 남의 의견에 따르지 않고 자신의 재능으로 정상에 올라, 다음 세대와의 한계 선상에 접하지만 낭비로 재력은 남지 않는다.

정직하고 강정하여 고립을 자초하게 되고 의리 있고 남에게 약점을 보이기 싫어하여 허세를 많이 부리며 + 자기본위가 더욱 강하고 - 조용하면 내면 끈기 있는 형, 어떠한 형태든 개인 재능이 발휘되지만 직업인은 자격증 소지자만이 직장에서 신장할 수 있다(일주 천간 기준).

길흉분석

甲卯월생 : 어떠한 일이든 적극적인 진취력과 진보적 기질로 성공 가능하고 유년월 대성, 저축이 가능하며 (대길)하다.

乙寅월생 : 끈기와 달라붙는 힘이 강하여 의식에는 부자유가 없고 묘년월 대성, 저축이 가능하며 (길)하다.

丙午월생 : 예의가 밝아 주변 유지의 영립을 얻어 중천에 햇빛이 솟아나는 사년월 대성, 저축이 가능하며 (중길)하다.

丁巳월생 : 복록이 있어 어떠한 일이든 민첩하고 왕성하여 뜻이 이루어지고 오년월 대성, 저축이 가능하며 (길)하다.

戊午월생 : 총명하고 활발하며 여성은 미녀가 많고 사년월 대성, 저축이 가능하며 (길)하다.

己巳월생 : 어떠한 어려운 환경에는 구원의 손길이 있지만 신체장애가 있고 오년월 대성, 저축이 가능하며 (흉)하다.

庚酉월생 : 격한 성격으로 인화관계나 처자에게도 극하기 쉽고, 신년월 대성, 저축이 가능하며 (소흉)하다.

辛申월생 : 이것저것 날카로운 판단과 간섭으로 고생 많고 유년월 대성, 저축이 가능하며 (길)하다.

壬子월생 : 어떠한 형태가 되었든 간에 배우자를 괴롭히게 되고 해년월 대성, 저축이 가능하며 (대흉)하다.

癸亥월생 : 인내와 노력으로 사람의 '장', 명예와 이득을 얻고 자년월대성, 저축이 가능하며 (길)하다.

⑥ [고독, 퇴수의 별] (고독을 좋아하고 타협, 약기, 담백, 불안정)

어떠한 일이 되었든 간에 분수에 넘치는 일과 무리한 일은 삼가는 사람으로, 즉 인생 '초노기' 에는 기력과 체력에 한계가 있어 주어진 일을 지킬 수는 있지만 능동적으로 발전시키는 데는 역부족하다.

부모로부터 상속받은 재산도 감소 추세가 되고 기술 연구 분야에 뛰어나고 건실한 인생을 살아간다(일주 천간 기준).

길흉분석

甲辰월생 : 매사 진취력이 강하고 신앙심이 두터워 신앙 계통으로 공명이 생기며 유년월 대성, 저축이 가능하며 (대길)하다.

乙丑월생 : 진보적인 기질이며 예술 면에 민감하여 발전되며 묘년월 대성, 저축이 가능하며 (중길)하다.

丙未월생 : 일시적인 발전은 기대되지만 주색으로 오는 손실이 크고, 사년월 대성, 저축이 가능하며 (대흉)하다.

丁辰월생 : 자기본위에 승부욕이 강하며 처(배우자)를 지배하고 오년월 대성, 저축이 가능하며 (소흉)하다.

戊未월생 : 어떠한 일이든 착실히 순리 따라 일하지만 좋은 기회가 별로 없고 사년월 대성, 저축이 가능하며 (대흉)하다.

己辰월생 : 어떠한 형태든 우환과 병약으로 고난이 많고, 오년월 대성, 저축이 가능하며 (대흉)하다.

庚戌월생 : 편굴한 약점 있지만 의리 있고 인생 승리자가 되고, 신년월 대성, 저축이 가능하며 (대길)하다.

辛未월생 : 부지런하고 예리하며 예술적 재능으로 기선잡고 유년월 대성, 저축이 가능하며 (길)하다.

壬丑월생 : 중년기 난항이 많고 특히 금전적 고생이 많으며 해년월 대성, 저축이 가능하며 (대흉)하다.

癸戌월생 : 정직하고 의리 있고 사회적인 인만에 오르며 자년월 대성, 저축이 가능하며 (길)하다.

⑦ [풍류, 쇠퇴의 별] (온순, 허약, 내향, 비애)

따뜻한 동정심에 헌신적으로 주변 사람을 돌봐 사람이 따르고 다예 다취미로 좋아하지만 일반적으로 의지가 약하고 공상력만 발달되어 실행력이 없고 고생이 많으며 단순하고 신경질에다 결단력이 둔하다.

남의 일을 잘 돌봐줌으로써 인심은 얻지만 때로는 엉뚱한 관계가 되기 쉬워 대략 중도 좌절되기 쉽고, '장' 이나 지도자는 될 수 없으며 + 단기로 적극적인 행동력에 진취성 있고 – 신경질로 매사 비관적으로 분석하여 고생이 많다(일주 천간 기준).

길흉분석

甲巳월생 : 부정을 알면서 결단과 동정으로 끊을 수 없고 외견이 좋아도 내면이 나쁘며 유년월 대성, 저축이 가능하며 (소흉)하다.

乙子월생 : 연구하는 학예 분야에는 재능이 발휘되지만 '병약' . 묘년월 대성, 저축이 가능하며 (소흉)하다.

丙申월생 : 일시적인 두령 운이 있지만 인내력 부족으로 지속성이 없고 사년월 대성, 저축이 가능하며 (소흉)하다.

丁卯월생 : 어떠한 형태나 영립이 되었든 관공서와 관계되어 출세하고 오년월 대성, 저축이 가능하며 (대길)하다.

戊申월생 : 처음 일 진행은 순조롭고 변화되나 중반에 좌절되기 쉽고, 사년월 대성, 저축이 가능하며 (소길)하다.

己卯월생 : 초년기는 좋아도 중년에 쇠퇴하고, 오년월 대성, 저축이 가능하며 (흉)하다.

庚亥월생 : 어떠한 일이든 재능은 인정되지만 불우하고 신년월 대성, 저축이 가능하며 (흉)하다.

辛午월생 : 말로는 호언장담 하지만 '병약'. 뜻대로 잘 안 되고 유년월 대성, 저축이 가능하며 (대흉)하다.

壬寅월생 : 어떠한 수단을 동원하든지간에 재력을 잡게 되고, 해년월 대성, 저축이 가능하며 (중길)하다.

癸酉월생 : 본업 이외의 일로 분주하고 문학자는 명예와 이득을 얻고 자년월 대성, 저축이 가능하며 (대길)하다.

⑧ [제지, 막히는 별] (내기, 정지, 제재, 단기, 불우, 주거)

어떠한 일이든 분명한 한계를 짓고 행동하기 바라고 건실한 노력은 좋지만 단기로 '내강외유'. 모든 외면은 좋아도 내면이 나빠 이러한 가족은 고생이 많다.

고난은 고난을 불러들이고 지나치게 신중한 것 대문에 주어진 기회를 놓치기 쉽고, 물질면보다 정신면을 필요로 하는 학자나 예술 분야에서 발전된다(일주 천간 기준).

길흉분석

甲午월생 : 꿈도 크지만(대망) 호언장담이 많고, 색정에 조심하여야 하며 유년월 대성, 저축이 가능하며 (소길)하다.

乙亥월생 : 어떠한 직책을 맡겨도 사무 처리에 관한 능력은 뛰어나고 묘년월 대성, 저축이 가능하며 (중길)하다.

丙酉월생 : 중년에 고난이 많아 적막하고 애를 먹게 되며, 사년월 대성, 저축이 가능하며 (흉)하다.

丁寅월생 : 어떠한 일을 맡겨도 기술에 관해서는 재능이 발휘되고 오년월 대성, 저축이 가능하며 (길)하다.

戊酉월생 : 주어진 좋은 기회도 결단력 부족으로 불우를 자초하고 사년월 대성, 저축이 가능하며 (흉)하다.

己寅월생 : 발상, 발견, 창작 능력이 뛰어나 두각을 나타내고 오년월 대성, 저축이 가능하며 (길)하다.

庚子월생 : 어떠한 분야에 진출하든 그 영역에서는 명성이 발전되고 신년월 대성, 저축이 가능하며 (대길)하다.

辛巳월생 : 무엇보다 복록이 있고 예술재능이 뛰어나며 유년월 대성, 저축이 가능하며 (중길)하다.

壬卯월생 : 어떠한 고난이 되었든 파란만장하고 해년월 대성, 저축이 가능하며 (흉)하다.

癸申월생 : 추진력은 좋으나 지속성이 없고, 학자형으로 자년월 대성, 저축이 가능하며 (소길)하다.

⑨ [저축 고수의 별] (이별, 인연 박, 고독, 이산)

해가 지평선에 걸려 있는 상태로 계획을 갖고 사업을 일으켜 축재(蓄財)하는 사업가형이지만, 매사 의심이 많고 도량이 좁아 사람에 따라서는 말년에 고독하게 사는 사람도 적지 않다.

남녀 장남이 아니면 막내로 태어나기 쉽고, 중년 후에는 육친을 돌보는 일이 생기며, 여성은 장남과 결혼하는 확률이 높다(일주 천간 기준).

길흉분석

甲未월생 : 분수에 맞지 않는 일을 억지로 밀고 나가 고생이 많고 (헛수고) 유년월 대성, 저축이 가능하며 (흉)하다.

乙戌월생 : 어떠한 일이든 실력 부족으로 좌절되기 쉽고, 묘년월 대성, 저축이 가능하며 (흉)하다.

丙戌월생 : 한 번 전념하면 끝까지 밀고 나가 경제적 고난이 많고, 사년월 대성, 저축이 가능하며 (대흉)하다.

丁丑월생 : 어떠한 형태이든 어릴 때는 위급한 우환 속을 헤매고 오년월 대성, 저축이 가능하며 (흉)하다.

戊戌월생 : 배짱 있는 호방형이며 대범하여 두령 운이 있고, 사년월 대성, 저축이 가능하며 (대길)하다.

己丑월생 : 무슨 일을 해도 결과적으로 쓸모없는 사람 취급당하고 오년월 대성, 저축이 가능하며 (흉)하다.

庚丑월생 : 하는 일마다 명예와 이득이 통달되어 뜻이 이루어지고 신년월 대성, 저축이 가능하며 (대길)하다.

辛辰월생 : 학술 · 예술 · 연구 분야에 재질이 뛰어나고 유년월 대성, 저축이 가능하며 (대길)하다.

壬辰월생 : 어떠한 분야에 진출해도 큰 인물감이며, 여성은 음란하고 해년월 대성, 저축이 가능하며 (대길)하다.

癸未월생 : 어떠한 환경 조건이 되어도 주변을 이끌어가는 두령 운이 있고 자년월 대성, 저축이 가능하며 (대길)하다.

⑩ [극쇠, 살 길을 찾는 별] (부침, 단절, 이변, 파산, 단순한 사고력)

어떠한 일이 되었든 집착력이 부족하고 충동면에 휩싸이기 쉽고, 쓸데없는 말이 구설수에 연관되어 주변에서 싫어하며 그렇다고 가만히 있지 못하는 성격 탓으로 남의 일을 능력 이상으로 돌보지만 감언에 약하여 배신당하기 쉽다.

개방적이라 하는 일이 엉망 되기 쉽고, 약속과 비밀을 지키는 의협심이 강하며 여성은 대개 성교관계가 빠르고 초혼에 실패하기 쉬우며 연하의 남성으로부터 인기를 받게 된다(일주 천간 기준).

길흉분석

甲申월생 : 어떠한 환경 조건에서도 뛰어난 진취력으로 좋은 재목이 되고 유년월 대성, 저축이 가능하며 (대길)하다.

乙酉월생 : 맺어진 애정에 변화와 파란이 많고 고난의 후유증이 따르며 묘년월 대성, 저축이 가능하며 (흉)하다.

丙亥월생 : 잡았던 실권이 어떠한 형태가 되었든 잃게 되고 사년월 대성, 저축이 가능하며 (흉)하다.

丁子월생 : 무슨 일이 되었든 명예와 이득이 연관되고 잘 풀리며 오년월 대성, 저축이 가능하며 (대길)하다.

戊亥월생 : 성장 과정이 어떻든 간에 나라를 다스리는 일에 종사하게 되고, 신년월 대성, 저축이 가능하며 (대길)하다.

己子월생 : 본인의 반성과 회개에도 불구하고 어쩔 수 없는 색정의 흉조에 말리고 오년월 대성, 저축이 가능하며 (흉)하다.

庚寅월생 : 이루어질 듯하면서 이루어지지 않는 파연으로 시달리고 신년월 대성, 저축이 가능하며 (흉)하다.

辛卯월생 : 어떠한 환경이든 친자나 혼인관계의 고난이 따르며 유년월 대성, 저축이 가능하며 (대흉)하다.

壬巳월생 : 무슨 일을 하여도 주변 사람을 영도하는 지도자의 재질이 있고 해년월 대성, 저축이 가능하며 (길)하다.

癸午월생 : 하는 일마다 끈기가 없어 중도좌절이 많고 자년월 대성, 저축이 가능하며 (흉)하다.

⑪ [광명, 속박을 싫어하는 별] (유연, 변천, 희망, 신장, 억지)

캄캄한 어둠 속에서 한 가닥의 빛을 의지하여 갈 곳을 헤매 도는 상태고 아직 힘이 약하고 적극성도 없으며 오직 자주성을 잃고 주변 환경에 지배받게 된다.

순하고 유머적이며 속박을 싫어하는 이상주의자로 끈기를 필요로 하는 일에는 적응이 잘 안 되며, 장남이나 막내가 많고, 생가와 인연이 박하고 재혼자가 많으나, 방침을 일관하면 번영할 것이다(일주 천간 기준).

길흉분석

甲酉월생 : 발상과 창의력에 진취성이 있어 뜻대로 잘 풀리며 유년월대성, 저축이 가능하며 (대길)하다.

乙申월생 : 고 · 근대에 따르는 문장력이 뛰어나 발전 성공하며 묘년월 대성, 저축이 가능하며 (길)하다.

丙子월생 : 어떠한 일이든 총명하여 두각을 나타내지만 색정 위험이 있고, 사년월 대성, 저축이 가능하며 (길)하다.

丁亥월생 : 어떠한 형태가 되었든 좋은 배우자를 만날 수 있는 인연이 있고, 오년월 대성, 저축이 가능하며 (길)하다.

戊子월생 : 하는 일에 대하여 키워내는 힘이 남달리 강하고 사년월 대성, 저축이 가능하며 (길)하다.

己亥월생 : 하는 일마다 의지가 약하여 되는 일이 힘들고 오년월 대성, 저축이 가능하며 (흉)하다.

庚卯월생 : 무슨 일이 되었든 배우자의 힘을 얻어 발전되고 신년월 대성, 저축이 가능하며 (길)하다.

辛寅월생 : 하는 일마다 재능이 풍부하여 뜻대로 발전할 수 있고, 유년월 대성, 저축이 가능하며 (대길)하다.

壬午월생 : 명예와 이득을 겸비하여 뜻대로 잘 풀려나가고 해년월 대성, 저축이 가능하며 (길)하다.

癸巳월생 : 정신면을 필요로 하는 학예의 재능이 뛰어나며 자년월 대성, 저축이 가능하며 (길)하다.

⑫ [수태, 양자의 별] (양자, 분가, 발전, 색난, 건실)

출생 전의 어미의 모체에서 영양분을 먹고 자라나는 과정으로 현재 힘이 없고 모친의 연이 강하여 영향을 주게 되며, 제 마음대로 행동에 옮겼다 하더라도 뜻대로 안 되고, 뜻대로 풀리지 않으면 타인에게 책임을 전가시키는 비굴함이 있고, 어떠한 일이든 끈기가 부족하다.

모든 일을 크게 생각하고 원만하며 위를 잃어 양자운, 남을 이어 가는 운이 있으며, 중년 이후 상승된다(일주 천간 기준).

길흉분석

甲戌월생 : 파란이 몰아치는 가정환경에 시달리게 되고 유년월 대성, 저축이 가능하며 (흉)하다.

乙未월생 : 본래 태어난 운명이 귀명으로 태어나며 발전하고 묘년월 대성, 저축이 가능하며 (대길)하다.

丙丑월생 : 노력과 인내로써 발전하지만 단명의 위험이 있어 조심, 사년월 대성, 저축이 가능하며 (대길)하다.

丁戌월생 : 어떠한 환경조건이 되었든 파란만장하고 오년월 대성, 저축이 가능하며 (대흉)하다.

戊丑월생 : 일에 대한 난관에는 향상심이 강하여 극복되고 사년월 대성, 저축이 가능하며 (소길)하다.

己戌월생 : 대인관계와 남녀 인정이 두터워 거래가 좋아 일이 잘 풀리고 오년월 대성, 저축이 가능하며 (길)하다.

庚辰월생 : 어떠한 일이 되었든 간에 비운으로 넘어지기 쉬우니 조심하여야 하며, 신년월 대성, 저축이 가능하며 (대흉)하다.

辛丑월생 : 무슨 일이 되었든 막히고 파산되기 쉬우며 유년월 대성, 저축이 가능하며 (흉)하다.

壬未월생 : 무슨 일이 되었든 막히고 파산되기 쉬우며 해년월 대성, 저축이 가능하며 (흉)하다.

癸辰월생 : 일시적인 고난은 따르지만 부귀의 영광을 얻게 되고 자년월 대성, 저축이 가능하며 (대길)하다.

(3) 甲의 일주 태어난 월지(支) 관계

子월생 부닥치는 환경에 어려움이 많고 색정문제에 휘말리면 고생한다.

甲子 : 부모와 별 인연이 없고 결혼도 초혼보다 재혼으로 안정을 찾는 사람이 많으며 주어진 유산도 지켜 나갈 수 없고 일찍 생가를 떠나야만 성공할 수 있다.

丑월생 사고력과 연구를 필요로 하는 이론과 학술 재능이 뛰어나다.

寅월생 어떠한 환경, 조건이 되었든 간에 자립정신이 강하게 작용한다.

甲寅 : 얌전한 성격이 주변으로부터 사랑을 받게 되고, 다예다재하여 시간이 지날수록 그 빛이 발산되고 주변에서 실력을 인정해 주면 줄수록 탁월한 문예 능력이 발휘된다.

또한 자비로워, 어떠한 어려운 환경에서도 구원의 손길이 뻗쳐오며 다만 강운세로 육친과의 의견 대립이 많고, 색정 문제에 휘말리면 안하무인으로 고집한다.

남성은 처와의 생사별이 많고, 여성은 양친 문제 때문에 어려움이 많다.

卯월생 진보적인 진취는 좋지만 때로는 파란을 몰고 온다.

辰월생 남을 잘 믿어주고 신앙심이 두터워 대인 교제가 좋아 성공한다.

甲辰 : 신분은 선대에 비하여 낮지만 얌전하고 허례허식을 싫어하는 고지식한 보수형이며, 육친과 별 인연이 없고 배우자 사이에도 이별수가 도사리고 있다.

巳월생 겉모양은 좋게 보이지만 내면은 나쁘고 고달프다.

午월생 단기로 처 록에 대한 변화 많고 동량, 색정문제를 많이 일으킨다.

甲午 : 조실부모 아니면 부모가 재산이 있어도 상속을 받을 수 없는 조건이 많으며, 만일 상속을 받으면 상속으로 원수가 되고, 또한 처자를 극하게 되어 생사별수가 생긴다.

헌신적인 동정이 문제를 일으키고 성급한 반면 결단력이 부족하다.

未월생 이것저것 잔신경을 많이 쓰게 되어 고생을 자초한다.

申월생 멋진 인재감으로 발전한다. 다만 여성은 성격이 격렬하고 히스테리이다.

甲申 : 건강이 약하고 매사 불안정하여 인생의 기복변동이 많으며 未년생을 만나든지 未년이 되면 고난이 생기고, 부잣집에 태어나면 중년 때까지는 원만하지만 주색잡기로 주어진 재산을 탕진하기 쉽다.

酉월생 밀고 나가는 진취력이 대단하다.

戌월생 색욕이 왕성하여 일부일처를 지킬 수 없고 가정 파란이 많다.

甲戌 : 파란 속에서도 이어지는 운세로 육친과 일찍 떨어지기 쉽고, 남녀 호색으로 재혼율이 많지만 이러한 파란 속에서도 효자가 있으나 부부운은 대흉이다.

亥월생 어떠한 일에도 끈기로 이겨낸다.

(4) 乙의 일주 태어난 월지(支) 관계

子월생 정신 연구에 필요한 학예 재능은 뛰어나지만 육체가 병약하다.

丑월생 예술 분야로서 발전이 기대된다.

乙丑 : 온순하고 얌전하나 선대에 비하여 신분이 낮고 육친과 배우자와의 인연이 별로 없어 변하기 쉽고, 통계상 이혼율이 높다.

본래 고지식하여 허례허식을 싫어하며 또한 사회적인 요직에 앉아 존경받는 사람 역시 많다.

寅월생 어떠한 난관에도 끈기로 이겨낸다.

卯월생 일생 먹고 입는 데 구애받지 않는다.

乙卯 : 온순하고 얌전하며 주변으로부터 사랑받고 다재다예하여 날이 갈수록 발전한다.

辰월생 매사 적극성 있게 매달린다.

巳월생 일생 사고와 상처(수술)가 생긴다.

乙巳 : 육친과 인연이 박하여 일찍 생가를 떠나야 자수성가하고 유산을 받게 되면 계승하지 못하고 부부 사이도 불행이 온다.

다만 어려울 때는 복록이 따라 크게 발전한다.

午월생 힘껏 일하여도 일의 반응 작용은 약하다.

未월생 파란 속에 이어지는 운세로 색욕이 왕성하여 일부일처를 지켜나갈 수 없다.

乙未 : 자비로워 주변으로부터 신뢰성이 있고, 자연 상류사회와 연관되어 상류계급에 많으며 음부병자가 많다.

申월생 문맥에 대하여 재능이 뛰어나다.

酉월생 애정문제 때문에 고생한다.

乙酉 : 건강에 약하고 未년생을 만나든지 未년에 오면 고난이 생기고 부잣집에 태어나면 말년까지 좋지만 주색잡기로 재산을 탕진하게 된다.

戌월생 끝마무리 실력부족을 어려움을 당한다.

亥월생 사무 능력이 뛰어나 수습을 잘한다.

乙亥 : 단기로 연인이나 배우자운에 변화가 많고 상대를 극한다.

또한 주변을 희생시키면 시킬수록 본인이 좋아지고 상속을 받으면 상속문제로 원수 또는 이별수가 생기며 성급하지만 결단력이 부족하다.

(5) 丙의 일주 태어난 월지(支) 관계

子월생 총명하면서 색정 문제에 말려들기 쉽다.

丙子 : 어릴 때 허약체질로 병약하지만 나이가 들수록 건강해지지만 육친과의 인연이 박하고, 형제간의 불화와 직업 변화가 많으며 여성은 고부 등살로 이혼이나 재혼이 많다.

생가를 떠나 타향살이에 고생은 많으나 복록이 있어 중년에 성공한다.

丑월생 단명, 제반사에 신중하게 행동하여야 한다.

寅월생 부부가 원만하고 하는 일마다 잘 풀려 최대 길상이다.

丙寅 : 양친의 은총 아래 말과 행동이 올바르고 온화하여 수명도 길고 처덕이 있어 자손 대성하며, 주변 사랑을 받고 다재다예, 시간이 갈수록 발달한다.

어떠한 형태가 되었든 재운이 있고 여성은 집안 가문은 좋아도 창부 기질로 유혹에 능숙하다.

卯월생 학술적 예능이 뛰어나다.

辰월생 매사 적극적이고 진취력이 좋다.

丙辰 : 자비로워 주변으로부터 총애를 받아 상류사회와 연관되어 상류계급에 많으며 형제간 우애 있으면 성공하며, 음

부병이 많다.

巳월생 부귀와 영화를 한 몸에 받게 된다.

午월생 강렬한 열기가 중천에 빛나는 형이다.

丙午 : 여성은 의외로 부부운이 변하여 이혼자가 많고 이혼 후에도 독신으로 일생을 지낸다.
남녀 상대를 극하여 이혼 별거율이 높으니 여성은 이혼에 대비하여 전문직을 가져야만 고생을 면할 수 있고, 생가를 계승하면 육친과 부부운이 흉해진다.

未월생 주색잡기에 일생을 말려들기 쉽다.

申월생 일시적인 두령운이 있다.

丙申 : 신체적으로 허약하고 조실부모 자가 많으며 육친 재산이 덕이 없어 유산을 받게 되면 부부간에 이별수가 생기기 쉽다.

酉월생 일생을 통하여 적막한 생활이 되기 쉽다.

戌월생 흉조가 겹쳐 경제적 어려움에 시달린다.

丙戌 : 불안정하여 주거나 일을 전전하게 되며, 하적된 생활로 어려움이 많다.

亥월생 일에 대한 권력은 잡지만 그 권력을 잃고 재난을 당한다.

(6) 丁의 일주 태어난 월지(支) 관계

子월생 명예와 이득이 영통되어 일이 잘 풀린다.

丑월생 어릴 때 위병으로 목숨을 잃든지 병환으로 시달린다.

丁丑 : 흉조가 강, 불안정하여 주거 직종 이동이 잦고, 하류생활자가 많으며, 경제적 실리에 다툼이 많고, 색정문제에 휘말리기 쉽다. 타향살이 중년복으로 성공한다.
여성은 좋은 인연을 만나게 될 것이다.

寅월생 학술과 기술적 재능이 뛰어나다.

卯월생 관도로 출세가능하다.

丁卯 : 허약체질로 건강에 지장이 많으며, 조실부모 아니면 인연박하고 육친 재산과도 덕이 없어 유산 상속을 받게 되면 이별 분열수가 생기고 온순하지만 활발함이 부족하다.

辰월생 처의 지배아래 살게 된다.

巳월생 매사 왕성한 의욕과 민첩한 행동력을 겸비하고 있다.

丁巳 : 강운세로 육친과의 의견대립이 많고 남성은 처와의 생사별이 많으며 여성은 양친문제 때문에 어려움이 많고, 남편운도 좋지 않다. 巳월 丁巳생은 일찍 부친을 잃는다.
타향살이 팔자로 집안을 계승하면 부모 정이 떨어지고 고립되지만 항상 어려운 극면에 처하면 복록을 얻을 수 있어 적직을 만나면 대발전된다.

午월생 매사 질서를 중시하고 예의가 바르다.

未월생 지나칠 정도로 총명하다.

丁未 : 자비로워 주변으로부터 총애를 받아 상류사회와 연관되어 상류계급에 많으며 형제간 우애 있으면 성공하며 음부병이 많다.

申월생 현모양처를 얻을 수 있다.

酉월생 판단력이 총명하며 행동력이 민첩하다.

丁酉 : 부부 사이가 원만하고 용모단정하며 가문과 명성을 얻게 되고, 말과 행실이 올바르며 천덕이 있어 수명이 길고 자손이 대성한다.

戌월생 온 파란만장을 겪게 된다.

亥월생 일주에 있으면 좋은 인연을 맺는다.

丁亥 : 어릴 때 허약체질 또는 병난에 시달렸다가 해가 갈수록 건강해지며 육친과 인연 박하고, 형제간에도 불화가 많으며 직업을 전전하게 된다.

특히 공무원, 군인, 조직체가 있는 곳에 발전한다.

(7) 戊의 일주 태어난 월지(支) 관계

子월생 만물을 키워 낼 수 있는 힘이 있다.

戊子 : 어릴 때는 허약체질이지만 중년에 갈수록 건강해지며 초년보다 중년으로 갈수록 매사가 좋아진다.

丑월생 무엇보다 향상심이 강하다.

寅월생 매사 적극적이다.

戊寅 : 부부 사이가 원만하고 부모 은덕을 받아 언동이 온순하며 처덕 있고, 수명이 길며 자손이 성공하는 사람이 많다.

그러나 사람 따라 길흉이 격렬하여 인정하지 못하는 사람도 적지 않다.

卯월생 매사 적극성이 부족한 것이 결점이다.

辰월생 건강과 재난에 조심해야 할 운세이다.

戊辰 : 자비로워 주변으로부터 총애를 받아 상류사회와 연관되어 상류계급에 많으며 형제간에 우애와 원조로 성공하지만 음부병이 많다.

巳월생 어떠한 형태가 되었든 명예를 얻는다.

午월생 일반적으로 미인이 많지만, 여성은 의외로 부부간에 인연이 변하여 이혼하기 쉽다.

戊午 : 남녀 배우자를 극하게 되고 이혼율이 높아 일찍 독립할 수 있는 전문직을 가짐으로써 불운을 맞게 된다.

未월생 일생을 통하여 주어진 좋은 기회가 적으므로 찬스를 놓치지 않는 것이 현명하다.

申월생 어떠한 일이 되었든 성황하면 힘에 부쳐 중도에 좌절된다.

戊申 : 건강상 병약자가 많으며 조실부모 아니면 부자지간에 화합이 잘 안 되고 부모 재산과 인연이 없어 유산을 받으면 부부 이별과 별거, 중년까지 실패가 많다.

酉월생 매사 결단력이 약하여 불우하다.

戌월생 대기하여 일을 크게 벌인다.

戊戌 : 대기하고 엄격, 총명한 반면, 냉혹하고 난폭하여 재난이 많으며, 여성은 남성을 극하고 양친에게 고생 주고, 남성은 강인하여 육친과 의견 다툼이 많고 색정에 휘말리기 쉽다.

육친과 인연 박하고 타향살이로 고난이 많지만 복록이 있어 중년부터 성공하나 처와는 생사별 별거자가 많다.

亥월생 국정을 다스리는 큰 인재가 나올 수 있다.

(8) 己의 일주 태어난 월지(支) 관계

子월생 색정문제에 휘말리는 흉조가 있다(자기본위로 오는 현상).

丑월생 하는 일 없는 무용인 격이다(자기본위로 오는 현상).

己丑 : 흉조가 많아 고생이 많고 주거나 직장 이동이 많아 하급생활로 끝나기 쉽다.

부모와 인연 박하여 타향살이로 고생이 많지만 복록이 있어 중년에 성공률이 높다.

寅월생 창작 능력이 뛰어나다(자기본위로 오는 현상).

卯월생 중년기에 운기 쇠퇴된다(자기본위로 오는 현상).

辰월생 병약하여 고생한다(자기본위로 오는 현상).

巳월생 신체상 장해를 받고, 여성은 夫運 변화로 별거 이혼율이 많다.

己巳 : 신체장애자가 많고 타향살이 팔자로 생가를 계승하면 부모 운의 인연 박해지고 부부운도 나빠진다.

午월생 매사 고립되기 쉽다(자기본위로 오는 현상).

未월생 명예를 얻어 발전한다(자기본위로 오는 현상).

申월생 고독 운이다(자기본위로 오는 현상).

酉월생 대충(생년월일) 흉하다(자기본위로 오는 현상).

己酉 : 부모 은덕으로 언행이 단정하고 온화하며, 처덕으로 수명이 길어지고 부부가 화목하고 자손이 대성한다.
대충 살상을 범하기 쉽다.

戌월생 인정이 두텁다.

亥월생 의지가 박약하다.

己亥 : 생애가 안정하나 어릴 때는 허약체질이지만 중년에 건강해진다.

(9) 庚의 일주 태어난 월지(支) 관계

子월생 명성이 나고 매사 발전한다.

庚子 : 단기로 처 운이 바뀌기 쉽고, 여성은 연인이나 남편의 변심으로 흉의가 강하게 작용한다. 조실부모 또는 재산이 있어도 상속받을 수 없고, 억지로 상속받으면 원수 또는 이별수가 생긴다. 성급하여 결단력을 잃는다.

丑월생 명성과 이권에 통달한다.

寅월생 인연에 파탄의 우려를 부른다.

庚寅 : 길흉이 격하여 안정을 찾기 힘들고, 末년에는 고생이 따르며 태어날 때 부잣집에 태어나면 중년까지 좋지만 주색잡기로 주어진 재산을 탕진하게 된다.

卯월생 배우자의 힘을 얻어 성공한다.

辰월생 비운으로 쓰러질 수 있다.

庚辰 : 대기 엄격 총명한 반면 냉혹 난폭하여 재난을 부르게 되

고, 여성은 남성을 극한다. 때로는 유순하고 자비로워 어떠한 어려운 난국에 직면하더라도 구원의 손길이 찾아오지만 길흉이 겹쳐 불안정하다.

남녀 호색으로 재혼하기 쉽고, 양명으로 생가를 일찍 떠나 살면 효자를 얻는다.

巳월생 두뇌가 명석하다.

午월생 학술적 재능이 뛰어나다.

庚午 : 부모와 인연이 박하고 유산 상속을 받지 못하여 타향살이로 자수성가하지만 부부운은 불행하다.

未월생 행동이 난폭하다.

申월생 명예와 이득을 얻는다.

庚申 : 강인한 성격으로 육친과의 마찰이 많고 남성은 색정문제로 처와 생사별이 생기기 쉽고, 여성은 양친으로 고생한다. 얌전하고 온순하여 주변 사랑을 받게 되며 다재다예하여 해가 갈수록 발전된다.

酉월생 성격이 격하다.

戌월생 인생의 승리자 격이다.

庚戌 : 엄격 총명한 반면 냉혹 난폭하여 재난을 부르게 되고 여성은 남성을 극한다. 신분은 선대보다 낮고 육친과의 인연이 박하며 처와의 이별수가 높지만 허례허식을 싫어하는 고지식한 현실주의자이다. 특히 반항심이 강하다.

亥월생 재능은 뛰어나지만 불우하다.

(10) 辛의 일주 태어난 월지(支) 관계

子월생 성격이 얌전하고 온순하다.

丑월생 파산의 재난이 있다.

辛丑 : 양명으로 일찍 양친과 떨어져야 하며, 남녀 호색으로 재혼율이 높다.

어려운 가정환경 속에서도 효자가 생긴다.

寅월생 매사 재능이 풍부하여 발전한다.

卯월생 친자 또는 혼인문제로 고생한다.

辛卯 : 어떠한 형태가 되었든지 처자를 극하게 된다.

未년에 고생하고 부잣집 출생자는 중년까지는 좋으나 주색잡기로 재산을 탕진하게 된다.

辰월생 재지가 뛰어나다.

巳월생 예술 재능이 뛰어나다.

辛巳 : 부모와의 인연이 박하여 조실부모자가 많고, 살아 있어도 재산을 상속받을 수 없으며, 만일 상속받으면 원수 취급 또는 이별수가 생긴다.

성급하여 일을 서두르지만 얼마 못가 결단력을 잃는다.

午월생 건강상 병약하다.

未월생 예술 재능이 뛰어나다.

辛未 : 선대보다 신분이 낮고, 허례허식을 싫어하며 육친과 인연박하고 또한 처와도 이별 또한 별거자가 많다.

본래 고지식하여 지도 계열로 존경받기 쉽다.

申월생 이것저것 신경을 많이 써 고생을 자초한다.

酉월생 색정문제와 상해문제에 몰린다.

辛酉 : 여성은 집안이 좋아도 창부의 기질이 있다.
얌전하여 주변 사랑을 받으며 다재다예하여 날이 갈수록 발전한다.

戌월생 일생 파란이 많다.

亥월생 결혼 성립이 어렵다.

辛亥 : 병에 잘 걸리지만 상술 상매율이 높다.
육친과의 인연이 박하여 유산을 계승할 수 없고 타향살이로 자수성가하지만 부부 사이는 불행하다.

(11) 壬의 일주 태어난 월지(支) 관계

子월생 배우자를 극하게 된다.

壬子 : 남녀 배우자를 극하게 되고, 특히 여성은 극렬하여 일찍 독립하여 살아갈 수 있는 전문직을 갖는 것이 불행을 막는 길이다.
집안이 좋아도 여성은 창부 기질이며 본래 타향살이 팔자로 생가를 계승하게 되면 육친, 부부운이 흉하게 변한다.
子월 壬子생은 부친을 일찍 잃는다.

丑월생 금전적으로 고생한다.

寅월생 재력을 얻게 된다.

壬寅 : 진취성은 있으나 성급하여 길흉이 극심하여 생활이 불안

정하고 조실부모하거나 부모 재산을 받게 되면 덕이 없어 건강을 해치든지 이별 문제 생긴다.

卯월생 일생 파란 만장하다.

辰월생 큰 인물감이나 여성은 음란하다.

壬辰 : 대기 엄격 총명한 반면 냉혹 난폭하여 재난을 부르고 여성은 남성을 극한다. 육친과 인연 박하고 타향살이로 고생이 많지만 중년에 복이 발동하여 성공한다.

巳월생 두령 인재형이다.

午월생 명예와 이득의 영달을 얻는다.

壬午 : 어릴 때는 허약체질이지만 중년에 갈수록 건강하고 어떠한 형태로든 부자가 된다.

未월생 일생에 파산되는 재난이 있다.

申월생 부귀의 영화를 얻게 된다.

壬申 : 육친의 은덕으로 언행이 올바르며 처덕으로 부부가 화합하여 수명이 길고 자손도 대성할 수 있다.

지나친 의욕은 대패를 불러 분주히 노력하여도 재력이 남지 않는다.

酉월생 지능이 뛰어나다.

戌월생 주거의 안정을 찾을 수 없고 여성은 재취운이다.

壬戌 : 자비로워 주변 사람의 총애를 받고, 형제 도움으로 상류층이 되며, 어려움에는 구원의 손길이 찾아오지만 음부병이 많다.

亥월생 사람의 장이 될 수 있는 재목감이다.

(12) 癸의 일주 태어난 월지(支) 관계

子월생 자연적으로 부귀가 형성된다.

丑월생 이익 추구가 심하게 작용한다.

癸丑 : 주거지가 불안정하다.

寅월생 지나칠 정도로 매사 온건하다.

卯월생 부부 원만하고 총명하다.

癸卯 : 용모 단정하고 가문의 명성을 얻을 것이며, 육친의 은덕 아래 품행 언행이 올바르고, 부덕 처덕이 있어 수명이 길고 자손이 형통한다.

辰월생 부귀영화를 얻는다.

巳월생 학술의 예기가 뛰어나다.

癸巳 : 어릴 때 허약체질로 병약하고 나이가 들수록 건강해지며 육친과 인연 박하고 형제 불화와 직장 변화도 많아진다. 용태 단정하고 명성을 얻을 수 있으며, 어려움에는 뜻하지 않는 구원의 손길이 찾아오고 어떠하든 부자가 될 수 있다.

午월생 끈기가 부족하다.

未월생 두령 재목의 운기가 있다.

癸未 : 육친과의 인연이 박하고 타향살이로 고생이 많지만 중년 복으로 성공한다.

申월생 학자형이 많다.

酉월생 문학으로 이름과 이득을 얻는다.

재혼으로 안정을 찾는 사람이 많다.

癸酉 : 일찍 조실부모 많고 처와도 조화가 잘 안 되며 또한 여성은 남성에게 잘 속아 넘어간다.

부모 재산과 인연이 없어 유산을 받게 되면 부부 이별 또는 중년까지 실패가 많다.

戌월생 사회적으로 물망에 오른다.

亥월생 명예와 이득을 얻는다.

癸亥 : 여성은 의외로 남편과의 인연이 변하여 이혼율이 높고 문필화가 출신이 많으며, 맺고 이어가는 운세가 된다.

■ 공망기성(空亡氣星) 지지(地支) 상생(相生) 상극(相剋) 조견표(早見表)

운명성 / 돌아오는 년지 상대 년지		토기성 (土氣星)		금기성 (金氣星)		화기성 (火氣星)		천기성 (天氣星)		목기성 (木氣星)		수기성 (水氣星)	
	운	⊕	⊖	⊕	⊖	⊕	⊖	⊕	⊖	⊕	⊖	⊕	⊖
寅	1	화기(花氣)	생기(生氣)	달기(達氣)	약기(弱氣	회기(會氣)	란기(亂氣)	안기(安氣)	재기(財氣)	정기(停氣)	음기(陰氣)	종기(種氣)	감기(減氣)
卯	2	약기(弱氣)	화기(花氣)	란기(亂氣)	달기(達氣)	재기(財氣)	회기(會氣)	음기(陰氣)	안기(安氣)	감기(減氣)	정기(停氣)	생기(生氣)	종기(種氣)
辰	3	달기(達氣)	약기(弱氣	회기(會氣)	란기(亂氣)	안기(安氣)	재기(財氣)	정기(停氣)	음기(陰氣)	종기(種氣)	감기(減氣)	화기(花氣)	생기(生氣)
巳	4	란기(亂氣)	달기(達氣)	재기(財氣)	회기(會氣)	음기(陰氣)	안기(安氣)	감기(減氣)	정기(停氣)	생기(生氣)	종기(種氣)	약기(弱氣)	화기(花氣)
午	5	회기(會氣)	란기(亂氣)	안기(安氣)	재기(財氣)	정기(停氣)	음기(陰氣)	종기(種氣)	감기(減氣)	화기(花氣)	생기(生氣)	달기(達氣)	약기(弱氣)
未	6	재기(財氣)	회기(會氣)	음기(陰氣)	안기(安氣)	감기(減氣)	정기(停氣)	생기(生氣)	종기(種氣)	약기(弱氣	화기(花氣)	란기(亂氣	달기(達氣)
申	7	안기(安氣)	재기(財氣)	정기(停氣)	음기(陰氣)	종기(種氣)	감기(減氣)	화기(花氣)	생기(生氣)	달기(達氣)	약기(弱	회기(會氣)	란기(亂氣
酉	8	음기(陰氣)	안기(安氣)	감기(減氣)	정기(停氣)	생기(生氣)	종기(種氣)	약기(弱氣	화기(花氣)	란기(亂氣	달기(達氣)	재기(財氣)	회기(會氣)
戌	9	정기(停氣)	음기(陰氣)	종기(種氣)	감기(減氣)	화기(花氣)	생기(生氣)	달기(達氣)	약기(弱氣	회기(會氣)	란기(亂氣	안기(安氣)	재기(財氣)
亥	10	감기(減氣)	정기(停氣)	생기(生氣)	종기(種氣)	약기(弱氣	화기(花氣)	란기(亂氣)	달기(達氣)	재기(財氣)	회기(會氣)	음기(陰氣)	안기(安氣)
子	11	종기(種氣)	감기(減氣)	화기(花氣)	생기(生氣)	달기(達氣)	약기(弱氣	회기(會氣)	란기(亂氣	안기(安氣)	재기(財氣)	정기(停氣)	음기(陰氣)
丑	12	생기(生氣)	종기(種氣)	약기(弱氣	화기(花氣)	란기(亂氣)	달기(達氣)	재기(財氣)	회기(會氣)	음기(陰氣)	안기(安氣)	감기(減氣)	정기(停氣)

5

12주기(十二週期) 기력 순행상의 바이오리듬

(1) 종기(種氣)

지난 3년간 사정없이 몰아붙이는 '천중살'의 어려운 세파에 시달려 오다가 겨우 그 살기의 웅덩이에서 탈출하는 몸이 되지만 아직 살기의 후유증 때문에 기진맥진하다.

어려운 환경 조건에서 탈피하여 무엇인가 새롭게 하려는 욕망적인 희망에 생동감이 작용하므로 새로운 '종자'를 넓은 영역에 뿌리려는 시발점이다.

선택한 일에 개발과 노력으로 대처함으로써 장래에 대한 꿈이 달성하고 물질(금전) 의욕보다 정신(연구) 실력 배양에 좋은 기회가 된다. 이때 시작한 일에 대해서는 어떠한 모양이 되었든 틀림없이 그 결과를 성취할 수 있어 좋다. 또한 이 시기에는 새로운 개업 · 사업 · 연애 · 결혼 · 진학 · 취업 · 자격 취득 · 적금 등은 반드시 좋은 결과를 얻어낸다.

복잡하고 어려웠던 소용돌이가 점차 잠잠해지고, 새로운 일을 시작해 보려는 시동이 걸리는 기간으로, 본인이 능률 올릴 수 있는 일, 취미, 건실한 약속을 걷을 수 있는 알찬 종자를 땅에 심는 기간이다.

이때 시작한 일(적금), 바라는 일, 개업, 진출, 연구, 공부, 인연 교제, 금전거래, 물품거래 등은 새로운 용기가 솟아나오고 장래를 위하여 희망에 넘치는 싱싱한 많은 씨를 선택하여 뿌려 놓는 기회다.

(2) 생기(生氣)

넓은 대지에 뿌려 놓은 '종자' 는 새싹이 트며, 무럭무럭 자라나려는 의욕은 있지만 아직 건전하지 못하고, 주변 환경 조건에 흔들리는 경향이 많다.

매사 생기가 나고 놀라울 정도로 호전되어 폭 넓은 거래 수습 · 상식적인 주변 동태나 조류를 탐지하여 본인 진로의 양식으로 삼아 나가면 더욱 발전된다.

대인거래 · 부부 간에도 신선미, 신뢰성이 회복되어 난국을 타개할 수 있고, 사업 · 직업 · 금전운도 회복되며 목적에 도전하는 사람은 자격 취득 · 취업 · 진학 · 승진할 기회이다.

이때 알게 되는 결혼(연인) · 대인거래 · 친구관계는 급진적인 친근감으로 서로를 믿게 되고, 유리한 환경 조건을 잘 활용하는 것이 현명하지, 설마 하고 지나치게 믿었다간 자신도 모르는 사이에 무너진다. 점진적으로 사회로부터 인정을 받고, 이때 투자한 일은 장차 큰 재력으로 변한다.

넓은 황야에 뿌려진 종자는, 선악을 가리지 않고, 싱싱하게 새 싹이 솟아오르며, 한 목적(생명력)이 약동하고, 무럭무럭 자라나지만, 주변에는 많은 장애물이 있어 피해나가는 숙명을 짊어지고 있다.

이때는 오직 '믿음과 인정' 을 주변으로 받아야 하고, 새로운 혁신과 실력을 쌓아 올려, 어떠한 목적을 위한 투자는 장차 큰 금전관계가 형성될 것이지만, 이 투자 역시 분수와 정도를 넘는 욕심은 피해야 한다.

(3) 화기(花氣)

앞으로 살아 나가야 할 기본 방향을 결정지어야 할 중요한 기회로 이때 시작한 일은 직접 · 간접을 불문하고 앞으로 살아 나가는 데 움직일 수 없는 결정적인 생기로 변한다.

새로운 의욕적 계획을 세워 도전할 수 있는 기회로 일에 대한 노력과 집념은 최대의 성과를 약속 받을 수가 있으며 이때 발생하는 경제 운은 일생을 통하여 자신의 재운과 연관성을 갖게 되는 중요한 기회이다.

의욕적인 계획으로는 개업 · 독립 · 취직 · 결혼 · 발표 등이 있고, 이러한 정도에 적극적으로 열기를 올리면 반드시 그 실적이 오르는 반면, 후원자가 생기게 된다.

단, 이때 조심할 것은 거만으로 타인에 주는 피해와 주변 사람에게 불신감을 받는 행위 등은 앞으로 닥쳐오는 번뇌의 고민은 어떠한 형태가 되었든 간에 면할 수 없다.

장래, 어떻게? 어떠한 열매(명예)를 맺어야 할 마음을 결정져야만 할 시점이 오고, 자신의 결정 여하에 따라 악의 목표는 악대로, 선의 목표는 선대로, 선악 상태가 이루어지게 된다.

'번성과 번뇌의 갈림길'에 서 있어 주목의 대상이 되기도 하고, 때로는 뜻하지 않는 당첨운도 생기며, 자신의 입지조건 나가야 할 일도 생기고, 사치스러운 치장 등으로 반감을 받기도 한다.

(4) 약기(弱氣)

年 月이 주기 순행 '종기'로부터 시작하여 년은 3년, 월은 3개월, 일은 3일 후가 되면 우주법칙으로는 반드시 일시적인 안정과 휴식을 취하여야지 그렇지 않을 때는 일명 '소살'이라 하여 육체피로 · 건강 변화 · 신변에 대한 이상 변화가 임의든 타의든 간에 발생한다.

건강 문제로는 직장인이라면 금전 욕심 때문에 몸을 돌보지 않고 잔업함으로써 과로로 오는 병의 치료비가 잔업에서 버는 돈보다 몇 배 더 들어가는 상태를 말한다.

음식 부주의로 오는 식중독, 과식으로 오는 장애 · 피로 · 패기도출, 이때는 몸이 허약하여 병에도 잘 걸리고 임신부는 난산 등으로 어려움이 많다.

금전문제도 본의 아닌 실수로 원만한 거래관계가 단절되는 위기에 몰리며 쓸데없는 지출과 말을 함부로 하여 신망을 잃고, 대인 마찰 · 구설 · 불륜 · 망신 · 심신이 불안정하다.

학생은 무리한 공부로 신체 · 정신면에 손상이 와서 공부가 잘 안 되고, 착실한 이성교제로 신체적 이상한 관계로 변해져 몸을 그릇치는 일이 많다.

욕심 때문에 몸을 혹사하게 되어 건강을 해치기도 하고, 돈 아까워 일 바빠, 묵은 병이 악화되는 일도 생기며, 때로는 마음의 동요하는 일이 뜻대로 안 되기도 하며, 불륜에 현혹하기 쉬운 기회다.

몸을 그릇치기 쉬워 건강유지에 힘써야 하고, 때로는 뜻하지 않는 발병, 상처, 다침, 피로, 질병 등으로 병원비가 가중되는 일도 있고, 쓸데없는 일을 벌이든지, 충동매입으로 금전 손실, 침체되는 일이 많다.

(5) 달기(達氣)

지금까지 바라는 소망 · 목적을 달성하는 기회로 끝까지 왔다는 뜻도 있으며 2년 전의 '화기' 꽃봉오리가 개화 안 된 사람은 이때 바라던 애정 · 결혼 · 집 장만 · 금전 수확을 얻을 수 있다.

'종기' 때부터 바라던 꿈 · 일 등은 대략 '화기' 때 꽃이 피게 되지만, 이때도 뜻을 이루지 못하는 사람은 '달기' 에 정신적 · 육체적 열매를 맺게 되어 주변의 축복 속에 개업 · 사업 · 자격 취득 · 진학 · 승진 · 취업 등등 본인 스스로가 믿기 어려울 정도로 일이 잘 풀린다.

쾌조 운세로 대담하고 계획성 있는 일을 세워 적극적으로 행동에 옮기면 의외로 일이 잘 풀리고, 또한 뜻하지 않는 이상적인 후원자를 만나 순조로운 약속을 받게 된다.

최고 조류기로 가정 · 애정 · 경제 · 호조에 달하며 무엇을 하여도 그 실체의 맛을 맛보게 되므로 기쁘고 즐거움이 넘친다.

따뜻한 봄바람이 불어 하는 일, 어려움이 잘 풀리고, 지금까지 애써 온 노력은 기쁨과 소망으로 성과가 나오며, 바라는 소망은 이루어지고 또한 사람과의 인연은 사랑으로 두터워진다.

만족할 수 있는 금전수익(종자 때 풀린 적금)이 생기고, 경사로운 기쁨(자격, 저택, 가정 취득), 중요한 일이나 해결지어야 할 일은 이때 잘 처리하면 되지만 정당하고 올바른 일이야만 가능하다.

(6) 란기(亂氣)

약기는 주로 육체적인 변화 '수령구멍' 을 뜻하면 '란기' 는 '종기' 로부터 시작하여 5년간 쌓여 왔던 정신을 일시적이나마 안정과 휴양을 취하여야지 그렇지 않을 때는 일명 '중살' 이라 하여 이때의 주변 환경조건이 어떠한 형태가 되었든 정신적인 변화가 '수령구멍' 으로 몰고 간다.

이때 새로운 계획이나 실행은 헛바퀴 도는 모양으로 뜻대로 풀리지 않고 오히려 손해만 크게 생기게 되므로 결혼 · 가옥 구입 · 취업 · 진학 등 억지를 무릅쓰고 일을 벌이면 훗날에 반드시 후회하게 되며, 현상 유지에 만족하고 진행에도 분수에 맞는 학교 선택이 중요하다.

이럴 때는 정신이 불안하여 헷갈리는 실수가 많고, 정신력을 필요로 하는 공부 · 연구 · 계획 분야에서는 아무리 그 일에 집념하고 정신을 가다듬어도 바라는 목적을 이룰 수 없어 스트레스만 쌓인다.

가정 · 애정관계 · 금전관계에 있어서도 순간적 감정을 억제하지 못하여 파탄이 일어나고 남에게 피해를 주고, 길이 아닌 길을 자초하여 고생하며 돌아올 수 없는 금전에 매달려 더욱 손해를 본다.

정신적으로 헷갈리는 일이 많고, 때로는 감언유혹에 현혹되는 일도 생기며, 하는 일의 실수, 갈등, 충동, 대립, 분쟁 파탄 사태도 많아지고, 오판으로 인한 원망은 두고두고 후회하니, 남의 말에 의존하는 것이 현명하다.

왕성하게 활동하였으면, 일시적인 충전기간이 필요 하며, 심신이 피로하여 기력이 없어져 산만해지고, 때로는 본인 아닌 탈선, 비밀거래, 금전거래상 손실이 우려된다.

(7) 회기(會氣)

지금까지 얽히고 풀리지 않았던 결혼 · 취업 · 전업 · 개업 · 이사 등을 다시 새롭게 풀어 보려고 노력하면 의외로 잘 풀리게 된다.

다정한 연인, 친구 사이가 의견 충돌로 절교 상태였던 사람이 다시 만나 대화로써 오해를 풀면 그 전 이상의 유대가 돈독해지고, 지금까지 몇 번이고 접촉을 시도해 봤지만 잘 안 되는 사람은 재도전으로 만회할 수 있는 기회다.

지난날 헤어졌던 애정 관계를 다시 수정해 나가면 좋은 결과가 나오고, 전년에 생긴 마찰 · 분쟁 · 대인관계에 있어서도 임의든 고의든 다시 만나 개척 · 인화 · 이성관계가 화합되어 다시 생동감이 넘치게 된다. 다시 만나 희망의 빛이 생기고, 많은 사람을 만나는 '회' 기로 장래가 유익하며 순조롭지 못한 금전관계도 재 수정함으로써 저축 능률이 오른다.

개업 · 전직 · 진학 · 자격 취득 · 시시험에 다시 도전하게 되면 뜻이 이루어진다.

지금까지 얽혀 있는 사람과의 인연관계, 애정관계, 물질 거래 교제 관계와 지금까지 주저해 온 개업, 전업, 이사, 중단하였든 일에 다시 손을 대면 좋고, 절교한 인연, 자격시험에 재도전하는 것도 유리하다.

잃었던 인연, 중단된 일에 재도전하는 기회가 되면, 조건 좋은 정보의 교류가 활발해지며 원만한 회복세로 기쁨과 웃음으로, 사람과 금전을 부르게 된다.

(8) 재기(財氣)

12주년에 단 한번 오는 재력운으로 9기성 순행을 잘 살피고, 금전이 들어올 것인가, 나갈 것인가를 잘 확인하여 대처하여야 하며 올해는 하는 일마다 금전관계와 연관된다.

하는 일마다 금전과 연관이 깊고, 전혀 기대하지 않은 유산상속 · 금전 증여 · 부동산 · 주식 · 물건 · 자동차 등 이의로 들어오기도 하고 고가 처분되어 큰 수익을 얻는다.

주변 환경 조건 역시 사소한 실수에 대하여 문제가 안 되고 장래를 위하여 꿈을 키워낼 수 있는 좋은 기회도 되지만 때로는 소중하고 가까운 사람과 헤어짐도 감수하여야 한다.

독신자는 부유한 가정환경에 있는 이성과 만나고, 실업자는 재력 있는 후원자를 얻을 수 있으며, 가정이 안정되고, 직장인 · 학생 등은 진학 · 자격 취득 · 장래 포석을 위한 실력이 배양된다.

저항적인 상대와 화합이 이루어지고, 원치 않는 재력을 사회 불우한 사람에게 헌신적으로 바치게 되면 이러한 미덕이 사회에 알려져 상승세를 탄다.

하는 일마다 금전과 연관을 갖게 되고, 뜻하지 않는 곳에서 부동산, 주식, 자동차, 귀금속, 고가품이 들어오며 어떠한 금전이든 유통이 가능해지며, 물질적 만족은 얻을 수 있으나 가까운 사람과 이별도 생긴다.

상담거래, 사업거래가 활발해지고, '금전' 을 거는 승부에 손을 대면 뜻하지 않는 횡재운을 얻을 것이며, 무엇보다 금전 효율이 제일 좋을 때라 적극적으로 달라붙는 것이 좋다.

(9) 안기(安氣)

분주한 수확을 마치고 안정된 환경에서 수확해 온 과일을 맛보며 일보다 정신 분야의 학술연구 발상, 개발 · 신제품 발명 등에 노력하면 성사할 수 있다.

심신이 안정되고 지난 과거사를 반성하며 매사를 자제하는 기회로, 지난날의 경험을 거울삼아 강압적으로 일을 밀어붙이면 반드시 후회하고 불리해지며, 주변 환경 조건에 적용해 나가면 사업 · 재운 · 이성 문제가 좋아진다.

우연하게 만난 대인관계 · 이성으로 결혼하기 쉽고, 취미적인 일에 수입이 있으며, 승진 · 진학 · 자격 취득 등의 기쁜 일이 생기고, 의외의 자금융통으로 목적이 이루어진다.

묵은 재능개발로 주변으로부터 신용을 얻어내고 재력도 좋아진다.

'분수와 정도' 에 알맞은 일, 취미에 맞는 일을 찾아낼 수 있고, 색다른 개발에 힘쓰면 주변으로부터 더욱 신용이 좋아질 것이며 또한 본인에게 많은 청탁이 들어와 재력 증식에 힘이 된다.

심신이 안정되고 하는 일마다 잘 풀리며, 경제적인 안정, 언동에도 여유를 갖게 되어 친절할수록 결과가 좋고, 될 수 있는 한 이때는 마음에 맞는 취미, 공동목적을 더불어 하는 일이 어려운 난기를 피하게 된다.

(10) 음기(陰氣)

마음에 먹구름이 덮혀가는 '천중살', 헷갈리는 일이 많아지고 오판·착각·실수 등으로 손실·불안·장해·속박을 받게 된다.

사소한 시비가 확대되어 마찰·균열이 생기고, 방향 선택 실수 착오로 대인·근친 사이에 소외 받으며 가정·사업·재운·학업·연애관계 등 잘 해보려는 노력이 뜻대로 안 된다.

누구를 막론하고 본인의 이성과 감정을 잃고 길이 아닌 길을 택하는 일이 많으며, 불륜·망신수에 걸려든다.

집중력이 산만해져 직장인은 상사와의 의견 충돌로 홧김에 직장을 그만두게 되어 후회하는 일도 생기며, 사업가나 학생 역시 정신적 불안정으로 능률이 오르지 않는다.

주변과의 대항 능력은 엉뚱한 억지에 불가하며 금전 대차 관계·충동 매입 등 의외의 불리한 지출이 많아진다.

남을 속이기도 하고 본인도 속임수에 걸려 시달림을 받는다.

점차 마음과 몸은 어두워지고, 하는 일마다 실수, 망언으로 꼬여지고, 짜증스러운 일이 많이 생기며 착각, 오판, 유혹 감언의 손길이 덮쳐오고, 남의 속임수에 걸리기도 하며, 남을 자신이 속이는 일도 생길 수 있다. 보는 시계가 나빠져 냉정한 판단력이 필요로 하고, 이때는 단독으로 일을 처리하는 것보다 믿을 수 있는 사람의 자문이 필요시되며, 이때는 잠자는 베개 방향을 바꾸어 불안을 해소하는 것도 방법이다(베개 방향 북 방위).

(11) 정기(停氣)

팔방이 암흑 속에 갇혀 한 치의 앞을 볼 수 없는 '사면초가' 정지 상태로 누구 하나 본인의 말을 들어주는 상대가 없고 그렇다고 독단으로 행동하면 불행만 자초한다.

어떠한 형태가 되었든 간에 주변 환경 조건에 흉살이 작용되어 신뢰성을 회복하려고 노력하면 할수록 나쁜 영향만 가중된다.

또한 사업과 재력 손실을 만회하기 위하여 노력하면 할수록 공허 속에 말려 이러지도 저러지도 못하는 침체 상태로 변한다.

부부, 연인 사이도 사소한 의견 대립이 많아지고 홧김에 불륜관계 · 만취 상태 · 주색잡기(도박) 등으로 구설 · 관재수 · 손재수가 생기며, 가족 건강에도 위협을 주게 되고, 대내외 이익보다 불길한 일이 많이 생긴다.

캄캄한 어두움에 갇혀 한치 앞을 보지 못하고 갈피를 잡지 못하는 일도 생길 수 있으며, 운기가 정지 상태, 누구 하나 알아주지 않는 '사면초가' 이때 일 벌이면 구설 · 손재, 얻는 것보다 잃는 것이 많다.

왠지 '인생무상' 공허감에 사로잡히고 어려운 일이 겹쳐 일을 해결하여도 꼬리를 물고 들어오며, 이때 어떠한 해결책보다 현실을 잘 받아들여 흐름대로 흘러가는 것이 상수다.

(12) 감기(減氣)

'천중살'이 떠나가는 해로 마음의 먹구름이 서서히 사라지고, 매사 전반은 불리하나 후반으로 갈수록 다소나마 마음이 가벼워지고 밝아지지만 안심은 할 수 없다. 열렬하게 믿고 사랑했던 사람으로부터 배신당하고 생사별 등이 있으며 또한 가까운 근친간의 이별도 생긴다. 해서는 안 되는 일 · 부정한 일 · 걷잡을 수 없는 일을 알면서 서슴없이 해치워 돌이킬 수 없는 후회를 하게 된다.

이때는 악운이 발악하는 해, 월로 병난 · 재난 · 사고 · 대처관계 · 대인교제난 · 거래 부진 · 부도 등 조심하여야 할 문제가 많고 본인이나 주변 인물에까지 악영향을 주게 되며 혈압 · 중풍 · 교통 재난 · 추락 · 수난 · 화난의 암시가 있다.

될 수 있는 한 움직이지 않는 상태가 무난하고 금전에 미련을 갖지 말며, 토해 내는 것이 불행을 막는 비결도 되고, 좋은 방위로 기력 축적에 힘써야 한다.

암흑 속에 점차 사라지고 몸과 마음, 금전적으로 털리는 일이 많아지지만 이때는 악전에 운기가 되므로 돈을 벌기보다 집안 안정을 위하여 토출하는 것이 악전보다 낫다고 생각해야만 한다.

돈 벌 기회는 얼마든지 있는 것! 토해내는 것이 갑절의 수익이 생기고, 이때의 어려움은 후일의 행복을 약속받을 수 있으므로 헌신적인 봉사활동이 좋으며 혈압, 중풍, 교통 재난 등에 신경 쓸 때다.

6

九성으로 보는 궁합, 동업, 교제, 거래, 이성, 친자 관계

(1) 一백수성의 상생 관계

●一백수성 + 一백수성

– 상호 뛰어난 머리에 재치 있고 머리회전이 빠르며, 말을 않아도 심중을 알아주므로 뜻을 맞춰 사업을 하게 되면 호흡이 잘 맞아 발전할 수 있다. 그러나 대립될 때는 라이벌 의식 때문에 마찰이 생기고, 한번 싸우면 오래간다. 매사 냉정한 판단력에 이해심도 좋지만 반드시 주도권 쟁탈이 생긴다.

●一백수성 + 二흑토성

– 매사 일처리가 빠르고 재치와 행동력이 있다. 자유롭게 살기 바라는 일백수성에 비해, 이흑토성은 견실하면서 얌전하고 매사 신중하여 무리 없는 발전이 기대된다.

하지만 이흑토성이 일백수성을 볼 때 전혀 틈이 없고 손발이 맞지 않는 상대로 솔직하게 받아들일 수 없으며, 일백수성은 이흑토성을 의사소통이 안 되는 분위기 없는 존재로 생각하여 실망한다.

●一백수성 + 三벽목성

– 여재(如才)없이 상대 마음을 재빨리 이해하고 흔들림 없이 신경 써주는 일백수성과, 명랑하고 진취성이 풍부하고 권위적이면서도 개방적인 행동력을 갖는 삼벽목성의 관계에는 예상 외의 친근감이 생긴다. 치면 울리는 격으로 일백수성의 지성적인 조언에 삼벽목성의 밝은 기민성이 발동되어 꿈이 현실화된다.

●一백수성 + 四록목성

– 실리를 추구하고 조화 있는 사교술에 음성적인 판단력이 뛰어난 일백수성과, 계획 · 선견성 있고 거래 교제에 능하며 주변 환경에 솔직하게 즉응하는 사록목성의 조화로 숨겨진 약점은 바람에 날리고, 좋은 점만 나타나 생동감이 있는 상사상애(想思相愛)의 관계가 된다.

●一백수성 + 五황토성

– 침착하고 세밀한 곳까지 신경을 써가며 살피는 일백수성과, 천군만마를 한 손에 쥐고 흔드는 호걸 기질에 "무엇인가 되겠지" 하고 느긋하게 대처하는 오황토성은 서로 다른 점이 일시적으로 끌려 좋아하게 된다. 하지만 곧이어 밀어닥치는 심적 부담과 독점욕에 대한 불안감으로 흙물이 와해된다.

●一백수성 + 六백금성

- 유연한 사교술에 뛰어난 재능과 실행력 있는 일백수성과, 투쟁적인 외고집의 행동파에 수준 높은 이상적인 발상을 지닌 육백금성의 조화는 유연한 것과 강한 것이 조화를 이루어 일이 잘 풀리고, 일단 목표를 세우면 돌진력이 생겨 큰 지원군을 얻은 격으로 꿈이 현실화 된다.

●一백수성 + 七적금성

- 온순하고 안정된 분위기에 사려가 깊은 일백수성과, 화려한 여재에 사교성이 좋고 금전감각이 뛰어나며 신중하면서도 매사 분명한 것을 좋아하는 칠적금성의 조화는 정동(靜動)이 상반되지만 부딪칠수록 신선한 생동감이 생기게 되고, 음양 기력이 발동, 상호신뢰와 이해가 근면을 낳아 수준 이상의 재운이 생긴다.

●一백수성 + 八백토성

- 머리회전이 빠르고 심중을 굳히면 재빨리 행동에 옮기는 일백수성과, 완고하고 신중하며 차분한 계획아래 실행에 옮기는 견실한 팔백토성의 관계는 매사가 불안감을 주고 얻으려 하는 것은 많으나 솔직한 대화가 안 되어 상대의 진의를 알 수 없어 마음을 털어 놓을 수가 없다.

●一백수성 + 九자화성

- 머리회전이 빠르고 끈기가 있으며 한 목표를 정하면 수단을 가리지 않는 일백수성과, 밝고 명랑한 것은 좋으나 열 받기 쉽고 냉하기 쉬워 표리의 변화가 많은 구자화성의 관계는 정신면을

필요로 하는 분야를 제외하고는 보는 것과 생각하는 각도가 달라 격한 의견대립이 많으나 섹스에 대한 즐거움이 마음을 끈다.

(2) 二흑토성의 상생 관계

● 二흑토성 + 二흑토성

- 부지런하고 건실하여 예상 밖의 성과를 기대할 수 있으며, 비약적인 발전보다는 현실을 살펴가며 무리 없는 실천 방안으로 신중하게 일을 발전시켜 나간다. 그러나 역경을 만나게 되면 완고하고 융통성이 없어 해결하는 데 어려움이 있으며, 오래 지낼수록 친근감이 사라진다.

● 二흑토성 + 三벽목성

- 예의 바르고 건실한 근면성으로 순리 있게 일을 진행하는 이흑토성과, 쾌활한 진취력에 성급하고 자존심이 높고 일방적으로 행동에 옮기는 삼벽목성의 조화는 돌다리인 줄 알면서도 건너가지 못하는 이흑토성으로 서는 불안하다. 삼벽목성으로 서는 이상이 먹혀들지 않아 매사 반발심이 생기고 우물쭈물하는 이흑토성으로 부터 반감을 산다.

● 二흑토성 + 四록목성

- 속박을 싫어하고 착실한 순리에 따라 신중하게 행동하며 결단력이 둔한 이흑토성과, 상술이 좋고 사업 정신이 왕성하여 항상 활기찬 기회에 도전하면서 주변 환경에 순응한 사록목성은 조화가 안 되고 하는 일마다 협력보다 숨통이 막히는 불안감이

지만 이해력이 좌우한다.

●二흑토성 + 五황토성

– 생활력이 강하고 얌전하며 건실하여 질서를 저버리지 않는 이흑토성과, 정반대로 호방하고 의리 있게 남을 잘 돌봐주는 지도력과 스케일이 큰 오황토성의 관계는 자신에게 없는 상대방의 매력에 끌리게 되며, 말을 안 해도 공감대가 형성되어 서로를 돕게 된다.

●二흑토성 + 六백금성

– 어떤 일도 받아들여 키워낼 수 있으며 매사 심사숙고하는 이흑토성과, 적극적인 활동력과 매사 베푸는 호방한 성격의 정반대성을 갖는 육백금성의 조화는 상호간의 약점을 보완하고 질적인 변화를 일으키는 관계로 어려운 난국에 직면하게 되면 헌신적인 사랑으로 극복하게 된다.

●二흑토성 + 七적금성

– 돌다리인 줄 알면서도 건너가지 못하는 신중파인 이흑토성과, 양기로 사교성이 좋고, 자아의식과 의지력이 강하고 누구보다 경제 감각이 뛰어난 칠적금성의 관계는 상호간에 비슷한 착실함, 신중성이 맞으며 서로에게 없는 매력과 신뢰성이 발산되고, 부드러움과 강인함이 조화를 이뤄 재운이 생긴다.

●二흑토성 + 八백토성

– 태양과 비, 이슬로 만물을 키워내는 모체의 대지를 이흑토성이라 하며, 웅장한 높은 산 위의 하얀 흙을 팔백토성이라 한다.

같은 토기로서 확실하고 점진적인 공통점이 있어 상부상조하는 관계가 된다. 그러나 진흙은 아래, 백토는 위, 상호 강한 자의식으로 상대방에 대한 이해 없이 밀어붙여 뜻이 먹혀들지 않는 상태로 금이 간다.

● 二흑토성 + 九자화성

- 부지런하고 착실한 노력형으로 내향적인 성품에 결단력이 부족한 이흑토성과, 형편에 따라 밝아지고 사교술이 개방적인 행동력이 여재 없는 구자화성의 사이에 서로가 찾아볼 수 없는 상반된 협조관계가 성립되고 서로를 감싸주는 포용력과 헌신적인 무상의 애정이 이들을 감싸준다.

(3) 三벽목성의 상생 관계

● 三벽목성 + 三벽목성

- 본래 동질성의 상생관계는 보통 상부상조의 관계가 되지만, 이기성만큼은 좋고 싫은 것이 확실한 개성파로 각기 자존심이 높고 권위의식이 강하여 양보심이 없으며, 목표를 세우면 돌진력은 좋지만 라이벌 의식에 질투심이 강하게 작용된다.

● 三벽목성 + 四록목성

- 학술, 예술, 지적인 재능이 뛰어나며, 자존심이 높고 매사 적극적인 행동력으로 접근하기 힘든 삼벽목성과, 온순하고 분위기를 좋아하는 사교술과 계산 빠른 장사 술이 뛰어난 사록목성은 목표를 세우면 서로가 도와가면서 맹진하게 되고 현실을 믿고

부지런히 일하게 된다.

●三벽목성 + 五황토성

– 이상적인 꿈에 자존심이 높고 예민한 감각을 지닌 개성파의 삼벽목성과, 지나친 현실파로 때로는 목적 달성을 위하여 수단과 방법을 가리지 않으며 풍부한 창의력을 가진 오황토성과는 뜻이 잘 먹혀들지 않으며 기민성과 대담성으로 인해 이해할 수 없는 다급한 속공상태의 위험이 온다.

●三벽목성 + 六백금성

– 권위의식이 강하여 남에게 지기 싫어하고 기압과 박력을 겸비한 삼벽목성과, 과감한 활동력으로 과감하게 부딪치고 합리적으로 까다로운 육백금성의 관계는 처음에는 이질성으로 융화되지만, 상호간에 자아가 강하여 마찰이 많고 얼마 못가서 판단력이 흐려지고 헷갈려 변화된 행동에 색안경을 끼고 보게 된다.

●三벽목성 + 七적금성

– 지적인 재능과 정신으로 올바른 지력을 겸비한 삼벽목성과, 현실파로 금전감각이 뛰어나며 두뇌회전은 빠르나 끈기가 부족한 칠적금성과의 관계는 사교적인 면은 좋지만, 말 많은 것이 공통점이 되어 설마 하고 타협하지 않으면 대항 의식으로 균열이 생긴다.

●三벽목성 + 八백토성

– 기민한 행동력에 자존심이 높고 정신 자세에서 신사다운 면이 있는 삼벽목성과, 매사 신중하고 건실한 인내력을 바탕으로 개

혁해 나가는 팔백토성의 관계는 왠지 상호간에 이상이 먹혀들지 않고 융통성과 성실성이 없어져 허무함을 맛보게 된다.

● 三벽목성 + 九자화성

– 모든 일이 분명해야 하고 약삭빠른 행동력에 성급하며 정신적인 재치 있는 삼벽목성과 속단속결의 행동력이 좋고 분위기에 따라 적응하는 학술적인 구자화성과의 조화는 종을 치면 울리는 격으로 상부상조하며 상호간에 융합이 잘되어 전진이 가속화된다.

(4) 四록목성의 상생 관계

● 四록목성 + 四록목성

– 활기찬 노력가로 공통되는 장 · 단점을 잘 이해하고 상술에 능한 점을 살려 공동 사업을 벌이면 매사 순조롭고 큰 발전이 기대되나, 때로는 이해가 안 되는 고집으로 경쟁의식이 생길 때도 있다. 하지만 이러한 일도 장기간의 교류로 좋아진다.

● 四록목성 + 五황토성

– 상식적 사교술에 계산이 빠르고 상재(商材)의 가능성이 높은 사록목성과, 뛰어난 머리에 스케일이 크고 자아의식이 강한 개성파인 오황토성의 관계는 상호간에 위화감이 커지고, 어떠한 난관에 부딪치면 판단에서 착오를 범하게 되어 상호간 불만이 일어난다.

● 四록목성 + 六백금성

– 여재 없는 유연성과 어떠한 형편에서도 상대를 납득시켜 화합을 유도하는 사록목성과, 목적을 위해서는 주위를 개의치 않고 밀어붙이는 육백금성과는 일시적으로 서로의 이질성에 끌리지만 얼마 못가 융합이 불가능하고 긴장감에 숨이 막힐 지경이다.

● 四록목성 + 七적금성

– 유연하고 밝은 협력에 계산이 빠른 사록목성과, 상대를 추켜세워 인맥을 넓혀가는 개방적인 사교술에 능한 칠적금성과는 상호간에 현시욕이 강해지고 자기중심적이 되며, 목적 달성에는 강경하게 상반된 논쟁이 일어나 뜻을 일루기 힘들어진다.

● 四록목성 + 八백토성

– 로맨틱하고 밝은 사교술에 계산이 빠른 사록목성과, 완강하고 신중하며 실질적인 변화를 추구하는 팔백토성과는 상호간에 위화감이 생기고 현실 감각이 결여되어 떨어져 나가게 된다.

● 四록목성 + 九자화성

– 온화하고 사교적인 사록목성과, 지성과 세련성을 갖춘 구자화성과의 조화는 젊은 나무가 햇빛을 받아 대목으로 자라나는 형국으로 활성지식과 미의식에 대한 의욕이 왕성해져 정신적으로 충만해지고 바라는 꿈이 현실화된다.

(5) 五황토성의 상생 관계

● 五황토성 + 五황토성

– 어려운 운세에 우두머리 기질인 공통점으로 장 · 단점을 상호

이해로써 한 목표를 세우면 제안된 의견에 말없이 순응해 일이 순조롭게 진행되어 성공이 무난하다. 그러나 모두 개성이 강하고 자기 마음대로 일을 벌여 행동함으로써 일단 금이 생기면 전혀 타협할 수 없고, 양보 없는 고집으로 화해하기는 힘들다.

●五황토성 + 六백금성

– 힘차고 배짱이 좋으며 우두머리형으로 스케일이 큰 오황토성과, 개성이 강한 투쟁력에 돌진력이 있으며 지도자적인 재능을 갖춘 육백금성은 상호간에 기탄없이 상대 의견을 받아들이려 하고 오황토성의 야성과 육백금성의 기품이 좋아져 화합하고 성공한다.

●五황토성 + 七적금성

– 자비롭고 매사 스케일이 커 때로는 손실이 예상되며, 작은 일에는 동요가 많은 오황토성과 큰일보다 작은 일에 세밀하고 신중하며 매사 걸기를 좋아하는 칠적금성과는 이상적인 상대다. 서로 본인에게 전혀 없는 특출한 점이 보이므로 같은 목표에 도전하면 큰 재력을 얻을 수 있다.

●五황토성 + 八백토성

– 일단 마음을 정하면 끝까지 밀고 나가는 오황토성과, 매사 신중하고 조용하게 차근차근 일을 처리하는 팔백토성과의 조화는 동(動)과 정(靜)의 콤비 관계다. 어떠한 사태가 되어도 무난히 극복할 수 있는 저력은 좋지만 상호간의 주장에는 양보가 없어서 험악할 때도 있다.

●五황토성 + 九자화성

– 스케일이 커 고생이 많고 자비로움에 현실적인 우두머리 운을 갖는 오황토성과, 선견성이 있고 미적 센스가 빠르며 사업적인 재질은 있으나 일에 대한 끈기가 없는 구자화성은 조화를 이루어 밝은 사교력이 생기고, 계산이 밝아져 상술에 지속력이 돋보이며, 서로 이질적인 개성에 끌려 하는 일마다 순조롭다.

(6) 六백금성의 상생 관계

●六백금성 + 六백금성

– 상호간에 마음을 터놓고 말할 수 있는 콤비 관계로 종을 치면 울리는 격이 되며, 상대의 입장에서 이해하고 행동하면 상호간에 좋은 결과가 될 수 있다. 그러나 양쪽 모두 개성이 강하고 투쟁적여, 평상시에는 좋은 관계가 되지만, 의견 충돌이 생기면 불평불만이 노골화되어 걷잡을 수 없게 된다.

●六백금성 + 七적금성

– 작은 일보다 큰일을 좋아하고 목적을 위한 실천력이 강한 육백금성과, 금전 감각이 강하며 섬세한 곳까지 신경을 쓰고 일에 대한 신중성이 강한 칠적금성과의 조화는 상호간의 결점을 보완하여 행동하면 냉정하던 분위기와 언동이 친구처럼 가까워지고 스트레스, 라이벌 의식이 없어지며 지성이 향상된다.

●六백금성 + 八백토성

– 남성적인 실력 제일주의자로 목적을 위해서는 강하게 밀어부

치면서도 건실 지향적인 육백금성과, 산과 같은 개척 정신이 왕성하며 도전적이고 이것저것 신중을 기하는 팔백토성과의 조화는 강인함과 부드러움의 조화로 이상적인 협력관계가 성립된다. 상대를 위하여 헌신적인 봉사를 한다.

●六백금성 + 九자화성

– 흑백이 분명하고 자존심이 높으며 현실적인 실리를 중시하는 육백금성과, 현시욕이 있고 미적 센스와 유연성이 있으며 학자 · 예술가적인 구자화성은 서로 상대를 볼 때 왠지 너무나 어리석게 보여, 내면보다 외면에 치중하여 대립하고 분열이 생긴다.

(7) 七적금성의 상생 관계

●七적금성 + 七적금성

– 이들의 관계는 무엇보다 경제 감각이 남보다 뛰어나고 모든 면이 균형 잡힌 틀처럼 철저하며 기성이 강하다. 이러한 성분 파악을 철저히 알아내고 결합했을 때에는 좋은 결과가 생긴다. 하지만 싸울 때는 철저하게 겉모양이 달라지고 내면에 시달리는 표리상태가 된다.

●七적금성 + 八백토성

– 건실하고 강경하며 매사 심사숙고하여 판단하는 칠적금성과, 온순하고 유연하면서 신중하게 처리하는 팔백토성과의 관계는 강인함과 부드러움이 조화되는 관계로 지금까지 막혀 있던 숨통이 일시에 트이는 상태가 되어 어떠한 어려운 난국이라도 포

용력 있게 헤쳐 나간다.

●七적금성 + 九자화성

– 건실하고 부지런하며 쓸데없는 형식보다 실리를 추구하고 여재 없는 명랑성의 칠적금성과, 밝은 성격에 사교를 좋아하며 개성이 강한 구자화성은 서로에게서 칠적금성은 경박한 느낌을 받고, 구자화성은 지나치게 자기중심적 완고함을 느낀다. 애교와 멋의 대립관계로 불쾌감과 거부반응이 생긴다.

(8) 八백토성의 상생 관계

●八백토성 + 八백토성

– 시간이 걸려도 서둘지 않고 심사숙고하여 일을 다루는 동질성의 조화는 상대를 이해하는 강도에 따라 일의 진도가 달라지겠지만, 이 사람들의 합작은 느리고 일단 역경이 발생하면 사정없이 추락하는 상태가 되어 통곡하여도 소용없다.

●八백토성 + 九자화성

– 매사를 냉정하게 판단하고 신중하게 처리하며 건실성을 위주로 하는 팔백토성과, 화려한 멋과 말로 정신력에 위안을 주는 구자화성의 조화는 일시적인 호의로 장 · 단점을 보완하면 멀고 가까운 사이가 더욱 융합되어 서로에게 자극을 주면서 발전하게 된다.

⑼ 九자화성의 상생 관계

● **九자화성 + 九자화성**

- 다채로운 재능, 밝은 개성의 소유자로 기회를 얻으면 기민한 행동력으로 성공은 가능하다. 그러나 같은 기성으로 의식이 동일하여 한 목적에는 적극적으로 대처하여 좋지만 상호 자존심이 높고 자기주장이 강하여 이상이 맞지 않아 위기에 직면한다.

참고

태어난 해의 기성(氣星), 지지(地支)의 상생 상극관계는 외적 궁합관계, 합자관계, 동업관계, 대인 거래관계를 말한다.

태어난 일의 일지 공망을 기준하여 보는 것이 내적 궁합관계, 대인거래 전반에 걸친 관계를 말한다.

■九기성 지지별(地支別) 상생 조견표

기성별 / 상대성		一백수성		二흑토성		三벽목성		四록목성		五황토성		六백금성		七적금성		八백토성		九자화성	
		子卯	午酉	寅巳	申亥	丑辰	未戌	子卯	午酉	寅巳	申亥	丑辰	未戌	子卯	午酉	寅巳	申亥	丑辰	未戌
一백수성	子卯	×△ ×△	×× ××	×× ××	×× ××	●● ●●	●● ●●	×◎ ◎○	△◎ ◎△	×× ××	×× ××	●● ●●	●● ●●	×◎ ◎○	△◎ ◎△	×× ××	×× ××	×× ××	×× ××
	午酉	×× ××	×× ××	×× ××	×× ××	●● ●●	●● ●●	×◎ ◎○	○○ ○○	×× ××	×× ××	●● ●●	●● ●●	×◎ ◎△	○○ ○○	×× ××	×× ××	×× ××	×× ××
二흑토성	寅巳	×× ××	×× ××	×× ××	×× ××	×× ××	×× ××	×× ××	×× ××	×× △×	×× ××	△○ ○◎	○○ ◎◎	○○ △◎	◎× ○×	●● ●●	●● ●●	△○ ○◎	○○ ◎◎
	申亥	×× ××	×× ××	×× ××	×× ××	×× ××	×× ××	×× ××	×× ××	×× △×	×× ××	◎◎ △○	◎◎ ○○	○○ ×◎	△○ △◎	●● ●●	●● ●●	◎◎ △○	◎◎ ○○
三벽목성	丑辰	●● ●●	●● ●●	×× ××	×× ××	×× ××	×× ××	●● ●●	●● ●●	×× ××	×× ××	×× ××	×× ××	×× ××	×× ××	×× ××	×× △×	○× ◎×	×◎ ×△
	未戌	●● ●●	●● ●●	×× ××	×× ××	×× ××	×× ××	●● ●●	●● ●●	×× ××	×× ××	×× ××	×× ××	×× ××	×× ××	×× ××	×× △×	△× ◎×	×◎ ×△
四록목성	子卯	○× ◎△	△◎ ◎△	×× ××	×× ××	●● ●●	●● ●●	×× ○×	×× ××	×× ××	×× ××	×△ ××	×× ××	×× ××	×× ××	×× ××	×× ××	●● ●●	●● ●●
	午酉	◎×	○△ ○○	×× ××	×× ××	●● ●●	●● ●●	×× ○×	×× ××	×× ××	×× ××	×× ××	×△ ××	×× ××	×× ××	×× ××	×× ××	●● ●●	●● ●●
五황토성	寅巳	×× ××	×× ××	×× ××	●× ●×	×× ××	×× ××	×× ××	×× ××	●● ●●	●● ●●	△○ ○◎	○○ ◎◎	○○ △◎	◎× ○×	×△ ×△	×× ××	△○ △◎	○○ ◎◎
	申亥	×× ××	×× ××	×× ××	●× ●×	×× ××	×× ××	×× ××	×× ××	●● ●●	●● ●●	◎◎ △○	◎◎ ○○	○○ ×◎	△○ △◎	×× ××	×× ××	◎◎ △○	◎◎ ○○
六백금성	丑辰	●● ●●	●● ●●	○○ ○○	◎○ ◎○	×× ××	×× ××	×× ××	×× ××	○○ ○○	○○ ○○	×× ××	×× ××	●● ●●	●● ●●	○◎ ○◎	○○ ○○	×× ××	×× ××
	未戌	●● ●●	●● ●●	○○ ○○	◎○ ○○	×× ××	×× ××	×× ××	×× ××	○○ ○○	○○ ○○	×× ××	×× ××	●● ●●	●● ●●	○◎ ○◎	○○ ○○	×× ××	×× ××
七적금성	子卯	◎○ ○△	△◎ ◎△	×△ ×◎	◎○ ×◎	×× ××	×× ××	×× ××	×× ××	◎△ ×◎	◎○ ×◎	●● ●●	●● ●●	×× ××	×× ××	×△ ×◎	◎○ ×◎	●● ●●	●× ●×
	午酉	△○ ◎×	○△ ○○	◎○ ×△	×○ ×◎	×× ××	×× ××	×× ××	×× ××	◎○ ×△	×○ ××	●● ●●	●● ●●	×× ××	×× ××	◎○ ×△	×○ ×◎	●● ●●	●× ●×
八백토성	寅巳	×× ××	×× ××	●● ●●	●● ●●	×● ×●	×× ××	×× ××	×× ××	×× △×	×× ××	△○ ○◎	○○ ◎◎	○○ △◎	◎× ○×	×× ××	×× ××	△○ ○◎	○○ ◎◎
	申亥	×× ××	×× ××	●● ●●	●● ●●	×● ○●	×× ××	×× ××	×× ××	×× △×	×× ××	◎◎ △○	◎◎ ○○	○○ ×◎	△○ △◎	×× ××	×× ××	◎◎ △○	◎◎ ○○
九자화성	丑辰	×× ××	×× ××	○◎ ○◎	◎○ ◎○	○◎ ◎○	△◎ ◎○	●● ●●	●● ●●	○◎ ○◎	○○ ○○	×× ××	×× ××	●● ●●	●● ●●	○◎ ○◎	○○ ○○	×× ××	×× ××
	未戌	×× ××	×× ××	○◎ ○◎	◎○ ◎○	△◎ ◎○	○◎ ◎○	●● ●●	●● ●●	○◎ ○◎	○○ ○○	×× ××	×× ××	●● ●●	●● ●●	○◎ ○◎	○○ ○○	×× ××	×× ××

《표기》 ◎ : 최상상생, ○ : 길상상생, △ : 보통상생, × : 조건부상생, ● : 흉상극관계

– 갑자일생이라면 토성(戌亥)공망, 병자일생이라면 금성(申酉)공망, 무오일생이라면 수성(子丑)공망, 경오일생이라면 토성(戌亥)공망, 신묘일생이라면 화성(午未)공망, 임술생이라면 수성(子丑)공망, 신사일생이라면 금성(申酉)공망, 경자일생이라면 천성(辰巳)공망, 을사일생이라면 목성(寅卯)공망이 된다.

제 4 장

각기성氣星 상생 상극

1

각 기성(氣星) (일주 공망) 상생 상극
연애 관계, 부부 관계

(1) 토기성과 토기성(일주 戌亥+戌亥공망)

■ 상호간에 상대를 간섭하면 실패!

● **연애관계** : 전형적인 친구 사이와 같이 말보다 마음을 주고받으며 대화하는 상대로 기분 좋지 않다 해도 기분 전환에 별로 신경을 안 쓴다.

물론 연인 사이라 상호간의 장단점은 잘 알고 있지만 상대가 말하지 안 해도 상대 기분을 알 수 있고, 단 둘만의 세상을 중요하게 여긴다. 서로가 대등한 입장에서 상대의 일을 간섭 않는 것이 연애가 지속되는 비결이 된다.

어려운 문제가 생겨 상대가 의견을 물어오면 묵묵히 그 말을 들어줄 뿐 어떠한 묘책이 나오지 않으나, 말을 한 본인 역시 들어주는 포용력과 정신적으로 감싸주는 상대로부터 용기를 얻어 과감하게 어떠한 난국도 극복하는 자신감을 갖게 된다.

●**부부관계** : 둘만의 신혼 초기에는 전혀 불만이 없고 행복한 가정생활이 되지만 자식이 생기면 점차 달콤한 신혼의 맛은 사라지고 서서히 불만이 생긴다.

현실 생활에서는 둘 다 매사 분명한 결과를 바라는 성격이라 일방적으로 자기주장을 밀어붙이려 하다 의견 충돌이 생긴다. 대등한 조건 아래 상대방의 의사를 존중하고 간섭하지 않는 선을 유지하게 되면 원만한 부부관계가 성립된다.

(2) 토기성과 금기성(일주 戊亥공망 + 申酉공망)

■두말할 것 없는 상생 궁합!

●**연애관계** : 현실을 바로 보고 즉흥적인 생활 방식을 가진 금성과 현실을 떠나 정신적으로 살아가기 바라는 토성의 관계는 한마디로 어른과 아이의 만남과 비슷하다.

아이처럼 행동하는 금성을 토성이 어른의 입장에 서 얌전하게 타일러주고 서로의 약점을 감싸주고 장점을 살려줘 연애가 결혼으로 이어지는 예가 많다. 이러한 만남은 본인의 마음을 억제할 수 있는 기성이 되고 상대를 자기 마음대로 조정할 수 있다는 사실 자체가 큰 힘이 되는 것이다.

●**부부관계** : 주위에서 부러워하는 이상적인 부부관계다. 겸손하고 요령 좋은 금성과 인간적인 권위와 무게를 중시하는 토성의 조화는 우선 주위에 대한 명예와 품격을 생각하게 되고 이

러한 점을 현실에 적용하여 환경을 넓혀가며 적응하게 된다.

부부 사이의 주도권은 현실적인 적응력이 좋은 금성이 갖는 것이 좋고, 여성이라면 내조의 공을 아끼지 않아야 나름대로 좋다.

이러한 결합은 평화스럽거나 안정된 생활은 잘 안 되고 항상 어떠한 목적을 위하여 분주하게 움직이는 형태로 한 목표를 세워 도전하게 되면 반드시 성공한다.

(3) 토기성과 화기성(일주 戌亥공망+午未공망)

■ 현실과 동떨어져 잘 먹혀들지 않는 상대!

● **연애관계** : 표면으로 보기에는 비슷한 점이 많아 동질성으로 보인다. 하지만, 완고하고 자존심이 높은 면만 비슷하지 그 이외에는 자기주장과 생각만 옳다고 서로가 우겨대는 의견 일치보다는 평행선을 달리는 일이 많다.

한번 결정한 일에 대해 끝까지 밀고나가 매듭을 짓기 바라는 토성(戌亥)의 끈기에 비하여, 화성(午未)은 주변 환경과 분위기에 따라 감성과 기분이 변하는 행동 때문에 토성은 화성을 비판하고 괴롭힌다.

그러나 화성의 풍부한 감성이 토성의 확실한 이념을 얼마만큼 수용하고 포용하여 주는가에 따라 좋은 파트너 관계도 되고 연인관계도 유지되기도 한다.

● **부부관계** : 정신적인 결합도 중요하지만 현실적인 생활도 중요

한 것으로 이러한 관계가 원만히 수습되지 못하여 어려운 고난이 따른다.

화성은 자존심이 높고 자신이 하는 말에는 귀를 기울이려 하지 않고 꿈 같은 말만 하고 있는 상대에게 신경질과 화를 낸다.

신경이 날카로운 토성은 마음대로 기분에 따라 행동하는 상대의 태도에 싫증이 나고 감성에 따라 변하는 상대에게 정도 떨어지므로 부부사이라 하더라도 어느 한 편이 참아야만 가정이 지속된다.

(4) 토기성과 천기성(일주 戌亥공망+辰巳공망)

■ 정반대의 상생 관계이지만 오래 사귀게 되면 최고 상대!

● **연애관계** : 애정이 깊어가고 정이 들수록 쾌락에 빠져드는 천성(辰巳)과, 규율을 중시하고 흑백이 분명한 결벽성을 가진 토성(戌亥)과의 조화로움으로 만나는 즉시 결혼하기에는 힘든 상대다. 토성이 천성을 볼 때는, "무슨 사람이 저렇게 뻔뻔스럽고 줏대 없이 질질 끌려 다니고 결단을……" 하는 인상을 받게 되고, 천성이 토성을 볼 때는 "사람이 지나치게 까다롭고 분별을 가려 숨이 막힐 지경……"으로 보인다.

정반대의 현상이 되지만 양쪽 모두 서로에게 없는 특성에 끌려 오랜 시간을 사귀게 되면 서로 항시 상대 입장에 서서 생각하게 되어 장벽이 무너지고 행복한 세상을 맛보게 된다.

● **부부관계** : 맞선으로 결혼한 부부는 처음에는 어려운 세파에 시

달리고 모진 난국에 좌절되는 일이 많지만, 된장 맛처럼 익을수록 애정이 깊어가고 결국은 떨어질 라야 떨어질 수 없는 최고의 상성이 된다.

연애로 서로의 벽을 무너뜨리고 결혼에 성공한 부부는 두말할 것도 없지만, 초혼보다는 재혼 등으로 일정한 순환기를 지나고 세상 물정을 알았을 때 만나는 상대가 더욱 행복한 관계가 된다.

자신보다 상대의 마음을 이해하고 수용할 수 있게 되었을 때 부부간의 애정은 말할 것도 없거니와 개운의 문도 열리게 된다.

(5) 토기성과 목기성(일주 戌亥공망+寅卯공망)

■ 어떠한 형태든 제3자가 개입하면 분열!

● **연애관계** : 생각하는 것이 비슷하여 친해지기 쉬워도 시간이 갈수록 상대에게 소극적으로 대하여 연인관계까지는 오랜 시간이 걸리게 된다. 그러나 한번 상대에게 마음을 주면 정열에 불타며 깊은 정으로 맺어지게 되어 주위 사람들이 부러워하는 대상이 될 수 있다.

어떠한 일로 둘 사이에 제3자가 개입되거나 간섭을 받게 되면 서로가 이해할 수 없는 어려움에 직면하고 만일 결혼문제로 개입 받으면 아무리 좋았던 관계라도 일시에 헤어질 가능성이 많고 타인의 간섭 또는 개입으로 마음의 열기가 일시에 사라지는 결과가 된다.

●**부부관계** : 양쪽 모두 엄한 가정환경에서 자라나기 쉽고, 토성(戌亥)이 자라난 가정환경이 엄하였으면 그 가정은 대중적인 가정환경에 서민적인 생활 방식이 되고, 보통이나 가난했으면 자녀에 대한 교육이 엄하고 고상한 생활 방식을 추구하여 어려운 육친이 찾아와도 배척한다.

가정의 분위기를 좌우하는 것은 목성(寅卯)이 되고 단 둘만이 있을 때는 행복한 부부생활을 보낼 수 있지만, 자식이 생기면 점차 의견 충돌이 일어나고 두 사람 사이에 부모, 친척, 형제 등 제3자가 개입하든지 불순한 잡음이 생기면 부부 사이에 뜻하지 않은 균열 사태가 벌어진다.

(6) 토기성과 수기성(일주 戌亥공망+子丑 공망)

■ **타오르는 불길도 빠르고 꺼지기도 쉬운 단기형!**

●**연애관계** : 이러한 상성관계는 누가 주도권을 잡는가에 따라 연애관계가 달라지며 만일에 수성이 주도권을 잡았다면 제 마음대로 생각하고 제 편리대로 행동하는 수성인지라 양인간의 사랑은 일순간에 열정이 타오르다가 꺼져버리는 형태로 한번 마찰이 벌어지면 단교된다.

그러나 토성이 주도권을 잡으면 완고한 성격에 상대의 장점과 사랑을 지켜줌으로써 수성의 약점을 감싸주고 절도 있는 행동력을 주입시켜 주게 된다.

●**부부관계** : 결벽과 절도를 중시하는 토성(戌亥)과 이기적이고 요

란스러운 수성(子丑)의 조화는 상호간의 이질적인 장점의 영향을 받게 되어 인간성의 폭이 넓어지고 주위로부터 신용을 얻어 좋은 부부로 인정받는다.

그러나 가정의 안정과 원만한 장래를 위해서는 토성이 주도권을 잡아야지 그렇지 못할 때는 불안을 면하기 어려워진다.

다만 밤의 섹스 주도권은 수성에게 양보함으로써 자유로운 쾌락을 마음껏 즐길 수 있으며 이러한 면이 불만을 해소하는 요체가 될 수 있다.

(7) 금기성과 금기성(일주 申酉공망+申酉공망)

■ 즉흥적으로 판단하고 행동에 옮기는 것이 대성, 대패를 결정!

● **연애관계** : 즉흥적인 판단이 예민하여 보는 순간 상대가 마음에 들면 그때부터 사랑에 빠져 그날로 육체관계를 맺는 일이 많으며, 젊었을 때 만난 사람의 대부분이 동거하여 깊은 사랑을 속삭이는 일이 많다.

서로 불이 붙으면 주위 부모 형제의 반대도 무릅쓰고, 정열의 화신으로 불타오르며 본인의 장래 문제나 주위에 대한 체면도 개의치 않고 오직 사랑의 화염에 말려든다.

그러나 주위에서 볼 때는 화약고를 짊어지고 불 속을 마음대로 누비고 다니는 형국으로 항시 불안하여 언젠가는 파탄이란 빚을 갚지 않으면 안 될 때가 반드시 찾아오게 된다.

● **부부관계** : 금성(申酉)끼리의 결합은 무궤도의 돌진력으로 '공(功)

과 부(富)'를 세우고 이름을 남길 수 있는 안정기에 들어서면 반드시 본인이 가장 사랑하는 처, 자식, 남편을 잃어야 될 슬픈 만년운을 갖게 된다.

또한 젊어서부터 금전적으로 어려움 없이 지내고, 때와 장소에 따라 적당히 적응하는 생활 태도와 계획성 없는 생활로 노후에 와서는 서글픈 인생을 후회하고 한탄하는 부부도 적지 않다.

(8) 금기성과 화기성(일주 申酉공망+午未공망)

■ 이질적인 매력에 끌려 사귀어보면 옥 방석!

● **연애관계** : 자기 일에 관계되는 일은 솔직히 말할 수 있는 개방적인 금성과, 자존심이 높고 본인의 본심을 알리기 싫어하는 화성의 조화는 정반대되는 형상이 되지만 화성의 차분함과 금성의 적극성이 신선한 생동감을 주게 된다.

신선한 생동감이 오래갈 수 없으면 실망과 좌절이 적지 않으며 화성의 드라마틱한 유혹 방법으로 관계가 이루어지면 금성은 뜻하지 않은 옥 방석에 앉을 수 있다.

● **부부관계** : 금성은 자유를 사랑하고 주변 환경, 분위기를 중시하며 결혼 후에도 상대가 가정에 매여 있는 것보다 가계를 이끌어 나가기 위하여 같이 벌어들이기를 바라게 된다.

화성은 무엇보다 따뜻한 가정을 이상적으로 생각하여 본의 아니게 금성의 자유를 속박하여 의견대립 등으로 균열 상태가 되기 쉽다.

섹스의 열정, 희망찬 연애 시절을 생각하면 다소간의 불신은 해소되지만, 상당한 인내력과 포용력이 필요하며 이러한 의욕과 생기를 북돋아줌으로써 원만한 관계는 지속할 수 있다.

(9) 금기성과 천기성(일주 申酉공망+辰巳공망)

■ 시간이 걸려도 확실한 전진이 필요!

● **연애관계** : 열애로 무르익으면 그날부터 육체관계를 맺게 되고 이러한 섹스 관계는 최상급이며 상호간에 쾌락을 즐기는 기성이라 분명한 한계를 짓지 못하고 질질 끌려 다니는 격이 되어 금성의 과감한 결단력이 필요하다. 금성이 결단을 내리지 못하면 우유부단한 천성 역시 결정을 못 내려 두 사람이 이룰 수 없는 결혼 문제로 혼기만 놓치기 쉬우니 금성의 확실한 행동이 일생을 좌우한다.

● **부부관계** : 밝은 유머와 주위에 대한 적응력이 좋으며 자유롭고 남을 사로잡는 매력을 가진 금성과 매사 느긋하고 현실면에 포용력 있는 천성의 조화는 한 목표를 세워 전진할 수 있는 좋은 상성관계가 될 것이나 제3자가 볼 때는 별난 동거 부부로 볼 것이다.

주위의 생각과는 달리 당사자 간은 행복한 꿈에 도취되어 상대에게 개성, 감정을 마음껏 표현하면서 섹스의 쾌락을 즐기며 자녀운도 좋아 행복한 앞날이 기대된다.

(10) 금기성과 목기성(일주 申酉공망+寅卯공망)

■ 파란의 출발, 시간이 지날수록 원만!

● **연애관계** : 금성으로는 본인의 의견을 누르고 상대 의견을 따르는 것이 처음에는 못마땅하고 마음에 거슬리지만 얼마 못가서 그러기를 잘했다고 생각하게 된다.

무슨 일이든 목성의 뜻에 따르는 것이 좋지 금성의 욕망대로 행동하게 되면 경박하고 인정 없는 사람으로 되어 파탄이 일어난다. 또한 섹스에 관해 금성이 노골적으로 말하면 영원히 돌이킬 수 없는 경박한 사람으로 취급받는다.

● **부부관계** : 결혼 초기부터 의견이 잘 맞지 않아 의견대립이 많고 부인이 금성이라면 집안의 생계를 위하여 같이 일하며 돈을 벌어들이기 바라는데 목성인 남편은 보수적이라 단호히 거절하고 집을 지키도록 강요하여 금성은 점차 욕구불만에 자유를 그리워한다.

반대로 목성이 부인이라면 의견 대립의 뒷맛이 나쁘고 전혀 납득할 수 없는 기분에 사로잡혀 의견 대립이 자주 발생한다. 심각하지 못한 금성의 남편은 그날 밤에 실컷 싸워놓고 그 이튿날 일어나 "내가 언제 화를 냈어."라는 식으로 잊어버리는 밝은 성품이 매력도 되지만 어처구니없는 이러한 상태를 얼마만큼 이해하는가에 따라 부부관계가 달라진다.

(11) 금기성과 수기성(일주 申酉공망+子丑공망)

■ 서민 속에 밝은 기품과 이상을 주고 인생관을 불 지르는 상대!

●**연애관계** : 현재 어떠한 처지에 있어도 결합하면 자신들의 일생 최대의 에너지가 폭발하여 꿈과 희망에 불이 붓는 이상적인 상대가 된다.

무엇보다 상호 수치심 없이 섹스의 쾌락을 마음껏 즐길 수 있는 상대로 서민 속에 밝은 기품을 주는 좋은 상대가 되고, 정열적인 애정과는 달리 육욕적 애욕이 더욱 심해진다.

냉정하게 처리하는 눈과 이기적인 수성과, 유머적이면서 속박을 싫어하는 금성의 결합은 만날수록 새로운 신선감과 섹스의 즐거움으로 시간가는 줄 모르게 된다.

●**부부관계** : 이러한 부부관계는 남의 힘을 빌리는 것보다 자신의 힘으로 출세하는 운으로, 부모 형제의 원조 등은 기대할 수 없는 불운한 운명이라 젊었을 때는 어려운 고난 속에 지내다가 점차 사회적으로 두각을 나타내 노후에 가서는 정신적 · 물질적으로 윤택한 가정을 이루게 된다.

가정과 전통에 매여 있기 싫어하는 수성과 묵은 전통을 싫어하고 새로운 일을 좇는 금성의 관계는 '구원의 신' 격으로 이들에게 좋은 방법은 결혼 전부터 하던 일을 계속하든지 새로운 일을 배워 시작하게 되면 발전은 무난하다.

(12) 화기성과 화기성(일주 午未공망+午未공망)

■ 가정 가지면 양인의 대립은 피할 수 없는 상성!

●**연애관계** : 동질성이라 생각나면 서로 만나고 현실적이라 그대 기분에 따라 데이트 코스도 달라질 수 있으며, 환경과 분위기에 따라 의견이 상통되어 현실적인 즐거운 연애관계로서 말이 통하지만 때로는 언동변화는 상대에게 자극을 주게 된다.

연애관계에 있어서 처음에는 상대의 마음을 이해할 수 없어 의견대립으로 분열하는 확률이 높고, 결혼을 하여도 현실적인 재능은 뛰어나도 생활 유지에 필요한 돈을 벌어들이는 능력은 다른 기성에 비하여 약하다.

●**부부관계** : 감성과 기분에 따라 행동하여 가정적 안정이 잘 잡히지 않는 일이 많고 현실적이라 무엇인가 생각이 떠오르면 지금까지 해온 일을 내던져놓고 다른 일에 매달리게 되어 이것도 저것도 안 되어 다툼이 많아진다.

하는 일마다 중도좌절이 많고 상대 역시 화성이라 신경질이 많고 사사건건 간섭하고 신경 쓰게 되어 자신이 하는 일에 불만을 나타내면 오히려 '화'를 내어 상대를 공격하므로 항상 집안이 요란스러운 대립 상태가 계속될 것이다.

(13) 화기성과 천기성(일주 午未공망+辰巳공망)

■ 어느 정도의 거리를 두고 접하면 좋은 상성!

●**연애관계** : 처음 만나 대화하는 순간부터 왠지 마음이 끌리고 오랜 시간을 보내도 싫증이 전혀 나지 않으며 오히려 화성의 마음에 희망찬 의욕과 실감을 주게 된다. 로맨틱한 천성은 상

대의 감성이 지닌 참기 어려운 매력에 끌리고 교제 속에서 의욕과 실감을 받는다.

주고받는 솔직한 대화, 세평에 대한 의견일치 등 유일한 상대가 될 수 있지만 만남이 거듭될수록 천성의 순하고 우유부단한 면으로 사랑이 식어가며 또한 화성의 사랑이 '별거 아니구나.' 하고 싫증나게 된다.

다만 정신적인 사랑의 결실은 어려워도 육체관계를 맺게 되면 섹스의 매혹에 끊을 라야 끊을 수 없어 결정도 못 내리고 질질 끌려가게 된다.

● **부부관계** : 결혼을 하여도 별거 형태로 종종 만나는 관계는 상호 신선한 생동감을 맛볼 수 있어 좋은 관계가 될 수 있지만, 매일 얼굴을 맞대고 있으면 웬일인지 마음에 들지 않는 상대편의 약점만 보이게 되어 쓸데없는 마찰이 잦아진다.

화성이 천성을 볼 때는 매사 낙천적으로 일을 질질 끌고 다니고 마음먹은 대로 행동하는 면이 지적되고, 천성이 상대를 볼 때는 분위기와 기분에 따라 변동하는 언동, 변태에 대한 불만을 솔직히 털어놓게 된다.

이러한 부부관계는 우선 상대의 자유를 인정하고 매사 포용력과 이해심이 필요한 부부상이고 남편의 단신 부임, 맞벌이 등 일정한 거리를 두면 부부관계는 주위에서 부러워할 가정이 된다.

(14) 화기성과 목기성(일주 午未공망+寅卯공망)

■ 길, 흉 극단, 결혼문제는 심각하게 생각할 상성!

● **연애관계** : 예술적인 센스가 풍부한 화성에 목성이 영향을 받게 되면 일상생활에 생동감을 얻게 되어 좋으며, 화성은 목성의 부지런하고 신중한 일 처리에 감화되어 기분에 따라 행동하는 면이 완화되니 원만해진다.

그러나 섹스면에서 목성은 오랜 교제로써 서로를 잘 알고 결혼이란 형식을 거친 후 첫날밤에 육체관계를 갖기 바라는 반면 화성은 처음 만나는 날에 분위기 있는 데이트 코스에서 '키스'를 바라고 호텔로 직행하기 바란다.

상호간의 합의하에 침실에 들어가도 목성은 신경이 담백하여 애욕으로 유도하는 데 많은 시간이 필요하고 자신의 자세를 허물기 싫어하는 반면 화성은 본인 위주의 만족을 추구하고 마음의 사랑도 중요하지만 야성적인 변형을 즐기기 위하여 섹스 면으로 불만이 생겨 균열이 많다.

● **부부관계** : 이러한 관계는 상호간에 풍부한 인생 경험을 바탕으로 오랜 기간 교제함으로써 상대의 약점을 보완하여야만 이상적인 부부관계로 발전할 수 있다.

목성의 착실하고 건실한 생활 방식이 화성의 기분에 따라 행동하는 감성을 컨트롤하여 줌으로써 멋대로 행동하는 면에 자제력과 감화를 주어 좋은 부부관계가 될 수 있는 것이다.

이러한 부부관계에 있어서는 목성의 섹스관에 부부운이 좌우된다.

(15) 화기성과 수기성(일주 午未공망 + 子丑공망)

■ 금전 몰락 위험, 수성의 리드에 좌우되는 상성!

● **연애관계** : 자존심이 높고 현실적인 변인인 화성과 부드러운 분위기를 좋아하고 이상적인 꿈을 갖는 수성의 조화는 변형적인 화성의 감성을 수성이 융화시켜 줌으로써 폭주하는 감성을 이기적인 약삭빠른 계산으로 억제시킬 수만 있다면 원만한 애정이 유지된다.

그러나 원래 수성의 이성(異性)에 대한 운이 강하여 화성 한 사람에게 얽매여 있다 하더라도 이성으로부터의 유혹이 그치지 않으므로 화성으로서는 마음의 상처를 안 받을 수가 없다.

● **부부관계** : 수성은 어떠한 형태를 택하든지 일생일대의 재력을 키워나갈 수 있는 강운세가 되는 반면, 화성은 수입보다는 낭비가 심해 금전을 자기 마음대로 쓰게 되며 금전 관계로 마찰이 그칠 날이 없을 것이다.

또한 화성이 직장에 나가면 이성문제로 가정 붕괴의 위험이 생기기 쉬우니 극력 주부의 길에 전념하는 것이 피하는 길 되고, 화성 역시 항시 주변에 유혹의 손길이 숨겨져 있다는 사실을 명심하여야 한다.

(16) 천기성과 천기성(일주 辰巳공망+辰巳공망)

■ 자극 받으면 같이 바람피우는 상성 관계!

● **연애관계** : 양기로 천성이 가는 곳에는 주변이 요란스럽고 포용력이 있어 많은 친구가 따르며 연애 시초부터 둘 사이에 많은 장애요인이 생기지만 장애가 많으면 많을수록 두 사람의 사랑은 더욱 깊어진다.

천성은 평시는 조용하지만 자극을 받으면 받을수록 굳건해지는 특성이 있어 자신들의 목적을 세우면 어떠한 수단이나 방법을 가리지 않고 그 목적을 위하여 무서운 힘과 끈기로 대처해 나간다.

● **부부관계** : 가정이 안정되고 수입이 있으면 하는 일이 없어져 자극제로 바람기가 발동하기 쉬우며, 만일에 상대가 불륜관계를 맺고 있으면 알면서도 모르는 척하여 상대를 공격하기보다 성적 충동의 자극을 받게 된다.

일면 능글맞은 성품에 집에서나 밖에서나 이성문제, 대인관계 등이 많이 발생한다. 평소에는 낭만적인 입장에 있다가도 엄중한 사항으로 부부관계상 지장이 온다면 불륜관계를 일소하고 부부 사이의 신뢰성과 견고한 관계를 유지시켜 나간다.

자식이 비행 문제로 이웃에서 맞고 오면 잘잘못은 불문하고 부부간에 일치단결하여 때린 아이를 찾아내어 혼쭐을 낸다.

보통은 낙천적이지만 자극받으면 행동하므로 일명 난세의 영웅으로 불린다.

(17) 천기성과 목기성(일주 辰巳공망+寅卯공망)

■ 변함없는 애정과 헌신으로 살아가는 상성 관계!

● **연애관계** : 통계적으로 이혼율이 가장 낮고 서로 사랑에 불타오르면 변함없는 솔직한 사랑에 마음이 끌려 끊으려고 하여도 끊을 수 없는 깊은 관계가 된다.
정열적인 애정은 좋아도 주체가 없고 섹스의 쾌락을 즐기면서 우유부단하여 결단을 못 내리는 천성과 목성의 성실하면서 담백한 면이 제동을 걸어줌으로써 정신적 결속을 다져주게 된다.

● **부부관계** : 육체적인 결속보다 정신적인 결속이 얼마나 중요한가를 여실히 나타내는 부부관계로, 순한 성격이 상승효과를 나타내어 무엇보다 우선 따뜻한 가정 분위기로 주위에 많은 친구가 몰려들어 유대관계가 원만해지고 자식 사랑이 지극해진다.
다만 조심하여야 할 문제는, 섹스에 있어 개방적이고 쾌락을 즐기는 천성이 목성의 보수적이고 담백한 섹스에 부족감을 느끼게 되어 불륜관계를 유발시킬 수 있는 재질에 얼마만큼 잘 대처하여 예방하느냐 하는 것이다.

(18) 천기성과 수기성(일주 辰巳공망+子丑공망)

■ 가문 차이, 고부간의 갈등, 균열 쉬운 상성!

● **연예관계** : 천성이 모든 것을 버리겠다고 하는 데는 놓아주지

않고 사랑을 잡기 바라는 것이 수성이고 수성의 마음에 따라 천성의 운명은 달라진다.

본인보다 주변을 중시하는 천성의 넓은 마음을 보는 수성의 이기주의와 계산속이 인간다운 따뜻한 마음에 감동이 되어 얌전한 성격으로 변화된다.

이러한 연애관계에 있어서 부모가 간섭하고 개입하게 되면 균열이 생기고 어느 가문이 좋고 격식이 어떠냐를 찾게 되면 순수한 사랑은 이루어지지 못하므로 결혼을 원하면 양친과 따로 사는 것을 각오하여야 한다.

●**부부관계** : 무엇보다 쾌락을 즐기는 천기성과 테크닉에 뛰어난 수기성의 섹스는 어느 기성과도 비할 수 없는 성감으로 조화되는 부부관계가 되고, 한쪽이 바람을 피워도 알고도 모른 척하여 자유로운 부부관계가 된다.

행복한 가정 성립을 위해서는 부모 곁을 될 수 있는 한 멀리 떠나야만 되고, 집을 장만하기 위하여 부모의 원조를 받든지 상속을 받게 되면 그때부터 쇠운 되니 부모의 간섭을 배제하는 곳에 행복이 있다는 사실을 명심하여야 한다.

(19) 목기성과 목기성(일주 寅卯공망+寅卯공망)

■ 연애는 최고, 결혼은 재고 상대!

●**연애관계** : 동질성이라 상대가 무엇을 생각하고 있고 무엇을 원하는지 말하지 않아도 알 수 있고 사랑이 불붙으면 주위의 비

판하는 목소리에 좌우되지 않고 적극적인 장점을 살려가면서 보조를 맞춰나가게 된다.

그러나 상대방이 작은 실수만 해도 "사랑이란 이런 것이다."라고 바로 단념하게 되어, 사소한 자극이라도 생기면 더 이상 사랑이 성장할 시간 없이 멀어져 간다.

- **부부관계** : 본래 목성은 가정을 중시하는 별로, 남성이라면 자식을 사랑하고 가정 위주로 가장이 되며, 여성은 전형적인 현모양처 상으로 가정과 자신의 주변 영역을 지켜나가기 위하여 주야를 가리지 않고 노고를 아끼지 않는 형이다.

  그러나 가정이란 틀에 있을 때는 몰라도 자식이 커서 분가하고 난 뒤에는 원만한 부부생활이 어려워져 별거 · 이혼이란 쓴 맛을 보는 사람이 적지 않다.

(20) 목기성과 수기성(일주 寅卯공망+子丑공망)

■ **목성이 주도권을 잡아야만 될 상성!**

- **연애관계** : 처음에 사귈 때는 본인에게 없는 다른 점이 신선한 감을 주어 사귀게 되지만 얼마 못가서 헤어지는 경우가 많이 발생된다.

  부수적이고 이성적으로 행동하는 목성과 그때그때 기분에 따라 자기 마음대로 행동하는 수성의 관계는 정반대되는 성격으로 그 교제는 얼마 가지 못하는 예가 많다.

  그러나 교제를 계속하기 바라면 수성이 제멋대로 행동하는 면을 참고 그 의견에 따라주는 방법 이외는 별도리가 없다.

●**부부관계** : 가정을 중시하고 보수적이면서 자식 사랑이 지극하고 자신의 영역을 잘 지켜가는 목성과, 가정에 얽매여 있기를 싫어하는 수성의 관계는 정반대 현상이 되나 목성이 주도권을 잡음으로써 가정의 안정과 평안이 찾아올 수 있다.

목성이 주도권을 잡아 가정은 안정되더라도 수성의 근본적인 바람기는 막을 길이 없고 이러한 바람기로 목성은 수성으로부터 시달림을 받게 된다.

(21) 수기성과 수기성(일주 子丑공망+子丑공망)

■ 행복한 가정을 기대하기는 힘든 상성!

●**연애관계** : 기만한 계산, 유연한 조화, 분위기를 좋아하는 수성의 연애관계의 동질성은 주위 사람들이 부러워하는 대상이 될 수 있다.

또한 애욕적인 테크닉이 좋아 마음껏 즐길 수 있는 섹스관계로서는 그 무엇 하나 부러워할 것 없어 보이지만 이러한 면은 일시적인 욕구 만족일 뿐 현실문제는 하나도 해결할 수 없는 상태로 막을 내리게 된다.

●**부부관계** : 어떻게 부부관계가 되었든 간에 일단 결혼하게 되면 그 순간부터 상대 때문에 숨통이 막히게 되는 상태가 된다.

본래 가정은 가정운이 전혀 없는 운으로 가정을 갖기 위해서는 가정운이 있는 기성과 함께 가정을 이룰 수 있는데, 수성과 수성은 가정을 지킬 수 있는 힘이 부족하고 자식이 생기면 수성이 갖는 재운기도 일시에 사라지게 되어 경제난으로 어려움에 봉착하게 된다.

(22) 육성(六星)과 지지 관계(地支 關係)

육성상생(六星相生)

구분	토성	금성	화성	천성	목성	수성
토성	△	◎	●	△	△	△
금성	◎	×	○	◎	△	○
화성	●	○	×	△	×	△
천성	△	◎	△	×	◎	△
목성	△	△	×	◎	●	△
수성	△	○	△	△	△	×

◎ : 이상적인 상성 관계
○ : 보편적인 상성 관계
△ : 조건이 붙는 상성 관계
× : 파란 있는 상성 관계
● : 만나지 말아야 할 관계

이러한 지지의 대상자나 연지(年支)에 결혼하면 불행이 온다.

예

甲午년 癸巳월 丁未일에 태어났으면 앞에서 설명했듯이 연이 甲午년이라 ⊕가 되고 생일이 丁未일이라 목성(寅卯)공망 ⊕ 목성인이 된다.
己酉년 丙午월 丙子일에 태어났으면 연의 己는 음이라 ⊖, 丙子일은 금성(申酉)공망 ⊖ 금성인이 된다.

⊕ **토성**(戌亥) : 酉, 戌, 亥, 卯, 巳

⊕ **금성**(申酉) : 未, 申, 酉, 丑, 卯

⊖ **토성**(戌亥) : 戌, 亥, 子, 辰, 午

⊖ **금성**(申酉) : 申, 酉, 戌, 寅, 辰

⊕ **화성**(午未) : 巳, 午, 未, 亥, 丑

⊕천성(辰巳) : 卯, 辰, 巳, 酉, 亥

⊖화성(午未) : 午, 未, 申, 子, 寅

⊖천성(辰巳) : 辰, 巳, 午, 戌, 子

※ 위는 음기 정기 감기(천중살)과 약기, 란기(소살)의 지(支)이다. 자신에게 불리한 띠다.

제 5 장

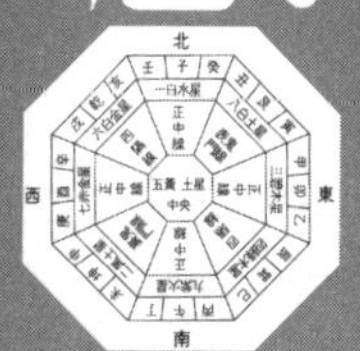

토기성土氣星의 천중살天中殺편篇

1

토기성(土氣星)의 천중살(天中殺)

(1) 일주(日柱)

영수	①	②	③	④	⑤	⑥	⑦	⑧	⑨	⑩	간이 없어
간 지	甲 子	乙 丑	丙 寅	丁 卯	戊 辰	己 巳	庚 午	辛 未	壬 申	癸 酉	공망(空亡) 戌亥

※ 간(干)은 열 개, 지(支)는 열두 개로 간(머리) 두 개 없는 지(支)가 공망(空亡)이다.

■ 戌亥 공망(空亡)이 토기성(土氣星)으로 성격, 성장, 가정, 결혼, 재운, 직장, 연애, 섹스, 상성관계, 총활 운은 동일하지만 甲子일주 乙丑일주 따라 다소간에 차이가 생기게 된다.

■ 음(−), 양(+) 구분은 일주의 음양으로 구분하는 것이 아니라 태어난 년주(年柱) 따라 음양이 분별된다.

(2) 년주(年柱)의 천간(天干)

甲 丙 戊 庚 壬……⊕

乙 丁 己 辛 癸……⊖

■토기성(土氣星) 일주에 戊년생과 亥년생은 영합토기성(靈合土氣星)자로 운명 흐름이 양면으로 흘러가게 된다.

■甲子일주에 경인년생(庚寅年生)이라면 '앞 六十갑자(영수) 조견표'를 보고 토기성(土氣星)의 ㉗을 읽어보면 된다.

■자신의 일주(氣星)가 해년마다 바뀌는 간지(干支)를 보고 상생 상극을 구분한다.

■주기의 흐름 '월운 조견표'는 년운도 본다.

❶ 甲子

●완고한 독립심, 이기적인 이론가, 학문적, 종교적

기발한 발상, 아이디어, 창의력이 뛰어나고 어떠한 장소에 있든지 주워진 일에 대한 재능을 인정받게 되며, 특수자격 등 어떠한 일을 맡겨도 일을 "척척" 속 시원하게 처리함으로써 주변으로부터 두터운 신망을 얻어 출세가도를 달리며 동료의 부러움을 사게 된다.

일이 잘 풀리고 지위가 상승되면 주변 여성에게 인기와 존망의 대상이 되기 쉬워지나, 자만과 허세로 말을 명령조로 함부로 거칠게 나오며 쓸데없는 일까지 참견하고, 간섭함으로써 같은 동료, 부하직원, 식구로부터 곤경을 자초한다.

거만한 행동에는 반항적으로 역효과가 발생되므로 출세, 승진되면 겸손한 행동을 잃지 않고 은덕을 베풀어 나갈 줄 아는 인간수양이 무엇보다 아쉬워진다.

자유로운 행동에 속박을 싫어하고, 즉흥적인 판단과 경솔한 행동으로 일생 후회하는 일이 생기고, 다정다감하여 이성교제가 많으며, 감정 따라 변태가 생겨 애인이 있으면서도 이성이 유혹하면 서슴없이 그 유혹에 호응한다.

현실적인 대망의 꿈으로 극단적인 변화 많고, 성급하고 입이 가벼워 비밀을 지키기 힘들며, 점잖으면서 입바른 소리, 욕설, 독설을 서슴없이 함으로써 자신의 인격을 그르치기 쉽고, 직업, 주거 이동이 많이 생거니 본인 취미에 맞는 적성 개발이 성공할 수 있는 것이 열쇠가 된다.

지나칠 정도로 활발한 기상과 명예욕이 강하고 호색, 탐욕으로 가산을 탕진하여 홀로 방탕생활을 하며 떠돌아다니는 사람도 적지 않다.

다재다능하여 학문, 예술, 연구를 필요로 하는 분야에 그 재능이 발휘되고, 여성 역시 주변으로부터 흠모의 대상이 되어 '홍일점'의 인기를 독차지할 수 있지만, 화려한 외모와 결백한 용모에 비하여 마음의 한 구석에는 항상 고독하고 감상적인 꿈과 지나온 추억을 그리워하며 결혼하면 이산율 높다.

초혼보다 재혼이 좋고, 초혼 부부지간에 이혼이 없으면 양가 부모를 공양하여야 할 운 있고, 외면 유연하게 보이지만 내면은 타산적이고, 마음에 드는 것에는 독점욕이 강하며, 자신의 이권을 침해 받을까봐 경계를 늦추지 않는다.

이성간의 상성관계가 나쁘면, 내 궁합(섹스) 박정하여 불평불만이 표면화되어 상호간에 뜻에도 없는 극단적인 비극을 일으키게 된다.

때로는 냉정한 결단력 부족으로 번뇌와 괴로움 때문에 일이 손에 잡히지 않아 일찍이 처리할 일을 늦게 처리하여 뒷북을 치는 꼴이 되기 쉬우니 적기 활용에 힘써야 한다.

※ 일주 다음에 년주

❷ 乙丑

● 평범한 생활, 현실적, 만년에 재운

우유부단하면서도 승부욕이 강하고, 본인이 옳다고 생각하는 일에 대해서는 주변 체면에 개의치 않고 어떠한 일이든 결과를 불문하고 폭주하는 이변이 생긴다.

사업을 비롯한 일이나 학술, 예술, 연구 분야에 이러한 목표를 세우면 상당한 발전이 기대할 수 있지만 이성 관계나 불륜관계, 불순한 사업거래 관계라면 주변 사람이 전혀 납득할 수 없는 어려운 사태와 사회적으로 지탄을 받게 되는 어려운 처지에 놓이게 된다.

이러한 독불장군식, 불륜관계, 불순 사태를 보다 못해 육친, 형제, 친척, 동료들이 충고나 만류를 하여도 귀를 기울지 않고 오히려 억압적이고 반박으로 더욱 일을 끌어오다가 결국 법정문제, 형사문제로 사회적인 물의를 일으키는 일도 생긴다.

사업으로는 설마하고 믿었든 곳에서 어려운 일과 좌절이 많고, 재운에도 겉모양은 분주하고, 제법 일이 잘 풀려가는 것 같이 보이지만 실정의 내막은 좋지 않으며, 알고 보면 원점만 맴돌고 있는 곳이 많다.

몇 번이고 거듭하는 변화로 칠전팔기의 오뚝 기운이라 불리며, 이지적인 내면에 무지한 외면 때문에 어쩔 수 없이 한 일이라 하더라도 주변으로부터 오해나 불평을 많이 받게 되며, 이 사람은 새로운 일보다 기존 상태가 서 있는 일, 현실을 지킬 수 있는 수구세가 좋다.

담백하고 냉담한 보수파로 사양하는 미덕과 태도에 신뢰성이 생기고, 결혼과 섹스를 분리하여 생각할 수 없는 정론파로 어떠한 일이든 사로잡히면 심신이 쇠약 되어 남을 의지하려 들다 좌절의 체험을 경험하며, 적성에 맞는 일에 전염하는 것이 성공의 열쇠이다.

남녀 마음에 드는 색다른 일, 엉뚱한 일, 색정, 음식업 등에 손대기 좋아하고, 초년보다 중년, 중년보다 말년에 갈수록 운세가 좋아지며 일생을 통하여 한번 색정문제로 파란을 일으킨다.

여성은 소극적이면서 정숙하고 남편에 대한 말참견이 별로 없으며, 그늘에서 묵묵히 도우려하고 특히 금전적 내조의 공이 돋

보이며, 자신의 영역을 지켜나가 후일에 자식 덕을 보는 사람 많다.

감상적이라 인정과 눈물 많고, 일하여도 "무상의 노력"이란 뜻으로 땀 흘려 죽으라고 일하여도 자신의 노력에 비하여 돌아오는 대가는 얼마 되지 않으며, 때로는 그 대가마저 받지 못하든지 대가를 받아도 남에게 빌려줘 못 받는 처지로 남에게 베풀어도 돌아오는 인덕은 없다.

※ 일주 다음에 년주

❸ 丙寅

● **점진적 발전형, 분수를 지키는 사고력, 이향으로 성공운**

새로운 일을 시작하는 분석 능력, 관찰력이 대단하고 권위와 질서를 중히 여기는 보수파로 보스역보다는 보좌역으로 그 재능을 발휘하며, 정신적 재능과 흥미로운 일에는 적극적이지만 행동력을 필요로 하는 일에는 소극적이고, 낙관적으로 생각하여 주워진 찬스를 놓치기 쉽다.

무한한 정신적 전진이 있어 어떠한 일이 되었든 발전이 기대되지만 일이 뜻대로 잘 풀려지면 자만하기 쉬워지고, 성급하게 일에 대한 이익에만 신경을 쓰게 되며, 본질적으로 믿었던 곳에서 문제 생겨 손실을 보는 경우도 생긴다.

어떠한 어려운 입장에 놓여도 본질적인 얼굴 변화나 처지에 벗어나는 행동, 이상을 잃는 행동은 절대로 하지 않고 부드러운 인상으로 상대를 달래줌으로 주변 사람들이 좋아하고 따라주지만 본인의 내성은 격하면서 표면에 나타내기 싫어하는 형이다.
담백하고 저돌적이며, 명랑하고 화려한 것을 선호하는 기질이라 멋있는 세련미를 갖추게 되고, 현실을 보는 뛰어난 눈이 있어 대인관계가 항상 원만하며, 방랑성 있고 동분서주의 일상생활로 이리 뛰고 저리 뛰는 일이 많이 생기게 된다.
이 사람의 이해관계 득실은 상반 상극 현상이 많고, 소극적인 자세로부터 적극성으로 전환될 때 획기적인 발전이 기대되며, 타고난 풍부 재복과 충만한 재능, 의욕이 있어 돈을 많이 벌든지 만져야 하지만 이에 반하여 지출이 많아 산재 수 있고, 계획은 철저하게 보이지만 내부적인 단속부족으로 실패가 많다.
이러한 실패 요체는 인맥관계로 오는 피해가 많고, 어떠한 어려운 궁지와 연쇄반응으로 피해 보아도 이 사람에게 이상한 것은 반드시 구원의 손길이 찾아오는 특징이 있다.
아내를 지나치게 헌신적으로 사랑하여 여성상위의 환경을 스스로 만들게 되고, 태어난 해의 간(干)이 음간(陰干)일 때는 일, 가정과의 밸런스가 잘 맞지 않고 바람을 피우게 된다.
여성은 완고한 내면을 자극받게 되면 곧 바로 "화"가 얼굴에 나타나고 흥분을 참지 못하며, 결혼하면 헌신적인 사랑과 섹스의 진가를 알게 되면 낮에는 숙녀형이고 밤에는 요부형으로 변모한다.
특히 온 몸에서 색향이 풍겨 나와 주변 유혹이 끊이지 않고 문제가 일어나며, 이러한 여성은 남성의 공격 표적이 됨으로 자신도 어쩔 수 없이 관계를 맺는 일이 적지 않다.

결혼 전에는 일시적인 후회와 번뇌하는 일도 생길 수 있지만, 만일 결혼 후에 불륜관계 성립은 자신의 가정을 비극으로 몰고 갈뿐 아니라 쓴 고배가 기다리고 있음을 알아야 한다.

다정다욕하여 자신의 이성을 잃는 일이 많이 생기고, 정조관념이 박하여 이성문제가 많이 발생하지만 어떠한 경로를 통하든지 재운은 생긴다.

※ 일주 다음에 년주

❹ 丁卯

● 도량이 넓고, 육친과의 정, 신경질, 중년 변화운, 여성은 미인형

외면이 얌전하고 부드러운 분위기 조성으로 사람을 접하며, 될 수 있는 한 마찰을 피하고 원만한 거래관계가 유지되어 많은 사람들이 자기편에 있든지 자신이 주변에 있기를 바란다.

이상보다 감성이 뛰어나고 물질보다 정신면을 중시하며, 순수한 로맨틱한 꿈의 환상과 실현 불가능한 허공 속을 헤매기 쉽고, 풍류체질로 자신의 취미성향에 알맞고 아름답게 살아가기 바라는 허황한 면이 있지만 일단 한 목표를 정하고 그 일에 손을 대면 돌진력이 생겨 그 일에 대해서는 제1인자 또는 정상급에 올라가지 못하면 마음의 동요를 가라앉힐 수 없다.

배짱 좋고 신경질이 있으며 성취욕이 강하여 앞을 내다보는 눈이 좋으며, 마음에는 항상 불타오르는 욕망이 잠재하고 있어 초조하고 가만히 참고 있을 수 없어 동분서주 분주하게 뛰어다니는 경우가 많다.

때로는 자신의 위세를 자랑하고 싶지만 주변에서 알아주려 하지 않고 오히려 망신만 당하는 경우가 생기게 되므로 어떠한 경우이든 자중하는 것이 현명한 방법이다.

부모에 대한 효행심이 지극하고, 성급하게 일을 서두르는 버릇으로 계산상의 계산착오 등으로 서툴고, 우둔하여 이것저것 따지는 경향이 많아지며, 주변 사람에게도 성의껏 베풀어주고 돌봐주어도 고맙다는 감사보다 구설수에 올라 난관에 봉착할 때가 생긴다.

사회 흐름과 시류에 편승하여 이득을 얻어내기 바라고, 무엇보다 흐름에 대한 재치와 눈치는 빠르지만 일에 대한 지속성이 약하여 자신의 수양 능력과 분수를 지킬 수 있는 기질을 잘 다듬어 나갈 수만 있다면 복록은 무한대로 주변을 감돌게 될 것이다.

풍랑 속에 떠내려가는 작은 배와 같이 고의든 임의든 한때는 갈피 잃은 파란에 시달리게 되고 안정이 찾아올 듯 하면서도 뜻하지 않는 일로 리듬이 깨지며, "홧"김에 쓸데없는 일이나 불륜관계 등으로 애를 먹는 일도 생긴다.

어떠한 일이 되었든 열성을 다 바치는 군자형으로 개방적으로 보이지만 경계심 많고 본심을 남에게 보이기 싫어하며, 지나칠 정도로 비판적이 될 때가 있다.

여성은 친정, 시가를 불문하고 부모에 대한 헌신적인 봉사를 아끼지 않는 주부로서의 책임을 다하며 내조의 공을 다할 것이지만 항상 마음속의 동요는 그치지 않는다.

사람 따라 성욕이 약하여 정력가를 피하는 것이 현명하며, 남편, 애인의 약점을 닥 달쳐 피곤을 주기도 하고, 자기 꾀에 자신이 넘어가 몸을 허락하는 일도 생긴다.

※ 일주 다음에 년주

❺ 戊辰

● 강정, 대중적, 느긋한 형, 독립독주, 난국에 근성 발휘

연령에 비하여 젊게 보이고, 상호간에 만나서 대화를 하게 되면 할수록 신선미가 풍기는 사람으로 모험과 로맨틱한 분위기를 좋아하는 꿈을 현실화시키려는 노력이 어떠한 일이 되었든 일에 대한 세련과 연관되고, 나아가서 한일을 완성시킬 수 있는 힘이 된다.

성급한 행동과 과격한 행동은 낭패를 부르게 되고, 표면은 호방하고 대담하게 보이지만 내실은 소심하고 우울하며, 어떠한 일이든 본인에 대한 성실성과 인내력이 주변으로부터 인정받을 수 있을 때 자연히 자신의 운명도 빛을 보게 된다.

재운은 극에서 극으로 달리는 운세로 큰 재벌이 안 되면 거지신세 되기 쉬워지고, 특히 계획적인 일보다 두서없이 닥치는 대로 처리하는 일의 처리 능력이 좋아 이러한 일로 주변으로부터 극구 극찬을 받는 반면 구설수에도 올라 뒤범벅되는 평가를 많이 받게 된다.

어떠한 계획도 별로 없는데 동분서주하며 빈번한 일이 많이 생기게 되고, 어떠한 환경이 되었든지 간에 성실하게 살기바라며, 이러한 성실성으로 주변으로부터 신망을 얻어낼 수 있다.

만일 돈에 집착을 하게 되면 상당한 재산을 모을 수 있고 이러한 모여진 돈을 사회에 봉사활동기금, 학교재단, 불우 돕기, 자비로운 기금으로 사용하면 할수록 명예와 재운이 급증하는 이변이 생기는 특수운이다.

유아독존자로 어떠한 위험도 무서움과 두려움 없이 용감하게 일처리를 잘하는 사람이지만, 운명적으로 자신의 몸에 상처의 흉터나 점이 있어야만 재난을 면할 수 있는 운명이며 이러한 흉터나 점이 없으면 재난 사고에 항상 신경을 써야만 한다.

어떠한 일이든 정열적인 매력 있고, 남보다 승부욕이 강하여 젊어서부터 입신출세자가 많으며 진취력이 결벽하고 정의를 위해서는 어떠한 권위와 지위를 불문하고 약자를 도와 강자를 억누르는 용감성이 있다.

외고집으로 오는 충돌, 비판으로 오는 고립도 우려되지만 어떠한 어려운 역경 속에서도 극복해 나오는 저력이 있으며 정치성향, 사업 경영 능력에도 실력을 발휘한다.

여성은 적극적인 교제활동으로 본인의 배우자를 본인이 찾는 경향 많고, 자극 받으면 본인의 근성이 바로 얼굴로 직결되어 제3자가 볼 때 남성스타일로 오인받기 쉬우며, 본인의 결점은 깨닫지 않고 상대의 잘못만을 따지고 다그치는 기질로 남편과 자식을 극하는 일이 많이 생김으로 마음의 유일한 안식처는 가정이란 틀이라고 인식하고 유연한 가정 분위기 조성에 힘써야 한다.

특히 남성은 마음 조정하는 강, 약 움직임을 잘 조정할 수는 있지만 왕성한 정력에 비하여 서비스 정신은 미약할 것이다.

※ 일주 다음에 년주

❻ 己巳

● 외유내강, 완고, 지식적인 대중형, 헌신적으로 돌본다

사회적인 질서, 기율, 도덕성을 중시하는 이상주의에 자기본위적인 사(巳)가 작용하면 어떠한 일이 되었든 정신적 향상심이 왕성해지고 자신의 분수에 넘치는 일에 도전하려는 의욕이 생기며, 한 가지 일에 전념하면 과격할 정도로 혼신을 다 바치게 된다.

즉 본인이 원하던 일이나 취미에 맞는 일에는 하루종일 식음을 전폐하고 매달려도 배고픈 것을 모르며, 오히려 그 일에 대한 진가에 자신이 도취되어 주변에서 폭발물이 터져도 아랑 곳 없이 그 일에 집착한다.

타인의 속박을 싫어하는 유아독존 자에 의지력이 강하여 때로는 돌발적인 행동을 서슴지 않고 자신이 옳다고 인정하면 어떠한 위험도 무릅쓰고 실행에 옮기며, 큰 것보다 작은 것에 대한

분별력이 크게 작용함으로 연구 분야의 일, 학술 분야, 예능 분야에서 희망적인 성과를 얻어낼 수 있을 것이다.

생활 환경변화에는 과감한 결단력이 필요하다. 어떠한 어려운 난국에도 역마의 복록이 숨어 있어 구원의 손길이 본인에게 미치지만 때로는 지나치게 옹졸한 행동으로 대인거래 관계는 물론 인척, 심지어 직계가족 간에도 대립되는 장벽을 만들어 놓게 된다.

태어난 환경에 따라 달라지는 운세로 호강스러운 가정환경에서 태어난 사람은 만년에 쇠해지기 쉬워지고, 가난한 가정환경에서 자라난 사람은 만년에 행운이 오며, 이성교제 역시 얼굴이 잘 생기면 상대가 못생기고 자신이 젊으면 연상, 연하 등 어떠한 일이든 밸런스가 잘 안 맞는 이변이 많이 생긴다.

최고를 사칭하고 그릇이 남보다 크며, 교묘한 수단방법과 계획으로 주변을 통솔하는 재간 있고, 주변을 잘 돌보고 매사 적극적으로 임하여 신망이 두터우며, 가정에서도 가장의 권위로 고독을 자초하기 쉬워진다.

여성은 연애관계, 일이 본인 뜻대로 안 되면 본인 나름의 판단 아래 맹목적으로 뜻하지 않는 일을 저질러 상대 체면에 어려운 처지를 만들게 된다.

매혹적인 섹스 교제로 상대 육체를 극하기 쉬워지고, 사치와 허영심 발작으로 본인이 갖고 싶어 하는 물건이 손에 안 들어오면 신경질에다 발끈 화를 잘 내며, 결혼하면 적극적인 내조의 공을 아끼지 않지만, 만일 이혼하면 자신의 남편을 남에게 뺏기고 남의 남편을 뺏어서 사는 꼴이 되기 쉬우며 또한 남편이 가장으로서 구실을 못하면 본인이 생활전선에 나서서 가사를 이끌어 나간다.

※ 일주 다음에 년주

❼ 庚午

● 단순, 고상, 남성적, 공격형, 육친 인연 박, 이향운

이상이 높고 현실보다 명예를 중시하는 본질에 개방적인 행동력이 조화되면 명랑하고 개방적인 성격 변화로 웃음을 잃지 않는 것은 좋지만, 한 목표 달성에는 실증이 빨라 지속성이 부족하고 어떠한 결과를 얻어내는 데는 상당한 어려움이 따르게 된다.

이러한 본인의 결점을 알아내고 수양을 쌓아 자신을 조절할 수만 있으면 사회적으로 유망한 사람으로 변모할 수 있으며, 또한 총명하고 일에 대한 자부심이 중하여 어떠한 어려운 환경에서도 자신의 체면 유지를 위하여 적절한 처세와 행동력으로 그 일에 대한 극복 능력이 인정되는 사회적 지도층에 많이 분포되어 있다.

단순하면서 동정심이 많고, 어떠한 일을 맡아도 능수능란하지만 어려운 문제, 변화, 일이 생기면 마음의 동요로 불안정할 뿐 아니라 주변에는 말썽 많고 요란하지만 본인의 분수를 지키고 꾸준한 노력을 게을리 하지 않으면 "고산이란 뜻" 있어, 언젠가

는 지위상승과 더불어 신망을 얻어낼 수 있을 것이다.

속박을 싫어하는 자유주의자로 때로는 일을 즉흥적으로 처리한 일이 의외의 성공도 있거니와 후회하는 일도 적지 않고, 일생 다정다감하여 애인이 있어도 유혹의 손길이 오면 서슴없이 그 유혹에 응하게 될 것이다.

감수성이 예민하고 독창력이 뛰어나며 유연과 반골의 사이를 격돌하는 사람으로 생활력은 좋지만 때로는 냉정한 결단을 내릴 수 없어 번뇌와 괴로움으로 일을 끌어 오다가 결과적으로 뒷북을 치고 좌절하며 후회하는 일도 생기게 된다.

노력에 비하여 요행을 바라는 마음이 간절할 것이고, 이산집합운으로 헌것은 사라지고 새로운 것이 들어오고, 어떠한 형태든 새로운 교차 상태, 신진대사, 물체, 사람의 변동이 많은 운이다.

또한 섹스의 쾌감이 극치에 오르는 상황에 엉뚱한 애인 이름을 불러 열기 오르는 상대에게 질투심과 반감을 사기 쉽고, 어떠한 모양새든 묵은 일이 알려져 열정의 불이 시들어지는 위기를 맞는 것이다.

여성은 항상 웃음을 잃지 않고 가정을 잘 지키며, 주어진 일에 충실한 전형적인 현모양처 형이지만 사람 따라 배우자와의 생사별 되면 시끄러운 추문 생기고, 내가 무엇 때문에 이 세상에 살고 있는가? 생각하다 불륜관계에 말려 번뇌를 자초하는 결과 생긴다.

남녀 공히 재운 길하지만 이성문제가 "옥" 속에 티가 될 것이다.

※ 일주 다음에 년주

❽ 辛未

● 예능적 사안, 완고하면서 얌전, 수줍은 대인교제, 도움주다 고난 자초

보기에는 얌전하고 근면성 있어 어떠한 어려운 일에 직면하여도 끈기 있게 극복하는 힘이 있으며, 특히 주변사람과의 인화관계가 좋아 주변 거래의 주선, 도움 등에 힘을 입어 본인의 재능을 십분 발휘하여 상당한 지위나 재력을 얻는 사람도 적지 않다.

때에 따라서는 다정하고 냉정한 면이 극단으로 조화되어 본인의 뜻에 어긋나든지 거역하게 되면 영원토록 증오하는 오기가 있으며 초면에 만나는 인간접촉은 서먹서먹하여 경계를 하다가 오랜 시간을 사귀어 허물없는 처지가 되면 상대를 억제하려 들며 이로 인한 주변 마찰 또는 강욕으로 의외의 일에 말려들어 함정에 빠져드는 사람도 있다.

또한 한 가지 일에 매진하면 어떠한 형태가 되었든 끝장을 보는 고집이 있어 일의 선정에 따라 승패가 좌우되기도 하고, 자신의 일도 분주한데 남의 부탁을 거절 못해 남의 일까지 도맡아 고생하는 일이 많다.

담백한 보수파로 도덕성을 중히 여기며 외유내강에 분수에 넘치는 일에 대해서는 사양하는 태도와 주변사람의 신뢰성을 얻어내고 낙천적으로 "어떻게 되겠지" 좀처럼 흔들리지 않는 우유부단이 장점도 되고 약점도 된다.

일생을 통하여 폭풍에 휘말려 떠내려가는 작은 배와 같이 고의든 임의든 갈피를 잡지 못하는 파란에 시달려야만 되고 이때는 안정이 될 듯하면 어떠한 형태가 되었든 리듬은 깨지고 하찮은 일로 균열이 생기며, 홧김에 불륜관계, 쓸데없는 일 벌려 후회한다.

본인의 취미와 적성에 맞는 일을 개척하게 되면 개운이 가능하고, 이 사람이 어떠한 형태로 받는 유지나 유업을 이어나가면 어떠한 명분에 걸려도 큰 암초에 부딪치게 되고 사람 따라 여색, 종류를 즐기며 여행, 이사, 주거지의 불안으로 이동수가 많다.

여성은 남편에 대한 일과 말에 대하여 참견하려 하지 않으며 오직 그늘에서 묵묵히 가정을 위하여 도우려 하고 어디까지나 자신에게 주어진 영역을 알뜰하게 지킴으로 후일에 가서 자식 덕을 보게 된다.

또한 교제 범위가 넓어 주변으로부터 인기를 한 몸에 받게 되고, 요령이 좋아 가계부를 잘 다루어 증축이 많아지며 특히 어떠한 일이든 둘러치기를 잘하여 처리 능력이 인정된다.

※ 일주 다음에 년주

❾ 壬申

● 자기본위, 지적인 분위기파

유아독존자에 흑백이 분명하여야 마음을 놓는 본질에 신(申)이 작용하면 기전이 빨라져 경솔한 행동을 취할 때도 있지만 자신을 특출하게 보이기 위하여 어떠한 부문을 막론하고 연출, 참가하여 주변사람의 이목을 끌어 들이게 된다.

또한 원래 전혀 요령이 없고 고집불통에 책임감이 강하여 일에 대한 근면성과 충실성이 대단하며, 어떤 일이 되었든 자신에게 주어진 일이 분명하지 못할 때는 마음의 동요가 많아지게 된다.

남녀 불문하고 젊었을 때에는 나이에 비해 어른스럽게 보이고, 자기주장이 강하면서 지적인 무드파로 주변을 설득시키는 재간이 있어 점진적인 노력에 의하여 주변 사람의 호응과 인정을 받아 소원이 성취될 수 있지만 거만과 자만으로 자멸하는 경우가 많다.

때로는 일의 종류에 따라 달라질 것이지만, 주어진 일에 솔선수범하고 개발하여 속 시원히 일을 매듭짓는 것은 환영할 일이지만 지나치게 물불을 가리지 않고 설치는 약점으로 아랫사람이 고달프며, 일에 대소 따라 영향이 달라진다.

본인의 재능이 먹혀들면 엘리트인 양 착각하기 쉬워지고 대인관계 거래관계 등에 능숙하지만 그렇다고 속마음을 보이기 싫어하며 또한 과욕으로 인한 손재수가 어떠한 형태가 되었든 꼭 한번을 찾아오게 되고, 보고 들은 상식을 모방하면서 즐기려 한다.

무엇보다 새로운 창설기에 분석, 관찰력이 뛰어나고 현실 환경과 분위기에 순응해 나가면서 정신적 발달 재능이 뛰어나 있어 문학, 예능, 흥행, 취미와 적성에 맞는 일에 성공률이 있다.

여성은 결혼하게 되면 가정에 순응하지만 헌신적인 사랑의 진가에 자극을 받게 되면 낮에는 숙녀, 밤에는 요녀로 변모해지기 쉬워지고 남편의 헌신적인 사랑은 여성상위의 가정환경을 만들게 된다.

때로는 다방면으로 능수능란한 재능이 계획성 좌절로 무용지물이 되어 친척이나 깊은 산 속에서 영고생활을 지내는 사람도 적지 않다.

출생 년간이 陽(양)인 사람은 순탄한 가정이 형성되지만 陰(음)인 사람은 가정과 직업 사이에 밸런스가 맞지 않아 가정적 동요가 많이 생긴다.

※ 일주 다음에 년주

⑩ 癸酉

● **세파를 잘 넘겨 나간다, 어려운 환경에는 새로운 길을 모색, 명석하다**

이상이 높고 흑백이 분명하여 납득하는 본질에 유(酉)가 작용하면 이상주의에 무엇보다 정의감이 강하고, 어떠한 속박도 받기를 싫어하며 본인 마음대로 자유롭게 행동함에 따라 주변사람이 볼 때 상당히 건방지고 제멋대로 된 사람으로 평가받기 쉬워진다.

그러나 본인으로서는 본인이 말한 말과 행동에 주변 사람에게 실수나 상처를 주지 않았나 항상 주변에게 신경을 쓰게 되고 때로는 본인의 고집을 자성하고 자제하는 바람에 조직사회 또는 회사 등에서 손해 보는 일도 적지 않다.

어떠한 장애요소가 생겨도 절대로 굴복하지 않고 끝까지 물고 나가는 저력이 있어 점진적인 안정 운세를 맞게 되며, 사회 초년에는 불안하고 경험부족으로 주거, 직장 변동, 때로는 방랑하는 운세도 있지만 오직 이 사람에게는 사막의 유혹에서 옳은 정도의 길로 나가려는 힘만 있다면 언제든지 개운할 수 있는 기회는 열려 있다.

또한 시대적인 센스에 대한 선취력이 빨라 예체능 분야, 매스컴, 패션문화로 활약하는 사람 많고 남녀 모양 내는 것과 말에 대한 애교, 말 많고 때와 장소, 환경, 분위기 따라 대처하는 적응력이 흡사 배우와 비슷하다.

사람 따라 이성보다 감성에 뛰어나 물질보다 정신면을 중요시하고 순수한 인생생활에 로맨틱한 꿈과 도저히 실현 불가능한 허공 속을 헤매기 쉬우며 풍류의 체질로 취미에 맞추어 아름답고 즐겁게 살기 바란다.

어떠한 분야에 진출하여도 재치 있는 행동으로 주변 사람의 신망을 얻을 수 있지만 때로는 쉽게 흥분하고 화를 잘 내어 실망을 주며, 어떠한 일이 되었든 편파적으로 일을 처리하는 것보다 중도적인 입지를 고수하면 많은 협조자가 생겨 본인의 처지가 유리해진다.

때로는 운명적으로 폭풍우 속에 떠내려가는 젖은 낙엽과 같이 고의든 임의든 갈피를 잃고 어떠한 일이 되었든 안정이 될 듯하면 리듬이 깨지고 쓸데없는 일, 하찮은 말이 균열이 생기어 홧김에 일을 저질러 쫓아다녀야 하고 분주히 뛰어다녀야 한다.

여성은 결혼하면 오랫동안 다녔던 직장을 버리게 되고 가장을 섬기며 가정을 잘 지키며 주워진 일을 충실히 임하는 현모양처형이다.

그러나 여성상위에 본심을 보이기 싫어하는 비밀주의자에 마음의 동요가 심하고, 일단 상대의 약점을 알게 되면 닦달해 상대에게 파손을 주기 쉬우며, 때로는 자기 꾀, 욕심에 넘어가 망신살에 걸리는 일도 생기게 된다.

※ 일주 다음에 년주

2

토기성(土氣星)

태어난 : 일주공망(日柱空亡)

술해(戌亥)…공망자

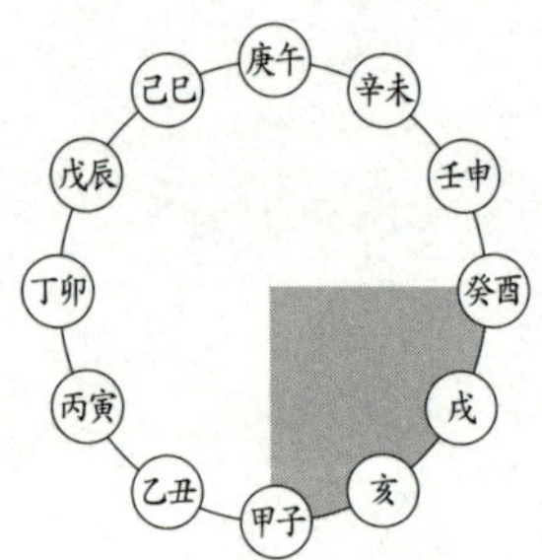

(1) 성격, 성장(고독한 세상에서 살아야 할 이상주의자)

지나칠 정도로 이상이 높아 현실적인 사회에 적응이 잘 안 되어 고독한 운명이 되기 쉽다. 어떠한 일이든 흑백이 분명하여야 납득하고 이러한 도가 넘게 되면 결벽성에 불의를 전혀 참지 못하고 정의감에 불타오르며 현실화된 실리면보다 명예를 중시하는 유아독존자가 많은 것이 특징이다.

또한 완고하여 적당히 처리하는 융통성과 요령이 없는 반면 본인에게 주어진 일에 대해서는 몸이 부서지는 한이 있어도 책임을 완수하는 저력이 있다.

기발한 아이디어, 창조적인 기획 능력 등에 독창력이 발휘되고 일에 대한 정도와 일에 대한 분명한 근원을 밝히는데 소질이 있으며, 자영 조직 속에 지도층에 오르게 되면 자만으로 말이 명령조로 함부로 하는 버릇이 생기고 흥분하게 되면 어떠한 일이든 일방적으로 자기 마음대로 밀고 나가려 한다.

어릴 때부터 어른스러운 사고방식과 행동력을 갖는 보수적인 면이 두드러지게 나타나고 분명하게 바른 말을 하지만 말의 내용이 지나칠 정도로 고상하고 차원 높은 말로 들려 듣는 사람으로 하여금 상당히 건방지다는 평을 받을 수도 있다.

외향적이라 외부의 이해나 접촉에서는 존경을 받을 수 있지만 사람에 관하여 좋고 싫은 차이가 무엇보다 극심하여 내면 관계의 근친 친척 사이에는 이해하기 힘든 문제가 많이 발생한다.

프라이드가 높고 본인의 주장이 강하여 보기 싫은 상대를 만나게 되면 주는 것 없이 미워하고 상대가 접근하면 상대 체면은 완전히 무시하고 신랄한 어조로 비판, 공격하는 일이 많다.

또한 상대에게 변명의 여유는 주지 않고, 본인이 하고 싶은 말을 함부로 말해 주변 사람으로부터 정직한 평가보다 지나치게 강인한 인상을 많이 받게 되고, 때에 따라서는 같은 동료간에도 비타협적인 오해 등으로 원한을 사게 되며, 최악의 사태에서는 본인의 완고성으로 좌천이란 쓴잔을 마셔야만 될 일도 생기기 쉽다.

얌전한 평화주의자로서 근원이 확실하여야 마음을 놓고, 때로는 속에 잠재하고 있는 답답한 심정을 풀기 위하여 폭력을 휘둘러서라도 본인이 바라는 길을 걷게 되므로 역사적인 혁명가 등에 많이 차지하고 있는 기성이다.

일생 다감한 감정과 싸워 나가야만 하고, 어떠한 싸움이 되었든 일단 싸움이 시작되면 일순 전광석화.같이 재빨리 상대를 냉혹하게 공격하여 제압하게 되지만 투쟁에는 본인의 살점을 상대에게 주고 상대의 뼈를 갉아내는 잔인성이 있다.

어린 시절에는 한 번 알려준 규율과 책임감을 강하게 받아들이게 되고, 한 번 알려준 말과 행동에는 철저하며 알려준 말과 행동이 맞지 않으면 그 알려준 상대가 누가 되었든 그에 대하여 반감을 갖는다.

즉, 이러한 말은 만일 토기성 자녀의 부모는 일단 알려준 말에 대해서는 순응적으로 말을 잘 듣고, 부모의 말을 잘 따르지만 솔선수범하여 보여줌으로써 부모에 대한 순종심이 더욱 더 두터워진다는 사실이다.

다시 말하자면 부모가 알려주는 말에 부모들의 실천에 따라 자녀가 받아들이는 인생 항로에 대한 운명이 달라진다는 사실이다.

한 예를 들면, 부모가 '밥 먹기 전에는 반드시 손을 씻고 밥을 먹어야 하고, 화장실을 보고 난 뒤에도 반드시 손을 씻어야 한다.' 라고 알려주면 반드시 알려준 대로 실천하면서 자랑스럽게 '나, 손 씻었어!' 하고 보란 듯이 확인시키기도 한다.

이럴 때 알려준 부모가 귀찮다고 대꾸도 하지 않고, 손을 씻고 밥 먹으라는 부모가 손을 안 씻고 밥상을 받아 밥을 먹게 되면 어른들이란 자기 편리한 존재로 인정되어 한 번 반항하기 시작하면 완전히 편굴해져 다시는 순응하지 않고 말을 듣지 않으며 어떠한 일에도 대들고 반항적이 된다.

타고난 착실하고 성실한 자녀를 부모의 무지한 행동력으로 자녀의 장래를 그르치게 된다면 부모로서는 어떠한 답을 바랄 것인가?

토기성 자녀의 부모는 오직 자녀에게 알려주는 말에 솔선 실천하여 모범을 보이는 것이 참된 자녀 교육임을 알아야 한다.

성장하여 자아에 눈을 뜨면 태어난 둥지를 떠나 독자적인 새로운 영역을 세우기 위하여 노력하는 것은 성장하였다는 피할 수 없는 관문이 되므로 이때 이러한 행동에 간섭을 하든지 후계자의 명분으로 잡아 놓게 된다면 이 토기성의 운세를 쇠운시키는 결과로써 일시에 안정세를 유지하였던 가세가 기울어지게 된다.

이러한 자녀를 잘 키우기 위해서는 정신세계의 수양 정도에 따라 운세가 달라지는 것으로 한문 공부, 서도, 마음을 가다듬을 수 있는 태권도, 봉사단체, 보이스카우트 등 자신의 활동 범위를 넓혀 나가는 것도 좋고 특히 신앙생활에도 효과적이다.

이 사람의 특유한 운세는 두 가지로 불행한 상처 쇼크를 끈기로써 이겨 나가 대성하기도 하고, 베풀면 필연적으로 은덕이 찾아드는 운세가 된다.

(2) 가정, 결혼운

■ 태어난 연간이 양일 때는 ⊕ 甲, 丙, 戊, 庚, 壬

■ 태어난 연간이 음일 때는 ⊖ 乙, 丁, 己, 辛, 癸

● 음양 구분에 따라 가정, 결혼운이 극단적으로 차이가 생긴다.

⊕ : 양일 때

어떠한 환경과 조건에 있어서도 가정을 중요시하고, 아내와 자식 사랑이 지긋하여 특별한 파란과 장애가 없는 한 순탄한 가정생활이 되고, 무엇보다 가정이란 영역을 잘 지킨다.

- 남성 : 어떠한 일이든 분명하여야만 마음을 놓고, 일의 근원을 알기 바라므로 사회생활에 있어 뜻하지 않는 스트레스에 시달리게 되는 일이 많아 오직 자신의 유일한 마음의 휴식처는 가정이라 생각하게 된다.
- 여성 : 가정과 결혼운이 순탄하여 가장을 섬기고 보필하며, 주어진 일을 충실하게 실천하는 전형적인 현모양처형이 많다.
- 丙寅, 戊辰 : 여성은 자기본위에 성급하고 "화"가 나면 본심이 얼굴 표정에 나타난다.

⊖ : 음일 때

결혼 전에는 본인의 이상에 맞는 결혼 상대를 찾아다녀 혼기를 놓쳐 독신으로 지내는 사람이 많고, 결혼을 하여 자식이 생기면 어떠한 형태가 되었든 가정에 변화가 일어난다.

- 남성 : 집중력이 산만해져 엉뚱한 일을 벌이기 쉽고, 일과 가정의 균형이 맞지 않으므로 조회가 잘 안 되며 일에 쫓기면

가정을 등한시하고, 가정을 중시하면 수입이 자연 엉망이 된다.

- 여성 : 자식이 생기면 어쩔 수 없이 유익한 직업을 버려야만 할 환경에 몰리기 쉽고, 가장을 섬기고 주어진 일에 충실한 현모양처형이 되지만 항상 마음의 안정을 찾지 못하고 마음의 동요가 많아진다.
- 乙丑 : 여성은 건실하여 일로 매사 신중하고 정숙함을 잃지 않는 여인상이다.
- 丁卯 : 여성은 부모 · 형제에 대하여 헌신적이고 가정을 잘 꾸려가는 주부상이다.
- 己巳 : 여성은 애정이나 유혹에 말려들기 쉽고, 열하면 맹목적이고 돌발적인 행동을 서슴지 않는다.
- 辛未 : 여성은 어떤 일이든지 자상하고 정직하며 사교술이 좋다.

(3) 재운, 직장운

실리면보다 명예를 중시하고, 자기 주장이 강하여 주변과의 융통성이 별로 없고, 마음에 안 들면 공격적이라 대인관계에서 원만성이 없어 재운이 좋다고는 볼 수가 없다.

한 푼, 두 푼 성실한 저축으로 재력은 형성될 수 있지만 신용과 구국적인 이상주의자로 대인 거래를 필요로 하는 상술 등으로 돈을 번다는 것은 생각할 수 없고, 정신을 지배하고 벌 수 있는 돈에 집착하면 상당한 재력을 형성시킬 수 있다.

또한 벌어들인 돈을 사회복지사업에 환원시키면 그 환원이 오히려 명예와 재운을 가중시켜 증축되는 이변도 생기게 된다.

이러한 사람은 인화 관계가 좋지 않아 고립되기 쉬워 자신만이 갖는 공간(시간)이 있어 이러한 때 새로운 창조력이 생겨 기발한 발상이나 독창성이 작용되어 새로운 제품 · 기획 · 작품 · 정신 활동이 유감없이 발휘되어 천분의 재능을 알릴 수 있는 기회가 온다.

남성은 승부욕이 강하여 주색잡기에 손을 대면 신세를 망치고 평범한 직업보다 이색 직업이 좋고 무엇보다 정신수양과 덕을 쌓아야 만이 주변으로부터 존경을 받게 된다.

전자 공학 분야 · 엔지니어 · 천문학 분야 · 설계 기획 분야 · 카메라맨 · 광고 디자이너 분야 · 정치가 · 종교 분야 · 교사 분야.

여성은 미에 대한 독창력이 있어 디자이너 · 도예 · 서적 번역 · 동화작가 · 종교 분야 · 교사 분야 · 정신 활동을 필요로 하는 봉사 분야에 좋을 것이다.

남녀 어떠한 조직체나 회사 등에 매여 있는 것보다 나름대로 연구할 수 있는 곳에 능력이 십분 발휘되고 어떠한 팀을 조직하여 일을 하여도 처음에는 잘 몰라도 자연 본인이 팀의 중심인물로 대인관계의 융합은 안 돼도 창출해 내는 아이디어는 인정받게 된다.

예술계로 진출하고 싶으면 당초 엄격한 상하 구분의 세계에서 단련되어야만이 늦어도 개화할 수 있음을 알고 처음부터 허황된 꿈은 버려야만 성공할 수 있다.

(4) 연애, 섹스운

결벽성이 있어 거짓 사랑이나 일시적인 즐거움과 쾌락보다는 진실성이 있는 열렬한 사랑과 정신적으로 상대를 존경하고 자신의 모든 것을 아낌없이 줄 수 있는 교제를 바란다.

연애에 있어서도 애정의 한계가 분명하여야 하며 질서 있는 규율을 중시하여 어떠한 가까운 연인 사이라 할지라도 그 "룰"을 지키지 못할 때는 가차 없는 철퇴가 내려진다.

한 예로, 연인 사이로서 약속 시간을 어기게 되면 약속을 어긴 사유와 사전에 연락치 못한 조건 등이 분명하지 않을 때는 납득하기 어렵다는 것이다.

그러므로 이러한 사람과의 연애 관계를 성취시키기 위해서는 우선 상대방의 성격을 알아두고 약속을 한다면 약속 장소의 전화번호를 사전에 알아두는 것이 긴급시의 대비책이 될 수 있으며 사랑의 정표 역시 물질이 아닌 정신면이란 사실을 알아야 한다.

섹스면에서도 질서를 중요시하는 보수적인 성향이 있어 육체적인 쾌감보다 정신면의 전형적인 섹스를 즐기려 한다. 물론 근본적으로 남녀의 결합인 섹스를 즐기는 반면에 불결하게도 보는 모순된 관념이 있기 때문에 섹스 자체를 즐기기 위한 즉시물로 평가하지 않는 경향을 갖는 것이다.

야성적인 육체적 매력에 끌리는 것이 아니라 마음속으로 자신이 얼마만큼 상대의 마음을 납득하고 정신면으로 상응하는가에 따라 사랑하는 열기는 다르게 되며, 섹스에서도 순간적인 흥분과 실수로 강압에 의한 섹스를 맺으면 항상 자책감에 사로잡혀 가슴을 치며 후회하기 쉽고, 때로는 죄책감(처녀라면)에 사로 잡혀 감정에 따라 극단적인 행동을 서슴없이 행동에 옮기게 된다.

이 또한 운명적으로 자신의 육감과 정신적인 존경으로 오는 사랑의 섹스라면 몰라도 사랑하지 않는 사람과의 섹스 관계는 자신의 운세를 쇠퇴하는 결과를 가져오게 되므로 이러한 섹스 관계는 자제하는 것이 현명한 방법이다.

■ 토기성(戌亥공망) 월운 조견표

지운	인(寅)	묘(卯)	진(辰)	사(巳)	오(午)	미(未)	신(申)	유(酉)	술(戌)	해(亥)	자(子)	축(丑)
월운	음력 1월	2월	3월	4월	5월	6월	7월	8월	9월	10월	11월	12월
양년생 ⊕	화기	약기	달기	란기	회기	재기	안기	음기	정기	감기	종기	생기
음년생 ⊖	생기	화기	약기	달기	란기	회기	재기	안기	음기	정기	감기	종기

※ 토기성(戌亥공망일주)생으로서 戌년 亥년에 태어난 사람을 영합공망인(靈合空亡人)이라 부르고 아래와 같이 해석한다.

(층)관계, 양면운, 寅월(충) 申월, ⊕라면 화기, 안기 양면운, ⊖라면 寅월에 정기, 대충 申월 재기(돈) 들어온다.

(5) 영합(靈合) 토기성(土氣星)

토기성의 영합(靈合)은 토기성의 대충(對沖)인 천기성(天氣星) 진사(辰巳) 공망의 영향(影響)을 받고 있지만, 이러한 대립 양상은 매사 모순(矛盾)이 격합(激合)되어, 반대하는 표면이 많아진다.

한마디로 토기성은 '이해(利害)보다 명예(名譽)' 프라이드를 중요시하고, 이상(理想)을 추구(追求)하는 데에는 어떠한 희생이나 타협(妥協)을 바라지 않는 곳이 있다.

또한 정의감(正義感)도 남보다 강하고 어리석은 행동이나 부정(不正)을 싫어하며, 매사 흑백을 분명하게 못 박기를 원함으로 험악한 세파를 잘 넘긴다고는 볼 수 없다.

이에 반한 천기성은 '하는 일마다 수습, 정리, 매듭' 짓는 데 소질이 없고, '이성(理性)보다 감성(感性)' 말보다 행동, 이론(理論)보다 현실방법(現實方法)대로 살기 바라기 때문에 토기성과는 전혀 반대 현상이다.

위의 토기성과 천기성이 한 몸 속에 동거함으로써 그 사람이 살아가는 사고력(思考力), 생활방법(生活方法)은 '영합 토기성' 때문에 우선 토기성의 영향을 크게 받는다. 우선 책임감(責任感)이 강하고 초면이라도 통상적(通常的)으로 알고 있는 행동이나, '토기성과 천기성' 의 공통점(共通點)은 평화주의자적(平和主義者的), 사고력과 생활방법은 상승효과(相承效果)에 따라 극단적으로 강하게 나타나게 된다.

때문에 남과의 싸움이나 마찰의 중심인물로는 볼 수 없고, 어떠한 대립관계이든 극단 수단을 피하고 원만한 해결책을 버리게 된다.

이러한 온건파가 때로는 우유부단(優柔不斷)하게 비쳐 믿지 못할 사람, 거래 못할 사람으로 보이기도 하며 또한 큰일을 앞두고 깜박 잃어 큰 실수를 범하는 일도 생길 수 있다.

결벽성이 그때그때 적당주의로 변질되어 종종 끝내야만 할 일을 밀어두었다가 곤욕을 치르는 격이다.

한편, 천기성의 특유의 쾌락추구(快樂追求)와 정열(情熱)이 토기성의 특유의 질서(秩序), 착실성을 덮쳐버리면 처자식(妻子息) 있는 유부남(有婦男)을 뺏어보려고 애쓰기도 하고 경마, 도박, 일확천금의 꿈이나 방탕한 짓을 자초(自招)하면서 이를 정당화(正當化)시키려 애쓰게 된다.

또한 이상추구(理想追求)와 현실타협(現實妥協)의 믹서로 주변과의 마찰 없이 비교적 파탄 없이 원만한 협력관계가 성립될 수 있을 것이다.

■ 토기성의 영합, ⊕ 戌년생, ⊖ 亥년생

●⊕ 술(戌) : 칠광운(七光運), 일과 가정 양립운!

여성은 재벌(부잣집), 명예(가문이 좋은 집)에 시집 갈 수 있고, 고부간에 균형을 잘 다루는 현모양처형이다. 자식의 재능을 잘 키워내는 재간이 있다.

집안의 가문, 사업, 회사 운영상 인맥을 다루는 일이나 대를 이어가는 일이 좋지만 자금운영, 금전관리, 정리 등은 남의 손에 의존하는 것이 좋을 것이다.

자식 제일주의자로 항상 자식 걱정 많고, 매사 분명하게 끊고 맺는 조정요령이 필요할 것이다.

사회적으로 없어서는 안 되는 술! 얼굴을 알려야 할 일! 유지, 윗사람, 상사, 선배의 영립, 알선, 도움, 원조 등으로 출세가 가능해질 것이다.

예, 감기, 성대, 기관지염(동북 방위), 등산, 산책으로 치병과 생기 나온다.

어릴 때는 상식 밖의 일을 서슴지 않고 행동함으로 변인 취급되는 일이 많고, 이론과 현실이 맞지 않으며 결벽하면서도 우유부단한 능글맞은 데가 있는 이면성이 있다.

이상된 꿈에 도전하고 활발한 외면과 대인 거래는 좋지만 지나치게 낙관적으로 생각하여 남을 지나칠 정도로 믿다가 속임수나 배신당하기 쉽다.

물심, 특히 금전 관계와 이성 문제, 섹스로 하여금 행운 속에 "추락"이란 암시가 있고, 예리한 감각면이 작용하여 예술면으로 활용하면 좋을 것이다.

●㊀ 해(亥) : 독립체, 기업, 화려하게 알려진 변화가 어둠을 밝히는 일, 업종!

❶ 돈을 벌 수 있는 초점에 맞는 일, 맛에 힌트를 두어야 하고, 주변의 시선과 맛을 모으는 작업, 탤런트, 선전, 일석이조에 효과를 얻는다.

❷ 사회적으로 부침이 많지만, 명성을 알릴 수 있는 지배인, 매니저, 회계사, 금전관리역.

❸ 일과 사업운에 매달리지 말고, 남자는 위엄을 갖고 여자는 현부가 되는 것도 개운의 길이 열린다.

❹ 쓸데없는 사치, 의복에 지출 많고, 항상 사는 곳에 불만이 많지만 그래도 사는 곳이 안전하며, 여성은 남편에게 서비스를 많이 하여 바람기를 막을 수 있고, 매사 '가늘고 길게' 유지해야 행운이 열리며, 일확천금은 그림의 떡이다.

귀, 늑막, 신경, 백내장, 숲 속 산책이 건강에 효력(활성화) 생긴다.

어릴 때는 상식 밖의 일을 서슴지 않고 행동함으로 변인 취급되는 일이 많고 이론과 현실이 맞지 않으며 결벽하면서도 우유부단한 능글맞은 데가 있는 이면성이 있다.

본인이 좋은 일이라고 부지런히 하지만 오히려 잘했다는 평가보다 주위의 비난을 사는 일이 많지만 때로는 기발한 아이디어로 인정받기도 한다.

탤런트 기질로 그 장소 환경 분위기에 따라 연기력과 적응력이 달라지고 자신의 위치 · 지위의 위엄을 과시하기 바라며, 또한 주변으로부터 강한 의지력과 신념이 인정되어 일이 원만히 풀리게 된다.

● 토기성과 ⊕ 이성 상생 관계보다 동업 관계에 최적!

자(子)**년월** : 새로운 사업 · 연애 · 진학 · 장래에 대한 꿈을 실현시킬 수 있는 연구 분야의 파트너 관계에 있어서는 더욱 좋고, 지식 연마에 있어서는 서로를 자극하면서 일을 성취하게 된다. 상호간에 일의 분단 한계를 철저히 구분하고, 어떠한 형태가 되었든 금전관리 취급을 별도로 하는 것이 양인을 위한 길이 되며, 토기성에 전혀 없는 유연한 사교술과 적극적인 행동력이 매력적으로 보이게 되지만 서둘러 결혼하면 실패 암시 있다.

★ 임의든 고의든 시작한 일에 대해서는 틀림없이 결실을 맺게 되므로 이

때는 정당하고도 자신이 키워 나갈 수 있는 씨를 많이 뿌려 놓는 것이 현명하다.

●토기성과 ㊀ 자신의 모든 부분을 있는 대로 탈취해가는 무서운 상대!

자(子)년월 : 어떠한 교제 형태가 되었든 조심하고 경계하여야만 할 대상으로서 될 수 있는 한 접근을 금하고 피하는 것이 좋으며, 많이 사귀게 되면 자신의 불행은 물론 본인의 일생에 대한 존립 자체를 뿌리째로 흔들어 놓는 결과가 되므로 일찍 끊는 것이 현명한 방법이다.

자(子)년생의 남성과 알게 되면 당신의 몸과 마음 금전 등에 대하여 자년생이 필요로 하는 만큼 어떠한 구설 아래 탈취해가는 무서운 속칭 '제비족' 끈이 많기 때문이다.

★ 캄캄한 먹구름 속에서 일시적이나 가볍고 밝아지는 기분이 오지만 전혀 마음을 놓을 수 없는 기회로 믿었던 사람의 배신, 근친, 사랑했던 사람과의 생사별, 돌이킬 수 없는 후회스러운 일이 많이 생기며 또한 재난사고, 금전 대차관계 등 얽히는 일이 많이 일어난다.

●토기성㊉ 사랑의 진가를 마음껏 즐길 수 있는 상대!

축(丑)년월 : 완고한 고집과 축년생의 자유를 사랑하는 인정미는 전혀 상반되는 성격으로 보이지만 일단 부부관계가 되면 새로운 생동감에 떨어질 수 없는 부부 사이로 변모한다.

또한 상호간의 장단점을 잘 보완하여 이상적인 상대로 변모하게 되고 상호간에 밝고 즐거운 가정환경으로 일일 발전이 기대된다.

★ 대지에 뿌려 놓은 씨가 이삭이 솟아나 무럭무럭 자라날 수 있도록 힘차게 호전되고, 어떠한 일이 되었든 인정과 획득은 얻을 수 있지만 설마 하는 안이한 생각 속에서 무너지기 쉬우니 모든 것을 신중하게 다루어야만 한다. 급속도의 변화 바람은 좌절을 의미한다.

●토기성㊀ 상대의 처세술에 행복 찾는 결혼운!

축(丑)년월 : 남에게 지기 싫어하는 승부욕이 양자에게 있어 양인이 어떠한 목적을 위하여 힘을 합하게 되면 힘찬 전진력이 생겨 발전될 수 있지만 분수를 넘는 욕심은 폭주와 주변 거래, 마찰을 암시해 주고 있다.

축년생의 포용력 있는 처세술은 싫증 많은 본인의 마음을 잘 조정해줌으로써 양인의 장점만 나타나게 되어 결혼 상대로 좋으며, 본인의 재능을 마음껏 발휘할 수 있는 평안한 상대이다.

★ 임의든 고의든 시작한 일에 대해서는 틀림없이 결실을 맺게 되므로 이때는 정당하고도 자신이 키워 나갈 수 있는 씨를 많이 뿌려 놓는 것이 현명하다.

●토기성㊉ 정도 아닌 불륜 관계는 쇠운과 비참!

인(寅)년월 : 토기성으로 하여금 최대의 약점은 불륜관계의 섹스 문제가 되고 정당하지 않는 섹스 문제는 자연 자신의 운기를 쇠퇴시키는 결과로 이어가게 된다.

특히 불륜관계의 상대가 인寅년생이라면 불행이라 하기보다 비극적인 사랑으로 끝나기 쉽고, 더욱이 상대가 기혼자의 경우는 더욱 위험한 존재가 된다.

★ 다만 열애의 좌절이 오고, 이때는 의욕적인 계획에 도전할 수 있는 기회가 되며, 경제면에서는 재운과 연결시킬 수 있는 좋은 기회가 되지만 정도를 벗어난 부도덕적인 행위나 타인에게 피해, 불신 등은 자신의 번뇌와 고민을 면하기 어려워지게 될 것이다.

● 토기성㊀ 사랑에는 결혼조건이 전제되어야 할 상대!

인(寅)년월 : 어떠한 형태의 사랑이든지 불안정하기 짝이 없고 상호간에 만나도 웬일인지 사랑의 친근감이 전혀 없으며 또한 상대 마음속을 전혀 밝히려고 하지 않으므로 무엇이 무언지 알 수 없이 끌리기만 한다.

이때의 사랑에 열기는 본인이 데우는 강운으로 신장기로 사소한 의견대립은 자아가 강해져 좌절되기 쉽지만 이러한 난점을 극복하고 결혼에 골인한 사람은 역조현상으로 생기가 솟아나는 안정된 가정으로 번영을 받을 수 있으며 이때의 연애는 결혼을 전제조건으로 교제하여야 한다.

★ 어떠한 조건이 되었든 본인에게 유리한 조건과 폭이 넓은 조류가 시작되지만 우선 설마한 곳은 경계의 대상이 되고 어떠한 진출에도 신선성과 신뢰성을 위주로 하면 무한한 발전이 기대된다.

● 토기성㊉ 사랑은 좋지만 섹스는 위험!

묘(卯)년월 : 정신적 결합, 무엇보다 본인의 마음을 잘 이해해주고 포용력 있게 잘 돌봐주는 상대, 친구나 동료 사이로서 정신적 유대 관계로서는 성격도 비슷하여 교제 관계가 좋다.

그러나 이성 관계로서 상대를 이해해 주고 아껴주는 것은 좋지만 상호간에 열정에 불타 섹스 관계에 말리게 되면 육정에 대한 자제력이 없어져 몸을 그르치게 되고, 때로는 선택의 잘못으로 목숨 자체를 잃는 경우도 생긴다.

★ 육체적인 이상 변화로 피로 · 병난 · 재난사고 · 경제 · 애정문제 등 본의 아닌 실수 · 유혹 · 손실 · 망신수에 걸리며 이때는 쓸데없는 말도 구설수에 오르는 것이 특징이다.

●토기성㊀ 만나는 사람마다 부러워하는 상대!

묘(卯)년월 : 어떠한 일이 되었든 이성으로 생각하는 본인과 때에 따라 감성으로 생각하는 묘년생과의 만남은 남이 볼 때 부러워할 정도로 이상적인 상성 관계로 융합이 잘 된다.

본인을 이해하고 본인이 바라는 일에 협조적이면서 온 정성을 다하여 돌봐줌으로써 무엇 하나 부러움 없이 지낼 수 있는 좋은 상성 관계가 되지만 천중살 때의 만남은 의외로 의견 충돌이 많은 것이 특징이다.

★ 이때의 방침 변화는 앞으로 살아 나가는 데 의욕적인 일, 재운에 대하여 큰 연결요소가 되며, 어떠한 일이 되었든 정도에 맞는 일을 시작하면 후원자가 생겨 용솟음치듯 번창하게 된다.

●토기성㊉ 참을 수 없는 생동감에 끌려가는 상대!

진(辰)년월 : 기본적으로 토기성과 진년생 관계는 좋은 상성관계로는 볼 수 없고, 진년생은 어떠한 형태가 되었든 요령이 나쁜 토기성을 보고 코웃음치고 멸시하는 태도를 취하게 되지만 이러한 멸시하는 태도가 토기성으로 서는 참을 수 없는 충동과 생동감을 주는 매력으로 느껴진다.

당신의 인생관은 상대가 있으므로 존재하고, 결혼하면 그러한 존재의식이 더욱 역역하게 반영되는 일면을 낳는다.

★ 2년 전에 계획하고 실천해 온 일이나 목적을 달성할 수 있는 기회로 애정 · 결혼 · 주택 구입 · 경제력 확장 등에 결실이 맺어지고 개인적으로는 정신적 · 육체적 만족을 얻어낼 수 있는 좋은 기회가 된다.

● **토기성㊀ 용의 장난감 취급, 놀림 받고 좌절하기 쉬운 상대!**

진(辰)년월 : 대인관계가 좋지 않은 토기성이 진생을 볼 때 대중이 모이는 장소에서는 물 속에서 생생하게 꿈틀거리는 용처럼 활기찬 모습이 얄미울 정도로 부러운 존재로 보이게 된다.

이런 상대와 사귀게 되면 밝고 즐거운 대인교제 성립이 가능하게 보이지만 그렇게 좋은 상대로 평가할 수 없고, 만일 사귀게 되면 장난감 취급으로 제 마음대로 갖고 놀다가 버림받기 쉽고, 분주하고 번거로운 피로와 육정으로 병에 걸리기 쉬우니 삼가는 것이 현명하다.

★ 육체적인 문제가 일어나고 건강 · 애정 · 경제 등 어떠한 형태가 되었든 신경을 써야 되며 육체적 혹사는 그 대가를 치러야 하고 때로는 망신살에 걸린다.

● **토기성㊉ 정신적 욕구 불만에 사로잡히는 상대!**

사(巳)년월 : 어떠한 형태가 되었든 주변환경 조건이 원만하지 못하여 정신적 고민과 파란이 많아지고 긴 시간을 사귀게 되면 좀 어리석고 부족한 약점이 보여 불만이 생기며 이러한 불만으로 마음이 불안정하고 침착성을 잃게 된다.

또한 결혼을 하여 섹스 관계를 맺게 되면 이러한 불안 요소는 현저하게 나타나고 단조로운 상대의 섹스관계로 욕구불만에 사로잡히는 결과가 된다.

★ 정신면의 장해요인이 도사리고 있는 기회로 이때 발생하는 일은 후일에 반드시 후회하고 고민하여야 할 문제가 생기며 일의 집착에도 정신적 스트레스만 더욱 가중된다.

●토기성㊀ 상대 결점을 용서하면 결혼 성립이 가능한 상대!

사(巳)년월 : 상호간에 오랜 교제를 지속시키는 데는 무척 어려운 상대로 동질형이라 어떠한 모험도 원치 않으므로 좀 어리석고 부족한 감을 주게 되어 갑갑하게 보인다.

양인이 건실하고 모험적인 일을 싫어하는 공통점을 살리고 상호간의 성격에 자극을 주지 않고 결점을 관용으로 감싸주게 되면 좋은 상성 관계로 변모하는 상대이다.

★ 특히 정신면을 존엄시하는 이점을 양인이 활용하게 되면 반발보다 공감대가 형성되어 오히려 무한한 발전과 원만한 가정환경으로 변모할 수 있다.

●토기성㊉ 장점을 살려 공동사업은 좋지만 쾌락적이라 불리한 상대!

오(午)년월 : 토성은 섹스에 말리면 쇠운되는 운세이므로 오년생을 만난다는 것은 좋은 상대로는 볼 수 없으며 쾌락의 즐거움을 위해서는 어떠한 반도덕적인 면과 체면 손상에 관계없이 모순된 행동도 서슴없이 취하기 쉬워 반가운 상성 관계로는 볼 수 없다.

다만, 오년생의 개방적인 교제성을 잘 살려 나갈 수만 있다면 공동사업의 파트너 관계로서는 두말이 필요 없는 좋은 상대가 될 수 있다.

★ 옛날에 헤어졌던 애정 균열 관계가 다시 만날 수 있는 관계가 되고, 정신적으로 옛날 추억 · 반성 · 후회하는 일이 많으며 경제면으로는 재수정을 필요로 하는 일 생긴다.

●토기성㊀ 근원된 운기를 송두리채 탈취해가는 상대!

오(午)년월 : 오년생의 언동을 냉정하게 분석하고 분방한 성격을 어느 정도 판단할 수 있지만 제 마음대로 감정 그대로 행동하는 상대에게는 참기 어려운 실망감을 갖게 될 것이다.

일 하는 데는 참고 견딜 수 있지만 남녀 관계가 될 때는 근원된 모든 운기를 흔들어 놓는 결과가 되므로 좋은 상성 관계로는 절대로 볼 수 없다.

★ 정신적 불안정 헷갈리는 실수 많고, 사소한 의견 충돌과 감정대립이 많아져 도를 넘게 되면 파란을 자초하기 쉽고, 감언 유혹에 돌아오지 않는 대차관계, 손실, 망신수가 생기게 된다.

●토기성㊉ 상대의 존재 자체가 재력을 형성시키는 요체의 상대!

미(未)년월 : 지나칠 정도로 건실하여 결혼 전에도 착실한 적금으로 장래에 대한 대비책을 세우며 결혼 후에도 변함없이 생활력이 왕성하여 쓸데없는 지출을 자제하고 미년생 존재가 재력 형성 과정과 밀접한 재산 형성을 높여주는 존재가 된다.

결혼으로 가정질서를 잘 지켜나가며 남편이 안심하고 가정 밖에

서 일에 집중할 수 있는 분위기 조성에 주력하며 내조의 공을 아끼지 않는다.

★ 어떠한 형태가 되었든 재운과 연관이 생기고 실리 · 상속 · 증여 · 주식 등에도 손익 관계가 성립되며 독신자는 부유한 집안과의 혼사도 가능하고 이익을 얻으면 헤어짐도 생기지만 자신의 수리적인 지혜와 실력이 발휘될 수 있다.

●토기성⊖ 관용으로써 감싸주는 이상적인 이성 상대!

미(未)년월 : 미년생의 관용이 본인의 편굴한 성격을 잘 커버해줌으로써 결벽하고 복잡한 정신면과 섹스면에 있어서도 상호 이상적인 이성 관계로 맺어지게 된다.

또한 착실하고 건실한 미년생의 유비무환 대책에 대해서는 본인도 감동되는 일이 많고 일상생활의 부러움이 없이 지낼 수 있는 동반관계 된다.

★ 일시적인 어려움과 막힘이 있어도 주변사람의 도움으로 희망을 찾을 수 있고, 본인 행동에 따라 성취도의 대소는 달라지겠지만 잃었던 일에 대한 재회, 추억, 반성, 경제적인 재수정 등 어떠한 형태가 되었든 생동감이 일어난다.

●토기성⊕ 일시적인 파란이 생겨도 안정된 가정을 성취시키는 상대!

신(申)년월 : 상호간에 건실성을 중요시하기 때문에 일시적인 감정이나 흥분으로 마음이 동요되는 일은 별반 없을 것이며 상호간에 가정을 중요시함으로 결합되면 이상적인 상성 관계가 된다.

신년생이라면 남편의 권위를 주장하여 다소간에 고통과 파란이 따르지만 본인의 성의 있는 봉사와 내조의 공이 인정되어 가정 안정을 도모하게 될 것이다.

★ 안정된 환경 속에서 성숙하게 익어가는 과일 맛을 보는 것 같이 자연 그대로 때를 기다리며, 취미에 맞는 일이 우연히 만난 사람과의 혼사가 이루어지기 쉽고, 별로 생각하지 않았던 승진 · 자격 · 시험 · 재력 등이 의외로 얻어져 기쁨을 맛보게 된다.

● 토기성㊀ 인내와 노력으로 이루어지는 이상적 상대!

신(申)년월 : 상호간에 결혼하면 우선 경제적으로 여유가 생겨 가정으로서 이상적인 최고 상성 관계가 될 수 있지만 때로는 목적하는 일이 뜻대로 안 되므로 상당한 인내와 노력이 필요할 때가 생긴다.

어떠한 형태가 되었든 경제성 원만과 섹스의 만족으로 건실한 가정이 형성되고 양인 가정을 중요시하며 싱싱한 신선미를 상대에게 안겨줌으로써 무엇 하나 부러워할 것이 없다.

★ 주변환경이 고의든 임의든 자신에게 유리한 형태가 성립되어 유산 · 증여 · 주식 · 부동산 등 수익이 예상되지만 이산이란 뜻이 있고, 기부를 막론하고 금전과 관계가 있으므로 금전에 대한 일에 손을 대면 수익은 있어도 손실은 없을 것이다.

● 토기성㊉ 관계를 유지하기 위해서는 노력이 필요한 상대!

유(酉)년월 : 상호간에 관계를 유지하기 위해서는 어떠한 형태로든 상대에게 본인의 약점을 보이게 되어 때로는 불쾌감을 상대에게 무의식중 안겨주는 결과를 만들어낸다.

지속적인 관계를 유지하려면 인내와 노력이 필요하고 상호간에 전혀 융통성이 없는 완고한 고집을 볼 때 숨통이 막히는 감을 받는 일도 생기게 된다.

★ 맑은 하늘에 먹구름이 서서히 덮여가는 형태로 심리적으로 불안하고 헷갈리는 오판 · 실수 · 착각 · 간섭 등으로 이익보다 손실이 많고, 육체적으로는 사건 · 구속 · 장애 · 이성을 잃는 행위로 산만해져 충돌이 많다.

●토기성㊀ 취미적인 생활 변화를 도모하면 이상적인 상대!

유(酉)년월 : 어떠한 공통적인 취미를 갖고 주기적인 친목행사 등으로 파티 · 등산 · 여행 · 오락 등으로 일시적으로 쌓여 있는 스트레스를 해소하고 변화된 생활력을 갖게 되면 상당히 좋은 동반자 관계가 된다.

그러나 상대의 결점을 완강히 비판하고 공격하게 되면 불쾌함이 증폭되어 충돌의 위기를 면키 어려우니 어떠한 일이 되었든 지속성을 바라면 참는 것이 현명하다.

★ 우연한 일, 취미적인 일에 수입이 생기고 이성관계도 우연히 만난 사람과 인연이 있으며 승진 · 자격시험 등 의외의 기쁨과 목적이 이루어지고 설마한 곳에서 재력이 생긴다.

●토기성㊉ 본인의 일생을 무참히 짓밟는 위험한 상대!

술(戌)년월 : 한 번 결합되면 본인은 술년생으로 하여금 어떠한 형태가 되었든 본인의 냉정한 이성과 결벽성은 술년생에게 무참히 짓밟히게 되는 상대인 것이다.

토기성의 여성이라면 술년생의 남성에게 있는 돈 · 정신 · 몸 ·

남성에게 항상 이용당하기 쉽고, 남성은 상대로부터 모든 것을 탈취해 감으로써 여성의 행복을 망쳐 놓는다.

★ 검은 먹구름이 천지를 뒤덮어 한 치의 앞을 내다볼 수 없는 어려운 형편에 어느 누구 하나 도움이나 말을 들어주는 상대가 없어져 일명 '사면초가' 상태가 되고 자신의 주변, 환경, 분야가 공허 상태로 좌절과 파괴가 도사리고 있으며, 사람에 따라 불길한 가운데 재운 문이 터지므로 요행을 잡은 사람도 적지 않다.

●**토기성㊀ 외면에 끌려 결합되면 일생을 후회할 상대!**

술(戌)년월 : 몸의 상처는 일정한 시간에 따라 아물게 되지만 마음의 상처는 일생을 두고 쉽게 아물지 않고, 뇌리를 괴롭히며 부담스럽게 살아가는 사람도 적지 않다.

외면에 끌려 결합하게 되면 술년생보다 토기성이 불행을 짊어지는 결과가 되고, 대략 술년생이 남성인 경우가 많으며, 돈을 모아도 남성에게 탈취당하며 행복을 찾을 수 없는 운명이 되므로 깊은 관계는 피하는 것이 현명하다.

★ 공망살의 먹구름이 덮여 심신의 오판 · 실수 · 착각 등으로 오는 손실이 많고, 주변 불안 등에 휘말려 사건 · 구속 · 장애를 받기 쉽고, 근친간의 마찰 · 불륜 · 사업 · 건강 무엇 하나 뜻대로 잘 풀리는 일이 없다.

●**토기성㊉ 본인 체면을 사정없이 뭉개 버리는 상대!**

해(亥)년월 : 해년생은 어떠한 형태가 되었든 누구에게나 평범하고 동일 태도로 몇 사람과의 교제를 서슴없이 취함으로써 토기성에 대한 체면을 손상시킴으로 쾌감을 맛보는 나쁜 버릇이 작용하게 된다.

또한 어떠한 모양새가 되었든 동일한 행로를 걷는 모양이지만 본심이 어떠한 목적에 있는가를 분간하기에 힘든 상대이고 하다.

★ 열렬하게 사랑했던 사람의 변심 · 근친자의 배신 · 근친자의 생사별 등의 어떠한 형태가 되었든 행운보다 악운의 영향을 받아 후회하고 좌절하는 일이 생기고 재난 · 병난 · 대차거래 난 · 추락 · 수난이나 화난의 암시가 생기며 이때는 금전에 미련을 갖지 말고 토해내는 것도 불행을 막는 비법의 길이기도 하다.

●**토기성㊀ 용서할 수 없는 횡포에 충돌하여야 할 상대!**

해(亥)년월 : 본심을 짓밟아 놓는 사건을 일으키는 또한 해년생의 횡포를 더 이상 참을 길이 없어져 결과적으로 충돌하여 균열상태 된다.

때와 장소에 따라 연출력이 뛰어난 해년생이 완고한 고집에 요령 없는 토기성을 볼 때 멍청하기 짝이 없어 함부로 다루게 되지만 결과적으로는 예상을 깨므로 피하여야 할 대상이다.

★ 한 치의 앞을 내다볼 수 없는 어려운 상태에 직면하여 누구 하나 말을 들어주지 않는 사면초가로 이때는 공허 속에 말려 파괴되고 자신의 주변에도 불길한 징조에 휘말리게 된다.

다만 사람에 따라 불길한 가운데 재운 터져 돈을 벌어들이는 사람도 적지 않다.

제 6 장

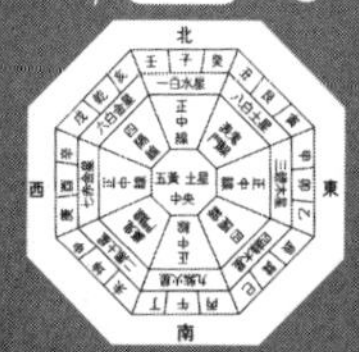

금기성金氣星의 천중살天中殺편篇

1

금기성(金氣星)의 천중살(天中殺)

(1) 일주(日柱)

영수	⑪	⑫	⑬	⑭	⑮	⑯	⑰	⑱	⑲	⑳	간이 없어
간 지	甲 戌	乙 亥	丙 子	丁 丑	戊 寅	己 卯	庚 辰	辛 巳	壬 午	癸 未	공망(空亡) 申酉

※ 간(干)은 열 개, 지(支)는 열두 개로 간(머리) 두 개 없는 지(支)가 공망(空亡)이다.

■ 申酉 공망(空亡)은 금기성(金氣星)으로 성격, 성장, 가정, 결혼, 재운, 직장, 연애, 섹스, 상성 관계, 총활운은 동일하지만 甲, 乙, 丙, 丁…… 癸 따라 다소간에 차이가 생기게 된다.

■ 음(-), 양(+) 구분은 일주의 음양으로 구분하는 것이 아니라 태어난 년주(年柱) 따라 음양이 분별된다.

(2) 년주(年柱)의 천간(天干)

甲 丙 戊 庚 壬……⊕

乙 丁 己 辛 癸……⊖

■ 금기성(金氣星) 일주에 申년생과 酉년생은 영합금기성(靈合金氣星)자로 운명 흐름이 양면으로 흘러가게 된다.

■ 甲戌 일주에 기사년생(己巳年生)이라면, 앞 '六十갑자(영수) 조견표'를 보고 토기성(土氣星)의 ❺를 읽어보면 된다.

■ 자신의 일주(氣星)와 해년마다 바뀌는 간지(干支)를 보고 상생 상극을 구분한다.

■ 주기의 흐름은 '월운 조견표' 년운도 본다.

⓫ 甲戌

● **현실을 합리화, 성장기의 난항, 점차 지위 상승, 결혼운 불리**

속박을 싫어하는 본질에다 술(戌)이 작용하면 직감력은 직감대로 행동력은 행동대로 발달되어 어떠한 일이 되었든 하는 일마다 "이상은 이상", "현실은 현실"대로 분명한 한계를 그어놓고 행동하기를 좋아한다.

또한 왕성한 호기심이 있어 순간마다 생각나면 앞뒤를 가리지 않고 즉석에서 행동으로 옮기며 또한 그 일의 선악을 가리지 않고 모든 것을 잃고 적극적으로 달라붙는다.

대인거래, 교제관계 있어서도 상대의 기전을 살펴가면서 세련과 유머를 섞어 상대의 마음을 간파하며 본질의 타당성, 근원성 있는 말솜씨로 바라는 목적을 위하여 설득하게 된다.

의리 있고 불의를 보지 못하며, 때로는 지나치게 현실을 생각하지도 않고 결정을 내려 곤경에 빠져들며 설마 말해도 괜찮을 것이지 라고 한 말과 행동한 일이 의외로 주변에게 좋은 말은 좋은 대로, 나쁜 말은 나쁜 대로 자극을 주워 어려운 처지를 자초한다.

또한 실수나 억지 말을 해놓고 그 실수를 사과하려 하지 않고, 속으로 실수를 알면서 자신의 위신상 극구 변명과 엉터리 근원을 합리화시키려고 노력하는 자세를 주변사람이 볼 때 해놓고도 오리발 내미는 행동에 실망하는 일도 생긴다.

어떠한 일에도 마음을 정하면 의욕적이고 익숙해지는 것이 빠르며, 새로운 모색, 개척 정신이 뛰어나 본인에게 맞는 적성과 취미 분야에 일찍 눈을 떠 그 길을 일념으로 공략하게 되면 성공은 무난하지만 그 적성을 찾아내는데 요령이 없어 방황하기 쉽고, 주체성, 위신 그것을 어떻게 하다 보면 무엇 하나 뜻대로 풀리는 일이 없다.

자립, 자성하는 운세로 뛰어난 처세술에 설득과 이해로 상대를 감화시키는 능력 있어 사람 관계, 일 관계의 대립 상태를 해결짓는 일 등으로 높은 진가를 받을 수 있는 암시 있다.

간혹, 본인도 모르게 '가시' 돋친 말을 함부로 하여 험악한 분위기를 만들고 순간적인 발상, 고안은 좋아도 덤벙대는 바람에 좋다가도 실망하는 일이 많이 생긴다.

인정을 중시하는 보수파로 금전욕, 색정욕이 많고 융통성 부족으로 사교 손실이 많으며, 결혼 후에도 이성관계가 복잡하고, 특히 섹스에는 윤리적 감각이 없으며, 때로는 여성 수입에 의존 '제비족' 경향 생기고, 부탁을 들어주지 않으면 맹렬한 반박과 인상이 달라진다.

사로잡히면 쇠약해지고, 의지하면 좌절을 경험할 운세이며, 독행하면 건강을 해치기 쉬워지고, 남성은 여색을 삼가고, 노름 등 허황된 횡재의 꿈을 버려야만 된다.

여성은 세심한 관찰력에 날카로운 신경의 소유자로 독자적인 예술 분야에 몸 받쳐 사는 사람 많고, 금전 대차관계, 문서보증, 요행을 바라면 자멸하며, 남녀 사랑의 사냥꾼이면서 마음은 항상 아내에게 있는 것이 특징 있고 고독하다.

※ 일주 다음에 년주

⑫ 乙亥

● 파란, 재능, 미인박명, 양자운, 적자라도 후계자 불가능

자유로운 행동과 속박을 싫어하는 본질에 해(亥)가 작용하면 순간적으로 닿는 판단력이 좋아져 자기본위가 되고, 강렬한 주장과 잡아끌어 들이는 파워가 강하며, 본인 의사에 동참하는 많은 사람으로 하여금 지도적 지위에 오른다.

이러한 본질 탓으로 젊어서는 과도한 파워로 어떠한 일이 되었

든 갈등과 마찰이 많이 생기고 일에 대한 분석 실수, 타인의 배신 등으로 중도 좌절되는 일이 많이 일어나게 되지만, 이러한 역경일수록 본인이 타고난 재능과 힘을 어떻게 발휘하는가에 따라 운명적인 성패가 좌우되는 일이 많다.

대략 실패의 경로는 어떠한 일이 되었든 진행과정에 있어서 마음대로 일이 풀리지 않으면 한시도 마음을 놓을 수 없는 외고집이 주변사람이 볼 때 큰 매력도 되고 큰 결점도 될 수 있지만 다만, 결백한 외통수에 본인의 뛰어난 재능만 믿고 주변 의견을 무시하고 요령 없게 밀어붙여 나가다가 파란을 만나게 된다.

또한 본인의 분수에 넘치는 일을 싫어하고, 본인의 영역을 견고하게 지켜져 가며 살기 바라며 유예적인 취미가 있어 운동, 춤, 술, 경마, 유흥을 즐기고 쓸데없는 농담이나 겉치레한 말이 별로 없으며, 어쩌다 말한 말은 트집 아니면 대드는 어투로 들리기 쉬워지고 성미가 까다로워 싫은 것은 끝까지 싫고 마음에 들으면 손해를 보면서 헌신한다.

무엇보다 이 사람에게 필요한 것은 어느 정도의 인생 수업과 남을 위하여 봉사하는 봉사정신의 발상이 이 사람의 운명을 좌우하는 경우가 많다.

사물에 대한 뛰어난 판단력이 있고, 주변 흐름과 유행에 민감한 센스를 어떻게 활용하는가에 따라 본인의 바라는 적성과 취미를 접근시킬 수 있는 소질이 충분히 있으므로 어떠한 일이 되었든 성공은 무난할 것이다.

때로는 부평초 기력에 한 곳에 가만히 정착하여 있기 힘들고 항상 일방적인 판단과 결정을 내리며 낭만적인 풍류생활도 경험하며, 매사 나만 알고 독주하게 되니 자성이 필요하다.

여성 역시 근성이 강하고 속박을 싫어하며 정도를 고수하고 협조심이 부족하며 가정을 돌보지 않고 밖의 일에 열을 올려 자연 부부연이 변하기 쉬워진다.

속으로는 은근히 바라면서 표현하기 힘들고 유머적인 대화는 전혀 없고, 첫사랑을 잊지 못한다.

※ 일주 다음에 년주

⑬ 丙子

● 불안과 걱정, 인덕, 어려움에 구원의 손

본인의 왕성한 호기심과 집념이 행동으로 옮겨졌을 때는 불물을 가리지 않고 돌진하는 행동력이 대단하다.

한 예를 들면, 본인의 마음에 드는 이성이 생기면 본인의 뜻을 알리기 위하여 초대면에 불가하더라도 집요하게 밤마다 전화로 사랑을 고백하고 유혹하며, 그 집 주변을 맴돌면서 집에서 나오면 지나가다 자연스럽게 만난 모양새로 수단방법을 가리지 않고 달라붙게 된다.

대인관계가 원만하고 놀기를 좋아하며, 특히 이성 선택이 까다롭지 않아 많은 이성이 따르고 좋아하며 결혼 전에는 많은 이성과의 친교관계가 생기지만, 일단 결혼하면 여성은 돌변 가정을 중요시하고 주부로서 내조의 공을 아끼지 않는 현모가 된다.
기전이 빨라 본인에게 주어진 일에는 순응적으로 처리를 잘해 주변으로부터 좋은 평가와 신망을 얻어낼 수 있지만 사람을 다스리는 지도자의 위치에는 힘이 약하고 본인에게 분수에 맞는 일에 안정을 찾을 수 있으며 어떠한 형태가 되던 많은 수난과 변동을 불러일으킨다.
담백하고 무뚝뚝하게 보이고, 겉모양에 치중하며 돈 버는 데 뛰어난 재간이 있어 보이지만, 시작부터 실패는 생각 않고 성공만 기준을 두어 어떠한 난관에 부딪치면 어떻게든 복구한다는 것이 더욱 어려움을 가중시켜 최후에는 실의와 좌절로 끝마무리가 좋지 않다.
현실을 직시하고 실수 없는 개운을 유도하게 되지만 금전 지출에 있어서도 꼭 필요한 곳에는 쓰지 않고 쓸데없는 지출이 많으며 적은 돈에는 인색하고 아끼면서 쓸데없는 곳에 크게 지출하는 이변이 일어난다.
장래성보다 현재를 보는 눈과 일에 중점을 두고 창의력, 아이디어, 새로운 발상이 뛰어나며, 남에게 신세를 지기 싫어하는 체질로 신세를 입게 되면 상대가 자신을 어떻게 생각하는가에 불안감이 조성되어 반드시 은공을 갚아야만 마음을 놓는다.
욕구가 뜻대로 안 될 때는 감성으로 변덕 많고 잔소리 많아지며 투덜대는 버릇과 신랄하게 입으로 상처를 입히는 경우가 있으며 신경질나면 술로 위안을 받으려 한다.

자력 갱생운이 있어 시간이 걸려도 이루어지는 운이 있고, 여성은 임기응변에 능하고 가계부를 잘 처리하지만 감성 따라 변명과 잔소리 많고 개방적이며 붙임성이 좋아 잘못하면 이성문제로 곤욕을 치른다.

고의든 임의든 말로서 문제가 일어나고 특히 보이지 않는 험담이 상대 감정을 유발시켜 마찰이 일어나며, 친정집과 시집 사이에 쓸데없는 말로 대립관계 되기 쉬워진다.

※ 일주 다음에 년주

⑭ 丁丑

● 낙천에 비판형, 예술, 의외로 재력 형성

인생 경험이 부족한 젊었을 때는 여러 가지 복잡한 문제, 이성문제 등으로 어려움을 맞게 되지만 즉흥적인 결단력과 실행력이 신망도 얻어낼 수 있고, 좌절도 몰아오게 된다.

완고한 고집과 꺾을 수 없는 자기주장이 있기에 어떠한 어려움을 당하여도 극복할 수 있는 힘이 있지만, 지난날의 좌절과 울분을 거울삼아 인내력을 키워낸다면 어떠한 분야에서든지 성공은 무난하고, 현실을 피하고 소극적인 자세를 취하여 장래를 바라보는 것이 오히려 유리하다.

타고난 재력과 먹고 사는 복이 있어 뜻하지 않는 곳에서 재력이 생기고, 주변 호의를 무시하고 베풀다가 뜻하지 않는 배신, 절교 등 어려운 문제를 자초하여 내심 고민하는 일 많고, 심기가 산란하다.

온화한 인품에 사교성이 좋아 주변으로부터 칭송을 받을 수 있지만 이성교제에 있어서는 싫고 좋은 감정이 극단적으로 작용하여 이성교제에 한에서는 번뇌하는 일 많고, 운명적으로 몸에 상처, 수술 흔적이 있어야지 없으면 크게 놀래는 일, 돌발적인 재난 사고의 암시 있다.

또한 부잣집에 태어난 사람은 부자지간 같은 집에서 살게 되면 어느 한편을 상극하여 사별할 위험이 있고 학술, 예술 분야, 연구 분야에 실력 발휘된다.

경제면을 최우선으로 생각하는 경향으로 금전에는 약삭빠른 눈독이 있고, 사람 따라서는 허리띠를 졸라매는 궁상 맞는 저축을 발휘하는 반면, 상대편의 인격을 평가하는 데도 금전유무, 일류의 옷을 입고 있는가에 따라 평가되고 뛰어난 임기응변에 화술이 좋다.

대수롭지 않은 일을 잘못 말하여 재앙의 원인되고 신의를 잃게 되며 고의든 임의든 말로서 문제가 일어나고, 특히 보이지 않는 험담이 상대 감정을 유발시켜 마찰이 일어나며, 친정집과 시집 사이에 쓸데없는 말로 대립관계 일어나기 쉬워진다.

속박을 싫어하는 행동파로 결혼하여도 여성은 '가정' 이란 틀 속에서 억매여 살기보단 부부간에 같이 동반하여 가계를 꾸려 나가기를 바라며, 될 수 있는 한 상호간에 불간섭 원칙을 만들어 친구로서 연인으로서 내조의 공을 아끼지 않는 현모양처형이다.

또한 사람에 따라서는 침실에도 손익 계산이 적용되어 섹스의 기쁨을 마음껏 즐기려 하지만 어디까지나 돈과 명예를 겸비한 남성을 골라 섹스를 즐기기 바라며, 노는 것은 노는 것, 가정은 가정이란 자신의 직분을 십분 지키기를 바란다.

※ 일주 다음에 년주

⑮ 戊寅

● 인정, 육친의 사랑 깊고, 실업형으로서 일대의 부와 명성, 대기만성

논리적이고, 이상적인 이해보다 현실 문제를 재빨리 움직이는 기점과 요령이 본능적으로 발달되어 있고, 모든 일은 때와 장소, 환경과 물체 따라 직관적인 판단과 본인이 직접 피부로 느껴봄으로써 그 자체를 이해하고 납득할 수 있는 형이다.

흑백을 판단하는 일, 도덕적으로 합당한 일 등 남을 보람되게 잘 살펴줌으로써 회사, 모임 장소에서는 자연 중심적 인물로 추대받게 된다.

그러나 현실적인 사회 흐름에 대한 약점이 잘 보여 반골정신에 불평불만 많아 회사의 간부로는 있을 수 없고 무엇보다 자영 실업 부문이나 정치 분야에 진출하는 것이 좋을 것이다.

외강내유에 투기, 모험을 좋아하고, 일의 기복 따라 싫증과 자만으로 일을 그르치는 일 많으며 속에 있는 뜻을 과시하려는 충동을 억제할 수 없는 약점이 허영된 명예와 여색의 탐욕으로 자신의 안정을 파괴하기 쉬워진다.

타고난 강한 기질적 원인도 있겠지만 무모한 고집이 지금까지 애타게 쌓아올린 공든 탑을 일시에 무너트리기 쉬워지니 자신의 신중한 반성과 인간관계의 화합에 노력하여야 한다.

일에 대한 분석 능력, 관찰력이 대단하고 권위와 질서를 중히 여기며 정신적 재능은 적극적이지만, 행동면에는 소극적이고 낙관적으로 생각하는 바람에 주어진 좋은 기회를 놓치는 일도 생긴다.

위인 중에 외면에 비하여 내면이 소심하고, 지나치게 명예를 중시하는 바람에 신경과민으로 주변사람이 볼 때 위선적으로 보여 대인관계의 융합이 잘 안 되므로 소외당하는 일도 생기기 쉬워진다.

타고난 효자에 재운이 좋아 출세가 보장되며 솔직 담백한 일처리와 소극적인 자세로부터 적극적인 전환기에 운명적 개운을 맞게 될 것이다.

보수적인 성향으로 배우자의 재력, 실력 능력의 유무에 치중하기 쉬워지지만, 이러한 문제보다 속박을 주지 않고 연인 사이로 지속할 수 있는 상대로서 자유로운 활동에 지장을 주지 않는 배우자가 최상운이 될 것이다.

한 곳에 정착하기 힘들고 일방적인 판단 아래 낭만적인 종류를 즐겨 여성 역시 가정 일보다 밖의 일에 열의를 갖는 사람 많고 헌신적인 남편에 대한 사랑과 섹스의 참 맛을 알게 되면 낮에는 숙녀, 밤에는 요녀로 변모하는 사람 많다.

남성 역시 헌신적인 사랑으로 여성상위란 환경을 스스로 만들게 되고 태어난 해의 간(干)이 음간(陰干)일 때는 일, 가정과의 밸런스가 잘 맞지 않고 바람을 피우게 되며, 음양을 불문하고 길흉이 격돌하여 안정을 찾는 데는 많은 시간이 걸리게 된다.

※ 일주 다음에 년주

⑯ 乙卯

● 난동기에 재기 발휘, 서민형, 창설 시기에 수습 역할

내성적이며 성실 정직하고, 얌전한 기성이 묘(卯)와 조화를 보면 이열 이냉이 분명해져 어떠한 일의 거래나 대인관계 있어서 소극적인 자세가 없어지고 자신의 능력으로서 충분히 해낼 수 있는 자신감이 용솟음쳐 어떠한 일이 되었든 전면으로 도전할 수 있는 자신력이 몸에서 풍기게 된다.

사회적인 정세변동 흐름과 유행에 민감한 선견지명을 이용하여 즉흥적으로 결단을 내린 일이 뜻하지 않는 행운의 성과를 얻는 일이 많은 사람으로 요행운이 있는 것이 특징이다.

이상보다 감성이 뛰어나고 물질보다 정신면을 중시하며, 순박한 인생에 로맨틱한 꿈과 실현성 없는 일로 허공 속을 헤매는 풍류체질로 자신의 취미에 알맞도록 아름답게 살기를 바라게 된다.

때로는 자신도 모르게 마음속의 악의가 넘쳐 억누를 수 없는 사태로 울화통이 터져 신경질, 질투, 폭력사태로 구설수에 오를

때도 있고, 지나치게 사랑했기에 어쩔 수 없이 실수를 저질러 일을 어렵게 만들어 버리는 일도 생기게 된다.

자존심이 강하고 예민한 감성 따라 변동이 많으며, 생활환경이 자신보다 못하면 상대를 하찮게 취급하여 주변사람들로부터 소외받아 고독을 자초하는 일도 생긴다.

사람 따라 반항적이고 우울증에 걸려 사람 접근을 싫어하고 번민과 근심 속에서 사는 사람이 많으며 본인의 어려운 속사정을 솔직히 털어 놓기를 제일 싫어한다.

매사 세심한 곳까지 신경을 써가며 밝혀내는 소질을 개발하여 천재적인 예술, 학술 분야에 성공률이 높고, 무엇보다 응보운이 있어 이웃사람, 주변사람, 가족에게도 항상 포용력을 갖고 칭찬을 아끼지 말고 해주고 잘 돌봐주면 어떠한 형태가 되었든 그 여파는 자신에게 돌아온다.

일이 뜻대로 잘 풀리지 않으면 불평불만에 쓸데없는 일까지 간섭하여 잔소리 많고 금전 저축 역시 잘 될 듯하면서 잘 안 될 때가 많다.

여성이 결혼하면 헌신적인 모성애가 발산되고 금전 지출에도 빈틈없는 알뜰 살림꾼이 될 수 있으나 불평불만에는 전면으로 대항하기보다 후면에서 이러쿵저러쿵 비판적이 된다.

사람 따라서는 항상 마음의 불안 요소 때문에 활발함이 없고 무엇 하나 계획성이 하나도 없고, 모든 일을 내던져 버리는 상태가 많아지며, 남편의 약점을 다그쳐 같이 있으면 피곤을 주게 되고, 자기 꾀에 자신이 넘어가 마음의 상처를 받는 일도 생기게 된다.

※ 일주 다음에 년주

⑰ 庚辰

● **무드 조성 어렵고, 명예보다 실리, 정치 성향, 두령(보스)형**

외부내빈(外富內貧) 외적 자부심은 대단하고 내적 마음은 고독하며, 큰일에는 보람 있게 달려 붙지만 작은 일을 소홀히 하는 버릇이 있고, 어떠한 일이 되었든 건실하게 개척하고 배워나가려는 의지력이 주변사람의 이목을 끌게 되고, 본인 역시 주변 동료보다 월등한 위치에 오르기를 바라고 그렇게 보이기를 바란다.

대담하여 대부역, 정치 성향의 풍모를 갖추어져 있고, 어떠한 이권에도 욕심이 많으며, 일에는 내면보다 가시적이고 표이면이 많이 나타나며, 금전운에도 급상 급하 차이와 상승세 있을 때는 잘 몰라도 하락세의 고비에는 자신의 지모로써도 도저히 막지 못하여 꺾이는 수가 많다.

특히 지나친 과욕은 반드시 부작용이 따르게 되므로 항상 분수에 알맞은 사업 진행이 무난하고, 탐욕은 어떠한 형태가 되었든 충돌과 일의 좌절을 자초하는 결과가 된다.

또한 출세는 남에 비하여 좀 느리게 보이지만 지모와 향상심이 강하여 어떠한 분야에 손을 대어도 개화가 가능할 것이며, 특히 사회적인 조직체인 회사 등의 영역 틀 속에 갇혀서 억매여 있는 일보다 본인의 개성을 마음껏 자유롭게 살릴 수 있는 자영 분야로서 성공이 가능하다.

외면으로 상대를 매혹시킬 수 있는 자질운 있지만 내면적인 서비스, 봉사 부분이 부족하고 예리한 직관력이 있어 현실과 물질에 치중하여 섹스에는 윤리성도 인정 안 하여 타고난 이성 인기로 결혼 후에도 이성 문제가 계속 일어나게 된다.

정신과 육체를 분리하여 앙큼하게 애교를 띠는 연출력을 동원하는 사랑의 사냥꾼이지만 마음은 항상 아내에 있는 것이 특징이고, 본인의 부탁을 상대가 들어주지 않으면 맹렬한 반박과 인상이 달라지고 머리로서 잔꾀를 부리게 된다.

사람 따라 여성 수입으로 살아가는 '제비족' 경향 있고, 상대를 은근히 자신에게 유리한 방향으로 유도하기도 하지만 복력이 있어 일시적일 뿐 끝판에는 변화가 반드시 오게 된다.

특히 음양 기력으로 양의 경우에는 주변 이목을 독차지하는 출세 진출이 가능하지만 음일 때는 심각한 유혹의 본선 등으로 좌절이 예상되는 운이 되고, 이러한 사람의 상대자는 상생자라야만 되지 상극자가 되면 모든 주권이 일시에 무너지고 파괴되기 쉬워진다.

여성은 지성미는 좋지만 뜻하지 않는 일을 당하면 마음의 불안정 동요 심하고 일에 헷갈려 일 마무리를 짓지 못하여 고집으로 남성을 극하여 이별하기 쉬우니 조심 하는 게 필요하다.

※ 일주 다음에 년주

⑱ 辛巳

● **일류, 고귀, 학술, 예술, 재능, 영감, 마음대로 행동**

합리적이고 유머적인 발상감각이 뛰어난 실천파로 어떠한 어려운 환경에 놓여도 선천적인 인망과 인덕이 있어 어려운 환경을 무사히 넘길 수 있고 부분적인 환경 불안요소를 제거함으로 정신적 안정도 찾게 된다.

열하기 쉽고 냉하기 쉬운 변덕스러운 이질면이 자신에게 모처럼 주어진 장점을 살릴 수 있는 기회를 소멸시키는 일도 생기기 쉽지만, 이러한 약점을 본인이 사전에 알아내고 잘 조절하고 그릇된 점을 고쳐나간다면 장래성이 유망한 인물이 된다는 것은 의심할 여지가 없을 것이다.

젊어서부터 필요 이상 동분서주 분주한 나날이 계속되고 분주한 만큼의 노력과 바라는 실리, 이득은 별로 따라주지 않고 욕구에 충족하지 못한 만큼의 불평불만 비판력이 생길 때는 일이 잘 풀리지 않다가 낙관적인 대처방안에 임하는 연령이 될 때부터 점차 개운의 운기가 감돌게 된다.

좋고 싫은 것이 분명하여 타협하는 데 상당히 힘들지만 먹는 것에는 인색하나 모양, 멋, 가시적으로 꾸미는 곳에는 금전을 아끼지 않으며 취미적인 일, 유예적인 일, 주색잡기 등에 마음이 끌리기 쉬워진다.

무엇보다 주어진 영역을 견고하게 지키고 살아가기 바라고 사람 살아가는 경영이 서툴러 겉치레한 농담이나 말 표현이 잘 할 수 없지만 어쩌다가 힘들여 말한 말은 비판이나 트집 대드는 언사로 주변에게 받아들여 소외되는 일도 많이 생기게 된다.

어떠한 형태가 되었든 사람 따라 한 곳에 정착하기 힘든 사람 많고, 일방적인 본인 사고방식으로 판단하고 결정을 내리는 일이 많으며 풍류 생활에 낭만적인 일이 가득하며 특히 사회 봉사 활동, 교육 분야, 공무원, 지도 분야에 종사하는 사람이 많고, 본인의 뜻에 따라 주지 않으면 반 억압 형태로 굴복시키려 하여 주변 이목을 끌어들이려는 고집이 있다.

여성은 내실이 있는 남편감보다 외양이 남에게 뒤떨어지지 않고, 풍부한 경제력에 재산과 지위가 있어야만 자신이 만족하고 남편이 본인의 욕구에 만족시켜주지 못할 때는 어떠한 조건이 되었든 그 결혼생활은 얼마 못가서 균열이 생기게 될 것이다.

대인 거래관계 있어서도 일단 곤경에 몰리게 되면 임기응변으로 그 순간을 피하려고 변명하는 일이 많고, 꼬이면 때를 기다려야지 피하려면 할수록 고난과 갈등이 많아지고 주변사람의 도움도 얻어내는 데 힘드므로 낙관적으로 시간을 갖고 기다리는 것이 현명하다.

성미가 까다로워 싫으면 끝까지 싫고 본인의 마음에 들면 손해를 보면서 헌신적으로 돌봐주는 근성 있고 사람 따라 가정을 돌보지 않고 밖에 일에 열중하여 자연 남편이 싫어하는 경우도 생기게 된다.

※ 일주 다음에 년주

⑲ 壬午

●고독, 영감, 대성, 재력 잡아도 놓친다

속박을 싫어하고 일견 무모의 즉흥적이며 개방된 행동력이 조화를 갖게 되면 직감력으로 대처하는 능력이 발달되어 육체적 운동신경이 민감하게 작용되므로 어떠한 운동이 되었든 만능선수의 자질을 유감없이 발휘하게 되어 젊었을 때부터 주변사람의 이목을 끌어올리므로 운동선수로서 유감없는 실력이 발휘하게 될 것이다.

스포츠의 의외의 부분에서도 지나칠 정도 요령이 좋고 돌아가는 기선이 빨라 주변 흐름과 정세에 개의치 않고, 본인 소신껏 밀어붙여 일시적인 주변사람의 반박은 받을 수 있지만 그 어려운 세파를 잘 넘겨 큰 결실을 얻어내는 저력도 갖고 있다.

맑은 물이 용솟음치는 완벽주의자로 현실을 직시하고 실수 없는 개운을 유도하게 되지만, 때에 따라선 인생 욕구가 뜻대로 잘 안 될 때는 투덜대는 버릇이 남보다 심하여 또한 자신의 비위에 맞지 않으면 상대를 신랄하게 비판을 가하여 상처를 주고 이러한 일에 스트레스가 가중되면 술로써 위안을 풀려 한다.

취미로는 일류를 선호하여 자신의 상대도 일류급을 바라게 되지만 의외로 뜻대로 잘 되지 않는 반면 소박하고, 잔꾀가 많으며, 이 사람이 선의든 악의든 대수롭게 여기지 않고, 말한 말이 재앙과 마찰이 일어나고 심지어 시집과 친정 사이의 험담이 불화로 이어져 나가게 된다.

무엇보다 무대 뒤에 쳐져 있는 것을 제일 싫어하고 보수적 권위의식이 강하며, 모든 일에 대해서는 독자적인 철저한 창의력을 개발하여 명성과 행운을 잡게 되고 배우자를 중요하게 여긴다.
남을 믿지 못하는 의구심 많고, 때로는 과욕과 독선적인 면모로 말로만 거창한 일 많으며, 또한 가만히 앉아 편히 살기 바라는 태만과 유흥에 휘말려 흥청대가다 잡았던 재력을 놓치게 된다.
오직 허황된 꿈은 버리고 한 일에 집념하게 되면 성공은 무난하고 어떠한 어려운 일에 직면하여도 임기응변의 처리 재간이 뛰어나 주변사람들로부터 비위 좋은 사람으로 취급된다.
여성은 가정적으로 보이지만 가정과의 인연이 별로 없고, 연애관계에서도 별 흥미로운 점은 발견할 수 없고, 오직 변함없는 가정의 모범상이다.
집안 가구 살림 일체 역시 완벽하기 바라는 탓으로 자연 쓸데없는 마찰이 생기게 되고, 젊은 여성의 꿈으로는 포용력 있고 재력도 있는 완벽하고 일류급인 남성을 바라게 되지만 이러한 꿈이 이루어지기 힘들므로 오직 자신과의 상성 관계(궁합) 맞추는데 신경을 써야만 행운을 보장받을 수 있다.

※ 일주 다음에 년주

⑳ 癸未

● 인정, 외유내강, 명인, 후계자의 역할

속박을 싫어하는 행동파로 부드럽고 명랑하며 인정과 포용력이 있어 주변사람이 알게 되면 친근감 때문에 많은 사람이 좋아하는 형이다.

어떠한 장소가 되었든 분수에 알맞은 출세는 가능하겠지만 대인관계, 거래관계 등 물심면의 융합이 잘 이루어질 수 없어 자영사업에는 신경을 많이 쓰이게 되고, 또한 독자적인 진가를 발휘하는 데 어려움이 많다.

때로는 본인의 지모가 최고인 줄 알고 자만하기 쉬워지며 몸은 한가로워도 마음속은 분주하고 한평생 식록이 풍족하며 인석, 재복을 겸비한 운이 있고, 어떠한 형편이 되었든 주변에게 인덕을 베풀어야 할 형편이 많이 생겨 간혹 인정을 베풀다가 이성에게 말려들어 후회하는 일도 생기게 된다.

대망을 사로잡는 꿈이 크고 대중을 사로잡는 감동적인 일, 본인의 적성에 맞는 취미 있는 일, 사람에게 앞으로 나갈 수 있는 지표를 알려줄 수 있는 일에 종사하게 되면 무엇보다 감성이 좋아 본인의 천분을 십분 발휘할 수 있게 될 것이다.

무엇보다 모든 일은 본인 뜻대로 밀고 나가려는 의욕이 강하여 어떠한 어려운 난관에 봉착하여도 완강히 반항하는 고집으로 이겨 나갈 것이고 이 사람의 운세 흐름은 급진적인 변화보다 점진적으로 계단을 쌓아올리는 노력의 결실이 축적되는 운세이며 육친, 형제지간에 인연이 박하고 또한 인덕 역시 없다.

사람 따라 지성파에 문필, 사업계획을 세우는 데 뛰어난 재간이 있으며 주는 것보다 받기 바라고, 약삭빠른 손익계산을 최우선으로 생각하는 경향 때문에 허리띠를 졸라매는 궁상맞은 면이 있으며 직감력에 임기응변, 화술이 뛰어나고, 어떠한 평이든 금전, 일류 메이커, 유무로서 인격을 평가하기도 한다.

여성은 남성보다 강한 근성이 있고 인정이 많은 반면 배짱 좋고 고집스러우며, 이 사람에게 중요한 것은 성급하게 서두르면 불리하고 순리 따라 일에 임하면 뜻이 이루어지며 후계역이 된다.

대수롭지 않은 말이 화근이 되어 재앙이 닥치고 신의를 잃게 되며, 선의든 악의든 말로서 문제 일어나고, 이 사람이 상대 험담을 하게 되면 어떠한 경로를 통하든지 그 험담이 상대에게 전달되어 고부간의 불화, 시집, 친정 사이에 불화가 생기기 쉬워진다.

어수룩하면서 앙큼한 데가 있고 고상한 외면과 자신이 바라는 돈과 명예 있는 배우자와의 결합 운이 희박하며 놀 때는 놀고, 가정은 가정이란 신조 아래 자신의 직분을 수호하게 된다.

※ 일주 다음에 년주

2

금기성(金氣星)

태어난 : 일주공망(日柱空亡)

신유(申酉)…공망자

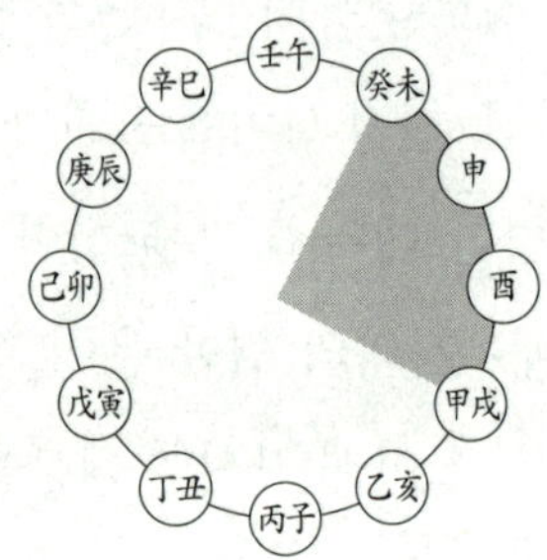

(1) **성격, 성장**(속박을 싫어하는 밝은 행동력, 자유주의자!)

행동이 어떠한 환경에 구애 없이, 밝고 자유롭고 합리적으로 살아가기 바라며 타당하지 않는 일이나 오래 묵은 풍습, 전통, 미신 등을 믿으려 하지 않는다.

'일견 무모' 의 지능계수가 발달되어 하나를 보면 열을 알 수 있는 눈과 귀가 있어 어떠한 일이든 생각나면 즉흥적인 행동으로 연결된다.

또한 주변정세 흐름에 민감하고 유행에 대한 변화를 잘 감지하여 억지를 무릅쓰고 벌인 일이 의외로 좋은 성과와 요행운을 가져와 성공의 기반을 잡는 일도 생긴다.

어떠한 형태 간에 실리를 맺는 참신한 발상과 실행력이 뛰어나며 현대적인 센스와 유행에도 민감하여 개성에 맞는 멋을 추구하고 남보다 앞서나가고 서두르는 버릇이 남이 볼 때 경박하게 보일 때도 있다.

어떠한 일이라도 하려는 의욕에 하루종일 집에서 가만히 앉아 있을 수 없고, 정신적 왕성한 호기심으로 덤벙대는 일이 많으며, 일에 대한 대비책도 없으면서 오직 성공한다는 일념으로 일을 벌이다가 좌절하는 경우가 많다.

특히 몸을 움직이는 운동신경이 발달된 사람과 두뇌가 발달된 사람으로 구분되지만 대개 스포츠에 취미가 많아 운동선수가 많은 것도 한 예로 볼 수 있다.

생년이 양간인 ⊕은 천성이 밝고 분방하여 밝은 유머로 항상 주위에 웃음을 주게 되고, 생년이 음간인 ⊖은 주변 환경, 때와 장소 따라 주위로부터 반감을 사는 일도 생긴다.

때로는 덤벙되어 불안정하고 신중성이 없어 경솔한 사람으로 취급되는 일이 많겠지만 일을 지능적으로 속전속결 처리하는 능력은 어떠한 사람도 따를 수가 없으니 현대 사회에서는 없어서는 안 될 중요한 위치를 차지할 수 있다.

어떠한 경우에는 본인이 하고 있는 일을 남이 따라오지 못하면 멸시하는 버릇이 있고, 여러 사람이 모인 가운데 일이 풀리지 않고 시간을 다투게 될 때 몸소 선두에 나서서 고하를 막론하고 행동으로 일을 밀어붙여 일의 성과는 기대할 수 있지만 그에 따른 부작용도 많이 받게 된다.

무엇보다 정보, 유행에 민감하고 어떠한 일이든 주어진 책임감과 수행 능력이 뛰어나며 사항에 따라 용감하고 의협심이 강하며 지도층에 오르면 조직체를 움직이는 능력은 부족하지만 그 조직체를 성장하기 위해서는 남을 믿을 수 있는 권한위양에 성패가 좌우되는 일이 많이 생기므로 재심, 상생에 맞는 인선 문제가 성패 존립의 열쇠가 된다.

어린 시절에는 놀기를 좋아하고 모양을 잘내서 이성으로부터 많은 유혹을 받게 되고, 유혹을 받으면 인정이 많아 뿌리칠 수 없다.

여식은 본인을 알기 이전에 출가시키는 것이 본인을 위해서 현명하고 만일 출가가 늦어지면 늙으신 부모를 버리고 생가를 떠나간다는 것이 매우 안쓰럽고 죄송하여 친정의 가계를 살리다보니 자연 만혼되기 쉬워진다.

이러한 여식이 일단 출가를 하게 되면 시집을 위하고 남편을 위하여 헌신적이 되고, 가족간의 화목은 물론 고부간의 화합에 더욱 신경을 써서 가정 발전에 기여하는 공이 크다.

어릴 때부터 속박을 싫어하고 자유로운 행동을 즐기며 덤벙대는 행동력이 하는 일마다 책임 없고 불안정하게 보이지만 본인 스스로는 목표를 세워 착실한 전진을 시도하고 있는 것이다.

부모가 바라는 욕구에 맞도록 키우고 싶지만 부모 뜻에 잘 따라주지 않는 자녀가 되고, 이러한 자녀는 누가 이래라 저래라 하는 것보다 자신의 가는 길이나 직업은 자신 스스로가 선택하는 것이 통례가 된다.

어떠한 환경에서도 사람으로서 먹고 살 수 있는 재능은 스스로가 개척하는 저력을 갖고 있으며, 이러한 자녀를 잘 키우기 위해서는 무엇보다 부자간의 친밀한 대화가 필요하고 어떠한 실수를 범하였다 하더라도 용기와 신념을 넣어 주어야 한다.

사소한 일이라도 선도의 길을 걸었으면 칭찬을 아끼지 않고 독려해 주면 본질적인 전진에 용기가 솟아나 어떠한 형태가 되었든 그 위력은 대단한 힘을 발휘하게 되고, 주변 환경과 싸워 나가면서 타협하고 쓴 고배의 잔을 마셔가면서 자유로이 뻗어나가게 될 것이다.

점진적으로 자라나면 합리적인 행동파로 사리에 맞지 않으면 행동하지 않지만 무엇보다 속박을 싫어하는 자유파로 사소한 실수도 합리화시키기 위하여 말이 많아진다.

어떠한 일이든 왕성한 호기심에 일견 무모한 즉흥적인 속단으로 급진적인 변화에는 상당한 효과가 있지만 신중함이 필요한 일에는 좌절이 많은 것이 특징이다.

풍습 관례를 무시하고 사회로부터 소외 받는 것을 싫어하는 활동가로 자유를 사랑하며 인간미가 넘치는 인정 있는 사람으로 정열적인 힘이 넘치는 사람이다.

이 사람의 성공 비결은 한발 앞서는 것보다 한발 뒤로 물러서서 신중하게 생각하고 행동에 옮기면 반드시 이루어진다.

(2) 가정, 결혼운

어떠한 속박도 받기 싫어하고 행동력이 있어 결혼하게 되면 여성이라도 가정이란 틀에 얽매여 살아가기보다는 남편과 같이 직장인으로서 가계를 도우려 하며 상호간에 불간섭 원칙을 존중하고, 연인 형식으로 사귀어 나가기를 바라게 된다.

결혼은 상대 형편을 심사숙고하여 분석하고 결정하는 것이 아니라 오랜 기간 교제하고 사귀어 왔으므로 주변 체면으로 어쩔 수 없이 결혼하는 경우가 있다.

또한 만나자마자 전광석화 같은 사랑의 열정이 불타올라 즉흥적으로 앞뒤를 가리지 않고 결혼하는 극단적인 형으로 구분할 수 있다.

특히 금기성을 갖는 상대와 결혼하기 바라는 사람은 어떠한 모양이든 상대를 자극하는 행동은 금해야 되고, 또한 상대의 능력평가나 가문, 학력, 재력 등은 완전히 무시하고 오직 사람 하나만 믿고 결혼하여야 할 것이다.

또한 마음에 있으면서 말 못하는 것이 금기성으로 이때는 강인하게 밀어붙여 결혼하게 되면 좋고, 일단 결혼하면 어떠한 모양이 되었든 보수성향은 버리려 하고 항상 속박을 주지 않는 친구, 연인 관계와 같이 서로를 위하는 생활 양상이 행복으로 발전된다.

여성은 23세 이내에 결혼하지 않으면 만혼되기 쉽고, 가부를 막론하고 생가를 떠나기 어렵고, 결혼 후에도 생가의 말을 잘 듣는 것이 특징이다.

때로는 심각한 일도 별반 신경을 안 쓰고 행동으로 옮김으로써 일이 안 될 때는 경박한 평을 받게 된다. 모든 일처리를 본인 기준하여 생각함으로써 남을 간단히 믿었다가 피해보기 쉽고, 본인 뜻에 맞지 않을 때는 경멸하게 된다.

■ ⊕ 양간년생은

양기로 주변 뜻을 즐겁게 받아들이고 사로잡는 매력이 있어 신뢰성이 두터워 질 수 있다.

■ ⊖ 음간년생은

밝은 천성이 오히려 주변으로부터 반감을 사기 쉬우니 행동과 자제가 필요하다.

- 甲戌 : 여성은 날카롭고, 세심하여 독창적인 창의력에 의한 예술을 개척해낸다.
- 丙子 : 처녀 시절은 놀기 좋아했다가 결혼 후에는 헌신적인 가정봉사와 내조의 공을 아끼지 않는다.
- 丁丑 : 반사적인 예민한 행동력이 있어 만능 스포츠 선수가 많은 것이 특징이다.
- 戊寅 : 인정이 많아 주변사람을 잘 돌봐주고 어떠한 모임, 계 등에서는 자연 중심인물이 된다.
- 庚辰 : 의외로 요행운이 있고, 얌전하며 자신력이 있는 현모양처형이다.
- 辛巳 : 상대의 명예와 재력을 보고 결혼하기 쉽고, 이러한 조건이 성립되지 않으면 불안하다.
- 壬午 : 보기에는 가정적으로 보이는 사람이 많지만 주부, 연인관계에 있어서 변심하기 쉬워지므로 착실한 여인상이 아쉽다.
- 癸未 : 어떠한 일에든 손을 대면 끝까지 밀고 나가는 저력과 근

성이 강한 여인상이다.

(3) 연애, 섹스운

자유로운 이성교제 · 사랑 · 섹스 · 놀기를 좋아하는 본질이라 어떠한 모양이든 본인의 마음에 드는 이성 간에 얽힘에 따라 즐거운 열기가 좌우되는 일이 많아지고, 또한 호기심이 대단하여 결혼이란 형식적인 가치관에는 별로 관심이 없고 오직 자유로운 연애로 많은 이성 간에 섹스교제를 즐기기 바란다.

이성이 그리워지면 결혼한 기혼자라 할지라도 상대를 구하게 되고, 연애 교제 중에 상호간 의사소통이 잘 안 되고 감정이 얽히게 되면 일방적으로 단념하는 일도 빠르다.

본인의 마음에는 즐거운 이성 상대로서는 인생 경험이 풍부하고 섹스 기교에 풍부한 연상의 이성 성립이 많이 이루어지며, 섹스는 본인도 쾌락을 즐기고 상대에게도 쾌락을 줄 수 있는 남녀 간의 하나의 스포츠로 오직 미련 없이 주는 것으로 외국에서도 'give and take'로 이상적인 남녀교제상을 뜻한다.

이러기에 분방한 섹스를 즐기기 위하여 대낮에도 수치심 없이 섹스를 위한 호텔을 찾는 남녀가 많으며, 또한 생년이 양간 ⊕인 남성은 즐거운 쾌락을 맛보기 위하여 섹스 체위를 이리저리 바꿔 가며 상대에게 환희의 절정감을 주고 자신도 육체의 만족을 채운다.

■⊕ **여성은** 본인의 쾌락을 위하여 노골적으로 달라붙어 상대를 어리둥절 놀래키는 일도 생기게 되므로 여성의 무기인 수치심

의 묘를 살리게 되면 더욱 남성을 사로잡는 무기가 된다.

■⊖ **남녀는** 이성교제도 은근한 시작으로부터 발열이 가중되고, 형식적인 섹스 교제보다 화끈한 성교제로써 쾌락에 혼열을 올린다.

(4) 재운, 직장운

"외유내강" 외면으로 볼 때 돈벌이가 잘 되는 것 같이 보이지만 내강하여 돈의 맥을 본인이 끊게 되므로 돈이 남아나지 않으며 이 사람의 재운은 '돈은 돌고 도는 것' 으로 생각함으로 돈이 없으면 어떠한 경로를 통해서라도 돈이 들어오는 운이다.

어떻든 먹고 살아가는 데는 별 어려움이 없는 행운이 있으며, 어떤 일이든 내근 · 내부에서 일하는 일보다 본인의 행동을 필요로 하는 움직이는 육체적인 일이나 창의력을 필요로 하는 정신적인 일에 수입이 보장 받을 수 있다.

일시적인 수입원이 좋아 상당한 금액을 저축하였다 하더라도 일정한 한도량에 접하게 되면 이상하게 어떠한 환경변화 · 사정 · 사건 · 이유 등 불가피한 사정으로 돈을 지출하여야만 할 형편이 생기게 된다.

돈을 벌어들이면 벌어들인 만큼 써야 하고 쓰게 되면 또다시 수입원을 약속받을 수 있는 재운이라 일시적인 수입이 생기면 토지 · 부동산 등에 묻어 놓으면 유리한 결과가 생긴다.

예민한 감성에 미적인 센스가 좋아 예술 분야로서는 예기 · 화가 · 디자이너 · 패션 분야로서 성공자가 많고 개성 복장, 솔직한 실천(아이디어)을 개발하여 성공하는 예도 적지 않다.

어떻든 참신한 시대적 기획을 세우는 데 뛰어나고 또한 외교를 필요로 하는 영업 외교 수완이 뛰어나다.

화려한 멋을 행동으로 옮겨나갈 수 있는 일로 사람들이 부러워하는 직업 · 어려운 사람에게 꿈을 실현화시켜 줄 수 있는 일 신문 · 영화 · 스포츠 · 경찰관 · 사법부 · 의사 · 교사 등 경찰관이라도 눈에 잘 나타나는 교통순경에 좋다.

■ 금기성(申酉공망) 12지(월운) 조견표

지운	인(寅)	묘(卯)	진(辰)	사(巳)	오(午)	미(未)	신(申)	유(酉)	술(戌)	해(亥)	자(子)	축(丑)
월운	음력 1월	2월	3월	4월	5월	6월	7월	8월	9월	10월	11월	12월
양년생 ⊕	달기	란기	회기	재기	안기	음기	정기	감기	종기	생기	화기	약기
음년생 ⊖	약기	달기	란기	회기	재기	안기	음기	정기	감기	종기	생기	화기

※ 금기성(申酉공망일)생으로서 申년 酉년에 태어난 사람을 영합공망인(靈合空亡人)이라 부르고 아래와 같이 해석한다.

(층)관계, 양면운 寅월의 ⊕달기, 寅의 충은 申월 정기, 목적이 달성돼도 운기는 침체 ⊖은 寅월에 약기, 申월이 음기, 더욱 건강 피로가 겹친다.

(5) 영합(靈合) 금기성(金氣星)

금기성은 민첩(敏捷)한 행동력 때문에 한마디로 '스피드', 재빨리 유행을 받아들이고, 자유분방(自由奔放)하면서 합리주의자(合理主義者)라 묵은 인습(因習)에 얽매이거나 타당성이 없고 직감(直感)에 맞지 않는 일에는 손대기 싫어한다.

이러한 면이 남의 말을 듣지 않는 완고(頑固)한 고집(固執)으로 보여 금기성의 매력(魅力)의 한 원인으로 보이기도 한다.

한 곳에 가만히 있지 못하고 매사 서두르는 버릇 있고, 때로는 경솔한 행동을 서슴지 않으므로 주변에게 주는 피해는 고의든 임의든 많은 피해를 주게 된다.

금기성의 대충(對冲)은, 정반대(正反對)인 목기성의 양면성(兩面性)을 갖게 된다.

목기성은 착실하게 한 걸음, 두 걸음 노력하는 이성형(理性型)으로 어떠한 일이나 행동을 옮길 때는 매사 앞뒤를 신중하게 살피고 또 살피게 되므로 주변에서 볼 때는 지나친 완고형으로 보게 된다.

한편 지나친 우유부단(優柔不斷) 때문에 주어진 좋은 찬스도 놓치기 쉬운 일면이 있지만, 어디까지나 금기성의 영합이기 때문에 금기성이 우선이 되므로 금기성의 경솔한 행동이나 서두는 버릇과 덤벙대는 버릇에는 목기성의 일면이 커버된다.

즉흥적인 행동력에 일단 제동이 걸리게 되고, 사전 일에 대한 계획성을 신중히 검토하게 될 것이고, 다만 금기성의 자유주의적 사고력과 이성일변도(理性一邊倒)의 혼동(混動)으로 즉흥적인 판단력은 둔화되고, 우유부단해져 주변을 지도하는 힘이 약해지니 어떠한 목적(여행지, 학교, 직종) 결론을 내리는 데 힘이 들것이다.

본래 틀에 매여 살기보다 분방(奔放)된 생활을 좋아하는 금기성에, 내면의 신중성이 말이나 행동력에 제제를 가중함으로서 종종 모순된 언동이나 주변을 곤혹스럽게 만들어 놓기도 하며 주변에서는 '무엇을 생각하고 있는…' 인상을 주게 된다.

금기성의 '스피드와 실행력'이 최선의 매력인데 비하여 목기성의 '신중성과 끈기 절묘한' 배려가 증폭되면 멋지고도 올바른 좋은 결실을 얻어내는 좋은 찬스가 많이 생긴다.

여성이라면 일생을 좌우하는 연애, 결혼상대로는 최상의 신랑감을 만나는 운세로 주변의 부러움을 한 몸에 받는 행운이 기다리고 있다.

■ 금기성의 영합, ⊕ 申년생, ⊖ 酉년생

● 신(申) : 로또 대박운 있고, 사랑하는 가족, 나의 자식과 더불어 즐거운 나의 집을…

❶ 불켠 담청운은 사(巳)년 5월에 금전 횡재운이 최고조, 길 방위를 이용하여 구입하면 좋고, 매사 착실하여 금전관리나 저축, 금융 취급, 경리직이 좋을 것이다.

❷ 철저한 규율도 잘 참아내고 이겨내는 인내력이 있으며, 수리분야 · 정보통신분야, 광고, 음식 분야에도 처음은 어려우나 시간이 갈수록 발전될 것이다.

❸ 대인 교제관계, 물질 거래관계의 고민, 어려운 일에는 분별있는 판단력으로 일에 휘말리는 일이 없도록 속성 처리하는 것이 손실을 막는 길이 된다.

❹ 이상적인 부부관계로 자식을 사랑하고 상대를 만족시키는 테크닉이 좋으며 액세서리 금속관계의 일, 한 일에 집중하

면 성공이 가능하다.

● 기분전환을 위하여 북 방위를 산책, 등산하면 좋다.

말 잘하고 기전이 빠르며 몇 시간 같이 대화하여도 싫증을 느낄 수 없는 상대로서 상대를 추켜주면서 동조하면 정신을 못 차리며 유혹에 빠져 실패하는 일이 생기기 쉽다.

유행에 민감한 낙천가로 20대부터 출세할 수 있는 좋은 찬스를 맞게 되지만 이에 만족하지 않고 차원 높은 꿈을 향하여 전진하게 된다.

어떻든 현실의 기쁨보다 정신적인 기쁨에 사로잡히고, 실리보다 꿈과 신비를 좇아 현실에 맞지 않는 고독의 경지로 떠나가는 사람이 많다.

이러한 자신의 꿈이 깨져도 오기와 갈등이 도리어 알찬 알곡으로 성장하는 일이 많고, 풍족한 사람이 많은 것이 특징이다.

대략 어릴 때는 상식 밖의 일을 서슴없이 해치워 변인 취급받기 쉽고, 노는 데는 어떠한 구애도 받지 않고 행동에 옮길 수 있으며, 권모술수가 능하여 남을 코너로 몰아 비난의 대상이 되기 쉬우니 매사 조심하여야 한다.

● 유(酉) : 뱃장 좋고, 출세, 가정이 좋든지 험악하든지 양면성 강운!

❶ 리더십 있어 이 세상에 어떠한 형태든 이름을 남기며, 자신의 재능을 믿고 최대한으로 발굴해야 개화된다.

❷ 인간성에 매혹되어 자연 많은 사람이 모여들지만 관리를 잘하여야 하고, 죽고 싶은 격차와 침착성 없이 덤벙대는 모순

때문에 신용 잃으며 말 실수는 구설, 일에는 음모와 배신이 뒤 따른다.

❸ 건실하게 일을 성공시키려고 신(申)년 8월에 변화를 일으키려 하지만 일으키면 지금까지의 공적은 산산이 무너지기 쉬우니 돌아오는 해(亥)년까지 기다려야 한다.

❹ 될 수 있는 한 금전관리는 피해야 하고, '이성과 파트너' 관계를 존중하게 처리하면 어른 대접을 받게 되며 편두선, 구공병에 조심하여야 하고, 지나친 큰 소리는 삼가야 한다.

● **일이 잘 풀리지 않고 금전이 필요할 때는 남 방위를 산책, 등산하면 이루어진다.**

영리한 직감력으로 주변사람에게 서비스를 잘하여 기쁨을 주게 되어 많은 사람이 좋아하고 따르며 특히 여성은 속으로 신경 쓰는 일이 많이 생기게 되지만 항상 부드러운 얼굴로 무드를 유지하는 미인형이라 서민적 결혼 상대로서는 최고형이라 볼 수 있다.

현실적인 기쁨보다 정신적인 기쁨에 사로잡히고 실리보다 꿈과 신비를 좇아 현실에 맞지 않는 고독의 경지로 떠나가는 사람이 많다.

이러한 자신의 꿈이 깨져도 오기와 갈등이 도리어 알찬 알곡으로 성장하는 일이 많고, 풍족한 사람이 많은 것이 특징이다.

대략 어릴 때는 상식 밖의 일을 서슴없이 해치워 변인 취급받기 쉽고, 노는 데는 어떠한 구애도 받지 않고 행동에 옮길 수 있으며, 권모술수로 남을 코너로 몰아 비난의 대상이 되기 쉬우니 매사 조심하여야 한다.

(6) **신유공망**(申酉空亡)

■ 간섭을 받는 일, 속박받기를 싫어하는 자유분방자로 합리적이고 타당성 있는 일을 선호하지만 옛 전통풍습, 좋고, 미신을 잘 받아들이는 데 힘들고 요령이 좋다.

■ 하나 보면 '일견 무모' 눈치 빠르고, 생각나면 즉석에서 결정짓고 행동함으로 때로는 의외의 요행운, 불행운이 교차되며 '신유공망'에는 유행에 민감하고 운동신경 발달형과 머리 좋은 천재형으로 구분한다.

■ 본인의 뛰어난 재간과 실력을 따라오지 못하면 경시 또는 무시하는 버릇이 없고, 주변에서 하고 있는 일이 윗사람이 보는 앞에서 일이 침체되고 일의 진전이 잘 풀리지 않을 때는 진두의 앞장에 서선 밀어붙이기 작전으로 일은 성사되지만 이로 인한 후유증 또는 나쁜 부작용을 독차지한다.

■ 책임감이 강하고 수행능력이 뛰어나며, 의협심과 용감함은 좋으나 두령이 될 수 있는 일에는 힘이 약하고, 또한 자신이 하고 있는 일에는 자신의 능력에 미치지 못하여 '권리이양' 일을 남에게 맡기지 못하는 특징이 있다. 사장 아닌 보좌역으로 배우자, 가정에 안주하기 힘들다.

■ 덤벙대는 버릇 때문에 신뢰성 없게 보이고, 여성은 23세의 혼기를 놓치면 친정어머니 때문에 형제 학비 조달 때문에 결혼이 늦어지며, 결혼하면 시집 식구, 고부 화합, 대화가 잘 이루어진다.

●금기성⊕ 결합하여 계획할 수 있는 상대이지만 결단력이 필요한 상대!

자(子)년월 : 자년생과 결합하면 그 순간부터 행운이 개화될 수 있는 상대로 애정 · 경제 등이 인정되고 행복을 약속받을 수 있지만 자년생의 우물쭈물하는 고민을 어떻게 요리하는가에 따라 가정이 좌우된다.

자년생의 유연성과 사교 수완이 왕성한 모험심과 호기심이 연합되면 어떠한 형태가 되었든 공감대가 생기고, 하는 일마다 신선감이 넘치며 상대에게 웬만한 자극과 싫증을 주어도 이해하고 넘어갈 수 있는 상대가 된다.

열애는 좌절이 오고 이때는 의욕적인 계획에 도전할 수 있는 기회가 되며, 경제면에서도 재운과 연결시킬 수 있는 좋은 기회가 되지만 정도를 벗어난 부도덕적인 행위 · 타인에게 피해 · 불신 등은 자신의 번뇌와 고민을 면하기 어려워지게 될 것이다.

●금기성⊖ 상호간에 성장할 수 있는 상대가 되지만 분명성 없으면 고려할 상대!

자(子)년월 : 우물쭈물 우유부단한 자년생의 답을 얻어내는데 무척 애를 먹게 되고, 천성이 자유롭고 합리적이라 본인이 볼 때 "만나 봤자 별 볼일…"이란 감을 받게 된다.

다만 인간적인 결합, 사업상의 결합으로서는 성장할 수 있는 상대가 되지만 결혼 상대로서는 우물쭈물하는 우유부단 때문에 본인 뜻을 펼 수가 없는 불리한 상대가 된다.

어떠한 조건이 되었든 본인에게 유리한 조건과 폭이 넓은 조류가 시작되지만 우선 설마한 곳에 경계의 대상이 되고, 어떠한 진출에도 신선성과 신뢰성을 위주로 하면 무한한 발전이 기대된다.

●금기성⊕ 섹스에 말려들면 불행을 자초하여야 할 상대!

축(丑)년월 : 속박을 싫어하는 본인과 자기주장만 옳다고 밀어붙이는 상대에게 양손을 드는 경우 많으며 처음에는 좋은 상대로 보이지만 교제할수록 독선적인 행동이 싫어진다.

육체관계를 맺게 되면 뛰어난 스테미너 · 테크닉 · 섹스의 노예로 자신의 위치를 잃고 질질 끌려다니기 쉽고 특히 기혼자의 불륜관계가 성립되면 걷잡을 수 없는 환경에 말려들게 된다.

육체적인 이상 변화로 애정이 그리워지고 피로 · 병난 · 재난 사고 등등 본인 실수와 유혹 손실, 망신수에 걸리게 되며 이때는 쓸데없는 말도 구설수에 오르는 것이 특징이다.

●금기성⊖ 아무리 싫다 하더라도 좋은 말, 조건 · 거래를 제공하는 상대!

축(丑)년월 : 둔하면서 끈기 있는 인내력이 작용하여 자기주장대로 밀고 나가려는 결점이 본인으로서는 즉흥적이라 하는 일마다 답답하게 보여진다.

이러한 본인의 즉흥적인 행동력을 이해해 주고 포용력을 가지고 감싸주는 인간적 매력에 시간이 갈수록 사로잡혀 마음이 끌리게 된다.

★ 이때의 방침변화는 앞으로 살아 나가는 데 의욕적인 일, 재운에 관한 큰 연결요소가 되며, 어떠한 일이 되었든 정도에 맞는 일을 시작하면 후원자가 생겨 용솟음치듯이 모든 사업이 번창하게 된다.

●금기성⊕ 결점을 감싸주고 서로 도와가는 이상적인 좋은 상대!

인(寅)년월 : 재력에 개의치 않고 본인의 페이스로 끌어 나가는 寅년생. 즉흥적인 행동에 덤벙대는 본인의 약점을 상호간에 원만하게 해결지며 다소간에 경제적인 어려움이 있어도 점진적인 성공으로 밝은 가정환경이 성립될 수 있을 것이다.

다만 인년생이라도 '화기성' 사람은 프라이드가 높고, 마음대로 감성에 따라 행동함으로 모양에 치중하게 되어 금전면의 산재가 많은 것이 특징이다.

★ 2년 전에 계획하고 실천해 온 일이나 목적을 달성할 수 있는 기회로 애정 · 결혼 · 가옥 구입 · 경제력 확장 등에 결실을 맺고, 개인적으로는 정신적 · 육체적인 만족을 얻을 수 있는 좋은 기회가 될 수 있다.

●금기성⊖ 일시적인 건강 해치지만 '가난 속에서도 행복한 나의 가정' 상대!

인(寅)년월 : 보기에는 얌전하지만 물러나지 않는 고집과 주장이 강하여 서로의 약점을 원만하게 커버해주므로 원만해질 수 있을 것이다. 결혼으로 건강을 상대에게 뺏기는 운으로 자식 출산과 더불어 병이 걸리는 사람 많고, 대인관계의 노이로제 · 위병 · 심장병 등 건강상의 해 또는 병 · 임신난의 암시가 있지만 가난 속에도 행복하고 밝은 웃음이 그치지 않고 자식을 사랑하는 가정상이 된다.

★ 어떠한 형태든 육체적인 문제 또는 신경을 써야만 될 일이 생기고 건강 · 애정 · 경제면의 어려움이 생기며 육체적인 혹사는 반드시 그 대가를 치러야 하고 때로는 망신살에 걸린다.

●금기성⊕ 임의대로 행동하는 상대는 본인에게 무거운 짐이 될 상대!

묘(卯)년월 : 자기 마음대로 밀어붙이고 임의대로 행동하는 묘년생과의 관계는 연애 시절에는 애교적인 감각으로 사랑스럽게 보이지만 결혼하면 이러한 면이 지나쳐 아연실색하게 되고 고통의 무거운 짐을 짊어진 느낌마저 들게 될 것이다.

결혼 전에는 전혀 느끼지 못한 감이 결혼 후에 '아차' 하는 경솔하게 결혼한 것을 후회한들 이미 때가 늦어 이혼하는 데도 힘들고 일생 후회를 면하기 어려워지든지 신경을 써가며 살아간다.

★ 고의든 임의든 정신적 장애요인이 도사리고 있고, 이때는 어떠한 일이 발생하면 훗날에 반드시 후회하고 고민해야 할 문제가 생기며, 일에 대한 집념에 뜻하지 않는 정신적 스트레스만 더욱 가중될 것이다.

●금기성⊖ 행복한 만족에 도취할 수 있는 귀중한 상대!

묘(卯)년월 : 사업, 동업관계에 있어서 묘년생의 지혜를 얻어낼 수 있다면 본인의 바라는 목적에 큰 힘이 될 수 있을 것이며, 결혼 상대로서는 행복하고 만족을 줄 수 있는 귀중한 상대가 된다.

결혼운에 기대를 걸지 않는 본인이지만 묘년생을 만남으로 성의껏 감싸주고 돌봐주는 포용력에 '결혼이란 이렇게 만족하고 행복한 것인지 몰랐다.' 라는 감탄사가 터져 나올 것이다.

정신적으로 계획하고 실천해온 일이나 목적하는 일은 달성되며 정신면을 존중하는 이점을 활용하게 되면 더욱 공감대를 얻어내며 무한한 발전과 원만한 환경이나 거래 등으로 유리한 변모가 생길 수 있을 것이다.

●금기성⊕ 결혼 후 자식을 낳으면 자식을 소중히 여기는 상대!

진(辰)년월 : 진년생과의 결혼은 일찍이 자식을 얻는 데 가정적 행복이 좌우되는 경우가 많다.

보수적인 진년생으로는 자식을 최대의 보람으로 생각하므로 자식만 곁에 있으면 당신이 밖에 나가서 어떠한 일을 한다 하더라도 문제 삼지 않을 것이며, 양인이 한 목표를 위하여 노력하게 되면 어떠한 관계가 되었든 큰 발전이 기대할 수 있을 것이다.

이러한 협력관계는 어떠한 난관에도 극복할 수 있는 힘이 있고, 그 힘은 증대되는 파워로 변한다.

지나간 대인관계로 인한 균열 상태를 회복할 수 있는 기회로 헤어졌던 애정 · 좌절되었든 일 · 중단 상태를 재정비하여 일에 착수할 수 있는 시기이고 정신적으로는 추억 · 반성 · 후회하는 일이 생기며 경제면으로는 재수정을 필요로 하는 일이 생기게 될 것이다.

●금기성⊖ 자식문제로 시종 언쟁이 그치지 않는 상대!

진(辰)년월 : 상호간에 천운, 지운이 좋지 않은 상대가 되므로 좋은 영향을 서로가 줄 수 없는 상태가 되므로 결혼을 원한다면 서로 호운이 들어가는 해를 선택해야 만약 운을 해소할 수 있을 것이다.

축복 속에 결혼하여도 결혼 후 자식이 생기면 자식으로 시종일관 대립되어 말썽이 많아지고 심지어는 이혼문제도 오고가고 사사건건 진년생의 과잉반응으로 충동이 일어나기 쉬워지므로 상대 입장을 생각하는 미덕이 아쉬워진다.

육체적인 면보다 정신적 불안정으로 마음을 놓을 수가 없어 일을 하다 보면 헷갈리는 실수가 많아지고 대인교제, 거래 사소한 의견충돌, 감정 대립 등이 많아져 도를 넘게 되면 파탄을 자초하기 쉽고, 감언 유혹 돌아오지 않는 대차관계, 손실, 망신수가 생기게 된다.

●금기성⊕ 연상의 사년생이라면 당연 도움주는 좋은 상대!

사(巳)년월 : 사년생의 운기는 만년운이라 나이가 들수록 운기가 개운되므로 될 수 있는 한 연상의 상대와 접촉하는 것이 사년생으로는 유리하다.

본인이 10, 20대의 젊은 나이에 있으면 사회적인 지위도 있고, 경제적인 여유를 가진 연상의 사년생을 만나게 되고 어떻게 되든지 뛰어오르기를 바라는 본인을 보살펴주기도 하고 격려해 가면서 포용력 있게 맞이해 줄 것이다.

어떠한 형태가 되었든 재운과 연관이 있고, 실리 · 상속 · 증여 · 주식 등에도 손익관계가 성립되며 독신자는 부유한 집안과의 혼사도 가능하고 이익을 얻으면 헤어짐도 생기지만 자신의 수리적인 지혜와 실력이 발휘할 수 있을 것이다.

●금기성㊀ 연하의 사년생이라면 답답하게 보이지만 섹스에는 만족감을 받을 수 있는 상대!

사(巳)년월 : 사년생이 연하라면 상대의 지나친 신중성과 꼼꼼한 것이 우둔하게 보여 하는 일마다 답답하게 보이면서 벽창호로 보이기 쉽다. 그러나 어떠한 일이 되었든 굴하지 않고 실력 이상 도전하여 끝을 맺는 저력이 있으며, 특히 섹스에서는 상대의 만족을 위하여 오랜 시간이 걸려도 끊임없는 애무와 유연성 있는 섹스로 상대의 만족을 위한 봉사를 아끼지 않는다.

일시적으로 막히고 어려웠던 일이 주변사람의 도움으로 희망을 찾을 수 있고, 본인의 행동에 따라 성취도의 대소는 달라지겠지만 잃었든 일에 대한 재회 · 추억 · 반성 · 경제면의 재수정 등 어떠한 형태가 되었든 생동감이 일어난다.

●금기성㊉ 이해력이 좋아 좋은 상대가 되지만 부부면서 부부 아닌 부부 관계!

오(午)년월 : 누구보다 오년생은 본인을 포용력 있게 이해해 주고 아껴줌으로써 양인 사이의 상성 관계는 좋지만 결혼 관계보다 상호간에 연애 관계 유지로 자유로운 사랑을 마음껏 즐기는 것이 현명하다. 왜냐하면 부부가 되면 이상하게도 상호간에 떨어져 살게 되든지 같이 살아도 부부답지 않은 관계 등 주변사람이 볼 때 남인지 부부인지 알쏭달쏭한 부부 상태가 된다.

주변 환경이 안정되고, 성숙하게 익어 가는 과일 맛을 보는 것과 같이 자연 그대로 때를 기다리며 취미와 적성에 맞는 일, 우연하게 만난 사람과의 혼사, 별로 생각 안 했던 승진 · 자격시험 · 재력 등이 의외로 얻어져 기쁨을 맛보게 된다.

●금기성㊀ 남녀, 선후배를 불문하고 금전운과 연관되는 상대!

오(午)**년월** : 어떠한 관계가 되었든 일생 동안 음양으로 금전운을 줄 수 있는 귀중한 존재가 되지만 재기에는 헤어짐이란 뜻이 있어 부득이한 환경의 헤어짐도 성립될 수 있게 된다.

만일 육친이 오년생이라면 금전 지원 또는 죽음(헤어짐)으로 상속을 받을 수 있고, 선후배 관계라면 동업으로 일확천금의 수익이 예상되며 연인 관계라면 원하는 섹스 욕구에 따라 만족을 줄 것이다.

주변 환경이 고의든 임의든 자신에게 유리한 조건이 성립되어 유산 · 증여 · 주식 · 부동산 등 수익이 예상되지만 이산이란 뜻이 있고, 어떠한 형태가 되었든 금전과 관계가 있으므로 금전에 대한 일에 손을 대면 수익은 있어도 손실은 별로 없지만 감궁 · 간궁 · 곤궁 운세는 손실이 있다.

●금기성㊉ 오랜 기간 사귀어 오지 않으면 사랑의 싹이 돋아나지 않는 상대!

미(未)**년월** : 어떠한 어려운 환경에 직면해도 본심을 보이기 싫어해 주변사람이 볼 때 무엇을 생각하고 있는지 전혀 알 수 없는 면이 있어 이해하는 데 힘들고 오랜 기간을 사귀어온 상대라면 몰라도 일시적인 사랑은 시종 속물적인 사랑으로 끝나기 쉽다. 또한 미년생의 부모 관계, 상사 등 일상생활에 얼굴을 대면하는 금기성은 자신의 재능을 발산하는 기회를 찾을 수 없고, 부부 관계가 되면 자식에 대한 비행 · 병난 · 가정폭력 등으로 시달리는 일이 많이 생기게 될 것이다.

맑은 집에 하늘의 먹구름이 서서히 덮여가는 형태로 심리적으로 불안정하고 헷갈리는 오판 · 실수 · 착각 · 간섭 등으로 이익보다 손실이 많고 육체적으로는 사건 · 구속 · 장해 · 이성을 잃는 행위로 산만해져 충돌이 많다.

●금기성⊖ 옛 소꿉친구의 동심, 사랑의 싹이 발하는 상대!

미(未)년월 : 서로 다소간에 불만이 생겨도 미년생의 관용에 끌려 헤어지지 못하고 사는 것이 보편적이며, 무엇보다 속마음을 보이지 않고 무엇을 생각하고 있는지 전혀 알 수 없는 것이 특징이다. 때로는 남을 돌보는 것을 귀찮게 여길 때 많은 것은 상호간에 말할 수 없는 사정이 되고, 만일 결혼을 바란다면 어린 시절 서로를 잘 아는 소꿉친구 사이라면 행복한 결혼이 성립될 수 있을 것이다.

전혀 생각지도 않는 우연한 일, 취미와 적성에 맞는 일에 수입이 생기고, 이성 관계 역시 우연하게 만난 사람과의 인연이 있으며, 승진 · 자격시험 · 의외의 기쁨과 목적이 이루어지고 설마 한 곳에서 재력이 생긴다.

●금기성⊕ 금기성의 '천적', 완고하여 얼굴만 봐도 소름이 일어나는 상대!

신(申)년월 : 천적인 신년생을 볼 때 편굴하고 완고하게 깔아뭉개는 상대를 볼 때마다 소름이 일어날 정도로 싫증이 나며, 신년생 역시 매일 같이 제 마음대로 뛰어다니는 금기성을 볼 때 사람으로서는 취급할 수 없는 소외감에 사로잡혀 얼굴을 맞대면 마찰이 일어나게 된다.

또한 본인은 불륜 관계로 바람을 피우면서도 상대에 대해서는 불결하다고 상대 목줄을 졸라매는 이변 상태로 억지를 잘 쓰게 되므로 가까이 하여서는 안 될 상대이다.

먹구름이 천지를 뒤덮어 한 치의 앞을 내다볼 수 없는 어려운 형편에 어느 누구 하나 도움이나 말을 들어주는 상대가 없어져 사면초가 상태가 되고, 자신의 주변 환경 분야가 공허 상태로 좌절 파괴가 도사리고 있으며, 어떠한 형태가 되었든 불길한 징조에 휘말린다. 사람 따라 불길한 가운데 재운 문이 터지므로 요행을 잡는 사람도 적지 않다.

- **금기성㊀ 결혼상대로는 피곤 주는 존재로 일찍 헤어지는 것이 유리한 상대!**

신(申)년월 : 신년생은 어떠한 행동이 되었든 본인이 하고 있는 일에 대하여 신랄한 평가로 공격하고 사사로운 일까지 트집을 잡으며 때로는 골탕을 먹여 놓고 속으로 통쾌감을 즐기는 일면으로 대립과 마찰이 많이 생기며 안정보다 피곤을 주는 존재가 될 것이다.

만일 결혼하면 건설적인 면모는 찾아볼 수 없고, 섹스면에서도 신년생의 일방적인 유희에 불만이 생기며 자유롭고 즐겁게 살기 바라는 금기성으로는 가장 무서운 천적 관계가 된다.
공망살의 먹구름에 덮여 심신의 오판 · 실수 · 착각 등으로 오는 손실이 많고, 주변 불안 등에 휘말려 사건 · 구속 · 장해 받기 쉬우며, 근친간의 마찰 · 불륜 · 사업 · 건강 무엇 하나 뜻대로 잘 풀리는 일이 없게 된다.

● **금기성⊕ 같이 일하면 어떠한 형태가 되었든 숨이 막히고 통하지 않는 상대!**

유(酉)년월 : 이미 이루어져 있는 가치관에 별로 신경을 안 쓰는 본인과 질서를 지키는 보수적인 유년생과의 만남은 본인의 즉흥적인 사고력에 덤벙대는 반면 이것저것 따지고 건실하게 살피는 유년생과는 대조적인 성격차이로 같이 동참하는 자체 역시 숨이 막히는 압박감을 받게 된다.
서로가 말 못하는 답답한 환경 · 시정 · 거래 등이 많아져 의견대립 등이 생기며, 일시적인 좋은 변화가 생긴다 할지라도 꼼꼼하고 건실 제일주의를 우선으로 생각하는 유년생의 입장은 달라지기 쉽다.
열렬하게 사랑했던 사람의 변심 · 근친자의 배신 · 근친자의 생사별 등 어떠한 형태가 되었든 행운보다 악운의 영향을 받아 후회와 좌절하는 일이 많이 생기고 재난 · 병난 · 대차거래 난 · 추락 · 수난 · 화난의 암시가 생기며, 이때는 금전에 미련을 갖지 말고 토해내는 것도 불행을 막는 비법의 길이기도 하다.

● **금기성㊀ 유년생과 결합하면 어떠한 조건이든 태산을 짊어져야 할 운명!**

유(酉)년월 : 결합하면 한마디로 하는 일마다 궁지에 몰리고 뜻대로 안 되며, 유년생은 금기성의 꿈이나 인생 설계를 비웃으며 무시하고 경멸하며 또한 육친과의 동거생활로 앞으로 나갈 일이 캄캄하여 태산을 짊어지는 운명에 놓이게 될 것이다.

상호간의 심리적 갈등으로 본심을 알 수 없고, 특히 금기성의 활동력을 잃게 되어 의욕이 상실되어 정신적 스트레스 병난 등에 시달리기 쉽고, 자녀를 위하여 희생할 각오가 없다면 일찍 이혼하여 새로운 길을 선택하는 것이 현명할 것이다.

한 치의 앞을 내다볼 수 없는 어려운 상태에 직면하여 누구 하나 말을 들어주지 않는 사면초가로 이때는 공허 속에 말려들어 파괴되고, 자신의 주변에도 불길한 징조에 휘말리게 된다. 다만 사람 따라 불길한 가운데 재운 문이 터져 재운을 벌어들이는 사람도 적지 않다.

● **금기성㊉ 동업 관계는 좋아도 결혼상대로는 고려할 상대!**

술(戌)년월 : 새로운 사업 · 연애 관계 · 장래에 대한 꿈을 실현시킬 수 있는 분야 · 연구 · 파트너 관계로서는 더욱 좋고, 지식 연마 등에 있어서도 서로를 자극주면서 일의 성취를 유도하게 될 것이다.

상호간에 분담 한계를 철저히 구분하고 일하게 되면 의리와 책임감이 강하여 어떠한 어려움이 있어도 극복하는 것은 좋지만 이성문제에 한해서는 싫증이 빨라 결혼상대로는 생각할 문제점이 된다.

일시적인 장해요소는 점진적으로 사라지고, 고의든 임의든 시작한 일에 대해서는 틀림없이 결실을 맺게 되므로 이때 정당하고도 자신이 키워 나갈 수 있는 많은 씨를 뿌려 놓는 것이 장래를 위하여 효과적이다.

●**금기성㊀ 섹스 상대로는 최고, 결혼, 애정은 파탄을 가져오는 상대!**

술(戌)년월 : 섹스 플레이를 즐기는 상대로서는 최고급이 되지만 얼마 못 가서 싫증이 생기므로 지속성이 없는 약점이 발생하고, 양인이 자기 마음대로 살아가는 일면이 있어 결혼하게 되면 좋은 상대로 보이지만 어떠한 관계가 되었든 술년생은 배신하게 되므로 진심을 주어서는 안 된다.

쾌활한 행동력에 행동범위가 넓고 본인을 매혹시키는 상담 거래 · 유혹 등이 들어오지만 이러한 유혹에 말려들면 어떠한 결과가 되었든 최종적으로는 등을 돌리는 이변이 생긴다.

캄캄한 먹구름 속에서나마 일시적으로 가볍고 밝아지는 기분이 오지만 전혀 마음을 놓을 수 없는 기회로 믿었던 사람의 배신 · 근친자 · 사랑했던 사람과의 생사별 · 돌이킬 수 없는 후회스러운 일이 많이 생기며, 또한 재난 사고 · 금전대차 관계 등 얽히는 일이 많이 일어난다.

●**금기성㊉ 친구 사이와 같이 서로 간섭 않고 자유로운 부부상이 최적!**

해(亥)년월 : 젊음을 잃지 않고 내일의 희망과 꿈을 이루기 위해 살아가는 해년생은 결혼을 해도 당분간 자식을 낳지 않고 같이 직장생활을 유지하는 것이 오래 살아갈 수 있는 비결이 된다.
상대 역시 집 밖에서 스트레스를 해소시킬 수 있는 구설이 있고, 본인 역시 놀기 좋아하여 직장을 핑계로 자유 시간을 얻어낼 수 있는 기회가 생기며, 상호간에 친구 사이와 같이 서로를 간섭 않고 자유로운 환경이 상호간의 유대 관계가 좋아지며, 섹스 감각에서도 음습이 없어지고 마음껏 즐길 수 있는 상대가 된다.
대지에 뿌려 놓은 씨가 이삭이 솟아나 무럭무럭 자라날 수 있도록 힘찬 호전이 기대되고, 어떠한 일이 되었든 안정과 획득은 얻을 수 있지만 설마 안이하게 생각하는 곳에서 무너지기 쉬우니 모든 것을 신중하게 다루어 나가야만 하고 급속도의 변화 바람은 좌절을 뜻한다.

● 금기성㊀ 공동 직장인, 공동 경영은 가정이 살벌해지는 상대!

해(亥)년월 : 의지력이 강하여 자신이 하고자 하는 일에 대해서는 어떠한 희생도 아끼지 않는 것이 해년생이고, 어떠한 일이 되었든 처음에는 호기심 따라 열성을 보이지만 얼마 못 가서 싫증이 빠른 금기성을 잘 조절하여 상호간의 꿈을 실현시킬 수 있는 상성 관계가 된다.
결혼하면 공동 목적을 성공시킬 수 있는 상성 관계이지만 가정에 대한 이미지가 부족해져 본인들은 알 수 없지만 주변에서 볼 때 동거생활 친구간의 생활 상태 등 전혀 부부로서는 볼 수 없는 가정환경을 갖게 될 것이다. 일시적인 장해요소는 점진적으로 사라지고 고의든 임의든 시작한 일에 대해서는 틀림없이 결실을 맺게 되므로 이때는 정당하고도 자신이 키워 나갈 수 있는 씨를 많이 뿌려 놓는 것이 현명한 방법이다.

제 7 장

화기성火氣星의 천중살天中殺편篇

1

화기성(火氣星)의 천중살(天中殺)

(1) 일주(日柱)

영수	㉑	㉒	㉓	㉔	㉕	㉖	㉗	㉘	㉙	㉚	간이 없어
간 지	甲 申	乙 酉	丙 戌	丁 亥	戊 子	己 丑	庚 寅	辛 卯	壬 辰	癸 巳	공망(空亡) 申酉

※ 간(干)은 열 개, 지(支)는 열두 개로 간(머리) 두 개 없는 것이 공망(空亡)이다.

■ 午未 공망(空亡)은 화기성(火氣星)으로 성격 성장, 가정, 결혼, 재운, 직장, 연애, 섹스, 상성 관계, 총활운은 동일하지만 甲, 乙, 丙, 丁…… 癸 따라 다소간에 차이가 생기게 된다.

■ 음(−), 양(+) 구분은 일주의 음양으로 구분하는 것이 아니라 태어난 년주(年柱) 따라 음양이 분별된다.

(2) 년주(年柱)의 천간(天干)

甲 丙 戊 庚 壬……⊕

乙 丁 己 辛 癸……⊖

■화기성(火氣星) 일주에 午년생과 未년생은 영합화기성(靈合火氣星)자로 운명 흐름이 양면으로 흘러가게 된다.

■甲申 일주에 임오년생(壬午年生)이라면 앞 '六十갑자(영수) 조견표'를 보고 금기성(金氣星)의 ⑲를 읽어보면 된다.

■자신의 일주(金星)과 해년마다 바뀌는 간지(干支)를 보고 상생 상극을 구분한다.

■주기의 흐름은 '월운 조견표' 년운도 본다.

㉑ 甲申

●부지런하다, 이상 높다, 다 취미, 다예다재

왕성한 향상심이 불타오르고 자식에 대한 열성이 지긋하며, 보통 사람으로서는 상상도 할 수 없는 미지의 환상세계에 도전하는 의욕에 신(申)이 조화되면 최대한 매력이 발산되어 주변 교제 범위가 넓어져 많은 사람이 항상 자신의 주변을 둘러 싸여 있는 상태가 되지만, 본인 마음을 속 시원히 털어놓고 기탄없이 말할 수 있는 상대는 하나도 찾아볼 수 없어 고독감에 사로잡힌다.

본질적인 이열이냉의 영향을 크게 남에게 주고 또한 일에 대한 변덕성과 순간마다 감성 따라 변하는 자신의 욕구를 충족시켜 줄 수 있는 진실된 참모나 보좌역을 만나는 데 큰 어려움이 있을 것이다.

모든 부문에 뛰어난 재간은 인정되지만 일에 대한 종말 처리과정에 있어 억지로 우기는 바람에 지속적인 유대관계가 허물어져 찾아올 수 있는 좋은 재복도 놓치게 된다.

이상을 잃지 않고 동분서주 분주하게 뛰어야 하고, 교만함과 허황된 꿈을 쫓다가 자신의 꾀에 넘어가 어려운 함정에 빠져들기 쉬워지며 이러한 허황된 꿈의 기복순화가 반복되는 일이 많이 생기고 때로는 색정으로 오는 망신, 구설수도 많이 생긴다.

뛰어난 지도력과 일에 대한 패기는 주변으로부터 신망과 주목이 될 수 있지만 편애적인 대인교제, 거래관계로 이익보다 손실이 많이 생기며 강 운세로는 독선적인 요소 많고, 약 운세로는 자신의 의지력이 약해져 항상 주변 말을 따르다 이용, 배신, 당하기 쉬워진다.

즉, 순조로울 때는 기세가 당당하고 일이 안 될 때는 기가 '팍' 죽는 사람으로 무엇보다 창의력과 기억력이 뛰어나며, 솔직하고 깔끔한 것은 좋지만 사소한 일에 신경을 많이 쓰고, 잔소리가 많은 것이 특징이며 사람이 좋아 유혹에 잘 빠져들어 쌓아올린 공적도 믿었던 동료에게 잃든지 배신당하는 일이 많이 생긴다.

사람 따라서는 세상을 허무하게 생각하고, 선입감이 흐려져 활기보다 좌절이 많고 살아가는 것이 두려워 미래를 생각 않고, 현실 만족을 위하여 돈을 물 쓰듯 낭비하는 사람도 적지 않다.

때로는 진실성이 결핍하고 이기적이면서 수지타산으로 변모하는 일이 많으며, 열 가지 재주가 있다 하더라도 가난을 면키 어려울 때가 많이 생기므로 한 업에 전념하면 성공은 무난하고 회사 등에 취업하면 중진역할로서 성공할 수 있는 운이다.

남녀 배우자운이 좋지 않는 사람 많고, 상승세의 젊었을 때는 잘 몰라도 만년에 갈수록 인생이 적막해지므로 유비무환의 대책이 필요하며, 여성은 붙임성은 좋지만 변덕스럽고 히스테리 기질이 있으며 폭발하면 옥에 티가 되고 초혼에 실패하는 일 많다.

※ 일주 다음에 년주

㉒ 乙丑

● 서민형, 고독, 노동, 형제 인연 박

깊은 사고력에 이성보다 감성이 예민하여 어려운 환경을 보면 동정심에 눈물이 많고, 불의를 보지 못하여 '화' 내어 주변 환경, 분위기 따라 그때마다 감성 기복변화에 의한 행동변화가 많다. 이러한 본질에 유(酉)가 작용하면 우선 선경지명에 밝고, 새로운 아이디어 창출력이 뛰어나 어떠한 분야에 진출하여도 그 실력이 인정되어 번영과 출세를 약속받을 수 있겠지만 일 진행과 대인 관계 있어 이열이냉의 감성 변덕으로 얼마든지 출세할 수 있는 보배 안에 티가 된다.

이 사람이 성공할 수 있는 비결은 본인의 앞뒤를 격려해주고 돌봐주면서 감성으로 행동하는 모순을 자제하고 자극을 줌으로써 교정을 지도해 줄 수 있는 후원자를 만날 수 있는가에 따라 자신의 성공 여부가 결정된다 하더라도 과언이 아니다.

또한 어떤 일이든 일에 대한 대처 능력이 뛰어나고, 재치와 지모 있어 성공은 무난하며, 재력 역시 부지런히 벌기도 잘하고, 충동적인 매입, 모양, 멋 내는 데 또한 지출이 많지만 이러한 쓸데없는 지출, 충동을 자제하고 노력하면 상당한 금전을 모을 수 있다.

편친 슬하에 자라나게 되어 완고한 고집과 배짱이 있고 생활력이 강하며 어떠한 어려운 사정이 있어도 속사정을 남에게 알리기 싫어하고, 대중을 상대로 하는 업, 접대를 필요로 하는 업, 본인에 적성에 맞고 취미에 맞는 일 좋을 것이다.

솔직하고 깔끔한 성격은 좋지만 사소한 일에도 잔소리 많고 사람이 너무 좋아 주변 유혹에 빠져들기 쉬우며, 특히 자신이 믿었던 동료나 친지에게 공훈을 잃든지 배신당하는 경우가 많다.

또한 굽이치는 파란은 생기지만, 동분서주 분주히 뛰어 다녀야만 하고 언제나 마음은 태양처럼 밝게 행동함으로써 행운을 불러들이게 된다.

때로는 세상이 허무하고 살아가는 자체 의욕을 잃게 되어 활기보다 좌절을 생각하게 되며 앞으로 살아가는 자체도 싫어져 금전이 생기면 현실을 무시하고 물 쓰듯이 낭비하게 된다.

남녀 어렸을 때 과잉보호 아래 자라나 세상 돌아가는 물정을 몰라 제 마음대로 행동하는 경향이 있고, 운명적으로 선과 악, 고지식하면서 멍청한 면 있으면 위인이면서 지조가 없고, 즉 개혁과 휴식이 양립되는 운세, 종종 뜻하지 않는 일이나 색정문제 등을 일으켜 말썽을 일으킨다.

여성은 부드러운 서민형으로 민감하면서 두뇌회전이 빠르고, 일에 대한 열정이 대단하며 헌신적인 봉사에 미인형이라 이러한 여성의 결혼상대는 최상급이 되지만 히스테리가 폭발하게 되면 옥에 티가 된다.

이 사람의 운기는 중년에 부침이 많으나 견실하게 밀고 나가면 반드시 유복한 환경이 기다리고 있다.

※ 일주 다음에 년주

㉓ 丙戌

● 게으르다, 상술적인 재능, 재력 축재

프라이드 높고, 관찰력이 뛰어난 본질에 술(戌)이 작용하면 우선 감정적으로 시시각각 행동의 변화를 갖는 변덕스러운 결점이 총명한 직감력에 흡수되어 이러한 결점이 해소되고 어떠한 일이 되었든 냉정한 눈으로 판단하게 되고, 옳은 길을 선택하며 또한 대중을 사로잡을 수 있는 인간적 매력이 풍부하다.

이러한 성실성이 주변에게 인정되어 악한 일을 저질렀다 하더라도 이를 믿는 사람은 통계상 10대 3의 비율로 그 자체를 믿으려 하지 않으며 대략 악선전이나 고의적인 유포로 보는 경향이 많고 그렇지 않으면 악에 가담할 수 없는 환경이나 분위기에 처하여 부득이 일을 저질렀을 것으로 관용 있게 보는 예가 많다.
본래 생각하는 것보다 행동력이 앞서고, 무엇보다 주변과의 유대관계, 모임, 계, 노는 데는 적극적으로 놀며, 주변 일에 대해서는 적극적이라 너 나 할 것 없이 인기가 대단하다.
다만 근친, 친척 관계에 있어서도 많은 신경을 써서 돌보지만, 어떠한 이유가 되었든 주변보다 못하고 오히려 배타적인 환경에 몰리기 쉬워진다.
담백하고 풍류호걸로 화려한 겉모양에 부자 같이 보이나 허세일 뿐 실속 없는 허황 상태 많다. 그래도 어느 정도 재운이 따라 상술적인 재능을 개발하면 상당한 재산을 모을 수 있지만 때로는 지나친 욕심으로 손해를 보는 일이 있고, 손해를 보면서까지 남을 돌봐줄 일이 생기며, 시작은 좋지만 자기주장, 고집, 게으름을 피우다가 일을 헛되게 만드는 일도 생긴다.
또한 결백하여 교제 범위가 일정하고 환경변화에 적응력이 좋으며 약삭빠르고 경제면을 최우선으로 생각하는 경향으로 허리띠를 졸라매는 궁상맞은 사람도 있으며 임기응변, 화술이 좋고, 일이나 사람을 평할 때 일류메이커, 금전 유무로 상대의 인격을 평하기도 한다.
때로는 풍랑 속에 떠내려가는 낙엽과 같이 고의든 임의든 갈피 잃는 파란에 시달리게 되고, 이때는 안정이 될 듯 하면 리듬이 깨지고 하찮은 다툼에 균열이 생겨 홧김에 쓸데없는 일을 저질러 분주하게 쫓아야 할 일을 자초하게 된다.

이 사람은 성급하게 서두르면 실패를 자초하고, 건강이 좋으면 상승운세이고 건강이 약해지면 쇠운의 암시 있으며 몸에 흉터가 있어야만 생명 연장에 지장 없다.

여성은 자녀 교육열이 대단하고 모성애가 지긋하며, 상대에게 헌신적이라 연애로부터 결혼하는 사람이 많고, 돈과 명예 있는 상대를 바라지만 뜻대로 잘 안 되어 남녀 공히 노는 것은 노는 것 가정은 가정이란 자식의 직분을 확실히 지키기 바란다.

※ 일주 다음에 년주

㉔ 丁亥

● 수양도 따른 영감, 얌전 속에 먹이를 노리는 늑대, 특이한 인생

자기본위 프라이드 높은 경계심이 강한 본질에 해(亥)가 작용하면 왕성한 반골정신에 강력한 개성이 조화를 이루어 평시에는 매사 느긋한 여유를 갖는 생활 상태가 되지만, 일단 어떠한 일이 되었든 목표를 세우면 그 목적에 불이 붙는 순간부터 가속의 스피드가 생겨 돌진하게 되고, 그 분야에서는 어떠한 동료가 되었든 깜짝하는 사이에 제쳐나가는 저력과 일인자의 자리를 차지한다.

현실에 대한 환경, 분위기에 저항, 고집이 강하고 무상의 노동, 소득이 없는 헛수고가 많으며 본인은 남에게 주기 싫어하면서도 은근히 받기를 바라며, 저축 욕망이 누구보다 강하여 먹고 입는 데는 철저하게 절제하는 형이지만 자신의 충동매입은 아

까워하지 않는다.

이 사람의 특이한 운세는 어떠한 일이 되었든 정도에 위한 노력과 인내력은 반드시 좋은 결과를 얻어 낼 수 있지만 사소한 악을 주변에게 주게 되면 성공은 불가능하고, 정도에는 주변 주선과 유치, 윗사람의 영립, 도움으로 행운을 잡을 수 있으며 또한 뜻하지 않는 횡재운도 생길 수 있을 것이다.

화술이 좋아 교제범위가 넓지만, 때로는 충동적으로 자신도 모르는 사이에 나오는 말은 구설수에 오르고 또한 구설이 오래가는 특성이 있으며, 일시적으로 생기는 횡재는 불행한 함정이 기다리고 있다는 사실을 명심하여야 한다.

현실을 직시하고 실수 없는 완벽주의자로 포용력 있는 배려와 동정심 때문에 정신적인 지도력을 갖게 되지만, 때로는 지나치게 꼼꼼하고 인색하여 주변의 불평불만의 말에 싫증으로 거부감을 갖는다.

때로는 뜻대로 안 되며 투덜거리는 버릇과 남을 신랄하게 말로써 상처 입히는 경우가 있으며, 스트레스가 쌓이면 술에 의존하려 하고 주거, 직장, 이동수가 많다.

때로는 세상이 허무하고 살아가는 활기를 잃으며, 오히려 앞날이 캄캄해지는 선입감에 위한 좌절 의식으로 금전면에서 현실을 무시하고 물 쓰듯이 낭비하게 된다.

특히 생년이 음간에 해당하면 연애, 결혼 성립 자체가 복잡한 장해여건이 많아지고 자식이 없든지, 병에 걸려 약 체질이든지 불륜, 별거, 환경 불화 등으로 시달리는 환경된다.

여성은 임기응변이 능하고 가계를 잘 처리하지만, 강운으로 남편 운을 깨트리게 되고 집안 가구 일절에 대해서는 완벽하기 바라므로 자연 쓸데없는 마찰이 많아진다.

※ 일주 다음에 년주

㉕ 戊子

● 창설기의 영웅, 감정이 격하고 일대 재력을 일으킨다

환경 따라 감정의 기복이 심해지고, 어떤 일이든 순리대로 적당히 인정하고 행동하는 사람과 한 곳에 가만히 앉아 있지 못하고 성급히 동분서주 분주히 뛰어다녀야 할 사람으로 양분한다.

일에 대한 치밀한 계획을 세우고 관찰 능력, 선견지명의 판단아래 배짱 좋게 일을 벌려 실리를 쌓아올려 주변으로부터 존망을 받는 사람이 있는가 하면 본질적으로 머리 회전이 지나치게 좋아 사소한 일에도 말이 많고 매사에 비판적으로 비꼬아 보기 때문에 제3자가 대화하기 힘든 상대가 된다.

물질보다 정신세계에서 살기를 바라며 화려하고 깨끗한 생활환경을 좋아하지만 운명적으로 기이한 조류 상태로 윤택한 생활환경이 되면 웬일인지 쓸쓸한 마음에 고독에 사로잡히게 되고, 생활이 불안정하고 가족 사이가 복잡하고 멀어지게 되면 정신력이 집중력이 생겨(정신 흡수) 정신적 고독감에서 해방감을 맛보게 된다.

일대 재운이 좋아져 상당한 재력을 모아 원만한 생활이 가능하지만 허황된 과욕, 분수에 맞지 않는 꿈을 실현시키려다 쌓아놓은 재력을 놓칠 수 있으니 매사 신중을 기해야 되고 쓸데없는 참견, 간섭, 말 등은 풍파를 자초하는 근원이 된다.

승부욕이 강한 이기주의자로 시원하고 깔끔한 기질, 돈 버는 재주와 뛰어난 한 가지 특기가 있으며, 한 목표를 세우면 길고 가늘게 일을 신중하게 풀어나가면 중년에 뜻 밖에 풍요로운 행운의 신의 도움으로 큰 재력을 얻는다.

어떠한 모양새가 됐든 모든 일을 현실을 직시하는 완벽주의자로 실수 없는 개운을 유도하는 낙천적인 사람과 일이 뜻대로 잘 안 되면 불평불만 투덜거리는 버릇과 타인을 신랄하게 입으로 상처를 입히는 경우가 있으며, 스트레스 쌓이면 술로 위안 받기 바라고 주거, 직업, 이동수가 많아진다.

일시적인 파란은 성공의 밑거름 되고 어떠한 일이 되었든 집안에 업이 있어 가정상의 비애 문제가 발생되고 남녀 질투심 강하고 남은 색정, 여성은 웃는 얼굴로 상대를 유혹하는 결과된다.

비애(悲哀) 지속 없었으니 제령, 신불에 의한 의존이나 기력세신으로 제지하는 것도 한 방법 된다.

따라서 본인도 모르는 사이에 악의가 넘쳐 억누를 수 없는 지경에 파괴, 질투심, 폭력 사태 등으로 일을 어렵게 만들며, 이러한 근원은 지나친 사랑, 색정에 있다.

※ 일주 다음에 년주

㉖ 己丑

● 파란이 적은 대중형, 점진적으로 능력 발휘, 중년운

어떠한 일이 되었든 그 일의 적성에 맞추어 몇 번이고 수정하고 연구하여 본인의 뜻에 맞도록 수정을 가하여 건실하게 일을 마무리짐으로써 별다른 실수 없이 원만하다.

젊어 한때는 지나칠 정도로 견고하고 융통성이 없어 대인 관계, 거래 유통에 어려움과 파란을 만나게 되지만 중년에 갈수록 견고한 잠재의식이 개선됨으로 자연 본인의 저력을 발휘하며 신망을 얻어낼 수 있다.

사람 따라 수줍음을 많이 타고 많은 사람이 모이는 곳에 동참하기 싫어하는 순박한 사람이 있는가 하면, 이상보다 감상으로 분위기 따라 달라지고 마음먹은 일에 대해서는 주변이 무어라 하여도 끝까지 밀고 나가는 사람으로 분리된다.

경제관념에 최우선을 두어 금전관계는 약삭빠른 눈독을 들이는 일 많고, 사람 따라 허리띠를 졸라매서라도 돈 벌기 바라는 궁상맞은 저축을 하는 반면, 인격 평가기준에도 금전 유무, 일류 메이커 선호도로 인격을 평가한다.

본인 말이 주변에게 잘 먹혀들지 않으면 마음속으로는 못마땅히 여기고, 대수롭지 않은 말이 재앙을 불러와 변화 생기며, 때로는 말도 안 되는 말과 주장으로 피해주고 올바른 말도 지나치게 시간을 끌어 충고 아닌 결교가 되어 말 듣기를 싫어한다.

선악이 증폭하여 발전하는 운기로 큰 변수나 실수는 별로 없겠

지만, 지나치게 강직한 것이 자신의 좋은 기력을 소멸시키는 원인되므로 유연한 자세로 자신의 취미와 적성에 맞는 일을 찾아 전념하면 성공은 무난하며 이동, 전환은 불행을 자초한다.

주변의 간섭과 속박을 싫어하여 고립되기 쉬워지고 어떠한 형태이든 불평불만으로 잔소리와 독설이 심하며, 어디까지나 돈과 명예, 손익계산이 적용된다.

여성의 결혼문제 있어서는 복잡한 장애가 많고 결혼을 하여 자식을 낳아도 자식 간에 인연이 연박하여 잃는 일 많으며 고의든 임의든 보이지 않는 험담이 감정을 유발시켜 친정집과 시집 사이에 쓸데없는 말로 대립 관계가 일어나기 쉬워진다.

또한 사람 따라서는 침실에도 손익계산이 적용되며, 섹스의 기쁨을 마음껏 즐기려하지만 이왕이면 인물 좋고, 돈 많고, 명예 있는 사람과의 교제를 바라며, 즐기고 노는 것은 노는 것이고, 어디까지나 가정은 가정이란 한계를 그어 놓기 바란다.

※ 일주 다음에 년주

㉗ 庚寅

● 이상과 현실이 먹혀들지 않는다, 남의 힘을 자신의 영양분으로 만든다

솔직하고 깔끔한 성격에 민감한 직감력이 작용하여 보기에 부드럽고 교제수단이 뛰어나며, 감성의 조화되어 모든 일을 직접 눈으로 확인해야 되고 귀로 들어야 하며, 손으로 직접 촉감을 확인한 뒤에야 그 실제를 납득하는 체험파이다.

또한 사소한 일에도 말이 많고, 사람이 너무나 좋아 유혹에 빠져들기 쉬워지며, 지나칠 정도로 상대를 믿었다가 자신의 공훈을 잃든지 배신당하는 경우도 생긴다.

그러나 강한 정신력과 넉살이 좋아 어떠한 역경을 만나도 극복하는 저력을 갖지만 무엇보다 속박을 싫어하고, 기분 따라 직감으로 행동하는 이상주의자라 남성은 명검, 여성은 명기로 불리하기도 한다.

남녀 술에 대한 애주가가 많고 이러한 관계상 알코올 중독 여부로 본인의 운명이 행, 불행의 운명적 갈림길에 놓이는 심각한 사태에 놓여 있는 경우도 적지 않다.

어떠한 부분적인 일을 인수를 맡아 진취력이 발휘되지만, 분수에 맞지 않는 의욕과 고집으로 하여금 어려운 난국을 자초하는 일이 많이 생기지만 신중하고 차분한 해결책을 모색하는 재간이 뛰어나며 특히 남의 힘을 자신의 영양분으로 만드는 데 소질이 있다.

타향운으로 적은 일보다 큰 일에 대한 의욕이 많고, 자신의 힘으로 일을 성사시키려 하지 않고 남을 이용하려 하다 균형을 잃든지 배신, 비밀이 탄로나 곤욕스러운 환경에 빠져들기 쉬워진다.

한 일에 맡기면 의리와 의협심이 있어 대인 관계, 위세가 남달리 뛰어나 주변사람, 상사로부터 신망을 얻어내어 성공하는 사람이 적지 않다.

육친 사이에는 등을 맞대고 있는 현상으로 떨어져 있으면 육친이 그립고 만나면 대립하여 의견대립이 많아지므로, 낙천적 생각이 화합을 유지할 수 있고, 집안 대대로 내려오는 유업이나 가업을 계승하는 업종에 큰 발전이 기대된다.

어떠한 업종이든지 전업, 전직을 하게 되면 남보다 배 이상 고난을 받게 되고, 새로운 일터를 찾아도 그 일에 적응하는 데는 상당한 어려움과 좌절이 많이 생기게 된다.

역마운이 있어 동분서주 뛰어다녀야 하지만 굽이치는 세파 속에서도 언제나 마음은 태양처럼 밝은 마음으로 행동하여 뜻하지 않는 행운의 기회는 언제나 찾아올 수 있다.

때로는 세상사가 허무하고 앞날이 캄캄하여 살아가는 활기보다 좌절이 두려워지며 미래를 개척하는 판단력이 흐려져 현실을 무시하고 돈을 물 쓰듯이 써버리는 사람 많고, 어떠한 일이 되었든 길흉이 격돌하여 안정을 찾는 데는 시간이 걸린다.

※ 일주 다음에 년주

㉘ 辛卯

● 일류메이커 선호, 정상, 풍부한 애정

솔직하고 깔끔한 인간적 매력을 갖고 있는 사람으로 사람이 지나치게 좋아 주변 유혹에 빠져들기 쉬우며, 믿었던 동료에게 공적을 잃든지 배신당하는 경우가 많아진다.

역마운이 있어 동분서주, 분주하게 뛰어야 하고 굽이친 세파를 이겨나가려 노력하지만 항상 마음을 태양처럼 밝게 행동함으로 행운의 문을 열어 놓고 있는 상태이다.

어떠한 목적을 위해서는 헌신적인 봉사를 아끼지 않지만 하다가 뜻대로 안 되면 변덕스러운 심적 변화로 잔소리가 많아지고 일을 팽개치는 버릇이 있으며, 선견이 뛰어나 돈 버는 재주와 투기성, 도박 등을 즐기는 형이다.

유행에 민감하고, 화려한 패션 감각이 뛰어나 예술적 재능이 발휘되며, 일류급을 선호하게 되므로 주변 교제범위에 있어서는 상당한 상류계급과의 교제로 주변사람의 신의와 동조를 얻어내야 그 위상이 높아진다.

한 일의 결정과정에도 자신의 단독적인 판단보다 주변사람의 의견을 참작하고 수정함으로써 신중하게 계획하고 주변 이익까지 수렴하여 행동함으로써 자연 주변사람의 도움을 받게 되고 밝은 미래를 약속받을 수 있을 것이다.

약점이라면 살아가는 실체가 약하여 어려운 난관이 많고, 충동적이라 돈 씀씀이 거칠며, 육체보다 정신적 감상의 동요가 많아 병도 아닌 것을 자신이 스스로 오진을 내려 질병을 만들어내는 재간이 있다.

일의 진행과정에서도 때로는 실천보다 말이 앞서는 일이 많고, 일에 대한 진행이 자신의 뜻에 맞지 않으면 몇 번이고 수정을 가하여 차질을 빚기도 하고, 일단 완성되었다 하더라도 어떠한 부분이 되었든 장애요인을 찾아내어 만족감을 갖지 못한다.

특히 미적 감각이 뛰어나므로 이러한 분야에 진출하게 되면 성공은 무난하지만 자신의 적성과 취미에 맞지 않는 일을 하게 되면 몇 번이고 주거, 직종 변동으로 고난을 겪기 쉬워지고, 일이 자신에게 불리해지는 그 일에 대한 책임을 회피하는 면이 있다.
여성은 어떠한 형태가 되었든 정신적 욕구불만과 질투심 많고, 가정을 위하여 헌신적이면서 때로는 히스테리가 폭발하여 옥속에 티가 된다.

※ 일주 다음에 년주

㉙ 壬辰

●뜻을 굽히기 싫어한다, 지성, 수리, 문예 재능

프라이드 높고, 현실을 똑바로 보는 관찰력과 로맨틱한 환상의 꿈이 조화를 하게 되면 우선 매사 호방하고, 예리한 감성이 패기로 전환하여 하는 일마다 자부심을 갖게 되고, 주변에서 도저히 염두에도 들 수 없는 일에 손을 대어 그 일에 철저하게 대항함으로서 그 일을 성취해낸다.
특히 자신의 체면에 손상을 받는 일에 대해서는 어떠한 희생도 아끼지 않으며, 만일에 부득이한 사정으로 돈을 빌리게 되든지, 상대로부터 이유 없는 음식을 접대 받았을 때 본인 체면과 위신에 손상이 없는 경우에는 별 문제가 안 되지만 만일에 이상한 눈치를 자신이 감지하는 경우에는 바로 불안정하여 어떠한 장소가 되었든 상응하는 대책을 취하게 된다.
남을 하찮게 보는 자만심이 강하고 본인의 재주를 지나치게 믿고 나름대로의 페이스로 일을 크게 벌려 건잡을 수 없는 함정에 빠져들어 후회하는 일도 적지 않으며, 그러나 대중을 위하는 권위에 항거하는 힘이 강하여 주변과의 유대가 좋고, 점진적인 금전 상승운세로 본인에게 맞는 취미, 적성에 맞는 일을 선택하면 언제라도 성공 여부는 분명해진다.

도량이 넓고 포부가 대단하며, 영특한데다 인내심이 강하고, 자신에게 주어진 일에 대해서는 불, 물을 가리지 않고 책임을 완수하며, 어떠한 일이 되었든 일 뒤끝이 깨끗한 것이 특징이고 또한 임기응변에 능한 사람으로 투기, 주색잡기 등으로 한때 외도의 길을 걸어가는 사람도 적지 않다.

땅 속의 옥으로 재력이 땅속에 묻혀 있는 상태라 먹고 사는 데는 구애 받을 수 없고, 어떠한 환경과 방법으로 땅 속에 있는 옥을 발굴하는 가에 때로는 억지를 잘 쓰며 여성은 억세다.

그릇이 큰 재력운과 출세운, 매력 등은 좋지만 가정운이 뜻대로 잘 안 되어 불행으로 미혼 또는 재혼되기 쉬워지고, 약삭빠른 계산통이 잘 맞을 때는 몰라도 궁상맞은 일면도 노출된다.

어떠한 일이 되었든 상대 인격을 평할 때 금전, 일류 메이커의 의복, 다음에 인격이 기준이 되고 어디까지나 돈과 명예 치중하며 노는 것은 노는 것, 가정은 가정이란 한계에서 자신의 직분을 십분 지키기 바란다.

여성 역시 손익계산에는 예외될 수 없고, 본인과의 상성 관계가 맞는 배우자를 만나게 되면 사회적인 출세를 위하여 남편에게 공헌하는 사람 많고, 사람 따라 이성에 대한 편력이 있으며, 섹스의 기쁨을 마음껏 즐기려면 어디까지나 돈과 명예도 있는 확실한 남성을 고르기 바란다.

※ 일주 다음에 년주

㉚ 癸巳

● 세파를 잘 넘긴다, 교제 속에 이득

나이에 비해 젊어 보이는 특징이 있고, 외모의 어린 면과 같이 정신면 역시 보기에는 나이 들어 보이지만 젊음을 잃지 않고 환갑을 지난 노인도 기분만큼은 당년 18세의 나이로 착각하여 대인 관계 있어서도 연상연하 구분 없이 대인조화가 원만하게 잘 이루어질 수 있다.

이러한 사람의 특징은 독신자, 기혼자를 불문하고 이성문제 관해서는 어떠한 조건이 되었든 간에 인기가 좋아 복수교제가 많이 발생하고 복잡한 이성관계로 자신 역시도 어쩔 수 없이 갈피를 잡지 못한다.

사람 따라 자신의 목적을 위해서는 어떠한 외압에도 굴복하지 않고 소신대로 밀고 나가는 저력이 남보다 강하여 특정한 일이라면 상당한 발전이 기대되지만, 이성문제로 본다면 한 집이 아니라 양쪽 집을 거느려야만 될 운명적인 행복이라 보아야 할 것인지, 운명적 불행이라 볼 것인지, 돈 한 푼 없어도 이성문제 만큼은 복수현상으로 본인 마음도 어쩔 수 없이 딸려가게 된다.

물론 왕성한 호기심과 변태로 오는 색욕으로부터 오는 갈등으로 볼 수 있겠지만 수시로 적응하는 감성이라 가정을 등한시하는 일도 적지 않게 발생한다.

성급하고 완강한 보수파로 남의 충고를 잘 받아들이지 않는 유아독존자로 인생기복이 극류하여 운명적인 흐름이 좋을 때는 어떠한 일이 되었든 간에 일이 뜻대로 잘 풀려 일이 잘될 때는 선심이 후하고 매사 기분 따라 흥청망청 하는 경향이 크며, 일이 잘 안 되는 하락세가 됐을 때는 모든 것이 인색해지고 본인 사기도 떨어지며 맥이 푹 떨어져 죽어지내기 일쑤이다.

그러나 본래 맑은 물이 용솟음치는 완벽주의자로 천재적인 머리로 현실을 직시하고 실수 없는 개운을 유도하며, 역마의 복력이 있어 어떠한 어려움에 구원의 손길이 찾아오고 자신의 욕구에 맞지 않을 때는 불만에 차이로 투덜대는 버릇과 신랄하게 입으로 상처 주는 일이 많다.

또한 어렸을 때 구사일생의 위기 속에서 살아나는 기적이 일어나고, 다만 방랑벽이 있어 동분서주 분주하게 떠도는 습성이 있어 마음의 상처를 받게 되면 술로 위안을 받기 바라고 어떠한 일터나 주거지에서도 아니꼽고 더러우면 그곳으로부터 서슴없이 이동하는 일이 많이 생긴다.

지나치게 본인의 재능만 믿고 남을 하찮게 보고 멸시하며, 안하무인격으로 일을 다그치게 되면 자연 고립을 자초하는 결과가 생기므로 자제력이 필요하고, 본인의 특수재능을 개발한 기술 분야, 적성 분야에 전념하면 반드시 개운된다.

섹스에 있어서도 정신적, 신체적 구석구석까지 자극받기 바라고 성행위의 변태체위, 행위 후의 애무 등으로 섹스의 진가를 찾으려 하며, 집안 실내가구 일체의 색상을 비롯하여 완벽을 바라게 되므로 자연 쓸데없는 마찰 등이 발생하게 된다.

여성 따라 낭만적인 풍류생활의 부평초 기력으로 결혼을 하여도 가정을 돌보지 못하고 밖의 일에 열중하여 자연 남편이 싫어하는 경향을 받게 된다.

※ 일주 다음에 년주

2

화기성(火氣星)

태어난 : 일주공망(日柱空亡)

오미(午未)…공망자

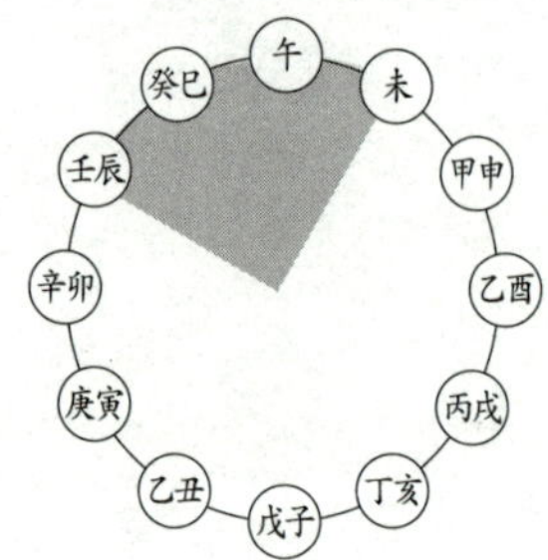

(1) 성격, 성장(프라이드가 높고 기인, 변인, 변화 많은 스타일!)

프라이드가 높아 매사에 자기본위 되고 본인이 취하는 행동에 따라 때로는 변인, 기인 취급받기 쉬우며 특히 남달리 주변사람으로부터 이해를 얻어내는 데 힘들고 왕성한 반골정신에 불타는 사람이 적지 않다.

또한 어떠한 사람이 되었든 처음 만난 사람이라 할지라도 본인은 어디선가 만나 본 듯한 느낌을 받아 얼마 안 가서 친숙한 사이로 변모할 수 있지만 워낙 주변에 대한 경계와 자신에 대한 위신에 손상 받기를 싫어해 어떠한 환경에 처해도 본심을 밝히기를 제일 싫어한다.

때로는 본인의 속사정을 알아차리고 동조하는 근친자나 친구가 있다하더라도 '고맙지만 그러한 처지가 아니라고' 라고 거절하면서 마음속으로는 자신의 위신에 손상을 주는 건방진 행위로 단정이 되어 본인의 속사정을 많이 알아차리는 것을 극히 싫어한다.

이러한 여건으로 주변 교제의 대상에 있어서도 무엇보다 자신의 체면과 위신을 지키지 못하는 사람과의 교제나 접촉에는 피하는 일이 많으며 또한 본인의 마음속에 남이 침범하고 접근하는 것을 고통으로 느끼는 사람도 적지 않다.

한편 본인의 본심을 남이 알아볼까 걱정을 하면서 때로는 본인이 상대의 속 내막을 유도하는 질문에 상대가 기탄없이 속사정을 털어놓는 말에 마음속으로 은근하게 즐거움을 느끼기도 한다.

또한 사람이나 물질면을 판단하는 데 인상이나 모양으로 판단하는 것이 아니라 사람이라면 사람의 본질을 예리한 눈으로 판단하게 되고, 물질이라면 질량 등 어떠한 형태가 되었든 진짜는 진짜, 가짜는 가짜로 구분할 수 있는 투시력이 작용된다.

감정 · 감각이 우선이 되어 생각나면 즉흥적인 행동으로 옮기려 하고 어떠한 목표를 세워 시작한 일에 직면하더라도 인내와 노력으로 밀고 나가는 저력이 있다. 그러나 때로는 충동적으로 일을 척척 시작해 놓고 다음날 마음에 안 들면 엉뚱한 말로 오리발을 내미는 변덕스러운 면도 생기지만 가부간에 집념과 열기는 대단하다.

주변사람이 사귀는 데 까다롭게 보이고 또한 마음의 자폐로 무엇을 생각하고 있는지 전혀 알 수 없어 신뢰감에 거리가 생기게 되지만 본인은 '본인 인생은 본인', '당신 인생은 당신'이라는 확실한 개념 아래 살기 바라므로 어떠한 주변 반응이나 의견에 동요하지 않고 자신을 위하여 밀고 나간다.

이러한 생각과 행동력이 주변에서 볼 때 제멋대로 행동하는 사람 같이 보이게 되지만 이러한 사람과 술자리를 같이하여 대화를 해보면 괴로운 솔직한 심정을 취중에 털어놓는 사람도 적지 않다.

진실한 친구를 사귀는 데 무척 애를 먹는 사람으로 어떠한 장소에서 만났든 본심을 털어놓고 사귀어 온 친구라면 영원불변한 진실한 친구로서 죽을 때까지 밀접한 관계가 될 것이다.

위신 · 체면 유지 · 자존심 등으로 쓸데없는 지출이 많고 또한 길을 가다가도 마음에 드는 물건이 눈에 띄면 자신도 모르게 현혹되어 충동매입되는 일이 많이 생기고, 집에 돌아와서 보면 전혀 필요 없는 물건으로 후회하는 일도 생기게 된다.

운명적으로 '물'과 불가결하여야 할 요소 있어 '물'로서 목적이 이루어지고 '물'로서 망하는 사람도 많으며, 여성은 물장사와 관계가 깊다.

항상 정신세계에서 살고 있고, 외면은 화려하면서 마음은 고독하고 쓸쓸하며, 운명적으로 가정적으로 윤택하고 행복해지면 행복할수록 마음의 고독감은 심화되는 기이현상이 되고, 배우자와 자식 사이가 연박하고 가정이 불행하면 할수록 자신의 세계에 흡수 되어 정신적 고독감에서 해방감을 찾게 된다.

성장 과정 역시 다른 아이들과 뛰어놀기보다 본인만이 즐길 수 있는 독자적인 영역범위를 지켜나가기 바라며, 주변 동향이나 실정을 알아내려고 두리번거리고 어떠한 물건에 대해서도 관찰하고 분석하는 능력이 어렸을 때부터 다르다.

어린아이 장난감이라도 보는 관점이 달라 '인형' 이라면 소리가 나는가 안 나는가에 따라 인형의 수명이 달라지는 것으로 소리 나는 인형은 인형의 배를 갈라서라도 그 소리 나는 근원을 밝혀내야 속이 풀어지는 것이다.

또한 놀이터에서 다른 아이들은 뛰어 놀아도 놀이터의 한 구석진 곳에서 쪼그려 앉아 개미의 활동상을 무심코 관찰하는 아이들의 대부분이 화기성에 해당된다.

이러한 아이의 자질은 남달라서 남이 한다고 본인도 따라하는 것을 무엇보다 싫어하며 또한 다른 아이나 본인을 비교하여 평가한다는 것은 극히 바람직하지 못한 일이 된다.

어떠한 일이 되었든 자체 능력을 개발하고 키워줌으로써 장래에 대한 성공률이 좋고, 특히 예능계열 · 그림 · 음악 · 수학 · 화학 · 어학 분야에 뛰어난 아이가 많은 것이 특징이다.

이러한 자녀를 잘 키우기 위해서는 본인과 상대의 개념 구분을 확실히 하고, 평범한 자녀로 키우고 싶으면 우선 협력체제의 개념이 부족하여 봉사단체 · 종교단체 · 집단생활을 배울 수 있는 보이스카우트 등에 참가하면 고립상태를 면하게 될 것이다.

또한 세습적인 일보다 예술 · 예술기예에 주력하게 되면 발전되고 발견 · 발명 · 분석 능력이 뛰어나며 대학진학도 미대 · 음대 · 공대 · 농대 등 장래 무한한 연구가 필요한 학과가 유익하다.

성장하게 되면 자기본위에 프라이드 높고, 어떠한 형태가 되었든 변화가 많으며 겉모양보다 본질을 중시하고 이론보다 본인에서 우러나는 '감' 에 의존하여 자신의 목적을 위하여 최후까지 끈기 있게 도전하여 성취시킬 것이다.

⑵ 연애, 결혼운

본인의 본심을 보이지 않으려는 행동과 말이 어떠한 형태가 되었든 신비로운 매력으로 변모하게 되어 많은 이성이 좋아하고 따르며, 특히 여성은 자기 마음대로 철없이 제멋대로 어리광스러운 행동이 큰 매력으로 보여 상대를 마음대로 사로잡게 된다.

그러나 마음속으로는 애타고 있으면서 소리 내어 사랑을 고백하지 못하고 좋으면서도 몇 번이고 짝사랑으로 끝나게 되는 일이 많이 생기며, 어쩌다 운 좋게 사랑이 성립된다 할지라도 독선적이고 제멋대로 자기 말을 들어주지 않으면 화를 내어 얼마 못 가서 피곤하여 떨어져 나간다.

본질적으로는 섹스를 좋아하여 본인의 마음에 드는 상대를 만나게 되면 온몸의 정열을 섹스로 즐기기 바라고 다시 말하면 내면의 정열은 불타도 위신과 체면상 솔직한 표현을 못하는 것이다.

■⊕ 적령기와 호운주기에 결혼하면 안정된 가정에 자식을 낳고 행복한 가정에 다정다감한 환경이 된다.

■⊖ 연애 관계는 많으나 막상 결혼상대는 별로 없고, 결혼과 연

관되면 복잡한 장해여건으로 성립되기 힘들고 주로 상호간의 밸런스가 잘 맞지 않는다.

결혼을 하여도 자식이 없든지 병에 걸려 죽든지 연박하여 곤궁에 빠져들기 쉽고, 특히 변화 성으로 외입 · 불륜 관계가 심하여 가정에서 소외되기 쉽다.

- **甲申** : 여성은 젊었을 때 중년 시절에는 원만한 환경에 놓이지만 말년에 갈수록 슬픈 환경을 만나게 된다.
- **乙酉** : 여성은 별 고생 없이 자라나게 되어 마음대로 행동하는 버릇이 두드러지게 나타나게 된다.
- **丙戌** : 여성은 전형적으로 자녀에 대한 교육열이 강하고 모성애를 발휘하게 된다.
- **己丑** : 여성은 별일도 아닌 것에 신경질과 화를 잘 내고 사사로운 일에 대하여 잔소리가 많다.
- **庚寅** : 여성은 어떠한 자극을 주는 물체 · 알코올 · 마약 · 기타 등이 가정환경의 성패를 좌우한다.
- **辛卯** : 여성은 감각적이라 패션 · 유행 · 센스 등은 좋지만 충동적인 낭비벽으로 지출이 많아진다.

(3) 재운, 적성운

충동적이라 어떠한 물건을 갖고 싶으면 앞뒤를 가리지 않고 그 자리에서 구입하게 되므로 주변에서 볼 때는 상당히 배짱이 좋고 화끈한 기분파로 보지만 그렇다고 본인이 금전에 대한 애착심이 없는 것이 아니며 다만 자신에 대한 프라이드와 위신을 과시하기 위한 허세로 다른 사람이 계산할 금액도 서슴없이 내주고, 집에 돌아와서는 후회하고 개탄하는 사람도 적지 않다.

예를 들면 집안에 쌀이 없어서 쌀을 사기 위하여 2만원을 가지고 시장으로 나가게 된다. 시장으로 가는 도중 길가에서 번쩍번쩍하는 액세서리 장사가 신비의 세계에서 채취한 원석으로 만든 액세서리로서 집안에 놓으면 집안이 훤하고 행운이 찾아온다고 설명하게 되면 자신도 모르게 쌀 사는 것을 잊고 마음에 든다고 사들이게 된다.

이러한 충동매입 2만원을 소비하고 집에 돌아와서 '아차' 쌀 사러 나갔는데 하고 후회할 때는 때가 늦어 쌀도 없고 돈도 없어 라면으로 연명하는 처지에 놓인다.

즉, 충동매입으로 후회하고 돈이 있으면 있는 만큼 충동적으로 쓰게 되므로 아무리 돈을 잘 번다 하더라도 큰 재산을 남기는 데 힘이 들지만 사람에 따라 부동산과 물을 조화 있게 다루어 상당한 재산가도 생긴다.

어떠한 일이 되었든 자기 위신을 잃지 않으므로 본인이 하고자 하는 의욕과 적성에 따라 결과가 좌우되는 특징이 있으므로 일에 대한 좋고 싫음에 따라 장래성의 유망이 결정 지워지기 쉽다.

본인이 하고자 하는 일에 대해서는 어떠한 시련이나 어려움에도 굴복하지 않고 밀고 나가며 때로는 잠을 못 자고 결식을 하면서까지 목적을 위하여 불사르는 의지력이 대단하다.

또한 프로 의식이 강하여 마음에 드는 일은 천직으로 알고 전문적인 분야를 통달하는 의지력과 노력으로 철저하게 연구하고 분석하게 된다.

큰 뜻을 품은 일에 대해서는 어떠한 희생도 아끼지 않고 끈기 있게 밀고 나가는 저력이 있어 이때 주변에서 뭐라 하여도 절대로 옳게 받아들이지 않는 버릇이 있고 같이 일하는 동료라 할지라도 상대가 무엇을 생각하고 있는지 알 수가 없어 같이 일하기를 꺼려하는 일이 많다.

예리한 감수성이 있어 예술에 관계되는 일 · 음악 · 무용 · 화가 · 만화 분야 등 세심한 감각과 개성을 살려 나갈 수 있는 일, 서예 · 화도 · 동양화 등에 좋고 물 관계로서는 해운업 · 조선업 · 치수토목공사 · 물장사 · 주유소 · 술집 · 다방 · 레스토랑 등을 들을 수 있다.

특징으로 말할 것 같으면 일반 점포와 같은 방법으로 경영하더라도 자연 단골손님이 많이 생겨 번성하는 이점이 생기고 여성으로서는 결혼하면 가정에 들어앉아야지 주변의 달콤한 유혹에 휘말려 물장사를 하게 되면 반드시 후회하는 일이 생기게 된다.

화기성은 돈 벌기 위한 일보다 삶에 보람을 갖는 일에 삶에 보람을 느끼고 본인의 위신을 어떻게 다루어 나가는 데 대한 향상심에 따라 사업 운이 달라진다.

■ 화기성(午未공망)과 12지지 조견표

지운	인 (寅)	묘 (卯)	진 (辰)	사 (巳)	오 (午)	미 (未)	신 (申)	유 (酉)	술 (戌)	해 (亥)	자 (子)	축 (丑)
월운	음력 1월	2월	3월	4월	5월	6월	7월	8월	9월	10월	11월	12월
양년생 ⊕	회기	재기	안기	음기	정기	감기	종기	생기	화기	약기	달기	란기
음년생 ⊖	란기	회기	재기	안기	음기	정기	감기	종기	생기	화기	약기	달기

※ 화기성(午未공망일)생으로서 午년 未년에 태어난 사람을 영합공망인(靈合空亡人)이라 부르고 아래와 같이 해석한다.

(층)관계, 양면성운 ⊕술월(戌月)에 화기 꽃이 피고 대충 辰월의 안기로 행운 찾는다. ⊖동일 해석.

(4) 영합(靈合) 화기성(火氣星)

따지는 것보다 기분(氣分) 따라 변칙하는 형으로 '본심(本心)' 밝히기를 싫어하고, 자기 자신(自己自身)의 세계(世界)를 누가 뭐라고 하여도 끝까지 지켜나가는 강인성이 강하다.

때문에 주변에서 볼 때는 제멋대로 된 사람으로 비치게 되지만 본인 마음을 열고 대화한 상대에게는 어떠한 수모와 피해를 본다 할지라도 끝까지 그 상대를 신임하게 된다.

항상 주변에 사람이 없으면 허전하고 쓸쓸해서 슬픔이 많기 때문에 말동무나 상담역이 없으면 침착하지 못하고 불안해진다.

또 여유 있는 금액으로 고유 부동산에 출자하는 사람은 극소수이지만, 헐값으로 산 부동산은 큰돈이 될 수 있지만 자식에게 상속하는 것보다 사회봉사, 복지사업에 투자하는 예가 많다.

본래 화기성은 금전상 건실성이 별로 없고, 충동매입(衝動買入) 경향 때문에 금전 저축이란 그리 쉬운 언어로 해석하는 데는 어렵다.

이에 반한 수기성(水氣星)이 혼합체(混合體)로 우선 매사 이기적(利己的)이고, 남을 믿지 않으며 그렇다고 남으로부터 바라지도 않고 오직 스스로부터 시작하는 사고방식(思考方式)이라 독립심이 왕성해지는 것이다.

때문에 어릴 때부터 용돈을 저금하기 좋아하고 축재의 마음[蓄財心]이 강하며 토지, 부동산 등에 투자하는 등 재산을 증식시키는 일이 수리적(數理的)인 취미다.

때문에 하는 일마다 까다롭고 대인관계가 이랬다저랬다 변동이 많고 욕심쟁이로 보이게 되지만, 막상 대하고 보면 우선 반박감이 강하게 보이지만, 내면은 인정 많고 슬픔 잘 타는 사람으로 착실하고 부지런하여 오직 "톱", "스타" 성의 모순 때문에 곤혹(困惑)할 때가 생긴다.

그러나 이 이성상대(理性相對)라고 점을 찍으면 그 상대는 이상할 정도로 본인의 '페이스' 에 휘말려 버리는 특징이 있다.

영합(靈合)의 특징은 우유부단(優柔不斷)과 일진일퇴(一進一退)의 번복으로 진전이 없는 것이 특징이다.

그러나 스피드, 성급함을 피하면 '매사 끝까지 밀고 나가는 저력' 이 있기 때문에 일을 맡겨도 안심할 수 있는 상대이다.

■ 화기성의 영합, ⊕ 午년생, ⊖ 未년생

● ⊕ 오(午) : 오랜 시간이 걸려도 모양 좋은 큰 꽃을 피어내도록 힘써야 한다!

❶ 충동적인 감정을 자제하고 자신이 하고자하는 목표를 세워 확실한 노력을 거듭 함으로 자신의 개운 문을 열 수 있을 것이다.

❷ 때로는 지나치게 뛰어난 재능과 판단력 때문에 뜻하지 않는 '배신과 방패' 를 받을 수도 있고, 그곳에 발목을 잡혀 이러지도 저러지도 못할 때 생기며, 이러한 어려운 역경이라도 자신의 신념으로 극복하며 달성시킨다.

❸ 어떠한 거래 관계, 인연 관계 있어서도 성실한 노력을 아끼지 않고 친절하게 돌봐주는 특성이 있기 때문에 주변으로부터 신용과 믿음은 인정받지만, 금전관리상 수입은 좋은데 지나친 지출로 어려움 겪는다.

❹ 남을 위하여 희생하고 도와주는 것도 좋지만 어느 정도껏 해야 하고, 자기 시간을 갖는 것도 스트레스를 해소하는 좋은 방법이며, 일과 가정을 소홀히 하지 말고 지켜나가면 좋은 자식운세로 장래가 밝아진다.

● **동 방위는 금전유통 가능해지고 서 방위는 생기 부른다.**

본래의 화기성의 성격이 농후하게 작용되어 감성 따라 제 마음대로 행동하고 무엇을 생각하고 있는지 전혀 알 수 없는 인상을 주게 된다.

그러나 오수년의 천성을 타게 되므로 밝은 행동력이 갖추어져 많은 사람이 좋아하고 포용력 있는 대인 교제로 자신의 주변에 적을 만들지 않는다.

특징이라면 선친의 은혜를 입게 되어 태어날 때부터 가정적으로나 사회적으로나 별 다른 고통 없이 순조로운 환경에서 발전하고 자라날 수 있는 강운세로 태어난 점을 들 수 있다.

이러한 점이 사람 좋게 보이지만 본인으로서는 뜻하지 않는 실력을 필요로 장소나 환경 변화를 만나게 되면 참기 어려운 고난에 휘말리게 된다.

어릴 때부터 상식 밖의 일을 잘 저질러 변인 취급되는 일이 많고, 현실과 이상이 잘 들어맞지 않아 일이 뜻대로 풀리지 않으며 본인의 위신이나 개성이 강하고 매사 타산적이 되고 남을 하찮게 보며 자신에게 불리하면 억지를 쓰더라도 합리화시키려 한다.

●㊀ 미(未) : 자유분방인으로 벌고 싶은 돈박은 별로 없고, 난데없는 이성 물결에 비명

❶ 센스가 빠르고, 호화로운 분위기를 좋아하며 복장 장식, 예술 분야, 통신 분야에 손을 대면 그 분야의 재능이 뛰어나 개화의 꽃은 반드시 피어난다.

❷ 대인관계 있어서는 상대 말을 끝까지 받아들여 상대를 살려가면서 대응하는 방법을 취하면 불평이 생길 수 없고, 보기보다 어른스럽고 무엇보다 주변에 간섭, 속박, 잔소리 받기 싫어하며, 제 마음대로 자유롭게 행동하기 바란다.

❸ 이성 관계 있어서는 즐거운 비명이 나올 정도로 인기가 좋고 애정운, 불륜 관계, 삼각 관계 있어서도 남녀 불문하고 받는 것보다 주는 일이 많고, 때로는 경솔한 이성 선택으로 혼쭐나는 일도 생길 수 있다.

❹ 밤 활동 자 많고, 외식, 음주 기회가 많이 생기며, 건강으로는 위장, 수족냉증, 피부마찰, 타박에 조심하여야 하고, 본시 돈 떨어지면 쓸 돈에 조달은 이루어지며 때로는 선물, 금전이 들어오고 먹고사는 '의식주' 문제는 걱정 없다.

● **서북 방향에 머리를 향하고 잠자면 생기, 건강 좋아지고, 금전은 동남 방향에 있다.**

머리 회전이 빠르고 밝은 행동력으로 원만한 인생을 보낼 수 있지만 매사 소심하고 결단력이 부족하여 주워진 좋은 기회를 놓치는 일이 많으며 어떠한 일이 되었든 주변에 많은 신경과 배려를 가져야 할 미未년과 화기성의 특운의 자기본위에 합리주의 면이 조화를 갖게 되어 제3자로서는 이해받기 어려운 성격이 되어 손해 보는 일이 많을 것이다.

본인의 인생은 본인이 살아가는 것이지 남이 대신 살아주지 못한다는 철칙으로 살아가는 사람이라 한마디로 자신의 신념으로 살아가는 강운세의 고집이 있는 사람이다. 또한 어릴 때부터 고집이 강하고 말이 없어 변인 취급받는 일이 많고 하는 일마다 이상과 현실이 잘 들어맞지 않아 뜻대로 일이 잘 안 될 것이다.

욕심과 사업욕이 강하여 주변 사람과의 언쟁도 많이 생길 수 있지만 사람 따라 끈기와 노력으로 어떠한 일이든 목적을 성취시키는 일면이 있다. 부동산을 활용하여 사업을 벌이면 좌절과 파산을 면키 어려운 처지에 놓이게 되므로 삼가야 한다.

(5) 오미 공망(午未空亡)

■ 프라이드 높고, 자신의 괴로움을 남에게 알리기 싫어하며 자신의 속사정을 지적하든지 자신의 위신에 손상되는 말을 하게 되면 히스테리적인 반응을 보이게 된다.

■ 매사 경계심이 강하여 물증이 있어야 납득하며, 사람의 인상과 외모를 근거로 판단하는 것이 아니라 그 사람의 마음을 꿰뚫어 보는 투시력이 있어 진짜, 가짜를 구분하는 능력이 정확하다.

■ 머리로서 분별하는 이성보다 감정으로 인한 감성이 앞서게 되므로 충동적인 기분으로 척척 일을 시작해 놓고, 자기 기분에 맞지 않으면 서슴없이 엉뚱한 말로 오리발을 빼는 특징이 있다.

■ 대인 교제, 거래 관계, 인연 관계 있어서도 '열하기 쉽고, 냉하기 쉬운' 변덕의 약점 때문에 원만하지 못하며 때로는 자존심과 주변으로부터 체면을 유지하기 위하여 쓸데없는 지출 많고, 충동적인 감정으로 지출이 많아진다.

■ 집안이 화목할수록 자신이 고독해지고, 집안과의 인연이 멀어질수록 자신의 세계관에 몰두하여 정신적 고독감에서 해방되는

기분이 된다.

■ 여성은 물을 취급하는 장사가 좋고, 남과 어울리기 싫어하며, 분별력이 있는 연구, 학술교육이 좋고, 남도 하고 있으니 너도 하여야 한다는 식으로 비교하면 불리해진다.

■ 눈 아랫사람 관계, 자식 때문에 인연 없고, 걱정이 그치지 않는다.

● 화기성⊕ 마음의 소통이 척척 맞아 들어가는 상대!

자(子)년월 : 어떠한 일을 하여도 상호간의 의견이 잘 맞고 본인이 하고자 하는 아이디어 구성을 성공으로 이끌어주는 좋은 상대가 될 수 있다.

또한 상호간에 어떠한 관계가 되었든 손발이 잘 맞는 상대로 하는 일마다 즐거움과 보람으로 만족할 것이지만 섹스의 정력과 젊음에 호기심이 많고, 열정에 불타오르지만 얼마 못가서 화기성은 섹스의 만족을 얻지 못하고 상대에게 권태를 느끼게 될 것이다. 2년 전에 계획하고 실천해 온 일이나 목적을 달성할 수 있는 기회로 애정 · 결혼 · 가옥 구입 · 경제력 확장에 결실이 맺어지고 개인적으로는 정신적 육체적인 만족을 얻어 낼 수 있는 좋은 기회가 될 수 있다.

● 화기성⊖ 결혼상대로는 될 수 있는 한 피해야 할 상대!

자(子)년월 : 생활의욕이 약한 반면 바람 피우기를 좋아하며 많은 이성문제가 일어나게 되므로 될 수 있는 한 결혼상대로서는 피하는 것이 현명하다. 가정을 돌보지 않는 버릇이 있어 만일 자식을 낳아도 부모 없는 가정환경이 되며 처음에는 집요하게 달라붙는 열정에 불타게 되지만 점차 자년생의 정력에 견디기 어려워 섹스 관계를 싫어하게 된다.

어떠한 형태가 되었든 육체적인 문제 또는 신경을 써야만 될 일이 생기고 건강 · 애정 · 경제면에 어려움 생기며 육체적인 혹사는 반드시 그 대가를 치러야 하고 때로는 망신살에 걸린다.

● 화기성⊕ 결혼하면 상대보다 본인이 가정 붕괴를 자초하게 되는 상대!

축(丑)년월 : 축년생은 얌전하게 본인 말을 들어줄 뿐 이렇다 할 당신의 말에 대한 의견이나 동의를 해주지 않는 것이 어떻게 보면 상당히 부족한 감을 받게 되는 경우도 생기게 된다.

본인이 바라는 사업기획에 있어서는 착실한 축년생이 없어서는 안 되는 경향이 많고, 또한 따뜻한 가정과 자식 사랑을 아끼지 않는 축년생과는 만족한 가정을 세울 수 있겠지만 화기성은 얼마 못가서 불만이 생겨 바람끼로 좋았던 가정환경을 붕괴시키고 만다. 고의든 임의든 정신적 장애요인이 도사려 있고, 이때 발생한 일은 훗일에 반드시 후회하고 고민하여야 할 문제가 생기며 일에 대한 전념 과정에도 뜻하지 않는 정신적 스트레스만 더욱 가중하게 될 것이다.

● 화기성⊖ 이상이 꼭 맞는 결혼상대!

축(丑)년월 : 상호간에 가정을 중요시하여 부부로서는 최고의 상성 관계가 되며, 섹스에서도 횟수를 더할수록 축년생의 테크닉이 좋아져 만족감을 줄 수 있는 상대이다. 속마음을 털어놓기 싫어하는 말을 조용하게 들어주는 바람에 화기성은 자신도 모르게 진심을 털어놓는 경우가 많으며, 어떠한 관계든 이러한 관계를 맺게 되면 하는 일이 뜻대로 잘 풀리고 상호 유대관계가 두터워지고 대내외관계가 큰 발전으로 변모한다.

어떠한 일이 되었든 계획하고 목표를 세운 일에 대해서는 그 목적을 달성할 수 있으며, 특히 정신면을 존경하는 이점을 활용하게 되면 더욱 공감대를 얻어내어 무한한 발전과 원만한 환경 거래 등으로 유리한 변모가 생기게 될 것이다.

●화기성⊕ 거짓말 모르고 성실하여 믿음을 줄 수 있는 상대!

인(寅)년월 : 서로 만나자마자 바로 마음은 끌리게 되지만 웬일인지 화기성이 어디서 본 느낌을 받아 정열적인 열기가 없고 거리감이 생기기 쉽다.

그러나 양인 사이에 공통점을 갖고 있는 친구나 라이벌이 중간에 끼어 있으면 양인 사이는 급속적인 접근 변화로 친숙해지고 인년생이 거짓말 모르고 성실성이 믿음으로 변하며 뛰어난 섹스의 만족에 따라 결과적으로 굴복하고 본인의 정열을 솔직히 털어놓아 믿음직한 환경을 만들어 낸다.

지난날 인간 관계로 인한 균열 상태를 회복시킬 수 있는 좋은 기회로 헤어졌던 애정 · 좌절되었던 일 · 중단 상태를 재정비하여 일에 착수할 수 있는 시기이고 정신면으로는 추억 · 반성 · 후회하는 일이 생기며 경제면으로는 재수정을 필요로 하는 일이 생긴다.

● 화기성㊀ 본인의 위신과 자존심을 무참히 밟아버리는 상대!

인(寅)년월 : 인년생은 본인의 프라이드, 자존심을 무참히 짓밟아 버리는 존재가 되고, 본인에게 숨겨져 있는 열정의 감성도 인년생 앞에서는 쇠가 물 녹듯이 산산이 녹아 버린다.

만일에 결혼한다면 해가 갈수록 욕구불만에 싫증이 생겨 화기성은 밖에 연인이나 불륜 관계를 갖는 일이 생기게 되지만 인년생은 그러한 사실을 알면서도 모르는 것 같이 상대를 방치해두고 살아가는 생활환경에 의욕을 잃고 허무감에 사로잡히지만 공망살에서는 인년생이 해결사의 귀중한 존재가 된다는 사실을 알아야 한다.

육체적인 면보다 정신적인 불안정으로 마음을 놓을 수가 없어 일을 하다 보면 헷갈리는 실수가 많아지고, 대인교제 · 거래 · 사소한 의견충돌 · 감정대립 등이 많아져 도를 넘게 되면 파탄을 자초하기 쉽고, 감언유혹으로 돌아오지 않는 대차관계 · 손실 · 망신수가 생기게 된다.

● 화기성㊉ 여러 방면으로 마음이 잘 맞는 찰떡궁합 상대!

묘(卯)년월 : 선견력에 상대가 무엇을 원하고 있는가의 센스가 빠른 것은 양인이 비슷하여 만일 동성간에 만나면 같이 옷을 사러 간다든지 액세서리를 고른다든지 쇼핑을 같이 하는 경우가 많다.

또한 감성이 발달되어 있어 어떠한 일에 대한 기획조작이나 거래 관계에 있어 동업 관계를 갖게 되면 서로를 자극하여 가면서 재능을 다듬어 나가는 이변이 생기게 될 것이다.

섹스에도 횟수를 거듭할수록 자극이 살아나 물이 치솟는 만족감을 가질 수 있는 찰떡궁합이 된다.

어떠한 형태가 되었든 재운과 연관성을 갖는 일이 생기고 실리 · 상속 · 증여 · 주식 등에도 손익관계가 성립되며, 독신자는 부잣집과의 혼사문제가 성립되기 쉽고, 어떠한 일이든지 이익이 생기면 헤어져야 할 문제가 있고, 이때는 수리적인 재력과 지혜로운 실력으로 금전 운을 잡을 수 있다.

●화기성㊀ 어떠한 일을 하여도 뜻이 잘 맞는 상대!

묘(卯)년월 : 상호간 어떠한 관계가 되었든 하는 일에 뜻이 잘 맞고 일시적인 충돌과 마찰이 생겨도 자존심 강한 화기성이 사과하는 이상 현상이 나타나는 이변이 생겨 때로는 서로를 자극하면서 양인의 사이는 더욱 굳건한 관계로 변해진다.

섹스 관계도 표현하라면 두말이 필요 없는 찰떡궁합이고 질이나 양이나 이 세상에서는 최대의 기쁨을 안겨주는 상대가 될 것이다.

일시적으로 막히고 어려웠던 일이 주변사람의 도움으로 희망을 찾을 수 있고, 본인의 행동방침에 따라 성취도의 대소는 달라지겠지만 잃었던 일에 대한 재회 · 추억 · 반성 · 경제면의 재수정 등 어떠한 형태가 되었든 생동감이 생기게 된다.

●화기성㊉ 평온한 가정을 세울 수 있지만 일시적 바람은 어쩔 수 없는 상대!

진(辰)년월 : 화기성은 진년생의 결점에는 별로 신경 안 쓰고, 본인도 이상할 정도로 상대의 로맨틱한 무드와 귀공자, 공주와의 열렬한 사랑과 같이 자신의 사랑을 마음껏 불사를 수가 있다.

결혼하면 행복하고 평온한 가정을 세워 안정된 가정이 될 수 있지만 어떠한 형태가 되었든 본인(화기성)의 욕구불만 또는 변덕의 원인으로 일시적인 바람에 대한 마찰이 불가분하게 되어짐으로 화기성은 가정 붕괴를 원하지 않으려면 조심을 거듭하여야만 한다.

주변 환경이 안정되고, 성숙하게 익어가는 과일 맛을 보는 것과 같이 자연 그대로 때를 기다리며 취미와 적성에 맞는 일, 우연하게 만난 사람과의 혼사, 별로 생각하지 않았던 승진 · 자격시험 · 재력 등이 의외로 얻어져 기쁨을 맛보게 된다.

●화기성㊀ 서로 관계를 맺게 되면 재력을 갖다 주는 좋은 상대!

진(辰)년월 : 어떠한 관계가 되었든 맺어지면 재운에 관계되어 이익을 올릴 수 있는 상대로 결혼 · 동업 관계를 맺어 일하게 되면 큰 재력을 일으킬 수 있는 좋은 상대이다.

이러한 사람은 본인의 몸과 가정은 뒤로 하고 금전 관계를 중요시하는 바람에 때로는 인간적인 참된 길을 잃는 일도 생기게 되므로 조심하여야 하고, 연애 관계는 상호간에 즐기기 위한 연인 사이가 되며, 결혼을 하여도 놀기 좋아하고 안정된 가정을 세울 수 있는 대상이 된다.

주변 환경이 고의든 임의든 자신에게 유리한 조건이 성립되어 유산 · 증여 · 주식 · 부동산 등 수익이 예상되지만 '이산' 이란 뜻이 있어 떠난다는 뜻도 있고, 어떠한 형태가 되었든 금전과 관계가 있으므로 금전에 대한 일에 손을 대면 수익이 있을 것이다.

●화기성⊕ 이루어지기 힘든 슬픈 상대!

사(巳)년월 : 사년생은 신경질이 대단한데 그것도 모르고 화기성은 입 바른 소리를 함부로 하여 상대의 프라이드에 상처를 줌으로써 상대로 하여금 반감을 사게 되어 균열이 생긴다.

또한 화기성으로는 섹스를 개방적으로 생각함으로 섹스 관계를 싫어하는 체질은 아니지만 섹스를 죄악감 즉, 정당한 결혼으로 성립되지 않는 것은 죄책감을 받는 결과가 되고 공망살 진입으로 이상과 현실이 맞지 않아 어떠한 형태가 되었던 이룰 수 없는 슬픈 상대가 된다.

맑은 하늘에 먹구름이 서서히 덮여가는 형태로 심리적으로 불안정하고 헷갈리는 실수 · 오판 · 착각 · 간섭 등으로 이익보다 손실이 많고, 육체적으로는 사건 · 구속 · 장해 · 이성을 잃는 행위로 하는 일마다 산만해져 충돌이 많다.

●화기성⊖ 상호간에 자기 페이스를 지켜나가면서 교제하면 안정된 상대!

사(巳)년월 : 본인의 어리광스러운 동심이 사년생의 집념을 융화시켜 버리고 접근하면 할수록 뜻하지 않는 생동감과 친근감이 생겨 가까워진다.

사년생을 직장상사로 모시면 일단 고달프지만 본인의 요령을 잘 활용하면 두말이 필요 없는 좋은 파트너 관계가 될 수 있으며, 또한 결혼하면 가정을 중요시 여기고 결혼기념일이나 생일날에는 선물을 잃어버리지 않는 부부 관계되고 섹스보다 자식을 키우는 데 만족을 느끼게 된다.

전혀 생각지도 않는 우연한 일, 취미에 적성에 맞는 일의 수입이 생기고 이성 관계 역시 우연하게 만난 사람과의 인연이 생기며 승진 · 자격시험 · 의외의 기쁨과 목적이 어떠한 형태가 되었든 이루어지고 설마 한 곳에서 재력이 생긴다.

● **화기성⊕ 조정력에 따라 오년생은 당신 옆을 떠나가는 상대!**

오(午)년월 : 오년생은 마음이 순하고 주변과의 적응력이 지나칠 정도로 좋아 화기성으로는 믿기 어려운 사람으로 보이기 쉽지만, 상대의 강렬한 섹스에 자신의 위신도 무너지고 상대의 육정에 매달리게 된다.

여기에서 이상한 것은 화기성이 '이 사람과 결혼할 수 있다면…' 하고 생각을 갖는 동시 오년생은 날카로운 직감력이 작용하는 동시 당신의 곁을 떠나가 버리고 만다.

결혼을 하였다 하더라도 압력으로 밀어붙이면 간단하게 자식을 버리고 떠나가 버리는 상대이다.

먹구름이 천지를 뒤덮어 한 치의 앞을 내다볼 수 없는 어려운 형편에 어느 누구 하나 도움이나 말을 들어주는 상대가 없어져 일명 '사면초가' 상태가 되고, 자신의 주변 환경이 공허 상태로 좌절과 파괴가 도사리고 있으며 어떠한 형태가 되었든 불길한 징조에 휘말린다. 사람 따라 불길이 재운 문이 터지게 되므로 요행을 잡는 사람도 적지 않다.

●화기성㊀ 어떠한 형태로 간에 믿기 어려운 상대!

오(午)년월 : 주변에게 호응하고 때와 장소에 따라 환경에 맞추어 나가는 상대를 본인이 볼 때 도저히 믿기 어려운 인상을 받게 되지만 고분고분 잘 따라주는 오년생을 섹스의 도구로 삼게 되면 오년생의 강력한 섹스의 힘에 화기성은 사로잡히게 된다.

오년생은 섹스를 즐기기 위한 일부이지 본심이 아닌 것을 화기성이 착각하고 정열을 받치게 되면 어떠한 형태가 되었든 비극이 오게 되며 섹스의 즐거운 교제 친구로서는 적임자이다.

공망살의 먹구름이 덮여 심신이 오판 · 실수 · 착각 등으로 오는 손실이 많고, 주변 불안 등에 자신도 모르게 휘말려 사건 · 속박 · 장해 · 구속되는 일이 많아지며 근친 간에 마찰 · 불륜 · 사업 · 건강 무엇 하나 뜻대로 풀리지 않고 전반보다 후반 기세에 영향이 커진다.

●화기성㊉ 결혼을 바라면 본인의 중요한 부분을 잃어야만 할 상대!

미(未)년월 : 어떠한 관계가 되었든 상호간에 공망살에 걸려 발전은 전혀 찾아볼 수 없고 화기성이 결혼을 바란다면 본인의 프라이드 · 자존심 일절을 버리고, 부끄러움을 잘 타고 수줍어하는 미년생을 끝까지 쫓아가야만 결혼이 성립될 수 있을 것이다.

그러나 결혼을 하여도 일시적인 행복일 뿐 어떠한 형태가 되었든 본인의 지위 · 재산 · 가족 · 친구 등 자신의 모든 중요한 부분을 송두리째 잃어야만 할 일이 벌어지고 동업상대로서는 좋지 않다.

열렬한 사랑이 변심하고 근친자의 배신, 근친자의 생사별, 어떠한 형태가 되었든 행운보다 악운의 영향을 받아 후회와 좌절하는 일이 많이 생기고, 재난 · 병난 · 대차 거래난 · 추락 · 수난 · 화난의 암시가 생기며, 이때는 금전에 미련을 갖지 말고 토해내는 것도 불행을 막는 비법이다.

●화기성㊀ 결혼상대, 동업 관계로서는 피하여야 할 상대!

미(未)년월 : 프라이드 높고, 감성에 따라 행동하는 본인으로서는 소심하고 수줍어하는 미년생에 대하여 어떠한 최악의 사태가 벌어질 때는 인간 관계의 접촉이 희박한 상대로 하여금 실망을 받게 되고, 또한 결혼을 해도 마음을 열지 않고, 섹스 열기도 별로 없어 실망과 불만이 겹친다.

또한 이러한 사람과 동업 관계 같은 직장에 근무하게 되면 어떠한 일이 되었든 첫째 뜻이 안 맞고, 이상과 현실이 먹혀들지 않아 헛바퀴만 돌리는 결과가 되며 지위 · 재산 · 중요한 부분까지 잃게 된다.

한 치의 앞을 바라볼 수 없는 불안정한 사태로 직면하여 어느 누구도 본인의 말을 들어주지 않는 사면초가 상태가 되며, 이때는 어떠한 환경의 공허 속에 휘말려 파괴되고, 자신의 주변에도 불길한 징조에 휘말리게 되지만 사람 따라서는 불길한 가운데 재운 문이 터져 재운을 벌어들이는 사람도 있다.

●화기성㊉ 조강지처로서 이상적인 꿈을 심어주는 상대!

신(申)년월 : 어떠한 관계가 되었든 만나면 항상 새로운 정보를 제공해주고 특히 미지의 신비로운 세상을 알려줌으로써 아이디어 박스로 신선한 감각을 부어준다.

화기성이 자립경영을 원한다면 신년생의 힘을 빌려 일하면 어떠한 어려움도 극복하고 일익 번성하고 성장할 수 있으며 연인 사이라면 처음 만날 때부터 양인이 잊을 수 없는 에피소드의 만남, 감동적인 우연한 만남이 있는 것이 통례이며 신년생 여성은 이상적인 상대이다.

일시적인 어려운 문제는 점진적으로 사라지고, 임의든 고의든 시작한 일에 대해서는 어떠한 형태가 되었든 틀림없이 결실을 맺게 되므로 이때 정당하고도 자신이 키워나갈 수 있는 많은 씨를 뿌려 놓는 것이 장래를 위하여 효과적이다.

●화기성㊀ 주는 것 없이 밉고, 보기 싫어지는 상대!

신(申)년월 : 연애관계라면 본인이 만나고 싶을 때는 만날 수 없는 사정으로 만날 수 없고, 또한 상대 역시 만나고 무엇인가 상의하려면 뜻대로 만날 수 없든지 만났다 하더라도 의견대립으로 뜻을 이룰 수 없다.

어떠한 현상이 되었든 끈질기고 귀찮을 정도로 달라붙는 신년생에 감성 따라 변하는 화기성으로서는 처음 만났을 때는 몰라도 시간이 갈수록 왠지 주는 것 없이 미워지고 결국은 짜증스러운 상대로 직장 · 동업 관계라면 무척 애를 먹게 된다.

캄캄한 먹구름 속에서나마 일시적인 가볍고 밝아지는 기분이 오지만 전혀 마음을 놓을 수 없는 기회로 믿었던 사람의 배신·근친·사랑했던 사람과의 생사별·돌이킬 수 없는 후회스러운 일이 많이 생기며 또한 재난사고 금전대차 관계 등 얽히는 일이 많이 일어난다.

●화기성⊕ 취미, 적성 맞는 상대로 어떤 어려움도 격려하며 살려가는 상대!

유(酉)년월 : 본래 유년생은 신경질적이지만 화기성을 만남으로 예리한 감각이 연마되어 원만한 교제와 밸런스가 맞아들어 화기성의 밝음·유년생의 섬세함이 활력을 찾아 어떠한 일이라도 원만하게 이끌어 나가는 힘이 생긴다.

취미도 꼭 맞아 만나자마자 상대를 믿게 되어 불타는 사랑의 연정에 불이 붙어 사랑이 빠지고 얼마 못가서 결혼하는 사람도 적지 않다.

대지에 뿌려 놓은 씨가 이삭이 솟아나 무럭무럭 자라날 수 있도록 힘찬 호전이 기대되고, 어떠한 일이 되었든 안정과 획득을 얻을 수 있지만 설마 안이하게 생각하는 곳에서 무너지기 쉬우니 모든 것을 신중하게 다루어 나가야만 하고 급속도의 변화 바람은 좌절을 뜻한다.

●화기성⊖ 희망과 생동감주는 상대로 알게 되면 결혼으로 발전하는 상대!

유(酉)년월 : 프라이드 높고 아는 척 잘하는 화기성과 자상하고 신경질적인 유년생이 조화를 가지면 상호간의 예민한 감각이 연마되어 대인 관계에 있어서도 유연해지고 취미 또한 같아지므로 서로를 믿고, 이성 간에는 사랑의 싹이 트고 동료 간에는 친목이 두터워지게 된다.

연애로써 결혼 성립이 가능해지고 섹스에서도 무엇 하나 불만 없고 싫증이 없는 만족감으로 밝은 성생활이 가능해지며 사업에도 대담하고 섬세한 거래 등으로 성공이 가능해진다.

일시적인 어려운 문제는 사라지고 임의든 고의든 시작한 일에 대해서는 틀림없이 결실을 맺게 되므로 이때 정당하고도 자신이 키워낼 수 있는 많은 씨를 뿌려 놓는 것이 장래를 위하여 효과적이다.

● **화기성⊕ 연애 관계가 결혼으로 진전할 수 있는 이상적인 상대!**

술(戌)년월 : 상호간에 알게 되면 어떠한 일이 되었든 호흡이 잘 맞고 상대가 지금 무엇을 생각하고 어떻게 행동하려는 감까지 잡아낼 수 있으며, 일시적으로 멀리 떨어져도 전혀 이질감 없이 상대를 믿고, 정신적으로나 육체적으로나 떨어질 수 없는 이상적인 상대이다.

집안 가문 차이에 관계없이 연애로 결혼할 수 있는 상대가 되고, 이러한 양인 사이에는 어떠한 장해요건도 침범할 수 없으며 결혼 후에도 자식을 사랑하고 안전한 가정상이 될 수 있다.

열애는 좌절이 오고 이때는 의욕적인 계획에 도전할 수 있는 기회가 되며 경제면에서도 재운과 연결시킬 수 있는 좋은 기회가 되지만 정도를 벗어난 부도덕적인 행위, 타인에게 피해, 불신 등은 자신의 번뇌와 고민을 면하기 어려워지게 될 것이다.

● **화기성㊀ 맺어지면 일상생활이 친구, 연인 감각으로 살아가는 상대!**

술(戌)년월 : 서로가 맺어지면 어떠한 일이 되었든 상대를 인정하고 말 안 해도 현실의 실정을 알 수 있으며 어떠한 상대와도 바꿀 수 없는 좋은 상성 관계로 항상 친구나 연인 감각으로 생동감을 불어넣어 준다.

또한 특이한 것은 상대가 바람을 피우면 탓하는 것이 아니라 자신도 바람을 피워 '바람은 바람, 가정은 가정' 이란 면목으로 화합을 중요시하고 어떠한 관계가 되었든 마찰을 최소화 시키게 된다.

어떠한 조건과 환경이 되었든 본인에게 유리한 조건과 폭 넓은 조류관계가 시작될 수 있지만 어떠한 일이 되었든 설마한 곳에 위험이 생기고, 어떠한 진출에도 신성함과 신뢰성을 바탕으로 하는 일에 대해서는 무한한 발전이 기대된다.

● **화기성㊉ 건강, 손실, 병난을 불러들이는 상대!**

해(亥)년월 : 외견상 사귀는 데 어렵게 보이지만 막상 사귀어 보면 유머에 활발한 성격 탓으로 상호간에 친한 친구로서 놀기에는 좋아도 육체적인 접촉(섹스 관계) 등 결혼 상대로서는 건강을 해쳐 병난 등이 발생하는 요인체가 될 것이다.

어떠한 형태가 되었든 맺어지면 이질적인 쾌락이나 성적 불쾌에 사로잡히기 쉽고, 화기성이 남성이라면 살림 못하는 처에 대한 불만, 건강상의 악화, 금전상의 궁색, 동업 관계라면 왠지 부족하고 실수가 많아진다.

육체적인 이상 변화로 애정이 그리워질 때가 있고, 피로 · 병난 · 재난 사고 등 본인의 실수 · 유혹 · 손실 · 망신수에 걸리게 되며 이때는 쓸데없는 말로 구설수에 오르는 것이 특징이다.

● **화기성㊀ 결혼상대, 동업 관계로서 새로운 발전을 기대할 수 있는 상대!**

해(亥)년월 : 보기에 사귀기 힘든 사람으로 보이게 되지만 해년생과의 만남은 밝은 유머적인 상대로 놀기 좋아해 결혼하여도 친구와 같은 사이 좋은 부부 관계 된다.

여성이라면 상대로 하여금 성적능력(性的能力)은 물론 자신의 잠재된 매력(魅力)이 벗겨지고 동업 관계라면 당신의 발상(發想)이 하나 둘 다듬어져 새로운 상품(商品)의 가치로서 개발(開發)될 수 있는 좋은 상성 관계 된다.

지금까지 바라는 계획이나 소망이 '뜻대로 풀리지 않는 일' 이나 문제들이 풀리는 기회가 되고, 하는 일마다 호조되어 주변사람에게도 설득력이 먹혀들어 하는 일에 큰 발전이 기대되며, 또한 기력이 충만하여 승부욕 때문에 헷갈림이 해소되고, 본인이 바라는 목적을 위해 방향 '길 방위' 를 잘 활용하면 뜻이 이루어진다.

제 8 장

천기성天氣星의 천중살天中殺편篇

1

천기성(天氣星)의 천중살(天中殺)

(1) 일주(日柱)

영수	㉛	㉜	㉝	㉞	㉟	㊱	㊲	㊳	㊴	㊵	간이 없어
간 지	甲 午	乙 未	丙 申	丁 酉	戊 戌	己 亥	庚 子	辛 丑	壬 寅	癸 卯	공망(空亡) 辰巳

※ 간(干)은 열 개, 지(支)는 열두 개로 간(머리) 두 개 없는 것이 공망(空亡)이다.

■辰巳 공망(空亡)은 천기성(天氣星)으로 성격, 성장, 가정, 결혼, 재운, 직장, 연애, 섹스, 상성 관계 총활운은 동일하지만 甲, 乙, 丙, 丁…… 癸 따라 다소간에 차이가 생기게 된다.

■음(−), 양(+) 구분은 일주 음양으로 구분하는 것이 아니라 태어난 년주(年柱) 따라 음양이 분별된다.

(2) 년주(年柱)의 천간(天干)

甲 丙 戊 庚 壬……⊕

乙 丁 己 辛 癸……⊖

■ 천기성(天氣星) 일주에 辰년생 巳년생은 영합천기성(靈合天氣星)자로 운명 흐름이 양면으로 흘러가게 된다.

■ 甲午 일주에 병오년생(丙午年生)이라면 앞 '六十갑자(영수) 조견표'를 보고 목기성(木氣星)을 읽어보면 된다.

■ 자기의 일주(氣星)가 해년마다 바뀌는 간지(干支)를 보고 상생 상극을 구분한다.

■ 주기 흐름은 '월운 조견표'로 년운도 본다.

㉛ 甲午

● **서민형, 순수하게 도움주는 봉사, 헌신 인생, 영감, 운동신경 발달**

명예보다 실리를 우선으로 생각하는 본성에 개방적이고 활발한 행동력이 작용하면, 무엇보다 눈앞에 닥쳐오는 변화에 무서운 행동력에 대한 '파워'가 강해진다.

대인 쪽을 갈라놓은 담백한 성격 탓으로 분명하고 확실성이 있는 일에 자신의 운명적 진로가 좌우되기도 하며, 어떠한 일이 되었든 간에 이모저모 생각하고 분석하는 버릇이 제3자가 볼 때 하는 일마다 침착하지 않고 불안정하게 비치게 된다.

굶주리고 추위에 떨고 있는 불쌍한 사람이나 불행한 환경 속에 딱한 처지에 놓여 있는 사람을 나름대로 순수하게 정성껏 돌봐 주다가 오히려 수혜자로 하여금 이용만 당하는 일이 많으므로 경솔한 동정은 삼가는 것이 현명할 것이다.

어떠한 형태가 되었든 자신의 선입관에 의존하여 사물을 판단하기 쉬워지고 대인 관계 있어 사람 사귀는 데 좋고 싫은 것이 분명하며 외골수에 도량이 좁고 자신이 하고자 하는 일에는 승부욕이 강하게 작용되지만 경계심이 많으며 남성은 색정에 눈이 어두워지면 재력을 탕진하기 쉽고 여성은 무미건조하다.

또한 자신의 영역을 견고히 지키고 살아가기 바라지만 살아나가는 능력이 서툴고, 농담이나 겉치레한 말을 잘하지는 않지만 어쩌다 힘들여 말한 말이 상대의 트집이나 대드는 억양으로 들리기 쉽고 성미가 까다로워 싫으면 싫고, 좋으면 손해를 보더라도 헌신적으로 봉사한다.

조직사회에 적응이 잘 되어 회사, 관직에 진출하게 되면 상당한 지위와 명예를 얻을 수 있으며, 때로는 주어진 좋은 기회를 주저하고 게으름을 피우다 놓치게 될 것이다.

상속, 기타 금전운으로 재물이 보존되지만 허영심, 유예적인 취미, 춤, 술, 오락, 주색잡기 등에 흥미 있어 보존하기 어려워지고 보이기에는 이상이 높게 보이지만 알고 보면 그렇지 않다.

사람 따라 이성에게 사로잡히면 온 몸에서 색향이 풍겨 주변 유혹이 그치지 않고 문제를 일으키며 이러한 여성은 남성으로의 공격의 표적이 되어 끈질긴 접근으로 어쩔 수 없이 관계를 맺게 되면 피할 수 없는 번뇌 속에 휘말리게 되고 결혼 전이라면 몰라도 결혼 후의 불륜 관계로서는 비극이 몇 배가 도사리고 있는 것이다.

태어난 생년월일에 갑(甲)이 2개 이상이 있으면 지나칠 정도로 고지식하고, 하는 일마다 앞뒤가 막혀 있는 상태로 초년에는 생활 상태가 분주하여 안정을 찾지 못하여 방황하기 쉬워지지만 중년 이후 마음의 안정을 찾아 정착할 수 있는 최고 후락 운세 된다.

※ 일주 다음에 년주

㉜ 乙未

● 솔직하고, 평범한 생활, 파란 적고, 가정운 길

현실과 실질면을 우선으로 생각하는 본질에 집념이 작용하면 남성과 여성 차이가 크게 분리하게 된다.

남성은 고립된 사색을 좋아하고, 주변으로부터 간섭 받기를 제일 싫어하며, 다른 것보다 계산 능력, 수리 개념이 뛰어나게 발달되어 있어 모든 문제, 일 등을 수학적인 공식과 그 자체의 뿌리부터 지긋이 분석하고 계획하여 행동으로 옮기게 될 것이다.

여성은 모든 일을 이성보다 감성으로 생각하고 개방적인 성격탓으로 사람 사귀는 데 아무런 거리낌이 없이 사람을 사귀게 되어 젊은 미혼 시절에는 많은 이성들이 좋아하고 따라붙게 되지만, 일단 결혼을 하게 되면 자신의 몸가짐에 소심하고 오직 남편과 자식을 위하여 헌신적으로 봉사하는 전형적인 현모양처형이지만 이상한 것은 이러한 헌신에도 불가하고 남편문제로 고난이 많다.

자기본위에 집념이 강하여 한번 상대를 믿으면 철저히 믿고, 싫어하면 철저히 싫어하는 사람으로 양자운으로 배우자운이 바뀌기 쉬워지며, 현실파로 타고난 인기에 여성을 좋아하여 결혼 후에도 이성관계가 계속되기 쉬워진다.

사람 따라 상대를 은근하게 자기에게 유리한 페이스로 유도하여 여성 수입으로 살아가는 "제비족" 경향 있는 사람 있고, 어떠한 형태가 되었든 복력이 있어 끝판에는 변화의 손길로서 복구한다.

의지심이 많아 남에게 부탁하였다가 들어주지 않으면 맹렬한 반박과 인상이 달라지고 정신과 육체를 분리하여 대응하며, 앙큼한 연출력이 동원되는 사랑의 사냥꾼이면서 마음은 항상 아내에게 있는 것이 특징이다.

이 사람에게는 독자적이고 어려운 창업에 도전한다는 것은 억지 욕심이 되며 정신적 안정을 잃게 되면 신경질에다 건강을 해치기 쉬워지고, 어떠한 형태에 사로잡히게 되면 심신의 쇠약은 물론 적극성마저 사라지는 운이 있다.

쓸데없는 일을 일으켜 인생굴곡을 만들어내고, 겸손하게 양보한 곳에서 좋든 나쁘든 변화가 생기며 이러한 일을 벌이지 않으면 평범한 생활상이 된다.

비활동적인 일에 큰 재력이 생기는 운이 있고 지나치게 나만 아는 체하는 자만성이 있으며 육친과는 인연 박하고 부부간의 애정운 역시 연약한 점이 많을 것이다.

여성은 심리적으로 연약하여 현실적인 풍파에 대항하기에는 힘이 약하게 보이지만 어떠한 난관에도 복력이 작용되어 맺는 성과는 대단하다.

※ 일주 다음에 년주

㉝ 丙申

● **고집, 꿈에 대한 욕망, 직감력이 성사된다**

현실을 보는 안목이 좋고, 장래에 대한 현실적인 꿈을 시키려는 지구력에 신(申)이 조화되면 어떠한 일이 되었든 그 일에 대하여 구석구석까지 세밀하게 파악하고 조사하여 지적하게 되므로 주변사람이 볼 때는 '눈매가 무서운 사람' 되고 적당하게 처리하는 사람에게는 '까다로운 사람' 으로 평이 난다.

머리 회전이 빠르고, 지모를 겸비하여 어떠한 어려운 난국에도 그 실력이 인정되며 조직사회에서는 어떠한 분야가 되었든 그 분야의 지도층에 오르지 않으면 보좌역으로서 실력을 십분 발휘하게 될 것이다.

예민한 감각에 적응력이 좋아 어떠한 환경에도 적응하지만 열받기 쉽고 냉하기 쉬운 약점이 있으며, 이성보다 감성을, 물질보다 정신을, 순수한 인생에 로맨틱한 환상의 꿈, 도저히 실현

가능이 없는 일, 자신의 체질과 취미에 맞는 일을 찾아 즐겁게 살기 바란다.

의욕적인 일, 취미에 맞는 일에 사로잡히면 어떠한 형태든 심신이 쇠약해지고, 때로는 남에게 의지하려다 속임수에 걸려 좌절하는 일도 생기고 사전, 위험에 대한 직감과 예감이 생기면서도 어쩔 수 없이 끌려 정신적 불안, 파산, 건강을 해치는 일도 생기기 쉬워진다.

화려한 연회 장소, 맛 좋은 미식을 즐기며 불평불만 생기면 잔소리가 많고 어떠한 형태가 되었든 돈에 대한 저축이 잘 안 되어 그렇다고 일에 대한 귀천을 가리는 것이 아니고 매사 솔선수범하여 대중거래가 좋아 금전운도 양호한 편이다.

특히 길흉운세로 극단적인 변동이 많고, 행운의 상승운에 있다가도 일시에 하락 운으로 실수, 함정 등에 빠져 다시 일이 알 수 없는 구제불능 사태로 고민하는 사람도 적지 않다.

직감력을 살려 현실을 잡을 수 있지만 쓸데없는 일이나 함부로 하는 말, 억지로 그럴듯하게 관철시키려는 일 등은 아무리 올바르게 주변에게 설명하여도 그 좋은 점을 이해하려 들지 않으며 남성은 신선미 있는 여성을, 여성은 이상적인 남성에 대한 동경심이 항상 마음속에서 떠나지 않는다.

자신의 지나친 욕심을 만족시킬 수 없어 항상 마음이 허전하고 불안정하며 지나친 욕구가 노골화되어 좋은 재질을 갖고 있으면서도 주변으로부터 인정받기 어려워 고립되기 쉬워진다.

여성은 배우자와의 인연이 박하고 상대 약점을 닦달해 피곤을 주기도 하며 때로는 자기 꾀에 자신이 넘어가 몸을 허락하는 망신살에 걸리기도 쉬워진다.

이 사람의 주의할 점은 신체적으로 몸에 이상이 없으면 재난사고 등에 항상 주의하여야 한다.

※ 일주 다음에 년주

㉞ 丁酉

● 애정 과다, 세심한 신경, 도량, 예술 재능

명예보다 실리를 우선으로 생각하고, 현실적인 질과 양을 생각하는 본질에 유(酉)가 작용하면 어떠한 일이 되었든 주변 분위기가 요란스러워지고 하는 일마다 성급해지고 선견지명에 의존하여 일을 벌이는 일이 많아진다.

또한 일반 사람으로서는 도저히 상상할 수 없는 미적, 유행에 맞는 아이디어를 창출을 해내어 그 꿈을 현실화시키려고 분주히 뛰어다니기도 하며 그 일에 열정을 다 바쳐 성공하는 일도 있다.

이러한 열정을 일에 바치면 어떠한 형태가 되었든 자신이 목적하는 결과가 좋든 나쁘든 간에 표면에 나타나게 되고 이러한 일을 주변사람이 격려해 주고 호응하여 후원해 주면 어떠한 불리한 여건이라도 완성시켜 내는 저력이 있다.

또한 일에 대한 치밀성, 기억력이 뛰어나고 현실의 환경과 조건을 순응하면서 정신적 재능이 발달되어 있어 문학, 예능, 적성에 맞는 취미의 일도 좋겠지만 대인거래에 일정한 한계를 두고 풍부한 유머를 섞어 대인거래가 능숙하므로 상술로서도 뛰어난 재간이 있다.

운명적으로 볼 때 정의로운 결백성이 인정되고 명성 따라 횡재운이 있으며, 때로는 소극적이고 즉흥적인 오판으로 일을 그르치기 쉬워지며, 때로는 폭풍 속에 떠내려가는 적은 배와 같이 고의든 임의든 갈피 잃은 파란에 시달리게 되고 일의 리듬이 깨져 하찮은 구설이 많아져 '홧' 김에 쓸데없는 일을 저지르든지 불륜, 이성, 열정으로 시달렸다가 냉정을 찾는 일도 생긴다.

초혼기보다 재혼이 좋은 것과 같이 초년에는 많은 우여곡절에 시달리는 형편이 되었다가 나이가 들수록 점진적으로 안정을 찾아가는 운세이며, 죽도록 모은 돈을 남을 위해 쓰는 봉사 암시 있고, 본인의 행동범위가 넓어지면 넓어질수록 균형을 잃게 된다.

한때 스쳐지나가야만 할 이성문제 운이 있어 어떠한 형태가 되었든 남자는 여난, 여자는 남자 난의 암시가 생기게 된다.

여성은 결혼하면 가정 순응이 잘 되어 헌신적인 사랑, 정신적 결속을 바라지만 육체적 섹스 진가에 자극받으면 '낮에는 숙녀, 밤에는 요녀' 로 변하고 헌신적인 남편의 사랑으로 여성상위 만든다.

때로는 주변 환경과 억압에 못 이겨 부득이 동거생활로부터 시작하는 사람이 많고 이열 이냉, 적응력이 좋아 사회적으로 자신의 실력을 마음껏 발휘하는 여성 많다.

※ 일주 다음에 년주

㉟ 戊戌

● 평온세, 상술수완, 투기운, 재물과 명예

명예와 실리를 추구하는 바탕에 술(戌)이 작용하면 어떠한 일이 되었든 그 일에 임하는 배짱이 좋아져 큰 희망을 품고 그 목적을 위하여 온 정열을 바치게 되며 본인의 눈앞에 나타나는 장애요인에 대해서는 어떠한 투쟁력을 동원하여서라도 끝까지 밀어붙이는 저력이 대단하다.

자신에 대한 입지조건을 냉정한 눈으로써 정확하게 파악할 수만 있다면 지도자의 품격으로 대성할 수 있는 재질로 충분하게 있지만 대략 이러한 지성과 이성을 본인의 현실욕심에 도구로서 만들어내고 만들어내는 실면에는 어떠한 형태가 되었든 감정이 앞서게 되므로 그 일의 성패는 그 물건 자체의 선택에 좌우된다.

총명한 머리에 직관력이 있고 때로는 독선적이라 고독할 때 많으며, 독립심은 좋지만 폭발적인 내면기질로 하여금 선악, 길흉, 상반 선택 따라 비판을 받게 된다.

또한 본인의 위험을 돌보지 않고 어떠한 재난, 위급사항을 맞게 되면 수화를 불문하고 뛰어들어 구원의 손길을 펼치려는 의리

감은 좋지만 때로는 무모한 일에 덤벼들어 상대의 생명은 구해 놓고, 자신이 희생되는 일이 생기는 일도 생긴다.

이러한 예가 되면, 장수운을 가졌다 하더라도 어느 때 그 위기감을 만나는가에 따르고 본인의 인생 수양 능력에 따라 운세가 달라진다.

서민형으로 대인관계의 상하 융합관계가 원만한 평화주의자이지만 만사에 걸쳐 약삭빠르고, 경제면을 최우선으로 생각하는 경향으로 절제, 허리띠를 졸라매는 궁상맞은 사람도 있으며 임기응변 화술 좋고, 사람 평가나 일에 대해서는 일류메이커, 금전유무로 인격을 평한다.

어떠한 일이 되었든 그 일에 사로잡히면 몸 깊숙한 곳까지 가서 꿈틀거리고 치솟는 욕망을 스스로 조절할 수 없는 열기에 이러한 힘을 자식의 목적을 위해서 일하면 그 욕망을 훌륭하게 채우게 되지만 이성문제로 사용하게 되면 음탕, 질투, 부정, 무리한 욕망, 억센 세파에 몰리게 된다.

자아를 반성하고 모든 일을 포용력 있게 집행하면 어떠한 형태가 되었든 명예와 재물이 생기고 과욕이 생기면 어떠한 형태가 되었든 구설 또는 관재구설에 걸리게 된다.

또한 음양이 중단하는 기력 있어 양일 때는 주변 이목이나 출세가 가능하고 신용증대 되지만 음이 될 때는 심각한 실수, 유혹에 대한 혼선, 이룰 수 없는 욕정에 휘말려 모든 것이 파괴된다.

성은 지나치게 똑똑하여 여성상위로 배우자를 극하기 쉬워지고 남편 사랑에 불만이 많이 생기며 놀 때는 놀고 가정은 가정으로서의 직분을 십분 발휘한다.

다만, 본인이 좋아하는 상대에게는 정열적이라 떨어져 있기를 싫어한다.

남성은 아내에 대한 의심이 많고, 평시에는 느긋하다가 어떠한 일이 벌어져 자극을 받게 되면 행동에 옮기는 버릇이 있으며 무모한 위기 따라 성패가 좌우되기 쉬워진다.

※ 일주 다음에 년주

㊱ 己亥

● 부침의 인생, 가족 불운, 한 일에 전념이 성공

현실과 실지면을 우선으로 생각하는 평화주의 본질에 해(亥)가 작용하면 대중과 같이 있어야만 마음을 놓을 수 있는 본 바탕에 자아가 강해져 사소한 일에 대하여 타협을 싫어하며, 본인이 일단 마음을 정한 일에 대해서는 어떠한 어려운 난관이 생겨도 끝까지 밀고 나가는 전력이 강하여 결과적으로 승패의 바닥을 보아야 한다.

이러한 특성의 소유자로 젊었을 때부터 본인의 적성과 취미에 맞는 일을 찾아서 노력한 사람은 그 분야에서는 일인자의 자리로서 대성되어 있을 것이다.

이러한 비타협적인 반면 인간관계 있어 인정과 인맥을 중시하고 근친, 선후배, 동료, 친구 사이에 사소한 조언이나 협조를 받으면 항상 감사의 정을 잃지 않고 주변과의 따뜻한 유대관계는 두말할 나위 없지만 때 따라서는 지나치게 인정에 끌려 자신의 올바른 판단력을 잃어 감언유혹의 속임수에 걸려들기 쉬워지고, 또한 딱한 사정을 들어주고 배신당하는 일도 종종 생긴다.

또한 창의력이 뛰어나 자연 일에 대해서는 본인 의주되기 쉬워지고 남에게 일을 맡기면 어떠한 형태가 되었든 불안정하고, 한시도 마음을 놓을 수 없으며 또한 일반적인 장난이라도 주색잡기에 손을 대면 자멸은 불가분하고 이성관계의 순수성은 몰라도 색정관계가 되면 이로 인한 화근은 크게 작용하게 된다.

현실을 직시하고 실수 없는 완벽주의자로 진취성이 대단한 외유내강에 풍부한 유머와 수다스러운 면 있고 모든 일이 뜻대로 안되면 투덜대는 버릇과 남을 신랄히 비판하는 경우도 생기며 스트레스가 쌓이면 술로서 회포를 풀려하며 주거, 직장, 이동수가 많다.

형편 따라서는 세상이 허무하고, 살아가는 활기자체를 잃게 되며 살아 나갈수록 앞날이 캄캄해지는 선입감에 위한 좌절 의식 따라 금전면의 허구성으로 현실을 무시하고 물 쓰듯이 낭비하게 된다.

어떨 때는 대담하게 보이면서 소심하기 짝이 없고, 주어진 좋은 기회도 우유부단하여 놓쳐버려 후회하는 일이 많이 생기지만 워낙 관운과 재운이 좋아 본인이 하고 싶은 일을 뜻대로 해볼 수 있는 자질이 있다.

성 역시 본인이 옳다고 생각하는 일에 대해서는 선악을 가리지 않고 본질적인 정확성을 잃게 되어 인정에 끌려 속임수나 배신 당하는 일이 많이 생기게 된다.

또한 임기응변이 능하고 가계를 잘 처리하지만 집안 가구 일절에 대해서도 완벽하기 바라므로 자연 쓸데없는 마찰이 많아지고 섹스면에 시간이 걸려 남편 건강에 지장을 주게 된다.

※ 일주 다음에 년주

㊲ 庚子

● 불안정, 신경질, 결혼 불운, 정숙한 인생, 자식운

자기본위, 목적을 위하여서는 어떠한 도전도 과감하게 물리치는 저력이 있고, 이권에 대해서는 한 치의 양보도 없고, 일이 뜻대로 풀리지 않으면 불평불만, 신경질적이며 때 따라 수리적 계산에 모순이 생긴다.

서민적으로 지성보다 감성으로 살기 바라고, 타협과 포용력 있어 주변사람이 좋아하고 많이 따르며, 어떠한 어려운 일에 부딪치면 기민한 대처방안을 세워 그 일을 해결짓는 재능은 뛰어나지만 사람을 다스리는 지도층에 오르면 이것저것 관심과 호기심이 많아 쓸데없는 간섭으로 주변사람들을 곤욕스럽게 만든다.

평시는 느긋하고, 이 사람의 특징은 어떠한 어려운 환경에 있어도 본인이 일하고 먹고 살 수 있는 영역인 장소와 주거지는 보장받는 운세로, 어떠한 일이 되었든 일에 대한 열기가 대단하므

로 본인 적성에 맞는 취미적인 일에 전념하면 성공은 무난하다. 또한 귀가 얇아 감언유혹에 약하여 이용당하기 쉬워지고 일이 뜻대로 안 되면 낙담하기 쉽지만, 유행하는 시류 변화, 분위기 따라 변신술 있고, 주변사람을 헌신적으로 돌봐주는 은덕으로 좋은 찬스를 얻어내는 기반도 된다.

이 사람의 성공 비법은 자존심, 고집을 자제하고, 모든 일을 느긋하게 대처해 나가면 늦게라도 명성을 얻을 수 있는 기회가 생기게 되므로 모든 일을 조급하게 서둘지 말고 낙천적인 대처방안이 성공할 수 있는 열쇠이다.

유예적인 취미로 운동, 춤, 술, 도박, 경마, 유흥을 즐기며 마음으로는 바라면서 표현하기 힘들어 농담, 겉치레한 말은 잘하지 않지만 어쩌다 힘들여 말한 말은 트집이나 상대 말에 대드는 억양이 되기 쉬워지고 성미가 까다로워 싫으면 끝까지 싫고, 마음에 들면 손해를 보더라도 헌신적으로 봉사한다.

재물에 대한 이기적인 축제가 표출하면 주변으로부터 이상하게 지탄을 받는 대상이 되기 쉬워지고, 폭풍우 속에 떠내려가는 작은 배와 같이 고의든 임의든 갈피 잃은 파란에 시달리고, 안정될 듯하면 리듬이 깨지며, 홧김에 쓸데없는 일 벌린다.

대인관계 도량이 좁아 사귀는 데 상당히 힘들고 분명한 한계를 짓기 바라며 색정이 강하고, 여성은 담백 소박하며 포용력과 음식 솜씨가 좋아 주변이 많이 따르며 때로는 감상적인 망상에 사로잡혀 분수에 넘치는 실천으로 오는 복도 놓치기 쉬우니 수동적 자세가 효과를 거둔다.

※ 일주 다음에 년주

㊳ 辛丑

● 착실과 침울의 교차, 이발(利發), 사고, 아량 부족

현실을 올바로 보는 본질적인 눈이 있기 때문에 어떠한 일이라도 싫증이 빠르고, 축(丑)면이 작용되어 느긋하면서 고집스러운 행동력으로 변모하게 된다.

축(丑)기가 강한 사람은 남에게 지기 싫어하면서도 어떠한 일이 되었든 모든 일을 느긋하게 대처하여 나감으로 점진적인 운세 변화로 젊었을 때보다 중년에 갈수록 개운 변화가 열리게 된다.

현실을 올바르게 보는 사람은 대인교제, 거래유통 등에 요령 있어 젊어서부터 눈부신 발전이 기대되지만 어디까지나 본인의 적성과 취미에 맞는 일에 한하여 성공 여부가 결정난다.

일에 대한 구상과 계략은 좋지만 쓸데없는 추축이나 남을 믿기 어려워 항상 마음이 어둡고 의구심으로 오는 불신감으로 생각도 못한 마찰과 균열이 일어난다.

정밀하게 분석하는 일, 꼼꼼하게 처리하여야 할 일 등에 실력이 발휘되는 반면, 계획성 없이 환상에 사로잡혀 질서와 분수를 무시하고 감당하기 어려운 일을 밀어붙여 후회하는 일 생긴다.

이 사람은 독자적인 일이나 투기에 손대면 손실이 예상되고 남을 의지하려는 심리작용으로 지속성이 약한 반면, 지혜와 지모

가 겸비하고 권모술수에 능하며, 이러한 이점을 소화시켜 생활력이 응용한다면 복력이 있어 권위와 재력을 얻게 된다.

물질과 현실을 직시하고 타고난 인기에 여성을 좋아하여 결혼 후에도 이성문제가 복잡해지고 우리의 존재를 벗어나는 섹스관에 정신과 육체를 분리하여 상대를 매혹시키는 사랑의 사냥꾼이지만, 마음은 항상 본부인에 가 있는 것이 특징이다.

은근히 본인에게 유리한 페이스로 유도하고 사람 따라 여성 수입으로 살아가는 사람이 있는가 하면, 본인이 부탁한 일을 상대가 들어주지 않으면 인상이 달라지고 맹렬히 반박하게 된다.

겸손하여 붙임성은 좋으나 자존심 강하고, 풍류를 좋아하는 중소업체에게 많고 양자로 성장한 사람은 파혼 상태 되기 쉽다.

폭풍우 속에 떠내려가는 작은 배와 같이 고의든 임의든 갈피 잃은 파란에 시달리고, 안정될 듯하면 리듬이 깨지며, 홧김에 쓸데없는 일을 벌이기 쉬워진다.

용력 있는 가정환경에 요란스러운 환경이 되기 쉽지만, 배우자로는 특출한 상대를 만나기 바라지만, 뜻대로 이루어지기 힘들고 대개 어쩔 수 없는 동거생활로부터 시작하는 사람 많다.

여성은 주변 변화 따라 변신하는 변신술이 뛰어나고 항시 웃음을 잃지 않는 매력적인 분위기 조성으로 포용력 있는 가정환경이 된다.

※ 일주 다음에 년주

㊴ 壬寅

● 예리한 직감력, 예술적 재능, 실리보다 꿈을 쫓는 몽상가

서민적 기질로 서민대중과 더불어 행동하기 바라고, 서민대중과 관계되는 일, 서민대중을 위하는 일에 대해서는 주변이 어떻게 보고 어떠한 평가를 하든지 개의치 않고 본인이 옳다고 생각하는 일에 대해서는 끝까지 밀고 나가게 된다.

풍부한 참신성에 유머적인 상식을 조화시켜 어떠한 모임에 있어서도 주변을 즐겁게 하여 주고, 불운하고 어려운 환경에 놓여 있는 이웃사람을 잘 살펴주고 도와주게 되지만, 이러한 적은 도움을 주고 큰 도움을 준 모양 크게 선전함으로서 수혜자로 하여금 빈축을 받는 일도 생긴다.

타고난 낭만적인 모험과 순탄한 출세로 하여금 주변 이목을 끌어들이는 대상이 되고 이상보다 감성이 뛰어나고 물질보다 정신면을 중시하며, 순수한 인생에 로맨틱한 환상과 꿈을 꾸게 되고 전혀 실현성이 불가능한 허공 속을 헤매는 풍류체질로 아름다운 꿈과 취미를 살려가며 살기 바란다.

남녀 이성의 살이 살짝 닿아도 축축하게 느낄 수 있을 정도로 섹스 욕정이 강하고, 타고난 복운과 기량으로 지도력, 권력, 부귀가 형성되지만 저축에 한해서는 뜻대로 잘 안 되어 불평불만에 잔소리가 많다.

인정 있고 강직을 겸비하며 현실을 직시하는 판단력과 임기응변에 뛰어나 어떠한 조직이나 회사를 이끌어나가는 지도층 계

급에 많으며 자신이 옳다고 판단한 일에 대해서는 어떠한 권력 앞에도 굴하지 않고 올바른 말로 대응한다.

이 사람의 불행요인은 설마 하고 지나치게 안심하고 방치한 곳이나 일, 이성거래 관계로 오는 일, 후배, 부하로부터 뜻하지 않는 금전손실이나 불행이 터져나가기도 하고 때로는 봉변을 당하여 사회적으로 고립상태로 빠져드는 일도 생기기 쉬워진다.

지나치게 실리에 매달리게 되면 화를 자초하는 결과됨으로 느린 행동력이 도움이 되고 주변에서 이용 또는 매수하려는 일이 많이 생기니 성급한 판단보다 신중한 결정력이 구설수, 시비를 사전에 막을 수 있는 기회가 된다.

타고난 재복이 있어 꿈을 실현 시키려는 지구력으로 성공은 무난하지만 모든 일을 적당히 처리하려는 적당주의가 사회적 조직에서 소외받는 일이 많이 생기므로 개정이 아쉬워진다.

여성 역시 출세가 빠르고 자존심이 강하여 남편과 충돌이 많고 때로는 상대자의 약점을 다그쳐 피곤함을 주는 일도 서슴없이 해치우게 되지만 자신의 약은꾀에 자신이 넘어가 몸을 허락하여 질질 끌려다니는 불륜 여성도 있으며, 운명적으로 길흉이 격돌하여 안정을 찾는 데는 상당한 시간이 걸리는 사람이 많다.

※ 일주 다음에 년주

㊵ 癸卯

● 얌전, 불효, 자식으로 번뇌, 장남 아니면 막내로 태어나기 쉽다

현실을 올바르게 보는 물질면과 실제면을 우선으로 생각하는 낙천적인 사람으로 평시에는 소극적이었다가도 새로운 창설기, 란동기에는 일에 대한 분석, 관찰력이 대단하고, 현실적인 환경, 조건에 순응하여 가면서 정신력은 필요로 하는 취미와 적성에 맞는 분야, 예술 문학면에 소질 있다.

어렸을 때 풍부한 가정환경에서 물질적인 어려움이 하나도 없이 호강스럽게 자라나는 숙명적인 행운자가 많고, 친절하고 주변과의 융합이 잘 이루어져 많은 친구가 좋아하고 따르지만 본인이 남을 도와준 대가만큼 본인도 주변으로부터 도움을 돌려받기를 소망한다.

부모의 과잉보호 아래 성장하게 되어 세상 돌아가는 물정에 어두워 본인 나름대로의 상식이 옳다고 믿게 되어 일을 벌이다가 설마 안이한 곳에서 문제와 좌절이 생기게 되므로 우선 현실적인 경쟁사회에서 살아나가기 위한 실력 배양에 노력하여야 실패를 피하는 길이다.

풍랑에 떠내려가는 돛단배와 같이 고의든 임의든 갈피 잃은 파란에 어떠한 형태가 되었든 시달리는 일이 생기고 무엇인가 될 듯하면서 리듬이 깨져 홧김에 쓸데없는 도박, 오락, 불륜 관계, 마약 등으로 운명을 그르치는 경우도 있다.

어떠한 일이 되었든 자신의 목표를 세우면 수단방법을 가리지 않고 그 목전에 최대한으로 도전하는 것은 좋지만 일이 순조로울 때는 별일 없지만 순조롭지 못하고 세파에 시달리게 돼도 단념 않고 끝까지 물고 늘어져 그 결실이 좋을 때도 있지만 대부분 후회하는 일 많다.

열기 있는 활발함에 특유한 고집이 있어 한번 마음에 거슬리면 어떠한 사람이 되었든 상대하지 않으려는 근성이 있고, 또한 좌절되는 세파도 잘 넘기는 행운자이다.

재운 역시 평범한 운세로 일시적인 횡재보다 한 걸음 두 걸음 증축으로 재력이 형성되고, 일반적인 금전지출에는 인색하면서 이성에 대한 경비지출은 아끼지 않으며 집안 처리, 일 처리가 깨끗하여 동반자로서는 최상급이다.

또한 결혼하면 여성에게 헌신적인 사랑으로 봉사해 줌으로 자연 여성상위의 위상을 스스로 만들게 된다.

여성은 결혼으로 가정에 대한 순응도가 높아지고 남편에 대한 사랑이 지긋하고 내조의 공을 아끼지 않지만 섹스의 참맛을 알게 되면 낮에는 숙녀, 밤에는 요녀형으로 변모하기 쉬워진다.

부부 상성궁합이 잘 맞지 않는 결혼은 어떠한 형태가 되었든 애정면에 파란이 많이 생기고 뜻하지 않는 균열로 영생을 이룰 수 없을 것이다.

※ 일주 다음에 년주

2

천기성(天氣星)

태어난 : 일주공망(日柱空亡)

진사(辰巳)…공망자

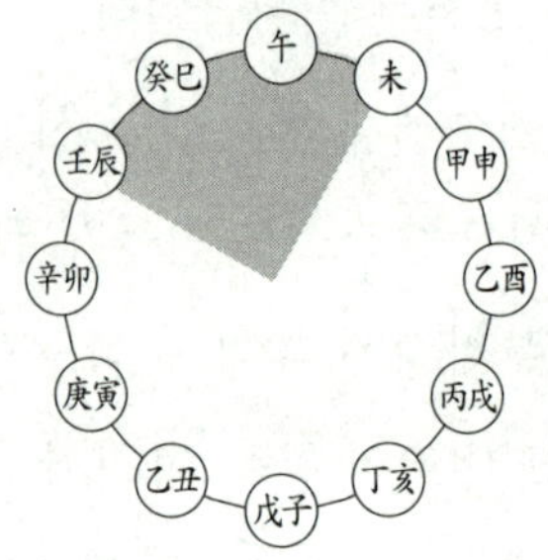

(1) 성격, 성장(현실을 직시하는 형으로 정에 사로잡혀 있는 스타일!)

일에 대한 근원을 악착같이 찾아내어 일에 대한 끝마무리를 짓는 데 별로 소질이 없고, 어떠한 어려운 일이 생기면 적당하게 얼버무려 "알았어, 알았어."로 일관하기 쉽고, 무슨 일이 되었든 '이성과 지성'으로 생각하는 것이 아니라 인간적인 '감정과 인정'으로 생각하는 사람이다.

정신면보다 현실을 보는 눈이 발달되어 물질의 실체면을 우선으로 생각하고 길을 가는 도중에 어렵고 딱하고 불행한 사람이 본인의 손을 붙들고 동정을 호소하면 박애적이고 의리와 인정이 두터워 어떠한 도움이 되었든 상대에게 주어야만 마음을 놓는 인정가이다.

때로는 물질 유무로 사람의 인격을 평가하는 데 기준이 되므로 재산 유무에 따라 상대에 대한 인격이 평가되기도 하고, 선물 교환에 있어서도 본인은 십 만원 상당한 물품을 보냈는데 상대는 형편상 만원 상당의 선물을 보내오면 선물이란 본래의 마음의 정성이란 뜻은 사라지고 "이 사람이 겨우 나를 만 원짜리로 생각해!!" 하고 노발대발하며 상대로부터 무시당하는 기분을 받게 된다.

태어날 때부터 마음이 순하고 애정과 인정이 많은 반면 현실 · 물질 · 육체의 질은 중시하되 일 수습에는 흐리멍덩한 면이 있고, 좋든 나쁘든 간에 대립이나 마찰을 싫어하는 평화주의자이다.

일에 대한 애로 · 환경에 대한 구애를 받아도 항상 웃음을 잃지 않는 낙천가로 오늘 일이 잘 안 되면 내일에 희망을 걸어 보는 로맨틱한 여유를 갖는 것은 좋지만 도가 넘으면 게을러진다.

사람을 좋아하여 항상 주변에 사람이 있어야만 신나고 생기가 있으며, 사람이 없으면 왠지 쓸쓸해져 괴로움을 달래기 위하여 자신도 모르게 한밤중에 친구에게 전화를 걸어 상대에게 괴로움을 주는 일이 많고 어떠한 모임에도 이 사람이 주도하는 일이라면 자연 주변 이목을 사로잡는 이변이 있다.

우유부단하여 결단을 내릴 때는 얼굴색이 변하고 속으로는"이쪽저쪽 택하면 택한 것은 좋아도 상대 쪽의 사정은…"이란 인간면 때문에 일 관계, 애정 문제 등에는 결단을 내리지 못하고 질질 끌려 다녀 주책없게 보여지며 주변에게 실망을 주게 되지만 관용과 포용력 있는 주변 대화로 많은 사람이 좋아하고 따른다.

이성으로부터 선물을 받으면 자신을 사랑하는 줄 착각하여 웃지 못할 짝사랑으로 끝나는 일이 많고, 시간을 다투는 일을 미루어 오다가 급해지면 야단법석을 떨게 되며, 또한 충동적인 나쁜 영향을 받으면 공사 앞뒤를 구분 못하고 꾸물대는 바람에 일의 진척은 전혀 걷을 수가 없다.

천기성은 현실적인 낙천가로 장래에 대한 목표와 꿈을 실현시키기 위한 지구력이 강하여 어떠한 어려운 난관이나 고난에도 낙담 않고 일을 전진시키는 저력이 있으므로 성공은 무난할 것이다.

사업 관계 · 애정 문제 · 가정환경에서도 실질면을 우선으로 보는 안목 때문에 한계를 분명히 내리지 못하고 헷갈리게 되며 일에 대하여 이러지도 저러지도 못하고 흐리멍덩 적당하게 일을 넘기려 한다. 직장인은 회사로부터 소외받기 쉽다.

애정 문제에서는 일이 생길 때마다 "그래, 그래", "알았어, 알았어" 결단을 내리지 못하고 질질 끌려 다니는 격이 되고 가정환경에서 이것도 보았다가 저것도 손대다 보니 질질 물건을 흘려 어지럽혀 놓는 결과가 되어 정리정돈이 잘 안 되는 사람이 많은 것이 특징이다.

어떠한 형태가 되었든 간에 어려운 난세 속의 영웅의 큰 인물감으로 어릴 때 애교 있어 주변으로부터 귀여움을 받을 수 있으며 많은 친구가 따른다.

어릴 때부터 성격이 까다롭지 않지만 형편없는 행동을 서슴지 않고 행동하므로 부모의 감정을 사는 일이 많으며, 학교에서 돌아오기 무섭게 "학교 다녀왔습니다." 하며 책가방을 내던지고 밖으로 뛰어나가는 아이는 대부분이 천기성이다.

또한 이런 자녀는 순한 반면 고집이 있어 집안 출입문에서 놀고 있어 "드나드는 데 지장이 있으니 저 구석진 곳에서 놀아라." 하면 "알았어." 대답해 놓고 그곳을 떠나지 않고 놀고 있다가 다시 돌아보면 그곳에서 놀고 있으며 "저 곳에 가서 놀아라." 하면 또 "알았어."로 응답하게 되며, 결국은 말로는 통하지 않아 매로써 체벌의 고통을 주어 교정하는 것이 빠른 면이 있다.

현실에서 살아가는 자녀로서 현실에 밀어 던져지면 "보다 나은…", "보다 강한" 욕구와 향상심이 발달 될 수 있으며 주변의 강적과 싸워나가는 힘을 갖게 된다.

학습권이나 운동권에서는 경쟁할 수 있는 조직 속에 넣어 놓으면 좌절과 통쾌한 승리감을 맛보면서 그 환경에 적응하고 이겨 나가는 강력한 힘을 발휘하게 된다.

이러한 것이 최대의 효과 방법이고, 장래의 불굴의 의지를 발휘하게 되며 적당한 절도와 최소한의 예절 · 시비 · 선악을 구분할 수 있는 능력을 갖추어 놓으면 이후 알아서 처세할 수 있고, 본래 스케줄이 큰 사업 · 정치 분야에 걸쳐 대망의 존재로 떠오르게 된다.

낙천적인 천성으로 끊고 맺음이 부족하고 이지적이기보다는 좀 게으르고 의리가 두터워 대중을 결집 활용하여 대성으로 유도하게 될 것이다.

특히 공망살 기간에는 뜻하지 않는 일이 많이 발생하며 연애문제로

서 결단성이 없어 질질 끌려 다니는 일이 눈에 보이고 상호간의 의견 대립으로 마찰과 분열이 가속된다.

또한 기혼자는 불륜 관계 · 삼각 관계 · 인간 관계 등으로 본인의 위신이 땅에 떨어져 재기 불능 상태의 모험을 자초하는 일이 많다.

사업 관계로서는 연쇄적 파문으로 자신도 사업 위기에 몰리고 도산 · 파산 · 배신 · 사기 등 뜻하지 않는 손재수에 걸리며 임대차 금전 관계도 전면 도산 상태가 많아진다.

(2) 가정, 결혼운

가까운 이웃 간에 친목 · 친구 · 대인간의 유대 관계가 좋고, 인정과 애정이 넘치는 포용력이 있어 이러한 가정은 항상 사람 출입이 요란하고 분주하며 웃음이 그치는 날이 없으며 가다오다 들리는 정거장과 같이 요란스러우면서 즐거운 곳이다.

독신 시절에는 특별나고 머리 좋은 이성 상대를 만나기 바라지만 대개 뜻대로 잘 안 되고, 가정에서 부모들이 반대하는 결혼이 되든지 공망살 기간에 시작한 결혼은 공망살 기간의 장해요건으로 끝나는 일이 많다.

또한 본인에게 유일한 무기는 현실면이라 무엇보다 대인 관계를 중요시하고 가정 · 재산으로 보기 때문에 찾아오는 손님, 식사는 호화롭고 맛있는 음식을 장만하지만 가족식사에 대해서는 형편없는 음식 장만으로 가족들의 빈축을 사는 일도 적지 않을 것이다.

그러나 자녀 사랑이 깊은 아버지라면 바쁜 시간이라도 가족과 자식을 위한 서비스를 잃지 않으므로 시간을 내어 봉사함으로써 자녀 역시 부모에 대한 은공에 보답하려 노력하게 된다.

때로는 서로 부부간의 사랑은 깊지만 형편없는 주변 환경으로 마찰과 균열이 일어나기 쉽고, 또한 불건전한 이성 교제 등으로 주변으로부터 말썽이 생겨 근친 · 친척의 권유로 이혼하는 경우도 생기게 되지만 변함없는 애정에 끌려 다시 만나 관계를 맺게 된다.

어쩔 수 없는 양인의 사랑으로 동거생활로부터 시작하는 사람이 많고 어떠한 사람이든 간에 좋은 재력 계승권을 갖게 되면 거의 파산하는 암시가 있으며, 이러한 사람은 남녀를 불문하고 무일푼으로 시작하면 하늘에서 주는 재운 복이 있어 유리하다.

무엇보다 천기성은 공망살 기를 많이 받는 기성으로 어떠한 조건이 되었든 결혼만큼은 공망살 기를 피하는 것이 현명하며 이러한 살기에 결혼하면 대체로 파멸이 온다는 사실을 무엇보다 명심하여야 한다.

- 甲午 : 여성은 경솔한 동정심이 어떠한 형태가 되었든 본인을 배신하게 된다.
- 乙未 : 여성은 결혼 후에는 가정을 지키는 현모양처상이 되지만 남편운이 없어 고생이 많아진다.
- 丙申 : 여성은 어떠한 조직이나 회사 등에 근무하면 이상하게 불신되어 고립되는 경우가 많다.
- 丁酉 : 여성은 때와 장소, 환경에 잘 순응하고 변함으로써 어떠한 일이든 주목의 대상으로 발전한다.
- 戊戌 : 여성은 때로는 무모한 위기감을 조성하여 성패를 좌우시

키는 일도 생긴다.

- 己亥 : 여성은 사랑과 정 때문에 옳은 길에서 탈선하여 상대의 속임수에 걸려들기 쉽다.
- 庚子 : 여성은 어떠한 변화에도 그에 맞추어 변신할 수 있는 재능이 있다.
- 辛丑 : 여성은 현실도 중요하지만 무엇보다 인생 설계의 꿈이 중요시 된다.
- 癸卯 : 여성은 부모에 대한 불효자식으로 인한 번뇌가 생기며 세파를 잘 넘길 수 있는 끈기가 아쉬워진다.

(3) 연애, 섹스운

남녀 운명적으로 이성 문제가 많이 발생하는 특징이 있으며 대인 교제면에 '애교' 란 무기가 있어 본인이 몸을 안 다루어도 많은 주변 이성이 따르며 만일 실연을 하였다 하더라도 다음 타자의 이성이 유혹하고 기다리는 실정이다.

다만 사랑하는 연인 사이에 '약속' 을 깜박 잘 잊어버리는 사람도 천기성이 많고, 또한 한 사람에게 죽도록 매달리는 사랑을 싫어하여 능글맞게 '약속' 시간을 지키지 않는 것은 보통이고, 사고방식 역시 진실하고 불타는 사랑의 열기가 있다면 얼마든지 본인을 기다려 주어야 한다는 격이다.

결과적으로 현실론자라 약간의 시간이 늦어도 진실한 사랑의 열기가 자신에게 있다면 상대는 이해를 하여야 한다는 것이고, 이성교제면에서도 특정인이 있으면서도 다른 이성과 사귀며 전혀 양심의 가책이나 죄의식이 없이 상대를 서슴없이 소개하는 경우도 있다.

우유부단한 본인의 이상적인 상대는 포용력과 이해력이 있고 현실적인 감정에 사로잡혀 행동하는 본인을 올바르게 인도해 주고 자극을 주면서 견제해 주는 상대가 적임자일 것이다.

섹스의 정력형은 되지 못해도 남녀 쾌락을 즐기는 형이고, 이성의 살이나 몸이 닿는 순간부터 이상하게 마음이 편해져 흥분이 충족되며 마음과 몸이 섹스에 도취되어 쾌감과 행복감에 취한다.

극구의 쾌락을 즐기기 위하여 몸과 마음을 부기 상태로 끌어들여 도취하는 사람도 적지 않으며 오랜 시간을 끌어가며 전기, 후기를 이모저모 체험하면서 즐기고 여러 사람이 모인 장소나 실내도 조명장치가 있는 곳에 정신적 자극을 받아 생기가 솟아나며 동성연애 · 난교섹스 · 무분별한 섹스 교제가 많은 것도 일부분이 된다.

사람 따라 혼전에 많은 이성 관계로 고민하는 사람도 적지 않으며 때로는 공망살(천중살) 기간에 불륜 관계의 원인으로 마찰이 생기기 쉽고, 뜻하지 않는 망신수 등 이성 문제가 많이 생기는 특징이 있다.

다만 어떠한 어려움이 있어도 '내일을 바라보는 희망' 으로 속고 살아가는 꿈이 있는 것이 천기성이다.

(4) 재운, 직장운

현실적이라 어떠한 일이 되었든 잔머리가 잘 돌아가고 치밀하며 부지런해 상당한 돈을 모으며 그것도 대중과 밀접한 장사를 하여 사업으로 번창, 큰 재산을 남기는 경우가 많다.

대중을 운반하는 교통 · 운수 · 철도 · 택시 · 버스업, 대중이 모여드는 극장 · 야구장 · 호텔 · 하다 못해 대중이 출입하는 공간을 이용하는 매점 등에도 좋을 것이다.

또한 우유부단하여 속단으로 돈 벌기에는 힘들고 꾸준한 노력이 필요하지만 어떠한 계기로 한 판 승부의 요행으로 큰 이득을 얻었다 하더라도 본인에게는 운기상으로는 악전이 되어 어떠한 형태가 되었든 그에 상당한 화난이나 재난을 치러야만 한다.

주변 대중이 이용하는 슈퍼 · 목욕탕 · 여관 등에 손을 대면 물고기가 물을 만나는 격이 되어 상당한 발전이 기대되고, 또한 특수 다수의 사람과 접촉이 좋아 본인의 손발과 입을 이용하는 서비스 분야 · 외판 · 의료 · 교육 · 음식 · 작가 · 편집 · 광고 · 보험 · 연예계 등에 좋다.

특히 화술을 살리는 일이나 냉정하게 상대를 관찰하는 일, 적은 일이라도 본인이 직접 나서서 할 수 있는 일에 능률이 오르고 남을 이용하여 자신의 이익을 추구하는 행동은 전혀 맞지 않으므로 정치 · 기업 · 변호인으로는 잘 맞지 않는다.

무엇보다 손님 출입이 많아 손님 접대로 인한 과다 지출로 낭비가 많은 것이 특징이고, 친구 · 동료 · 거래 교제인으로 하여금 손실이 없는 한 큰 재력 압박은 받지 않는다.

■ 천기성(辰巳공망)과 12지지(월운) 조견표

지운 / 월운	인(寅)	묘(卯)	진(辰)	사(巳)	오(午)	미(未)	신(申)	유(酉)	술(戌)	해(亥)	자(子)	축(丑)
월운	음력 1월	2월	3월	4월	5월	6월	7월	8월	9월	10월	11월	12월
양년생 ⊕	안기	음기	정기	감기	종기	생기	화기	약기	달기	란기	회기	재기
음년생 ⊖	재기	안기	음기	정기	감기	종기	생기	화기	약기	달기	란기	회기

※ 천기성(辰巳공망일)생으로서 辰년 巳년에 태어난 사람을 영합공망인(靈合空亡人)이라 부르고 아래와 같이 해석한다.

(층)관계, 양면운, 술월(戌月)에 ⊕ 달기, 목적이 달성되지만 대충 辰이 정기가 되어 침체된다. ⊖ 음월, 년도 동일하게 본다.

(5) 영합(靈合) 천기성(天氣星)

'죄(罪)가 밉지, 사람이 미운 것은 아니다.' 무엇보다 사람 관계에 대해서는 이해력과 포용력(包容力)에 대하여 어느 기성(氣星)도 따를 수 없는 특수한 매력에 어떠한 악인(惡人)이라도 소화(消化)된다.

다만, 이러한 순한 면이 우유부단(優柔不斷)한 사람으로 주변으로부터 받아들이게 되지만, 낙관적(樂觀的)인 천성(天性)은 주변사람의 마음을 밝게 해줌으로 많은 사람이 좋아하고 따라주는 것이 매력(魅力)이다.

이러한 천기성의 대충(對沖) 토기성의 영합(靈合)인 혼합체(混合體)의 양상(樣相)은 복잡하기 그지없다.

토기성의 결벽(潔癖), 절대 용서치 않는 우유부단(優柔不斷) 원칙을 벗어나서 싫어하는 표자정규(杓子定規)면이 공존하는 상태이다.

사람을 놀래 키는 자비심(慈悲心)이 나오는가 하면 때로 '화' 가 나면

'천지개벽' 이 날 지경이라, 그 노세(怒勢)의 낙차(落差) 이는 주변이 깜짝 놀래키는 특성이 나오게 될 것이다.

또한 '합리적인 절도' 에 인정과 자비가 겸비하여 누구를 막론하고 자기 편으로 만들어내는 강렬(强烈)한 매력에 현혹되어 이러한 사람과의 만남을 영광(榮光)으로 받아들이게 된다.

이러한 유리한 조건에 누구에게나 내용 좋고 납득할 수 있는 멋진 일감을 말로서는 납득시킬 수 있지만, 그 일에 대한 실행력(實行力)이 일치(一致)가 안 되어 많은 적(敵)을 만들어내게 된다.

일시적인 바람으로 불륜 관계가 성립되면 처음에는 바람기질인 천기성 작용으로 시작하게 되지만 얼마 후에 토기성의 결벽성이 일시적인 바람이 아니라 본심으로 변해서 바람이 가정을 파괴하는 일은 얼마든지 찾아볼 수 있다.

또한 나이가 들어도 로맨틱하게 살기 바라는 천기성에 흑백을 확실히 가려내야 마음 놓는 토기성이 '혼합' 되면 나이가 몇 살이 되었든 자신의 짝이 될 수 있는 상대를 찾아내는 데 힘들어 결혼을 못하는 사람이 많다.

■ 천기성의 영합 ⊕辰년생, ⊖巳년생

●⊕ 진(辰) 자신을 개화시킬 수 있는 '때' 를 알아내고 열심히 뛰어라!

❶ 어릴 때부터 뛰어난 집중력이 있어 공부 잘하고, 사회인으로서도 '순풍 만범' 하는 일마다 일은 잘 풀려나가도 본인이 금전을 관리하고 운영하게 되면 되는 일이 엉망이 된다.

❷ 자신을 개화시킬 수 있는 시기를 놓치면 오랜 시간이 걸려야 다시 찬스가 찾아오게 되므로 '때와 방위'를 최대한 활용하고, 계획성을 세워 추진하면 뜻이 이루어질 것이다.

❸ 화장술 따라 얼굴(인상)이 달라지고, 특히 머리 취급상 바늘에 찔리는 경우 염색 변질로 신경질, 과민된 형상이 많이 생기며, 머리 때문에 스트레스, 마찰 등이 많이 생긴다.

❹ 인상 자체가 양극 인상으로 좋을 때는 한없이 좋은 인상이 되고 싫을 때는 인상 자체가 자신도 모르게 찡그러져 불안감을 주기 때문에 상대 의견을 충분히 듣고 좋은 말로 대하면 청결감 주어 개운과 연관을 맺는다.

● 자식으로 하여금 행운을 얻는 특징(子), 만년에 자식과 더불어 즐거운 인생을 보내게 될 것이다.

현실적인 눈으로 보는 자신력과 행동이 주변 변화 환경 · 분위기에 따라 결과가 달라지고 기대를 걸 수 있지만 때에 따라서는 지나칠 정도로 주변사람을 의식하고 신경을 쓰게 되어 정신적 불안 상태로 당황하는 일도 많이 생기게 된다.

특히 두 가지로 구분되는 것으로 독재성을 갖는 사람은 독재적 불안 · 거만 · 고립 등으로 변덕스러운 면을 나타내게 되지만 독재적 지도층에 오르지 못한 사람은 많은 사람이 좋아하고 따르게 될 것이다.

또한 어릴 때는 상식 밖의 일을 서슴없이 해치움으로 변인 취급받기 쉽고, 정신면의 이론만 앞세워 현실과 이상이 잘 맞아 들지 않아 일이 뜻대로 잘 풀리지 않는다.

특히 낙천적인 현실에 결벽과 합리가 작용하여 무모한 행동이 자제되며, 도덕적인 균형을 찾는 사람도 있지만 낙천적 현실이 강하게 작용하면 이성 관계에 있어서도 결혼 · 이혼을 보통으로 생각하고 본인의 생각과 다르면 이혼 · 결혼을 밥 먹듯이 번복하기 쉽고, 본래의 기질인 어떠한 환경에서라도 즐겁게 살기 바라게 된다.

●㊀ 사(巳) 사람 관계 있어서 금실 좋게 다져 나가야 하고, 깊게 사귀어 보아야 하며, 납득하는 사고방식이 필요!

❶ 인정과 의리가 두텁고 사람과의 연결을 중요시 보며, 어떠한 사람을 만나도 성의껏 돌보아주는 것은 좋지만 동업자 선정에는 신중을 기해야 한다.

❷ 지나칠 정도로 사람이 좋아 감언유혹에 현혹되기 쉽고 놀림, 구설, 오해, 외톨이에 휘말리기 쉬우니 자신을 믿어주는 사람을 둠으로써 자신의 운기를 안정시킬 수 있을 것이다.

❸ 가정운, 직장운 잘 조절되어 일하는 데 잘 풀리고, 부부운도 좋지만 자식 교육에 대해서는 엄격하고 잔소리가 많으며 절도 있는 스파르타식 교육을 바래 무성하게 자라나는 자식 입장도 생각해야 한다.

❹ 매년 4월경부터 심신의 동요가 많이 생기고 정신적 스트레

스, 정신 불안정, 알레르기성 질환에 걸리기 쉬우며 낙담과 실망 속에 빠져 있다가 순간적으로 원상회복한다.

● 생기는 서남방위로 여행하면 나오고 금전은 동북방위를 이용하면 나올 것이다. 여름 여행으로 행운, 개운을 유도하여야 한다.

명랑하고 쾌활하며 주변에 대한 자신의 반응에 별반 신경을 쓰지 않는다.

자신의 속마음을 솔직히 털어 놓고 싶지만 표현 능력이 없기 때문에 말을 자신도 모르게 함부로 하여 상대의 신금을 울리기도 하고 비꼬는 말, 반말을 서슴없이 하게 된다.

본래 사람이 좋아 독설적인 욕이나 반말을 할지라도 주변에서는 호의적으로 받아들이므로 나쁜 악담이나 함부로 말하여도 적당히 이해해 줌으로써 적이 적은 것이 특징이다.

남성은 부지런하고 착한 사람이지만 신경질이 많고 평범한 연애결혼을 바라게 되지만 불타오르는 화염과 같이 화끈한 연애를 하고 싶어 한다.

여성은 모양, 멋, 유행을 좋아하는 행동파로 드라마틱한 연애와 환상적인 꿈에 사로잡히기 쉬운 무드파로 분위기 따라 정에 이끌기 쉽고, 이러한 사람의 고충에는 양친 선배의 충언만이 자신의 장래에 대한 길잡이에 충언이 될 것이다.

(6) 진사공망(辰巳空亡)

■ 현실을 바라보는 직감력, 눈이 있어 매사 보이는 실질면을 우선으로 생각하고 마음이 순하고 인정이 많아 불행하고, 딱한 사람을 보지 못하는 평화주의자이다.

■ 항상 웃음을 잃지 않는 낙천가로 '오늘 일이 잘 안 되면, 내일에 희망'을 거는 내면이 있고, 사람을 좋아해 주변에 사람이 있으면 생기가 넘쳐나고 사람이 없으면 쓸쓸하여 밤중에 전화로 쓸쓸함을 달랜다.

■ 대중 앞에 처음 나타날 때는 별반 알아주는 사람이 없지만 시간이 갈수록 주변으로부터 이목을 끌어들이는 이변이 생기고, 고상한 이성이나 지식층의 지성보다 그때의 감정과 인정으로 도와주고 즐겁게 화합하여 가면서 살기 바란다.

■ 뜻밖의 일로 당황, 돌변 사태가 일어나게 되면 앞뒤 공사를 구분하는 데 어려워지고 급한 서류라면 서류를 앞에 두고 당황하여 서류 찾는 데 정신없이 꾸물대는 일이 많이 생긴다.

■ 애정, 결혼 문제 있어서는 우유부단하여 결정을 내리는 데 힘들고 질질 끌려 다니는 사람 많고, 직장 상사의 불륜 관계는 감언유혹, 자신의 부인과 이혼할 테니 그때까지 기다렸다가 혼기를 놓치는 사람 적지 않다.

■ 꿈을 실현시키는 데 지구력이 강하고 어려운 난국에 빠져들면 낙담하지 않고 오직 추진력으로 그 일을 극복하는 힘이 강하여 일명 난세의 영웅으로 불린다.

■ 자기 자신의 마음을 걷잡을 수 없어 헤매게 된다.

● 천기성⊕ 공통된 무계획을 이해하고 달래주는 상대!

자(子)년월 : 어떠한 관계가 되었든 상대가 지금 무엇을 생각하고 무엇을 바라는지 말을 안 해도 마음을 읽을 수 있는 좋은 관계가 된다.

그러나 때로는 공통성을 갖는 무계획성이 남에게 피해를 주어 입장이 난처한 처지에 놓여 있을 때 천기성은 상대를 마음속으로 달래주고 추구 없이 이해해주게 된다.

★ 지난날 인간 관계로 인한 균열 상태를 회복시킬 수 있는 좋은 기회로 헤어졌던 애정 · 좌절되었던 일 · 중단 상태를 재정비하여 일을 착수할 수 있는 시기이고, 정신면으로는 추억 · 반성 · 후회하는 일이 생기며 경제면으로는 재수정을 필요로 하는 일이 생긴다.

● 천기성⊖ 무계획성을 추궁하고 공격하여 마찰을 유발시키는 상대!

자(子)년월 : 현실적인 직감이 꼭 맞아 상대가 어떠한 행동이나 무엇을 바라는지 말 안 해도 마음을 읽을 수 있는 것이 지나쳐 때로는 계획성 없는 일을 벌여 주변으로부터 구설이나 피해를 주게 되어 말썽이 생긴다.

지나치게 상대를 안다는 것이 약점이 되어 마찰과 파란이 일어나며 끊고 맺음이 없이 질질 끌려 다니는 섹스 관계와 경제 관계로 빈궁함을 면하기 어려워진다.

★ 육체면보다 정신적 불안정으로 마음을 놓을 수가 없어 일을 하다 보면

헷갈리는 실수가 많고, 대인교제 · 거래 · 사소한 의견 충돌 · 감정 대립 등이 많아지며 지나치게 도를 넘게 되면 파탄을 자초하기 쉽고, 감언 유혹으로 돌아오지 않는 대차관계 · 손실 · 망신수가 생기게 된다.

● **천기성⊕ 큰 재운과 사랑을 안겨주는 이상적인 상대!**

축(丑)년월 : 축년생은 얌전하고 착실하며 한 푼 두 푼 금전을 저축해 나감으로써 무턱대고 일을 벌이는 자신과 비교해 보면 대조적인 상대이다.

동업 관계나 결혼상대로서는 두말할 것 없는 좋은 상대로 흥청거리는 본인이 축년생을 만남으로써 고분고분 일을 하게 되고, 결혼 역시 섹스를 즐기는 축년생과 쾌락을 바라는 본인 사이에 서로가 섹스에 불만이 생기면 상대 몸에 매달리는 결점이 생긴다.

★ 어떠한 형태가 되었든 재운과 연관성을 갖는 일이 생기고 실리 · 상속 · 증여 · 주식 등에도 손익 관계가 성립되며, 독신자는 부잣집과의 혼사 문제가 성립되기 쉽고, 어떠한 일이든지 이익이 생기면 헤어져야 할 문제가 있고, 이때 수리적인 재력과 지혜로운 실력으로 금전운을 잡을 수 있다.

● **천기성⊖ 상호 섹스와 불만을 참지 못하고 상대에게 매달리는 상대!**

축(丑)년월 : 돈을 건실하게 저축하고 부지런히 일하는 축년생에 힘입어 게으르고 느린 현실면도 동화되어 부지런해지고 하는 일마다 생동감을 줌으로써 두말할 나이 없는 상성 관계가 좋은 상대이다.

그러나 섹스면에서 축년생의 즐기는 섹스, 천기성의 자극받는 쾌락의 섹스, 양인 사이의 섹스는 극치의 즐거움과 쾌락의 표상이 되어 상호간에 약간의 불만이 있어도 상대를 놓아주지 않는 약점이 생기게 될 것이다.

★ 일시적으로 막히고 어려웠던 일이 주변사람의 도움으로 희망을 찾을 수 있고, 본인의 행동방침에 따라 성취도의 대소는 달라지겠지만 잃었던 일에 대한 재회 · 추억 · 반성 · 경제면의 재수성 등 어떠한 형태가 되었든 생동감이 생기게 된다.

● **천기성㊉ 본인의 성실한 애정 따라 좌우되는 상대!**

인(寅)년월 : 어떠한 관계가 되었든 사람 관계를 중요시하고 신뢰성을 북돋아주는 인(寅)년생이지만 상식상으로 아는 척 잘하면서 유달리 연인 관계에 한해서는 부끄러움을 많이 타고 쑥스러워하는 점이 많이 생기게 된다.

이러한 연인 관계에 있는 천기성 사이에는 당혹스러운 일도 많이 생기게 되지만 천기성이 인년생을 꼭 바란다면 꾸준한 교제로 자신의 성실한 애정으로 어떻게 상대에게 전달하는가에 따라 문제가 다르게 된다.

★ 주변환경이 안정되고 성숙하게 익어가는 과일 맛을 보는 것과 같이 자연 그대로 때를 기다리며 취미와 적성에 맞는 일, 우연하게 만난 사람과의 혼사, 별로 생각 안 했던 승진 · 자격시험 · 재력 등이 이외로 얻어져 기쁨을 맛보게 된다.

● **천기성㊀ 본인의 신뢰성에 답해 주는 믿을 수 있는 상대!**

인(寅)년월 : 지나칠 정도로 사람을 믿어오다가 배신과 손해를 보는 본인에게 어떠한 일이 되었든 성실하게 대해 주고 믿어주는 인년생을 본인이 어떻게 믿는가에 따라 응답은 달라진다.

특히 연애 관계에 수줍음을 많이 타는 상대에게 곤혹감을 주든지 당혹한 일을 많이 저지르는 천기성이 따뜻한 애정으로 참된 동반자의 교제가 이루어진다면 천기성에 주도권을 갖는 가정환경으로 무한한 발전이 기대할 수 있을 것이다.

★ 주변환경이 고의든 임의든 본인에게 유리한 조건이 성립되어 유산 · 증여 · 주식 · 부동산 등 수익면이 예상되지만 '이산이란' 뜻이 있어 떠난다는 뜻도 있고, 어떠한 형태가 되었든 금전과 관계가 있으므로 금전에 대한 일에 손을 대면 수익이 있을 것이다.

● **천기성⊕ 연애, 결혼상대로서는 비극과 상처를 주는 상대!**

묘(卯)년월 : 센스가 빠르고 주변 정세 흐름에 민감한 묘년생을 만나면 어떠한 일인지 매사 생동감이 생기고 의욕적으로 적극적인 정열에 불타오르는 가슴을 조이는 연애나 결혼상대로 천기성인 본인만의 짝사랑으로 막을 내리는 일이 많다.

묘년생이 천기성을 볼 때 주책이 없고 질질 끌려 다니는 격에 하는 일마다 본인 위주로 비굴하게 보이게 되며, 천기성이 사람에 열을 올리면 올릴수록 묘년생은 냉정을 찾게 된다.

★ 맑은 하늘에 먹구름이 서서히 덮여가는 형태로 심리적으로 불안정하고 헷갈리는 실수 · 오판 · 착각 · 간섭 등으로 이익보다 손실이 많고, 육체적으로는 사건 · 구속 · 장해 · 이성을 잃는 행위로 하는 일마다 산만해져 충돌이 많다.

● **천기성㊀ 친구 사이나 동업 관계는 좋아도 결혼상대로는 불리한 상대!**

묘(卯)년월 : 친구 사이나 동업 관계로서는 좋아 수입이 좋은 유리한 거래조건을 알선받게 되고 어떠한 형태가 되었든 조언하고 도와주려고 애써줌으로써 유대 관계가 더욱 두터워지며 발전하게 된다.

결혼을 전제로 하는 결합은 묘년생이 상대를 볼 때 너무 맞지 않는 상대로 주책이 없는 것은 좋아도 제멋대로 저만 잘났다고 별것도 아닌 것을 대단하게 여기는 것이 꼴불견으로 비치게 되어 가까이 오면 올수록 냉정하게 거절하고 도망치는 사태도 일어난다.

★ 전혀 생각지도 않는 우연한 일, 취미적이고 적성에 맞는 일에 수입이 생기고, 이성 관계 역시 우연하게 만난 사람과의 인연이 생기며 승진 · 자격시험 · 의외의 기쁨과 목적이 어떠한 형태가 되었든 이루어지고 설마한 곳에서 재력이 생긴다.

● **천기성㊉ 어떠한 관계가 되었든 맺어지면 불행한 상대!**

진(辰)년월 : 상호간에 뜻이 먹혀들지 않는 상대로 심신이 괴롭고, 또한 생각하고 행동하는 근원 자체가 맞지 않아 숨이 막히는 절망에 빠지며 배신과 실망을 주는 것은 보통이다.

또한 이상한 것은 어떠한 일을 하여도 잘 풀리지 않고 중도 좌절되는 일에 최악의 코너에 몰리는 경우 생기며 연애나 결혼이 성립되어 천기성이 죽도록 상대를 위하여 사랑을 바쳐도 상대는 그 사랑을 받아들이려 하지 않으며 섹스 열기 역시 냉혹감에 만족할 수 없게 된다.

★ 먹구름이 천지를 뒤덮어 한 치의 앞을 내다볼 수 없는 어려운 형편에 어느 누구 하나 도움이나 말을 들어주는 상대가 없어져 일명 사면초가 상태가 되고 자신의 주변환경 분야가 공허 상태로 좌절과 파괴가 도사리고 있으며, 어떠한 형태가 되었든 불길한 징조에 휘말린다.
사람 따라 불길한 가운데 재운 문이 터지게 되므로 요행을 잡는 사람도 적지 않다.

● **천기성㊀ 맺어지면 불만과 마찰이 그치지 않는 상대!**

진(辰)년월 : 맺어지면 숨 막히는 절망감에 사로잡히게 되고 서로간의 의견이 전혀 먹혀들지 않아 같이 맞대고 앉아 있는 자체마저 몸과 마음에 피로를 느끼는 상대가 된다.
어떻게 된 일인지 상대만 보면 불만이 터져 쓸데없는 일로부터 마찰로 연결되어 편안한 날이 없으며 어차피 맺어진 운명을 자각하고 본인이 헌신과 성의를 다 바쳐 진년생에게 봉사하면 오히려 성의를 무시하고 반항적으로 대들게 된다.

★ 이러한 관계를 일찍 정리하는 것이 현명한 방법이고, 공망살에 심신의 오판 · 실수 · 착각 등으로 오는 손실이 많고, 주변 불안 등에 자신도 모르게 휘말려 사건 · 속박 · 장해 · 구속되는 일이 많아지며, 근친간에 마찰 · 불륜 · 사업 · 건강 무엇 하나 뜻대로 풀리지 않고 전반보다 후반 기세 영향이 크다.

● **천기성㊉ 신경질적인 사년생과의 결합은 자신의 숨통을 막는 상대!**

사(巳)년월 : 어떠한 관계가 되었든 같이 한 좌석에 있는 자체만이라도 기분이 잡치는 형태로 시종 활기를 잃으며 일거일동 트집과 경멸을 주고받게 된다.

어떠한 관계든 간에 사년생이 제안한 문제점을 단정하는 데 있어 본인의 낙천적 우유부단성에 노이로제 걸릴 정도로 신경을 쓰도록 만들고, 흐지부지 질질 끌게 되면 사정없는 공격과 압박을 받아야 할 불안감에 싫증이 난다.

★ 열렬한 사랑이 변심하고, 근친자의 배신, 근친자의 생사별, 어떠한 형태가 되었든 행운보다 악운의 영향을 받아 후회와 좌절하는 일이 많이 생기고, 재난 · 병난 · 대차거래 난 · 추락 · 수난 · 화난의 암시가 생기며, 이때는 금전에 미련을 갖지 말고 토해내는 것도 불행을 막는 방법이다.

● **천기성㊀ 결합되면 섹스에 관한 한 쾌락을 영원히 즐길 수 없는 상대!**

사(巳)년월 : 시종 어떠한 일이 되었든 천적 상대로 같이 있는 자체마저 숨이 막히는 압박감을 받게 되고, 신경질적 공격에 정신마저 산란하여 미칠 지경이 된다.

본인이 정열적인 애무와 섹스 관계를 유도하면 사년생은 상대 열정에 따라 기가 죽어 멀리하게 되고 쾌락 자극에 치중하는 천기성으로서는 영원토록 섹스 불만에 사로잡히게 될 것이다.

★ 한 치의 앞을 바라볼 수 없는 불안정한 사태로 직면하여 어느 누구 하나 본인의 말을 들어주지 않는 사면초가 상태가 되며 이때는 어떠한 환경의 공허 속에 휘말려 파괴되고 자신의 주변에도 불길한 징조에 휘말리게 되지만 사람 따라서는 불길한 가운데 재운 문이 터져 재운을

벌어들이는 사람도 생긴다.

●천기성⊕ 이해 관계가 별로 없는 덤덤한 상대!

오(午)년월 : 아무런 이해 관계가 없는 친구, 동료 사이라면 허물없이 서로가 만나 솔직한 대화를 가질 수 있는 즐거운 관계가 되지만 그렇다고 꼭 만나야만 슬픔이 해소되는 것이 아니라 상호 덤덤한 관계가 된다.

오년생을 만나게 되면 "이 사람과 결혼하게 될 거야."라는 선입감과 신념이 이상하게 생기고 어떠한 환경이 되었든 이상한 힘에 끌려 결혼이 아니면 동거생활을 하게 되므로 운기가 좋은 기회를 잡아 결혼하면 행복을 약속받을 수 있다.

★ 일시적인 어려운 문제는 점진적으로 사라지고 임의든 고의든 시작한 일에 대해서는 어떠한 형태가 되었든 틀림없이 결실을 맺게 되므로 이때 정당하고 자신이 키워나갈 수 있는 많은 씨를 뿌려 놓는 것이 장래를 위하여 효과적이다.

●천기성⊖ 이해 관계를 갖는 동업 관계로는 피하여야 할 상대!

오(午)년월 : 기분대로 생동하는 공통점이 부딪치게 되면 양인이 질서가 없어져 제멋대로 행동하게 되어 "내가 옳다.", "네가 옳다" 식으로 싸움이 그치지 않고, 또한 양인 관리능력도 영업이라 사업 동업 관계로서는 최악의 경우 도산의 비극을 막을 길이 없어진다.

이러한 최악의 지운을 갖는 사람들은 친구 사이라도 직접적인 간여 · 동업 · 조언 · 충고 · 조력은 삼가고 오직 멀리에서 간접적으로 감싸주고 후원해 주는 미덕이 그리워진다.

★ 캄캄한 먹구름 속에서나마 일시적인 가볍고 밝아지는 기분이 오지만 전혀 마음을 놓을 수 없는 기회가 되고 믿었던 사람의 배신 · 근친 · 사랑했던 사람과의 생사별 · 돌이킬 수 없는 후회스러운 일이 많이 생기며 또한 재난 사고 · 금전대차 관계 등 얽히는 일이 많이 일어난다.

●천기성⊕ 본인의 사업 능력을 높여주는 이상적인 좋은 상대!

미(未)**년월** : 어떠한 관계가 되었든 같이 있는 면, 천기성의 갈팡질팡 애먹이는 태도에 일시적으로 미년생은 고민하게 되지만 결혼운이 좋아 천기성의 마음먹기에 따라 이상적인 가정이 형성되며 단, 결혼하면 육친과 별거하여야 편하다.

쾌락의 자극과 분방한 섹스를 미년생은 다이내믹한 감성으로 상대에게 만족을 주게 되고, 어떠한 일이 되었든 상대의 능력을 높여주고 발전시킬 수 있는 이상적인 상대가 된다.

★ 대지에 뿌려 놓은 씨가 이삭이 솟아나 무럭무럭 자라날 수 있도록 힘찬 호전이 기대되고, 어떠한 일이 되었든 안정과 획득을 얻을 수 있지만 설마 안이하게 생각하는 곳에서 무너지기 쉬워지니, 모든 것을 신중하게 다루어 나가야만 하고 급속도의 변화 바람은 좌절을 뜻한다.

●천기성⊖ 이상적인 상성 관계가 되지만 육친 슬하를 떠나야 할 상대!

미(未)**년월** : 상호간의 능력을 높여주는 좋은 상대로 만날수록 마음이 끌리며 교제할수록 생동감이 생기지만 천기성의 결단력이 없고, 본인 편애주의에 질질 끌려 다니는 행동에 일시적이나마 미년생은 헷갈리기 쉽다.

상호간에 이상적인 결혼운이 있어 성립이 가능한 운세가 되고, 양인이 결혼하면 어떠한 일이 있어도 육친과 별거하여야만 행복을 찾을 수 있지 그렇지 않으면 얼마 못가서 구설 · 파탄 · 균열이 생기게 된다.

★ 일시적인 어려운 문제는 사라지고 임의든 고의든 시작한 일에 대해서는 틀림없이 결실을 맺게 되므로 이때 정당하고도 자신이 키워낼 수 있는 많은 씨를 뿌려 놓는 것이 장래를 위하여 효과적이다.

●천기성⊕ 우유부단이 문제가 되지만 즐거운 가정을 세울 수 있는 상대!

신(申)**년월** : 원래 놀기 좋아하고, 명랑한 행동력을 갖는 신년생과 인간 접촉 관계를 좋아하는 천기성의 조화는 한마디로 요란하고 즐거운 관계로 두 사람의 주변에는 많은 친구가 몰려들어 놀기 위한 친구가 서성거리는 것이 특징이다.

천기성의 우유부단성이 문제가 되지만 연인, 결혼상대로서의 상성 관계는 최고 수준이 되고 방조한 섹스와 쾌락을 즐기는 섹스의 정열은 어떠한 불만 요건도 녹여버리는 결과가 된다.

★ 열애는 좌절이 오고 이때는 의욕적인 계획에 도전할 수 있는 기회가 되며 경제면에서도 재운과 연결시킬 수 있는 좋은 기회가 되지만 정도를 벗어난 부도덕적인 행위, 타인에게 피해, 불신 등은 자신의 번뇌와 고민을 면하기 어려워지게 될 것이다.

●천기성⊖ 마찰 생기면 웃음으로 넘겨받는 즐거운 상대!

신(申)**년월** : 명랑한 행동력과 대인 관계가 좋은 본인 사이에는 많은 사람이 모여들어 요란한 가정을 갖게 되지만 때때로 손님

관계로 의견 마찰이 생기게 되지만 그때마다 상호간에 웃음으로 넘겨받는 밝은 가정이 된다.

연인 관계로 결혼을 결정 못 짓고 있는 사람은 우선 신년생은 단기로 속결 속단하는 밀어붙이는 버릇이 있고, 천기성은 우유부단하여 우물쭈물 끌어오다가 좋은 상대를 놓치기 쉬우니 본인의 분명한 결정이 열쇠가 된다.

★ 어떠한 조건과 환경이 되었든 본인에게는 유리한 조건과 폭 넓은 조류관계가 시작될 수 있지만 어떠한 일이 되었든 설마한 곳에 위험이 생기고, 어떠한 진출에도 신성함과 신뢰성을 바탕으로 하는 일에 대해서는 무한한 발전이 기대된다.

●**천기성⊕ 본인의 명랑한 성격이 상대의 신경질에 위축되는 불리한 상대!**

유(酉)년월 : 어떠한 관계가 되었든 결합되면 유년생의 신경질로 하여금 본인의 명랑한 대인교제 부분이 위축을 받게 되어 노이로제 상태가 되기 쉬우니 가까이 않는 것이 좋다.

무엇보다 상대의 신경질적인 잔소리로 억지 앞에서는 느긋한 낙천가도 불평불만으로 원만한 섹스 성립이 어렵다.

★ 육체적인 이상 변화로 애정이 그리워질 때도 있고, 피로 · 병난 · 재난사고 등 본인의 실수 · 유혹의 손실 · 망신수에 걸리게 되며, 이때는 쓸데없는 말로 구설수에 오르는 것이 특징이다.

●**천기성⊖ 장래를 바라볼 수 있는 중요한 좋은 상대!**

유(酉)년월 : 행복한 가정, 즐거운 연인 관계, 인간 교류 관계의 원만성을 기하는 본인, 유년생의 만남으로 일부 낭만적인 꿈은 사라지지만 격식을 찾는 상대의 섹스에 시달리는 일도 많다.

그러나 주기 변화의 강세기에는 한마디로 본인의 장래 문제를 결정지을 수 있는 중요한 인물이고 공망살(천중살) 기에는 절대로 가까이 하여서는 안 되는 상대이다.

★ 이때의 방침 변화는 어떠한 형태이든 간에 앞으로 살아가는 데 의욕적이고 금전 관계와 큰 연결 관계가 생기며, 무슨 일이 되었든 정도와 분수에 맞는 일을 일으키면 후원자가 생겨 용솟음치듯 번창하게 된다.

●천기성⊕ 이상한 분위기에 끌리고 결혼하면 만족을 주는 상대!

술(戌)년월 : 본심을 보이지 않는 술년생을 볼 때 사람 관계에 경계심이 없고, 솔직히 털어놓는 본인 생각으로서는 어딘가 수수께끼에 가려 있는 이상한 분위기에 휘말려 매력으로 보이며 또한 어떠한 관계가 성립되었든 최적격자이다.

본인이 사귀어 보면 빠른 변화가 거의 없고, 만날수록 신비로운 존재로 본인의 마음을 사로잡으며 섹스를 좋아하는 본인을 아낌없는 만족을 주게 되는 존재이다.

★ 2년 전에 계획하고 실천해온 일이나 목적을 달성할 수 있는 기회로 애정 · 결혼 · 가옥 구입 · 경제력 확장 등에 결실이 맺어지고 개인적으로는 정신적 · 육체적인 만족을 얻어낼 수 있는 좋은 기회가 될 수 있다.

●천기성⊖ 건강이나 재운을 영으로 만드는 위험한 상대!

술(戌)년월 : 결혼하면 섹스 또는 어떠한 환경이 되었든 몸을 해치게 되고, 돈을 벌어들이는 것보다 돈 쓰는 데 소질 있는 술년생과 경제관념이 별로 없는 본인 사이의 재력 형성이란 한마디로 영점을 만들어내기 쉽다.

사업 관계의 동참, 파트너 관계, 결혼상대로서는 위험하므로 피하는 것이 무난하고, 이때는 건강이나 재운을 송두리째 말려가는 대충살에 해당된다.

★ 어떠한 형태가 되었든 육체적인 문제 또는 신경을 써야만 될 일이 생기고 건강 · 애정 · 경제면에 어려움 생기며, 육체적인 혹사는 반드시 그 대가를 치러야 하고 때로는 망신살에 걸린다.

● **천기성⊕ 본인 따라 속마음이 좌우되어 심리적으로 부담주는 상대!**

해(亥)년월 : 누구에게나 본인의 마음을 터놓고 대화하기 좋아하는 본인과 해년생이 타고난 어려운 고집을 어느 정도 이해하고 양보하는가에 따라 상성 관계는 달라지겠지만 본인으로서는 심리적으로 부담을 받는 상대임은 틀림이 없다.

양인이 어떠한 관계가 되었든 이러한 이해와 양보가 없으며 해년생은 자신의 마음의 문을 꼭 잠그고 열지 않을 것이다.

★ 고의든 임의든 정신적 장애요인이 도사리고 있으며, 이때 어떠한 일이 발생하면 훗일에 반드시 후회하고 고민하여야 할 문제가 생기며, 일에 대한 전념 과정에도 뜻하지 않는 정신적 스트레스만 더욱 가중하게 될 것이다.

● **천기성⊖ 본인의 이해와 인정으로 마음의 문을 열게 되는 상대!**

해(亥)년월 : 타고난 고집으로 본심을 열기 싫어 하는 해년생도 본인의 따뜻한 열정과 사랑 · 이해 · 인정에 굴복하고 어떻게든지 이에 보답하려고 필사적인 노력을 아끼지 않는 좋은 상성 관계가 된다.

섹스 관계도 만족하고 좋은 가정을 이룰 수 있으며 다만 쓸데없는 강압적이고 강제성 있는 일만 없다면 어떠한 일이 되었든 행복한 목적이 달성된다.

★ 어떠한 일이든 계획하고 목표를 세운 일에 대해서는 그 목적을 달성할 수 있으며, 특히 정신면을 존중하는 이점을 활용하게 되면 더욱 공감대를 얻어내어 무한한 발전과 원만한 환경 거래 등으로 유리한 변모가 생기게 될 것이다.

제 9 장

목기성木氣星의 천중살天中殺편篇

1

목기성(木氣星)의 천중살(天中殺)

(1) 일주(日柱)

영수	㊶	㊷	㊸	㊹	㊺	㊻	㊼	㊽	㊾	㊿	간이 없어
간 지	甲 辰	乙 巳	丙 午	丁 未	戊 申	己 酉	庚 戌	辛 亥	壬 子	癸 丑	공망(空亡) 寅卯

※ 간(干)은 열 개, 지(支)는 열두 개로 간(머리) 두 개 없는 지(支)가 공망(空亡)이다.

■寅卯 공망(空亡)은 목기성(木氣星)으로 성격, 성장, 가정, 결혼, 재운, 직장, 연애, 섹스, 상성 관계 총활운은 동일하지만 甲, 乙, 丙, 丁…… 癸 따라 다소간에 차이가 생기게 된다.

■음(−), 양(+) 구분은 일주 음양으로 구분하는 것이 아니라 태어난 년주(年柱) 따라 음양이 분별된다.

(2) 년주(年柱)의 천간(天干)

甲 丙 戊 庚 壬……⊕

乙 丁 己 辛 癸……⊖

■ 목기성(木氣星) 일주에 寅년생 卯년생은 영합목기성(靈合木氣星)자로 운명 흐름이 양면으로 흘러가게 된다.

■ 甲辰 일주에 을해년생(乙亥年生)이라면 앞 '六十갑자(영수) 조견표'를 보고 금기성(金氣星)의 ⑫를 읽어보면 된다.

■ 자기의 일주[氣星]와 해년마다 바뀌는 간지(干支)를 보고 상생 상극을 구분한다.

■ 주기 흐름은 '월운 조견표'로 년운도 본다.

㊶ 甲辰

● 승부욕 강하고, 기성이 격하다, 신앙심

로맨틱한 의욕적인 꿈이 항상 작용하여 일에 대한 선취를 잡으려는 희망과 아이디어는 항상 생각하지만 주변 체면 유지, 일에 대한 성공보다 실패하면 어떡하나 하는데 역점을 두어 선뜻 달라들지 못한다.

남성은 사회적으로 본인이 하고자 하는 목표에 도전하여 상당한 수준과 지위에 올라 있는 건명 인사에게 많고, 남자와의 대인 관계, 업무 관계 있어서는 완고하면서 엄하게 냉정한 업무처리도 까다로운 사람으로 통한다.

그러나 유독 여성에게는 부드럽고 친절하며, 상대 이성에 대하여 일거일동 포용력 있게 신경을 베풀어주므로 주변 여성으로부터 대단한 인기를 한 몸에 받게 된다.

여성은 배짱 좋고 명랑하고 활발하여 주변으로부터 인기는 있지만 운명적으로 결혼 배우자만은 연령층하가 없는 동년배보다 연령층하가 월등한 차이 있는 상대자가 좋으며, 키가 작으면 큰사람, 큰사람이면 적은 사람, 신체적 안면의 결합 차이 등 본인이 상대를 마음대로 움직일 수 있는 배우자를 구하여야만 안심할 수 있고, 혼기를 놓치게 되면 만혼, 독신되기 쉬워진다.

남녀 담백하고 냉담하며, 도덕적이면서 사양하는 미덕과 태도에 주변사람의 신뢰성을 얻어낼 수 있으며, 어떠한 일이 되었든 우유부단하여 "때가 되면" 하는 흔들리지 않는 신념에 결혼과 섹스를 분리해서 생각할 수 없는 보수적인 정론파이다.

어떠한 일이 되었든 도맡아서 일을 하여야만 본인의 식정이 풀리고, 의욕적이라 주어진 일에는 절대로 물러서지 않고 오직 전진으로 일관되어 도가 넘으면 좌절의 위기도 맞게 되지만 대략 복록이 있어 어떠한 형태가 되었든 재기가 가능하고 급상급하 운이 있다.

속에 참고 있다가 자극 받으면 속 시원히 하고 싶은 말을 다 해 놓고 뒷심이 없으며 격한 기성으로 투쟁, 배신, 의심, 구설 등이 그치지 않아 고독하기 그지없고 이동, 이사보다 한 자리에 오래 앉아 있는 자리에 재산 증식이 생기며, 본인의 몸에 흉터나 점이 있어야만 재난 사고를 면하고 수명이 연장하는 특운이 있다. 상대 이성으로부터 금전적 원조나 정신적인 봉사 혜택을 받는 일이 많이 생기고 본인은 가만히 있어도 본인이 바라는 물건이나 일 등이 자연적으로 주변으로부터 이유, 조건 없는 조달이 가능해지지만 여성은 지나친 혜택은 복종을 강요하는 구설이 성립되어 희롱당하기 쉬워지는 특징이 있다.

※ 일주 다음에 년주

㊷ 乙巳

● 이성문제 발생, 해외 웅비, 예술 재능

외강내유, 외면보다 내면을 조정하는 일이나 내면에서 승패를 걸어야 할 일, 조직체나 회사를 움직이는 일에 뛰어난 재능이 있고, 자신의 취미의 대상은 본인의 영역에 한정되어 있으며 또한 교제범위도 자신의 직장 거래인, 친척간에 한정되어 있는 것이 특징이다.

외견 얌전하고 매사 차분하게 보이며, 항상 무엇을 생각하고 있는지를 제3자가 볼 때는 전혀 알 수 없고 짐작할 수 없는 상대이지만, 남에게 지기 싫어하는 투지력이 있어 한 목표를 세워 돌진할 때는 계획성 있는 추진력으로 그 누구도 따를 자가 없을 것이다.

괴이한 운변으로 주변으로 부탁을 받으면 인정과 사정을 두지 못하고 그 일을 들어주었다가 칭찬보다 벼락 맞는 일이 많이 생기며, 원망하면서 좋아하고 상대를 미워하면서 사랑하여야 하며, 웃다가 울어야 할 괴이한 개운 운명세이다.
남성은 강 운세로 평범한 가정 여성과 만나 행복한 가정을 꾸려나가기를 바라지만, 이러한 여성을 배우자로 만나면 어떠한 형태가 되었든 가정과 일이 밸런스가 깨지고 불안 요소로 균열이 많아지며 결과적으로 생별의 위기까지 몰리기 쉬워진다.
평범한 가정 여성보다 대중적이고 거만한 교제 수완이 있는 사람으로서 어떠한 어려운 때라도 끈기로 이겨낼 수 있는 배우자를 만나야만 본인의 성공은 가능하게 된다.
자유로운 사랑, 속박을 싫어하고 즉흥적인 행동으로 경솔한 행정에 후회하는 일 많으며, 일생 다정다감하여 많은 이성이 따르고 애인이 있어도 유혹의 대상이 생기면 서슴없이 유혹에 응한다.
또한 섹스의 쾌감이 극치에 오르는 크라이막스에 엉뚱한 애인 이름이 튕겨 나와 열기 오르는 상대에게 질투심과 반감 사기 쉬워지고, 어떠한 형태가 되었든 묵은 일이 알려져 열정의 불이 시들어지는 일이 많이 생긴다.
여성은 승부욕이 강한 이기성에 경제 의욕이 강하고, 매사 제멋대로 행동하는 면은 그 누구도 말할 수 없으므로 본인의 배우자가 본인을 얼마만큼 이해해 주고 사랑해 주며 모순된 일을 벌려도 용서하여 주고 자신의 뒤치다꺼리를 얼마나 보살펴주는 배우자를 만나느냐에 따라 운명이 달라진다.
본인은 가만히 있어도 안다는 명목 하나로 이성으로부터 금전적 융통 원조를 받을 수 있을 뿐 아니라 정신면의 봉사 혜택도 받을 수 있어 본인이 바라는 물건, 일 등은 시간이 걸려도 자연 조달이 가능해지지만 지나친 혜택은 복종을 강요당하고 희롱당하는 일이 생기기 쉬워질 것이다.

성격상의 장단점을 조절하지 못하면 사회적인 낙오자나 좌절의 쓴잔에 허덕이는 사람이 많지만 슬기로움을 잃지 말고 목표에 일관하면 반드시 자립으로서 성공할 수 있는 운세이다.

※ 일주 다음에 년주

㊸ 丙午

- 일 처리 기쁨, 강운, 고독, 여성 부지런하여 가만히 있지 못한다

착실한 노력과 인내력이 개방적이고 활발한 행동력이 조화되면 외양면으로 볼 때는 모양과 멋에 치중하게 되어 가시적인 면에 많은 신경을 쓰게 되지만, 행동력이 활발해지고 인내력이 생겨 남이 꺼려하고 하기 싫은 일도 서슴없이 달라붙어 처리하는 능력이 생기게 될 것이다.

사심 없는 대인 접촉으로 대인거래가 넓고 어떠한 형태가 되었든 추천, 특채, 알선 등의 혜택으로 하여야 할 일거리가 많이 생기며 사소한 일이라도 장 · 단점을 잘 파악하여 이러한 약점을 최대한으로 이용하는 재능이 뛰어나지만, 사심을 위한 것이 아니라 정도의 길이라 주변의 호응도가 높다.

이러한 이유 때문에 주변에서는 도저히 생각할 수도 없고 얻어

내기 힘든 특허권, 허가권, 한정된 티켓 등을 손쉽게 얻어낼 수 있는 재간이 누구보다 뛰어나다.

또한 이러한 일에 대해서도 절대로 이권 문제가 개입되지 않는 것이 장점이라 이러한 수속을 밟아주는 사람 역시 아낌없는 순수한 마음으로 다른 뜻 없이 허가해 주는 것이 특징이다.

사람 따라 태풍의 중심권에 위치하여 선악을 불문하고 주변에게 영향을 주고 때로는 그 내면까지 송두리째 먹어 삼켜버리기도 하고 분주하면 말 많은 실업, 정치 계열에 진출이 많다.

특히 일에는 전진만이 있을 뿐 후퇴라는 용어는 찾아볼 수 없고, 어떠한 환경이 되었든 자신의 체면 유지를 위하여서는 형식이 되었든 가시적이 되었든 지출경비를 아끼지 않는 반면, 집안일이나 일반 경비에는 지나치게 인색하고 짜다.

어떠한 일이든 그릇이 크고, 최고를 자칭하는 원맨으로 젊었을 때 일시적인 고생 많지만, 주변을 잘 돌봐주고 일에는 적극적으로 임하여 나이가 들수록 점진적으로 실력이 인정되며 집안, 가정으로서 권위를 지나치게 주장하여 식구들로부터 소외받아 고독한 운명을 자초하기 쉬워진다.

주변사람에게 초라한 처지를 보이기 싫어하여 때로는 말과 현실에 맞지 않는 변명을 늘어놓기도 하고 때로는 뜻하지 않는 일로 하여금 횡재운도 있으므로 이러한 흥망기복 현상도 크게 작용된다.

40대 초반 50대 중반에 탕진하는 암시가 있고 여성은 완고한 가정 중심 따로, 승부욕이 강하고, 본인의 남편이 자신을 얼마 만큼 이해해 주는가에 따라 자신의 운명이 달라지고 남성을 조정하는 방법이 매우 뛰어나다.

사람 따라 남편을 남에게 뺏기고 남의 남편을 뺏어 사는 꼴이 많고, 남녀 공히 몸을 섞으면 성적 욕정에 불타 올라 때로는 상대 몸을 파괴시키는 위험이 있으니 될 수 있는 한 취미활동으로 정력을 분산시키는 것도 좋은 방법이 될 것이다(특히 이복형제가 있는 경우 많다).

※ 일주 다음에 년주

㊹ 丁未

● 강운, 정숙, 저력 있는 독설가, 비판력

보수적인 생활상에 '건실일로' 집념이 강하고, 얌전하면서 인내력이 대단하며 무엇인가 하고자 하는 진취력이 강하여 보기에는 순하게 보이지만 승부욕이 강한 잠재의식이 있고, 본인이 하는 일이 주변에게 피해를 주지 않도록 조심성을 기하여 어떠한 일이 되었든 본인이 납득하고 숙달할 때까지 모든 집념을 다 바치게 된다.

특히 전통을 계승하는 맥을 필요로 하는 일, 고풍을 자랑하는 일, 자신의 적성과 취미에 맞는 일 등에 손을 대어 성공자가 많으며, 남성은 겉모양에 치중하고 멋을 잘 부리며 주변에서 볼 때는 전혀 생활력에 관심 없고 건달로 보이지만 그의 내면의 생활 상태를 훑어보면 놀라울 정도로 착실하고 가정면에서도 가장으로서의 책임을 다하고 있는 남편감이다.

타고난 인정미와 담백하고 고지식한 면이 본인만이 갖는 높은 꿈과 미래상을 실현시키려는 희망이 대단하며 사회적으로 도리와 정의에 어긋나면 사정없이 독설 섞인 비판이 가해지지만, 그때뿐이지 전혀 뒤가 없는 사람으로 중년에 가서 인생 변화 오게 된다.

외압에 반항적이고 남에게 이유 없는 신세를 짓기를 싫어하며 본인의 이기적인 욕구를 관철시키기 위해서는 어떠한 수단도 불사한 잔인성도 있으며, 일이 풀려 나갈 때는 별 문제가 없어도 풀리지 않는 하락세에 접하면 우선 기가 죽어 나태해지고 우울증에 빠져들기 쉬워진다.

어떠한 욕망이 되었든 일단 사로잡히면 몸 속 깊숙한 곳에서 꿈틀거리고 확연 휘어 말리고 솟아오르는 욕망을 자신 스스로도 조절할 수 없는 열기에 도취됨으로 자신의 목적 일에 적응하면 훌륭한 힘과 야망을 쟁취할 수 있지만 이러한 욕망이 이성 상대의 도구로 사용하면 음탕, 질투, 불륜, 부정, 무리한 육욕으로 억센 세파에 시달리게 된다.

남에게 지기 싫은 욕망 때문에 입신출세자가 많고, 강자보다 약자를 도와주는 젊은 패기와 용감성은 칭찬해 줄만한 대상이지만 돈을 버는 것보다 일 자체 참여하는 데 뜻이 있고, 재운도 상당히 좋지만 그에 따라 산재하는 운도 뒤에 따르게 된다.

외고집에 본인의 결점은 깨닫지 않고 상대 잘못만 추궁하고 비판하게 되며 사랑에서도 상대에게 사랑을 주는 것이 아니라 수동적으로 사랑을 받기 바라 무미하여 상대로부터 불만 받기 쉬워질 것이다.

일에 성의를 발휘하여 만능 재간은 인정되지만 지키는 일에는 약하여 어떠한 일을 벌려도 수지타산이 잘 맞지 않아 엉망인 사람이 많은 것이 특징이다.

여성은 자주성이 강한 은근한 내면에 비해 외면과 말에 대하여 신경을 많이 쓰게 되며 정신력, 집중력을 필요로 하는 손끝으로 만들어내는 일, 섬세하게 정리하여야 할 일 등에 소질이 있을 것이다.

※ 일주 다음에 년주

㊺ 戊申

● 느긋한 진로, 지키는 역할, 결실을 맺는 명수

건실 일로의 보수파로 인생의 무기로는 오직 '인내와 노력'을 들 수 있으며, 이에 신(申)이 작용하면 나이에 비해 어른스러우며 외면은 유연하지만 내면은 격한 성격이 잠재하고 있다.

사회적으로 엘리트 코스를 약속받을 수 있는 좋은 기회를 몇 번이고 얻어낼 수 있으면서 전혀 그러한 길을 신경도 안 쓰고, 전혀 색 다르고 이색적인 길을 택하기도 하고 또한 우월한 이성을 택하는 기회도 생기며 출세할 수 있는 좋은 조건도 생기지만 그때마다 돌연 불만과 반발로 엘리트의 찬스 기회를 놓치는 일이 많이 생기게 된다.

또한 호기심 많고 지나친 물욕이 생기면 불필요한 간섭 걱정이 많아져 자신의 진로 균형에 금이 생기면 이것저것 뜻대로 안 되어 주거, 직장, 가정 파장이 생기기 쉬워지므로 오직 한 일에 노력하면 복록이 있어 세상 물질을 다 가질 수 있지만 도량이 커서 흡족함을 느끼지 못할 것이다.

이상보다 감성이 뛰어나고 물질보다 정신면을 중요시하며 남에게 상처주지 않으려 많은 신경을 쓰게 되고 순수한 인생관에 로맨틱한 꿈과 실현 불가능한 허공 속을 헤매기 쉬우며 풍류를 즐기면서 취미에 맞는 이성과 일을 찾아 아름답게 살기 바란다.

또한 배우자가 성실하고 근면한 눈치가 보이면 그 순간부터 태만해지고 게을러지며 왕성했던 정력 자체도 약해지고 불평 불만에 잔소리가 많아진다.

또한 부평초 기질로 한 곳에 정착할 수 있는 힘이 어려워 생각하고 판단하는 것이 일방적이라 낭만성이 가득하며 이로 하여금 때로는 잘 다녀왔던 유망한 근무처도 돌연 사직하고 그만두는 반발작용이 일어나게 된다.

어떠한 곳에 진출하여도 그의 실력이 인정되어 출세는 가능하지만 일에 대한 끊고 맺음은 철저하나 유독 이성 문제, 여성 문제에 대해서는 끊고 맺는 것이 흐리멍덩하여 이성 문제로 발생하는 자신의 인격 손상을 크게 받기 쉬워진다.

일생 식록과 복력이 있어 가세가 번창할 수 있고 윤택하지만 육친과는 인연이 박하고 또한 어떠한 환경이 되었든 가정에 대한 불안으로 자신의 고독감을 해소하기는 어려울 것이다.

적응력이 좋아 안정한 가정 분위기를 버리게 되지만 어쩔 수 없는 사업 문제로 밤 늦게 대접을 마치고 집에 돌아오면 억지말로 상대를 공격하게 되고, 아무리 설득시키고 이해를 바라도 먹혀들지 않는 완고성으로 결국 남성은 숨이 막혀 뜻하지 않는 탈출 방법으로 홧김에 외도하는 사람도 적지 않다.

여성은 혼전까지 얌전히 가정에서 갇혀 있다가 결혼하는 사람 많고 결혼 후에는 상대 운명에 좌우되며 또한 주변을 돌봄으로써 신망과 사랑을 받게 되지만 금전 낭비벽은 일생을 통하여 고칠 수 없을 것이다.

박애주의자이면서 상대 약점을 닦달해 피곤 주고 때로는 자기 꾀에 자신이 넘어가 몸을 허락하는 일이 생기며 사람 따라 가정을 돌보지 못하고 밖에 일에 열중하게 되므로 자연 남편이 싫어한다.

이 사람의 운세는 생가를 떠나 객지에 나가 자수성가하는 운세이다.

※ 일주 다음에 년주

㊻ 己酉

●근실한 서민형, 황무지를 개척하는 운, 만년에 안정

안전지향성의 보수파 기질에 유(酉)가 작용하면 어떠한 일이 되었든 기전이 빨라 즉흥적으로 보는 눈이 있어 이것저것 쓸데없는 간섭이 많아지고 잔소리가 많아져 집안 식구로부터 소외 취급되기 쉬워지지만 자녀에 대한 사랑이 지긋하고 자녀에게 기대하는 욕심 또한 대단하다.

근실한 서민형에 주변 일을 잘 돌보아주므로 많은 사람이 좋아하고 따르며 주변에서 전혀 쓸모없는 장소나 일감을 개간 수정하여 사업성으로 발전시키는 노력과 끈기가 강하다.

지혜로운 계략을 세워 좋은 환경, 유리한 기회를 얻어낼 수 있지만 이 사람에게 무엇보다 주의하여야 할 문제는 자신의 분수를 지키는 일과 일에 대한 선 · 악 선택 따라 얻어내는 성과는 전혀 다르게 된다.

또한 자기본위에 양보심과 협동력이 부족하여 때로는 일 진행상 장해와 막히는 일이 많이 생기게 되지만, 본인의 뜻을 일보 양보하고 주변과의 협동력을 발휘하게 되면 개운의 문은 열리게 된다.

내성적이면서 잠재의식이 강하여 주변과의 융합이 잘 안 되는 것 같이 보이지만 어떠한 환경이 되었든 현실을 초월하여 그 환경에 적응함으로 신망을 얻어내는 아름다운 면모의 장점이 있으며, 또한 어떠한 일이라도 호응하고 순응하여 주변에게 끌려다니는 일이 많지만 처음에는 끌려 다녀도 결국은 그 자리에서 두목의 위치를 점차 차지하는 위치에 앉게 된다.

때로는 일에는 소극적이고 낙관적인 판단으로 주어진 좋은 기회를 놓치기 쉬워지고, 물질적인 욕망과 이익 추구에 악착하게 매달리며 말이 거칠어 구설에 오르기 쉽고 이 사람의 약점은 어떠한 형태가 되었든 본인도 알 수 없는 낭비벽에 신경을 많이 쓰게 되지만 이것만큼은 본인 역시 어쩔 수 없는 일이 되고, 이러한 낭비벽에 반하여 금전 관계로 어려움을 당하는 일은 별로 없다.

때로는 우연 중 악의에 넘쳐 울화통이 터지는 일도 생기기 쉬워지고 신경질에다 질투심, 폭력 사태 등 참으려 노력하여도 자신도 모르는 사이에 일이 터지는 경우 많으며, 이성 문제도 지나친 열정에 방해와 실수가 일어난다.

또한 이상한 것은 이성 문제에 한해서는 뜻대로 잘 안 되며 여성 역시 주변을 잘 돌봄으로 사랑을 받을 수 있지만 금전 낭비벽은 고칠 수 없을 것이다.

여성이 결혼하여 헌신적인 사랑과 섹스에 대한 참 맛을 알게 되면 낮에는 숙녀, 밤에는 요녀로 변하게 되고 본인 마음에 흡족한 상대를 만나게 되면 마음의 동요가 심하다.

※ 일주 다음에 년주

㊼ 庚戌

● **암전, 근면성, 추진력, 혼란기에 공적**

착실한 노력에 안전지향적인 보수 기질에 술(戌)이 작용하면 보이기에는 어리석게 보이면서 지나칠 정도로 얌전하게 보이고 또한 속의 내면은 밝은 강렬한 행동력에 외면과 조화를 이룸으로서 주변사람과의 유대 관계 좋고, 직장에서는 선배, 상사 말에 순응적으로 잘 따라주므로 그들로부터 온순하고 귀여움을 인정받게 되어 어떠한 분야를 막론하고 영립을 받아 출세가 가능하다.

그러나 이러한 호재의 영립을 몇 번이고 받고 순조로운 발전을 계속하여 출세하게 되면 구태여 상사의 영립을 받지 않더라도 본인의 실력으로 독자적으로 출세하는 운세로 착각하게 되며 이러한 착각 원인으로 하여금 더욱 성장 발전할 수 있는 운세를 자신의 거만과 오판으로 망쳐 놓는 결과가 되기 쉬워진다.

작은 일보다 큰 일을 좋아하고 대인 교제면에서도 무심코 한 말이 본인의 인격면에 손상을 입게 되지만, 의리를 위해서는 자신을 돌보지 않고 적극적으로 나서서 그 일을 처리함으로써 주변의 신망을 얻어낼 수 있지만 이 또한 자만하면 그 공덕은 일시에 무너진다.

육친 사이가 연박하여 이복형제 있는 사람 많고, 이렇지 않으면 독신자 경우 많으며, 또한 금전 관계, 대인 관계, 거래 관계 있어서는 전혀 양보심 없고, 어떠한 거래 관계 있어서나 번잡하고 어려운 혼잡이 생길 때 뜻하지 않는 새로운 힘과 추진력으로 공을 세우게 되는 일이 많다.

때로는 지나치게 우유부단하여 주어진 좋은 기회도 결정을 못

내려 일을 그르치는 일도 생기게 된다.

담백하고 냉담하며 사양하는 태도에 신뢰성을 얻어내고 의협적이고 혁신적인 두령적 기질로 상대에게 속고 있는 듯하지만, 상대의 허를 찔러 조정술이 좋으며 겸손과 인내력이 대단하다.

또한 음양이 증폭되는 운세로 양세일 때는 주변 이목을 독차지하여 출세가 가능하지만 음세일 때는 심각한 실수, 유혹의 혼선, 이룰 수 없는 욕정에 휘말려 모든 주권이 무너지고 파괴된다.

이성으로부터 금전, 물질적 원조 아니면 정신적 봉사 혜택을 받게 되고 자신이 가만히 있어도 자신이 바라는 물건이 조달되지만 혜택으로 인한 강요, 희롱이 도사리고 있다.

여성은 억센 강 운세로 성급하여 앞질러 달려가 실수하기 쉬워지니 신중한 행동력이 아쉽고 남편에 대한 말 참견이 별로 없으며 묵묵히 자신의 영역을 지킴으로 후일에 자식 덕이 있다.

또한 사람 따라 이성에 사로잡히면 주변 유혹이 그치지 않고 문제를 유발시켜 여성은 남성의 공격 대상 되고 남성은 여성의 공격 대상이 되는 일도 많아진다.

※ 일주 다음에 년주

㊽ 辛亥

● 영적, 남의 힘을 이용, 마음의 참모별, 이성문제 일어난다

건실 일로의 보수적인 본질이 해(亥)가 작용하면 한번 뛰기 시작하면 불물을 가리지 않고 끝까지 달려가는 작정형이 건실 일로

에 부딪혀 외면에 나타나는 것보다 이면 그늘 속의 실력자로 작용하여 입(말)으로 사람의 기분을 움직일 수 있는 특수 재능을 갖게 된다.

하루를 살아가는 데도 사사로운 곳까지 신경을 써 돌보므로 제3자가 볼 때는 신경질이고 불안정하며 전혀 침착성이 없게 보이므로 이러한 사람은 될 수 있는 한 어떠한 일이 되었든 보고도 못 본 듯하는 것이 좋고 들어도 못들은 듯이 하는 것이 현명하다.

무엇보다 영감이 뛰어나 예능적 재능이 있으며, 주동역할보다 보좌역이 이익이 좋고, 재물이 많아지면 의심과 걱정거리 많아지며 때로는 난폭한 일도 발생하기 쉬워진다.

어떠한 일이 되었든 서둘게 되면 불리해지고 본인의 힘보다 타인의 힘을 이용하여 벌어먹게 되며 오히려 이러한 벌이가 크다.

때로는 분수에 넘치는 욕심과 이상을 바라고 도전하기 쉬워지지만 완강하고 고집스러운 데가 있어 주변사람이 따라주지 않으므로 마음속으로는 사람을 그리워하면서도 함부로 가까이 못한다.

또한 누구든지 자기 마음대로 농락하려는 교만성이 있고, 이것저것 걱정을 만들고 의혹에 사무쳐 번뇌하며 때로는 난폭한 행동으로 무례를 범하여 버림받기 쉬워진다.

이러한 사람은 정신적인 영적세계에 관심이 많고 풍부한 영감이 작용하여 좋고 철학, 공부, 학술 부문에 진출하면 발전이 기대되며 어떠한 형태가 되었든 만일을 위하여 봉사하는 헌신인 봉사활동은 자신의 출세를 가속화시켜 줄 것이다.

자유를 사랑하고 속박을 싫어하며 본인이 겸손하게 주장, 가정, 고민하는 일을 간단하게 결정하므로 일생 후회하는 일이 생기게 될 것이다.

또한 일생동안 자유로운 사랑을 갈망하는 낭만주의자로 다정다감하여 열하기 쉽고 냉하기 쉬워져 이성 문제가 많이 발생되며 순간적 감성 따라 동요 많아져 현재 사귀고 있는 애인이 있다 하더라도 새로운 매력과 유혹에 현혹되어 서슴없이 일을 벌려 수습하기 어려운 결과를 자초하게 된다.

이성으로부터 금전적 원조나 정신적 봉사 혜택을 받게 되고 본인이 가만히 있어도 어디로 서로를 통하든지 본인이 바라는 물건이나 일들이 자연 주변으로부터 이유 없이 조달해지고 이러한 지나친 혜택은 복종을 강요당하는 결과와 희롱당하기 쉬워진다.

자신이 좋아하는 핸섬한 상대를 만나면 수단방법을 가리지 않고 돈으로서 본인 곁에 묶어 놓으려 하고 또한 섹스의 쾌감의 극치에 올라갈 때 뜻하지 않는 옛날 애인 이름이 터져 나와 상대의 기분에 물을 끼어 던지는 격이 되며, 아무리 열광된 사랑이라도 일시에 무너지는 이변이 생기게 되므로 과거의 이름은 죽을 때까지 밝혀서는 안 된다.

※ 일주 다음에 년주

㊾ 壬子

● 대중형, 육친과 인연 박, 방랑성, 이익 발상, 여성은 강운

정신력을 필요로 하는 학술, 예술 분야 등에 뛰어난 연구력과 끈기를 보이며 직감력의 발상으로 일반 사람으로서는 전혀 생각할 수 없는 엉뚱한 일을 벌려 일확천금의 요행의 횡재도 생길 수 있지만 이러한 횡재도 일시적으로 끝나기 쉬워진다.

때로는 본인이 바라는 일이 제3자가 볼 때 얼마나 허황되고 도저히 납득할 수 없는 어리석은 일로 보이지만, 본인의 신념과 창의력이 세상을 깜짝 놀래키는 걸작품을 만들어내어 주변을 놀래키는 일도 생기지만 선의든 악의든 이변이 생긴다.

일에 대한 성급한 이익과 억압적 운명으로 종사자로부터 불신, 소외감으로 접근을 꺼려 하고 금전 흐름에서도 주변 활동, 연쇄 반응 등으로 금전파동, 이동수가 많아진다.

땅 속에 숨겨져 있는 주옥과 같이 개발하면 할수록 무한한 빛이 발산되는 운세로 본인의 꿈이 어떠한 사정으로 일으키지 못한 사람은 그 자손 대 그 꿈에 다시 도전하여 결국 그 꿈을 세상에 알리는 묘한 인연도 있다.

외면보다 내면에 승부를 거는 작전의 명수로 사람을 조정하는 인사 분야, 조직을 움직이는 경영 분야, 능동적으로 내면을 다듬어 나가는 분야 등에 큰 실력이 기대된다.

어떠한 일이 되었든 자신의 분수와 정도를 넘는 일에 손을 대면 불행을 자초하는 결과가 생기므로 이러한 약점과 불상사가 없

는 한 점진적 개운세로 대기만성된다.

독립심 강한 '원맨' 으로 그릇이 커 최고를 자칭하고 가장으로서 지나칠 정도 권위를 주장하여 고독한 운명을 만들지만 인정이 많아 주변을 잘 돌봐줌으로 인기는 대단하다.

태풍권의 중심권으로 선악을 막론하고 주변에게 영향을 주고, 내면까지 송두리째 먹어 삼키든지 내뱉든지 가부 영향을 준다.

주색잡기에 손을 대면 파멸의 고배를 맛보고 선대부터 내려오는 업을 지키는 사람과 전문직종을 개발하여 한 걸음 한 걸음 다듬어 나가면 만년에 큰 재력 형성되어 존망의 대상이 된다.

고달픈 추문이 계속되어 복잡한 이성 관계가 그치지 않으며 배우자 관계는 상극 형상 많아 신중한 상성(궁합) 판단이 무엇보다 필요한 일주이다.

여성은 가정과 직장을 겸비한 전형적인 현모양처형으로 직장에서는 월등한 지위로 주변을 압도하는 실력자로 자연 집에 돌아와도 여성상위되며 남성을 조정술에 뛰어난 사람과 남편을 딴 여자에게 뺏기고 남의 남편을 뺏어서 사는 이색적인 변화를 갖는 사람도 적지 않다.

다정다욕으로 이성을 잃기 쉬우며, 정조관념이 박하여 이성 문제가 많으며 남녀 상대 배우자를 극하여 흉조가 강하여 여성은 어떠한 형태이든 전문업을 가져야만 고생을 면하게 된다.

※ 일주 다음에 년주

㊿ 癸丑

● 완고하여 독설, 외유내강, 대인 조화

보수적인 사고방식으로 안전지향, 건실한 생활태도로 정도를 걷는 전형적인 대기만성형이다.

젊었을 때 본인이 이 세상에서 하고 싶은 일, 바라던 일, 대인교제, 이성 문제, 수습거래 등 마음 먹은 대로 뜻대로 실컷 해본 사람은 만년에 갈수록 점진적으로 어려움과 고난을 겪게 된다.

반면에 젊었을 때부터 어려운 고난 속에 무엇 하나 뜻대로 되지 않고 물질적, 정신면에 시달리던 사람은 나이가 들수록 점진적으로 개운하는 사람으로 양분된다.

자기 주장, 완고한 고집으로 한 일에 접하면 주변사람과의 인화관계가 어렵고 쓸데없는 의구심에 헷갈리는 일이 많지만 본인으로서는 적은 말단직이라도 자신이 위대한 것처럼 착각하는 버릇이 있으므로 일찍이 벼슬운에 올라 출세하게 되면 몰라도 그렇지 못할 때는 어두운 자신의 직분과 분수를 지키고 한 일에 전념하여야 성공이 무난할 것이다.

일생을 통하여 큰 횡재와 재벌운 있기를 바라지만 이러한 운을 얻기에는 역부족하고 어떠한 분야에서나 불평 불만과 독설로 자신의 진퇴 조절 문제가 잘 안 되며 어떠한 일이 되었든 주어진 일 대해서는 책임을 다 바치고 그 일에 적응하려는 노력을 아끼지 않는다.

교육 계통, 사회적인 선도, 봉사사업 등에는 지칠 줄 모르는 정신력과 의협심에 불타고 적성과 취미에 맞는 사업에 전념하면 큰 재력이 형성될 수 있지만 어디까지나 한 걸음 두 걸음 저축으로서 재력 형성될 수 있다.

폭풍 속에 휘말려 갈피를 잡지 못하는 배로 선의든 악의든 방향 선택을 잃어 파란을 만나게 되고 정을 찾게 되면 리듬이 깨져 하찮은 다툼이 생기며 홧김에 다른 이성 관계, 불륜 관계 일으켜 액을 부르기도 하고 이권도 없는 일에 매달려 분주하게 쫓기게 된다.

승부욕과 정의감이 강하여 어떠한 권력에도 굴하지 않고 대항하는 패기가 있으며, 돈을 벌어들이는 것이다. 일 자체 참여하는 멋에 뜻이 있으며 본인의 결점은 깨닫지 못하고 상대 잘못만 추궁하는 데 있다.

선견으로 찬스를 잡으며 지적인 보좌역이 필요하고 여성은 처녀 때는 유혹에 약하여 구설수에 오르나 결혼 후에는 전형적인 현모양처형 많으며 사람 따라 매사 대담하고 가정생활보다 사회생활에 기여하는 사람도 적지 않으며 가부 운세 많다.

강인한 성격으로 오는 색정 문제, 육친간에 균열이 생기기 쉬워지고 남성은 처와의 생사별, 여성은 어떠한 형태가 되었든 육친에게 괴로움을 주게 된다.

※ 일주 다음에 년주

2

목기성(木氣星)

태어난 : 일주공망(日柱空亡)

인묘(寅卯)…공망자

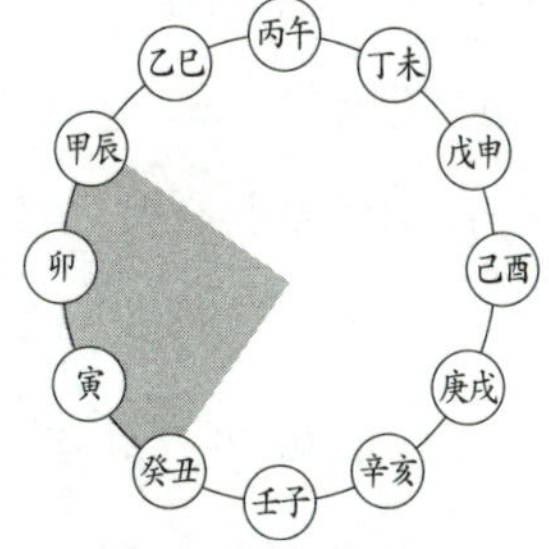

(1) 성격, 성장(부지런하고 착실하며 한 발 한 발 노력하는 스타일!)

가정환경을 중시하고 건실한 노력으로 살기 바라며 한시라도 마음을 편하게 지낼 수 있는 안식처와 정숙함을 좋아한다.

외적인 호화로운 활약보다 내면으로 도움주고 일하는 참모역에 좋고 또한 권모술수에 능하며 매사 감정보다 이성을 중시하여 어떠한 목표를 세우면 면밀한 계획을 세워 한 걸음 한 걸음 그 목표를 위하여 나사를 조여 가는 근면성을 보인다.

어떠한 일이 되었든 숨 가쁘게 주변에 적응하고 얻어내려는 목적보다 장래성을 위하여 건실하게 인생길을 걷게 되며 또한 보수적이고 안전지향적인 생활방침 따라 주변사람이 볼 때는 주어진 떡도 못 먹는 어리석은 사람으로 보이기 쉽다.

일과 식사에 느린 사람이 많으며, 일에도 참신성이 있는 발상과 아이디어를 바라고 새로운 성취욕은 대단하지만 마음만 있을 뿐 모든 일이 뜻대로 풀리지 않으며 어떠한 일이 되었든 일의 성공률보다 실패율에 신경이 쓰여 선뜻 결정을 내릴 수 없다.

활동범위도 창의력과 투기로 승패를 거는 일에는 소질이 없고, 자료와 자금을 들여도 고정적인 확답이 나올 수 있는 수입처, 즉 고정수입이 보장받을 수 있는 직장, 자영업소도 일정한 영역 내에서 거래인으로부터 매달 수입이 보장받을 수 있는 확고한 거래 관계를 갖는 우유배달소 등을 말한다.

전통을 주시하며 주변에서 볼 때 완고하고 피해의식 때문에 사람 사귀는 데 무척 애먹게 되며 대인 관계나 거래 관계에 있어서도 자신의 영역을 벗어나는 교제범위는 별로 없고 일정하나 한계 내 거래가 한정되어 있는 특성을 갖는다.

또한 취미와 흥미의 대상이 본인의 가정과 본인 주변에 한정이 되어 있으며, 오직 자신의 일생의 무기로써는 인내와 노력으로 몰아부치는 불행한 세파를 대처하는 처세술은 없다 하더라도 어떠한 불행이라도 헤쳐 나갈 수 있는 강인한 정신력이 있어 결국 대기만성운이 된다.

대체적으로 외강내유로 회사 · 직장 밖의 일보다 가정 내부를 중시하여 외적보다 내적인 일에 승산이 많으므로 사람을 다루는 일, 조직을 움직이는 일, 내면된 일에 능력이 발휘된다.

인내와 노력으로 어떠한 일이 되었든 끈기로 밀고 나가 주변으로부터 신뢰와 존망을 얻어낼 수 있으며 큰 일도 본인의 집념으로 가능하게 만들어내는 능력자로 이 사회에 없어서는 안 될 중요한 인물이다.

특히 근원적으로 내면세계를 지배하는 운기로 태어나 노력, 생활방침, 사고력 등이 내향성이 되며 경우에 따라 청렴결백한 내성파가 있는가 하면 매사 이권을 추구하는 행동파도 있어 정반대 현상으로 보이지만 군인 성격 같으면서 60간지 따라 달라진다.

이러한 자녀를 잘 키우기 위해서는 무엇보다 아이에게 책망을 하지 말고 꾸준하게 잘 키우면 장래성이 유망한 인재로 키워낼 수 있다.

밥 먹는 데도 차분하게 한 입 두 입 꼭꼭 씹어 먹고, 일하는 데도 꼼꼼히 건실하게 일함으로 밥 먹는 것과 일 하는 데 느린 아이들이 평균적으로 많다.

또한 보는 관점 따라 달라지겠지만 밖에서 조용한 응달진 곳에서 놀기 때문에 활발함이 없는 반면 집안에서는 힘이 발휘되어 밖에서 노는 시간보다 집안에 있는 시간이 많다.

부모가 알려주는 말을 잘 지키고 시키는 일에 순종하는 자녀로 기본원칙을 고수하는 형이라 1+1=2 의외의 답은 나올 수 없어 원칙을 응용하는 요령이 먹혀들지 않는 완고주의자로 올바른 기본교육만 가르쳐 놓으면 나름대로의 발상을 다듬어 나가게 된다.

이러한 발상과 인내, 노력이 결집되어 일에 대한 실수 없는 처리능력이 성장되고, 또한 사람을 다루는 응용력과 권모술수가 병행하며 이러한 본능이 새로운 성취욕에 불이 붙으면 회계, 기획 등에 뛰어난 재능이 발휘하게 된다.

한 목표를 세우면 한 걸음 두 걸음 그 목표를 향하여 의지력이 서서히 발동되며, 대인 접촉과 거래 관계 있어서도 기본적인 상식이 없는 것이 아니라 상대를 응용하는 요령이 부족한 것이 단점이고 자신의 심적 판단이 옳을 뿐 다른 사람에 대한 비판도 하려고 않는다.

어릴 때부터 완고한 고집이 있고 결백하여 거짓말을 못하고 착실하여 부모의 칭송과 사랑을 독차지하며 어떠한 일이든 협조와 대화로써 인도하게 되면 부모가 바라는 사람으로 키워낼 수 있는 자질이 있다.

또한 무책임하게 남 말하기 좋아하는 사람은 지나치게 독선적인 목기성의 인생관에 대하여 전혀 근친자 · 친척 · 형제간의 우애도 몰라보고 오직 자신의 영역만을 위하여 행동하는 행위와 완고한 고집으로 인하여 나쁜 평가를 내리는 사람도 적지 않지만 이러한 점이 자손번영을 약속받을 수 있는 장점으로 3대에 걸쳐 가족운의 명맥을 이어주는 기성이기도 하다.

(2) 가정, 결혼운

가정 안식이란 뜻이 있어 전형적인 가정상에 한 장소를 정하면 어떠한 형태가 되었든 변화가 어려워진다.

남성은 가정의 가장으로서 책임을 다하게 되어 "my home papa!"로 불리며 어떠한 이성교제의 불륜 관계나 바람을 피운다는 것은 극히 드문 일이고, 남녀 자식 자랑을 하고파 한다.

여성 역시 완고하고 정숙하여 처녀의 순결을 그대로 지켜오다가 결혼 초야에 순정을 바치는 사람이 많은 것이 특징이며, 결혼으로 하여금 남편의 수입면을 사로잡고 가정을 위하여 헌신으로 노력하는 현모양처형이다.

이러한 면이 때로는 '여성상위' 가정으로 변모되어 사업상 부득이한 사정으로 밤 늦게 술 마시고 돌아오게 되면 때로는 이해하다가도 도가 심해지면 의심이 많아져 억지말로 남편을 공격하여 궁지로 몰아놓게 되어 아무리 설득하고 이해시키려 노력하여도 완고하여 먹혀들지 않고 숨 막히는 가정환경을 조성함으로써 결국 남편으로 하여금 가정에서 탈피, 외도의 길로 몰아내는 결과가 생기는 일도 적지 않다.

부모가 목기성에 목기성의 자녀가 생기면 무엇보다 조심할 것은 '충효'란 뜻이 있어 태어날 때부터 효성이 지극하여 '효자'가 많다 보니 자연 육친의 사랑은 도를 넘어 과잉보호 상태로 모친의 사랑은 변모되어 결국은 비호로 하여금 자식을 망치게 되므로 일찍 해방시켜주는 것이 현명한 방법이고, 해방으로써 양자로 보내는 것도 좋은 방법이다.

결혼조건에서도 연애결혼보다 서로간의 출생성분 · 환경 · 가문 · 인맥 · 재력 등을 전제로 하는 맞선 결혼 성립이 좋고, 때로는 처가 부모를 모시고 사는 사람도 적지 않다.

또한 과잉보호 아래 자라나는 자녀는 부모 둥지에서 떠날 용기가 상실되어 사회인으로 자각이 없어 결국 자신의 장래가 엉망이 된다.

– 甲辰 : 여성은 밝고 활발하여 주변으로부터 인기 좋지만 결혼상대로는 월등하게 연령 차이가 나야 원만하다.

– 乙巳 : 여성은 남에게 지기 싫어하고 경제욕이 대단하여 본인을 이해해 줄 수 있는 상대여야만 유리하다.

– 丁未 : 여성은 본인의 근성은 얌전하지만 주변에서 볼 때 말에 힘주는 것 같이 들리고 모양에 멋 부리는 것으로 보인다.

– 戊申 : 여성은 틀 속에 갇혀 있는 처녀로 남편감 선택 따라 자신의 운명도 다르게 된다.

– 己酉 : 여성은 다른 사람 일을 잘 돌봐주므로 많은 사랑을 받지만 금전 낭비벽은 일생 고칠 수 없다.

– 庚戌 : 여성은 어떠한 일이 되었든 앞질러 나가려 하다 실패가 많으니 한 발 뒤로 물러서는 양보가 아쉽다.

– 辛亥 : 여성은 어떠한 모임에서 머리 · 입 회전 능력이 좋아 동네 부녀회장, 직급에 실력이 인정된다.

– 壬子 : 여성은 가정에서는 현모양처, 직장에서는 남성 못지 않는 여성실력자에 지위에 있고 여상상위가 된다.

– 癸丑 : 여성은 혼전에는 유혹이 많고 주변에 많은 친구와 이성이 있지만 결혼 후에는 현모양처의 외길이 된다.

(3) 연애, 섹스운

연애 관계에 있어서도 우선 상대 선정에 조건이 있어 감정보다 이성을 중시하며, 가문의 환경 · 지위 · 수입조건 · 상대와 본인을 비교하여 볼 때 큰 차이 없이 원만한 대등관계로 인정될 때 비로소 교제 또는 본격적인 연애가 시작되는 것으로 이러한 마음이 결정되는 데 많은 시간이 걸리게 되며, 이러한 기간 중에 좋은 상대를 만나도 냉랭함을 주어 대부분 떠나가 버린다.

이러하므로 연애결혼보다 중매결혼이 많이 성립된다(중매자를 믿기 때문이다).

일생을 통하여 남남이 만나 정열적인 사랑을 결합하고, 죽을 때까지 살아나가는 행복에 대하여 별로 흡족하게 생각하지 않으며, 또한 세상의 풍조와 유혹에도 별로 말려 들어가기 싫어하는 형이다.

이러한 내면지향은 섹스면까지 영향을 주어 오랜 부부생활에 잠자리를 같이 해온 부부라도 수치심이 강하여 밝은 한낮에 알몸을 남편에게 보인다는 것은 힘들 것이고, 섹스 관계의 체위도 변화를 갖는 체위 만족보다 정상체위의 만족감에 안도한다.

섹스에 쾌감이 극치에 도달하였을 때는 환희의 절정 기쁨에도 터져 나오는 소리를 이를 악물고 참으려고 몸부림치기도 하고 흐느끼는 눈물을 참으려고 애쓴다.

이러한 환희의 정감이 상대의 정념에 더욱 열정의 불을 질러주기도 하고 때로는 수치감이 상대의 불만을 가져오는 일도 많다.

남성은 성적 테크닉 개발로써 상대를 만족시킬 수 있는 묘법에 신경써야 하고, 여성은 알코올 등 수치심을 버릴 수 있는 힘을 개발하여야만이 만족한 섹스생활을 유지시킬 수 있을 것이다.

(4) 재운, 직장운

평범하게 보이지만 땅에 발을 붙이고 건실하게 살아가는 신조를 바탕으로 하고 있으며, 오랜 계획을 세워 금전도 한 푼 두 푼 착실하게 모여 가는 사람으로 어떠한 일이 되었든 신중성을 가한다.

분수에 맞는가를 분석하고 필요성 여부, 사회적인 적응 동향 분석, 이권 등 본래의 궤도를 벗어나지 않는 선을 유지하면서 사업 · 개점 · 금전 처리함으로 큰 변화가 없는 한 순조로운 발전상이 기대된다.

집단 · 회사 · 조직 속에서는 눈에 잘 띄지 않는 숨은 인재가 많고, 착실하게 자신이 바라는 계단을 무언중에 착실히 밟아 올라가 성공의 영광을 쟁취하는 형이다.

때로는 아무리 착실한 사람이라도 공망살(천중살)의 위력은 피할 수 없어 생각지도 않은 방향선택의 실수로서 흉운을 자초하여 몰락 · 파멸 · 도산 · 좌천의 고배도 맛볼 수 있다.

또한 목기성이 남성일 때는 남성 주도권을 갖는 가정이 되고, 여성일 경우에는 여성 주도권의 가정상으로 재운이 좌우되는 일이 많이 생긴다.

충동매입이란 생각할 수 없고 필요한 물건이 있으면 전 시장을 돌아다녀 가격이 싼 동일 물건을 찾아내어 그 물건 자체에 결함이 있는가를 조사한 뒤에 구입하는 꼼꼼한 사람이라 어떠한 가정이 되었든 필요없는 지출은 없으므로 지갑을 맡을 자격자임은 틀림이 없다.

인내와 노력이 최대 무기라 단기전보다 장기전이 유리하며, 시간이 오래 갈수록 성장운이 있어 건실성을 필요로 하는 사무직이나 착실하게 계단을 밟아 올라가는 계급 분야 때에 따라 권모술수를 동원하고, 밀어 나가야 할 변칙분야 · 자격 · 사회적으로 인정받지 못하는 분야 등이 있다.

남성 : 의사 · 문학 · 엔지니어 · 건축토목 · 설계 · 전자공학 · 편집 · 금융 · 변론 · 재판관 · 교수 · 광산 · 관리직 · 정치 · 학생은 실력 이상의 좋은 학교에 진학할 운세이다.

여성 : 사무 · 의료 · 교육 · 미용 · 서비스 · 은행 · 보석 · 디자이너 분야이다.

■ 목기성(寅卯공망)과 12지지(월운) 조견표

지운 / 월운	인(寅)	묘(卯)	진(辰)	사(巳)	오(午)	미(未)	신(申)	유(酉)	술(戌)	해(亥)	자(子)	축(丑)
월운	음력 1월	2월	3월	4월	5월	6월	7월	8월	9월	10월	11월	12월
양년생 ⊕	정기	감기	종기	생기	화기	약기	달기	란기	회기	재기	안기	음기
음년생 ⊖	음기	정기	감기	종기	생기	화기	약기	달기	란기	회기	재기	안기

※ 목기성(寅卯공망일)생으로서 寅년 卯년에 태어난 사람을 영합공망인(靈合空亡人)이라 부르고 아래와 같이 해석한다.

(층)관계, 양면운 ⊕인월(寅月)의 ⊕ 정기 매사 침체되지만 그 중에 申이 되므로 목적이 달성된다.

(5) 영합(靈合) 목기성(木氣星)

목기성은 매사 '인내와 노력' 주어진 일을 착실히 지켜 한 발 두 발 목표를 향하여 노력하는 '개미군단' 항상 이성(理性)의 뒷면을 바라보고, 절대로 일시적인 감정에 현혹되어 행동하는 일은 드물다.

본래 보수적(保守的)이라 본인이 납득하지 않는 일에는 손 데기 싫어하고 자신의 영역, 의외의 일에는 행동하기 싫어하여 주변으로부터 인정 없는 완고한 사람으로 보이게 된다.

그만큼 요령은 나쁘지만 어떠한 조직에서는 없어서는 안 되는 매우 중요한 위치를 차지하는 존재다.

이러한 목기성의 대충(對沖)은 금기성의 영합(靈合)이 혼합체(混合體)의 양상(樣相)을 받게 된다.

금기성의 특징은 자유분방(自由奔放)이란 말이 적격이고 구습(舊習)이나 전통(傳統)을 받기 때문에 생각할 여지, 침착성, 신중성이 없어지고 즉흥적이면서 덤벙대는 모양으로 보이게 된다.

이러한 목기성의 대충(對沖) 금기성의 영합(靈合)인 혼합체(混合體)의 양상(樣相) 때문에 분간이 어렵다.

목기성 영합(靈合)이기 때문에 순수하게 결론이 나야만 행동에 금가는 형, 일단 '생각에 잠기면서 행동' 에 옮기기 때문에 '갈팡질팡' , '머리와 꼬리' 가 맞지 않는 곤욕스러운 사태가 나온다.

한마디로 속단속결(早斷早決)과 우유부단(優柔不斷)의 대립 양상으로 사업으로 볼 때 히트품이라면 놀라운 횡재가 생기지만 히트품이라도 때 조절, 선택 차이로 큰 손실도 불가피하다.

목기성의 본성은 한 목적을 위해서는 많은 정보를 수집하여 다각적으로 분석하고 행동에 옮기는 형이지만 금기성의 영향을 받게 되면 순서, 질서를 무시하기 때문에 오해(誤解)를 자초하는 것이다.

특히 이러한 면이 남녀 관계가 될 때는 상대를 끌어들이고 처리, 요리하는 방법에는 주변이 감탄할 정도로 상대를 납득시키고 좋은 말로 유혹하는 기능이 발달되지만, 만일 여성이 이러한 변화성에 몸을 젖어들면 성악녀(性惡女)의 낙인(烙印)을 면하기 어려워지게 된다.

■ 목기성의 영합, ⊕ 寅년생, ⊖ 卯년생

● ⊕ 인(寅) : 한 일에 집중력과 정성을 다 바치면 뜻이 이루어진다!

❶ 어떠한 어려움이 닥쳐와도 사전에 그 일을 알아차리고 그 역경에서 탈출하여 나가는 밝은 동활력이 매력이며, 특히 어떠한 유혹에도 현혹되지 않는 판단력이 좋다.

❷ 자신이 바라는 일, 뜻을 펼쳐 나가는 일은 좋지만 싫증내기 쉬운 결점 때문에 좋은 아이디어 개발로 '부, 명예, 인기'를 얻어낼 수 있는 조건을 물거품으로 끝내는 일이 적지 않다.

❸ 결혼 후에는 자식 도움을 받을 것이고 편한 마음으로 지낼 수 있지만 부부 사이의 애정 문제가 걱정이고, 피로할 때는 거울을 쳐다보고 한번 미소를 지어보면 마음이 더욱 편하다.

❹ 위장계열이 약하여 자연식품으로 치유하는 요리법을 찾아보는 것도 좋은 방법이 되고 몸과 마음을 항상 조절하여 살아가는 것도 좋은 방법이다.

● 오전 중 침착한 행동으로 처리하면 더욱 빛나게 되고 전화연락 거래, 교제, 알선 등은 이 시간대를 크게 활용하면 좋으며,

오후의 교섭사, 계약, 결정지을 사항은 오후 3시 30분~오후 5시 30분 사이에 이루어지면 좋아진다.

실력을 쌓아올려 자신감으로 높은 지위와 명예욕에 불타오르며 자신의 목적을 위해서는 어떠한 희생도 아끼지 않는 강건한 자세 때문에 자연적으로 주변에 많은 적이 생기게 된다.

또한 사람의 인심을 사로잡는 수단이 뛰어나며 자신을 지지해주는 주변사람의 편이 많으므로 적이 생겨도 문제가 안 된다.

여성은 젊어서부터 주변사람이 알아주어 직장에서는 상당한 수준과 지위에 올라가는 여성이 많고, 남성은 젊어서는 별 변화가 없다가 나이가 들수록 자신의 지위가 상승세 오른다.

●㊀ 묘(卯) : 프라이드 높고, 인척, 주변 말(정보)에 현혹되지 말며, 자기 자세를 지켜라!

❶ 한나절 시간대 강한 집중력, 행동력, 생산한 활기와 인상으로 인생의 시동이 9시부터 걸리게 되고, 그 시동의 기세는 시간이 갈수록 주변으로부터 흠모의 대상으로 변할 수 있다.

❷ 질투를 받을 수도 있고, 질투를 하는 일도 생기며 오후 3시 30분부터 오후 5시 30분 사이에 피곤과 소문, 신경 쓸 일이 생기고 기분도 침착성을 잃어 들뜬 기분에 사로잡히는 일이 생기기 쉽다.

❸ 될 수 있는 한 기분전환을 위해서는 하는 일, 취급하는 일이 많으면 일에 정신을 뺏겨 잡념이 없어지고 특히 마음에 맞

는 일에는 최상급에 올라야 마음 놓는다.

❹ 부부 사이도 부지런한 배우자를 만나게 되지만, 일과 가정 간에 밸런스가 잘 맞지 않는 일이 많고 돈은 벌되 뜻하지 않는 지출이 많아 저축이 잘 안 되므로 이 점을 명심하고 개선해야 한다.

● 양력 3, 4월 되면 마음이 들뜨고 기운이 빠지며 하운세, 괴롭다고 술에 의존하면 간장 위협 받으며 봄의 감기는 기관지 해치우기 쉬우며 북방위, 남방위 여행으로 운기를 올려야 한다.

장식대로서 명성을 얻는 사람이 많고 양력 6월, 7월 12월생의 자식은 '명성과 출세'가 기대되며 가정안정이 유지되는 집안이 된다.

얌전하고 예의범절이 바르며 의리 있고, 안전지향성 때문에 주변 측근 유지의 도움으로 출세하는 사람이 적지 않지만 때로는 너무나 일을 주저하다가 남에게 사회적으로 선수를 빼앗겨 손해를 보는 일도 적지 않다.

남성은 연상의 여인과 결혼하여 집안 일을 돌보는 사람이 많고, 어떠하든 가정 일에 종사하기 쉽고, 여성은 내성적이면서 근성이 강하여 남편이 가정에 대한 생활력을 잃으면 두말할 것 없이 가계를 위하여 직업 전선에 나가게 된다.

(6) 인묘공망(寅卯空亡)

■ 건실한 노력가이면서 겉면보다 내실면으로서 '권모술수'에 능하고, 현실적인 감정보다 앞을 내다보는 이성을 중요시하며, 면밀한 계획 아래 건실하게 살기 바란다.

■ 보수적인 생활에 안전지향을 신조로 삼고 살고 있기 때문에 주변에서 볼 때 '돌다리인 줄 알면서도 건너가지 못하는 형', 주어진 좋은 기회도 놓치는 일이 많아진다.

■ 하는 일, 밥 먹는 것이 느리고 사면이 완고하여 사람을 사귀는데 무척 애를 먹게 되며 자신의 행동범위 역시 자신의 직계 집안에 한정되는 것이 특징이다.

■ 오직 인생의 무기는 개미와 같이 '인내와 노력'이 되고 이 세상을 이겨 나가는 처세술은 좋지 않아도 매사 정신력으로 일에 임하게 되므로 대기만성운을 갖는 사람이 많다.

■ 인내와 끈기 · 노력이 주변사람으로부터 '신뢰와 존경'을 받을 만한 사람으로 큰 일도 자신의 집념과 내면의 권모술수로 성취시키는 저력의 소유자로 이 사회에 없어서는 안 되는 존재가 될 것이다.

■ 모친, 친구, 친형제 간에 인연이 없고 말썽 구실이 생긴다.

● 목기성⊕ 결혼상대로는 최고 좋은 찰떡 상대!

자(子)년월 : 자년생은 본인에게 없는 유연한 행동력이 있어 연애 관계, 친구 관계 있어서도 적극성을 띠게 되어 만나면 만나

볼수록 사교적인 분위기에 호감과 안도감이 생겨 실내공간에서 해방되게 된다.

또한 연애 관계나 결혼상대로서는 이상적인 자질이 있어 본인이 멋대로 행동하는 면에 말 한마디 없이 이해하고 들어주며 가정에 돌아와서도 불평 하나 없이 집안 일과 아이들을 잘 보살피고 돌보지만 언동에는 민감하다.

★ 안정된 환경에 기쁨주는 찰떡궁합되고, 성숙하게 익어가는 과일 맛을 보는 것과 같이 자연대로 때를 기다리며, 취미에 맞는 일, 우연하게 만난 사람과의 혼사가 이루어지기 쉽고, 별로 생각하지 않던 승진 · 자격시험 · 재력 등이 의외로 얻어져 기쁨을 맛보게 된다.

●목기성㊀ 언동에 민감하여 설마 하고 한 말이 상처주면 돌연 파국 상대!

자(子)년월 : 포용력 있는 사랑으로 감싸주고 부친과 같이 지켜주며 특히 경제면으로도 불평 없게 돌봄으로써 큰 행복감과 만족감을 주는 상대로 무엇 하나 부족함이 없는 좋은 상대이다.

그러나 자년생은 언동에 민감하여 설마 하고 말한 말에 상처를 입으면 지금까지의 찰떡궁합은 일시에 사라지고 파국되기 쉬우니 함부로 말하는 것은 자제하여야 한다.

★ 주변환경이 어떻게 되었든 자신에게 유리한 상태가 성립되어 유산 · 증여 · 주식 · 부동산 등 수익이 예상되지만 이산이란 뜻이 있고, 어떠한 형태가 되었든 가부를 막론하고 금전과 관계가 있으므로 금전과 관계되는 일에 손을 대면 수익은 있어도 손실은 없을 것이다.

● 목기성⊕ 불륜의 바람, 색마로 시달림을 받게 될 상대!

축(丑)년월 : 인간미가 있어 많은 사람이 좋아하고 따르며 매사 대담하여 돌다리인 줄 알면서도 건너가지 못하는 신중파인 자신으로서는 자연 마음이 끌려들게 되지만 공망살의 음기의 영향을 받아 아무리 호운기에 있는 자신이라도 겁탈 당하게 된다. 어떠한 관계가 되었든 같이 있으면 불륜의 색마에 바람이 용솟음쳐 축년생으로는 어쩔 수 없이 이성문제가 성립되어 본인을 괴롭히는 결과가 되므로 어차피 살기 바란다면 모든 면에 있어 상대가 원하는 대로 받아들이고 관용으로 베풀어야만 유지할 수 있다.

★ 맑은 하늘에 먹구름이 서서히 덮여가는 형태로 심리적으로 불안정하여 헷갈리는 오판 · 실수 · 착각 · 간섭 등으로 이익보다 손실이 많고, 또한 육체적으로는 사건 · 구속 · 장해 · 이성을 잃는 행위로 산만해져 충돌이 많다.

● 목기성⊖ 결혼하면 자식 중심으로 행복을 주는 상대!

축(丑)년월 : 본인으로서는 축년생을 만나면 상대가 어떠한 인상을 하고 있든지 대화해 보면 우선 마음의 충실성과 안정감이 생겨 마음에 있는 애정을 솔직히 표현할 수 있는 상대이다. 또한 결혼에 성공하면 자식을 중심으로 하는 즐거운 나의 행복한 가정이 성립되고 충만한 기분으로 지낼 수 있으며 섹스의 테크닉이 뛰어나 환희를 알려주는 좋은 상대가 되지만 주변 유혹에 휘말려 즐기기를 바라는 습관을 이성으로 자제하도록 노력하면 더욱 좋다.

★ 우연한 일, 취미적인 일에서 수입이 생기고 이성 관계 역시 우연히 만난 사람과의 인연이 있으며 전혀 생각지도 않던 승진 · 자격취득 · 시험 합격의 영광으로 기쁨과 목적이 이루어지고 설마한 곳에서 재력을 얻게 된다.

●목기성⊕ 지속적인 결합에는 자비심, 인내력이 필요한 상대!

인(寅)년월 : 공망살에 해당하는 기성으로 결합하면 어떠한 형태가 되었든 인년생의 등살에 시달리게 되며 이러한 원인도 상호간에 바라는 방식 차이가 원인이 될 것이다.

상대가 어떠한 욕을 퍼부어도 한마디 대항하지 못하고, 상대가 자기 곁을 떠나 갈까봐 두려워하게 되므로 상대와 지속적인 결합을 위해서는 무엇보다 자비심과 인내력이 필요하며 부득이 결혼할 바에는 천운기가 좋은 해를 택하는 지혜가 필요하다.

★ 먹구름이 천지를 뒤덮어 한 치의 앞을 내다볼 수 없는 어려운 형편에 어느 누구 하나 도움이나 말을 들어주는 이가 없어 일명 사면초가 상태가 되고, 자신의 주변환경 분야가 공허 상태로 좌절, 파괴가 도사리고 있으며, 어떠한 형태가 되었든 불길한 징조에 휘말린다. 사람에 따라 불길한 가운데 재운 문이 터지므로 요행을 잡는 사람도 적지 않다.

●목기성⊖ 상대의 등살을 모르는 척 참고 살아가야 할 상대!

인(寅)년월 : 목기성과 인년생은 공망살 관계로 어떠한 명분이 되었든 결합하여 같이 생활하게 되면 건실한 노력을 바탕으로 살아가는 목기성의 발목을 제 마음대로 흔들어 놓게 되고 인년생의 등살에 시달려 가면서도 혹시 본인 곁을 떠나 갈까봐 아쉬워하고 두려워한다.

또한 본인의 담백한 섹스 감각에 비하여 인년생의 얄궂은 욕구변화의 섹스로 상대의 쾌감의 환희를 마음껏 즐기게 해놓고 잡아먹는 묘미로 인하여 떨어지기는 아쉽고, 등살에는 헤어져야 할 상대로서 같이 살자니 곤욕스러운 상대이다.

★ 공망살의 먹구름에 덮여 심신의 오판 · 실수 · 착각 등으로 오는 손실이 많고, 주변 불안 등에 휘말려 사건 · 구속 · 장해받기 쉬우며, 근친간의 마찰 · 불륜 · 사업 · 건강 무엇 하나 뜻대로 잘 풀리는 일이 없게 된다.

● **목기성⊕ 필요하면 협력하고 참아야 하며, 공망살로 스쳐가는 상대!**

묘(卯)년월 : 공망살 상대로 한 목적을 위하여 만났어도 분위기와 말이 달라 상대가 무엇을 생각하고 있는지 전혀 짐작할 수 없어 물어보면 동문서답격이 되지만 양인은 이러한 점에 신경을 쓰지 않는다.

양인이 어쩔 수 없이 상대가 필요하여 교제가 이루어지게 되면 어떠한 형태가 되었든 공통된 취미를 살려 대화의 시간을 많이 가져야만 하고, 본인에게는 전혀 흥미 없는 말이라도 흥미진지하게 받아주는 노력 따라 양인의 성립은 좌우된다.

★ 열렬하게 사랑했던 사람의 변심, 근친자의 배신, 근친자의 생사별 등 어떠한 형태가 되었든 행운보다 악운의 영향을 받아 후회와 좌절하는 일이 많이 생기고 재난 · 병난 · 대차거래 난 · 추락 · 수난 · 화난의 암시가 생기며 이때는 금전에 미련을 갖지 말고 토해내는 것이 불행을

막아내는 비법의 길이기도 하다.

●목기성㊀ 협력 관계가 사라지면 철저히 공격하여 비극을 초래하는 상대!

묘(卯)년월 : 공망살 관계로 좋은 상대가 될 수 없고, 천운주기의 좋을 때 상호간에 매력에 끌려 결혼을 하였다 하더라도 공통된 흥미와 취미를 얼마만큼 이해하고 협조하는가에 따라 가정유지에 안정성이 좌우된다.

이러한 협조가 사라지면 일시적인 대립 언쟁이 아니라 상대를 철저히 공격하는 사태로 어쩔 수 없는 균열사태로 비극을 몰고 온다.

★ 한 치의 앞을 내다볼 수 없는 어려운 사태에 직면하여 누구 하나 말을 들어주지 않는 사면초가. 이때는 공허 속에 말려들어 파괴되고 자신의 주변에도 불길한 징조에 휘말리게 된다. 다만, 사람에 따라 불길한 가운데 재운 문이 터져 재운을 벌어들이는 사람도 적지 않다.

●목기성㊉ 결단력 없는 본인에게 용기와 실행력을 주는 좋은 상대!

진(辰)년월 : 어떠한 관계가 되었든 같이 있으면 일에 대한 흥미가 생겨 어떠한 일이 되었든 실패를 보아도 상대를 원망하지 않는 용기가 솟아나 본인으로서는 도저히 결단을 내릴 수 없는 실행력이 용솟음친다.

또한 무엇이든지 흥미를 갖고 달라붙는 진년생에 감화되어 실행력이 생기고 상대가 다른 이성과 교제하고 있는 것을 알면서도 묵인하고 말하지 않고 있으면 자연 소멸하여 옛날 정이 다시 솟아나지만 격한 대립관계는 균열 생긴다.

★ 일시적인 장해요소는 점진적으로 사라지고 임의든 고의든 간에 시작한 일에 대해서는 틀림없이 결실을 맺게 되므로 이때는 정당하고도 자신이 키워 나갈 수 있는 많은 씨를 뿌려 놓는 것이 장래를 위하여 효과적이다.

●목기성㊀ 상대 몸 속으로 뛰어들어야 할 상대!

진(辰)년월 : 공망살에 걸려 있는 상대로 어떠한 형태가 되었든 진년생에게 끌려 다니기 쉽고, 진년생의 등살에 시달리게 된다. 또한 이러한 관계는 상호간에 속마음을 열고 속 시원히 하고 싶어 하는 말을 못하는 약점이 있으며, 꼭 마음에 들어 결합을 바란다면 이것저것 주저말고 상대 마음속으로 돌진하여 제압하려는 마음가짐이 필요하다.

★ 캄캄한 먹구름에서나마 일시적인 가볍고 밝아지는 기분이 오지만 전혀 마음을 놓을 수 없는 기회로 믿었던 사람의 배신이나 근친자나 사랑했던 사람과의 생사별, 돌이킬 수 없는 후회스러운 일이 많이 생기며, 또한 재난 사고 금전대차 관계 등 얽히는 일이 많이 일어난다.

●목기성㊉ 결합하면 연인 사이보다 친숙한 친구와 같은 상대!

사(巳)년월 : 양인이 상대가 지금 무엇을 생각하고 바라며 어떻게 행동할 것인가에 대해서도 알 수 있을 정도로 의식과 감이 통하므로 상호간에 어떠한 불만의 소지는 찾을 수 없는 친숙한 친구와도 같다.

연인 사이라 할지라도 다정한 친구와 같은 느낌을 받게 되어 양인 사이에는 정열적인 사람의 화염에 휘말리는 일은 없고, 덤덤한 사랑이 되어 결혼 성립에까지는 많은 시간이 걸리게 되므로 속성 결혼을 바라면 정열적이고 실감나는 영화감상 등으로 유혹하여야만 좋다.

★ 대지에 뿌려 놓은 씨가 이삭이 솟아나 무럭무럭 자라날 수 있도록 힘찬 호전이 기대되고, 어떠한 일이 되었든 안정과 획득을 얻을 수 있지만 설마 안이하게 생각하는 곳에서 무너지기 쉬워지니 모든 것을 신중하게 다루어 나가야만 하고 급속도의 변화는 좌절을 뜻한다.

●목기성㊀ 있을 때는 잘 몰라도 없을 때는 텅 빈 상대!

사(巳)년월 : 상호간에 동질성이 되어 무엇 하나 부족한 것이 없이 서로를 알아주는 상대로 평일 같이 있을 때는 그 존엄성의 존재를 알 수 없지만 일단 있을 자리에 상대가 없어지면 막막한 적막과 허공 상태로 변모하는 환경으로 변한다.

가까이 만날 때는 별 볼일 없는 존재로 보이지만 사라진 이후에 아무리 찾아도 이미 때는 늦어지므로 같이 있을 때 깊은 관계를 맺어 놓게 되면 절대로 배신은 있을 수 없고 적극적으로 상대 위치를 알려주면 큰 효과를 걷어 올릴 수 있다.

★ 일시적인 장해요소는 점진적으로 사라지고 임의든 고의든 간에 시작한 일에 대해서는 틀림없이 결실을 맺게 되므로 이때는 정당하고도 자신이 키워 나갈 수 있는 씨를 많이 뿌려 놓는 것이 현명한 방법이다.

●목기성㊉ 상대를 볼 때 화려하고 멋지게 보이지만 고독한 인상을 받는 상대!

오(午)년월 : 어떠한 형태가 되었든 만나면 오년생의 화려하고 멋있는 생활에 매사 순조롭게 보이지만 본인이 볼 때는 왠지 쓸쓸하고 고독하며 생활상이 천하게 보인다.

집안의 안녕을 위해서는 본인이 주도권을 잡아야 원만한 가정이 유지될 수 있으며, 특히 공망살의 영향을 크게 받게 되므로 공망살 기에는 조심하여야 하며, 양인이 같이 행동하게 되면 다치거나 병난 · 재난을 만날 수 있는 위험소지가 많은 것으로 여행 · 레저 · 휴식 행선 방향에 신경을 써야만 한다.

★ 지나친 열애는 좌절되고 이때는 의욕적인 계획에 도전할 수 있는 기회가 되며 경제면에서도 재운과 연결시킬 수 있는 좋은 기회가 되지만 정도를 벗어난 부도덕적인 행위와 자극, 싫증을 남에게 주어 피해와 불신 등은 자신의 번뇌와 고민을 면하기 어려워지게 될 것이다.

●목기성㊀ 항상 생동감에 신선함을 줄 수 있는 상대!

오(午)년월 : 어떠한 장소나 환경에 불문하고 만나서 대화하면 화제가 풍부하고 오랜 시간을 같이 지내도 싫증이 안 나고 오히려 왕성한 호기심과 꿈의 세계에 도취시켜 활동력을 자극시키고, 본인의 신중성, 인내력을 높이 평가하며 격려해 준다.

연인 관계보다 진실한 친구 관계로 서로를 자극하여 생동감에 신선함을 항상 주게 되며, 결혼 후에도 주변이 부러워할 정도로 사이 좋은 잉꼬 부부 관계가 된다.

★ 어떠한 형태, 조건이 되었든 본인에게 유리한 조건과 폭이 넓은 조류가 시작되지만 우선 설마한 곳에 경계의 대상되고, 어떠한 진출에도

신선성과 신뢰성을 위주하면 무한한 발전이 기대된다.

● **목기성⊕ 될 수 있는 한 깊은 관계 전에 피해야 할 상대!**

미(未)년월 : 대충살에 걸려 약기로 어떠한 교제 관계가 되었던 간에 시작할 때부터 심신양면으로 어떠한 문제가 되었든 영향과 고통을 받게 된다.

참을성이 강한 본인이라도 참는 데는 한도가 있어 오랜 시간을 같이 있는 것도 한도가 생겨 결과적으로는 피로가 오게 되고, 섹스 관계 · 임신 분만 · 어떠한 형태가 되었든 자신의 육체 · 정신면에 피로를 주는 상대가 되므로 깊은 관계가 되기 전에 피하는 것이 현명하다.

★ 육체적인 이상 변화로 애정이 그리워지고, 피로 · 병난 · 재난 사고 등 본인 실수 · 유혹 손실 · 망신수에 걸리게 되며 이때는 쓸데없는 말도 구설수에 오르는 것이 특징이다.

● **목기성⊖ 풍부한 독창력에 감화받을 수 있는 좋은 상대!**

미(未)년월 : 딱딱하고 까다로운 본인에게 풍부한 독창력을 갖고 있는 미년생의 영향을 받게 되면 어떠한 일이 되었든 인생의 즐거움을 알게 되고 또한 영역 중심이 새로운 교제범위가 넓어지고 원만한 대인 효과를 얻게 된다.

다만 조심할 것은 어떠한 교제가 되었든 처음 시작할 때 공망살이나 대충살이 없을 때 시작하는 것이 좋으며 만일 이러한 시기에 만났으면 매사 좋은 면은 나오지 않고 약점만 보이게 될 것이다.

★ 이때의 방침 변화는 앞으로 살아나가는 데 의욕적인 일, 재운에 관한 큰 연결요소가 되며 어떠한 일이 되었든 정도에 맞는 일을 시작하면 후원자가 생겨 용솟음치듯이 모든 사업이 번창하게 된다.

● 목기성⊕ 공통적인 목적을 세워 돌진하면 좋은 상대!

신(申)년월 : 신년생을 주변에서 볼 때는 건방지고 모든 것을 제멋대로 중얼대는 사람으로 인식되지만 본인으로서는 이러한 점이 개성이 확실한 사람으로 흠모할 정도이다.

또한 약속시간을 지키지 않든지 쓸데없는 곳을 가기 싫어하는 본질성이라도 신년생을 만남으로써 도량 넓어져 이해하고 따라주며, 신년생 역시 상대의 헌신에 감탄하여 양인 사이가 더욱 친숙해지고 양인이 어떠한 공통된 목적을 세워 돌진하면 상당히 발전한다.

★ 2년 전에 계획하고 실천해 온 일이나 목적이 달성할 수 있는 기회로 애정 · 결혼 · 가옥 구입 · 경제력 확장 등에 결실이 맺어지고 개인적으로 정신적 · 육체적인 만족을 얻어낼 수 있는 좋은 기회가 될 수 있다.

● 목기성⊖ 어떠한 형태든 정신과 육체적 피로를 주는 상대!

신(申)년월 : 신년생은 본인과의 대충살(약기) 지속적인 교제나 사랑을 유지하려면 어떠한 형태가 되었든 참고 견뎌내야 지속할 수 있지만 그렇지 않으면 바로 균열이 생긴다.

원인 자체는 지나치게 몸 바쳐 헌신적으로 봉사하여 몸이 쇠약해져 병에 걸리기도 쉽고, 또한 쓸데없는 행위 등으로 정신면에도 피로를 가중하는 예도 적지 않으며, 어떠한 형태든 양인 사이에는 건강을 해치기 쉬우니 멀리하는 것이 현명할 것이다.

★ 어떠한 형태가 되었든 육체적인 문제 또는 신경을 써야만 될 일이 생기고 건강 · 애정 · 경제면의 어려움이 생기며, 육체적인 혹사는 반드시 그 대가를 치러야 하고 때로는 망신살에 걸린다.

●**목기성⊕ 같이 있으면 숨 막혀 떠나게 되는 상대!**

유(酉)년월 : 어떠한 조건이 되었든 양인이 결혼하게 되면 많은 문제가 생기며 상식 내에서 행동하기 바라는 본인과 유년생이 같이 있게 되면 숨통이 막히는 상태가 되어 자유로운 천지를 그리워하며 떠나 버린다.

또한 일시적으로 마음과 몸을 바쳤다 하더라도 결혼 말만 나오면 이리저리 피하게 되고, 연인 관계로서는 유지될 수 있어도 일상 얼굴을 맞대고 살게 되면 어떠한 일인지 정신적으로 부담과 피로를 받게 되어 떠나게 된다.

★ 고의든 임의든 간에 정신적 장애요인이 도사리고 있어 이때는 발생하는 일은 훗일에 반드시 후회하고 고민하여야 할 문제가 생기며, 일에 대한 집념 과정에도 뜻하지 않는 정신적인 스트레스만 더욱 가중하게 될 것이다.

●**목기성⊖ 희망찬 꽃씨를 같이 심어 나갈 수 있는 상대!**

유(酉)년월 : 희망찬 일생의 꿈을 같이 심어 나갈 수 있는 좋은 상대로 특히 부부간에 같이 할 수 있는 가내공업 · 음식 장사 등 어떠한 형태든 간에 생전에 같이 꿈을 실현시킬 수 있는 상대로서 대성한다.

또한 공동목적을 위한 생활, 같이 즐길 수 있는 운동, 취미활동, 본인을 위주로 하는 평화적인 가정, 무엇보다 유년생을 이해해 주는 자세가 필요하고 같이 있는 시간이 없다 하더라도 정신적 일체감이 작동된다.

★ 정신적으로 계획하고 실천해 온 일이나 목적하는 일은 달성되며 정신면을 존중하는 이점을 활용하게 되면 더욱 공감대를 얻어내어 무한한 발전과 원만한 환경, 거래 등으로 유리한 변모가 생길 수 있을 것이다.

●**목기성⊕ 어려운 처지에 있을 때 수습해 줄 수 있는 상대!**

술(戌)년월 : 어떠한 관계든 간에 어려운 처지에 놓이면 어떠한 방법을 동원해서라도 심신양면으로 도와줌으로써 수습할 수 있는 이상적인 관계로 약간 단조롭게 보이지만 돕고 아끼는 지성이 간절하여 주변으로부터 부러움을 받는 존재가 된다.

또한 섹스면에서도 오랜 애무, 체위 변화, 성교를 매일 거듭하더라도 상호간에 사랑은 더욱 굳어지고 만족감에 사로잡히는 상성 관계가 된다.

★ 지나간 대인 관계로 인한 균열 상태를 회복할 수 있는 기회로 헤어졌던 애정 · 좌절 · 중단되었던 일 · 재정비하여야 할 일에 착수할 수 있는 시기이고, 정신적으로는 추억 · 반성 · 후회하는 일이 생기며 경제면으로는 재수정을 필요로 하는 일이 생기게 될 것이다.

●**목기성⊖ 일상 싸움이 그치지 않는 상대!**

술(戌)년월 : 양인 어떠한 형태가 되었든 성격이 비슷하여 별로 모양에 치우치지 않고 단조로운 생활이 되지만 생각하고 하는 행동이 마음에 안 들어 싸움이 그치는 날이 별로 없다.

보편적인 의식 속에 때로는 상대가 놀랄 정도로 대담한 일을 저질러야 할 때 생활 변화를 갖고 대처해 나간다면 험악한 분위기는 사라지고 원만해진다.

★ 육체면보다 정신적 불안정으로 마음을 놓을 수가 없어 일을 하다 보면 헷갈리는 실수가 많아지고 대인교제 · 거래 · 사소한 의견 충돌 · 감정대립 등이 많아져 도를 넘게 되면 파탄을 자초하기 쉽고, 감언유혹으로 돌아오지 않는 대차관계 손실, 망신수가 생기게 된다.

● **목기성⊕ 앞질러가고 뒤쫓아가는 좋은 상대!**

해(亥)년월 : 이것저것 새로운 일을 벌이기를 좋아하는 해년생에게 아연질색하게 되지만 어떻게 하든지 이해하고 따라가기 바라는 모양에 상대는 감동하게 된다.

또한 상호간에 부부가 되면 상대를 위하여 부지런히 일하여 경제적 여유도 생기고 안정된 가정에 재력도 형성된다.

★ 어떠한 형태가 되었든 재운과 연관이 생기고 실리 · 상속 · 증여 · 주식 등에도 손익 관계가 성립되며, 독신자는 부유한 집안과의 혼사도 가능하고 이익을 얻으면 헤어짐도 생기지만 자신의 수리적인 지혜와 실력이 발휘할 수 있을 것이다.

● **목기성⊖ 수치심을 버리고 상대 가슴에 파고들면 더욱 행운을 주는 상대!**

해(亥)년월 : 상호간에 지운이 좋아 놓쳐서는 안 될 상대로 포용력으로 감싸주는 포근함과 자식 사랑이 지긋하여 심신이 행복하고 만족감을 주는 상대이다.

또한 이상적인 상성 관계로 상호간의 운기를 높이려면 목기성의 수치심을 버리고 상대 가슴속에 파고 들어가면 이상적인 섹스의 맛을 보게 될 것이다.

★ 일시적으로 막히고 어려웠든 일은 주변 도움으로 희망을 찾을 수 있고, 본인의 행동에 따라 성취도의 대소는 달라지겠지만 잃었던 일에 대한 재회 · 추억 · 반성 · 경제면의 재수정 등 어떠한 형태가 되었든 생동감이 생긴다.

제 10 장

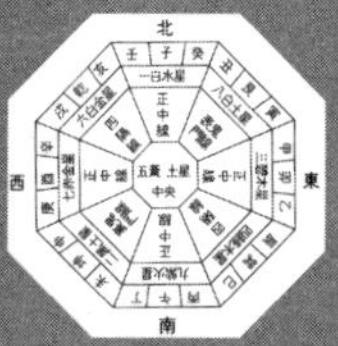

수기성水氣星의 천중살天中殺편篇

1
수기성(水氣星)의 천중살(天中殺)

(1) 일주(日柱)

영수	⑤①	⑤②	⑤③	⑤④	⑤⑤	⑤⑥	⑤⑦	⑤⑧	⑤⑨	⑥⓪	간이 없어
간 지	甲 寅	乙 卯	丙 辰	丁 巳	戊 午	己 未	庚 申	辛 酉	壬 戌	癸 亥	공망(空亡) 字丑

※ 간(干)은 열 개, 지(支)는 열두 개로 간(머리) 두 개 없는 지(支)가 공망(空亡)이다.

■ 子丑 공망(空亡)은 수기성(水氣星)으로 성격, 성장, 가정, 결혼, 재운, 직장, 연애, 섹스, 상성 관계 총활운은 동일하지만 甲, 乙, 丙, 丁…… 癸 따라 다소간에 차이가 생기게 된다.

■ 음(-), 양(+) 구분은 일주 음양으로 구분하는 것이 아니라 태어난 년주(年柱) 따라 음양이 분별된다.

(2) 년주(年柱)의 천간(天干)

甲 丙 戊 庚 壬……⊕

乙 丁 己 辛 癸……⊖

■수기성(水氣星) 일주에 子년생 丑년생은 영합수기성(靈合水氣星)자로 운명 흐름이 양면으로 흘러가게 된다.

■丙辰 일주에 임술년생(壬戌年生)이라면 앞 '六十갑자(영수) 조견표'를 보고 수기성(水氣星)의 ㊾를 읽어보면 된다.

■자기의 일주(氣星)와 해년마다 바뀌는 간지(干支)를 보고 상생 상극을 구분한다.

■주기 흐름은 '월운 조견표'로 년운도 본다.

㊶ 甲寅

●자연운, 부지런하고 친구 많다, 마찰을 싫어하는 평화주의자

아무지고 건실한 자립정신이 강하며, 주변과의 신뢰성이 좋고, 이상적인 꿈에 사로잡히지 않고, 오직 현실을 존중하며 자신의 분수에 맞고 질서와 전통에 맞는 평범한 인생관을 바란다.

때로는 자신감에 넘치는 노력이 과민 상태의 반응으로 보이게 되며, 뜻하지 않는 마찰의 암시가 있고 명예, 지위를 위해서는 어떠한 수단방법은 말할 것도 없고 희생을 무릅쓰게 되므로 자연적으로 주변에 대적하는 적을 많이 낳게 된다.

주변에 적이 많아도 타고난 처세술이 좋아 큰 영향은 미치지 못

하고 젊어서부터 일, 거래, 사교적 행동범위가 지나치게 넓어지면 넓어질수록 수습할 수 있는 능력이 어려워지므로 뜻하지 않는 '추락' 이란 뜻이 있어 착실하게 쌓아 올린 교제범위가 붕괴 위험 있으니 자중하여야 한다.

인맥이 있는 장소가 좋고 선배, 상사, 동료의 도움으로 자신이 바라는 길에 진출하여 출세하는 사람이 적지 않으며, 주변사람이 볼 때 주목의 대상으로 부러워하는 대상이다.

왠지 가정에 대한 적응력이 잘 안 되는 운명으로 육친, 배우자와의 부부운이 연박한 반면 자식운은 좋으며 어떠한 형태가 되었든 주변으로부터 억압이나 압박받기 쉬워진다.

이러한 억압에서 해방하기 위하여 자신의 강한 화살의 촉을 쏘는 형태로 적은 자영업체가 유망하며, 특히 민간과 관공서 사이를 연결시키는 일, 관계 등에 손을 대면 발전한다.

욕망에 사로잡히면 몸 깊숙한 곳까지 꿈틀거리고 솟아나는 욕망 자체는 본인으로서는 감당하기 어려운 열기로 자신의 목적을 위하여 다각적으로 훌륭한 '에너지' 가 되지만 이러한 열기가 이성문제에 적용되면 질투, 음탕, 불륜 등 부도덕한 세파 속에 시달리게 된다.

여성은 젊어서부터 실력이 사회적으로 인정되어 상당한 고위직에 있는 사람이 많지만 결혼 후 상호 불간섭원칙으로 자유로이 살기 바라며 정숙하고 성취욕이 강하여 가계를 도우려 하며, 결혼 전에 사랑하는 여인이 있어도 부모가 결정하는 결혼에 호응하는 사람 많다.

남성은 만년에 가서 사회적으로 그 실력이 인정되어 출세가 늦고, 본인의 외고집으로 파란만장한 생활에 시달리는 사람이 많지만 확고한 자신의 신념으로 일이 자연 극복되는 행운도 있다. 문예 분야에 탁월한 재능이 있으며, 자비로운 심향으로 피부로 받을 수 있는 재난은 일생을 통하여 없고 어려운 난국에는 반드시 구원의 손길이 오게 되지만, 강인한 성격으로 오는 색정문제 육친간의 균열 운명, 남성은 처와의 생사별, 여성은 어떠한 형태가 되었든 육친에게 괴로움을 주게 된다.

※ 일주 다음에 년주

㊾ 乙卯

● **얌전, 화합, 불굴, 조직에서는 중견 간부!**

외면은 얌전하고 유연하면서 내면은 민첩한 이질성이 있어 한번 마음먹은 일에 대해서는 끝까지 밀어 나가는 저력이 있는 반면 무엇 하나 결단을 내리지 못하고 우유부단하게 시간만 끌어가는 면으로 구분이 된다.

이러한 실정 때문에 때로는 말과 현실이 잘 맞지 않으므로 자연 그 경향을 받게 되어 인생기복이 심화되어 운세가 왕성할 때는 별 이상이 없겠지만 운세가 나쁠 때는 극심한 파란에 어려운 난국에 시달리게 되므로 어떠한 일이 되었든 확실한 인생설계를 세운 뒤에 행동에 옮기는 것이 장래를 위한 길임을 명심하여야 한다.

자기본위에 타협이 부족하고 싫고, 좋은 표현이 분명하며 서민 대중형이라 주변과의 친근감이 대단하여 인기가 좋고, 어릴 때부터 많은 고생을 체험하여 건실하고 야무진 데 있어 신뢰성이 좋다.

이러한 건실성에 이상된 꿈에 사로잡히지 않고 오직 현실을 존중하고 분수에 맞는 평범한 생활을 바라게 되지만, 새로운 욕심을 억제할 수 없어 새로운 일시적으로 인생의 생활변화가 다양하고 기이현상으로 나타나게 되며 특히 색정문제, 음식문제 등으로 어려운 일이 벌어지기 쉬워진다.

복력이 있고 의지력이 강하여 부귀와 지위가 향상할 수 있지만 대인 관계의 거래 일에 대한 진퇴의 묘를 살릴 수만 있다면 어떠한 환경에 놓여도 그 신망은 대단할 것이다.

왕성한 호기심과 행동력으로 오는 간섭이 많고 쓸데없는 일로 걱정과 잡 신경 쓰는 일이 많은 것은 어쩔 수 없다 하더라도 확고한 부동의 신념 아래 한 목표를 세워 맹진하게 된다면 어느 누구도 독주하는 그 힘을 막을 자가 없을 것이며 '의' 롭게 활용할 때만이 대기만성의 행운을 잡게 된다.

욕망에 사로잡히면 몸 깊숙한 곳에서 꿈틀거리고 솟아나는 욕망 자체를 본인 스스로도 조정할 수 없는 열기에 가득 차이게 되므로 이러한 열기를 목적의식에 적용시키면 훌륭한 파워가 생기지만 이러한 열기를 이성 관계로 사용하게 되면 불륜, 음탕, 질투, 육욕 등 억센 세파에 시달리는 결과가 된다.

고독성을 가정에서 찾으려고 노력하게 되지만 뜻대로 가정과의 화합이 잘 안 되며 여성은 정숙하고 성취욕이 있어 결혼하면 가계를 도우려고 노력하며 결혼 전에 사랑하는 애인이 있다 하더라도 부모가 정해 주는 결혼상대와의 결혼 성립이 많은 것이 특징이다.

또한 건실한 육감과 야무진 데가 있고, 무리한 결혼성립은 상호간에 얼마 못가서 슬픈 결과로 균열이 일어난다.

부부 사이도 상호 불간섭원칙을 지켜주고 상대를 자유롭게 하여줌으로 왕성한 생기가 솟아나며 나이 들어 접속이나 전근을 할 때 전 가족이 이사 가는 것보다 독신으로 부임하는 것이 더욱 효과를 걷을 수 있다.

※ 일주 다음에 년주

㊸ 丙辰

●강운, 본성이 분수를 안다, 풍부한 인간성에 고독, 항상 젊은 기분

개성 강한 이기성에 유명한 무드와 로맨틱한 희망찬 꿈이 조화를 갖게 되면 허황된 꿈은 사라지고 오직 자신의 운명에 기대하지 않고 완고한 노력파로 변모하여 '어떠한 인재도 노력 없이는 이룰 수 없다.' 라는 확고한 신념 아래 모든 일을 실천으로 옮기게 된다.

프라이드 높아 주변 충고나 권고에 귀 기울이기를 싫어하고 본인 나름대로 판단하는 버릇과 남을 믿지 못하는 경계심 등으로 일에 대한 전진하는 변화가 생기게 되지만 꾸준한 노력으로 상당한 재력을 모으는 사람도 적지 않다.

일을 제압하는 지배력이 좋아 상당한 출제가 예상되며, 사회적으로 거슬리고 어려운 일에는 능동적으로 속결 처리함으로써 주변이나 상사로부터 상당한 신임으로 출세는 가능하지만 겉모양에 치중하고 영웅심의 발작으로 어렵게 모아놓은 재력을 잃기도 한다.

시초가 어렵고 후에 안정하는 운세로 일시적인 다사다난한 운명은 피할 길이 없어 한심하고 곤욕스러움을 면하기 어려우나 무언중에 실천으로 옮기면 뜻이 이루어진다.

깨끗한 몸매와 멋을 내는 데 능숙하고 남에게 지기 싫어하는 욕망으로 젊어서부터 입신출세자가 많으며 사람 따라 진취력은 좋지만 결백하여 돈을 모으는 데 서툴고 정의를 위해서는 권위지위를 불문하고 약자를 도와주고 강자를 억누르는 용감성이 있다.

외고집으로 오는 충돌, 지나친 비판으로 오는 고립이 생기지만 어떠한 어려운 역경이라도 극복하는 저력이 있고 특히 정치성향, 사업 경영력에도 실력이 발휘된다.

사랑 표현 역시 상태를 만족시켜 줄 만한 서비스면의 헌신력은 전혀 찾아볼 수 없고, 돈을 버는 일에도 돈보다 일 자체에 참여하는 것을 자랑으로 생각하는 사람이다.

여성은 도덕성을 중히 여기고 장난기질에 요염한 데가 있으며, 돈을 벌어들이는 재간은 없어도 자신이 쓰는 돈에는 구애를 받지 않으며 때로는 본인의 결점은 전혀 깨닫지 않고 상대 잘못만 따지고 다그치는 기질로 상대에게 피곤을 주게 되는 주장 강한 여성이다.

찰거머리와 같은 매혹적인 섹스 교섭으로 상대 육체를 극하기 쉬워지고 때로는 사치스러운 허영심으로 본인이 갖고 싶은 물건을 가질 수 없으면 발끈 '화'를 잘 내게 된다.

※ 일주 다음에 년주

㊹ 丁巳

● 자아 풍부한 무드, 아이디어, 예술성, 신경질, 재운

개성이 강하고 솔직담백하여 주변에서 뭐라 하여도 자신이 옳다고 생각하는 일에는 굴하지 않고 의지력으로 냉정하게 밀고 나가며 주변과의 유대 관계로 행운을 잡을 수 있는 좋은 기회가 많지만 지나친 욕망과 이상적 욕구, 주색잡기 등으로 인한 마찰 등으로 중년 한때 고독한 고배를 맛볼 수 있다.

욱일승천의 극변운으로 좋을 때는 역마의 복력을 얻게 되어 어떠한 일에도 복력이 작용되어 뜻대로 잘 발전할 수 있지만, 역경으로 떨어지는 흉운에서는 본인도 모르는 사이에 어려운 난국과 좌절이 역습하게 되므로 자신의 극변운을 잘 알고 이에 대비하는 조절 능력 양성에 노력하여야 한다.

본질적인 냉정한 이기성은 전혀 약점이라 볼 수 없고, 일에 대한 때와 장소, 분위기, 환경, 어떠한 형태가 되었든 그 환경 속에 들어 가려(참가)는 노력과 행동이 제3자가 볼 때는 지나치게 사람이 단순하고, 앞뒤를 가리지 못하는 사람으로 오인받기 쉽지만 본인으로서는 어떻게 하든지 그 일에 참여하고 적응하려는 노력에 불과하다.

물론 주변에서 보는 사람의 시각 차이와 기준 평가 차이로서 이 사람의 객관적 모습은 달라질 수 있지만 평시는 안일무사한 생활양식을 좋아하고 가정이나 직장, 대인 거래 있어서도 부드러운 처세와 뛰어난 아이디어 발상 재능으로 일에 생기를 불어넣어줌으로써 주변으로부터 깊은 신망과 인정을 받게 되어 재운 형성 과정에도 일역을 다할 것이나 좋고 싫은 것이 극단적으로 구분되기도 한다.

대내외적으로 우여곡절과 파란이 많이 생기고 주변과의 친숙한 유대 관계로 놀다 보면 뜻하지 않는 탈선, 외도에 말려들어 고민하는 사람도 적지 않고 이러한 의외의 시련과 갈등으로 가정에게 어려운 영향을 주게 되며 어떠한 형식이 되었든 자신을 스쳐 지나가는 여난, 남난의 어려움이 많이 생기지만 이것도 젊어서 한때일 뿐 만년에 갈수록 유복한 재운으로 안정된다.

자존심이 강한 원맨으로 성실하고 집념이 좋아 돈을 벌어들이는 재간이 있고, 어떠한 일이든 최고를 자칭 멋을 잘 내며, 그릇이 커 주변 일을 잘 돌보고 적극성이라 주변의 신망이 두텁다.

또한 가장의 권위를 지나치게 주장하여 식구가 따라주지 않으므로 고독을 자초하고 여성은 가정에서나 직장에서도 신망은 있지만 가정에서 육아 부양에는 힘들어 직장생활자가 많으며 집에 가만히 있으면 과거 추억과 욕구 불만에 사로잡히기도 하고 때로는 사치스러운 허영심으로 일류 메이커 제품을 갖고 싶어 하며 이러한 뜻이 관철 안 되면 발끈 화가 치밀어 외출, 여행 등이 잦아진다.

찰거머리와 같은 매혹적인 섹스로 상대 육체를 극하기 쉬워지고 어떠한 방법이 되었든 남성을 자신에게 의지하도록 만들기도 하고 상대를 무능력화시키기도 한다.

※ 일주 다음에 년주

㊺ 戊午

● 지성파, 강운, 교제적, 시대 선도자, 자식 인연 박

이기적인 개성과 독립심이 강한 본질에 개방적이고 활발한 행동력이 조화되면 우선 두 종류로 분리되어 첫째는 신체적으로 운동신경이 활발하게 발달되어 직감력이 예민해지고 심신의 즉흥력에 승부를 걸게 되는 행동적인 운동파가 있다.

둘째로는 어떠한 일이 되었든 지긋이 생각하고 내막을 분석 관찰하며 조리 있는 계획을 짜내어 그 계획 아래 모든 일을 실행에 옮겨가는 두뇌파로 양분할 수 있다.

운동파이든 두뇌파이든 대인 관계 있어서는 명랑하고 개방적이

지만, 머리를 잘 쓰는 두뇌파는 운동신경이 둔하여 운동에는 전혀 소질이 없는 사람 많고, 운동신경이 발달한 행동파는 무슨 일이든 깊게 생각하는 데는 소질 없고, 매사 즉흥적으로 순간마다 닥쳐오는 감으로 행동하게 된다.

유리한 환경조건을 갖고 있으면서 자신의 독선적인 이기심으로 하여금 대인 관계로서 균열 생겨 조절되기 쉬워지고 때로는 금전관계 소홀로 낭패되기 쉬우며 어떠한 일이든 시작은 좋아도 이열 이냉 현상에 갈피를 잡을 수 없을 때 많고, 일의 진행보다 성급한 이익 순덕에 치중하는 바람에 일의 끝마무리 작업에서 깨지는 일이 허다하게 발생된다.

개성을 잘 살려 나가면 어떠한 명분이 되었든 결과적으로는 재운이 형성되고 특히 압도적인 금전유통, 부동산, 토지에 대한 강운이 있으며, 이상한 것은 재력을 살리고 지키는 데는 뛰어나지만 육진, 가족 관계, 대인 관계 등 사람과의 인연은 연박하고 무덕하여 아무리 큰 재력 있어 마음은 흡족할망정 인간 삶의 본질을 얻을 수 없어 쓸쓸하고 고독한 여생을 보낼 것이다.

어떠한 일이든 최고를 자칭하고 그릇이 크며 매사 흑백이 분명하고 본인이 한 말에 대해서는 어떠한 형태가 되어도 책임을 다하게 되며 일사일념의 노력가이지만 겉모양과 가시적인 편에 치중하는 경향이 있을 것이다.

여성 역시 여장부의 특성이 있고, 매사를 본인 주도권 아래 밀어붙이려 하여 뜻하지 않는 배우자를 극하여 생사별 많고 때로는 연하 양자와의 결합도 생긴다.

무엇보다 중요한 것은 돈보다 주변과의 화합과 양보로 대하고 주변사람을 잘 돌봐주면 만년에 고독은 면하게 될 것이다.

※ 일주 다음에 년주

㊽ 己未

● 교육, 인도, 중도 변화

현실을 똑바로 보는 눈에 이기적인 본질과 집념이 조화되면 왕성한 독립심에 내면적으로 이기적인 근성이 더욱 강해져 강운세로 변모되고 이러한 사람이 나타나는 곳마다 '행운의 여신' 이 붙어다녀 이성문제가 떨어질 수 없는 기이한 인연이 따라다니는 사람이 많은 것이 특징으로 볼 수 있다.

그렇다고 이성문제, 불타는 정열과 몸을 던져 스스로를 자멸시키는 일은 거의 없고, 확실한 목표를 세워 그 목적을 실현시키려는 지구력이 강한 사람으로 유연성과 냉정을 조화 있게 다루어 누구보다 대인 관계, 거래 관계가 원만하다.

다정다감하여 자유로운 것을 사랑하고 속박을 싫어하며, 경솔하고 즉흥적인 판단으로 일을 실행에 옮겨 후회하는 일이 적지 않으며, 애인이 있어도 유혹의 대상이 생기면 서슴없이 유혹에 응하게 된다.

예민한 감성과 포용력 좋고, 어떠한 어려운 난국에도 벗어나는 근면성이 있으며, 대략 특수자격을 필요로 하는 특수 분야, 교육, 사람을 인도하는 봉사, 지도하는 분야 등에 성공자가 많고, 또한 자신이 바라는 욕구와 뜻이 맞지 않을때는 억지를 잘 쓰며, 감정이 격하여 우울할 때 많고 가만히 있지 못하고 의리의 일에 뛰어들어 손재수로 고생 따른다.

자기주장을 견고히 하고 비틀어지는 혐오감을 없애며, 모든 일을 슬기롭게 대처해 나가면 예고 없는 길흉 상반 운세로 선악을 막론하고 주변에 영향을 주게 되며, 때로는 그 내면까지 송두리째 먹어 삼키는 수확으로 주변의 부러움을 살 수도 있을 것이다.

남성은 짜임새 있는 용모단정한 사람으로 나이에 비해 젊어 보이고, 남녀간에 이성문제로서는 부자유스러운 점이 전혀 없는 것이 특징이다.

여성은 예쁘고 애교 있는 기품을 갖추어 있는 얼굴에 섹시한 야성미에 눈치 빠른 예리한 감수성이 있고, 육체적으로는 남자가 좋아하는 모든 면이 갖추어져 있어 이러한 여성을 알게 되면 어떠한 남자라도 헤어질래야 헤어질 수 없는 어려운 처지가 된다.

또한 사람 따라 여권신장을 위하여 뛰어다니기도 하고 반골정신으로 사회적 선도역을 앞장서는 활동가로 초혼보다 재혼운이 좋다.

남에게 지기 싫은 욕망 때문에 입신출세자 많고, 강자보다 약자를 도와주는 젊은 패기와 용감성은 칭찬해 줄 만한 대상이지만 돈을 버는 것보다 일 자체 참여하는 데 뜻이 있고, 재운도 좋고, 산재운도 뒤에 따르게 된다.

외고집에 본인 결점은 깨닫지 않고 상대 잘못만 추궁하고 비판하게 되며 사랑에도 자신만의 만족일 뿐 상대를 생각해 주는 서비스 정신이 아쉬워진다.

※ 일주 다음에 년주

㊿ 庚申

● 지적, 강운, 얌전, 공격 군인형

현실을 똑바로 보는 눈이 있고, 이기적인 바탕에 신(申)과 조화되면 어떠한 일이 되었든 그 일에 손을 대면 끝까지 밀고 나가려는 정신무장이 강하여 '중도좌절' 이란 단어 자체가 무색할 정도가 된다.

일상생활 지침이 스파르타식인 절도생활이 기본이 되고, 이러한 탈선에는 억압과 강압이 기준이 되며, 일할 때는 철저한 근로의욕이 강조되고, 즐겁게 놀 때는 철저히 휴식을 취하게 된다.

지난밤에 잔업으로 한숨도 자지 못하고 집에 돌아왔다 하더라도 다음 날이 휴일이라면 무의미하게 집에서 잠이나 청하는 것이 아니라 완벽한 계획을 짜 집안 식구 아니면 취미생활로 여가를 보내게 된다.

자기본위로 지나친 행동력이 주변에게 자극 주어 자신의 신망과 이해받는 데 힘들 때가 많으며 자기주장만 관철시키려는 억지에 주변사람이 같이 있는 자체가 피곤하고 싫증이 나게 되므로 무엇보다 이 사람에게는 양보와 관용을 베푸는 미덕을 쌓아

올려야 하는 수양도가 아쉽다.

또한 임기응변에 능하고 영리한 반면 우둔한 부분이 있으며 이상적인 출세는 기대되지만 본인의 뛰어난 재간만 믿고 오만을 피우다가 주어진 좋은 기회 놓쳐 허송세월을 보내기 쉬워지면 가, 부, 굴곡 속에서 우연과 재수의 성쇠운이 분리되는 운을 갖게 된다.

건설적이고 야무진 계획이 신뢰성을 얻어내고 오직 현실을 존중하며 분수에 맞는 일과 전통성이 있는 평범한 생활을 바라지만 남의 의견을 받아들이지 않고 합리적으로 결혼을 내리는 버릇이 있다.

또한 어떠한 욕망에 사로잡히면 몸 깊숙한 곳에서 꿈틀거리고 솟아오르는 욕망의 열기는 본인 스스로도 조정할 수 없을 것이며 이러한 열기를 목적을 위하여 사용하면 훌륭한 에너지로 자신의 장래에 대한 희망의 반석이 될 수 있지만, 이러한 에너지를 이성문제로 활용한다면 음탕, 질투, 불륜, 무리한 육욕으로 억센 세파에 시달리는 결과가 될 것이다.

집단과 조직을 필요로 하는 군부, 경찰, 형무소, 스포츠, 예술단 등에 종사하는 사람 많고, 어떠한 사정이 되었든 힘은 들어도 본인이 바라는 뜻은 이루어진다.

여성은 무리한 결혼생활은 얼마 못가서 슬픔이 찾아오고 가정보다 일에 열중하여 본인의 매력을 잃게 되며 배우자와의 생사별의 마에 대한 암시 있다.

화려한 것보다 정숙하고 성취욕이 대단하여 결혼하면 가계를 도우려 하며 결혼 전에 본인의 마음에 드는 사랑하는 상대가 있어도 부모가 결정해 주는 상대와 결혼하기 쉬워지고 연애 시절도 일정한 규칙 일정한 데이트 코스를 반드시 지키게 된다.

※ 일주 다음에 년주

(58) 辛酉

●부지런하고 일 느리다, 수리의 재능, 예술, 교육, 학자형

왕성한 독립심에 이기적인 기질에 유(酉)가 작용하면 예리한 감수성이 발달되어 보는 눈에 힘이 발휘되어 어떠한 형태에 있어서나 그 속을 꿰뚫어 보는 능력이 생기게 된다.

또한 이러한 관찰, 분석 능력은 어느 누구도 따를 수 없는 분리, 분해 능력을 갖는 특징이 있어 이러한 분야에 필요한 자격증 소지자가 많은 것이 한 예로 볼 수 있다.

어떠한 환경이나 조건에는 굴복하기 싫어하고 본인의 의지력을 관철시켜 끝냄으로 주변 또는 회사 등 상사로부터 인정되면 더욱 분발함이 생겨 일의 능률에 효과를 올리게 된다.

어떠한 조직체인 회사에 적을 두는 것보다 독자적이고 취미와 적성에 맞는 일에 적극성이 대단하고 특히 연구를 필요로 하는 분야에서는 식음을 전폐하고 열을 올리는 바람에 결과적으로 그 일을 반드시 쟁취하는 저력을 과시하게 된다.

중산층 운세로 불의를 보면 참을성이 없어지고 한번 금이 생기

면 다시는 상대 않으며 또한 한번 상대를 믿으면 철저하게 상대를 믿어버리고 상대를 중요시하면 영원토록 그 마음이 풀리지 않고 오래가는 것이 특징이다.
또한 헛된 꿈에 사로잡히지 않고 오직 현실에만 만족하고 어떠한 환경이 되었든 분수에 맞고 평범하기 바라며 어떠한 일이 되었든 야무지고 건실성이 있어 주변으로부터 받는 신뢰성이 두터울 것이다.
특출한 것은 자존심이 높고 순진하면서 외고집에 주변과의 융통성이 별로 없는데도 이상하게 사람을 사로잡는 두령운이 있고 때로는 이성에게 사로잡히면 몸에서 색향이 감돌아 주변 유혹이 그치지 않고 문제를 일으키게 된다.
때로는 청고한 자부심으로 은근히 남을 깔보는 눈치가 생기고 사소한 이권에도 비타협적으로 타협하기 싫어하면서 은근히 본인의 이익을 바라고 어떤 때는 지나친 일에 대한 욕심과 이익추구에 열중한 나머지 일에 대한 길흉 상반 작용이 많이 생기므로 일에 대한 분석, 거래, 능률 등이 운세를 좌우하는 일도 생기게 된다.
육친, 형제지간은 인연이 박하지만 압도적인 재운세로 금전, 부동산, 토지에 관하여 강 운세라 어떠한 명분이 되었든 재운은 흘러 들어오게 된다.
여성은 남의 일보다 자립으로 하는 자영사업으로 성공하는 사람 많고, 특히 정조관념이 강하며 상태가 싫어하는 눈치를 체면 일시에 단절하는 면이 있고, 어떠한 환경이 되었든 여성상위의 집안이 된다.
또한 혼전에 사랑하는 사람이 있어도 부모가 바라는 결혼 상대가 생기면 부모 말에 응하게 되고 시집 가면 시집을 위하여 가계협조는 물론 내조의 공을 아끼지 않는다.

※ 일주 다음에 년주

㊾ 壬戌

● 파란형, 강운, 전문학에 두각 나타내는 박사

개성 강하고 이기적인 독립심의 본질에 술(戌)이 작용하면 자신이 갖고 싶은 물건이나 목적의식에는 어떠한 수단방법을 가리지 않고 쟁취하려는 의욕면이 강하며 또한 솔직하고 개방적이라 이러한 쟁취욕이 변모되어 누구에게나 호감을 받을 수 있는 대인 관계가 성립될 수 있다.
본래, 정신력과 머리 기전이 빨라 어떠한 조직체이나 회사 등에서 진두에 서서 사람을 리드하는 것이다. 그 조직 속에서 내부를 장악하고 파악하며 연구 개발하는 보좌역, 비서진 등으로 자신의 실력을 충분히 발산할 수 있을 것이다.
솔직담백하면서 남에게 지기 싫어하는 욕망이 강하여 젊어서부터 입신출세자 많으며, 진취력은 좋지만 결백하여 돈을 모으는데 서툴고, 정의를 위해서는 권위와 지위를 불문하고 약자를 돕고 강자를 누르려는 용감성이 있다.

또한 외견으로 볼 때 투사기질이 있어 악의 없는 독설가이지만 주변에서 추켜세워 주면 어떠한 일에도 힘이 나고 어떠한 역경이라도 무난하게 극복하는 정치, 사업, 경영, 교육 등에 성공 자 많다.

인정이 많은 반면 괴팍한 성격에 이기적인 독선요소가 있고, 무엇보다 현실적인 직감력과 분별력이 뛰어나 미래에 대한 영감으로 앞을 읽을 수 있으며, 또한 인화 관계에 대한 처세술이 뛰어나 많은 후원자로 하여금 명성과 재력을 얻어내게 될 것이다.

운명적으로 일시적인 파란 운세로 사회적으로나 가정적으로 염증에 빠져들어 좌절 위기에 몰리기 쉬워지고, 또한 이상한 형태는 근면성을 필요로 하는 노동의 보수 결과는 타인에게로 나쁜 결과는 본인에게 돌아오게 되는 기이한 현상이 일어나게 된다.

속으로 계산되는 행동력이 많고 남의 속박을 싫어하며 자유로운 교제활동으로 교제범위가 넓어지는 이점을 갖게 되며 이로 하여금 어떠한 어려운 난관에 직면하더라도 주변 도움으로 대처하는 능력이 생기고 평시와 달리 어려운 난 동기를 만나게 되면 기발한 아이디어와 창출력이 생겨 그 난관을 모면하게 된다.

또한 이러한 기회를 최대한으로 이용하여 전화위복의 기회를 만들게 되고 재난 위기에는 많은 신경을 신중하게 쓰는 것이 유리하다.

여성은 강운이라 말을 함부로 하여 오해받기 쉽지만 대인 관계가 좋아 '이 사람을 위해서는 아낌없이 무엇이라도 도와주고'

싶은 충돌을 누르며 사람이 따르지만 대략 초혼에 실패하여 독신으로 살든지 재혼하는 사람이 많다.

또한 본인의 약점은 깨닫지 못하고 상대 잘못만을 따지고 다그치는 기질로 남자 못지않게 자기주장이 강한 면이 있다.

※ 일주 다음에 년주

⑥⓪ 癸亥

● 이면 강운, 표면에 나타나기 힘든 형, 인내, 노력으로 극복

독립심 강하고 이기적인 본질에 해(亥)가 작용하면 의지력이 강하여 본인의 목적을 위해서는 어떠한 희생도 아끼지 않으며, 오직 독립심과 추진력의 결집으로 본다.

본인의 목적을 관철시키기 위해서는 어떠한 의리나 인정에도 개의치 않고 수단방법을 가리지 않고 행동하므로 외모에 비하여 내면에 숨어 있는 인정이라는 것은 전혀 찾아볼 수 없고 오로지 목적에 치중한다.

또한 이러한 사람의 운명 세는 재력을 얻어내면 그 사람 자체의 인간성은 땅에 떨어져 명예운이 전혀 없고 명예를 얻으면 재물이 없어 곤경에 빠져들며 회사라면 보좌역의 운이 없고, 배우자 가정운이 희박하고 유대 관계가 좋지 않는 것이 특징이다.

이러한 사람에 대해서는 특히 대인 관계에 한해서는 상생 관계가 맞아야지 그렇지 못할 때는 하늘을 우러러 보고 통곡하여야 할 일이 생긴다.

결혼 배우자 관계, 직장 상하의 유대 관계, 동업 관계, 육친 관계 대해서는 특히 상생 관계가 중요한 부분을 차지한다.
표면보다 이면에 대한 강 운세로 일에 대하여 능력에 치중하면 낭패를 자초하고 한 일에 전념하면 어떠한 어려운 난관도 인내와 노력으로 극복할 수 있으며, 타인의 선봉의 위치를 차지하게 될 것이다.
모양은 둔하고 순하게 보이지만 내면에는 천재적인 수리와 통박이 작용되어 어떠한 이권의 먹이가 포착하게 되면 온화한 일면은 사라지고 사나운 표범과 같이 달라붙는다.
또한 담백하고 강직한 성미 때문에 교제 폭이 넓지 못하고, 죽도록 일을 해놓고 남에게 기성을 빼앗기어 돌아서서 후회하는 일이 많다.
영적, 방랑벽이 있는 사람 많고, 자신의 그림자 속에 본인이 도취하여 발전성이 전혀 없으며, 적은 지식을 크게 아는 척하여 주변 감정을 돋구는 일이 많지만 일대 재산가도 있다.
최고를 자칭하여 자기본위 되고, 젊었을 때는 고생 많지만 적극적으로 일에 임하여 나이가 들수록 실력이 인정되고, 가정에서도 가장으로서 권위를 지나치게 주장하여 고독한 가정환경을 자초하는 일이 많고, 자아가 강하여 주변과의 마찰, 알력이 많이 생긴다.
여성은 남성을 자신에게 의지하도록 만들어 무력화시키는 일이 많고, 여장부의 특성이 있어 내조의 공을 아끼지 않지만 남편이

가게를 이끌어 나갈 수 없으면 본인이 일선에 나서고 사람 따라 자기 남편은 남에게 뺏기고, 남의 남편을 빼앗아서 사는 사람이 많다.

※ 일주 다음에 년주

2

수기성(水氣星)

태어난 : 일주공망(日柱空亡)

자축(子丑)…공망자

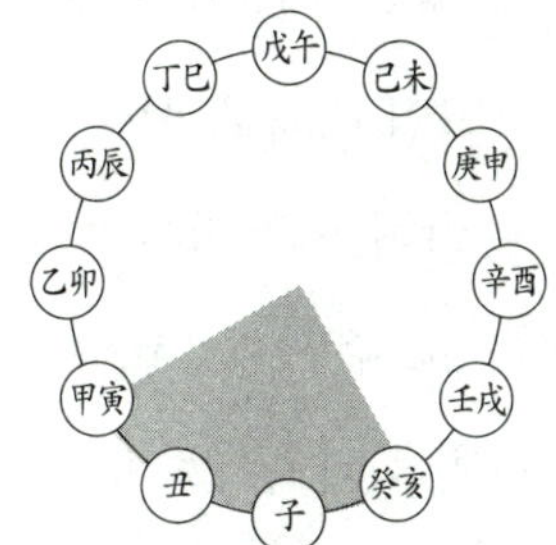

(1) 성격, 성장(재운이 뛰어나고 형평성 잃는 이기주의자!)

강렬한 개성과 사람을 똑바로 보는 눈을 갖고 있으며, 본인과의 관계가 어떠한 관계가 되었든 '나는 나!, 너는 너!' 의 확실한 한계를 그어 놓기 바라는 행동파이다.

주변에서 볼 때는 독선적으로 제 마음대로 행동하는 사람같이 보이지만 누가 뭐라 하여도 본인은 자신의 체면을 잃지 않고 남의 의견에 좌우되지 않으며 오직 자신의 의지를 살려가면서 냉정한 행동으로 본인의 체면을 잃지 않는 저력이 있다.

또한 남성은 냉정하고 유연한 무드 조화를 잘 일으켜 많은 여성이 좋아하고 따르지만 사랑에 있어서도 일시적인 열정에 휘말린다 하더라도 사랑으로 하여금 자신의 몸을 던져 가면서 자멸하는 경우는 찾아볼 수 없고 사랑에 있어서도 어떠한 확고한 목적 아래 실현시키기 위하여 노력하는 형이다.

주변에서는 박정하고 냉정한 사람으로 보여 이해할 수 없는 데가 많으며 이기적인 근성이 있어 어떠한 친절을 베풀 때도 앞으로 돌려받을 것을 염두에 두고 친절을 베푸는 일이 많으며 외면의 모양은 그럴 듯하지만 내면에는 박정하고 냉차서 대인 관계나 연인 관계에 있어 상성이 잘 맞지 않을 때는 극단적인 비극에 휘말리는 일이 많이 발생한다.

때로는 주변으로부터 능력이 인정되어 좋은 이미지와 평가를 받을 수 있지만 운영상의 욕심으로 주변으로부터 신망을 잃게 되어 얼마든지 신장할 수 있는 좋은 기회를 과욕으로 망쳐 놓게 된다.

어떠한 형태가 되었든 창업자의 운기가 있어 새로운 일을 시작하는 일이 많고 일을 시작하면 유능한 부하직원 또는 후계자도 얻을 수 있으며 어릴 때부터 독립심이 남달리 강하고 재력 역시 무에서부터 일대 부귀를 얻을 수 있는 재운이 있으므로 천운주기를 잘 활용하여 창업하게 되면 성공은 무난할 것이다.

일상생활에 사용하는 돈에는 어떠한 형태가 되었든 조달이 되어 부자유스럽지 않으며 어릴 때부터 가정과 별 인연이 없어 육친과의 생사별 등 편친 아니면 천애고아로서 남의 집에서 자라나는 사람이 많다.

어릴 때부터 가정과 인연이 없어 독립심이 많아지고 어린아이 취급을 제일 싫어하여 연상의 친구가 많으며 자라날 때 무척 집안 식구에게 애를 먹인다.

편친 슬하에서 성장한 사람은 밝은 운세가 기다리고 부모 가호 아래 호강스럽게 자라난 사람은 이 사람이 태어나므로 집안에 재력은 생기지만 자신의 운명에는 어떠한 형태가 되었든 하늘을 우러러 보고 후회하는 일이 생긴다.

이러한 자녀를 잘 키우기 위해서는 우선 부모 간섭이 지나치게 되면 불리한 것으로 이러한 자녀는 본인 마음대로 자유롭게 키우는 것이 효과적이며 그렇다고 불량의 길을 택하란 것이 아니라 옳은 정도를 알려주고 속박을 피해야 한다.

또한 이러한 자녀는 부모의 애정이나 거리감을 좁히기 위하여 친근감을 주면 줄수록 그 범위 내에서 벗어나기 바라고 때로는 싫다고 반항감만 사게 된다.

독립지향성이라 일찍 양자 또는 부모 곁을 떠나가는 것이 장래의 성공을 위하여 좋으며, 이러한 자녀는 부모가 가까이 대할수록 자녀의 마음은 멀어지고 애정을 주면 줄수록 애정은 사라지고 남과 비교하여 원망만 하는 이색적인 이변을 토출해낸다.

자신의 위치를 깨닫게 되면 목적에는 수단을 가리지 않고 노력하지만 어떠한 형태가 되었든 순종하기를 싫어하고 무엇보다 아이 취급하는 것을 제일 싫어하므로 훈계를 하기 위해서는 "어른 대접을 해줄 터이니… 어른답지 못한 행동이다." 될 수 있는 한 집에 몰아내는 교육형태가 이 사람에게는 장래 큰 힘이 될 수 있다.

이러한 자녀는 인맥 관계와는 별로 인연이 없어 회사 취업보다 자력으로 출세하는 공직 분야나 자영사업 등으로 진출하여 몇 배의 수확을 얻는 일이 많다.

유연성이 없고 차가운 인상을 받기 쉬워 주변으로부터 냉정한 사람으로 취급받기 쉽고, 한 번 '그것은 옳다!' 라고 결정 나면 주변에서 무어라 하여도 밀고 나가는 힘(고집)은 대단하다.

이러한 힘이 있기 때문에 새로운 일을 시작하여도 '최대운' 이 형성되고, 또한 애정보다 금전, 손익 감정을 우선으로 생각하여 상대를 실망 주게 되며 어떻든 간에 인색하고 깍쟁이가 많은 것이 특징이다.

(2) 가정, 결혼운

사람이라면 어느 누구를 막론하고 결혼과 가정에 대하여 관심이 없는 사람은 전혀 없을 것이며 이러한 관심과 의욕은 있어도 본인의 마음먹은 대로 이루어지지 않는 것이 무엇보다 서글픈 남녀 인간 관계의 운명적인 결합이다.

또한 본심을 솔직하게 밝히기를 싫어하는 근성 때문에 호의를 가지고 접근하는 좋은 연인 상대가 생겨도 성큼 달라붙는 힘이 약해서 사랑의 성립이 힘들다.

어릴 때부터 육친간의 생사별, 형제간 융합 등 왠지 가정적으로 적응이 잘 안 되고 가정에 풀리지 않는 숙명적인 일이 발생하며 가정을 지키고 있으면 쇠운된다.

본질적인 수기성의 재운이 결혼과 가정으로 하여금 어떠한 모양새가 되었든 운명적으로 소멸되기 때문에 여성으로서는 결혼이란 이름 자체가 곤욕스러운 존재임을 알고, 연애 · 맞선 · 대면 형식에도 신중을 기해야지 안이한 태도는 쌍방에 비극을 자초하는 씨가 됨을 알아야 한다.

행 · 불행을 불문하고 고독성으로 가정에서 자신의 안식을 찾으려고 애를 쓰지만 뜻대로 잘 안 될 것이며, 말년에는 어떠한 형태가 되었든 쓸쓸한 여생을 보내는 것이 특징이다.

신혼 남성을 예를 들면 웬일인지 하루의 일과가 끝나고 바로 집으로 들어가야 하는데 기분적으로 허전해 신혼생활이란 현실을 망각하고 술 한 잔 하다 보면 늦은 시간에 집에 들어가 신부로 하여금 불만의 대상이 되기 쉽다(심할 때는 외박도 서슴없이 행동에 옮기는 사람도 있다).

또한 여성 역시 가정주부 · 유아부양에 적응되기 힘들고 집에 있다 보면 지난 젊은 시절의 추억에 사로잡히기도 하고 일상된 일에 자극제가 없어 욕구 불만이 많아져 자연 여행 · 외출 · 밖으로 나가 놀다 보면 불륜 관계에 휘말려 애를 먹게 되는 사람도 적지 않다.

이러한 부부 관계는 불간섭원칙으로 자유롭게 살기 바라고, 남편이 공직에 있어 타지방으로 전보 발령이 나면 집안 식구가 전체 이사하기보다 단독으로 발령지로 부임하는 예가 많다.

- 甲寅 : 여성은 본인의 행동범위, 영역이 넓어지면 수습하기 힘들어져 무덤을 파게 된다.
- 乙卯 : 여성은 끌려 다니면 부딪칠수록 얽혀 파란이 생기므로 외길로 돌진하여 돌파하는 것이 유리하다.

- 丙辰 : 여성은 어떠한 일이 되었든 몸으로 부딪치고, 실천하므로 어떠한 일이 되었든 이루어진다.
- 丁巳 : 여성은 내외 · 직장 · 가정 · 주변으로부터 신뢰성을 얻는다.
- 戊午 : 여성은 정신적 · 육체적면이 개방적이고 민감한 머리에 행동력이 있어 어떠한 분야든 활기차다.
- 乙未 : 여성은 어떠한 환경이든 일생을 통하여 이성 관계로서는 부자유를 받지 않는다.
- 庚辛 : 여성은 본인의 주장과 말, 어떠한 형태든 관철시키려 하여 같이 있으면 피로하고 짜증난다.
- 辛酉 : 여성은 타인 아래 고용되어 있는 것보다 직접 자영하는 일에 손을 대면 십분 실력을 발휘된다.
- 壬戌 : 여성은 "이러한 사람이라면!" 무엇을 도와주어도 하나 아까울 것이 없는 매력자이다.
- 癸亥 : 여성은 이 세상의 영광을 한몸에 받는다 하더라도 보좌역, 가족에게는 극단적인 비극을 주는 대상이다.

(3) 연애, 섹스운

남녀 친구 관계로 놀다 보면 색다른 장난이나 놀이로 애정을 초월한 섹스 관계에 호기심을 갖게 마련이며 젊은 남녀의 자연섭리의 이치이고, 또한 수기성의 남녀는 놀고 즐기는 친구 상대가 부자유스럽지 않아 이러한 기회가 많이 생길 수 있다.

일명 음간의 별이라 불리울 정도로 섹스를 좋아해 남성은 스테미너가 좋아 단 한 번의 섹스를 만족할 수 없고, 여성도 자신의 마음이 흡족할 때까지 상대를 놓아주지 않는다.

상대에게 쾌감의 기쁨과 환희를 주게 되고 본인 역시 쾌감의 자극을 받기 바라며 섹스의 시종 주도권을 잡아 애무 · 테크닉 · 체위 변동 등 일단 섹스에 달라붙으면 오랜 시간을 즐기려 하여 떨어지는 데는 상당한 시간이 걸린다.

천성이 광란적이고 화염에 휘말리는 열정적인 섹스를 가졌어도 일단 섹스가 끝나면 내가 언제 그러한 행동을 하였는가? 시치미를 떼게 되어 상대가 수기성의 남성인 경우에는 배신감마저 받게 된다.

이러한 성격이라 한 번 섹스를 맺었다 하여 결혼을 고집하든지 여성인 경우는 상대로부터 자신의 소유물 인 양 속박이나 간섭을 하게 되면 사정없이 몰아 다시는 만나주지 않는 상태가 되며, 일명 이러하기 때문에 수기성의 남성은 '올라타기 명수, 헤어지는 명수' 의 약칭까지 붙어다니기도 한다.

가정적 주변환경에는 공허감에 사로잡혀 적응이 잘 되어 현실의 이기성과 관찰력이 즐겁게 노는 것과 애정 · 섹스 문제는 많아도 막상 결혼을 결정하는 데는 상당히 힘들다.

또한 어떠한 관계가 되었든 상대로부터 사랑을 고백받게 되든지 호감을 받게 되면 바로 그 몸을 갖고 싶어 하는 충동이 생기며 또한 본인의 뜻을 솔직히 나타냄으로써 상대의 호응을 유도한다.

(4) 재운, 직장운

가정과 결혼운이 나쁜 반면 완고한 의지와 강렬한 개성이 재운을 부르게 되고 어떠한 형태가 되었든 압도적인 금전 · 부동산 · 토지에 대하여 결국은 흘러오게 된다.

어렸을 때부터 모자가 같이 사는 가정이 되었든 부자만이 사는 가정이 되었든 양친이 전혀 없는 가정이든 이상한 것은 어떠한 형태였든 간에 금전으로서는 믿기 어려운 조달방법이 생겨 쓰는 돈에는 구애를 받지 않는다.

남달리 강한 재운은 인간적으로 애정(사랑)이란 결락의 담보를 희생시켜 가면서 이루어지는 재운으로 돈을 위해서는 어떠한 희생도 아끼지 않으려는 사고력에 지배되고 있기 때문이다.

또한 돈은 천하를 돌고 도는 것으로 돈은 어떠한 형태가 되었든 사람 대 사람, 심신거래로 이루어지는 유통물질로서 상대가 있어야만 벌 수 있는 것이지만 일단 벌어 놓은 돈은 수전노로 절대 쓰려고 않는다.

직종은 본인을 중심으로 하여 살릴 수 있는 예술 분야에 출세자 많고, 강력한 의지력이 있고 예리한 관찰력이 좋으므로 사업 분야, 금융 분야로 진출하여 성공하는 사람도 적지 않다.

토지 · 부동산 · 자영사업 · 영업 등으로 성공하는 율도 높으며 샐러리맨 · 직장인 · 일정한 규칙생활보다 본인의 개성을 살릴 수 있는 분야에 효력이 더욱 발휘된다.

남성은 예능 · 디자이너 · 광고 · 컴퓨터 · PR 직종이 유익하고, 여성은 예능 · 디자이너 · 미용 · 컴퓨터 · PR · 물장사 · 서비스 관계에 유익하다.

■ 수기성(子丑공망)과 12지지(월운) 조견표

지운 / 월운	인(寅)	묘(卯)	진(辰)	사(巳)	오(午)	미(未)	신(申)	유(酉)	술(戌)	해(亥)	자(子)	축(丑)
월운	음력 1월	2월	3월	4월	5월	6월	7월	8월	9월	10월	11월	12월
양년생 ⊕	종기	생기	화기	약기	달기	란기	회기	재기	안기	음기	정기	감기
음년생 ⊖	감기	종기	생기	화기	약기	달기	란기	회기	재기	안기	음기	정기

(5) 영합(靈合) 수기성(水氣星)

수기성의 특징은 왕성(旺盛)한 독립심(獨立心)에 초대운(初代運)!

일단 선배나 양친의 충고나 조언에 귀를 기울이고 들어보지만 최후의 결론(結論)은 남의 의견에 좌우 안 되고 자신이 결론 내린다.

때문에 주변에서 걱정해 주고, 좋은 의견을 알려주며, 상담에 응해 준 사람들은 어이없는 본인의 결론에 '지랄병' 났다고 쓸데없이 의견을 물어보느냐 하고 '화' 내는 사람도 적지 않을 것이다.

이러한 사항은 한낮 바람에 부가하고, '마이페이스' 로 매사를 밀어붙이며 또한 이러한 '페이스' 속에는 자신의 이기성(利己性) '이미지' 가 계산 속에 내포되어 있는 것이다.

명랑하고 밝은 소프트 무드가 있어 여성이라면 남성의 주목 대상이 되고, 본인 역시 속으로 불쾌한 것보다 마음속으로는 은근히 만족하면서 상대에게 현혹되는 것이 아니라 머릿속에서는 냉철(冷徹)한 계산(計

算)이 머리에서 작동되기 때문에 손해 보는 행동은 하지 않는다.

이러한 수기성의 대충(對沖)은 화기성의 영합(靈合)인 혼합체(混合體)의 양상(樣相)을 받게 된다.

화기성의 특징은 남의 의견이나 믿을 수 있는 사람의 말도 잘 따르지 않을 뿐만 아니라 본인 스스로도 자신이 없는 한 주저하다가 어떠한 충동에 자극을 받게 되면 물불을 가리지 않고 덤벼든다.

또한 자신이 벌린 일에 대하여서는 만일 남의 말에 의하여 실패를 보았다 하더라도 남의 탓이나 책임을 회피(回避)하는 일은 절대로 찾아볼 수 없기 때문에 '의리와 신용' 있게 보이게 된다.

이러한 혼합체(混合體)이기 때문에 어떠한 조직에서나 '원만한 위치'를 차지할 수가 있고 주변 의견을 잘 받아들여 스스로의 '이정표'로 버릴 것은 버리고 좋은 점을 '마이페이스'로 개발하여 주변에게 피해 주지 않고 앞으로 전진하기 때문에 조직에서는 중보(重寶) 역할이다.

그러나 이러한 면이 악의로 바뀌게 되면 명랑하고 소프트 무드로 많은 사람을 유인하게 되고, 일방적으로 악의적(惡意的)인 목적으로 멋대로 자신의 욕구를 충족시키는 도구로 많은 사람을 이용하게 된다면 그 피해의 대상은 말할 수 없을 만큼 많아진다.

한편 이러한 문제가 남녀 이성 관계로 변질되면 뜻하지 않는 칼부림 등 이루 말할 수 없는 악연(惡緣)에 휘말리게 되는 것이다.

어디까지나 수기성의 이기주의(利己主義) 최후의 눈물은 자신을 정화하게 되는 것이다.

■ 수기성의 영합, ⊕ 子년생, ⊖ 丑년생

● ⊕ 자(子) : 주변 인기 독점! 일도 열심히 잘하고! 흐름(유행) 물과 인연!

❶ 좋든 나쁘든 간에 물 흐름과 인연이 있고, 눈물 많고, 목욕 좋아하며, 물 흐름과 같이 일도 속 시원히 처리 잘하는 반면 때로는 상대를 깜짝 놀래키는(마음을 찌르는) 일도 생길 수 있을 것이다.

❷ 마음이 불안하고 신경질이 날 때는 목욕하는 것이 기분전환에 좋고, 결혼하여 자식을 낳으면 부부 사이에는 자연 멀어지고 부인은 자식에 대하여 지나치게 간섭하여 자식의 개성을 죽이기 쉬워진다.

❸ 풍부한 재능의 소유자로 어느 방면을 막론하고 열심히 일하기 때문에 주변의 이목을 끌고 신용이 좋으며 특히 사람 접대, 술 좌석에서는 매력이 넘쳐 나와 모든 인기를 독차지할 것이다.

❹ '일과 가정' 원만한 조정으로서 안정을 찾아야 하고, 또한 동창 모임, 모임의 색깔 따라 물들기 쉬워짐으로 여성의 모임에 '물장사' 하는 사람이 있으면 그 사람의 나쁜 경향을 받게 된다.

● 집, 현관문은 서방 또는 서북서 방위에 있으면 경제력도 좋고 안정된 약속을 보장받을 수 있지만, 건강상 냉증이 예상되므로 커튼을 치는 것도 한 방법이다.

이기성이 강한 반면 화려하고 유연한 무드파로 왕성한 호기심에 기민한 행동력이 있어 어떠한 목적을 세우면 끝까지 밀고 나가 성취시키는 저력이 있다.
이러한 저력 때문에 조직이나 회사에서는 명 참모격으로 그 조직 확장에서는 빼놓을 수 없는 참모 보좌역이 많지만 일반적인 대인 관계와 동료 관계에서는 이해 부족, 냉정한 접대 관계 등으로 주변으로부터 신뢰를 잃어 고립되기 쉬워진다.

●㊀ 축(丑) : 행복을 위해서는 결혼 후 단란한 가정 구성이 열쇠가 된다!

❶ 다듬어진 몸! 아침 일찍이 부지런하고 활기 넘쳐 일 잘하는 모습을 보는 동료간에는 흠모의 대상이기도 하며, 주변사람으로부터 신용도 두텁고, 대인교제 관계가 좋아 인기 상승운이다.

❷ 연애 또는 중매가 되었든 적극적으로 밀고 나가기 때문에 결혼 확률이 높고, 순진하고 착실하며, 누가 보아도 신랑, 신부감으로는 적격, 많은 사람이 축복 속에 결혼하게 된다.

❸ 결혼하여 가정을 갖게 되면 그렇게 좋았든 애정 관계가 무너지기 쉬워지고, '가정과 일' 의 조화가 잘 맞지 않으며 불가분 출장, 외박 등으로 집을 비우는 일이 많아지게 된다.

❹ 부모 재산을 기대하면 되는 일도 안 되고, 오직 부부가 합심하여 '독립독보' 로 한 발 한 발 일을 거듭해 나가면 일시적으로 흐름이 좋아져 그리웠든 꿈이 현실로 나타나게 될 것

이다.

●**활기에 넘쳐 나지만 '계절 타고' 원기를 회복시키기에는 동남방 서북 방위를 최대한으로 이용하면 기운 나고 허리, 관절, 요통 많으며 뚱뚱해질 수 있다.**

어떠한 환경에 구애됨이 없이 자신의 뜻을 관철시키려는 정신적인 파워가 강하여 자신이 옳다고 판단한 일에 대해서는 수단방법을 가리지 않고 실행에 옮기게 된다.

한 예로 '이 여자' 라고 일단 마음을 결정하면 상대가 미혼이든 기혼이든 가리지 않고 주변 반대에도 불문하고 본인이 갖고 싶은 것은 수단을 가리지 않고 행동하므로 불륜 관계나 위험한 정사에 휘말리기 쉽다.

강렬한 개성과 프라이드가 높고 이기적인 충동으로 뜻하지 않는 좋은 찬스를 잡을 것이며, 일시적인 금전 지출 수입이 조류하다가 눈에 확실히 보이는 금전 · 토지 · 부동산 · 유형물체를 얻게 된다.

흡족한 만족을 채우기 위하여 '수전노' 되기가 쉬워 주변에게 냉정하게 되고, 사람으로서 도리를 초월하여 기인 상태가 되는 사람이 많으며, 여성은 이러한 영향을 적게 받지만 고향을 떠날 수 없어 남편을 양자 모양으로 친정 부모를 모시고 사는 사람도 적지 않다.

(6) 자축공망(子丑空亡)

■ 개성이 강하여 사람을 똑바로 살아보는 눈을 갖고 있으며, 이기적으로 '너는 너, 나는 나'. 어떠한 조건을 막론하고 한계를 그어 놓고 행동하며 이러한 한계를 육친 사이도 분명하게 그어 놓는다.

■ 누가 뭐래도 본인이 하고자 하는 일에 대해서는 끝까지 밀고 나감으로 주변사람이 볼 때는 독선자로 보이지만 본인은 본인 나름대로 지혜를 살려가면서 자신의 체면과 냉정을 잃지 않는다.

■ 이기적인 성격 때문에 남을 얕보고 친절을 베풀어도 후일에 돌려받을 것을 계산하여 놓고 돌봄으로 절대 자신이 손해 보는 일은 없지만 때로는 상극(맞지 않는 기성)의 유혹에 말려 극단적인 비극에 휘말린다.

■ 일 시작 창업 시에 유능한 부하를 만날 수 있는 암시가 있고 독립심이 강하여 '무에서 일대의 부를 창업하는 재운'이 일생을 통하여 따라 다닌다.

■ 어릴 때 가정에 대한 적응력 좋지 않고, 어린아이 취급받는 것을 제일 싫어하여 연상의 친구가 많으며, 본인의 능력은 주변사름으로부터 인정을 받을 수 있지만 지나친 욕심 때문에 인심을 잃게 되므로 성장하는 데 과욕은 좌절을 뜻한다.

■ 윗사람, 선배, 상사, 부친과의 인연이 멀고 유혹에 현혹되어 통곡한다.

●**수기성⊕ 상대 주변을 집요하게 맴돌고 달라붙는 불리하고 위험한 상대!**

자(子)년월 : 냉정한 눈과 관찰력이 있어 일시적으로 정열로 화염에 휘말려도 얼마 못가서 본분의 자세에 돌아오지만 상대는 집요하게 자신을 맴돌면서 달라붙는다.

이러한 유혹에 넘어가 몸을 허락하게 되면 본인도 어쩔 수 없이 상대에게 끌려 다니면서 섹스를 즐기게 되고 본인의 복록인 재운도 서서히 사라지게 된다.

★ 먹구름은 온 하늘을 뒤덮고 한 치의 앞을 내다볼 수 없는 어려운 환경에 어느 누구 하나 도움이나 말을 들어주는 상대가 없어져 일명 사면초가 상태이고, 본인의 주변환경 분야가 공허 상태로 좌절이나 파괴가 도사리고 있으며, 어떠한 형태가 되었든 불길한 징조에 휘말리게 된다. 사람 따라 불길한 가운데 재운 문이 터져 요행을 잡는 사람도 있다.

●**수기성⊖ 유혹에 빠져들면 영원토록 불행을 주는 상대!**

자(子)년월 : 화려한 모양에 치우치고 유연한 무드, 예리한 감각에 명랑한 분위기 조성에 능한 본인에게 자년생으로서는 이상적인 큰 매력에 끌리는 상대로 본인의 의사와 동의와는 상관없이 집요하게 달라붙어 자년생의 욕구를 관찰시키려 한다.

놀기 좋아하고 호기심에 끌려 상대 유혹에 현혹되면 어떠한 욕구가 되었든 정신적 · 물질적 욕구를 들어주지 않으면 안 될 형편이 되고 본인의 재운을 잃고 불행을 자초하는 결과가 된다.

★ 공망살의 천중에 덮여 정신적 · 물질적 거래 오판으로 오는 실수나 착각 등으로 손실이 생기고, 주변환경 · 조건 불안 등에 휘말려 본의 아

닌 사건 · 구속 · 장해 등을 받게 되며 근친간의 마찰 · 불륜 관계 · 사업 부진 · 건강악화 등 무엇 하나 뜻대로 풀리지 않는다.

●수기성⊕ 재운, 자유로운 활동력, 가능성을 뺏어버리는 위험한 상대!

축(丑)년월 : 어떠한 관계가 되었든 상호간에 결합하면 본인의 강한 독립심, 자유로운 활동력으로 성공할 수 있는 가능성을 축년생이 완고한 고집으로 송두리째 빼어버린다.

또한 본인의 재운을 잡아 삼키는 위험한 존재로 어떠한 매력적이고 아까운 상대라 할지라도 결혼상대로서는 피하여야 할 상대이다.

★ 열렬하게 사랑했던 사람의 변심 · 근친자의 배신과 생사별 등 어떠한 형태가 되었든 행운보다 약운의 영향을 받아 좌절과 후회하는 일이 생기고, 재난 · 병난 · 대차거래 난 · 추락 · 수난 · 화난의 암시가 있으며 이때는 금전에는 미련을 갖지 말고 쓰는 것이 불행을 막는 비법이다.

●수기성⊖ 명성, 명예, 사회적 지위까지 탈취해 버리는 상대!

축(丑)년월 : 어떠한 인간 관계가 되었든 공망살(천중기)로 축년생으로부터는 무엇 하나 기대할 수 없고, 본인이 갖는 재운 · 명성 · 사회적인 지위마저 상대로부터 위협을 받는다.

최악 관계로 수정하고 잘 살아보고 원만한 운영을 바라지만 할수록 일은 뜻대로 안 되고 냉혹한 환경과 현실에 부딪치는 것이 통례이다.

★ 한 치의 앞을 내다볼 수 없는 어려운 사태에 직면하여 누구 하나 말을 들어주는 사람 없어 일명 사면초가로 공허 속에 말려가는 파괴기로 불

길한 징조에 휘말리는 일이 많다. 다만 불길한 가운데 재운 문이 열려 횡재를 만나는 사람도 있다.

●수기성⊕ 인년생은 본인의 재운을 죽이고 따뜻한 가정을 주는 상대!

인(寅)**년월** : 어떠한 관계가 되었든 가정과의 인연이 없는 본인이 인년생을 만나게 되면 본인의 재력은 어떠한 기회에 완전히 도출되지만 행복하고 안정된 가정은 지속할 수 있다.

또한 정신적인 섹스를 즐기는 인년생을 교제 중에 어떻게 다루어 나가는 데 따라 결혼 후 부부 관계로서 지속성이 생기고 강렬한 섹스는 일찍 싫증을 일으켜 잘못하면 바람피운다.

★ 일시적인 장애요소는 점진적으로 사라지고 임의든 고의든 간에 시작한 일에 대해서는 틀림없이 결실을 맺게 되므로 이때는 정당하고도 본인이 키워 나갈 수 있는 많은 씨를 뿌려 놓는 것이 장래를 위하여 효과적이다.

●수기성⊖ 재운과 가정운을 파괴하고 탕진해 버리는 상대!

인(寅)**년월** : 본래 인년생은 가정을 중요시하고 자식을 사랑하는 것이 강하지만 수기성(본인)이 가정에 안주하지 못 하고 불안·불만·충동매입 등이 끊임없이 이루어지고 가정생활이 살벌해진다.

공망살(천중기)에 해당된 인과 관계로 맺어지면 재운뿐만 아니라 가정운까지 망쳐버리게 되므로 만나면 피하는 것이 현명하다.

★ 캄캄한 먹구름에서나마 일시적인 가볍고 밝아지는 기분이 오지만 전혀 마음을 놓을 수 없는 기회로 믿었던 사람의 배신, 근친자와의 사랑했

던 사람과의 생사별, 돌이킬 수 없는 후회스러운 일이 많으며 또한 재난 사고, 금전대차 관계 등 얽히는 일이 많이 일어난다.

●수기성⊕ 억지를 쓰지 않아도 흐름에 맡기면 해결할 수 있는 상대!

묘(卯)년월 : 첫째 정신적 부담을 주지 않는 상대로서 늘씬하고 몸매 있는 것을 좋아하며, 결혼을 전제로 하는 것보다 놀고 즐기는 불륜 관계라면 더욱 부담 없어 좋다.

이러한 관계에 있어서 억지를 써 일하려면 할수록 어려워지므로 흐름에 맡기고 기다리면 해결될 수 있다.

★ 대지에 뿌려 놓은 씨가 싹이 솟아나 무럭무럭 자라날 수 있도록 힘찬 호전이 기대되고 어떠한 일이 되었든 안정과 획득을 얻을 수 있다. 또한 설마 안이하게 생각한 곳에서 무너지기 쉬우니 모든 것을 신중하게 다루어 나가야 하고 급속도의 변화는 좌절을 뜻한다.

●수기성⊖ 어떠한 관계든 간에 아낌없이 협조하는 찰떡 상대!

묘(卯)년월 : 어떠한 환경이나 조건 또는 관계가 되었든 결합하면 아낌없는 협조 관계가 이루어져 이성 관계라면 찰떡궁합이고 불륜 관계라면 떨어질 수 없는 사이고, 동업 관계라면 협심하여 발전한다.

상호간에 본인의 의지를 십분 살려가면서 어떠한 어려운 파장이라도 유연하게 물리치는 힘이 생겨 매사 뜻대로 풀려 상승세를 타게 된다.

★ 일시적인 장애요소는 점진적으로 사라지고 임의든 고의든 간에 시작한 일에 대해서는 틀림없이 결실을 맺게 되므로 이때는 정당하고 올바른

씨를 많이 뿌려 놓고 키워낼 수 있는 힘을 가져야만 한다.

●수기성⊕ 보기 좋은 형식, 연인, 동업 관계가 되기 쉬운 좋은 상대!

진(辰)년월 : 묵은 풍습 전통에 얽매여 있지 않고 새로운 것을 찾아 진취력이 생겨 일에 상호간 쫓기게 되어 결혼할 수 있는 기회를 잃게 된다.

결혼운이 희박한 본인으로서는 형틀에 갇혀 있는 가정보다 연인, 동업 관계를 지속하면서 자유롭고 서로를 존경하는 사이로 섹스 관계 역시 조건 없는 쾌락의 운동으로 즐기기를 바라게 된다.

★ 지나친 열애는 좌절을 부르고, 이때는 의욕적인 계획에 도전할 수 있는 기회도 되며, 경제면으로 재운과 연결시킬 수 있는 좋은 기회도 뜻대로 잘 풀린다. 다만 분수에 넘치고 정도를 벗어나는 일, 부도덕적인 행위, 남에게 자극과 싫증을 주어 피해와 불신 등을 받게 되면 번뇌와 고난을 면하기 어려워진다.

●수기성⊖ 원만한 관계 유지로 시대적 선단에 나설 수 있는 상대!

진(辰)년월 : 상호 어떠한 관계든 존경하고 허물없는 연인과 같은 원만한 관계가 유지되고, 만나면 새로운 의욕이 용솟음쳐 진취력이 발산하는 이상적인 상대이다.

시대적 선단에 나설 수 있는 새로운 창의력이 생기고, 애정면에도 생동감을 받으며 상대로부터 상쾌한 만족, 즐거운 섹스로 무엇 하나 부족한 것이 없다.

★ 어떠한 형태나 조건이든 간에 본인에게 유리한 조건과 폭이 넓은 조류가 시작되지만 우선 설마한 곳에 경계의 대상이 되고, 어떠한 진출에

도 신선성과 신뢰성을 의주하면 무한한 발전이 기대된다.

●수기성⊕ 같이 있는 자체가 숨 막히고 답답하며 건강을 해치는 상대!

사(巳)년월 : 근원을 밝히기를 바라는 사년생을 만나면 답답하고 같이 있는 자체에 숨이 막힐 지경에 놓이게 되고 좋은 상성 관계가 안 된다.

특히 사년생과 섹스 관계는 꼭 피해야 할 상대로 만일 섹스를 맺으면 이로 인한 지병 악화, 몸 자체를 망치게 되고 결혼하게 되면 완전히 정력 감소로 폐인 상태가 되기 쉽다.

★ 육체적인 이상 변화로 애정이 그리워지고 피로 · 병난 · 재난 사고 등, 본인 실수 · 유혹 손실 · 망신수에 걸리게 되며, 이때는 쓸데없는 말도 구설수에 오르는 것이 특징이다.

●수기성⊖ 본인의 바람기를 잘 조정해 주고 성공으로 유도하는 상대!

사(巳)년월 : 상호간에 어떠한 관계가 되었든 사업 · 교제 · 가정면에 있어 정확하고 견고한 면으로 수기성(본인)의 바람기를 잘 조정함으로써 구제받게 된다.

또한 섹스에서도 양보다 질을 높여주는 상대로 놀기 좋아하는 본인을 애정으로 감싸주는 사년생의 헌신적인 애정에 만족하게 된다.

★ 이때의 방침 변화는 앞으로 살아나가는 데 의욕적인 일, 재운에 관한 큰 연결요소가 되며 어떠한 일이든 정도와 분수에 맞는 일을 시작하면 후원자가 생겨 용솟음치듯이 모든 사업이 번창할 수 있다.

●수기성⊕ 따뜻하고 행복한 가정과 섹스의 최고 기쁨 주는 상대!

오(午)년월 : 본인의 가정운이 오년생을 만남으로써 따뜻하고 행복한 가정을 맞이할 수 있고, 자식 사랑이 지긋하지만 본인의 재운은 어떠한 형태가 되었든 사라진다.

본인의 재운과 가정을 맞바꾼다는 각오가 필요하고, 또한 섹스의 정력, 경륜, 테크닉, 스테미너 무엇 하나 부족함이 없을 것이지만 오년생의 돈 씀씀이가 거친 것은 어쩔 수 없는 존재이다.

★ 2년 전부터 계획하고 실천해 온 일은 목적을 달성할 수 있는 기회로 애정 · 결혼 · 가옥 구입 · 경제력 확장 · 개업 등에 결실이 맺어지고, 개인적으로는 정신적 · 육체적인 만족을 얻어 낼 수 있는 좋은 기회가 될 수 있다.

●수기성㊀ 섹스의 마력에 끌려 재력과 건강을 해치우기 쉬운 상대!

오(午)년월 : 상호간에 맺어지면 본인이 벗어났어도 상대의 기교한 성적 매력에 본인의 위치를 잃고 매혹되고 만족하게 되면 무엇 하나 상대를 위해서는 아까움이 없어진다.

벌어 놓은 재력은 낭비성이 심한 오년생에 의해 없어지고 건강면도 상호간에 깊으면 깊을수록 건강을 해치게 되므로 당초 피하는 것이 현명한 방법이다.

★ 어떠한 형태가 되었든 육체적인 문제 또는 신경을 써야만 될 일이 생기고 건강 · 애정 · 경제면의 어려움이 생기며 육체적인 혹사는 반드시 그 대가를 치러야 하고 때로는 망신살에 걸린다.

●수기성㊉ 공망살(천중기)에는 자신의 마력을 제거해 주는 상대!

미(未)년월 : 모든 일에 자중하고 가정을 중요시하는 미년생으로부터 가정과 인연이 없는 본인에게 가정을 보완받을 수 있는 상성 관계가 된다.

건실한 생활력을 갖은 미년생과 같이 생활하면 왠지 생활리듬이 잘 맞지 않고 마음이 흔들리며 얼마 못가서 숨통이 막히는 상태가 되지만 주기적으로 찾아오는 마력을 제거해 주는 상대임을 알아야 한다.

★ 고의든 임의든 간에 정신적인 장해요인이 도사리고 있고, 이때는 일어난 일에 훗일에 반드시 후회하고 고민하여야 할 문제가 생기며, 일하는 집념에도 어긋나는 일이 많이 생겨 정신적인 스트레스만 더욱 가중하게 될 것이다.

●수기성㊀ 가정에 인연이 없는 본인을 이상적으로 감싸주는 좋은 상대!

미(未)년월 : 모든 일을 신중하게 다루어 나가고 가정을 중요시하는 미년생과의 결합은 어떠한 관계가 되었든 뜻대로 하는 일마다 잘 풀리고 같이 있는 것만 해도 목적이 달성된다.

여성은 가정을 지키는 주부로서 남성은 가장으로서 이상적인 상대가 돼주며, 양인이 힘을 합하여 공동사업, 영업, 사업 등을 경영하게 되면 반드시 성공 가능한 것이 특징이다.

★ 마음으로 계획하고 실천해 온 일이나 목적하는 일은 달성되며 정신력을 존중하는 이점을 활용하면 더욱 공감대를 얻어내어 무한한 발전과 원만한 환경 변화, 분위기 쇄신, 거래 번영 등 유리한 변모가 생길 수 있을 것이다.

●수기성㊉ 같은 목적을 성공시키기 위해서는 절대로 필요한 상대!

신(申)년월 : 상호간에 관계가 어떠한 형태가 되었든 신년생은 일단 마음을 정하게 되면 절대로 포기하지 않고 그 목적을 위하여 끈질기게 달라붙는 근성이 강하다.

본인으로서는 이러한 생활방도를 이해하기 힘들지만 양인이 공동목표 아래 일을 일으키면 알 수 없는 힘이 최대한 살아나 결과적으로 목적을 쟁취할 수 있게 된다.

★ 지나간 의견 차이 균열 상태로 인하여 소식이 끊겨진 대인 관계가 회복할 수 있는 좋은 기회로 헤어졌던 애정 · 좌절 · 중단되었던 일 · 재정비하여야 할 일에 착수할 수 있는 시기이고, 정신적으로는 추억 · 반성 · 후회하는 일이 생기며, 경제면의 재수정을 필요로 하는 일도 생긴다.

●수기성㊀ 현실과 이성이 먹혀들지 않는 숨 막히는 상대!

신(申)년월 : 어떠한 관계를 맺든 간에 대충살(천적) 관계로 어떠한 일이 되었든 현실과 이상 차이가 많이 생기고, 라이벌과 견해 차이 등 대립 상태로 쓸데없는 마찰이 많이 생긴다.

신년생이 본인을 볼 때 하는 일마다 어리석고 허술하게 보여 재수정이 필요하며, 본인이 신년생을 볼 때 모든 면이 자기 멋대로 '사각사면' 전혀 모양에 없는 형태로 유연한 묘가 없게 보인다.

다만 대충살 주기에는 신년생이 마력에서 끌어내는 역할을 해 주게 된다.

★ 육체면보다 정신적 불안정으로 마음을 놓을 수가 없어 일을 하다 보면 헷갈리는 실수가 많아지고, 대인교제 · 거래 · 사소한 의견 충돌 · 감정 대립 등이 많아져 도를 넘게 되면 파탄을 자초하기 쉽고, 감언유혹에

돌아오지 않는 대차 관계 손실과 망신수가 생기게 된다.

● 수기성⊕ 거추장스러운 가정(결혼)에 매여 있지 않으면 좋은 상대!

유(酉)년월 : 유년생은 명랑한 행동파로 의견을 분명히 밝힘으로써 본인의 선천적으로 갖고 있는 재운도 죽이지 않지만 결혼만큼은 피하는 것이 양인의 재력을 죽이지 않는 방법인 것이다.
상호간에 가정의 틀에 매여 있기를 싫어하는 공통점을 살려 결혼을 하지 않고 숨어가면서 만나는 사랑이 더욱 효과적으로 큰 재산을 만들게 되며, 섹스 관계 역시 기대 이상의 만족을 제공해주는 상대이다.

★ 어떠한 형태가 되었든 재운과 연관이 생기고, 실리 · 상속 · 증여 · 주식 등에도 손익 관계가 성립되며 독신자는 부유한 집안과 혼사도 가능하지만 이득을 얻게 되면 헤어짐이 반드시 생기고 본인의 수리적인 지혜와 실력이 발휘된다.

● 수기성⊖ 이질적인 관계를 유지하고 지운을 살려나가면 좋은 상대!

유(酉)년월 : 연인 관계라면 케케묵은 인간 관계, 결혼의 틀에 묶이지 않고 상호간에 만나면 신선미로 서로를 이해하고 즐겁게 보낼 수 있는 상대가 되지만 결혼이란 틀에 얽매이면 유년생은 보수적이고 규율을 지켜가면서 살기 바라게 되면 모든 재운도 가정이란 틀로 사라진다.
섹스 관계도 맞고, 상호간에 지운을 살려 같이 살기 바란다면 무엇보다 정신력을 가정으로 돌리지 않는 분위기 조성이 행복을 유지할 수 있는 열쇠이다.

★ 일시적으로 막히고 어려웠던 일은 주변 도움으로 희망을 찾을 수 있고, 본인의 희망에 따라 성취도의 대소는 달라지겠지만 잃었던 일에 대한 재회 · 추억 · 반성 · 경제면의 재수정 등 어떠한 형태가 되었든 생동감이 생긴다.

● **수기성㊉ 따뜻한 가정, 탈선 행각을 수정해 줄 수 있는 좋은 상대!**

술(戌)년월 : 상호간에 어떠한 관계가 되었든 본인에게 유익한 관계로 탈선하기 쉬운 행동력을 펴도 수정해 주고, 포용력 있게 주변 유지에 기여해 주는 좋은 상대이다.

본인에게 전혀 없는 인화 관계, 개방적이고 특출한 사교술 등은 본인에게 큰 힘이 되고 결혼으로서 따뜻하고 행복한 가정 맛을 볼 수 있으며 섹스의 테크닉, 지속력은 자신의 몸을 녹인다.

★ 안정된 환경에 기쁨을 주는 찰떡궁합 형태가 되고 성숙하게 익어가는 과일 맛을 보는 것과 같이 자연대로 때를 기다리며 취미에 맞는 일, 우연하게 만난 사람과의 혼사가 이루어지기 쉽고, 별로 생각 안 했던 승진, 자격시험과 재력 등이 의외로 얻어져 기쁨을 맛보게 된다.

● **수기성㊀ 결혼보다 동업, 연인 관계로서 지속하면 좋은 상대!**

술(戌)년월 : 어떠한 관계가 되었든 독립적인 새로운 사업의 멤버, 또는 파트너 관계로서 떼어놓을 수 없는 좋은 관계가 되고, 특히 일에 대한 관계는 금전 수입과 큰 연관을 갖게 된다.

양인의 결혼 관계에 있어서도 본인의 대인 관계에 있어 인정이 박정한 면을 술년생은 애정으로 포용력 있게 감싸주게 되어 주변으로부터 높은 평가를 얻어낼 수 있으며, 지속력을 갖는 섹스에 매혹되고 만다.

★ 어떠한 환경이 되었든 본인에게 유리한 상태가 성립되어 유산 · 증여 · 주식 · 부동산 등 수익이 예상되지만 이산이란 뜻이 있고, 금전 관계와 깊은 인연이 있는 기회로 어떠한 일이든지 손을 대면 수익은 있어도 손실은 없다.

●**수기성⊕ 모든 것을 남김없이 집어삼키는 거추장스러운 상대!**

해(亥)년월 : 풍부한 애정을 무기로 부탁도 않는 일을 거들어주고, 주변을 맴돌면서 유혹적인 성적 결합에 손을 뻗쳐오며 이때 분명하게 태도를 밝히지 않으면 어떠한 형태가 되었든 떨어질 수 없는 환경에 몰려 본인의 모든 것을 남김없이 빨아먹게 된다. 이러한 관계는 분명한 한계를 그어 놓아야지 그렇지 않으면 일생의 운명이 좌우된다.

★ 맑은 하늘에 먹구름이 서서히 덮여가는 형태로 심리적으로 불안정하여 헷갈리는 오판 · 실수 · 착각 · 간섭 등으로 이익보다 손실이 많고, 또한 육체적으로는 사건 · 구속 · 쟁의 · 장해 · 이성을 잃는 행위로 산만해져 충돌이 많다.

●**수기성⊖ 풍부한 애정, 행복한 가정으로 연결되는 좋은 상대!**

해(亥)년월 : 풍부한 애정 가정에 연결되어 가정운이 전혀 없는 자신에게 로맨틱하고 무드 있는 가정에 대한 욕망을 불어넣어 주는 좋은 상대가 되며, 섹스면에 다소간의 불만은 생기지만 해소된다.

결혼 후에도 본인의 양친을 성의를 다하여 돌봐주는 효성이 지긋한 해년생으로 가정을 잘 지키고, 남성 또한 해년생은 부모와 떨어져 있어도 이것저것 매사 신경을 써가며 불평 없이 양가 부모를 잘 돌본다.

제 11 장

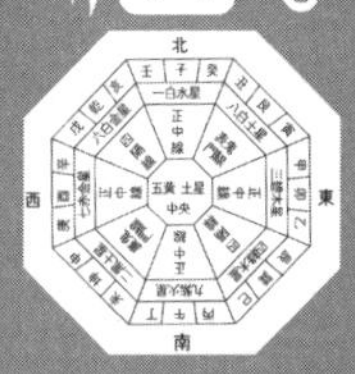

간지干支 응용應用 감정鑑定 점사법占事法

1

간지(干支) 응용(應用) 감정(鑑定) 점사법(占事法)

■ 본 간지 감정비법은 앞장의 '천간(天干)과 지지(地支)' 상의(象意) 오행의 상생(相生) 상극(相剋)을 이용하여 모든 일의 길흉화복(吉凶禍福)을 감정하는 특수한 비법이다.

■ 감정비법의 기준은 어디까지나 천간과 지지가 되며, 간지의 상호 관계를 잘 살펴보고 간편하게 판단하는 비법이다.

■ 누구를 막론하고 응용법만 잘 익혀두면 현실의 '길흉화복'을 손쉽게 알아차리고 유리할 때는 적극적으로 불리할 때는 순응적으로 어려움을 피해야만 될 것이다.

(1) 감정하는 요령

● **감정 일과 감정 시간** : 달력에 적혀 있는 간지와 시간 조견표를 찾아내고

●감정 일과 감정 시간 : 상생(相生) 상극(相剋) 관계 구분. 남는 간지

●감정하고자 하는 의뢰인의 간지

남자 : 24세 미만자는 생(월) 간지… 이상자는 (생년) 간지

여자 : 21세 미만자는 생(월) 간지… 이상자는 (생년) 간지

● '감정 일 시'에서 남은 간지와 의뢰인의 간지를 대입하여 남은 간지의 '길흉화복'으로 판정내린다.

(2) 일, 시간(干支) 조견표

시간 / 일간	24:30 ~ 02:30	02:30 ~ 04:30	04:30 ~ 06:30	06:30 ~ 08:30	08:30 ~ 10:30	10:30 ~ 12:30	12:30 ~ 14:30	14:30 ~ 16:30	16:30 ~ 18:30	18:30 ~ 20:30	20:30 ~ 22:30	22:30 ~ 24:30
甲(갑) 己(기) 일	甲子	乙丑	丙寅	丁卯	戊辰	己巳	庚午	辛未	壬申	癸酉	甲戌	乙亥
乙(을) 庚(경) 일	丙子	丁丑	戊寅	己卯	庚辰	辛巳	壬午	癸未	甲申	乙酉	丙戌	丁亥
丙(병) 辛(신) 일	戊子	己丑	庚寅	辛卯	壬辰	癸巳	甲午	乙未	丙申	丁酉	戊戌	己亥
丁(정) 壬(임) 일	庚子	辛丑	壬寅	癸卯	甲辰	乙巳	丙午	丁未	戊申	己酉	庚戌	辛亥
戊(무) 癸(계) 일	壬子	癸丑	甲寅	乙卯	丙辰	丁巳	戊午	己未	庚申	辛酉	壬戌	癸亥

●동양 한방의학에서는 사람의 육체와 정신 양면에 성장에 있어 '남녀' 구별을 분명하게 갈라놓고 있다.

●남자는 8세가 유년기 : 8세의 2배 16세가 되면 남성으로서 육체와 정신이 인간으로 15~16세 치모(恥毛)가 생기게 되고 성분비(性分泌)의 활동을 갖게 되는 것으로 보고 있는 것이다.

또한 8×8=64세가 되면 남성의 성기능은 종지부를 찍는 것으로 그것보다 기능이 좋은 것은 성기능, 건강관리, 체질향상에 원인

이 있는 것으로 보고 있다.

- 이에 비해 여성은 7세를 유년기로 보고 2×7=14세경에 초조(初潮) 생겨 여자의 기능이 완성되고 7×7=49경에 폐지기(閉止期)로 여성 생리활동이 끝을 맺게 된다.

이상으로 감정에 필요한 준비 작업을 마치고 뒤에는 판단의 기본이 되는 길흉(吉凶) 성부(成否) 상태(狀態)를 알아야 한다.

(3) 감정(鑑定)의 기본(基本)

매사의 좋고 나쁜 길흉변화(吉凶變化), 일이 이루어질 것인가 말 것인가 성부변화(成否變化)를 알 수 있는 것이다.

- 천간, 지지, 상생, 상극 관계, 오행상의 음양, 강약의 상의, 남은 간지와 알고자 하는 본인 간지를 대입(代入)시켜 보면 나타나는 비법인 것이다.
  자세하게 설명하면 다음과 같다.
- 판단의 길흉 성부는 '감정 일 시' 의 (상생, 상극) 간지가 기준이 되고,
- 판단의 사상은 '감정 일 시' 간지의 상생, 상극에서 남은 간지 사상이 되며,
- 최종의 결론 판단은 감정을 부탁하는 생년 또는(생월) 간지와 남은 간지와의 대조 상생 상극 관계로서 감정하게 된다.

(4) 간지비법의 감정 순서

- 감정 일의 간지 甲子(水生木) 乙丑(木剋土)… 일의 길흉 성부 1차 판단
- 감정 일 시 간지에서 남은 간지로서 1차 판단을 보완. 일에 대한 사상을 알아낸다.
- 남은 간지와 감정 의뢰인의 간지 상생, 상극, 음양, 강약으로 결론 내린다.
- 간지 해석은 천간의 해(page 18) 지지편(page 42)을 참고하여 가면서 점친다.

(5) 감정법(鑑定法) 기준세칙(基準細則)

- 상생관계(相生關係)… 매사 성사 성공
- 상극관계(相剋關係)… 매사 부실 어려워 뜻대로 안 되고 좌절

(6) 감정상(鑑定上) 음양합화(合化)의 상의(象意)

(土) 甲己 : **중정**(中正)… 己 : 영립, 승급, 인정, 도움, 자격, 취업, 뜻대로 잘 풀린다.

(金) 乙庚 : **인의**(仁義)… 辛 : 인맥, 확장, 인자, 도움, 진출, 활동 변화 혁신 새로워진다.

(水) 丙辛 : **위제**(威制)… 癸 : 관재, 구설, 분열, 주거, 직장, 병난, 노력, 안정, 전화위복, 이별, 고난.

(木) 丁壬 : **음난**(淫亂)… 乙 : 경거망동, 고입, 모순, 고수, 복력, 오

판, 길이 아닌 길 벗어날 수 없다.

(火) 戊癸 : **무정(無情)**… 丁 : 인맥 배신, 마찰, 손실, 인내, 연구의 빚, 피해, 도취, 접근자 배신.

■ **천간(天干) 상생상극 관계(相生相剋 關係)**

甲乙 : 비화 겁재 甲은 乙에게 주게 된다.	甲乙 + 丙丁 : 상생(복신) 금전, 매사 잘 풀리고, 소원 성취, 풍부, 안정, 번영	甲乙 + 戊己 : 상극(이동) 동요, 고립무원, 어쩔 수 없는 부동산 처분 매입	甲乙 + 庚辛 : 상극(직장) 뜻대로 안 되고 생활고, 직장, 일, 도움 안 된다.	甲乙 + 壬癸 : 상생(명예) 연구, 문서, 명예로 잃었던 실력 재개발
丙丁 : 비화 겁재 丙은 丁에게 주게 된다.	丙丁 + 戊己 : 상생(복신) 금전, 매사 잘 풀리고, 소원 성취, 풍부, 안정, 번영	丙丁 + 庚辛 : 상극(이동) 동요, 고립무원, 어쩔 수 없는 부동산 처분 매입	丙丁 + 壬癸 : 상극(직장) 뜻대로 안 되고 생활고, 직장, 일, 도움 안 된다.	丙丁 + 甲乙 : 상생(명예) 연구, 문서, 명예로 잃었던 실력 재개발
戊己 : 비화 겁재 戊은 己에게 주게 된다.	戊己 + 庚辛 : 상생(복신) 금전, 매사 잘 풀리고, 소원 성취, 풍부, 안정, 번영	戊己 + 壬癸 : 상극(이동) 동요, 고립무원, 어쩔 수 없는 부동산 처분 매입	戊己 + 甲乙 : 상극(직장) 뜻대로 안 되고 생활고, 직장, 일, 도움 안 된다.	戊己 + 丙丁 : 상생(명예) 연구, 문서, 명예로 잃었던 실력 재개발
庚辛 : 비화 겁재 庚은 辛에게 주게 된다.	庚辛 + 壬癸 : 상생(복신) 금전, 매사 잘 풀리고, 소원 성취, 풍부, 안정, 번영	庚辛 + 甲乙 : 상극(이동) 동요, 고립무원, 어쩔 수 없는 부동산 처분 매입	庚辛 + 丙丁 : 상극(직장) 뜻대로 안 되고 생활고, 직장, 일, 도움 안 된다.	庚辛 + 戊己 : 상생(명예) 연구, 문서, 명예로 잃었던 실력 재개발
壬癸 : 비화 겁재 壬은 癸에게 주게 된다.	壬癸 + 甲乙 : 상생(복신) 금전, 매사 잘 풀리고, 소원 성취, 풍부, 안정, 번영	壬癸 + 丙丁 : 상극(이동) 동요, 고립무원, 어쩔 수 없는 부동산 처분 매입	壬癸 + 戊己 : 상극(직장) 뜻대로 안되고 생활고, 직장, 일, 도움 안 된다.	壬癸 + 庚辛 : 상생(명예) 연구, 문서, 명예로 잃었던 실력 재개발

- 상생(相生)이 되었을 때는 아래(시간)에서 위(일)로 상생(相生)이 되어야지 위에서 아래로 상생되는 것은 될 듯 될 듯 안 되고 한정된 시간이 경과한 후에야 결과가 나오게 된다.
- **甲戊** = 영역권 변화, 우환, 재난, 이동, 착오 때문에 생긴 생활고.
  戊壬 = 물심양면, 불안정, 불의의 재난, 우환, 고립, 손재, 위기.
  壬丙 = 정신적 물질적 순환 악화, 매사 진척이 어려울 때 호수에

햇살, 대중의 지지.

丙庚 = 정신적 물질적 손실, 숨겨온 일 폭로, 혁신에 따른 망신, 녹아나지 않는 쇠붙이 불가능.

庚甲 = 영역권 떠나야, 현실 좌절, 이동, 생활고, 부진, 중단, 재수정.

●己乙 = 공든 탑이 무너지고, 속임수, 유혹, 쓸데없는 일만 벌리게 된다.

己癸 = 이성문제, 직계가족에게 불화, 문서, 증권, 욕심으로 인한 수난, 문전옥답 잃는다.

癸丁 = 관재구설, 어쩔 수 없는 맺음, 정 불륜, 골칫거리, 풀리지 않는 여정.

丁辛 = 꿩 먹고 알 먹으려 하다 명예, 이식 먹으려 정신 나가 파산 정신병자.

辛己 = 직종 변동, 생활고, 좌절, 투절, 결단 구설, 목 떨어져 잘린다.

(7) 일과 시간 조화 실례 요령

간지(干支) 상생(相生) 상극(相剋)으로 남는 간지와 점사인의 상생 상극이 점사 결과의 결론이다.

■구분하는 요령

■상생관계 일에서→시간(상생관계 대길)… 거리가 가까워 강약, 성쇠변화 빠르다.

(일) (시) (남은 간지) (일) (시) (남은 간지)

甲 ○→丙 … 丙 … (木生火) 甲 ○→乙 … 乙 … (木陽-陰)

午 ○→戊 … 戊 … (火生土) 午 ○→巳 … 巳 … (火陽-陰)

■ 상생관계 시에서→일(상생관계 중길)… 시간이 오래 걸리고 강약이 세약 느리다.

(일) (시) (남은 간지) (일) (시) (남은 간지)

甲←○ 癸 … 甲 … (水生木) 甲←○ 丙 … 丁

午←○ 卯 … 午 … (木生火) 卯←○ 寅 … 卯 (출세, 승진, 소원성취)

■ 상극관계 일에서→시간(대흉(大凶))… 나쁜 뜻이 일찍이 빠르게 크고 강하게 나타난다.

(일) (시) (남은 간지)

癸 ×→丙 … 癸 … (水剋火)

卯 ×→戊 … 卯 … (木剋土) (노력, 키워보려 하여도 안 된다.)

■ 상극관계 시에서→일(흉(凶))… 강렬한 흉이 찾아든다.

(일) (시) (남은 간지)

庚←× 丁 … 丁 … (火剋金)

寅←× 酉 … 酉 … (金剋木) (불가능 일에 손을 댄다.)

■ (일 간지)와 (시 간지)의 동질… 상생도 아니고 상극으로 보지 않는다.

(일)　　(시) (남은 간지)

乙 ↔ 乙 … 庚 … 간합(干合) 뒤면

酉 ↔ 酉 … 卯 … 대충　　뒷면 (지나친 욕심이 한때 마비되고…
그 고난의 마비가 해소…)

■ '일의 간지' 와 '시의 간지' 간합(干合)으로 변하는 '뒷면' 지지(地支)의 대충 지(支) '변화' 통변상의 차이는 생기겠지만 처음 시작은 흉하고 어려웠지만 점차 수정 노력 따라 길(吉) 처음은 깨지고 뒤에 좋아지는 상태를 말한다.

■ '대충 또는 간합 관계' 는 보기에는 도저히 불가능한 일이 후일에 좋아지는 상태를 말한다.

다시, 재건, 둘러치기 뜻도 있다.

■ 이러한 '간합 대충 변화' 관계 있어서도 '일에서→시간' , '시간에서→일' 관계가 있고 길흉(吉凶), 성부(成否), 강약(强弱), 성쇠(盛衰) 판단에 힘써야 한다.

(일)　　(시) (남은 간지)

甲 ×→ 己 … 甲 } 일에서 시간 (일, 소원성취에는 오랜 시간이 걸리고,
子 ×→ 巳 … 子 } 매사 잃고 다시 시작된다.)

(일)　　(시) (남은 간지)

乙 ←× 庚 … 庚 } 시에서 일로 (지나친 꿈과 욕심은 좌절되지만
酉 ←○ 申 … 酉 } 신심으로 베풀어 일을 만회한다.)

(일)　　(시) (남은 간지)

甲 ←× 庚 … 庚 } 지지 충관계 (현실의 아픔은 어쩔 수 없지만
子 ×→ 午 … 子 } 얼마 못가서 잘했다고 칭송을 받을 것이다.)

(일) (시) (남은 간지)

己 ←× 乙 … 乙 } 아래 시간에서 일로 (라이벌 : 심신의 괴로움에서 시달렸
巳 ←× 亥 … 亥 } 다가 원점으로 돌아오게 된다.)

■ 간지(干支) 음양(陰陽) 상생(相生)… 대길(大吉)

음음(陰陰) 양양(陽陽) 상생(相生)… 중길(中吉)

음음(陰陰) 양양(陽陽) 상극(相剋)… 대흉(大凶)

음양(陰陽) 상극(相剋)… 중흉(中凶)

■ '일과 시간' 간지에서 남은 간지와 감정 의뢰인 생년 간지가 상생되어 있으면 최대 길로 본다.

예 甲子일 庚寅시에 己巳년생을 감정하였을 때,

(일) (시) (남는 간지) (본인 생년)

甲 ○→ 丙 … (木生火) … 丙 … (火生土) … 己 } 대길(大吉)
子 ○→ 寅 … (水生木) … 寅 … (木生火) … 巳 }

물론 시대 따라 육체적 생장과정과 건강 체질상의 조건 따라 차이는 생긴다.

이상과 같이 남자는 8×3=24세 미달은 생월을 기준으로 보게 되고, 여자는 7×3=21세 미달은 역시 생월이 기준된다.

(8) 십간(十干) 십이지(十二支) 음양 강약

○ 양(陽) : 하늘, 해, 낮, 강건, 남성, 군자, 남편, 큰 것, 위, 진출, 동, 진실, 표면, 귀인, 정당, 착한 것.

● 음(陰) : 땅, 달, 밤, 유순, 여성, 신하, 처, 적은 것, 아래, 후퇴, 정, 거짓, 이면, 천인, 사악, 악한 것.

○ 양(陽) : 국가, 삶, 맑은 것, 열린 문, 오른다, 빨리…

● 음(陰) : 국민, 죽음, 탁한 것, 닫힌 문, 떨어져, 늦게…

감정할 때 알아보기 쉽게 음 ●, 양 ○, 강 ⊕, 약 ⊖로 표시하면 감정응용에 큰 도움을 받게 된다.

(9) 십간(十干) 십이지(十二支) 상생(相生) 상극(相剋)에서 남은 간지(干支)

■ 五행상 상생, 상극을 감정하되 상생이 되었을 때 '○', 상극이 되었을 때 '×' → 표기한다.

甲 ○→ 丙 (木生火) … 丙 (상생되어 남은 간(干)) 일

子 ×→ 午 (水剋火) … 子 (상극되어 남은 지(支)) 시

■ 丁酉일에 壬子 시간에 남은 간지는?

丁 ←× 壬 (水剋火) … 壬 (상극되어 남은 간(干))

酉 ○→ 子 (金生水) … 子 (상극되어 남은 지(支))

■ 동일한 '천간과 지지' 일 때는 그 천간의 음양 간합(干合) 지지(地支)는 충(沖)이 된다.

甲 – 甲 음양 간합 … 己 … 남는다.

子 – 子 대충(뒷면) … 午 … 남는다.

■ 五행상 비화관계가 되었을 때 '양으로부터 음을 생하게 된다'.

甲 ○→ 乙 양 → 음 乙 … 남는다.

子 ○→ 亥 양 → 음 亥 … 남는다.

■ 위와 동일한 예로서 己巳일에 戊午시가 됐을 때

己 ←○ 戊(양) … 己 … 남는다.

巳 ←○ 午(양) … 巳 … 남는다.

■ 甲子일에 己巳시가 됐을 때

甲 ×→ 己 (木剋土) … 甲 … 남는다.

子 ×→ 巳 (水剋火) … 子 … 남는다.

■ 丁卯일에 癸酉시가 됐을 때

丁 ←× 癸 (水剋火) … 癸 … 남는다.

卯 ←× 酉 (金剋木) … 酉 … 남는다.

- 보통 일반적인 점에서 천간(天干)의 상생, 상극 관계를 주로 보고 길흉, 성부를 알아내고 보조를 알기 위하여 지지(地支) 상생 상극을 보고 사상을 말하는 것이 통례이다.
- 장기간을 필요로 하는 일대사, 병, 출산, 혼인, 남녀간의 연애문제, 색정문제, 신체적 안부, 자기자신이 직접 피부에 와 닿는 관계 사항을 간지 상생 상극으로 알아낸다.
- 천간은 일반운세, 방위, 주거, 수량, 기타 무형면의 사상을 알아낼 수 있는 반면 지지(地支)는 인간의 육체, 외형, 용모, 기질, 사물에 대한 유형면을 나타내고 있는 것이다.

● 원칙으로 피아의 대인 관계로서는 일(간지)는 위, 선배, 관청, 남자, 부친 상대역으로 보고, 시(간지)는 아래, 후배, 가정, 여성, 모친, 본인으로 보는 것이다.

(10) 감정상 조심해야 할 요점

■ 일과 시간의 간지(干支) 속에 감정의뢰인의 '간지'가 들어 있으며 피 · 아 관계를 불문하고 본인 또는 본인 가정으로 보며 그 외의 간지는 상대방으로 보는 것이다.

예 甲午년생의 감정 시

(일) (시) (남은 간지) (본인 간지)

甲 ←× 庚 … (金剋木) … 庚 … 甲 (金剋木) 상대로 하여금 수정

子 ○→ 寅 … (水生木) … 寅 … 午 (木生火) 되지만일 자체는 큰 발전

이상의 경우 일(간지)가 甲이 되므로 상대에게 상극(相剋) 당하고 있는 상태. 또한 뒷면의 (己)가 나와도 동일하게 甲으로 보게 되는 것이다.

■ 庚子년생이라면

(일) (시) (남은 간지) (본인 간지)

乙 ←× 辛 … (金剋木) … 辛 … 庚 } 비화관계

巳 ←× 亥 … (水剋火) … 亥 … 子

(乙庚) … 辛

본인 상대

이상과 같은 요령으로서 풀어 길흉, 성부를 알아내는 파란 세측의 기본이 되는 것이다. 이러한 요령 아래 풀어보면 일의 대소는 말할 것도 없고 어떠한 인물, 어떠한 일 때문에 고통, 성사, 좌절, 희망을 그 앉은 자리에서 풀어 나갈 수 있는 것이다.

조심할 것은 일(간지)→시(간지), 시(간지)→일(간지) 상생, 상극, 비화관계를 잘 살피고, 앞면과 뒷면을 잘 살피면 확답이 나온다.

천간, 지지를 무엇보다 잘 읽어야만 구변이 좋아진다.

(11) 간지비법(干支秘法)의 응용법(應用法)

● **일(간지)와 시(간지) 관계**

상생, 상극, 비화 : 상생 속에서도 음양 五행이 다른 간지 상생이 있고, 상극 속에서도 앞뒤 관계가 다른 간지 상극이 있다.

비화 속에서도 辰戌, 丑未 특수비화가 있는가 하면 음양 비화가 다른 것도 있다.

- 일(간지)와 시(간지) : 간지 양면이 상생될 때
- 일(간지)와 시(간지) : 간지 양면이 상극될 때
- 일(간지)와 시(간지) : 간의 양면이 상생되고 지지 양면이 상극되었을 때
- 일(간지)와 시(간지) : 간의 양면이 상극되고 지지 양면이 상생되었을 때

● 일(간지)와 시(간지) : 상생관계… 五행이 동일하고 음양이 다른 상생

아래서 위로 상생　　　　위에서 아래로 상생

(일) 乙卯　　　　(일) 壬寅

(시) 甲申　　　　(시) 癸卯

● 일(간지)와 시(간지) : 상생관계… 五행이 다른 상생

아래서 위로 상생　　　　위에서 아래로 상생

(일) 戊戌　　　　(일) 辛酉

(시) 丁巳　　　　(시) 壬子

● 일(간지)와 시(간지) : 비화관계… 동일한 간(干)에 지(支) 비화

(일) 甲己　　　　(일) 丑戌

(시) 甲己　　　　(시) 未辰

● 일(간지)와 시(간지) : 상극관계… 간합(干合)의 뒤면

아래서 위로 상생　　　　위에서 아래로 상생

(일) 己卯　　　　(일) 戊子

(시) 庚酉　　　　(시) 癸巳

● 일(간지)와 시(간지) : 상극관계… 五행이 다른 상극

아래서 위로 상생　　　　위에서 아래로 상생

(일) 乙卯　　　　(일) 己巳

(시) 辛酉　　　　(시) 癸酉

※ 감정 시항 별 요령!

2

운세(運勢)란?

■ 돌고 움직일 운(運), 기세, 형세, 세력 세(勢), 알고 싶다.

■ 자신의 길흉(吉凶) 화복(禍福), 재력(財力)이 있는가 없는가, 목숨의 장 · 단, 육친 관계의 길흉(吉凶)을 총칭하여 운세로 부르고 있는 것이다.

■ 감정상 조심해야 할 점은 병을 앓고 있어도 돈이 들어오는 사람이 있는가 하면 금전과 별 인연이 없어도 육친 사이가 좋은 사람이 있다는 사실이다.

■ **목숨 신명**(身命)**에 대한 안부**(安否) : 질병, 새로운 곳으로 이동, 이사, 결혼, 건축(동토) 따른 안부(安否), 재액(災厄), 길조(吉兆)에 관한 것을 알 수 있다.

■ **재산**(財産) **금전에 대한 유무**(有無) : 부동산, 고유재산, 유동재산, 금전, 증권, 사업(事業), 상매(商賣), 금전대차(金錢貸借), 손덕, 성쇠,

금전운의 유무를 알 수 있다.

■ **공명(功名)을 얻을 수 있는 출세(出世)** : 사업(회사)상 직업(국가 공무원을 비롯하여 말단직), 기타 사업(중소기업, 개인운영, 대회사, 재벌 기업상) 공명 직위, 학문(초, 중, 고, 대학) 학원, 교육 일절 상의 직위, 예술 기예상의 명성과 인기 사회적인 성쇠에 관하여 알 수 있다.

■ **자신의 신체적인 길흉(吉凶)** : 건강, 병, 수명에 관하여 알 수 있다.

■ **친 관계의 길흉(吉凶)** : 집안 문제, 친자 관계, 형제, 자매, 처자, 친구 · 대인 관계 등을 알 수 있는 것이다.

※ 이상의 다섯 가지를 기준으로 하여 감정하는 것이 편리하다.

즉, 금년 운세를 보러 왔습니다. 운세의 재운? 건강운? 직업운? 사업운? 전혀 판단하기 어려울 때도 생기게 되므로 이 점을 잘 살펴보아야 한다.

때문에 운세를 판단할 때는 병, 재운, 이동, 직업 등등 변화를 생각하면서 감정에 임해야 한다.

때문에 일(간지)와 시(간지)를 알아내는 것은 물론 항상 '머리'로서는 그 이면(대충관계)도 살펴보아야 정답이 나오게 된다.

일(간지)와 시(간지)의 천간을 운세로 볼 때 지지는 몸(동력),지난 일을 살필 때는 반드시 살펴보는 것이 원칙이다.

● **일(간지)와 시(간지)** : 천간과 지지가 상생(相生)되어 있으면 길(吉)로 보고 본인의 (간지)가 상생되면 만사가 순조롭고 하는 일마다 잘 풀리며 주변 도움으로 더욱 기쁨을 얻게 될 것이다. 시(간

지)로부터 일(간지) 상생도 동일하게 판단한다.

● **일(간지)와 시(간지)** : 천간이 상생, 지지가 상극되어 있으면
천간은 '자연운기', 주변, 환경 조건은 좋지만 지지는 동물의 표상으로 몸을 혹사하여야만 성과를 걷을 수 있는 조건. 고난(육체, 노동, 색정), 건강상에 조심할 때

● **일(간지)와 시(간지)** : 천간이 상극하고 지지가 상생하면
천간은 운세 흐름, 어려운 환경 조건에서 잘해 보려고 애를 쓰게 보지만 잘 되는 일이 없어 본인 스스로가 자포자기, 몸을 편하게 아끼므로 매사 침체 상태이다.

※ 천간이 흉일 때 지지 역시 흉하다.

● **일(간지)와 시(간지)** : 천간, 지지 양면이 상극하면
전체적으로 되는 일이 없고 흉(凶)하며 본인의 생년(지지)와 상생이 되었다면 자신의 노력과 근거로 최후에는 좋아질 수 있지만 일(간지) 시(간지)가 상극되어 좌절과 실망, 하늘을 쳐다보고 통곡하는 위기, 누구 하나 도움 없는 고난은 불가피하게 맛보게 될 것이다.

● **일(간지)와 시(간지)** : 천간의 음양 상생, 또는 이면 상극하면
천간의 음양 간합(干合)은 이면에 상극관계된다. 선뜻 좋은 합으로는 볼 수 없고 덤덤한 합으로 그렇다고 큰 변화도 아니며 시간이 해결, 시간이 갈수록 좋아지는 합이다.

● **일(간지)와 시(간지)** : 천간과 지지가 상생되어 있고 자신의 간지가 상생되어 있다 하더라도 천간 상생관계 더욱 일에 길흉을

좌우하는 것이다.

※ 일간(己) 시간(戊)이 남았다면… 애써 헷갈렸다가 무너지고 말 것이다.

일간(庚) 시간(乙)이 남았다면… 어떻게 되겠지 내공성의 색정에 시달리게 될 것이다.

계(癸) 끌내고 시작 : 통곡,

신(辛) : 상생, 상당한 고난

묘(卯), 유(酉) : 태만, 색정, 알코올 중독

진(辰) : 싸움, 화, 진동, 무덤덤

●상극… 흉(凶) : 언제 좋아질 것인가?

남은 천간의 수리(數理) : 일(간지) 천간은 월(소요) 지지는 일(소요)

예 남은 천간 경(庚)은 '七' 간합 '乙'은 '二' 70일 또는 2개월 2년 후에 좋아진다.

(1) 소원성취(所願成就)를 감정하는 요령

■본인이 바라는 소원이 이루어질 것인가?

■희망 달성이 가능할 것인가?

■일 발전, 번영, 목적이 성사될 것인가?

●일반적인 소원이라면 입학 명예 자격, 취업, 진급 '시험 합격', 많은 재산 부귀영화 금전욕의 소원이 있고 건강, 병의 쾌유, 가

정안정, 사업발전, 부부화합 등이 있을 것이다.

이러한 공통적인 소원 속에서도 '사람과 사람' 관계 있어서 '남자와 여성' 이성 관계에 있어서는 이상한 소원이 일어난다. 불륜 관계 남녀 관계로서 A란 남성은 집에 가도 별 할일이 없으니까 B란 여성과 항상 같이 시간을 보내기 바라지만 B의 여성은 색정의 만족만 취하면 바로 집으로 돌아가기 바라며 만일 색정이 싫증나게 되면 B의 여성의 소원은 A와의 인연을 끊기 바라는 소원이 될 것이다.

즉, 한편이 좋아하면 한편이 싫어하는 사람 관계의 인연이 있는가 하면, 같은 직장의 상사와 부하 관계, 동료간에 이성문제, 부부간의 인연 등등 우리들이 살고 있는 주변을 자세히 살펴보면 바라는 소원 차이도 별별 소원이 많은 것이다.

이러한 소원 목적 이외에도 입시(진학, 고등고시, 취업, 자격취득 등등) 또는 병에 대한 쾌유, 완치 등 일반적 즉, 만인이 공동으로 바라는 소원성취에 있어서도 전혀 정반대적으로 소원을 바라는 사람이 있다는 사실도 참고하여야 한다.

(2) 소원 점사(所願 占事) 간지 일시 이용 요령

● 일(간지)와 시(간지)가 상생되어 있으면

소원성취, 목적, 희망이 성취된다. 자신(간지)가 상생되고 있든지 시간(간지)가 일(간지)를 상생하고 있으면 자신이 바라는 소원이 점진적인 행보로 빨리 성사된다.

※ 상생이라 할지라도 표출(表出)한 천간의 사상(事後) 따라 길흉 차이는 달라짐을 알아야 한다.

일(천간이 己) + 시(천간이 庚) 이는 '토생금'. 일에서 일간으로 상생되지만 '己' 무너지기 쉽다.

'庚' 헷갈려, 갱신. '가는 도중 헷갈려 무너지기 쉽다' 로 해석하기도 한다.

때로는 '己' 때를 놓치기 쉬운 '庚' 갱신(수술)을 필요로 하는 병을 때를 놓쳐버리는 일도 생긴다.

● **일(간지)와 시(간지)가 상극되어 있으면**

바라는 소원, 일, 매사가 흉하여 되는 일이 전혀 없고 때를 기다려야 한다. 기다리는 '기간' 은 천간이 남은(수리)에 기준한다.

● **천간이 상생, 지지 상극관계의 일, 시**

본인이 바라는 '희망과 목적' 은 성사되었지만 七, 八분 만족치 못하여 소원성취를 위해 많은 노력과 몸을 움직여야만 성사될 것이다.

● **천간이 상극, 지지 상생관계의 일, 시**

흉(凶), 뼈아픈 손실, 죽도록 애써도 보람이 없고 간지(동물) 상생 활동력은 좋으나 천간(자연의 운기) 운세가 따라주지 않는다.

● **천간(간합 관계) 음양 관계**

복잡한 과정, 파탄 끝에 소원은 이루어진다.

일(간지) 시(간지)에서 남은 간지와의 상생관계 상극관계 따라 길흉작용은 달라진다.

(3) 이성 관계(異性 關係) 점사(占事) 간지 일시 이용 요령

- **연애(戀愛), 결혼(結婚), 애정(愛情), 부부인연(夫婦因緣) 이와 흡사한 모든 일 역시 천간과 지지로서 판단하여야 한다.**

  이성관계의 모든 운세는 천간(자연운기)뿐만 아니라 지지인(몸, 신체상의 성에 대한 결합), (성격)이 맞느냐 안 맞느냐 등 '천간과 지지' 상생되어 있어야 길하다.

- **일(간지)와 시(간지)가 상생되어 있으면**

  매사 길(吉), 남녀 간에 인연이 좋은 것으로 보며 본인과 상대 년 간지도 상생이 되어 있으면 좋은 것으로 보되 천간 지지 사상에도 통변이 가해진다.

- **일(간지)와 시(간지)가 상극되어 있으면**

  매사 흉(凶), 남녀 간에 성사되기 힘들며 이를 무시하고 일을 강행하면 남은 천간의 수리의 년월에 쌍방 간에 불미스러운 일로 깨진다.

- **일(간지)와 시(간지) : 천간은 상생되고 지지가 상극되어 있으면**

  보통 점사(占事)에서는 천간 상생은 운세로 보고 지지는 신체로 보아 고난이 따르지만 '좋다고 보지만' 남녀 간 이성 간에서는 천간이 상생이 되어 결합은 가능하지만 지지 상극으로 성격 차이 불균형, 신체적인 불만으로 어쩔 수 없이 갈라서게 된다.

- **일(간지)와 시(간지) : 천간은 상극 지지는 상생이 되면**

  흉(凶)으로 좋은 인연 관계로는 보지 않지만 육체적인 인연이 있기 때문에 색정, 썩은 인연 결국은 갈라서는 인연(천간 상극), 정

식 결혼문제 아 내연 관계, 색정 관계, 남녀 간에 육체적 불장난 (즐기는) 관계는 오래 가게 된다.

●음양 관계 또는 간합(干合) 지지 충 관계 己巳→申, 甲寅→申 뒷면

인연이 깊은 것으로 보고 길흉 성부는 고사하고, 오래 끌어가며 한때 끊었다가 다시 만나게 되는 일이 많다.

●일(간지)와 시(간지) : 시(천간)이 일(천간)로 상생

천간 사상에 따르지만 시간이 경과될수록 무너지기 쉬우니 빨리 서둘러 성사시키라는 뜻.

●감정의뢰인의 소원 따라 점사(占事)는 다르다.

상생관계가 되면 감정의뢰인이 바라는 소원 : 헤어지고 싶다!! 헤어질 수 있고, 결합하고 싶다!! 결합이 가능하다.

상극관계가 되면 감정의뢰인이 바라는 소원이 먹혀들지 않는다. 헤어지고 싶어도 헤어질 수 없다.

●천간, 지지, 남녀 간의 사상을 충분히 활용

'酉', '卯' 미인이 많고 남녀 '바람기' 가 있으며 끝맺음 없이 '미주알 빠진 모양' 줄줄 흐르고 다니는 격.

'庚', '乙' 색정, 헷갈림, 바람기, 들뜬 기분, 마음의 동요가 기변(氣變)이 많고

'戊', '己' 결혼이라면 도중에 무너지기 쉽고 변화의 가능성.

●결혼, 중매, 이성 소개 관계 있어서

일(간지) 시(간지)가 상생이라도 '申' 자가 나타나 있으면 '거짓말', 내면에 비밀이 숨어 있음을 알아야 한다.

●**남녀 결혼, 중매, 이성교제, 화합에 반대하는 사람이 있는가 없는가에 대한 판결은**

일(간지) 시(간지) : 남성은 천간, 지지는 여성

천간이 상극이 될 때 : 남성 측에 반대자 있고, 남성 자신도 흡족감이 없다고 본다.

지지가 상극이 될 때 : 여성 측에 반대자 있고, 여성 자신도 흡족감이 없다고 본다.

(4) 기다리는 사람이 돌아올 것인가 점사(占事) 간지 일시 이용 요령

■대략 '소원성취' 감정 요령과 비슷하게 해석하면 되지만 사람을 기다리는 점사는 지지를 보지 않아도 무방하다.

●**점사(占事) : 일(간지) 시(간지)**

천간이 일간으로부터 → 시간으로 상생되어 있으면 바로 집으로 돌아온다.

천간이 시간으로부터 → 일간으로 상생되어 있으면 시간이 걸려도 돌아온다.

※ 사람을 기다리는 점사나 병에 관한 점사는 자신과 상대 관계를 보지 않기 때문에 일의 천간부터 → 시의 천간 아래로 상생되는 것을 가장 좋은 것으로 본다.

●**일의 천간, 시 천간이 상극되었으면**

돌아오기 힘들 것이지만 돌아올 가능 여부 또는 시기는 남의 천간의 (수리) 따라 결정된다.

- **음양(간합) 또는 대충, 甲甲, 乙乙, 丙丙, 甲庚, 등등**

  돌아올 것이지만 돌아오는 길에 다른 곳을 들렸다가 연락을 하게 될 것이다.

- **'戊', '己' 돌아오는 도중에 마음이 바뀌든지…**

  '庚', '乙' 상생이 되면 우선 다른 곳에서 놀다가 돌아온다.

(5) 도망자에 대한 점사(占事) 간지 일시 이용 요령

우선 점사를 알고자 하는 사람의 의중을 알아야 답이 나온다.

행방불명의 도망자, 알고자 하는 사람의 생사문제, 돌아올 것인가? 행방불명자가 살고 있는 방향을 알고자 할 때의 점사는 달라진다.

천간은 그 사람의 운세, 방위, 가출 이유를 알아낼 수 있지만 지지는 가출인, 도망인의 신체적인 안부를 판단하기 때문에 '지지의 상의도' 잘 판단하여야 한다.

- 천간은 운세 또는 방위를 볼 수 있고, 단순한 가출인의 경우에는 천간과 지지를 참고하면 된다.
- 가출인의 신상안부를 알아보기 위해서는 천간과 지지를 중요하게 다루지 않으면 안 된다.
- **천간, 지지가 상생되었을 때**

  모든 문제가 무사히 풀려 순조롭고, 얼마 안 가서 거처도 알 수 있으며, 얼마 안 되어 돌아온다. 돌아오는 날짜는 남은 천간의 수리에 따른다.

●**천간, 지지가 상극이 되었을 때**

우선 흉으로 보고, 일반 가출자나 찾아야 할 사람을 찾아내는 데 힘들고, 당분간 돌아오지 않는다. 또한 상대방도 매우 어려운 곤경 속에서 헤매고 있든지 병으로 알고 있든지 신체 거동이 부자유스러움을 알리고, 때 따라 사방 또는 자살 위험도 도사려 있다.

●**천간은 상생, 지지는 상극이 되었을 때**

보통 가출자는 좋다. 그러나 당사자의 육체는 상극이라 힘들고 때로 찾아내는 데 상당히 애를 먹는다. 몸체의 위협은 받지 않지만 어려움, 고난 상태에 있고 때로는 병에 시달리고 있다.

●**천간은 상극, 지지는 상생이 되었을 때**

일반적으로 찾기 힘들고 돌아올 수 없는 상태이지만 '지지가 상생' 되므로 별 어려움 없이 지나고 있음을 알 수 있다. 당장 신체 위협은 받지 않지만 '천간이 상극' 이라 위험성은 있기 때문에 빠른 수배력이 아쉬워질 때다.

●(丙辛)이 나타나면 경찰 가출계 신고로서 찾아낼 수 있고…

●(甲)이라면 동쪽이지만 뒤는 (己)이기 때문에 서남방위로도 본다.

●(己, 戊)이 나타나면 일정한 곳이 못 되어 전전하기 쉽고…

●(庚, 乙) 들뜬 기분에 사로잡혀 있고 유흥가, 사창가를 또한 이성과 더불어 있다.

천간이 양양의 경우는 남성끼리, 음 음일 경우는 여성끼리.

●**음양(陰陽) 간합(干合) 동일 충 관계 표이 관계**

시간이 걸리든지 거처를 알아내지만 돌아오지 않고, 돌아와도 바로 나간다.

- 장소, 방위는 천간 관계, 남은 천간을 보아
- 일(천간)에서 → 시(천간)은 가까운 곳.
- 시(천간)에서 → 일(천간)은 먼 곳.

(6) 도난, 실물에 대한 점사(占事) 간지 일시 이용 요령

- 도난품이 돌아올 것인가?
- 도적이 잡힐 것인가?
- 잃어버린 물건이 돌아올 것인가?
- 도난, 분실물에 대해서는 천간관계로만 보고, 찾기 위한 신체적 노동력에 대해서는 분실 관계의 발견과 무관하다. 때문에 지지 관계는 신체적 수고에 불가하다.
- 천간의 상극관계는 '도난' 으로 보고, 상생관계가 될 때는 본인 부주위로 인한 분실로 본다.
- **천간, 지지가 상생이 되었을 때**

물품은 나타나고 훔친 사람을 알게 되든지 체포 상태로 나타나며, 일(간지)에서 시(간지)의 상생이면 일찍이 물건이 돌아오고, 시(간지)에서 일(간지)의 상생될 때는 약간 시간이 걸린다.

- **천간이 상극이 되었을 때**

물품이 나오지 않고 오리무중 상태, 또한 잃은 물건이 나왔다 하더라도 쓸모없는 물건으로 된다.

●음양(간합) 동일 지지의 충 표이 관계

서둘면 나오고, 시간이 지나면 못 찾는다.

●상생이 되었을 때

시(간지)에 일(간지)로 상생할 경우, 물건이 나와도 수량이 감소되었든지 변질 상태 많다.

도난, 분실물의 종류, 수량 등은 남은 천간으로 찾아본다.

●장소, 검출되는 일과 시간의 천간으로 알아낸다.

●시간으로부터 일로 상생되었을 때 : 높은 곳, 윗자리.

●일로부터 시간으로 상생되었을 때 : 낮은 곳, 아랫자리, 물건 밑.

●(戊己)가 남게 되면 상생이라도 불량품으로 나온다.

●(申)가 나타나면 도난당한 것이다.

(7) 출산에 대한 점사(占事) 간지 일시 이용 요령

●출산 관계는 몸체이기 때문에 '지지의 병'과 더불어 천간도 중요시 보지 않으면 안 된다.

●출산은 여성이 아이를 낳기 때문에 병은 아니지만 육체적인 혹사의 통증이 있어 길흉관계를 철저히 보아야 한다.

●천간, 지지가 상생이 되었을 때

태어나는 아이나 산부가 길하고, 일(간지)에서 시(간지)가 상생되었으면 회복이 빠르고, 순산하며 시(간지)에서 일(간지)가 상생되었으면 출산에 시간이 걸리고, 대부분 출산 늦다.

●천간, 지지가 상극이 되었을 때

운세(천간) 몸체(지지) 상극이라 대흉이 되고 또한 태아, 산모를 막론하고 조심하여야 한다.

● **천간 상생, 지지가 상극일 때**

무엇보다 출산을 주체로 하는 것은 지지이다. 천간(운세)가 좋다 하더라도 지지가 나빠 모체의 나쁜 영향을 주기 때문에 난산의 어려움 겪지만 구원의 손길이 온다.

● **천간 상극, 지지의 상생관계가 되었을 때**

몸체가 상생관계이기 때문에 아이를 낳을 때는 별일이 없지만, 난 이후 산후처리를 잘못하여 죽는 경우가 많다. 이러한 경우는 설마가 문제된다.

한편 아이는 무사히 태어나지만 산부가 출혈 또는 후유증으로 사망하는 경우도 생각할 수 있다.

● **음양(간합) 동일지지의 충 표이 관계**

대략 좋다고 보지만, 다소간의 고민거리가 생긴다고 본다.

임신 초기의 감정이 (천간 상생) (지지 상극)은 유산 등으로 생각할 수 있고…

임신 말기 감정이면 태아가 사산, 산부만 살아날 수 있는 형태다.

임신 초기 감정에 (戊己)가 나오면 상생이라도 유산의 뜻. (庚)이 있을 때는 산부가 날까 말까 헷갈리는 상태(지지 상극).

● **천간, 지지가 상생일 경우**

임신중절 수술에도 지장을 주지 않고 산모도 건강하다.

그러나 천간은 상생, 지지는 상극일 경우에는 생명까지에는 지장 없어도 출혈, 신체쇠약, 태아가 잘못 앉아 수술을 필요로 하고, 간지가 상극이 될 때는 수술도 필요치 않게 된다.

천간, 지지가 상생되더라도 '申'이 나타나면 태아 출산에 힘이 든다.

무엇보다 중요시 볼 것은 일시반의 간지의 남은 간지와 생년 천간(생월)의 상생상극 관계를 중요하게 보고 감정하여야 한다.

(8) 소송, 거래교섭에 관한 점사(占事) 간지 일시 이용 요령

- 소송문제란 이기냐, 지느냐의 승패문제가 걸려 있고, 또한 이에 따른 소요일수, 상대가 나오는 상태, 선택한 변호사의 길흉 상태를 보아야 한다.
- 흥정거래, 교섭사에 대한 성사 여부, 상대에 대한 상태, 본인이 이길 수 있는 기세 등을 알아내야 한다.
- 우선 소송문제를 보기 위한 일시반의 천간에 본인 태어난 생년(월)의 천간 표이(表裏)를 종합한 천간을 (본인)으로 보고 전혀 본인과 관계없는 천간을 (상대)로 본다.

  또한 거래 교섭사도 소송과 동일하게 본다.
- 본인의 (생년 월) 천간이 시간(아래)에 나타나 있으면 (나)로 보고, 일의 천간을 상대로 본다.

  이 감정에 있어서는 지지는 일부 참고에 불구하고, 주로 천간 상생 상극에 무게를 두고 해석하여야 한다.
- 일시반에서 남은 천간이 자신의 생년 월 천간과 상생이 되면 최

종적으로 유리하고, 중도의 경로에 대해서는 일시반의 상생 상극에 따른다.

- (나)와 (상대) 천간을 알아내면, (나)의 천간이 상생되어야만 길하다.

즉, 승패를 거는 싸움은 이기는 것만이 이익이 생기고 거래, 교섭, 흥정으로 볼 때는 천간(자신)이 상생되어 있어야 유리하고 성공한다.

- **지지관계는?**

천간을 주축으로 보지만 지지관계가 상생될 때 별반 힘 안 들이고, 하는 일이 원만하게 풀려 나간다.

지지관계가 상극일 때 고난 많고, 몸 고생이 가중되는 상태이다.

- **천간이 상극될 때**

흉, 폐소로 보고 손실, 흥정, 거래, 교섭 등은 부진상태로 진척이 전혀 없다고 보는 것이다.

다만, (나) (상대)성으로 볼 때, (나)가 (상대)를 극할 때는 한때나마 승산이 좋게 보이게 된다.

그러나 최종결과는 불리해지므로 이러한 괘가 되었을 때는 상호간에 합의를 보는 것이 유익하다.

- 상극될 때는 치면 친 만큼의 반동이 돌아오는 것이 세상 이치이기 때문, 상극은 해를 당하기 마련이다.

- **천간에 상생, 상극과 관계없이 나타나는 천간은?**

(丙, 丁)은 서류, 인감 취급에 실수 없도록 조심하여야 하고…

(丙, 丁, 辛)의 천간이 상극될 때는 대흉(大凶) 상태로 본다.
(申)이 나타나 있으면 상생, 상극과 관계없이 (허언), (속임수), (거짓 증언)이 숨어 있고…
특히 흥정, 거래, 교섭에는 상생이라 하여도 흉이다.
쌍방 어느 곳이든 (酉)가 있으면, 책사(策士) 지자(智者)가 뒤에서 조정하게 된다.
(辰, 寅, 戌)이 나타나 있으면 싸움에 조심해야지 상생이라 하여도 마찰 때문에 이루어질 수 없다.

(9) 이사(移舍), 이전(移轉), 여행에 대한 점사(占事) 간지 일시 이용 요령

- 이사, 이전, 여행, 감정에 있어서는 길흉작용 또는 그러한 변동으로서 기쁨이 생길 수 있고 행운을 찾을 수 있는가를 알아볼 수 있는 것은 천간만으로도 알 수 있다.
그러나 신체 안부에 관한 문제도 동반하기 때문에 '지지' 상태도 중요시 보아야 한다.
- 본인 천간이 일시반에 나타나면 그것을 본인(생년 월의 간)으로 보지만, 이러한 천간이 없을 때 (시간) 간을 본인으로 보고, 일의 천간(기타) 천간을 이사, 이전, 여행, 목적지로 본다.
- 일시반 천간이 상생되었을 때는 길하고 기쁨, 행운을 찾을 수 있고, 바라는 여행목적도 성사되며 쾌적한 여행을 즐길 수 있다.
더욱 간지가 상생이 되면 심신이 무사하지만 상극이 되었을 때는 짜증스럽고 사고 위험이 있다.

● **천간은 상극, 지지는 상생일 때**

몸은 즐거워도 환경조건, 분위기에 막힘이 온다.

● **천간, 지지가 상극일 때**

흉으로 이때 억지로 이동하면 후에 반드시 후회하는 환란, 병난, 바라는 일이 뜻대로 풀리지 않는다.

천간에 (乙, 庚)이나 (卯, 丙)가 나타나면 남부끄러운 이성, 색정 문제로 망신당한다.

● **조심하고 알아야 할 문제는?**

천간, 지지가 상생이 되었을 때는 원칙으로 길하고 행운을 받을 수 있는 곳으로 보지만, 어디까지나 방위에 따라서는 근본적으로 이전 방위를 알아내고 길흉을 판단하는 것이 원칙이다.

특히, 이사방위 등은 태어난 년의 기성과 간지 관계가 맞아야지 그렇지 않고 오황살, 암검살, 적살 방위로 이동하면 집안이 몰락하는 예는 얼마든지 찾아볼 수 있다.

(10) 시험, 합격, 선거, 당선에 대한 점사(占事) 간지 일시 이용 요령

- 합격이냐, 당선이냐 보는 것이기 때문에 대략 운세와 소망의 감정법과 동일하다.
- 천간을 주축으로, 지지는 참고하는 정도로 보아도 된다.
- 천간, 지지가 상생되는 것을 최상으로 본다.
- 일반적인 감정법과 달리 목적과 희망이 달고, 단시일을 요하는 입학시험과 선거운동은 위(일)부터 아래(시간)으로 상생되는 것

을 합격, 당선권으로 본다.

● 아래(시간)으로 부터 위(일)로 상생되었을 때는 같은 상생이라 하더라도 보결이나 차점, 뒷문으로 들어가는 비래 당선 등의 경우가 많고 이때는 적극적인 노력 없이는 불가피한 사정에 몰린다.

● 입시 관계, 선거 관계, 여러 접점을 감정할 때 지지의 상생 상극 관계는?

● **음양, (간합) 동일 간지 충, 표이 관계**

본인의 운세(생년 월)가 어느 정도 좋아야만 하고, 이러한 관계는 시간이 걸려도 좋아지는 결과가 나온다. 또한 선거나 시험 감정은 단시일로 결정되는 일이기 때문에 어렵다고 본다.

● 한편 지지가 상극이 될 때는 학과와의 관계는 별 문제로, 신체검사, 건강상의 어려움을 말한다.

(申)이 나타나면 지나치게 머리를 써 눈에 피로를 말하고…

(辛)이 일시반의 간에서 남게 되면 상생이라 할지라도 상당히 어려워짐을 말한다.

(11) 주식 시세 점사(占事) 간지 일시 이용 요령

● 주식의 오름세, 내림세, 가격의 오름세, 내림세에 대해서는 상생, 상극의 길흉 상태와는 별 다르다.

즉, 주식과 시세의 변동에는 길흉이 없다.

주식이 올라 덕을 보는 사람이 있는가 하면 손해 보는 사람도 있고, 그렇다고 내렸다 한들 반드시 손해를 본다는 보장이 없으며,

이때 사들이는 사람이 있기 때문에 주식이나 시세 관계에서는 길흉이 존재 않는다.

때문에 주식을 운영하는 사람 자체의 운세, 길흉 따라 달라진다고 보면 된다.

- 손익 관계는 일시반의 천간이 남은 천간이 본인의 생년(월) 천간과 상생 여부 따라 좋으냐, 나쁘냐가 판가름된다.
- 주식이나 시세 차이는 상생 상극과 관계없다.
- 천간 판단에 신경 써야 하고, 지지로서는 토용을 참고로 하여야 한다.
- 길흉관계보다 변동의 강약을 분석하여 '속결과 지연' 의 묘를 살려내야만 한다.
- '생은 원만한 변동', '상극은 급격한 변동'.
- 위(일)부터 아래(시간)은 상생, 상극관계 없이 내리막 시세.
- 시간(아래)부터 일(위)은 상생일 때는 서서히 오르고, 아래로 상생 될 때는 급간 한다.
- 시간(아래)에서 일(위)로 상극할 때 급상승.
- 시간(아래)에서 일(위)로 상생할 때 서서히 오름세.
- 일(위)부터 아래(시간)로 상극할 때 급 하강.
- 일(위)부터 아래(시간)로 상생할 때 서서히 하강세.
- 음양 관계는 상생과 같이 내렸다가 올랐다가 점진적인 변화를 번복.
- 표리(表裏) 관계는 상극관계 금전적인 변동이 반복한다.

●동일한 천간관계는 보합상태(保合狀態).

●(戊, 己) 나오면 난조(亂調), 시세변동이 움직인다.

●(丑辰未戌) 상생 상극과 관계없이 움직임이 불안정 조심할 때.

●간지(干支) 일자(日字)로 주식동향 알아낸다.

甲子 : 전장보다 후장이 오른다.

乙丑 : 전장이 복합세되면 후장이 오른다.

丙寅 : 주식시세가 강도로 나타난다.

丁卯 : 상장거래가 좋지 않고 변동이 많다.

戊辰 : 특별한 고가세가 없다.

己巳 : 후장에 오를 기미가 없다.

庚午 : 거래에 파란이 생기고 내림세된다.

辛未 : 당분간 오름세가 없다.

壬申 : 후장 거래가 반동적 거래가 된다.

癸酉 : 의외로 오름세가 된다.

甲戌 : 인기주 상장이 나오지 않는다.

乙亥 : 비교적 후장에 주가가 싸진다.

丙子 : 일시적인 오름세가 있어도 지속성이 없다.

丁丑 : 서서히 오름세 발동이 걸린다.

戊寅 : 의외로 떨어지는 주가 생긴다.

己卯 : 전일 상장과 반대 현상이 된다.

庚辰 : 전 상장 후 상장, 상반 세 현상이 된다.

辛巳 : 복합세로 하락세가 된다.

壬午 : 고하 복합세로 혼동 일어난다.

癸未 : 당분간 오름세가 되지 않는다.

甲申 : 하늘이 맑으면 상승, 비 오면 하락.

乙酉 : 인기주 상승 관계없이 상승.

丙戌 : 전장 복합, 후장 하락.

丁亥 : 복합세에서 떨어진다.

戊子 : 시세변동 별로 없다.

己丑 : 변동 징조, 투자 조심.

庚寅 : 전장 거래 약하고, 후 거래 상승.

辛卯 : 다소간에 파란.

壬辰 : 의외로 상장 하락.

癸巳 : 전장 하락, 후장 오름.

甲午 : 맑은 날 오름, 비 오면 하락.

乙未 : 상장 분위기 기세.

丙申 : 상장 순응 이롭다.

丁酉 : 상장 적어 후장에 차질.

戊戌 : 상장 한쪽에 몰리는 변동.

己亥 : 큰 변동 없다.

庚子 : 서서히 오름세로 가동한다.

辛丑 : 오랜 주는 짧아진다.

壬寅 : 후장이 전장보다 오른다.

癸卯 : 종래 주의 상장으로 가격 폭이 넓어진다.

甲辰 : 하락주가 상승세로 변한다.

乙巳 : 전장은 하락, 후장은 오른다.

丙午 : 상장주가 치우친다.

丁未 : 고가주가 속출한다.

戊申 : 인기주 상장이 약해진다.

己酉 : 의외로 주가가 오름세된다.

庚戌 : 인기주의 반대 상장주 안 나온다.

辛亥 : 상장의 내용이 분명해진다.

壬子 : 주가 하락할 듯 보이지만 유지된다.

癸丑 : 고 복합세로 변동 적다.

甲寅 : 상장주가 한편에 몰린다.

乙卯 : 유동적인 상장으로 변화 없다.

丙辰 : 돌풍적인 고가주가 나오게 된다.

丁巳 : 파란으로 주가가 하락세가 된다.

戊午 : 전장의 주가보다 후장 주가가 높아진다.

己未 : 주식상장 별 거래 없고 변동이 적다.

庚申 : 의외로 특수한 상장 나온다.

辛酉 : 상장주가 한곳에 몰린다.

壬戌 : 상장주 변화가 높아진다.

癸亥 : 상장주가 한편에 몰린다.

(12) 병(病)에 대한 점사(占事) 간지 일시 이용 요령

● 현재 병환 중 이 병이 나을 것인가, 낫지 않을 것인가? 낫는다면 언제? 위험시기는 언제인가? 병 현상을 알아내는 방법과 기타 병명, 병의 원인을 알지 못하여 고민하는 경우를 들 수 있다. 또한 병상, 병세판단도 필요하게 된다.

① 병의 감정은 천간, 지지를 중요시 본다.

② 천간, 지지, 일시반이 상생이 되면 길하고, 병도 낫고, 병세가 쾌유로 들어간다.

③ 병을 볼 때는 (나)와 (상대)를 찾는 것이 아니라 위(일)부터 아래(시간)으로 상생되어 있으면 전쾌하다. 아래(시간)부터 위(일)로 상생되면 쾌유하는 데 시간이 걸린다.

④ 천간, 지지가 상극일 때

운기와 신체가 약해져 있는 상태로 흉하고, 만일 중병의 경우에는 낫기 힘들며, 경환자라 할지라도 낫는 데 시간이 걸린다.

같은 상극이라도 위(일)부터 아래(시간)의 상극 : 오래 끌어 죽는 법이 많다.

아래(시간)부터 위(일)로 상극 : 급사 상태 또는 오래 끓어 온 환자로 본다.

⑤ 천간이 상생, 지지가 상극인 경우

천간이 상생이 되어 생명에는 지장 없어도 신체적인 고통, 통증으로 참기 어려움을 뜻한다.

⑥ 천간이 상극, 지지가 상생인 경우

신체적인 지지가 상생이 되어 별 고통을 느끼지 못하기 때문에 천간이 상극이라 흉으로 보지만, 급변적인 변화가 생긴다고는 볼 수 없다.

⑦ 음양, 표리(表裏)가 되었을 때

일진일퇴의 상태가 많지만 결국은 좋아지고, 약간의 요양기간이 필요하며, 뒷면이 있기 때문에 자칫 안심하면 재발의 위험이 생긴다.

(戊, 己)가 나오면 상생이라 할지라도 급변, 재발 암시 있고, (戊)는 재발, 다시 돌아온다. (己)는 급변이란 뜻이 있다. 병 자체의 치유와 정신적 치유 관계도 생각할 수 있다.

⑧ 정밀검사, 심전도를 체크해 보아도 아무런 이상이 나오지 않지만, 눈이 잘 보이지 않고, 심장 맥박이 지나치게 뛰는 노이로제 환자도 이에 해당된다.

(戌)의 지지가 나오면 중병,

(申)이 나오면 여성이라면 생리장해 많고,

⑨ 중병이나 큰 부상으로 생사의 갈림길에 서 있을 때

일시반의 남은 천간이 양일 때는 오전 중, 음일 때는 오후로 보고, 병자의 태어난 시간의 표이(甲이라면 己, 寅이라면 申)

시에 죽음의 시간으로 본다.

⑩ **병세 병상은 천간, 지지의 상생 상극과 음양의 상의 따라 판단한다.**

상생 상극에 관계없이 일시반이 음양 관계가 되었을 때는 보통의 증상으로 보고, 음 음, 양 양의 일시반이 되었을 때 불규칙한 병세, 변수가 많은 증상으로 본다.

⑪ **상생, 상극이라도**

위(일)에서 아래(시간)의 관계는 고통이나 병상이 복부로부터 하반신의 내공적 상태가 된다.

아래(시간)에서 위(일)의 관계는 복부에서 상부, 머리로 외면으로 나타나기 쉬운 상태이다.

위부터 아래로는, 배가 아프든지 허리가 아프든지 허리 냉증, 병 자체가 내공적으로 변비나 내장질환으로 번져 나간다.

아래에서 위로는, 어깨가 아프든지 가슴이 무겁고 괴롭든지 골치가 아파지고, 귀에 소리가 울리며, 상반신 위에 땀이 나고, 코, 기침, 가래, 설사, 출혈 등으로 표면에 나타난다.

⑫ **병을 볼 때는 반드시 병자의 생년(월)의 천간과 일시반에서 남은 천간과의 대조를 잊어서는 안 된다.**

3

오행과 오장 관계, 천간과 내장 관계

● 木-간장(肝臟)	갑(甲)-담(胆) 을(乙)-간장(肝臟)	목위, 머리, 얼굴 바람(風) - 눈물(淚)
● 火-심장(심포)	병(丙)-소장(小腸) 심포(心包) 정(丁)-심장(心臟) 삼초(三焦)	눈, 어깨 더울열(熱)-땀(汗)
● 土-비장(脾臟)	무(戊)-위(胃) 기(己)-비장(脾臟)	소화기, 복부 습할습(濕)-침(涎)
● 金-폐장(肺臟)	경(庚)-대장(大腸) 신(辛)-폐장(肺臟)	근육, 사지 건조조(燥)-침(涕)
● 水-신장(腎臟)	임(壬)-방광(膀胱) 계(癸)-신장(腎臟)	혈액, 비뇨기 추울한(寒)-가래(唾)

■ 천간 신체 안정은 일시를 기준으로 하되, 위(일)부터 아래(시간)이 기준이고 천간, 지지가 상극되고, 남은 간지가 태어난 생년 생월에 극이 될 때는 조심하여야 한다.

또한 남은 간지가 비화의 경우는 아래와 같은 사태가 일어난다.

- 甲, 乙 = 목뼈가 자유롭지 못하다.
- 丙, 丁 = 화난이나 투신자살, 수난(바다, 호수, 흘러가는 물길).
- 戊, 己 = 압사, 산사태, 조난, 목뼈 고장, 수족을 다치는 경우도 있다.
- 庚, 辛 = 다침, 투신, 철도 자살, 칼침, 쇠붙이로 다치는 일, 교통사고, 약물 사고.
- 壬, 癸 = 수난, 흘러가는 물길, 물 재난.
- 이상과 같이 참고하여야만 한다.

제 12 장

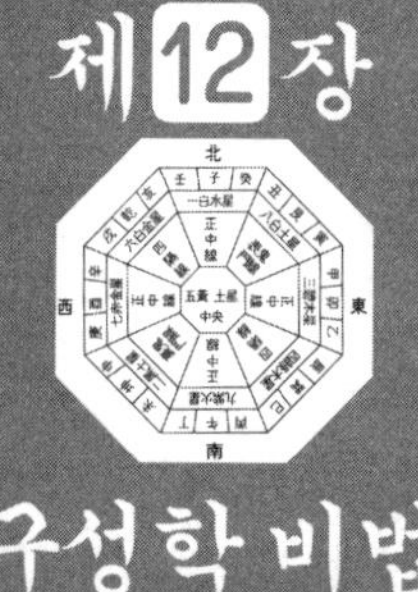

구성학 비법

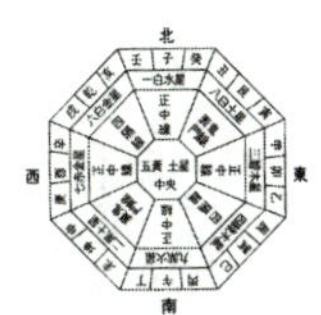

◆ 좋아하는 사람(사랑을 성취, 획득) 차지하고 싶을 때!!

❶ 좋아하는 상대자의 사진 또는 물건 = 상대의 생년월일시로 기재한다

❷ 이 사진이나 물건을 붉은 칠한 (8각형, 6각형, 16각형) 형태 (어느 한 곳) 집안 중심에서 서쪽 방향으로 놓는다.

이러한 방법은 어떠한 사랑(모정애. 친우애. 박애, 경애 부부애) 연애 등에도 효과적이다.

◆ 좋아하지도 않는 상대로부터 고난을 받아 대처하는 요령!!

❶ 위와 같이 상대의 사진 또는 물건이 필요하고 = 생년월일시를 그곳에 적는다.

❷ 사진과 물건 등을 검정 ☰ 각형 다이 위에 올려놓고 = 집안 중

심에서 남쪽 방향에 놓는다.

남방향은 정열이란 뜻이 있지만 검정색은 냉기 첨각형사(尖角衝射) 구석이 삼각에 맞도록 놓으면 상대 마음이 점차 식어간다.

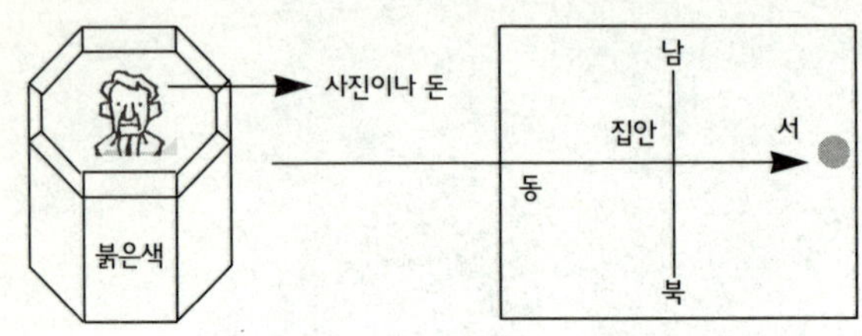

◆ 섹스가 약해져 고민!! 좀 더 즐기길 바랄 때, 붉은색이 정력 파워!!

❶ 붉은색은 남녀 불문하고 긴장감을 촉진하며, 기능을 높이는 역할을 하게 된다.

❷ 옛날에는 배 두르기, 성기 촉진력에 붉은 천을 이용해 왔다.

❸ 자신이 없으면 붉은 하의(팬츠)를 입으면 분립(奮立)된다.

❹ 침실방위로서 자신의 생기방위를 이용하는 것도 한 요령이다.

건인(乾人)은 서(西), 이인(離人)은 동(東), 손인(巽人)은 북(北).

간인(艮人)은 서남(西南), 태인(兌人)은 서북(西北), 간인(艮人)은 동남(東南).

진인(震人)은 남(南), 곤인(坤人)은 동북(東北).

물론 집안 중심에서 공망 생기와 양택 생기와는 별도로 참고하여야 한다.

◆ 신자진(申子辰)수국. 자손의 번영을 바랄 때!!

● **申**(곤방) 길방으로 사용하면 노력가 되고, 건실한 가정으

로 원만해진다

●子(북방) 길방으로 사용하면 좋은 자손과 인연을 맺음으로써 가정 평화가 이룩되고,

●辰(손방) 길방으로 사용하면 주면으로부터 신용이 증대, 자녀가 좋은 은혜를 받는다.

◆ 해묘미(亥卯未)목국. 집안의 번영을 바랄 때!!

●亥(건방) 길방으로 사용하면 의지력이 강해져 하는 일에 열성을 갖게 된다.

●卯(동방) 길방으로 사용하면 발전과 바라는 소원, 희망을 달성시킬 수 있고,

●未(곤방) 길방으로 사용하면 지역사회에 안정을 찾을 수가 있을 것이다.

◆ 인오술(寅午戌)화국. 명예, 소송을 쟁취할 때!!

●寅(간방) 길방으로 사용하면 노력 봉사, 탐구력, 감력이 좋아져 목적을 향하며 뛴다.

●午(남방) 길방으로 사용하면 사회적으로 분신하며 많은 사람이 우러러 보며,

●戌(손방) 길방으로 사용하면 승진, 인정, 물질적 명성을 얻어낸다.

◆ 사유축(巳酉丑)금국. 금전, 부귀영화를 바랄 때!!

● 巳(손방) 길방으로 사용하면 점차 신용거래가 증대되며 계약자가 많이 생긴다.

● 酉(서방) 길방으로 사용하면 금전 융통이 원만해져 흐름과 기쁨이 생기고,

● 丑(간방) 길방으로 사용하면 축재, 상속, 통장, (부동산) 좋아진다.

◆ 연애와 결혼 (남녀) 인연 관계가 좋아지는 색(色)

● 색깔의 힘은 사람의 피부 (동물은 태어날 때 무늬) 흡수 본인에게 맞는 칼라!!

● 건 (乾) 백

● 태 (兌) 백, 금, 백금

● 이 (離) 적, 자. 오렌지

● 진 (震) 청, 담, 감색

● 손 (巽) 록

● 감 (坎) 흑, 희

● 간 (艮) 황

● 곤 (坤) 황, 황토

◆ 남운, 여운이 나쁠 때는 이마액(額)을 열어 좋은 기력(氣力) 부른다

● 풍수에서는 '이마'를 기력입구(氣力入口)의 장소로 본다.

- 앞 머리가 '이마'를 가리면 뒤로 제쳐 입구를 벌려주어야 한다.
- 막혀 있으면 패기도 없고 생각하는 방식이 비관적이다.
- 기본적으로는 '웃는 얼굴', 입과 눈으로 웃는 것보다 눈썹으로 웃는 습관이 필요하다.

◇ 지속적인 사랑을 유지할 수 있는 방법

- 원형 건물, 원형(완전무결)은 사람 마음을 잠재우고, 원만작용, 불안감 해소, 자연 윤화. 원각주(圓角柱).
- 붉은색(정열), 외장점포(外裝店鋪) 장식은 지속적으로 사랑받기 바라는 장소. 반대로 사각주(四角柱).
- 자신의 방향에 각이 나타날 때는 첨각충사(尖角衝射)로 흉하다.

◇ 각(角)과 원(圓), 물건, 집안, 기둥 주(柱)가 있을 때

- 불필요한 거만한 자세와 침착성이 없어진다.
- '화' 잘 내고 원만했다가도 위신에 자극 받아 싸우게 된다.
- 필연적으로 갈라서게 된다.
- 마음의 상처, 상대와 헤어지기 위한 방책으로 활용하기도 한다.

「돈」

(1) 출품(사과, 배, 채소, 생선 등), 낙찰물품을 높은 가격으로 낙찰되기 원할 때!!

돼지고기(로스) 한 장을 사서 소금으로 '丙' 자를 새긴 다음 그 (로스)를 북방향에 놓고 '로스' 앞에 물컵 한 잔, '로스' 양면에 초한 자루씩 2개를 피워 약 1시간 낙찰 전날 밤에 빌면 높은 가격을 받을 수 있다.

⑵ 물품 깎는 손님을 퇴치하는 방법!!

둥근 달이 떠오른 날, 둥근 손거울에 붉은매직으로 丙丙 위 아래로 두 자 써 놓고, 장사하다 금전을 깎으려 할 때 그 거울을 상대얼굴에 비친다(사용 안 할 때는 덮어둔다).

⑶ 주식으로 돈을 벌려면!!

돈 (꼬리) 가 털려 나가는 첨시의 동물은 '도마뱀'.

도마뱀을 잡아 완전 박재를 만들어 금색으로 전체를 바르고, 깨끗한 상자 속에 넣어 받들어 모시되 (꼬리가 잘린 도마뱀은 효력) 없고 (배가 티어 있는 것이 최상이다).

⑷ 금전 낭비벽을 없애는 법!!

만 원짜리 크기의 돈지갑을 만들어 만 원권 두 장을 앞과 뒷면이 똑같게 합쳐 삼각형 크립(적은 것)으로 돈 좌상(左上)에 꽂는다. 이 돈 지갑을 소중하게 항상 몸에 지니고 있으면 낭비벽이 점차 사라지고 금전에 대한 중요성을 알게 된다.

⑸ 무정한 것이 돈, 타인 지갑 흐름을 빨아들이는 요령!!

500원짜리 주화 2개를 밥풀(이 외는 안 된다)로 앞과 뒷면을 맞춰 붙인 다음, 황색 종이로 싸고 항상 지갑 속에 간직하고 다니면 재수 좋다.

(6) 빌려간 돈이 반드시 돌아온다!!

종이에 빌려간 금액, 빌려간 상대의 성명을 반드시 먹물 붓으로 쓴다. 이 종이 위에 자석을 올려 놓고 캄캄한 장소에 3일간 재운 뒤에 그 종이를 천 갈래로 잘게 찢어 변소(수세식)에 흘려 보낼 때 〈돈아, 돈아, 돈아, 나에게 돌아 와라〉 삼창을 해보아라!!

(7) 애써 번 돈을 남편 또는 부인이 없애버리는 것 막는 방법!!

은행에 예금한 금액을 몽땅 찾아서 돈다발을 고무 3개로 한 다발 한 다발 묶은 다음 천만 원이 넘을 때는 천만 원 수표 한 장을 고무줄로 묶는다. 이 돈을 방석 아래로 누른 다음, 상자에다 돈을 넣고 밤에 거미를 사전에 잡아 놓아, 돈 상자에 넣어 놓으면 돈이 안 나간다.

(8) 부부 상호간에 숨김없이 돈을 공납하는 요령!!

밤중 1시에서 3시 사이 자신의 이마에는 「庚」, 상대의 이마에는 「丁」 문자를 손가락으로 쓰든지 그렇지 않고 먹으로 써서 이 시간에 7초 정도 밀착하여도 일 잘 풀리고 바치게 된다.

1
동양주술(東洋呪術)과 서양주술(西洋呪術)

■ 동서(東西)를 막론하고 인간의 역사가 존재하는 곳에는 반드시 주술이 존재한다.

■ 자신의 생활 욕구를 만족시키기 위해 수단 방법을 가리지 않고 여러 형태와 모양을 모색해 왔으며 옛 고도의 주술 연구는 생활에 여유를 갖고 욕망을 자극하는 환경을 조성하는 예가 적지 않다.

■ 중국 문헌에 남겨진 성(姓), 술을 직업으로 하는 「巫(ωū)」라는 문자가 기원전 15세기에 기록되어 있고, 인도에 기원전 12세기 《리그베더 교전(教典)》에 주술에 관한 기록이 많은 것이 특징이다. 문자 성립 이전이라면 기원전 5000년 '맨 보 다미아 신전' 주술 터를 볼 수 있을 것이다.

■ 동양주술은 고대주술 계통을 '다이랙크' 시켜 사용하는 것이 많고 국가 종교 통제, 국정 역부족, 지리적인 요인, 풍습, 전통 따라 민

간신앙의 영성(靈性)을 뜻한다.

■ 고도로 발달된 주술은 인도, 중국 주술로서 종교, 힌두교, 불교, 도교와 주변 제국의 신앙이 혼교(混交)되어 생겨났다.

■ 주술의 주목 받을 만한 인도 고대 주의학(呪醫學書) 아율, 벤, 티벳 의학술, 티벳국립 의학력학연구소(醫學曆學硏究所)에서 치료법은 환자(患者)의 생년월일의 구성학 점성술적 판단을 감미하여 약 처방을 제조하는 데 만다라[眞言]를 외우면서 약 처방을 제조하는 것을 의무화하고 있는 것이 특징이며, 이러한 주술적인 불교 의학의 치료 효과는 치유 효력이 높을 뿐만 아니라 현대과학에서도 권장하고 있는 실정이다.

■ 서양주술은 중세기 이후 강력한 억압 속에서 기독교 일신상 하나님 일신 이외는 악마(사탄)로 영적인 존재를 인정받을 수 없고 예외로 지모신(地母神) 숭배, 토속종교와 결부되는 성모(聖母), 성인 신앙, 정령(精靈) 신앙, 교회 신앙에 이반자는 악마 숭배자 또는 이단자로 취급하여 배격하는 입장자로 보아왔다.

■ 탄압을 받고 있는 주술을 양분해 본다면, 하나는 고대마술(북구 른 세이돌 마술과 아일랜드의 돌이드 마술)의 전통마술이고 또 하나의 주술은 기독교 전반 이후 속세의 악마 숭배자들의 흑마술(黑魔術)을 들 수 있는 것이다.

■ 주술과 부적, 문신, 죽은 자에게나 산 사람에게 색소, 어령(주문), 형태(부처님) 등 기술적 체계화되어 온 주술, 주금도(呪禁道)를 들 수 있는데, 六세기 전반에 걸쳐 중국에서 들어와 후반기에 일본에 전

해진 도술에 주금도가 있다.

■ 본래 권력자의 권유로 발전된 것으로 처음에는 자객, 맹수, 병, 사고, 우화, 불운으로부터 '마음과 몸'을 지키는 데 목적이 있었을 것이다.

■ 세월이 갈수록 기술 악용, 불심력자가 생기게 되는 것, 자신의 영력 일인자로 자칭하는 주술자로 미친병, 무당으로 말문을 열어준다. 조상 악령을 제거, 합격, 출세 등 무엇이든 뜻대로 된다 하여 했더니 뜻대로 된 사람이 몇 명이던가?

■ 민중 속에서 맥을 이어온 주술에는 수험도(修驗道)의 종교 체계, 산악 신앙, 음양도, 도교, 무속인, 기도사, 동물령 등등 오직 '주술'이란 신불(神佛)적인 신앙 기타(토속신앙) 영력을 이용하여 인간이 바라는 여러 소망을 실현시키기 위한 방법이다.

2
주술의 원칙

(1) 주술의 원칙

주술은 장난이 아니다. 소망을 성사시키려는 '못질'에 취급자의 착오로 술자가 망할 수도 있는 양손에 날카로운 칼을 쥐고 휘두르는 격이라고 생각해야 옳다.

(2) 주술의 중요한 조건

자신이 바라는 소망에 집중력과 강력하게 바라는 바람(마음)이 일치되는 염력(念力)만이 영험(靈驗)이 나타나게 되는 것이다.

만일 연애문제라면, 설마 되면 좋고 안 되면 말고 하는 놀기 위한 기분으로 주술을 행해 보았자 쓸데없는 시간만 소비할 뿐 아니라 기력과 영력이 소모되며 우환에 걸리게 된다.

(3) 주술의 염력 높이기

주술의 염력을 높이기 위해서는 누구에거나 주술을 행하는 것을 숨기고 비밀히 행하여 주술이 높아지지 남이 알게 되면 주술에 사념(邪念)이 혼입(混入)되어 나쁜 영향, 바라는 소망이 역행, 건강, 하는 일 등의 좌절이 생기기도 한다.

주술행위를 남에게 보이게 되면 주술자의 심기가 혼탁해져 뜻하지 않는 결과를 좌초하게 되므로 십분 주의하여야 한다.

(4) 주술의 소망은 한 가지에 한정

수도 능력을 가진 영능자(靈能者), 자외선(紫外線)을 볼 수 있는 초능력자라면 두 가지 소망을 다룰 것이지만 복수 주법행위는 피하는 것이 약이고, 하나의 소망에 일심염력을 바쳐 뜻이 이루어지면 다시 바라는 소망에 집중하는 것이 순조로울 것이다.

(5) 일단 시작한 주술은 끝을 맺어야 한다

주술은 신령(神靈)과의 대화, 천청, 지성, 영력을 불러놓고 의식(儀式)을 중단하는 일은 큰 실례. 주술 효과는 잃게 되고 주술자의 재난하는 일이 꼬이게 되며 영력의 노여움으로 사마(邪魔)로부터 시달림을 받게 될 것이다.

❶ 소망에 알맞은 주술을 선정하여 주술일을 정한다

❷ 주술에 필요한 모든 물건을 전날 밤에 준비해 둔다.

❸ 전날 밤 일찍 자고, 주술일 아침 3시경에 일어나 몸을 청결하게

하고 주술의식을 행한다.

(6) 실천상의 주의

장소 : 조용하고 마음이 가라앉는 방, 깨끗이 정리되어 있는 방이 좋고, 집 밖이라면 바위 아래 기도 터, 목신 터, 영능력이 없는 사람은 묘소는 피해야 한다.

일시 : 보름달 밤, 오전 3시~5시. 타인의 생명력을 약화시키려면 달이 뜨지 않는 밤중 1시~3시 사이 행하는 것이 좋다.

청결 : 주술을 행하기 전에 목욕, 할 수 없을 때는 수건으로 몸을 닦고 이, 손톱을 깨끗이 해야 하며, 생리 중의 여성은 주술을 피해야 한다.

의복 : 하의는 백색, 깨끗하면 가하다.

3
주법呪法의 영험靈驗에 관하여

(1) 지금까지 기재한 대로 충실히 실행했지만 주술의 효과가 전혀 나오지 않을 때

- 이때의 원인을 생각하는 데 있어 의식에 대한 집중력이 부족하든지 소망이 하나가 아니든지 주술 중에 잡념이 많을 때 먹혀 들지 않는다.
- 의식, 소망을 집중시켜 다시 도전해 보아라!!
- 주술이 맞지 않는다. 주술은 잠재 에너지의 충족장치로서 텔레비전 안테나에 라디오 안테나를 부착하게 되면 텔레비전 화면이 보이지는 않겠지만 주술에서는 이러한 방법도 사용할 수 있다는 사실이다.
- 상대의 영력이 강한 자(운명적인 부귀영화), 강한 수호령(守護靈), 죽음에서도 살아나는 불사신이 있는가 하면 특별한 곳(지역)에 살고

있는 사람, 주술을 걸어 성공할지라도 전혀 주술의 효과가 나타나지 않는 사람도 나오게 된다.

- 때문에 주술은 어디까지나 성실하게 믿고 따라 행하면 결과는 반드시 나오게 된다.
- 주술은 최저 1개월을 걸어 보고 1개월을 기다려 보아야 한다.

- **자석(磁石)** : 바람[風], 물[水], 인합(引合), 잡아다녀 붙이는 힘, 끌어다니는 반발을 제거, 사람에게도 적용.
- **향(香)** : 의심(疑心), 불안(不安), 사기(邪氣), 마기(魔氣), 장난, 유혹, 정신적인 혼돈, 한시 앞의 암시(暗示).
- **흑필(黑筆), 화지(畵紙), 문자(文字)** : 단단히 부탁할 정(町), 어령(語靈), 위력(威力), 정화(淨化).
- **촛불** : 속도(速度), 염(炎), 불꽃, 속병, 기류(氣流).
- **환경(環境)** : 수은(水銀), 상대혼(相對魂), 간하는 현(諫), 비보, 숨어 있는 보배(秘寶).

(2) 구타법

- 힘으로써 사기(邪氣), 악신(惡神)을 제거하는 협박, 압박을 가해 격퇴하는 의식!
- 정월 초하루 날 복숭아 나무, 동쪽으로 뻗어 있는 나뭇가지를 오목정(五木精)이라 하여 이 나뭇가지가 사기, 악신을 제거시킨다. 옛날 민가에서 연중행사시 도동지(桃東枝)를 갖고 집안 문에 방울

을 같이 울리면서 문 밖으로 사기와 악귀를 몰아냈다.

복숭아 나무 대신 버드나무 가지도 무방하다.

- 사기나 악기는 사람이 출입할 때 왕래하고, 혼란할 때 침입하는 것이 통례이다.

(3) **위압법**(威壓法)

침입을 방지하기 위해서는 '사기'와 '악기'가 싫어하는 거울, 그림, 부적(글) 등을 사용하는 방법이다.

(4) **화기법**(火氣法)

잔령(殘領)을 남김없이 없애버리는 화기법은 연기(향), 사기, 악신이 붙어 있는 물건, 유품을 태우는 것이다.

(5) **훈소법**

훈소법에 사용되는 것으로 연기, 향, 냄새나는 마늘, 악취 뿌리, 계란 악취 또는 목화씨, 삼씨, 쑥, 고추 등이 있다.

(6) **자상법**(刺傷法)

종이, 그림(부적), 땅 위에 상대의 생년월일, 이름, 주소를 적어놓고 바늘이나 칼을 꽂는 의식.

- 일상생활 입었던 옷, 쓰던 물건, 의복, 머리털을 갖고 기도하는 의식.
- 짚이나 보루지로 그 사람의 형태를 만들어 그 인형 속에 돈을 집어넣고 길 가는 사람 눈에 돈이 약간 보이게끔 해 놓으면 돈을 꺼내기 위해서 배를 가르는 간접적인 의식도 있다.

(7) **방재**(方災) **봉박법**(封縛法)

복숭아 나뭇가지는 오목정(五木精)이다.

복숭아 나뭇가지를 칼 모양으로 만들어 본인 이름, 생년월일(지지), 주소를 적은 백지에 생년의 지 戌생이라면 辰에, 午년생이라면 子에, 월 역시 卯월생이라면 酉에, 申월생이라면 寅에, 일 역시 未일생이라면 丑, 대충 자리에 복숭아 작은 칼 모양을 박는다.

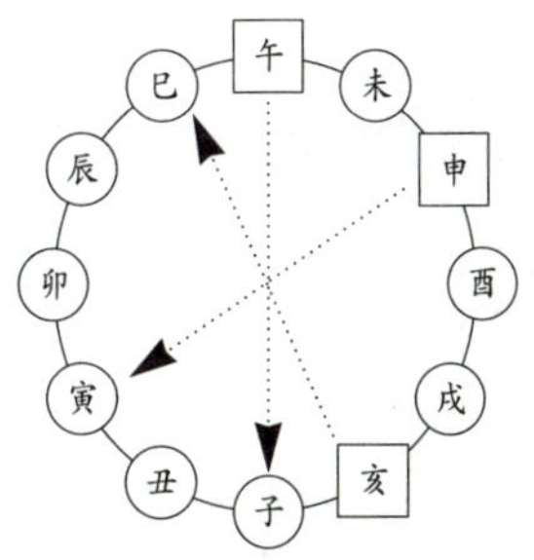

亥년생이라면 巳에 복숭아 칼
申월생이라면 寅에 복숭아 칼
午일생이라면 子에 복숭아 칼 3곳에 박고 뚜껑이 있는 용기(적은)에 봉투 (백지 복숭아 칼 박힌 종이를) 용기에 넣고 침을 세 번 뱉은 후 용기를 봉하고(테이프) 그곳으로부터 북쪽 방향에 묻으면 된다. 될 수 있는 한 정월 초하루가 좋다.

◆ 사업번영을 바란다면

- 사업을 경영하는 영업주의 팬티에 천객만래(千客萬來) 사업번영(事業繁榮)이라고 백지에 써서 사업장이나 영업소에 보관해 둔다.
- 또한 소재종이 3장씩 동, 서, 남, 북을 향하여 태우고, 24일 후 운영자의 속옷을 태우는 의식도 효력이 있다.
- 일반적인 대중영업소라면 영업번영 부적을 벽에 붙이고 제상을 차리되 왼쪽에는 소금 3주먹을 접시에 놓고 촛불 2개, 중앙에는 물 대접, 오른쪽에는 쌀 3주먹을 놓고 매일 아침 기도를 올리는

데 주소, 성명 ○○○, 년령, 사업번영을 24일간을 빈다.

- 아침 5시에서 7시 사이 미나리 세 단, 소금 3주먹을 준비해 미나리를 총총 썰어 소금과 섞어 영업소 현관, 사업장 주변에 천객만래, 천객만래 외우면서 뿌리면 손님이 찾아든다.

◆ 부부(夫婦) 화합(和合)을 바라면

- 부부가 화합하고 재물을 얻기 바라면, 화합주부(和合呪符)를 북 방위에 써 붙이고 부부 남녀의 팬티를 합쳐 매년 정월 한 달간 보관하였다가 태우면 뜻이 이루어진다.
- 화합주부(和合呪符)

화합신(和合神) 화합선(和合仙) 만회성종금하래(萬回聖宗今下來) 전관(專官) 인간화합사(人間和合事) 화합사(和合事) 시리시(時利時) 래안(來眼) 관리원(觀梨園) 무삼태(無三台) 박장(撲掌) 가가상(呵呵常) 희희(喜喜) 천고동동(天鼓冬冬) 금고곤지래(金鼓袞地來) 부(夫) OOO 처(妻) OOO 심화합(心和合) 육친상우심상동(六親相愚心相同) 임견시파혁절불산(任見是破革折不散) 만회성승(萬回聖僧) 급급여율령(急急如律令)

◆ 주색, 바람, 불륜기를 잠재우려면

- 오색지와 미나리를 고르게 잘라 소금과 같이 도로 4거리에 뿌리든지, 흐르는 내천에 뿌려도 된다.
- 매달 음력 1월 1일, 2월 2일, 3월 3일, 4월 4일, 5월 5일, 6월 6일, 7월 7일, 8월 8일, 9월 9일, 10월 10일, 11월 11일, 12월 12일

날 밤 0시에서 2시 사이 촛불 두 자루에 불을 붙여 머리띠로 촛불 양옆을 묶는다. 색정, 불륜, 바람을 피우는 상대 이름과 생년월일을 백지에 쓴 다음 이날 이때 시간에 집 가까운 거리에 있는 버드나무 또는 솔나무에 못을 치면서, "바람 그만 피우고 돌아오라, 돌아오라!!" 시작한 날부터 3일간을 계속하면, 반드시 돌아오는데 옛날과 같이 잠자리는 같지 못하다는 사실을 알아야 한다.

◆ 사랑하는 상대를 소유하려면

- **남자의 경우** : 암여우의 생식기를 구해 상대 이름 OOO, 연령을 적은 후 상대 육체 관계를 원한다라고 쓴 황지에 생식기와 같이 말아 휴대하고 다니면 효과적이다.
- **여자의 경우** : 사모하는 사람의 소변을 본 흙을 조금씩 섞어 21일간 목욕하고 소지종이를 21일간 매일 아침 상대의 이름을 3번 부르면서 1장씩 태운다.
- 변함없는 사랑을 위해서는 상대의 머리털 5개을 구해 말뚝을 길방위에 치면 변심없는 약속을 천지신명으로부터 받아낸다.

◆ 악몽에 시달려 악몽을 퇴치하려면

- 음(−)은 왼손, 양(+)은 오른손

왼손은 주먹을 꼭 쥐고, 오른손은 여자의 음부형(욕할 때 쓰는 모양)을 만들어 "희망없고 실속 없는 꿈아 사라져라!!"라고 세 번

외쳐 가면서 양손 바닥을 머리 위에서 얼굴 아래로 훑어 내리는 것을 3번 반복한다.

나쁜 꿈을 좋은 꿈으로 변질시키기 위해서는 오른손을 주먹 지고 음부형을 왼손으로 바꾸면 가능하다. 음양도(陰陽道).

◆ 기분전환, 뱃속이 고장났을 때

- 배꼽에 반창고를 막고 배 위에 엄지손가락으로 좌측에서 우측으로 임(臨), 위에서 아래로 병(兵), 좌에서 우로 투(鬪), 위에서 아래로 자(者), 좌에서 우로 개(皆), 위에서 아래로 진(陣), 좌에서 우로 열(裂), 위에서 아래로 재(在), 좌에서 우로 전(前), 임병투(臨兵鬪) 자개진(者皆陣) 열재전(裂在前) 九자선(字線)을 '도마문자라' 고 불러 모든 일을 '전화위복' 시키는 영기(靈氣)가 숨어 있어 활용해 왔다.
- 인체의 오장육부, 고장난 내장에게 자극을 주어 시력 쇄신을 도모하게 된다.

◆ 몸의 통증, 소통이 잘 안 될 때

- 냉증이나 몸 어깨의 통증에 시달릴 때는 참깨를 가루를 내서 한 겹씩 먹게 되면 소통된다.
- 변비로 내장이 소통이 안 될 때는 따뜻한 물에 호어 버섯을 띄어 7일간 햇빛이 들지 않는 어둠속에 보관시켰다가 7일간 먹게 되면 소통된다.

◆ **야생 호랑이 보행법으로 스트레스 해소 건강유지법**

- 양손으로 주먹을 쥐고 아침, 저녁 이불 위에서 호랑이 걸음과 같이 앞으로 4번, 뒤로 4번 우릉, 우릉 소리를 울부짖고, 다시 좌우로 4번씩 울부짖으며 걸음을 옮긴다(호랑이 걸음은 二족 보행임을 명심하여야 한다).
- 주의할 것은 앞, 뒤, 좌, 우를 손목 주먹 쥔 곳으로 무릎을 옮겨야 효과를 본다.

5
오늘의 운세

길흉화복, 희노애락 역시 본인의 방위 선정과 더불어 만남의 거래 흥정, 교제상의 상생상극 관계 따라 일상생활은 시작하고, 그 생명이 다할 때 그 운세도 끝난다.

◆ **일백수성 : 27, 36, 45, 54, 63, 72, 81년생** 물의 정기

생존물체, 생기와 성장을 촉진하고, 싱싱한 생동감, 원만한 교제술은 좋지만 고난을 알면서 자초하고 남의 일로 분주하다.

물은 유연성으로 일관하여야만 흐름이 좋지 한번 빗나가 버리면 영영 돌이킬 수 없는 불가능 사태가 된다.

사업 발전시킬 수 있는 상생 방위 요령

새로운 거래, 교제, 값이 싼 물건 등 바로 좋은 결과는 기대할 수 없지만 어려움 속을 거쳐가면서 정화. 작은 시작이 점차 커져 크게 발

전한다.

◆ 이흑토성 : 26, 35, 44, 53, 62, 71, 80년생 진흙의 정기

겉모양에 게의치 않고 분수와 정도에 알맞은 교제, 지위를 바라며 오직 서민적인 생활의욕으로 관용과 유대, 인내와 노력으로 협력정신으로 살기 바란다.

진흙은 근기와 용기는 대단하지만 남의 딱한 정 때문에 쓸데없는 일로 사서 고난을 자초하는 미완성품이다.

사업 발전시킬 수 있는 상생 방위 요령

서민이 잘 쓰는 대중품, 값싼 물건, 묵은 것 등이 점차 좋아지고 일을 하여도 대가성 없는 일이 보람을 찾고, 분명한 행동, 결단, 적극적인 행동만이 유리하며 머리를 낮추고 누구에게나 아부하는 마음으로 접하면 좋은 부하, 종업원으로 발전된다.

◆ 삼벽목성 : 25, 34, 43, 52, 61, 70. 79년생 뇌성의 정기

한 곳에 가만히 있지 못하는 명랑한 행동파로 부정을 싫어하는 결벽성에 매사 앞서 나가려는 의욕과 책임감에 몸을 혹사하는 일이 많고, 색다른 흥미로운 일에 적응력도 빠르지만 싫증도 빨라 지속성이 약하다. 개운의 열쇠는 침착성과 느긋한 언동이 개운의 기초가 되고, 세상에 알려지지 않는 연구 개발에 기여하여야 한다.

사업 발전시킬 수 있는 상생 방위 요령

성급하게 일을 진행시켜 소리만 요란하고 실리가 별로 없으며 새로

운 거래, 교제만이 발전할 수 있고 젊은 사람을 선정하여 책임을 지우면 큰 효과를 걷을 수 있다.

◆ 사록목성 : 24, 33, 42, 51, 60, 69, 78년생 바람의 정기

바람이 벽에 부딪히면 유연하게 돌아나가듯 낙천적인 유연한 사교술에 희망을 품고, 오늘 일이 어려우면 내일에 희망을 걸기 때문에 금전적인 거래보다 신용을 바탕으로 하는 점진적인 거래야만 오래 지속할 수 있다.

상승계급층과의 교제범위를 넓혀 나가기 바라고, 남을 세워주고, 그 여덕으로 재덕을 벌어 개운한다.

사업 발전시킬 수 있는 상생 방위 요령

거래, 교제, 무역, 먼 사람, 일 관계 신용이 좋아지지만 그 사람을 헌신적으로 돌보아주고, 사람이 말을 잘 들어 적극적으로 행동으로 옮기면 신용으로 발전된다.

◆ 오황토성 : 23, 32, 41, 50, 59, 68, 77년생 제왕의 토기

말한 말, 굳힌 마음, 일에 대해서는 결과가 나타나는 날까지 포기하지 않고 노력하며 때와 장소, 환경조건 따라 선악과 관계없이 악은 악, 선은 선으로 나타나게 된다.

큰 일은 대범하게 의리 있게 처리하지만 작은 일은 정리가 안 되고 좋은 선배, 상사 후덕을 얻어 출세 가능하지만 개운은 본인의 자아와 행동력에 대한 자제력에 좌우된다.

사업 발전시킬 수 있는 상생 방위 요령

흉작용, 흉방, 자신도 모르는 사이에 사기가 침범하여 하는 일이 잘 안 된다.

◆ **육백금성 : 22, 31, 40, 49, 58, 67, 76년생** 하늘의 정기

정직, 결백하고 품위를 중시하는 반면 냉정한 판단력으로 일 처리를 잘하지만 남달리 개성이 강하고 자존심 강한 행동파로 승부욕 강하고 단기로 많은 적을 만들기 쉽다.

자신의 우월감, 주색잡기, 투기욕을 버리고 윗사람의 충고에 귀를 기울여 수신제가하면 개운된다.

사업 발전시킬 수 있는 상생 방위 요령

값 비싼 물건, 사업 , 지위에 앉는 유지, 경합 등 적극적으로 움직이는 것이 좋고 지나치게 자기 주장(거만) 떨면 싸움 생기며 오직 대도(大道)를 달리면 발전, 선견이 밝아져 투기, 전기로써 횡재.

◆ **칠적금성 : 21, 30, 39, 48, 57, 66, 75년생** 늪의 정기

때와 장소, 환경조건, 순간적으로 돌아가는 적응력이 좋고 넓고 얇게 유화적인 설득력과 능변이 좋으며 하루를 살아도 문화적인 환경, 기쁨을 즐기고 금전도 풍부한 수입에 마음대로 쓰기를 바란다.

먹고 입고 즐기는 일에 쓰는 돈 많고, 사람과 연관되는 일에 발전 있고, 타고날 때 행운자는 불행, 불행자는 행운자로 변신 개운된다.

사업 발전시킬 수 있는 상생 방위 요령

선전으로 금전 소통, 음식 거래, 연회(회식) 등으로 금전을 연결시키는 일이 발전된다.

◆ **팔백토성 : 20, 29, 38, 47, 56, 65, 74년생** 산의 정기

신념이 굳고 완강한 고집이 있지만 얼마 못가 사양하고 책임감이 강하며 위의 영립으로 출세는 가능하지만 하고 있는 일에 상당하는 대가가 없으면 만족 못하고 반항심이 발작한다.

성급한 거래는 문제 생기고, 오직 개운은 느긋한 거래 상담과 재확인임을 전제로 하는 지키는 일, 융화시키는 일이다.

사업 발전시킬 수 있는 상생 방위 요령

잘 되는 거래, 교제를 개혁, 증대, 변화, 중단시키는 변화도 생기며 스스로의 내용, 조직, 개혁을 위하여 손질함으로써 발전된다.

◆ **구자화성: 19, 28, 37, 46, 55, 64, 73년생** 불의 정기

미, 아름다움, 감각이 뛰어나고 활발한 행동력에 내실이 충실한 사람과 상식 밖의 일을 서슴지 않고 행동으로 옮기는 사람으로 양분되며 종일 집에 못 있고, 능변과 금전 사교로 주변으로부터 인기 있다. 금전 거래 방법은 오래 지탱할 수 없고, 보안, 설명문서, 말보다 계약문건만이 개운과 연관된다.

사업 발전시킬 수 있는 상생 방위 요령

값 비싼 고가품, 명예, 선전, 문서, 서류, 갈라 서는, 떠나는, 떠나가면 새로운 거래, 교제가 일어나는, 수표, 문서, 인장, 평판 좋아지고

물심이 충실해진다.

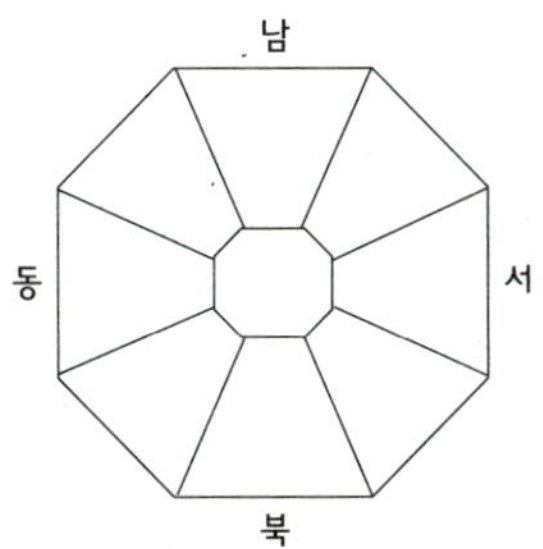

◆ 옛사람들의 행과 불행

●음력 1월 7일

새벽 아침에 붉은 콩(팥), 남성은 7개, 여성은 14개를 생식하면 나이가 먹을수록 건강하고, 행복하게 살 수 있다.

●음력 1월 중

3일간을 정하여 소금을 입에 물고 탕 속에서 다리를 씻게 되면 그 해 각기(脚氣)에 걸리지 않는다.

●음력 2월 2일

멱을 탕 속에 넣어 그 탕에서 멱을 감으면 피부가 아름다워진다.

●음력 2월 9일

생선, 물고기, 육류를 먹으면 생각지도 않은 재난을 당한다.

●음력 2월 丙일

집안 나무를 청소해 주면 집안의 번영을 약속받을 수 있다.

●음력 2월 卯일

卯의 시간에 자신이 바라는 일, 소원을 행동으로 옮기면 뜻을 이룰 수 없다.

●음력 3월 6일

申의 시간에 머리를 감으면 행운이 찾아온다.

●음력 3월 7일

申의 시간에 목욕을 하면 재산이 형성된다.

●음력 4월 巳일

巳의 시간에 자신이 바라는 일, 소원을 행동으로 옮기면 뜻을 이룰 수 없다.

●음력 5월 子일

동쪽 방향의 복숭아 나뭇가지를 6cm 길이로 잘라 베개 속에 넣고 잠을 자게 되면 머리 맑아지고 기억력이 좋아진다.

●음력 6월 중

쏟아지는 빗물로 몸을 닦으면 피부병자는 큰 효과를 얻을 것이다.

●음력 6월 6일

집안 마당의 흙을 파 다른 곳으로 옮기면 악병에 시달리게 된다.

●음력 6월 15일

부푼 국수(우동)을 먹으면 오래 살 수 있다.

●음력 7월 표일

부잣집 흙을 파와 집안 벽에 칠하면 집안이 번영한다.

●음력 7월 22일

목욕하면 머리에 윤기난다.

●음력 8월 중

새로운 음식을 많이 먹게 되면 천식에 걸리는 확률이 많고 ? 를 먹으면 종기에 걸리는 확률이 높다.

●음력 9월 18일

해외여행, 장거리 여행 등 재난 우려 생긴다.

●음력 9월 중

생강류 포함 음식을 많이 먹으면 병에 걸리기 쉽다.

●음력 10월 14일

며을 탕 속에 넣어 목욕하면 병이 낫고 오래 살 수 있다.

●음력 10월 중

亥일에 떡 먹으면 사기가 붙지 못하고 매사 무사히 지낼 수 있다.

●음력 11월 11일

이날에 목욕하면 재액이 달라붙는다.

●음력 11월 子일

한방약 뜸, 침, 부항 뜨면 병 치료에 효과가 크다.

●음력 12월 13일

밤중에 목욕하면 다가오는 해 행운이 찾아든다.

●음력 12월 31일

부엌에서 하룻밤을 자면 집안 번영 이룩된다. 이날 국수 먹으면 금전이 따른다.

본존(本尊)에는 여래(如來)－진리(眞理)
보살(菩薩)－자비(慈悲)
명왕(明王)－교수(敎諭), 구제 *태어난 월지와 년지생

❶ 자(子) = 천수관세음보살(千手觀世音菩薩) ~ 옴, 아로리 갸 사바하

❷ 축(丑), 인(寅) = 허공장보살(虛空藏菩薩) ~ 남보 아갸샤 갸라바야 옴 아리갸 마리바라 사마하

❸ 묘(卯) = 문수보살(文殊菩薩) ~ 옴, 아라하시야 노

❹ 진(辰), 사(巳) = 보현보살(普賢菩薩) ~ 옴, 산마야 사도반

❺ 오(午) = 세지보살(勢至菩薩) ~ 옴, 산잔사쿠 사바하

❻ 미(未), 신(申) = 대일여래(大日如來) ~ 옴, 아비라운 갠바 자라다도반

❼ 유(酉) = 부동명왕(不動明王) ~ 노막구 삼만다, 바사라 단센, 다마가 가샤다, 소와다야 운다라 다간 맘

❽ 술(戌), 해(亥) = 아미타여래(阿彌陀如來)
~ 옴, 아미리 다데 이세이 가라운

◆ 광명진언(光明眞言)

- 옴 아바기야 베이로 시야노 마가바다라, 마니한 도마진바라 하라바리다야 운
- 약사여래(藥師如來) ~ 옴 고로고로 센다리 마도우갸 사바하
- 귀자모신(鬼子母神) ~ 옴 도도마리 기야데이 사바하
- 용신(龍神) ~ 옴 메이갸 샤 에이 사바하

위는 수호령(守護靈)의 진언비밀다라니(眞言秘密陀羅尼)이라 부처님의 진실한 말씀으로 자신의 수호령의 말씀을 많이 외우면 외울수록 개운된다.

(神靈)

55 ① 66 ⑨ 44 ② 77 ⑧ 99 ⑥ 22 ④ 88 ⑦ 33 ③

◆ 위지왜인전(魏志倭人傳)

새로 시작할 때는 재(災) = 재난추불(災難追拂) 털애기로 오기를 털고, 시작의 길흉을 알기 위해서 동물 뼈를 태워 동물 내장, 양의 내장의 색깔로 그 집안 길흉을 점쳐 왔다. 사람으로 살아가는 한 자연의 힘을 옛날에는 무서워했고 자연의 재난으로부터 피할 수 있는 길을 특정인이 전속받아 그 행위가 현재까지 내려오게 된 것이다. 나라, 종교, 풍습 따라 다르지만, 주문(呪文), 주구(呪具)를 사용하는 것을 공통점으로 본다.

- 밀교계(密敎系) 홍법대사(弘法大師)가 전한 진언밀교(眞言密敎), 최등(最燈) 원인(圓仁) 천태종(天台宗)의 천태밀교에서 생겨난 부적(符籍)과 주문이 있다.
- 도교계(道敎系), 주로 중국에서 전해 내려온 것으로 도교의 수양자(도사)가 악기, 요귀를 추불(追拂)하는 행위를 말한다.
- 신도계(神敎系), 자연신을 모시는 신사(神社) 기도 터를 뜻한다.
- 수험도계(修驗敎系), 민간신앙계(民間信仰系), 깊은 산 속에서 엄격한 수행(修行), 나름대로의 산복행자(山伏行者), 옛부터 힘없는 사람의

원한을 갚기 위한 수행, 개운을 위한 수양길이기도 하다.

- 효력으로 잠재의식(潛在意識)의 힘 = 한 마음의 소원을 부르게 되면 상당한 효력 불러낸다. 이러한 잠재의식은 꿈으로, 감으로 나타나게 되고 주문(呪文), 명상(瞑想), '무심무아' 상태에서 잠재의식은 활발해진다. 최후의 한 잎(最後의 一葉).
- 자신 믿고 (의지) 기도하라!!
- 한 소원.

◆ **삼합(三合) 활용법(活用法)**

❶ 상생(相生), 생년월일을 좋다고 보지만 어디까지나 순행이어야 하고, 삼합 역시 순리와 역을 따지게 되지만 巳년생 남자에 酉년생 여자라면 순리 따라 많은 돈을 벌어 丑년에 저축이 가능하다, 궁합에도 활용하고, 집안 가상, 지상에도 활용하는 것이다.

❷ 동업, 공동사업을 발전시키기 위해서는 삼합지지인이어야만 발전된다.

❸ 이사, 전직 방향도 월의 천도, 천덕 방향을 최고로 보되 기성까지 상생되면 최대길 방위다.

❹ 천도, 천덕은 삼합회국과 생왕묘의 관계가 깊다.

월	寅 2월	卯 3월	辰 4월	巳 5월	午 6월	未 7월	申 8월	酉 9월	戌 10월	亥 11월	子 12월	丑 1월
천도 천덕	남 午	서남 未	북 子	서 酉	서북 戌	동 卯	북 子	동북 丑	남 午	동 卯	동남 辰	서 酉

제 13 장

구기성九氣星으로 보는 년운年運

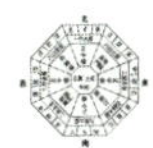

구기성으로 보는 년운

기성별 해당 년기성, 중궁으로 찾아보는 년운과 방위

◆ 一白水星인 년운

◉ 九紫火星 중궁의 해

본인이 바라고 계획한 일이 뜻대로 잘 풀리는 해로 무엇인가 새로운 일에 도전하고 싶은 욕망이 생기게 되어 독립 · 개업 · 확장을 하는 일이 많고, 선배 · 상사 유지들의 조언이나 후원이 생긴다.

묵은 일보다 새로운 사업이나 신진대사의 변화를 필요한 일에 적극적으로 달라붙게 되면 좋은 성과를 얻어낼 수 있고, 될 수 있는 한 윗사람의 의견에 따르면 예상 외의 거래처 알선이나 주선 등으로 큰 도움을 받게 되며, 때로는 지원도 받을 수 있다.

본인 일보다 남의 일 때문에 동분서주 분주하게 뛰어야 하고 때로는 윗사람, 선배와의 금전 임대차 관계와 의견 대립으로 오는 언쟁도 생기고, 재산 정리 · 관재구설 · 송사문제 · 단판져야 할 일이 생긴다.

이 해의 특징은 다른 해와 달리 본인의 성취의욕이 강하게 작용함으로써 이때는 적극적으로 주변 유지 · 윗사람과의 화목 관계를 유지하여 자문을 구하고 지도편달을 바라게 되면 쾌히 협조해 줌으로써 매사 원만하게 풀려 나가게 되는 것이다.

반면 상속 분쟁, 높은 곳에서 추락, 교통 재난 등의 암시가 있고, 거만은 암초에 부딪힌다.

★ 이해 금전 마찰, 권위 분쟁은 본인의 본명성이 진입 궁(宮)이 상생할 때나 이(離)궁에 진입할 때의 월이나 육백금성이 중궁 월에 해당할 때 분쟁은 해결한다.

위신을 중시하여 남을 하찮게 보고 쓸데없는 일까지 간섭하고 잔소리가 많아져 의견대립이 많아지지만 선조의 여덕, 육친의 혜택으로 뜻을 일으킬 수 있다.

★ 현재 어려운 곤경에 빠져 있다 할지라도 조상이 돌봐주는 가정 아래 있으므로 언젠가는 반드시 재기 가능한 집안이다.

특히 진(辰)년에는 서북 방위에 본명살과 세파를 맞게 되므로 좋은 해로 볼 수 없고 새로운 발전이나 새로운 일의 시작은 절대 하여서는 안 된다.

년의 길 방위는 동 · 남서 · 동북 방위가 되고, 음력 6 · 10월에는 동방위가 사업 발전 · 재력 방위가 되며, 6 · 9월 서남 방위는 사업번성 · 부동산 운이 좋아진다. 동북 방위는 음력 3 · 5월이 대길하다.

★ 길 방위 효력은 개업 · 독립 등에 좋고, 여행 효력은 100리 이상의 효력이 있으며 금전 융통이 활발해지고 제품개발 · 영업실적이 오른다.

년의 흉 방위로는 丑년에 서남세파 · 未년에 동북세파 · 辰년에 서북세파 · 戌년에 동남세파 · 남북 방위에 오황살과 암검살이다.

◉ 八白土星 중궁의 해

들뜬 기분에 즐겁고 기쁜 일을 많이 보고 듣게 되며 음식 대접, 식사 석상에서 거래가 활발하게 벌어지고, 술 좌석 등에서 거래주선 알선 등 수입거래가 보장되어 지출 또한 많아진다.

손님 접대업소라면 단골손님이 많아지고 거래가 확대되어 번창해지며 자연 금전거래, 융통 관계도 좋아지지만 지나친 방탕과 향락에서 오는 불규칙한 생활로 발생하는 병 · 구설 · 색정 · 애정 등이 복합적으로 얽혀 답답하고 그 매듭을 푸는 데 어려움이 많아진다.

이때 발생하는 이전 · 교제 · 접촉 변화는 될 수 있는 한 시간을 많이 끌게 되면 어렵고 불리한 부분은 자연 시간이 지날수록 흐지부지 소멸한다.

★ 다만 년(천반)이 공망살이면 쓸데없는 금전거래로 구설, 마찰이 일어난다.

내년에는 어떠한 변화가 되었든 간에 생기게 되므로 힘들게 잡은 거래처, 단골손님, 거래처 취급소 등을 설마 안이하게 함부로 다루어 오다가 변화기에 끊겨 무산되기 쉽다.

조건 좋은 연애 대상 · 결혼상대도 나타나게 되고, 향락을 위하여 음식 대접, 불륜 관계 등으로 금전 지출이 많아지며 심지어는 거래 접촉 악화로 관재구설도 발생한다.

무엇보다 이때는 '입' 과 관계가 많고, 자기 말만 옳다고 억지를 쓰다가 주변으로부터 신의를 잃으며 '입' 으로 가정 분쟁, 직장, 주거 변화 등이 일어난다.

★ 오황살 : 자동적인 실수로 오는 경영 악화, 부동산, 임대 마찰, 근본적인 하자, 재난 사고, 발병, 고난을 당한다.

암검살 : 타동적. 많은 고생만 될 뿐 환경이나 조건이 풀리지 않으며 전혀 주변에서 소외되어 고립화된다.

년의 길 방위로는 동남 · 남 · 북 방위가 되고, 음력 1 · 9월에 남 방위를 이용하면 명예 · 명성 · 구원의 손길이 나타나 뜻이 이루어진다.

년의 흉 방위로는 寅년에 남서세파 오황살 · 申년에 동북세파 암검살 · 亥년에 동남세파 · 巳년에 서북세파.

◉ **七赤金星 중궁의 해**

지금까지 순조롭던 가정 · 사업 · 금전 · 건강 등에 대한 변화가 생기게 되지만 이때는 이상하게도 환경이나 조건 등이 어쩔 수 없이 변하지 않으면 안 될 부득이한 처지에 놓이는 것이 특징이다.

★ 이때의 변화기를 잘못하여 일을 그르치게 되면 동북 방위는 간(艮)궁 '표위문' 이라 하여 한번 실패하게 되면 일을 만회하는 데 상당한 시간이 걸리고 때로는 재기불능 상태로 변하기도 한다.

이 해의 유리한 조건 운세는 부동산 · 토지 · 건축 · 고정물건이 흥정의 대상이 되지만 본인의 '천반' 에 공망살이 되지 않고 월운이 좋을 때 상생 방위를 찾아내어 부동산에 투자하든지 개업이나 사업확장을 적극적으로 시도하게 되면 좋은 장소가 나오게 된다.

상속문제 · 묘소문제 · 조상에 대한 의논이 들어오게 되고 분가 상태의 집은 합하는 변화도 생긴다.

또한 이변은 지금까지 순조롭던 사람은 점차 부진해지고, 부진했던 사람은 점차 회복세를 맞게되며 전업 · 전직 · 집안 변화로 이러지도 저러지도 못하는 양난 해결에 고민한다.

때로 신분상 거취문제로 어려움이 생기고, 도난 · 화난 · 재난 등으로 시달림을 받게 되며, 설마 안이하게 생각한 곳이나 병 · 요통 · 콧병 등은 오래가므로 중병이나 만성으로 변하게 된다.

자식문제 · 육친에 대한 고민 · 집안 인척 사이에 익사나 재난 사고 등에 간여되어 어려움도 생긴다.

이때는 뱃심이 좋아져 주변사람의 충고나 권고를 받아들이기를 싫어하고 독불장군으로 일을 자기 마음대로 밀어부쳐 본인의 무덤을 파는 불운자가 많이 생긴다.

또한 일찍 고향을 떠나기 바라는 사람은 객지에 나가서 고생 끝에 성공이 가능하지만 실가의 몰락을 만회하기 위하여 고행에서 의지력에 불타는 사람도 있다.

년의 길 방위는 동남, 북 방위가 되고, 음력 11월에 동남 방위를 사용하면 사업이 번창하고 신용거래가 증대되어 재력이 형성되며, 음력 7월 북 방위를 이용하면 인사 관계 영립으로 출세길이 열린다.

년의 흉살 방위로는 午년에 북세파 · 子년에 남세파 · 卯년에 서세파 암검살 · 酉년에 동세파 오황살이다.

◉ **六白金星 중궁의 해**

묵은 환경조건을 벗어던지고 색다른 분위기 속에서 일하고 싶어 하는 충동이 생겨 집안 가구 변화 · 증축 · 수리 · 이사 · 처분 등을 실행에 옮긴다.

보다 깨끗한 모양과 멋을 찾게 되고, 들뜬 마음의 동요 때문에 주변의 유혹과 권유 등이 많이 생기지만 실현 가능성은 희박하다.

★ 이 해의 一白水星은 본인의 본궁과의 관계는 대립 남북으로 대충 관계가 되므로 새로운 개업은 피해야 하고 남 방위는 이(離) – '이산'이란 뜻이 있어 하던 일을 정리하든지 장소를 옮기게 되고, 부부 사이 · 연인 · 인척 사이에 헤어져야 할 일이 생기며 재난 사고 · 생사별 · 머리의 병 · 뇌익혈 · 중풍에 조심해야 한다.

본인의 일보다 주변과 남의 일 때문에 분주하고 주변사람이 볼 때 전혀 가망 없는 일에 매달려 허둥지둥 야단법석을 떠는 일이 많다.

처음에는 유혹에 빠져 적은 자금을 투자하게 되지만 본인도 모르는 사이에 휘말려 본전을 찾으려 대금을 투입하여 어쩔 수 없는 난관한 처지에 놓이기 쉽다.

또한 본인의 약은 꾀가 뜻하지 않은 문서상의 실수 · 관재구설 · 보증증서 하자를 만들어내어 심기가 어지럽고 후회스러운 일을 벌이게 된다.

숨겨온 비밀이 발각되어 입장이 난처해지고, 과거사의 부정이 알려져 형평성을 잃게 되며, 이를 극구 변명하고 합리화시키려고 애를 쓰지만 누구 하나 이해하는 사람은 없을 것이다.
자신의 본분을 착실히 지키고 목적을 위하여 노력한 사람은 사회적으로 인정을 받게 되어 자격취득 승진, 진학의 명예를 얻게 된다.
또한 이때는 주변의 조언이나 충고가 많이 나오지만 본인의 고집으로 배척하는 일이 많고, 변덕과 실행력 부족으로 주어진 좋은 기회를 놓치는 일이 많다.
겉모양은 활발하고 양기에 넘쳐 있지만 내면은 의외로 음기로 보수적이라 운세 흐름 역시 모양에 비해 실리가 별로 없다.
년의 길 방위는 동 · 서남 방위로 6 · 10월 동 방위를 이용하면 새로운 개점이나 아이디어 등으로 대성할 수 있다.
년의 흉 방위로는 축(丑)년에 서남세파 · 미(未)년에 동북세파 · 술(戌)년에 동남세파 오황살 · 진(辰)년에 서북세파 암검살이다.

◉ **五黃土星 중궁의 해**

정체현상으로 의욕적으로 일하고 싶어하는 욕심이 없어져 모든 일에 태만해지고, 하는 일마다 짜증스럽고 어쩔 수 없이 하는 일이라 싫증이 난다.
권태로운 일을 억지로 무릅쓰고 일을 벌이게 되면 노력에 대한 수입이나 이득보다 나가는 불리한 손실이 더 많은 것이 특징이다.
이때 새로운 독립이나 개업 등은 피하는 것이 좋고, 정신수양 · 학술연구 · 발상기획 등 정신면을 이용하는 분야에는 상당한 실력을 얻어내어 목적에 힘이 된다.

또한 어떠한 이성 관계가 되었든 상호간의 교제 사이에 악연이 밝혀져 어쩔 수 없이 헤어지는 경우도 생기고 때로는 이성 교제상 술자리에서 술을 마시다가 주정뱅이의 본선으로 오해를 받게 되어 구열되는 어처구니없는 실상도 나온다.

정신면보다 물질면으로 어려움이 많고, 신체면으로도 건강 장해가 많아지며 매사 눈으로 보이는 일, 문제는 잘 풀려지지 않아도 보이지 않는 대인 이성교제 · 불륜 관계 · 거래 관계는 활발하다.

즉 본업보다 부업에 의존하는 것이 많고, 아랫사람 · 자식 · 부하 · 연인 사이라면 구열 사태로 고민이 많아지고, 가업으로 내려오는 집안은 가업을 개혁하지 않으면 안 될 형편에 놓이게 된다.

가정 · 애정문제에 있어 가장 가까운 사람에게 솔직한 심정을 털어놓게 되지만 그렇다고 뾰족한 대안은 찾아볼 수 없고 결국은 공허감과 초조한 불안감에 고민하게 된다.

이때의 운세 개혁 비법은 마음씨 좋은 사람은 좋은 방위 선택으로 유리한 해결을 찾아낼 수가 있고, 운이 나쁜 사람은 좋은 방위 선택이 나오더라도 어떠한 환경 변화로써 기력을 잡을 수 있는 처지에 놓인다.

완고하고 강인한 행동력이 생기고 본인의 거래 수습은 성급하게 서두르고 독촉을 서슴없이 하면서 주변에서 받는 거래 수습은 그대로 방치해버려 주변으로부터 신의를 잃게 된다.

오랫동안 이어온 형제나 친구 사이의 인연을 완전히 끊어버리는 환경조건도 생기게 된다.

★ 집안문제는 본인의 본명성 一白水星이 곤(坤)에 진입할 때(1년 후)가 아니면 6년 후에 해결되고, 적은 일은 1·6일, 큰 일은 1·6월, 년 등에 해결된다. 단, 이성교제(섹스), 둘만의 즐거움이 생기지만 일상생활의 질서가 깨져 건강을 해친다.

년의 길 방위는 동·동남·서·서북 방위가 된다.

년의 흉 방위로는 亥년에 동남세파·巳년에 서북세파·寅년에 서남세파·申년에 동북세파이다.

◉ 四綠木星 중궁의 해

불안한 지난 해에 비하여 일시적이나마 마음의 안정을 찾게 되지만 그렇다고 모든 문제가 완전히 해갈되었다고 볼 수는 없고, 의외로 집안문제 때문에 요란하고 시끄러워지며 이럴 때 원만한 기력 방위를 찾아 묘책의 처방이 필요한 것이다.

외부문제보다 내부문제가 많고, 가정에 충실한 사람이라도 집에 돌아오면 '외유내강'으로 변모하여 이것저것 마음에 들지 않아 잔소리가 많고, 신경질을 냄으로써 자연 가정 분쟁이 일어난다.

성실한 노력가는 장래에 대한 기반을 세워 나갈 수 있는 기회가 되고, 직장인이라면 성실성이 직장상사에게 알려져 출세할 수 있는 기반이 트이게 된다.

또한 일반 영세업자는 지금가지 한산한 거래실적에 새로운 변화를 가미함으로써 건실한 신용이 인정되어 많은 사람이 모여든다.

협동과 원대한 일을 원만한 사교술로 교제함으로써 일을 얻어낼 수 있고, 성실한 노력가는 제3자로부터 어떠한 모양이 되었든 간에 정신적 위로나 경제적 지원을 약속받게 된다.

실직자는 근로의욕이 생겨 일자리를 찾게 되고 두 사람 이상이 합작하여 대중을 상대로 하는 장사나 거래에 있어서는 상당한 발전이 기대된다.

또한 이때는 우유부단하여 주어진 좋은 기회를 놓치기 쉽고, 새로운 개업이나 독립에는 적기로 볼 수 없지만 본인의 본명성 一白水星의 상생 방위의 부동산이나 가옥 등에 투자해 놓으면 훗일에 큰 재력으로 변하게 된다.

분발하는 노력에 비하여 결실은 1/10 정도에 불가하고 신변상의 거취문제, 금전 임대차, 거래 관계 등 이러지도 저러지도 못하는 딱한 사정에 많이 걸리게 되며 남에게 의지해 보려면 본인 고집보다 남의 의견에 귀를 기울이는 것이 구설을 면하는 방법이다.

때로는 사사로운 의심 때문에 은인을 원수 취급하여 결국은 밝혀져 후회하게 되고, 때로는 육친과의 생사별도 생긴다.

★ 一白水星이 곤(坤)에 진입하면 '사선변화'라 하여 나쁜 일은 시간이 많이 걸리게 되며, 좋은 일 역시 성취하는 데 많은 어려움과 시끄러운 문제가 발생하므로 개혁기로는 볼 수 없다.

년의 길 방위는 서 방위로 음력 5월에 서 방위를 사용하면 큰 재력은 아니라도 재력을 얻을 수 있다.

년의 흉 방위로는 子년에 남세파 · 卯년에 서세파 · 午년에 북세파 · 酉년에 동세파 서북 오황살 동남 암검살이다.

◉ 三碧木星 중궁의 해

★ 一白水星은 진(震)궁에 진입, 동 방위에서 암검살의 살기를 맞게 된다.

새로운 시작인 독립이나 개업은 절대로 피해야 하고, 자의보다 타의, 환경조건의 영향권을 크게 받게 되어 모든 일이 뜻대로 풀리지 않으며 일에 있어서도 이익보다 손해보는 일을 골라 가면서 손해본다.

이때는 정신적 불안에 동요가 많아져 자신도 모르는 사이에 유혹에 빠져 손해를 보게 되고, 피로로 온 체력감퇴, 발병, 집안문제, 숨겨온 부정한 비밀사, 불륜 관계 등으로 고민하게 된다.

특히 숨겨온 부정 관계(세금 탈세행위) 등 예상하지 못한 일이 밝혀져 본인의 처지가 곤란해지고, 전혀 알 수 없는 놀라움이나 사실을 알게 되며 격한 충격에 경솔한 행동으로 비판을 받게 된다.

또한 화난 · 재난 · 교통사고 등 정신이 산만하여 본인의 몸에 위기가 닥쳐와도 감지할 수 있는 여유가 없어 될 수 있는 한 위험한 장소는 피하는 것이 현명한 방법이다.

무엇인가 새롭게 하고자 하는 의욕은 많지만 모든 것이 초기부터 풀리지 않으며, 다만 부동산 문제에 한해서는 인연이 생기게 되지만 이 또한 부동산에 자금을 투자하게 되면 앞으로 상당 기간 동안 금전 자금상의 고난을 면하게 어려워질 것이다.

좋은 일이든 나쁜 일이든 간에 좋은 일은 좋은 결과로, 나쁜 일은 나쁜 결과로 표면에 나타나게 되고, 본인 역시 환경이나 조건에 좌우되어 나쁜 일이라 할지라도 서슴없이 해치운다.

매사 성급해지고 의견이 맞지 않으면 화를 잘 내어 성사할 수 있는 일도 끈기 부족으로 눈앞의 이익 때문에 중도하차격이 된다.

또한 이 해 '암검살' 때 벌어놓은 돈은 사정없이 소비하는 것만이 흉살을 막는 길이다.

★ 암검살 해를 무사히 넘기기 위해서는 기력 축적이 필수요건으로 암검살 해에 있어 좋은 방위 선택을 최대한도로 이용하는 것만이 무사히 넘길 수 있다.

또한 공말살(년)일 경우에는 다른 사람에게 일을 맡기고 노는 방법도 좋고, 일해야 할 사람이라면 금전 수입은 좋아도 항상 시급한 위험자가 자신의 주변을 맴돌고 있다는 사실을 명심하여야 한다.

년의 길 방위는 남 · 서북 동북 방위가 대길 방위이다.

년의 흉 방위로는 丑년에 서남세파 · 戌년에 동남세파 · 未년에 동북세파 · 辰년에 서북세파 · 서 방위 오황살 · 동방위 암검살 · 흉 방위의 이사 · 전직 대인 접촉은 피해야 한다.

◉ 二黑土星 중궁의 해

새로운 기업 · 독립 · 자영을 운영하는 데 좋은 기회로 이때 주변 환경 조건이 유리하게 작용되어 주변거래가 좋아지고 신용거래가 확대됨으로써 영업실적이 활발해진다.

주변 화목을 다져 본인의 능력을 최대한으로 동원하여 거래처를 잡아내고 단골을 잡음으로써 거래를 확대시킬 수 있으며 부족한 금융자본도 지원이 가능해져 일을 성사시킬 수 있다.

역쾌로 볼 때는 바람 위에 물이 되고 있는 쾌로 때로는 전혀 신빙성이 없어 지원을 꺼리게 되지만 지원을 얻기 위해서는 확실한 모양을 있는 대로 보이는 것이 좋은 열쇠이다.

또한 이때는 사람 관계가 빈번하여 출입하는 사람이 많고 물품 거래, 주선 알선, 영업실적이 많아지며 사업상으로는 성수기를 만나게 된다.

직분을 지키고 성실한 노력가는 사회적으로 인정을 받게 되어 자격취득 · 진학 · 승진, 미혼자는 결혼 성립 등 순조로운 발전이 기대된다.

해외여행 등으로 무역거래가 성사되고 가까운 거래교섭보다 먼 거리일수록 성과가 좋으며 어떠한 문제가 되었든 간에 성급한 해결책보다 시간을 두고 느긋하게 대처해 나가면 자연 그 문제는 원만한 결론을 얻게 된다.

이때 발생하는 문제 중 작은 일은 원만한 해결이 가능하지만 큰 일은 뜻대로 풀리지 않고, 남성은 여성으로부터 원한을 사게 되며, 감기로 오는 병 · 유전으로 오는 병으로 고민한다.

완고하고 승욕이 강해지며 타인으로부터 많은 거래주선을 받게 되지만 일에 힘이 겨워 방치하는 일이 많고, 융통성 부족으로 일을 그르치는 일이 많이 생기게 된다.

이 해의 수습정리가 잘못되면 내년에 음양중궁에 몰아치는 회오리 풍우 속에서 살아나오기 힘들게 되므로 무엇보다 수습하고 정리하는 데 신경을 써야만 무사하다.

년의 길 방위는 남서, 북 방위로 음력 1, 9월에 남 방위를 이용하면 명예, 선전 효과가 좋아지고 무역거래, 영업거래가 번창하여 재력이 형성된다.

년의 흉 방위로는 申년에 동북세파 오황살 · 寅년에 서남세파 암검살 · 亥년에 동남세파 · 巳년에 서북세파.

★ 흉살에는 거래나 계약문서 작성 등은 될 수 있는 한 피해야 되고, 감기 · 위장병 · 신경통 등에 조심해야 한다.

◉ 一白水星 중궁의 해

비약적인 색다른 발전을 찾게 되지만 만족할 만한 일을 찾아 내는 데 힘들고 직장인은 독립을 하고파 하고, 다른 일을 찾아 보지만 뜻대로 풀리지 않는다.

이럴 때는 일의 변화보다 현재까지 해 온 일에 전념하고 착실히 이끌어 나가는 것이 유리하며, 주변 유혹이나 어떠한 좋은 환경 조건 때문에 일을 벌이면 반드시 후회하게 된다.

상생 방위에서 들어오는 물품거래 · 상담 접촉은 약간의 시간이 걸리고, 상호 분쟁의 소재는 있지만 모든 일을 신중하게 다루고, 대응해 나간다면 큰 효과를 얻을 수 있다.

물질욕구와 육체적 향락에 주력하는 영향이 크지만 매사 부질없는 일이 되고, 다만 정신 수양, 반성, 지난 잘못을 돌아보고 회개하는 기회로 삼아야 한다.

지금까지 주변환경에 밀려 있는 공부나 기술 연마 등에 배양 기회가 되고, 다음 해의 성운기에 대비하는 계획 기간으로 보는 것이 좋다.

오랜 병고에 시달리는 집안 환자는 죽음으로 이어지고 지난 묵은 일은 물로 씻어 내리고 앞으로 닥쳐오는 2년간을 어떻게 싸워 이기는가에 따른 작전의 해가 된다.

제반 승리를 위하여 내부 안정이 필요하고 색다른 계획이 요구되지만 이 해는 그러한 계획을 세울 수 없게끔 끊이없는 '매력' 의 위세로 방해와 장해로 목적을 분쇄시킨다.

제반사에 마비를 주어 이러지도 저러지도 못하는 어려운 곤경에 빠드려 놓기도 하고, 정신적으로도 불평 불만 싫증에 변화를 갖게 '매력' 은 유도함으로써 동요하는 일이 많다.

또한 폭음 폭식으로 오는 병 · 흉부의 병 · 복통 · 묵은 병의 재발 · 이성이나 애인과의 교제 절교 등 좋은 일보다 나쁜 일이 많이 생기는 해가 된다.

때로는 이것저것 넓혀 놓고 감당을 못하게 되면 팔자와 세파를 원망하기 쉽고, 자신의 변신을 종용하여 해결보다 궁지에 몰리는 일이 많다.

★ 이때 육친과의 사별은 본인 본명성과 육친의 본명성의 '상생상극' 으로 길흉을 구분한다.

만일 본인도 모르게 흉 방위로 이사 · 개업 · 여행을 하였다면 처음 그 작용을 알 수 없지만 시간이 갈수록 흉상이 나타나며 특히

2, 3년 후에는 직접적이든 간접적이든 반드시 흉작용이 나타난다. 년의 길 방위는 서남 · 서 · 동북 방위로 음력 4월에는 서 방위, 8월에는 동북 방위이며, 서 방위는 금전융통이 잘 되어 재력 형성이 되고, 애정운이 좋아지며 동북 방위는 유리한 부동산에 이어오는 재력운이 생긴다.

년의 흉 방위로는 卯년에 서세파 · 午년에 북세파 암검살 · 子년에 남세파 오황살 · 酉년에 동세파이다.

◆二黑土星인 년운

◉九紫火星 중궁의 해

★ 본인의 본명성(간지)가 년의 천반에 공망에 걸리지 않으면 매사 잘 풀린다.

이 해의 특징은 정신적 · 육체적 지금까지 해온 모든 일을 걷어들이고 정리하며, 다시 손질을 하여 물건을 거래하기도 하며 새로운 확대 · 투자 · 투기 등 상당한 금전운이 따른다.

이때는 될 수 있는 한 새로운 설비시설보다 기존하고 있는 시설을 인수하는 조건이나 같은 업종을 취급하는 장소를 인수인계하는 방법이 더욱 효과적이다.

처음 시작하는 개업업체 · 독립 · 자영영업소 등에는 일반업체와 달리 자본금이 많이 든다는 사실을 미리 알고 충분한 자금을 확보하고 시작해야지 그렇지 않을 때는 처음부터 금전으로 애를 먹게 된다.

분수에 맞지 않는 선전효과를 위하여 주연대접 · 연회(파티) · 음식 대접 · 강연회 · 행사(세일) · 이름을 알리는 데는 효과가 있어도 이것저것 지나칠 정도로 분주해져 분주한 표면에 비하여 실질면의 소득은 노력에 비하여 따르지 않는다.
대중을 모이는 방법도 좋고, 회사간의 자매결연에도 효과적이며 다만 지나친 욕심으로 일을 서두르게 되면 복잡하게 얽히게 된다.
다만 순리 따라 행동하면 일시적인 침체가 생기지만 잠시 후 금전이나 애정문제가 다시 살아나게 되고, 이때 가까운 근친자와의 생사별 암시도 작용한다.
설마 어떻게 되겠지 하는 나약한 생각은 절대로 금물이고 투기에도 어느 정도이지 지나치게 레저 유흥에 빠져들면 적자 인생을 면할 길이 없다.
유흥으로 오는 기력은 사업 · 가정에 좋은 영향을 주지만 지나치면 주색잡기 속에서 헤매게 된다. 적은 금전융통은 가능하지만 대금융통은 어렵고, 미혼자는 연애 · 혼담 기회가 생겨 들뜬 기분에 있는 대로 말을 함부로 하여 입의 화근으로 좌절되기도 쉽다.
이때는 일사전념과 절약정신이 큰 성공의 열쇠이다.
년의 길 방위는 동남 · 서남 방위가 대길 방위가 된다.
년의 흉 방위로는 丑년에 서남세파 · 戌년에 동남세파 · 未년에 동북세파 · 辰년에 서북세파 남에 암검살, 북에 오황살이다.

★ 세파, 오황살, 암검살 방위는 사용할 수 없고 또한 본인이 태어난 본명성(위치)도 본명살, 그에 대응하는 장소는 본명적살이라고 한다.

◉ 八白土星 중궁의 해

★ 본인의 기력은 동북의 기력궁으로 들어가는데 서남에서 몰아치는 오황살기의 영향으로 암검살을 받게 되어 환경 · 조건 · 타동적인 억압 · 겁탈 등이 몰아친다.

★ 또한 二黑土星인의 정위치는 서남의 곤(坤)에 있어 그 대충 자리가 동북 방위가 되어 본명적살을 겸비한다.

이러한 운기 변화 때문에 운기가 약해질대로 약해져 있으므로 새로운 사업을 시작한다는 것은 말도 안 되고, 만일 천수를 어기고 사업을 시작했다며 큰 타격을 면하기 어려울 것이다.

또한 본인은 별로 관심없는데 이상하게도 주변환경이나 조건 등이 변화하므로써 자신에게도 변전하도록 마수의 유도가 작용하게 된다.

경영자로서는 어려운 자금난에 시달리고 연쇄반응, 신용 상실로 주변 거래와의 마찰이 잦아지고, 가족간에도 불신 상태가 되며 묘자리, 근친문제 등의 시비가 간접적이든 직접적이든 복잡해진다.

또한 이때는 자신도 모르게 차분하게 일할 수 없는 상태로 당연히 하면 안 될 회사설립이나 이전 확대, 출장 가면 안 될 최대 흉 방위 등을 여행하였다면 반드시 천수의 보복을 받게 되는 것이다.

★ 이러한 사람의 교통사고 사망률이 제일 높고, 천재지변, 인재사망의 희생양이 되기 쉽고, 이러한 대흉 작용은 36년간에 한 번 꼴로 순회하는 것으로 1992년에 암걸살, 세파의 해였다.

때로는 주어진 좋은 기회를 잃어 후회하기도 하지만 토지 · 부동산 · 주거 · 직장 변경 등 본인의 태도 결정에 어려움이 많고, 형제 · 인척 간에도 뜻하지 않는 변전으로 마찰이 많으며, 유전병의 고민도 나온다.

지나친 행동력은 조난의 벽에 부딪치게 되고, 모양이 어떻든 간에 변화 · 수정이 일어나게 되며 지금까지 순조로웠던 사람은 중지 상태가 되고, 이때는 계약 관계는 허점이 반드시 있다.

년의 길 방위는 동 · 동남 · 서북 방위가 대길 방위로 음력 10월에 동 방위를 잘 활용함으로써 사업 번창하고, 일이 뜻대로 잘 풀리며 상당한 재력이 저축된다.

◉ 七赤金星 중궁의 해

모든 현실이 그대로 나타나는 해로 지금까지 숨겨온 좋은 일은 표면화되어 사회적으로 인정되어 좋은 평가를 받게 되고 건실한 직장인, 학도는 자격취득의 영광 · 진학시험 합격 · 승진 · 승급의 기회가 생기고 어떠한 모양이 되었든 간에 좋은 것은 좋은대로 나쁜 것은 나쁜대로 나타난다.

좋은 것은 사회적으로 인정을 받고, 숨겨온 부정 관계 · 불륜 · 이성문제 · 세무 탈세 · 범법 도피 행각 등 지금까지는 용하게 잘 피해 왔지만 이 해에 한해서는 어쩔 수 없이 발견 · 발각 · 발표된다.

특히 본인의 위신에도 신경이 많이 쓰이고 어떤한 면이 되었던 간에 돋보이고 싶고, 운영면에서도 남보다 일을 크게 벌여 완전히 주름을 잡아 보려는 의욕은 좋지만 때가 때인 만큼 전반적인 선전 효과는 좋아도 호화로운 선전 효과에 비해 내실면의 효력은 후반으로 갈수록 불리해진다.

분수에 넘치는 의욕 때문에 색다른 일을 벌여 어려움을 자초하는 경향이 많고, 때로는 겉모양에만 신경쓰고 내용면이 실상과 달라 불신감을 받게 되면 처음 접대조건, 거래주선과의 대화조건 관계가 애당초 말과 달라져 뜻하지 않는 해설 차이의 구설에 오른다.

이때의 표현은 한마디로 시작은 좋아도 결과가 나쁘고, 어떠한 착실한 노력은 상당히 인정을 받게 되지만 이 또한 일시적일 뿐 오랜 지속성이 없는 것이 특징이다.

이때 남의 힘을 빌리는 일이든지 거래성립을 위한 일에 대해서는 지나칠 정도로 소문이 나서 결과적으로 뜻을 성취시키는 데 힘들 것이다.

또한 악평, 모략, 문서 실수, 횡령 등의 소송문제도 생기기 쉽다.

사람 따라 이동성으로 한 업에 종사할 수 없고, 한판 승부, 투기를 좋아하며 요행운이 있어 일부 성공자도 있지만 실패자가 많고, 모든 행동에 가시적인 외면 때문에 낭비성이 많은 반면 이성, 색정난에 시달리는 사람도 적지 않다.

년의 길 방위는 동남 · 서북 방위가 되고, 음력 土일에 동남 방위를 사용하면 뜻하지 않는 여성으로부터 구원 원조의 손길을 얻을 수 있다.

년의 흉 방위로는 동 방위에 오황살 · 서 방위에 암검살 · 자년에 남세파 · 본명살 : 이때 나쁜 일이 폭로되기 쉽고, 때로는 남의 잘

못을 뒤집어 쓰기도 하고, 건강상 중풍 · 뇌졸증 · 머리의 병에 걸리기 쉽다.

◉ 六白金星 중궁의 해

올해부터 2년간에 걸쳐 운세가 하락세와 침체기간이 되어 일이 뜻대로 풀리지 않을 뿐만 아니라 하고 싶은 의욕도 상실하며, 어떠한 주변 권고 · 환경 · 사정, 조건에 못 이겨 새로운 일을 벌이게 된다며 고생만 할 뿐 본전 하나 건져내지 못하고 소멸된다.

특히 다음 해도 좋지 않아 금전대출 등으로 일을 벌이는 행위, 확장, 개업 등에는 좋은 방위 선택으로 일을 모면할 수는 있겠지만 개업하는 데 좋은 해로는 볼 수 없고 현상유지만이 현명한 방법이다.

관재구설, 복잡한 집안문제가 많이 일어나고 주변의 많은 사람과 혼자서 대립하는 양상이 벌어지며 몸을 의지할 곳 없는 가련한 처지에 놓이는 사람도 적지 않으며, 직장인 역시 일을 해주어도 노임을 착취당하게 되든지 폐사로 못 받는 형편이 된다.

집안에는 우환이 도사리고 집안에 죽은 사람의 물건이 있는가 잘 살펴보는 것이 현명하며 만일에 있으면 길을 택하여 소각하는 것이 현명하다.

물론 죽은 사람의 유물 보존에는 나름대로 가보도 잇고, 전통적으로 계승하는 유물이라면 몰라도 유물에는 악력이 달라붙기 쉬운 이점이 있어 이때를 기하여 정신면에 착란을 주게 된다.

★ '천당과 지옥'을 주장하는 모든 종파를 막론하고 천당과 지옥의 '윤회사상'

발상지는 인도임을 알아야 한다. 때문에 이 천반 '만다라'는 분명한 영계를 암시해 주고 있는 것이다.

본인의 심중을 솔직히 털어놓아도 공허감 · 초조감이 쌓이고 애정 · 가정문제 · 금전문제 · 고난이 따르며 자포자기 상태가 되어 음성교제 · 주연교제 성행하여 위장 장애가 생기게 된다.

성실하고 부지런하면 주변 원조를 받게 되고 다만 이때는 이성교제(섹스)의 즐거움이 많이 생겨 일상생활의 질서가 깨져 건강을 해치게 된다.

이것저것 꼼꼼하고 매듭이 분명하여 주변에서 환영받을 존재는 못 되고 단기로 일하다가도 그대로 방치해 버린다.

년의 길 방위는 동북 · 서 방위가 대길 방위가 되고 서 방위 사용은 큰 효과(금전)를 얻어낼 수 있다.

년의 흉 방위로는 戌년에 동남세파 오황살 · 서북에 암검살이며, 未년에 동북세파 · 辰년에 서북세파 암검살 · 丑년에 서남세파이다.

◉ 五黃土星 중궁의 해

올해의 현상은 지금까지 해 내려온 일이 나쁘면 나쁜 대로 좋으면 좋은 대로 나름대로 꼬리를 물고 늘어지는 현상으로 좋은 것보다 나쁜 쪽의 경향을 더욱 강하게 받게 된다.

★ 본명살이나 공망세파의 흉살을 받지 않으면 부동산 운과 관계가 좋아 길 방위에서 나오는 토지거래를 하게 되면 수익이 생긴다.

가정에 충실해지고 성실한 노력을 쏟는 일이 생기며 직장인은 상사로부터 성실성이 인정되어 출세의 기반을 잡게 된다.

자영자 역시 한산한 거래가 성실한 거래로서 주변으로부터 인정되어 점차 이득을 얻어낼 수 있다.

협동성을 필요로 하는 일, 대중을 위한 일 등 성실한 거래로 주변과 유대를 갖게 되면 후년에 큰 발전을 기대할 수 있을 것이다.

이때는 앞을 내다보고 장래성 있는 일에 손을 대는 것은 좋지만 서두르지 말고 주변 현실을 살펴보고 결정하는 것이 열쇠이며 분수에 넘치는 확대나 일 진행은 어려움을 자초한다.

현재까지 해 내려온 일, 직장, 주거, 신변상의 문제 때문에 변동이 일어나기 쉽고, 적은 소득은 있어도 큰 소득을 얻기에는 힘들며 50세 넘은 병은 회복되지만 젊은 사람의 병은 악화된다.

외유내강 의심이 많아지고 꿈은 크지만 실현성 없이 주어진 좋은 기회도 놓치기 쉬우며, 고집으로 일을 밀고 나가는 성공률이 희박하다.

년의 길방위는 남 · 서 · 서북 방위가 되고, 음력 1 · 9월에 남 방위, 5월에는 서북 방위를 이용하게 되면 명예 · 재력을 잡을 수 있고 집안 개수에 가상 풍수를 적용하면 더욱 발전한다.

년의 흉 방위로는 오황이 중궁되어 영향을 주지 않고 巳년에 서북 세파 · 寅년에 본명이 세파되어 만일 금전거래, 물건거래 등에는 반드시 손해가 따른다.

◉ 四綠木星 중궁의 해

일시적으로 가렸던 먹구름은 서서히 사라지고 밝은 빛이 찾아와 새로운 출발기점으로 무엇인가 시작해 보려는 희망적인 해가 되지만 二흑토성인에 한해서는 역조현상되어 좋은 결과가 나오지 않는다.

보기에는 매사 순조롭게 보이지만 실지면은 경제난에 허덕이는 상태로 신중하게 다루지 않으면 어려움을 면하기 어렵고, 이때는 일반적으로 밖의 문제보다 집안 일이 복잡하게 얽히고 우환 등으로 금전 지출이 많다.

중단 상태에 놓인 것을 다시 세워 나가는 모양이 되어 거래 관계나 교제 관계에 있어서도 새로운 마음으로 교제에 임해야지 적당한 모순된 행동은 전혀 먹혀들지 않고, 거래 관계는 성실하게 오랜 시간을 두고 끌어나가게 되면 좋은 결과를 얻어낼 수 있다.

다만 일시에 이것저것 손을 대면 순조로웠던 전체가 흔들리게 되고 색정으로 원한 사는 일이 생기며 주변사람의 말에 따라 대중을 위한 일을 시작이나 발표를 하게 되면 좋은 결과를 얻어낸다.

성실한 직장인은 상사로부터 근면한 노력이 인정되어 승진, 승급의 기회를 얻어내고, 숨겨온 부정한 일은 발각되어 법의 심판을 받게 된다.

또한 특징은 건강이 나쁜 사람은 이 해에 악화되기 쉬워 수술받는 사람도 적지 않는 것이 특징이라 이러한 주기를 알고 사전에 기력 축적에 좋은 방위 여행 등으로 무사히 넘기는 것도 묘책이다.

성급한데다 사리분별이 어려워 말이 많고, 손 내밀기를 좋아해 주변사람이 싫어하며 하는 일마다 일에 비해 수고의 대가가 적다.

부모 · 형제 · 친지를 돌봄으로써 금전상 손실은 물론 정신적 부담이 많고, 가부 · 사고력 부족으로 후회하는 일이 많이 발생한다.

★ 건강 상태가 나쁜 사람은 어떠한 병이 되었든 간에 확실히 나타나고 수술을 받게 되는 사람도 적지 않으므로 항상 해년마다 좋은 방위의 기력을 축적해 놓으면 이러한 번거로운 수술은 면할 수 있는 것이다.

년의 길 방위는 남 · 북 · 동북 방위가 되고, 음력 7월에 북 방위를 활용하면 감춰온 일이 잘 풀리고 재력이 형성된다.

년의 흉 방위로는 서북에 오황살 · 동남에 암검살이다.

◉ 三碧木星 중궁의 해

★ 일반기성이 동남에 있는 손궁(辰巳)에 동회하면 운세가 호전되는 것이 통례가 되지만 二흑토성에 한해서는 음성의 별이라 하여 운세적으로 활짝 열리지 못한다.

바라는 일이 뜻대로 잘 풀리지 않고, 막히는 일은 많으며 그렇다고 전년에 비해 보면 교제범위가 넓어지고 일의 발전량과 거래는 많지만 수입과의 연결이 잘 안 되고 돈이 들어오면 나갈 곳이 미리 생기게 된다.

★ 이럴 때는 길 방위 활용이 유일하게 악운을 막는 길이고 개조비법이 된다.

현실된 사정을 무시하고 앞으로 나가려는 의욕만 급하여 일이 뜻대로 풀리지 않으면 변경을 거듭하므로 더욱 어려움을 자초한다.

화술은 좋지만 허상의 꿈을 꾸고 있고, 집안의 우환, 모친이나 배우자에 대한 고민사, 질환 등으로 시달리게 된다.

건실성은 자연 주변에서 찾아오게 되고, 노력의 결실로 자격 취득, 승진, 진학, 혼담, 신용 증대와 더불어 주변 접촉이 활발해진다.

매사 배짱 좋게 일을 밀고 나가 일의 순리를 잃게 되어 탈선되므로 좋은 자운을 해쳐 금전운을 놓치게 되고, 일터나 주거를 전전하는 경우도 생긴다.

본인의 본명성(동남 방위)에 세파가 붙지 않으면 맞선 · 결혼 · 인연이 성사할 수 있다.

년의 길 방위는 남 · 서남 · 북 · 동북 방위에 있고, 음력 1월에 남 방위, 3월에 북 방위에 대길신 방위로써 잘 활용하면 새로운 사업 · 기획 · 연구에 도움을 받고, 이로 재력이 좋아진다.

년의 흉 방위로는 서방에 오황살 · 동 방위에는 암검살이 되고, 丑년에 서남세파 · 未년에 동북세파 · 辰년에 서북세파 · 戌년에 동남세파이다.

★ 이러한 흉, 세파가 붙는 해는 매사 뜻대로 풀리지 않고 불이익 등으로 손실이 예상되며 모든 거래와 대인 관계가 좋지 않은 방향으로 흘러 수습하기 어려워지고 성사 가능도 희박하다.

◉ 二黑土星 중궁의 해

하면 불리한 줄 알면서 일을 자청하여 일을 저지르는 일, 나쁜 줄 알면서 서슴없이 그 일에 뛰어들기 쉽고 특히 토성은 좋은 면보다 부패시키는 작용이 크게 작용되므로 스스로의 방위 선택에 따라 길흉상반 작용이 달라진다.

가족 · 인척 간에 생사별 문제가 생기고 이때의 집에 대한 증 · 개축은 피해야 되고 또한 새로운 일의 시작 역시 신중하지 못하고 서둘러 벌이면 실패한다.

무리한 일, 이사, 여행 등 피해야 하고 연인이나 부부 사이에도 하찮은 일 때문에 언쟁이나 분열이 생기고 이때의 마찰은 오래 간다.

대인교제나 거래주선 등에도 위신, 프라이드 관계로 까다로워지고 거만으로 오는 소외감을 받아주면 사람이 접촉하기 꺼려하며, 대화를 기피하여 자연 고립되기 쉽다.

일터 · 직장 · 집안에 끊임없는 문제가 꼬리를 물고 일어나고 10의 1을 성취하기 위하여 노력하게 되지만 성과는 불과 1정도밖에 성과가 없을 것이다.

일상생활에 살아 나가는 방침을 정할 수가 없어지고, 우둔해지면서 무엇이든지 손쉽게 받아 놓고 맺음이 분명하지 못하여 주변에게 실망을 주게 된다.

또한 운세 자체를 일정한 곳에 전념하지 못하고 유혹과 동요로 하여금 이것저것 전전하게 되어 운세 정착이 잘 안 된다.

년의 길 방위는 동남북 방위이고 음력 1, 9월에 남 방위, 2, 10월에 대길신 방위가 되므로 이 방위를 이용하면 쓸데없는 일에 신경 쓰는 버릇이 없어지고 허점이 보완되어 높은 평가를 받게 되며 재운도 왕성해지고 바라는 목적이 풀린다.

년의 흉 방위는 巳년에 서북세파 · 申년에 동북세파 오황살 · 亥년에 동남세파 · 寅년에 서남세파 암검살이 중복되어 무서운 흉작용이 가중되는 것으로 1995년 삼풍 붕괴 참사 인재 지변의 희생자도 이런한 방위와 연관된다.

◉ 一白水星 중궁의 해

현재 하고 있는 일에 대하여 안정을 찾지 못하고 색다른 변화나 변신을 바라게 되고, 대로는 전혀 현실과 맞지 않는 일에 손을 대어 고난을 자초하는 경우가 많지만 그것보다 고집이 나태만으로 일을 그르치는 확률이 높다.

때로는 집안 분가 · 별거 · 형제간의 분쟁 · 색정문제 등으로 고난을 받게 되지만 이때의 해결책으로 급속적인 해결방법은 악화를 부르게 되므로 꾸준한 노력과 이해만이 좋은 해결방법이다.

이때는 움직이는 활동력이 필요하므로 좋은 기회, 나쁜 기회를 막론하고 순리에 따라 활동하는 것은 어떠한 모양이 되든 간에 본인에게 유익하다.

또한 일확천금의 요행도 바라게 되고, 승욕도 생겨 주색잡기(노름), 경마 등에 손대기 쉽고, 어떠한 일이든 간에 선배 · 상사 · 주변 유지의 조언과 충고를 거울 삼고 일에 임하면 이외의 주선거래가 좋아지고 윗사람으로부터 지원을 약속받을 수가 있다.

윗사람과의 접촉 관계는 이득이 오고, 아랫사람과의 접촉 관계는 손실의 암시가 있으며 경솔한 언동은 주변과의 마찰이 생기고 재난 · 교통사고 · 추락에 조심하여야 한다.

이상하게도 권위나 위신이 높아져 주변사람들을 하찮게 보는 영향 때문에 대인 관계가 원만하지 못하다.

때로는 지나칠 정도로 이해 관계를 따지게 되어 동업 관계 · 약속 관계에 있어서도 본인에게 불리하면 일방적으로 중도에서 상대 의견을 무시하고 단절시키는 이변도 생긴다.

독립하는 데 좋은 기회로 분수에 맞는 발상으로 일을 추진해 나가면 일이 잘되고 확장하는 데도 좋다.

년의 길 방위는 동 · 서남 방위가 되고, 음력 10월에 동 방위로 이사 · 사업 확장을 하게 되면 사업이 번창하고 성공하며 어려운 일을 이러한 방위에 살고 있는 사람에게 부탁을 하게되면 쾌히 승낙하고 원만하게 해결해 준다.

◆ 三碧木星인 년운

◉ 九紫火星 중궁의 해

표면에 나타나는 변화기로 지금까지 해 온 일을 중단하고 색다른 일을 하고 싶어하고, 순조로운 일을 중단하는 변덕도 보이고 지금까지 원만한 관계가 배신도 하고 당하기도 하는 이면도 생긴다.

번창한 거래처는 한산해지고 한산했던 거래처는 번창 기미를 맞는 이변도 생기며 폐쇄업소는 구사일생되고 번창한 업체는 폐쇄 위기에 직면하는 변화기이다.

이 중에서도 부동산 문제로 '진퇴양난' 결정하는 데 어려움이 많아지고 분쟁, 마찰, 시끄러워져 새로운 일보다 현실을 잘 지켜나가는 것이 오히려 현명한 방법이다.

사업 변동, 주거지 이동 문제로 신경이 써지고 웬일인지 마음의 안정이 잘 안 되고 들뜬 기분에 침착성이 없어지며 하는 일이 풀리지 않지만 그나마 적은 일은 약간 풀린다 하더라도 큰 일은 전혀 가망성이 없다.

가정 불화, 친인, 연인 사이에 의견 충돌이 많고, 밖으로부터는 유리한 조건, 유혹의 손길이 닿지만 내용인즉 실지면은 반에 불가하고 이때 집안 식구의 발병은 집개조 · 증축 · 동토에 의한 우환 발병으로 집안을 살펴보면 알 수 있다.

하는 일마다 불평 불만으로 다른 변화를 바라지만 뜻대로 잘 안 되고 마음이 흔들려 전업, 전직, 이사를 단행하는 경우와 집 수리를 하는 경우로 나타나게 된다.

또한 보기에는 순조롭게 보이지만 답답한 때가 많고, 가정문제 · 부동산문제 · 자녀에 관한 문제로 신경을 쓰게 된다.

이때는 다른 사람의 의견에는 따르지 않고 감정에 따라 행동하기 쉽고, 고제 · 거래 관계상 신경질에 거슬리는 일이 많고, 일 · 가정과 자식문제에 대하여 걱정거리가 많은 해이다.

년의 길 방위로는 서북 방위뿐이며, 무리를 해서라도 음력 6, 7, 12월에 서북 방위를 잘 활용하며 사업 확장 · 재력 형성이 가능하며 특히 요통 치료에는 특효하다.

년의 흉 방위로는 未년에 동북세파 본명살이 되어 하는 일마다 불리하고 다리 · 요통 · 류마티스 · 신경통으로 고생하게 되고 戌년에 동남세파 · 辰년에 서북세파 · 丑년에 서남세파 본명적살도 대흉살이다.

◉ **八白土星 중궁의 해**

극렬한 양성 반응으로 지나칠 정도로 활발해지는 것이 특징이다.
기발한 아이디어가 창출되고, 머리 회전이 빨라 주변에서 따를 자가 없지만 사소한 일이라도 기분에 맞지 않으면 발끈 화를 잘 내고 실리보다 가시적으로 밖의 모양에 신경을 많이 쓰게 되어 가까운 사람도 충고나 조언하면 입씨름으로 변하여 주변 실망한다.
독선적인 행동력에 프라이드가 높아 주변과의 유대 관계가 원만하지 못하는 반면, 돌발적인 감정 처리로 뜻하지 않는 어려움은 많지만 일에는 정렬을 쏟는다.
문서상의 실수, 소송문제 등 전혀 생각하지 않는 곳에 휘말려 동일범 취급을 받기 쉽고, 콧병 · 노이로제 · 눈병 · 충돌 사고 · 재난 · 화난의 암시가 있다.
환경 · 조건 · 감언 · 이해에 발생하는 말은 반은 사실이고 반은 호황에 불구하며 때로는 억압 · 겁탈 등의 상처를 받게 되고 부화와의 언쟁이나 주거문제 등으로 고난을 겪게 된다.
근친자의 오랜 명은 죽음과 연관을 갖게 되고 이때의 거래 수습 · 대인교제는 현실과 잘 맞지 않아 중단 상태로 끝나는 일이 많다.
정도의 학술연구, 품목개발은 사회적 주목의 대상이 되고 지금까지 노력해 온 자격취득 · 진학 · 승진의 영광된 결실을 얻어낼 수 있으며 물질보다 정신면 · 명예 · 권위면에 발전이 기대된다.

이것저것 변덕스럽게 손을 대어 고난을 자초하게 되고 분수에 맞지 않는 행동을 서슴없이 해치며 남이 하지 않는 색다른 일, 선 · 악을 불문하고 멋 · 화려 · 흥행에 연관되는 일 등 수지타산이 맞지 않는 일에 매달려 궁지에 몰리게 된다.

년의 길 방위는 서북 · 서 방위가 대길신 방위로 음력 4월에 서 방위를 활용하면 금전운을 잡을 수 있으니 잘 활용하는 것도 좋고 이 방향의 복권 매점 등도 유리하다.

★ 이사 · 전직 변화가 많은 해로 흉 방위를 잘못 선택하면 모든 것이 사라지는 이궁(離宮) 변화가 생기게 되므로, 좋은 방위 선정에 신경써야 한다.

년의 흉 방위로는 申년에 동북세파 암검살 · 巳년에 서북세파 · 寅년에 서남세파 오황살 · 亥년에 동남세파이다.

◉ 七赤金星 중궁의 해

★ 겨울의 북쪽은 혹한의 냉 추위에 온 몸이 웅크러지고 정신적으로도 격한 고난에 시달리는 쇠운기이다.

지난 해 제아무리 경기가 좋았다 하더라도 올해의 주변환경이나 조건은 한산하기 그지 없고, 때로는 물질난으로 부득이 폐쇄 위기까지 몰리는 경우도 생긴다.

이때 유리한 일은 따뜻한 겨울 방에 어떠한 연구나 공부 · 학술 · 정신수양에는 좋은 기회가 되고, 물질거래 · 사업거래는 한산해지며 개점 확대변경, 새로운 시작은 금전적 연쇄반응 위기 · 일의 부진으로 중도에 좌절되는 일이 많고, 일시적으로 흥행하더라도 바로 괴로움이 온다.

여성 · 자식 · 호적문제의 고민이 오고, 직장인의 감봉 · 해고 · 부득이한 사직 사요가 생기며 때로는 감과 직감력을 응용하여 해외품을 모방하여 좋은 아이디어를 병행함으로써 독특한 제품을 창출해 내는 다행운도 있다.

이때는 본인의 부주의와 서두르는 버릇 때문에 실패와 손실이 예상되고, 남의 감언 유혹에 빠져들어 안정된 생활 기반이 흔들리게 되고, 좋은 직장마저 버리고 방향을 타게 된다.

큰 일보다 적은 일, 본업보다 부업, 자금이 많이 드는 일보다 적게 드는 일 등에 적극적으로 발벗고 나서게 되면 성사되고 설마 안이하게 생각하는 병, 불륜 관계 등은 급진적으로 나쁜 영향을 준다.

불안, 초조, 성급하게 서두르는 것이 조화를 잃게 되고, 이때 발생하는 소송문제는 폐소 위기가 되므로 무엇보다 자제하는 것이 현명하다.

저돌적인 맹진은 좋지만 손쉽게 일을 받아들이고 적당히 얼버무려 멋대로 행동하는 자세를 주변에서는 잘 받아주지 않아 자연 고립되어 어려움을 겪게 된다.

년의 길 방위는 동북 · 남서 방위에 대길 방위로 음력 2월에 서남방위, 8월에 동북 방위를 잘 이용하면 지병 치료(요통)에 효과적이고 특히 사업 번성이나 재력이 형성된다.

년의 흉 방위로는 酉년에 동세파 오황살 · 午년에 북세파 본명살이 걸려 수술이나 다리를 다치기 쉽고, 졸장에 조심해야 되며, 卯년에 서세파 암검살 · 子년에 남세파 적살이다.

◉六白金星 중궁의 해

모든 문제를 차분한 새로운 기분으로 바꿔 가면서 착실하게 살아나가기를 바라게 되지만 웬일인지 주변환경 조건이 엇갈려 불안원인이 생기게 되고, 집안문제 · 어머니문제 · 집 형편상(부동산) 자신의 처지가 어려움에 놓이게 되어 마음의 동요가 심해진다.

또한 성급하게 앞질러 서두르는 일을 벌이게 되고, 이때 신중하고 건실하게 검토하여 일에 임하게 되면 장래에 대한 큰 기반을 세울 수 있다.

특히 가옥문제와 집안 일이 많고, 사업경영자로서는 부동산 운이 유리하다.

매사 본인 양심만 믿고 안이하게 일을 벌려 결말을 짓는 데는 어떠한 모양이든 애를 먹이게 되고, 놀기 좋아해 술과 여자에 쓸데없는 지출이 많아지고, 위신 때문에 경솔한 행동으로 후회하는 사람도 적지 않다.

주변이나 친척을 돌봐주어도 좋은 소리보다 훗일에 원한을 사는 일이 많아지고, 이때의 대인 관계 일, 발병 등은 환경과 조건 등이 유리한 것이 아니라 불리한 기회가 되므로 시간을 두고 참으면 좋은 기류로 시간이 갈수록 바뀌게 된다.

다만 매사를 예감 능력에 의존하고 이에 대한 성실성이 없어진다면 겉모양은 멀쩡하게 보이지만 전혀 실속이 없다.
보기에는 얌전하게 보이지만 활발하고 분수에 맞지 않는 일을 서슴없이 벌이며 남에게 일을 맡기지 못하고 손수하여야 마음을 놓으며 쓸데없는 간섭으로 말이 많다.
이러한 별난 성격으로 집안에 항상 언쟁이 그치지 않는 것이 특징이다.
년의 길 방위는 동 · 남 방위로 음력 1 · 9월에 남 방위를 활용하면 두뇌가 명석해져 자격취득 · 진학 · 승진할 수 있으며 주선거래로 재력이 생긴다.
년의 흉 방위로는 丑년에 서남세파 본명살, 신규사업은 절대로 피해야 한다. 未년에 동북세파 · 辰년에 서북세파 · 戌년 동남세파 오황살이다.

◉ **五黃土星 중궁의 해**

본인 스스로가 어떠한 환경이나 조건이 되었든 간에 독자적으로 밀고 나가지 않으면 안 될 사정에 놓이게 되고 주변상황 변화 역시 그렇게 흘러간다.
이때는 매사 성급하게 서두르지 말고 신중하게 흑백을 분명히 가려 상황판단을 해야지 그렇지 않고 맹목적으로 맹진하게 되면 급난에 휘말려 빠져 나올 수가 없다.
또한 직장인은 독립 자영 · 개업하는 사람이 많고, 개업 시에는 반드시 좋은 방위를 선택하여 좋은 날에 개업하게 되면 큰 효과를 볼 수 있다.

지나친 고집이나 주장으로 주변과의 분쟁이 일어나기 쉽고, 실질적인 수입은 별로 없는데 보기에는 영업이 잘 되는 것 같이 주변에게 평가를 받게 되어 애간장을 태운다.

직종이나 주거 변화가 생기기 쉽고, 자신의 인근에 경쟁이나 라이벌 대상이 생기며, 색정으로 오는 고민과 병자로 하여금 놀라는 일이나 정신이 아찔해지는 일을 만나게 된다.

쓸데없는 일이나 추측으로 오는 억지를 부려 상대를 공격하기도 하고 지난날의 불의의 행적이 밝혀져 해결을 지어야 하며 그로 하여금 상처를 받게 된다.

한 일에 전념하면 의외로 좋은 기회를 얻고, 성실한 노력은 주변으로부터 신망을 얻어내어 안정된다.

때로는 감정이 이성을 잃게 되어 대인 충돌, 가정 불화가 많아지고 사소한 일에도 화를 잘 낸다.

년의 길 방위로는 동남 · 남 · 북 방위가 대길 방위이고, 음력 7월에는 북 방위, 11월에는 동 방위를 잘 이용하면 소원성취는 물론 재운도 좋아진다.

★ 三벽목성의 개운 비법은 본인의 수정을 좋은 기맥이 있는 방위를 찾아서 묻어 놓는 것이 특효이다.

년의 흉 방위로는 巳년에 서북세파 · 亥년에 동남세파 · 申년에 동북세파 · 寅년에 서남세파이다.

◉ 四綠木星 중궁의 해

본명성이 동남(辰巳) 손궁에서 '암검살'을 받게 되어 매사 뜻대로 풀리지 않고 주변환경 · 조건이 수습하기 어려운 문제가 많아진다. 현재까지 경영하고 있는 일이나 새로 시작하려는 일이 되었든 뜻하지 않은 재난과 고난 등이 꼬리를 물고 일어나고 좀더 벌어 보려고 일을 벌이면 이익보다 상태가 부진해지고 일이 복잡해지므로 매사를 참고, 현실을 지키는 것만이 버는 것이다.

가정 · 친척 · 친구에 대하여 신경에 거슬리는 소문 때문에 마음이 흔들리게 되고, 성급하게 일을 저지르면 어떠한 명목이 되었든 간에 상대로부터 원한을 사게 된다.

또한 여성은 남성으로 하여금 근심거리가 생기고 남성은 여성으로 하여금 원한을 받게 되어 발병이 생기게 되는 빠른 회복은 어려울 것이다.

일상생활 살아가는 생업에 뜻하지 않은 재앙이나 실수 등으로 손실이 생기고, 미혼자는 좋은 혼처가 나와 성혼이 가능하지만 의외로 정신적인 부담이 많아져 잘못하면 파혼되기 쉽다.

실직자는 취업이 가능하고 자영자는 먼 지방 거래처와의 주선거래, 무역거래 등이 가능해지지만 수금절차, 대금지급 관계에 있어 하자가 우려되니 조심하여야 하고 건실한 노력은 자격취득 · 승진 · 진학의 영예를 얻는다.

★ 암검살의 살기는 타동적인 살기로 주변으로부터 오는 것으로 이러한 것을 사전에 알아내고 좋은 방위를 이용하여 기력을 축적하게 되면 그만큼 흉살

을 제거할 수 있다.

이때는 위로 올라가는 것보다 아래로 떨어지지 않도록 조심하고 호흡기 · 장병 · 신경통 · 불안이나 또한 본의 아닌 이동수도 있다. 또한 이때는 남에게 지기 싫어하는 의욕과 일에 대한 승선을 잡기 위하여 적극성을 띠는 바람에 주변과의 마찰이 많으며, 일시적인 이익은 얻을 수 있을 것이다.

년의 길 방위는 서남 · 북 방위가 대길 방위가 되고, 음력 2월에 서남 방위를 이용하면 사업번창, 가정안정, 재력이 형성된다.

년의 흉 방위로는 동남 방위에 본명 암검살 : 이때는 절대로 이 방위를 사용하면 안 되고, 이 방위에 살고 있는 사람에 대한 인감보증 · 금전보증을 하게 되면 완전히 붕괴된다.

子년에 남세파 · 午년에 북세파 · 卯년에 서세파 · 酉년에 동세파 서북 방위에 오황살이다.

◉ 三碧木星 중궁의 해

모든 일이 침체 상태가 되어 새로운 돌파구를 찾게 되지만 환경이나 조건이 여의치 못하고 마음만 답답할 뿐 원만한 묘책이 안 나오고 나온다 하더라도 실천하기 힘들다.

★ 이것저것 안 되어 현상 유지에 힘쓰고 좋은 기력 방위를 찾아 여행하려 하면 이상하게도 계획한 전날이나 출발 직전에 긴급한 사정이 발생하여 어쩔 수 없이 포기하는 예가 많다.

또한 본인의 본명성이 중궁에 돌아앉을 때는 지금까지 잡아왔던 기력이 크게 작용하고 또한 때를 맞쳐 기력 효과도 크게 나타나는 특징이 있다.

의외로 어려운 금전문제로 가정 분쟁이 많아져 주거나 직장 변화도 생기게 되면 병과 색정에 관한 고민사는 오래 끌어간다.

이때는 지나친 의욕을 자제하고 성실하게 일에 열성을 갖게 되면 의외의 도움을 얻을 수 있으며 매사 독답으로 처리하는 것보다 젊은 남성의 자문을 얻어 행동하는 것이 효과적이다.

무언가 복구해 보려고 이것저것 손을 대보지만 만족할 수 없고 주변과의 거래 관계 역시 일을 받아 놓고 끝마무리를 짓지 못해 주변으로부터 신용을 잃게 된다.

일이 안정되게 손에 잡히지 않고 주거 변경에다 음력 9월에는 근친자와의 생사별 암시가 있으므로 행동과 여행 등에 조심하여야 한다.

★ 좋은 방위 활용만이 흉살을 유일하게 피할 수 있는 방법임을 알고 좋은 방위 활용에 힘써야 되며 때로는 좋은 방위를 갔다와도 효과가 나타나지 않을 때도 있지만 몇 번이고 횟수를 늘려 갔다오면 반드시 효력이 나오게 된다.

년 공망(지지) 해당자는 육친에게 나쁜 영향을 주게 된다.

년의 길 방위는 서남서북 방위가 대길 방위로 음력 2월에 서남 방위를 사용하면 유리한 부동산 운이 생기고 재력이 좋아진다.

년의 흉 방위로는 丑년에 서남파살 · 辰년에 서북파살 · 未년에 동북파살 · 戌년에 동남파살 서 방위에 오황살 · 동 방위에 암검살 이때 흉 방위를 갔다오면 바로 흉살이 나타난다.

◉ 二黑土星 중궁의 해

대담하고 활동력이 작용되어 모든 일을 배짱으로 밀고 나가려 하지만 지난날을 어떻게 보냈는가에 따라 돌아가는 사태가 달라지고, 처음 시작은 좋지 않지만 본인의 분수에 맞는 적당한 일은 점진적으로 큰 성과를 얻을 수 있다.

무엇보다 확실하게 정착할 수 있는 일이 중요하고 어떠한 자영사업 · 개업 · 확대 등 경영을 원하는 시기로는 적당한 기회가 된다.

★ 다만 본인의 본명성 三碧木星 '목기'가 서북 방위(戌亥) 건궁(육백금성) 자리에 진입함으로써 건궁의 '금기'를 받게 되어 결과적으로 '금극목' 상태가 되어 마음의 침착성이 없어지고 불안요소로 성급해진다.

또한 급진적인 신분상의 권위나 주거, 일자리 문제 또한 변동이 생기고, 때론 전혀 가망성 없는 유혹에 현혹되어 적극적으로 일을 밀고 나가다가 벽에 부딪쳐 이러지도 저러지도 못하는 진퇴양난의 처지에 몰리게 되는 일도 생기기 쉽다.

권력의 당당한 위세와 억압에 눌려 시달림을 받기도 하고, 건축관계, 토목 관계 등에는 주변으로부터 주목받게 되어 감시와 분쟁의 소지가 있고, 다만 어떠한 후원자를 얻어내는가에 따른 선택만이 성공률을 좌우하는 향방이 된다.

근면성을 인정받는 직장인은 상사로부터 실력이 인정되어 승진, 승급의 영진이 예상되고 발상과 창의력에 종사하는 매스컴 · 학자 · 예술인 등은 뜻밖에 좋은 기회를 얻어내어 진위 · 명예 · 상승된다.

때로는 남을 하찮게 보고 남에게 부탁받은 일을 등한시하여 이에 지연과 패해를 주게 되지만 전혀 미안감을 갖기보다 분쟁이 일어난다.

불성실한 거래 관계나 직장 번뇌 등 관재구설이 일어나기 쉽고, 재난과 교통사고, 추락 위기의 암시가 있다.

년의 길 방위는 동 · 서 방위가 대길 방위로 음력 4월 서 방위, 6 · 10월에 동 방위를 이용하면 사업 번창하고 하는 일마다 재력과 연관되며 소원성취한다.

년의 흉 방위로는 寅년에 서남세파 암검살 · 申년에 동북세파 오황살 · 亥년에 동남세파 적살 · 巳년에 서북세파로 하는 일마다 파한다.

巳년에는 금전 손실과 사기, 전혀 가망없는 일에 손을 대 투자 · 주식 · 수표 · 증권의 마찰로 때로는 세무사찰 등으로 좌절된다.

◉ 一白水星 중궁의 해

환경 변화 조건이 유리하게 전개되어 먹고 마시고 즐거운 시간이 많아지며, 또한 본인 역시 맛있는 외식 등 편하게 살기 바란다.

취미생활과 승욕이 강하여 투기적인 승마 · 도박 · 레저 등 필요 이상 내기를 좋아하며, 여러 사람이 모여드는 강연회 · 음식 파티 · 회식 · 결혼연회 등에 참석하는 율이 많아진다.

★ 특히 본인의 三碧木星이 서 방위(태궁)에 진입하여 본궁과의 대충(천반)을 갖게 되므로 이때는 매사 신중한 행동력이 바람직하고, 한눈을 팔게 되면 자신

도 모르는 사이에 막다른 골목에 몰리게 되어 대인 관계 · 물질 거래 등에 지장을 받게 되므로 조심해야 한다.

또한 쓸데없는 일을 자청하여 짊어지게 되고 잘 되던 일도 급작스러운 변화에다가 엉뚱한 결과 · 환경 변화로 그르치는 일이 많아지며 금전거래 관계 · 색정 여난문제 등으로 가정 분쟁이 많아진다.

마음은 착하지만 이래저래 변심이 많아지고 다른 때와 달리 문화적 · 흥행 · 유흥 · 취식 경비가 많아지며 이때는 말을 함부로 하고 말의 대립이 많아져 고립되기 쉽다.

미혼자, 기혼자를 막론하고 열렬한 연애가 성립될 수 있는 기회가 찾아오며 무엇보다 자기본위보다 주변 의견에 따르면 만사 형통하다.

이때는 포용력을 갖는 대인 접촉, 유연한 거래만이 신망을 얻을 수 있고, 조심할 것은 충동 낭비 때문에 적자 인생되기 쉬우니 금전 관리에 힘써야 한다.

본인의 뜻을 관철시키기 위하여 억지 언동을 노골적으로 나타내어 주변사람을 어렵게 만들어 놓기도 하고 아랫사람, 부하, 여문제로 신경 쓸 일이 생긴다.

년의 길 방위는 동북 · 동남 방위가 대길 방위, 음력 8월 동북 방위를 이용하면 신용거래 확장 · 부동산 · 결혼운이 좋아진다.

동남 방위를 이용하면 사업확장과 선전 효과로 번성하고 재력이 형성된다.

년의 흉 방위로는 卯년에 서세파 본명살, 금전문제 손실, 여성문제로 오는 파괴, 유혹으로 오는 실패 · 子년에 남세파 오황살 · 酉년에 동세파 적살 · 午년에 북세파 암검살이다.

◆ 四綠木星인 년운

◉ 九紫火星 중궁의 해

★ 이 해 남 방위(午) 이 궁에 '암검살'을 받게 되므로 어떠한 일에 아무리 노력을 해도 그에 상응하는 효과는 나오지 않고 오히려 명예적인 손실이나 인화관계의 갈등 '이산집화' 극열 변화가 생긴다.

이때는 지금까지의 부정한 암거래가 밝혀져 세무사찰을 받기도 하고 묵은 일이 밝혀져 소실이나 고난을 받으며 지나온 모순된 행동은 사회적으로 지탄을 받는다.

또한 본인의 나쁜 행동이 사회적으로 물의와 피해를 준다는 사실을 알면서 어쩔 수 없이 일을 벌려 놓고 솔직히 사실을 시인하는 것보다 비굴하게 극구 합리성을 주장하는 본인을 주변에서 볼 때 동정보다 얄미운 눈초리를 비판하게 된다.

★ 암검살에 해당하는 해를 정확하게 알아내고 암검살의 대처방법으로서 우선 암검살 해 이전에 좋은 방위를 이용하여 좋은 기력(상생기력)을 몸에 축적시켜 놓는 것이 제일 유리하다.

이러한 축적이 안 되어 있으면 우선 주변사람과의 포용성이 있는 융화, 수습거래를 원만하게 하고, 본인의 분수에 넘치는 일은 절대로 해서는 안 된다.

항상 자신의 주변을 깨끗하게 하고 수동적으로 받아들여 주변과의 마찰을 최대한 피하는 것이 좋지만 대략 이때의 위신, 프라이드가 높아 참는 데는 한도가 생길 것이다.

불운한 사람은 자신의 처지를 솔직히 시인하고 따뜻한 원조를 받아들여 일시적인 불행은 피할 수 있게 될 것이며, 현재 호황기에 부러울 것이 없이 잘 풀려가는 사람은 3년 후에 암검살의 기가 작용하여 어떠한 모양이 되었든 재난을 면할 수 없다.

또한 친척과 친구 사이에 불화가 생기고 화난의 암시가 있으며, 먼 곳과의 거래관계 · 무역 · 여행에는 불리하고 부당한 거래 관계 · 커미션 · 프리미엄 등이 붙어 거래 관계에 구설과 분쟁이 생긴다.

관재구설 · 소송문제 · 학교 · 이성문제 등 지금까지 숨겨온 내막이 폭로되어 주변으로부터 불신을 받기도 하고 가까운 인척과 육친간의 생사별도 생기기 쉽다.

또한 어떠한 정신적 연구목적에 성의를 바쳐온 매스컴 · 학자나 예술 등은 사회적으로 인정을 받게 되어 명예의 영광과 공인을 받게 된다.

착실한 노력은 자격취득 · 진학 · 승진의 영광을 얻게 되고, 직장인은 상사의 영립으로 출세의 길이 열리게 된다.

모양에 치중하게 되고, 자기 돈을 써가면서 남의 일을 열심히 봐줌으로써 손실은 있어도 신의를 얻을 수 있으며 일을 크게 벌이면 고난을 당한다.

◉ 八白土星 중궁의 해

모든 일이 부진, 침체 상태로 일이 뜻대로 안 되어 의욕이 없어지고 주변사람이 볼 때 무능하고 전혀 박력 없는 맥 빠진 사람으로 보이며 직장인은 부하직원으로부터 불신을 받게 된다.

집안 개혁에 관심은 많아도 어쩔 수 없고 특히 자식문제 · 이성문제에 한해서는 '진퇴양난' 난감한 처지에 놓이게 되며 일을 서둘러 그르치고 운세를 죽이는 결과로 어려움을 자초한다.

어떠한 모양이 되었든 간에 집안에 이산문제가 생기고, 주선거래 · 상담교제 등에는 이상하게도 의견이 잘 먹혀들지 않고 제지를 받게 되며 일에 어려움이 온다.

오랫동안 거래해 왔던 믿을 만한 거래처라 할지라도 돌연 경쟁자 출현으로 입찰가격이 하락 위기에 처하기도 하고 때로는 아예 적으로 변모하여 억압과 겁탈하려 한다.

★ 육친과 조상대에 패가망신, 행방불명자가 있었을 것이고 올해 발생한 병은 완치할 수가 있지만 지금까지 끌고 온 병은 죽게 된다.

이때 생기는 이상 변화는 일이 순조롭게 잘 나가다가 끝마무리에 가서 벽에 부딪쳐 정리를 하지 않으면 안 될 사정에 놓이게 되고, 처음 시작할 때부터 어려운 위기에서 아슬아슬하게 끌어오던 부진 상태가 이상한 극 변화로 구사일생 살아나는 양면으로 볼 수 있다.

술좌석을 필요로 하는 주연교제가 많아지고, 이때 지나친 야망이나 욕심은 절대로 이루어질 수 없는 사항이 되므로 될 수 있는 한 긴 안목을 보고 냉정한 행동력만이 잘 넘길 수 있는 길이다.

모든 일을 감성과 배짱으로 밀고 나가 주변 관계가 별로 좋지 못하고, 직장이나 주거 변화가 많고 감기로 오는 중병, 만성병으로 고생하기 쉽다.

이때는 본업보다 부업 · 가내업 · 수출가공업 등에 손을 대면 수입이 좋고, 될 수 있는 한 모양보다 내실이 있는 일, 연구하는 일 등에 효력이 생긴다.

년의 길 방위는 서 · 서북 방위가 대길 방위로 음력 4월에 서 방위를 활용하면 원방거래 · 무역거래 · 이성 관계가 좋아지고 대인 물품 거래와 영업실적이 올라 재력이 형성된다.

★ 여행으로 기력을 잡으려면 될 수 있는 한 100리(42km) 길을 넘어가는 것이 효과적이다.

년의 흉 방위로는 申년에 동북세파 암검살, 巳년에 서북세파, 寅년에 남세파 오황살, 亥년에 동남세파이다.

★ 이런한 흉살 방위의 가내 개수 · 회사 건물 등을 손질하게 되면 풍수지리상 흉살을 불러들이게 된다는 사실을 알아야 한다.

◉ 七赤金星 중궁의 해

이 해는 작년에 비하여 매사 약간 숨통이 트였다고 볼 수 있지만 그렇다고 완전히 트인 것이 아니라 어느 정도의 성과는 있지만 완전히 해갈된 상태는 아니다.

영업실적이 부진하고 한산하여 부득이 축소하는 경향이 많아지고 이럴 때 이사나 축소 방위를 월운에 맞추어 날을 받아 이사하게 되면 훗일에 반드시 그 효력을 얻는다.

이때 상태로는 사업 확장 · 영업소 개설 · 거래처 확장 · 이동 즉 유통자산면의 변화는 좋지 않지만 부동산 고정자산(집) 운이 있으므로 가옥 확장이나 이사 등은 일시의 선택 방향에 따라 부동산 운은 달라진다.

겉모양은 좋게 보이지만 쇠운기로 집안에 어려움이 많이 발생하고 쓸데없는 일을 저질러 갈팡질팡 겉잡을 수 없는 가정불화나 이성 불륜 관계의 고민이 생기며 여성은 남성에 대하여 원한을 사게 된다.

가까운 육친과 인척에 변사 사건과 행방불명자가 생기기 쉽고, 또한 먼 거리의 여행과 해외여행 등에서 뜻하지 않는 재난 위기도 맞게 된다.

지금까지 착실하게 노력해 온 사람은 현실 유지로서 신용이 증대되고, 발전이 기대되며 서두르지 않고 낙관적으로 느긋하게 대처하면 손실보다 이득을 얻어낼 수 있을 것이다.

실직자는 근로의욕으로 무엇인가 하게 되고 자영인은 주변사람의 거래주선 · 권고알선 등 상당한 거래처를 넓혀 나갈 수 있으며 신용이 좋아진다.

또한 음기로 남에게 일을 맡길 수 없고, 의심과 말이 많아져 주변사람이 가까이 하기를 꺼려하며 남을 하찮게 보고 충고를 받아들이지 않는다. 분수에 맞지 않는 일을 일으켜 실패를 자초하는 사람이 많다.

년의 길 방위는 북 방위가 대길 방위이다.

년의 흉 방위로는 酉년에 동세파 오황살 · 午년에 북세파 · 卯년에 서세파 암검살 · 子년에 남세파이다.

◉ 六白金星 중궁의 해

사업 발전에 밝은 전망이 약진하는 해로 일반적으로 젊은 층의 영업소는 일상 새로운 영업계획을 창출해 내고 연속된 아이디어를 개발해 냄으로써 활발한 발전이 기대된다.

이때 제조품은 어떠한 것이 되었든 간에 장래가 유망한 제조품목으로 변할 수 있는 물품으로 그 사업소의 기반이 될 수 있고, 이때는 다소간에 반대 의견도 생기기 쉽지만 무리를 무릅쓰고 밀고 나가도 성공이 가능하다.

이때 조심할 것은 주변 말에 매혹되어 마음의 안정을 찾을수 없고 이것저것 생각하다 보면 자연 결정을 내리는 데 상당한 시간이 걸리게 되어 주어진 좋은 기회를 놓치고 후회하기 쉽다.

또한 새롭게 만들어내고 다듬어 나가는 데 지나칠 정도로 이권에만 신경을 쓰게 되면 뜻하지 않는 손실과 좌절이 기다리고 매사 단독으로 결정할 것이 아니라 본인과의 상성 관계(동업 관계)가 맞는 사람과의 협조체제, 자문체제, 동업 관계 등 합작사는 성과는 대답하다.

독립 · 개업 · 이사 · 여행 · 신축하는 데 좋은 기회가 되고, 특히 주변 유지 · 선배와 상사의 주선거래 · 주선알선 등으로 상회적인 이목을 끌어모을 수 있고, 본인이 하고 있는 일을 일반 대중에게 최대한으로 선전할 수 있는 찬스이다.

또한 이때는 보는 속단력과 견통력이 빨라져 기민한 행동력이 생기며 재빨리 일을 처리함으로써 수익이 생기지만 지나친 욕심 때문에 일시에 끝나기 쉽다.

단기로 화를 잘 내고 쓸데없는 일로 분쟁이 많으며, 무모한 행동으로 불운을 자초하기 쉽고, 교량과 교통사고 등 재난 사고 암시가 있다.

★ 년의 길 방위는 남 · 서남 · 동북 방위가 대길 방위로 음력 1 · 9월에는 남 방위, 2월에는 서남 방위, 이 해 四록목성의 가장 좋은 방위를 얻는 해로 먼 거리 해외란 뜻이 있어 해외여행 방위로 이용하면 상당한 효과를 얻어낸다.

년의 흉 방위로는 戌년에 동남세파 · 未년에 동북세파 · 辰년에 서북세파 암검살 · 丑년에 서남세파이다.

◉ 五黃土星 중궁의 해

★ 본인의 본명성(본궁) 동남 방위 손(巽)궁에 진입함으로써 수습 정리 관계가 좋든 나쁘든 부분적인 변화가 생기고 좋은 점은 별로 몰라도 나쁜 점은 극단적으로 비판의 대상이 된다.

매사 좋은 일만 의도적으로 밀고 나가는 행동력은 주변으로부터 좋은 평가를 받게 되어 신용 증대가 되지만 의도적으로 잘 해보려다가 실수를 하게 되면 주변 접촉이 잘 먹혀들이 않고, 근원적인 실수의 도량 따라 매사가 감소된다.

현실적으로 보이는 환경이나 조건, 분위기에 따라 직감에 의존하여 일을 벌여 놓고 일이 뜻대로 풀리지 않으면 본인도 알 수 없는 잠재의식이 발작하여 신경질을 낸다.

또한 일이 마음에 들지 않으면 변덕스러운 행동이 많고 결단력이 필요할 때 우유부단하여 결단을 내리지 못하고 놓쳐버린 후 본인의 입장이 난처해지면 남에게 그 책임을 전가시키려고 애를 쓴다.

무엇보다 이때는 사회적인 환경조건을 많이 받게 되며 지금까지 몰랐던 본인의 직종과 적직을 찾아낼 수 있는 기회가 되고, 적직에 맞는 사업계획, 확장하는 데는 좋은 기회가 된다.

이때 발생하는 소문과 평가는 입에서 입으로 바람을 타고 전달하게 되면 수습거래, 주선알선, 대인교제는 치고 받고 얽히고 휘감겨가면서 시간에 따라 성사된다.

성취 효과를 보다 효율적으로 얻어내기 위해서는 이때는 선물공세가 특효약이고, 신변상의 변화나 주거의 변화도 일어나게 된다.

마음 먹기에 따라 소득을 얻어낼 수 있는 기회가 생기며, 성실한 신용거래는 활발해지고 근면한 노력은 사회적으로 인정받아 자격 취득, 승진, 진학의 영광을 얻는다.

가까운 거리보다 원거리, 해외에 호전운이 있고, 미혼자는 의외의 혼처가 나오며 주변 유대와 충고 · 조언을 받아들이면 일생 일대의 변화기를 맞게 된다.

밖으로 나서면 분주해지고 돌발적인 재난에 조심하여야 하며 돈이 들어와도 나갈 구멍이 생기게 되므로 저축 방위를 이용하여 은

행에 입금하면 지출이 없어진다.

년의 길 방위는 동 · 남 、북 방위로 음력 7월 북 방위를 이용하면 가정 안정과 재력이 형성된다.

년의 흉 방위는 해(亥)년에 동남세파 · 신(申)년에 동북세파 · 인(寅)년에 서남(庶男)세파 · 사(巳)년에 서북세파가 되고, 동남에는 본명살까지 겹쳐 주선거래 오해받기 쉽고, 발병이나 재난 사고에 조심해야 한다.

◉ 四綠木星 중궁의 해

본명성이 중궁에 진입하는 해로 지금까지 어떠한 일을 어떻게 해 왔는가에 따라 나타나는 실적이 달라지고 이때의 외세는 사면초가의 고립 상태가 되며, 집안문제 때문에 어려움이 많다.

지금까지 일해 온 행적이 좋으면 좋은 대로 나쁘면 나쁜 대로 자신의 목줄을 압박해 오고 부지런하고 착실한 정도를 걸어온 사람에게는 그에 상응하는 실적을 얻을 수 있다.

이때의 집안 수리 · 이사 · 개업 · 이전 등은 피해야 하고, 웬지 마음의 안정을 찾을 수 없어 쓸데없는 일에 간여하게 되면 어떠한 모양이 되었든 간에 방해를 받게 되어 손실이 크다.

또한 이때는 새로운 일이나 한곳에 신경을 집착하는 일보다 여러 곳에 마음을 분산시킬 수 있는 일에 좋으며 일을 정론하는 수습 능력이 없어지고 상대가 친절하게 대해 주는 억양에 대해서도 웬지 마음에 거슬리게 받아들인다.

가정분쟁 · 불륜 이성 관계 등으로 가정생활에 지장이 오게 되고, 때로는 지나칠 정도로 성급하게 일을 서둘러 본의 아닌 속임수에 걸려들게 된다.

적극적인 행동력은 예상 의외로 악순을 부르게 되고, 때로는 생명적 위기, 자학도 생각하게 되므로 어떠한 문제가 발생하여도 자제하고 한 발 후퇴하고 생각해야 한다.

들뜬 기분으로 여행하고 싶어하는 충동도 생기며 무엇인가 좋은 일이 터질 듯하면서 좀처럼 터지지 않으며 이때는 비교적 사소한 일을 원만하지만 큰 일은 어려워진다.

일과 직장문제로 번민하고 모든 일을 손쉽게 받아들이고 마무리 짓는 것이 나빠 주변으로부터 신용을 잃으며 오랫동안 끌어온 근친자의 병은 죽음으로 이어진다.

년의 길 방위는 남서 · 북 방위가 된다.

년의 흉 방위는 서북에 오황살 · 동남에 암검살 · 午년에 북세파 · 子년에 남세파 · 卯년에 서세파 · 酉년에 동에 세파이다.

◉ 三碧木星 중궁의 해

본명성이 서북 방위 건(乾)궁에 진입하여 사업 확장 · 개업 · 독립에 좋은 기회가 되고 승부를 거는 투기적인 일에 손을 대기 쉽고, 때로는 노름과 경마 등에도 간여한다.

이때는 본인 기성과 상생 관계에 있는 선배나 유지들을 찾아가 일에 대한 자문을 구하면 조언은 물론 선배가 알고 있는 거래처에 주선 협조가 가능해져 상당한 발전과 이득을 얻어낼 수 있을 것이다.

★ 여기에서 알아둘 것은 본인의 사록목성(四綠木星) (본궁)과 건궁(乾宮)은 서북에 동남 관계로 정위대충이라 하여 좋은 해라고는 볼 수 없다.

정위대충 사이에 좋은 점보다 나쁜 점에 강도가 높아져 지금까지 안 하던 주색잡기(노름) 등 한판 승부욕 때문에 쓸데없는 금전지출, 해외여행 등의 낭비가 많아진다.

새로운 사업시 작은 금해야 하고 또한 사업 확장도 불이익이 초래되면 억지를 무릅쓰고 신규사업이나 확장을 하게 되면 환경이나 조건상 부진 · 방해 등 어쩔 수 없이 중단해야 할 처지에 놓인다.

집안 분쟁 · 색정으로 오는 고민이나 거래, 수습, 교제를 지나치게 넓혀 일이 엉망이 되고, 원한을 사는 일 때문에 가슴이나 배의 병으로 고통받기도 한다.

본인의 욕구를 억제하고 순리에 따라 행동해야지 분수에 맞지 않는 일을 벌여 독행하게 된다면 주변사람들의 눈에 거슬림을 받게 되어 동조자를 얻어낼 수 없다.

어떠한 일이 되었든 간에 상대의 입장으로 바꿔 생각하고 행동하게 되면 매사 순조롭게 해결할 수 있으므로 무엇보다 지혜로운 해결방법을 선택하는 것이 안정하다.

또한 이때로 단기로 고집과 변덕으로 한 일을 완성하는 데는 어려움이 많고, 자기 생각과 맞지 않으면 간단하게 집어치우는 배짱으로 이것저것 전전하게 된다.

년의 길 방위는 서남 방위로 음력 2월에 이 방위를 이용하면 근면한 노력으로 성과가 좋아져 부동산 · 재운이 좋아지게 된다.

년의 흉 방위로는 丑년에 서남세파, 이러한 해는 년 중 사용할 수 있는 방위가 없다.

이때 서남 방위에 이사 · 확장 · 물건 · 금전거래를 하게 되면 좌절되므로 일절 금하는 것이 약이다.

戌년에 동남세파 · 未년에 동북세파 · 辰년에 서북세파 적살, 본명적살기는 환경이나 조건이 현저하게 나빠지고 별 신경 안 쓸 문제 등이 큰 문제로 장해를 주게 된다.

◉ 二黑土星 중궁의 해

이때는 우선 마음이 편하고 즐거운 기분에 사로잡혀 색다른 흥미와 취미거리를 찾기 바라며 주변환경 조건 역시 본인이 바라는 즐거운 일이 벌어지게 된다.

본인이 바라는 한정된 물품거래나 주선교제 등을 확장시키는 데 좋은 기회가 되고, 교류영역을 넓혀 나갈 수 있는 강연 · 연설회 · 술 좌석 · 파티 · 음식 대접 등 적극적인 밀착 교제만이 좋은 성과를 얻어낼 수 있다.

회사 직원이라면 회사 내 이벤트 형식으로 주변 직원과 유대거래, 교제를 넓혀 나가는 것도 한 요령으로 볼 수 있다.

또한 四綠木星인은 사람 출입이 빈번한 장소인 터미널 · 역 · 학교 · 관공서 등에 많은 인연이 있으므로 어떠한 사업을 일으키는 데도 참고하면 좋고, 이러한 장소에서 만나 연인 관계 역시 열렬한 열정으로 불타 오른다.

★ 四록목성이 서 방위 태(兌)궁에 진입하는 상태로 태궁의 본궁은 七적금성의 자리로서 四록목성은 오행상 '목' 七적금성은 '금'이 되어 '금극목' 생이 아니라 극에 진입한 것이다.

이러한 해설은 필요 이상 본인의 분수에 맞지 않는 일을 벌이든지 노는 데만 신경쓰게 되면 금전지출로 패가망신하기 쉽고, 입의 화근으로 오해나 구설이 생기며 어떠한 모양이 되었든 간에 주변에게 피해를 주게 된다.

이권 관계의 욕심이나 놀기 좋아하는 불륜, 색정문제 등으로 서로 어울리고 얽히게 되면 자연 속임수의 마력에 걸려들기 쉬워지므로 주변 유혹에 조심해야 한다.

이때는 성급하게 서둘러 해결지으려면 할수록 나쁜 영향을 받게 되므로 때를 기다리는 것이 현명하고, 가정분쟁 · 상담 · 거래의 대립 · 금전 마찰 · 여자로부터 원한을 사게 된다.

금전 · 수지타산상 극변하는 면이 발생하고 어려운 궁지에 몰리기 쉬워지므로 돈을 쓰는 것보다 절약과 절제에 노력하면 상당한 금액이 저축된다.

또한 연애 관계가 결혼으로 이어지기 쉽고, 때로는 터무니없는 말이 화근이 되어 신용을 잃으며 별 다른 일을 비밀리하여 상대로부터 의혹을 받아 이익보다 손해가 많다.

년의 길 방위는 동남 · 서북 방위로 음력 11월에 동남 방위를 사용하면 사업 번성과 금전운이 좋아지고, 새로운 아이디어 개발로써 뜻이 이루어진다.

년의 흉 방위로는 寅년에 서남세파 암검살, 이러한 방위 여행은 재난과 교통사고 암시가 있고, 亥년에 동남세파 · 申년에 동북세파 오황살 · 사년에 서북세파이다.

◉ 一白水星 중궁의 해

지금까지 끌어왔던 사업 · 집안 일 · 영업방침 등 내외를 막론하고 본의든 타의든 간에 주변환경 조건 변화에 따라 나름대로의 개혁 변화가 필요해진다.

지금까지 환경조건이 좋아져 매사 순조롭던 사람은 점진적으로 나빠지고 역으로 부진하고 어려웠던 사람은 구사일생 환경조건 변화로 주변의 도움으로 소생할 수 있다.

이때는 자신에 대한 역량 · 위신 · 능력에의 평가를 받고 싶어하여 들뜬 기분에 사로잡혀 새로운 개업 · 독립 · 직장인은 자영사업 변화를 시도하게 되고, 기존업소는 혁신하기 바란다.

또한 점진적으로 한 걸음 두 걸음 바라는 소망을 위하여 착실히 노력하는 사람은 자식으로부터 효성을 받아 마음이 흡족함이 생기고, 가정화합은 물론 뜻하지 않은 상속이나 재운 저축금이 많아진다.

또한 어떠한 환경이나 조건이 되었든 간에 장래를 위하여 어쩔 수 없이 끊고 맺어야 할 개혁 기회로 고난과 번영의 격돌기에 놓이게 된다.

본인에 대하여 어쩔 수 없는 신상 변화도 생기고 집안 분쟁과 구설 등 시끄러운 일이 많지만 큰 영향을 주지 못하고 남의 일 때문에 분주해진다.

어떠한 일이든 서둘면 불리하고 주거문제 · 부동산 · 혼인문제 등이 많이 생기며 자식문제로는 많은 신경이 요해지고 이러한 문제는 시간에 따라 해결된다.

집안 수리에는 좋은 날짜를 택하여 수리하는 것이 좋고, 만일 흉일에 집을 수리하게 되면 가정불화는 물론 우환 · 색정문제 · 자식불량과 연관되기 쉽다.

매사 현실보는 감성 따라 본인 마음대로 행동하기 쉽고, 무엇보다 말을 함부로 하여 교제면이 좋지 않아 주변으로부터 소외되어 고립되기 쉽다.

근친자의 병이 오래 되면 죽음으로 이어간다.

년의 길 방위는 동남 · 서 방위로 이러한 방위를 이용하여 영업소나 개업을 하면 지금까지 별볼일 없는 사람은 사라지고 새로운 열성분자가 모여들어 영업이 번성하고 재력이 좋아진다.

년의 흉 방위로는 卯년에 서세파 · 子년에 남세파 오황살 · 午년에 북세파 암검살이다.

◆ 五黃土星인 년운

◉ 九紫火星 중궁의 해

본인의 왕성한 패기는 전혀 알 수 없는 환경 조건에 휘말려 맥이 풀려 의욕이 상실되며 눈앞에 급변하게 치우고 정리 수습하는 문제도 긴장감이 풀려 방치해 버리는 일이 많다.

주변에게 알릴 수 없는 말 못하는 사정이 생기고 때로는 본인 혼자서 여러 사람과 대립하고 다투어야 할 처지에 놓이게 되며, 가정 분쟁이나 집안 우환으로 오는 어려운 변화도 생기게 된다.

악연의 환경조건으로 관재구설수에 몰리고 주변 유혹에 현혹되어 손재가 생기며, 도난과 사기 등으로 물질적으로 큰 영향을 받을 수도 있다.

또한 도저히 성사될 수 없는 일을 자신이 잘 알면서도 설마 하는 가늘한 기대감으로 억지를 부려 일을 저질러놓고, 안 되면 남에게 그 책임을 전가해 버리는 일면도 있다.

무엇보다 이때에는 정신적 욕구를 충족시키는 자아 반성 · 학술연구 · 공부 연마에는 좋은 기회가 되지만 물질면이 나쁘므로 매사 깊게 관망하면서 신중하게 다루어 나가야 한다.

단기로 일이 벽에 부딪혀 뜻을 이루기 힘들고 남에게는 사정을 잘하면서 남의 사정은 받아주지 않으므로 주변사람으로부터 소외되어 고립된다.

년의 길 방위는 동 · 서 · 동남 · 남서 방위로 음력 6월에 동 방위, 일본 하와이 여행을 마치면 효력이 대단하다.

년의 흉 방위로는 丑년에 서남세파 · 戌년에 동남세파 · 未년에 동북세파 · 辰년에 서북세파 남에 암검살, 북에 오황살이다.

◉ 八白土星 중궁의 해

올해는 매사 진두에 나서서 적극적으로 일하는 것보다 대담성을 자제하고 지도력보다 보좌하는 위치에 서서 능동력보다 수동적인 자세로 수리와 흐름에 따라 행동하는 것이 좋다.

실천력보다 앞으로 살아나가는 장래에 대한 문제를 생각하여야 하는 준비 기간으로 개업 · 자영 · 옥립 · 사업 확장에 대한 실천보다 금전조달 · 영업거래 · 사설자금 등 앞으로 벌여나가는 새로운 세부계획에 효과적이다.

★ 실천보다 계획기간이 되고 다만 토지 · 가옥 · 부동산 운이 좋아 금전이 있으면 좋은 방위에서 나오는 땅이나 집을 사 두게 되면 앞으로 큰 재력으로 변하게 된다.

이것은 서남 방위 곤(坤)궁에 본명성이 진입함으로써 매사 표면에 나타나는 일보다 이면에서 벌려놓은 일이 장래가 유리한 표이귀문(表離鬼門)의 사선에 해당하기 때문이다.

하고 있는 형태가 어떠한 모양이든 간에 헷갈리고 마음의 동요가 많아지며 때로는 우유부단해져 주어진 좋은 기회를 놓치기 쉽고, 적은 소득에 얽매여 큰 이득을 잃어 후회하게 된다.

또한 남을 의지하려 하는 운기 때문에 친척이나 친구의 유혹에 현혹되어 얻는 것보다 잃는 것이 많다.

이때의 발병에 있어도 50세를 넘은 발병환자의 지병은 완치할 수 있지만 젊은 사람의 발병환자는 오랜 시간의 치료가 피료하고 곤(坤)은 모친, 조모에 대한 생사별 위기도 생긴다.

성급하게 바라는 가정적 욕망은 성사하기 어렵지만 점진적으로 집안에 얽히는 문제는 시간이 지날수록 풀리게 되므로 성급한 행동은 삼가야 한다.

지금까지 놀던 실업자에게도 근로의욕이 생겨 집안 수리 또는 직장을 구하게 되고, 묵은 문제로 배우자의 기쁨 아니면 마찰이 생기게 된다.

남에게 일을 맡길 수 없어 고생이 많고, 큰 포부는 좋지만 주변사람을 하찮게 보고 조언과 충고를 받아들이지 않고 의견을 무시해서 교제 관계상 구열이 많아진다.

년의 길 방위는 동 · 동남 · 서북 방위로 음력 5월에 서북 방위, 10월에 동 방위, 11월에 동남 방위로 사업이 번창하고 재운과 명예운이 따른다.

년의 흉방위는 寅년에 서남세파 오황살 본명살, 절대로 서남 방위를 범하면 안 된다. 巳년에 서북세파 · 亥년에 동남세파 · 申년에 동북세파 암검살이다.

◉ 七赤金星 중궁의 해

지금까지 마음에 있어도 주변 환경이나 조건 때문에 결정을 짓지 못하고 끌어왔던 하고 싶은 일, 주저하고 밀어 왔던 일, 결정을 짓지 못한 유망한 일 등에 이상하게도 새로운 아이디어가 추가 착안되어 새로운 의논처와 협력자가 생겨 마음이 더욱 흔들리게 된다.

새로운 진출이나 일을 파악하고 진출하는 데는 상당한 경비가 들어간다는 사실을 알아야 하고, 지금 하고 있는 현실을 잘 파악하고 그에 상응하는 경비를 조달하여 일에 임해야지 그렇지 않고 금전 대출로 흥청망청 쓰게 되면 빚을 갚는 데 상당한 시간이 걸린다.

완고한 독선적인 고집으로 벌이고, 주변과의 협조 체제만이 일을 성공할 수 있으며 만일 주변과의 적대 관계 등 의견 대립 등이 생기게 되면 매사 수포로 무산되기 쉽다.

특히 시대적 석권을 쟁취하기 위하여 젊은 사람의 의견이나 발상을 수용하게 되면 크게 발전할 수 있다.

또한 이때는 사리사욕 때문에 이것저것 많은 계획을 세워놓게 되지만 이때 세워놓은 계획은 허실의 계획으로 실현성이 별로 없다.

자신감을 갖고 매사 적극적으로 일을 벌여 주변으로부터 주목을 받게 되고 때로는 경계의 대상으로서 감시 받기 쉽고, 본인은 마음이 불안정하고 들떠 있어서 주변 유혹에 현혹되어 속임수에 걸려들기 쉽다.

지금까지 숨겨 온 비밀이 탄로 나고 특히 조세탈세, 기소 중지 행위, 범법 등이 표면에 나타나며 (만일에 현재 일이 탄로 안 나면) 3년 후에는 이러한 문제가 반드시 나타난다.

또한 외면은 좋게 보이지만 어떠한 모양이 되었든 간에 남에게는 정신적 억압이나 상처를 주게 되므로 말이나 행동력의 실수는 삼가야 한다.

새로운 개업이나 독립에는 좋지만 이 해 시작한 일은 내실면이 별로 없고, 외적인 허상이 많음을 알고 시작하여야 하며, 경우에 따라 도난 · 화난 · 재난사고 · 묵은 병의 재발 암시가 있다.

남을 스스로 돌봐주는 기질 때문에 남의 일에 깊게 관여하게 되어 좋은 운기를 그르쳐 금전운을 죽이게 되므로 남의 일을 돌봐주는 데도 정도를 알아야 한다.

년의 길 방위는 동남 · 남 · 서북 방위로 음력 11월에 동남 방위는 사업 번창, 거래 확장되고, 재력이 생긴다.

년의 흉 방위로는 卯년에 서세파 암검살 · 子년에 마세파 · 酉년에 동세파 오황살 적살 · 亥년에 동남세파이다.

◉ **六白金星 중궁의 해**

말썽 많고 복잡한 문제나 사건 때문에 한동안 교류 관계가 단절 상태가 되었다가 그 얽힌 가닥이 단계적으로 한 가닥 한 가닥 풀려 나가게 된다.

여식이라면 나이가 들어 시집을 갈 수 있는 처녀로서 싱싱하고 신선감을 줄 수 있는 익은 과일로 누구에게나 먹음직스러운 과일로 비교할 수 있다.

소원성취를 위하여 부지런히 노력한 사람은 본인의 뜻대로 자격 취득 · 진학 · 승진 · 명성을 얻을 수 있고, 물질면으로도 영업 거래 확장 · 신제품 발족 · 무역 등에 달성된다.

어떤 때는 지나치다가 기발한 발상을 얻어낼 수도 있고, 추억 속에 사로잡혀 우연하게 서신을 띄운 것이 인연이 되어 자신의 운명을 일생 동안 좌우하는 변화도 생긴다.

일의 시작에는 뜻하지 않는 장해 요인으로 신경질이 나지만 모든 것을 참고 자제해 가면서 주변과의 유대 관계를 더욱 다져 나가게 되면 신용거래와 주선 등으로 발전할 수 있다.

또한 보다 좋은 환경 조건을 위하여 이사 가기를 바라고 유리한 입지 조건으로 변하기 바라지만 어떻게 된 일인지 집안에 분쟁만 일어나고 뜻대로 이사 가는 것은 잘 풀리지 않는다.

때로는 지나친 자기본의로 쓸데없는 일까지 간섭하여 주변으로부터 소외받기 쉽고, 돌발적인 재난이나 발병 · 불륜 관계 등으로 말 한마디 못하고 당하는 꼴이 된다.

대인교제 · 영역 확장 · 주선거래가 좋아지고, 연애 성사 · 혼사 중매 등이 성립할 수 있는 해이다.

운세의 고난이 많아져 불안정하며 단기로 제마음대로 행동하여 남에게 피해를 많이 주게 되지만 하등 양심적 가책은 전혀 받지 않는다.

년의 길방위는 동북 · 서 · 북 방위로 음력 3월에 북 방위를 이용하면 좋은 부동산 운을 보게 된다.

년의 흉 방위로는 辰년에 서북세파 암검살, 未년에 동북세파 · 戌년에 동남세파 오황살 본명적살로 이러한 방위를 범하면 흉살을 면할 수 없다.

◉ **五黃土星 중궁의 해**

★ 본명성이 중궁에 진입한 해로 이러한 진입을 '비박'이라고 부르며 이러한

해는 좋은 이로운 면보다 나쁘고 불리한 면이 두드러져 더욱 나타나게 된다.

본래 五황토성의 본궁은 중궁의 자리로서 '제왕의 왕좌'에 위치하지만 태극권으로 음양기를 강력하게 발산하게 되고, 기상조건으로 말하면 태풍 중심의 눈과 같다.

때문에 주변환경 조건을 자기 마음먹은 대로 지배하려는 의욕이 강하게 작용하고 자기본위에 존대함을 과시하려 하며 뜻대로 안 되면 폭력으로써 쟁취하려는 욕심 때문에 주변 화합보다 어이없는 봉변을 당하는 일이 많다.

또한 억지인 줄 알면서 욕심 때문에 무리하게 일을 밀고 나가 그 일이 일시적인 만족은 채워준다 할지라도 무리로 오는 여파는 두고두고 꼬리를 물고 괴롭히게 된다.

이때 본인이 꼭 실행해야 할 일이라면 무엇보다 '자문자답' 하는 여유 있는 행동이 필요하고, 마음의 안정을 찾아야 한다.

★ 특히 음력 7월의 五황토성인은 사면초가, 침체 상태가 되므로 이때 좋은 방위를 찾아 나서서 기력 보완에 힘쓰는 것이 현명한 방법이다.

이러한 해 · 월에 새로운 개업이나 증축, 이사 등은 피해야 하고 이러한 해 · 월에 금해야 할 일을 저지르게 되면 흉살은 반드시 나타나게 된다.

어떠한 물품거래나 교제거래가 되었든 간에 전혀 순탄할 수는 없고, 때로는 성급한 결실로 일을 그르치기 쉽고, 이때는 태풍과 같이 어려운 문제를 한 곳에 뭉쳐 놓고 회오리 바람에 몰아치는 수법으로 몰아치는 것이 효과적이다.

때로는 주변 말에 의존하다 보면 이것저것 불안감에 헷갈리게 되고, 집안 식구나 가까운 친구 사이도 이유 없이 사이가 벌어져 원만하지 못하다.

매사 냉정한 판단과 신중한 행동력만이 본인의 위치를 지킬 수 있는 힘이고, 정도를 지키고 있으면 밖으로부터 유리한 환경 조건이 찾아온다.

경제면은 평온하나 묵은 일이나 부정한 일은 재발되고 명예와 직위에 손상을 주며 거래 수습 역시 극변하는 차이가 생기고 거래관계가 궁지에 몰아붙이며 근친자의 생사별이 생긴다.

년의 길방 위는 동북 · 남 · 서남 · 서 · 서북 방위, 음력 12월에는 서 방위, 1 · 9월에는 남 방위, 5월에는 서북 방위를 이용하면 대길하다.

년의 흉 방위로는 巳년에 서북세파 · 寅년에 서남세파 · 申년에 동북세파 · 亥년에 동남세파이다.

◉ 四綠木星 중궁의 해

주변환경 조건이 생동감을 주어 활발해지고 주변 유지 · 상사 · 선배 등의 영립 알선 · 주선 · 거래 · 원조 등에 힘 입어 활동 · 영업범위가 넓어지며 교제 확대로 하여금 대담해진다.

또한 이때는 어떠한 일이든 본인이 꼭 하고 만다는 '신념과 자신력' 이 작용하여 좋은 분야에 사용하면 좋은 효과를 볼 수 있지만 투기적인 주색잡기(노름) 등 한 판 승부로써 한몫 잡으려는 경향 때문에 때로 부정 · 폭우에 가담하는 일도 생기기 쉽다.

생각지도 않는 후원자를 만나게 되어 상승 케이스를 잡는 사람이 있는가 하면 본인 힘으로는 전혀 불가능한 일을 배짱 좋게 얻어 내어 의외의 호운을 얻게 되는 요행운도 있다.

대략 이때의 실패의 원인은 일이 뜻대로 잘 풀린다 하여 주변사람을 하찮게 취급하고 무시하며 무분별하게 일을 관철시키기 위하여 강압적으로 밀고 나가 주변으로부터 소외받아 실패하는 경우가 많다.

주변과의 유대를 도모하고 올바른 길을 지켜 나가면서 점진적으로 일을 확대해 나가면 매사가 무사하고, 특히 주변 유지 · 선배 · 상사 의견을 자문하고 협조를 구하면 더욱 발전한다.

올바른 길을 벗어나고 부정한 방법을 위하면 어떠한 환경 조건을 불문하고 분쟁 · 마찰 · 구열이 생기게 되고, 이러한 분재 싸움은 일의 시작은 몰라도 마지막 끝마무리에 가서는 반드시 싸운다.

본인의 평가에 따라 운세가 달라지고 어떠한 일이라도 지나친 과욕은 큰 손해를 부르게 되므로 자제하여야 하며 집안 식구의 우환 · 추락 · 재난(교통사고) 암시가 잇다.

때로는 선견 발상으로 일을 벌여 결과에만 추구하다가 아무것도 아닌 상태로 좌절하기 쉬우니 무엇보다 안정성을 갖는것이 현명하다.

년의 길 방위는 동 · 서 · 북 방위로 음력 12월 · 4월에는 서 방위, 10월에는 동 방위, 3월에는 북 방위 등을 잘 이용하면 모든 거래 수습이 번창하고 금전 융통이 잘 되어 큰 재력을 얻는다.

년의 흉 방위로는 서북 방위에 오황살, 동남 방위에 암검살, 적살 · 子년에 남세파 · 卯년에 서세파 · 午년에 북세파 · 酉년에 동세파이다.

◉ **三碧木星 중궁의 해**

어떠한 환경 조건이 되었든 간에 기분 나쁘고 막히는 일보다 기분 좋고 속이 터지는 일이 많고, 하는 일마다 마음이 편하고 여유가 생기며 주변과의 식사 대접 · 술 · 주연고제 · 연회 · 파티 · 강연 · 결혼 등 모임 참석이 많아진다.

이러한 모임에서 의외로 좋은 상대를 얻을 수 있고, 때로는 유력한 후원자 · 주선 · 거래 알선 · 소개 등 대인 접촉으로 영역을 넓힐 수 있는 기회로 어떻게 활용하는가에 따라 자신의 성패가 좌우된다.

이러한 해의 자금사정은 몇 마디 설명 안 해도 자금 융통이 잘 되고 순리에 따라 금전 문제는 해결되므로써 한마디로 즐거운 해로 볼 수 있지만 항상 입 조심을 해야 한다.

본업을 제외한 부업에 손을 대는 일도 생기고 일단 중단한 일을 재수정하여 손을 대기도 하며 때로는 욕구 만족을 위하여 여자문제 · 금전문제에 대해 신경 쓰게 되고, 신변상의 현지 이동 · 주거 변화 또는 함부로 말한 억지 때문에 집안 싸움이 일어나기 쉽다.

바라지도 않은 육체적인 즐거움과 기쁨을 맛볼 수 있도록, 정신면으로서도 만족한 일이 생기는 반면 의외의 구설수에 휘말려 손해 보는 일도 생기고 마음의 상처도 받게 된다.

이때는 조건 좋은 이성교제가 나타나지만 될 수 있는 한 본인 주장보다 상대 입장을 참작하여 수동적인 자세로 상대 의견을 받아들이는 것이 가장 현명한 방법이다.

금전 수입도 많거니와 지출 또한 많아지고, 일상생활의 평온은 찾을 수 있지만 금전거래 관계, 폭음식으로 오는 위장 장애, 색정, 불륜 관계, 연애 관계로 오는 장해 요인은 어쩔 수 없이 본인 마음을 괴롭히게 된다.

감언 유혹으로 남을 속이기도 하고 속임수에 걸려들기도 하며 주변을 의심하고 믿지 못하는 반면 본인 역시 주변으로부터 불신받게 되어 찾아오는 좋은 기회 자체도 놓쳐 버리기 쉽다.

년의 길 방위는 동남 · 남 · 서남북 방위로 음력 1월에는 남 방위, 음력 3월에는 북 방위를 이용하면 아랫사람과의 유대 관계가 좋아지고 사업 번성, 재력이 형성된다.

년의 흉 방위로는 戌년에 동남세파 · 未년에 동북세파 · 辰년에 서북세파 · 丑년에 서남세파이다.

◉ 二黑土星 중궁의 해

주변환경 조건이 어떠한 모양이 되었든 간에 자신이 변하지 않으면 안 되는 사정과 형편에 놓이게 되고, 본인 역시 지금까지 해 온 일을 개혁 · 수정, 새로운 변화로써 대처해 보려 한다.

본인이 직접 경영하고 다니고 있는 일보다 남이 다니고 운영하고 있는 일이 웬일인지 편하고 잘 되는 것 같이 보이며 더욱 흥미를 끌어 모은다.

이러한 변화성 때문에 몇 십년 동안 다니던 직장이나 운영업체를 혁신하기 위하여 보다 좋은 방법을 택하여 변화를 갖게 되지만 일의 성사, 차질 역시 변화가 많은 것이 특징이다.

또한 혁신방법으로 많은 돈을 벌고 싶고, 많은 돈을 자기 앞으로 저축해 두고 싶으며 새로운 업체로 벌려는 의욕이 남달리 강해져 신규사업 · 개업 · 확장 등을 시도하지만 대략 잘 되는 것은 소수일 뿐 중도에서 좌절되는 것이 많다.

의욕적인 변화보다 어쩔 수 없는 환경 조건으로 부득이한 변화가 많고, 집안 식구 중 젊은 사람은 거래 상태 부진이나 대출금 독촉 때문에 부득이 가출하게 되는 사람이 많으며 때로는 가정 분쟁 · 도난 사채 · 분실 등으로 얻는 것보다 잃는 변화가 많다.

지금까지 순조롭던 환경은 부진으로 돌아가고 부진했던 환경은 점진적으로 호전되며, 좋고 나쁜 변화 형태가 여러 모양으로 나타나며 일이 뜻대로 잘 풀릴 듯하면서 표면은 좋게 보이지만 이면으로는 꼬이는 것이다.

이러한 해에 발병하는 병은 대략 오래 걸리는 것이 통례인데 병이 낫는 것이 빠르면 급변사의 위험이 있으므로 세밀한 치료가 요망된다.

이때는 오직 냉정한 판단과 예감 능력에 의존하는 것이 무엇보다 필요하고 일을 시작하기 위해서는 반드시 신중한 계획과 과감한 행동력만이 일을 극복할 수 있는 바탕이 된다.

또한 승기 때문에 마음대로 행동하는 바탕이 재난과 불안을 부르게 되며, 배짱으로 일관하는 의욕이 때로는 병적으로 보이기 쉽고, 상속 · 후계자 운이 없고, 잘못하면 심신 장해를 받기 쉬우니 조심하여야 한다.

년의 길 방위는 동 · 남 · 북 방위로 음력 1 · 9월에 남 방위, 10월에 동 방위를 이용하면 사업 발전은 물론 재력 형성이 가능해진다.

년의 흉 방위로는 申년에 동북세파 오황살, 寅년에 서남세파 암검살, 적살 · 亥년에 동남세파 · 巳년에 서북세파이다.

◉ 一白水星 중궁의 해

지금까지 해 온 일을 부득이한 환경이나 사정 때문에 중단하고 다시 이어가는 일이 생기게 되고 일단 상호간에 단절되었던 사람과의 접촉이 생기는 반면 가까이 있는 사람은 떠나게 된다.

또한 지금까지 숨겨온 비밀 · 탈세 · 부정 · 범죄행위 등은 어떠한 케이스를 막론하고 밝혀지며 그 행위에 대하여 사회적으로 주목을 받는다.

동정으로 인하여 원한을 사고 가까운 육친 · 집안 식구로부터 쓸데없는 일에 간여한 것이 큰 오해를 부르게 되어 가정 분쟁, 때로는 이성 관계와 불륜 등으로 구설에 올라 애를 먹게 된다.

때로는 건망증으로 분실 · 문서상의 실수 · 카드 취급 소홀 · 중권 · 수표 등의 하자가 생기고 금전거래도 상대 업소에서 수금날짜가 잡혀 가계수표를 지출했는데 상대 업소의 부도로 본인 역시 금전적 연쇄파동에 휘말려 고난을 겪게 된다.

이해의 실수와 금전 손실은 전혀 희생시킨다는 것은 힘들고 이때는 자신의 한 팔목이 희생됨을 깨닫고 일찍 단념하고 피해를 최소화시키는 데 힘써야 한다.

때로는 성급한 대립 양상으로 손해를 볼 수 없다 하여 관재구설, 소송문제도 제기하게 되고, 이러한 소송문제는 재판소의 위치가 좋은 상생 방위가 되면 승소할 수 있고, 흉 방위되면 패하게 되므로 재판 날짜에 역방위로 승소하도록 방위 선택에 힘써야 한다.

지금까지 자신의 본분을 지키고 착실히 목적에 힘쓴 사람은 그 능력이 사회적으로 인정되어 자격 취득 · 승진 · 진학 · 발표 등으로 영예를 얻어 보장받게 된다.

이때 운세는 길흉선악이 극단적으로 작용하여 성실한 선은 좋은 사항으로 밝아지지만 악은 철저하게 기탄의 대상으로 변하고 묵은 병의 재발이나 불명예로운 상태로 전락하는 일이 많다.

앞을 내다보는 선견지명과 영감력이 발달하고 처리 능력이 민첩해져 어떠한 일을 계획하고 실행에 옮기면 장래성이 있으므로 장소, 방위 선정에 힘써야 한다.

가정 주부는 의협심 때문에 봉사 정신이 철저하고, 남편이 가정을 세우지 못하면 자신이 책임지고 가정을 이끌어 나가며 육친을 봉양하지만 행방불명자가 많고, 집안에 신체장애자가 많은 것이 특징이다.

년의 길 방위는 동 · 동남 · 서남 방위로 음력 10월에 동 방위, 11월에 동남 방위, 이러한 방위에 살고 있는 사람과의 인연을 맺게 되면 거래 주선으로 큰 발전이 기대된다.

년의 흉 방위로는 酉년에 동세파 · 午년에 북세파 암검살 · 子년에 남세파 오황살 · 卯년에 서세파이다.

◆ 六白金星인 년운

◉ 九紫火星 중궁의 해

이때는 앞으로 닥쳐오는 장래문제를 의식하고 표면에 나서는 행위보다 그늘에 숨어 차분하고 절도 있는 계획으로 표면을 조정하는 역할이 큰 성과를 얻는다.

장래 수확을 위하여 대지에 씨를 뿌리는 마음가짐이 필요하고 금전 여유가 있으면 올해는 부동산과의 인연이 있어 본인의 상생 방위에서 나타나는 부동산을 사게 되면 뜻하지 않는 큰 재력으로 변하게 된다.

만일 금전 형편상 어려움이 있다 하더라도 무리를 해서 구입해 두어도 무리한 부분이 자연 해결되며 장차 재산 형성 과정에 있어서 큰 보탬을 갖는다.

그러나 이때 영업실적은 한산하고 일이 뜻대로 안 되어 번민하는 일이 많아지며 매사 우유부단하여 때로는 주어진 좋은 기회를 우물쭈물 주저하다 놓치기 쉽다.

이때는 밖의 일보다 집안 일 때문에 난관한 일이 많으며 (가정으로 볼 때) 가정 불화, 육친을 돌보는 문제, 우환으로 오는 금전난, 재판 관계, 형사문제, 집안, 재난, 부진, 매몰 등 여러 형태로 나타나고 조직체인 회사라면 사내문제가 복잡해지고 수습하게 어려운 일이 생긴다.

이때는 실행보다 장래를 위한 사업계획 · 확장설계의 준비 단계로 가정에 있어서도 행복한 가정 설계를 위한 계획 단계이지 실행에 옮기는 것은 '아직' 이란 뜻이 있다.

놀고 먹는 실직자는 근로의욕이 생겨 집안 일을 돌보든지 취업하게 되고, 주어진 일을 성실하게 일한 직장인은 직장 상사로부터 실력을 인정받게 되어 승진의 영광을 얻어낸다.

또한 불행하고 한산했던 가정은 점진적인 행운을 잡는 기회로 주변 선 · 후배와 협조 체제를 도모하게 되면 거래 주선, 알선, 금전 융통, 후원자가 생겨 서서히 일이 풀려 나간다.

프라이드가 높아져 남의 말을 받아들이기 싫어하고 독단으로 처리하여 일을 그르치기 쉽고, 또한 남에게 지기 싫은 근성 때문에 전혀 가망 없는 일에 손을 대어 손실을 확대시키게 된다.

매사 불평 불만이 많고, 태만하고 허송 세월을 보낸 사람이라도 이때는 무엇인가 하고 싶은 의욕이 생긴다.

년의 길 방위는 동 · 동남 · 서 · 서북 방위로 음력 5월에 서북 방위, 6월에 동 방위. 이러한 방위를 이용하면 사업 발전은 물론 큰 재력이 형성된다.

년의 흉 방위로는 북에 오황살, 남에 암검살 · 戌년에 동남세파 · 辰년에 서북세파 · 丑년에 서남세파 적살 · 未년에 동북세파이다.

◉ 八白土星 중궁의 해

지금까지 해 내려온 일에 대한 약점이나 이점을 분명하게 표출하고, 이때 이상한 것은 매사 젊은 기분에 사로잡혀 새로운 계획 아래 적극적으로 실행하게 된다.

개업 · 확장 · 독립 · 개설 등에는 좋은 기회로 좋은 방위를 선정하여 될 수 있는 한 젊은 사람의 자문과 협조를 얻게 되면 의외의 후견자 · 지원자를 얻게 되어 크게 발전한다.

★ 六백금성은 매사 자기본의로 생각하고 행동하는 습성이 있어 주변 의견을 무시하는 버릇이 있고, 본인이 옳다고 판단하면 끝까지 밀고 나가는 행동력 때문에 주변과의 의견 마찰이 심하며, 특히 윗사람 상사에게는 신임을 받지만 부하에게는 멱살을 잡히는 이화 상태가 일어나기 쉽다.

특히 직장인에게 이러한 상태가 많이 발생한다. 때로는 성급하게 서둘러 무리한 일을 계획없이 벌여 놓고 후회를 자초하며 가부간 억지로 진행하는 일은 좌절하기 쉽고, 자연 순리에 맡겨 수동적으로 받아들이는 결론이 좋은 현상이 일어난다.

이때의 이동 변화는 좋지 않은 것으로 직장 · 신변 변경 · 주거지 이사 등은 구설 · 분열 · 영락의 암시가 있고, 다만 묵은 병자는 '전문의사' 변경으로 큰 효력을 얻는다.

남보다 앞서가려는 선취력과 결단력이 생기고 새로운 발표, 제품 생산 등이 선전 효과를 타게 되며, 건실성 있는 노력은 예상 의외의 성과를 약속받게 된다.

음욕 · 비밀 등은 어떠한 모양이 되었든 간에 밝혀지고, 나의 일이든 남의 일이든 동분서주 분주히 뛰어야 하며 직장인은 근면성이 인정되어 승진하고 자영자는 주변 주선으로 거래가 확대된다.

★ 운기 호조의 기회가 되지만 잘못하여 흉 방위를 범하게 되면 자신도 모르게 역전 현상으로 불의 장해로써 화난 · 도난 · 재난(교통사고) 등 깜짝 놀라는 일에 휘말리게 된다.

또한 길 방위를 이용하여 새로운 사업 번성은 물론 용단 결단으로 재력 증축과 명예 쟁취에 노력하면 더욱 발전하는 길이 열린다.

중궁이 八백토성의 해는 六백금성으로서는 좋은 방위가 별로 없는 것이 특징인 반면, 좋은 방위를 이용하면 그 위력은 대단하고 나름대로의 기력 중식에 강한 것도 좋은 점으로 볼 수 있다.

년의 길 방위는 동남 방위로 음력 11월에 사용하면 큰 위력으로 나타난다.

년의 흉 방위로는 亥년에 동남세파 · 申년에 동북세파 암검살 · 寅년에 남서세파 오황살 · 巳년에 서북세파이다.

◉ 七赤金星 중궁의 해

지속적인 정리 수습이냐, 형편성의 해소, 정리 수습이냐의 갈림길에 놓이게 되고 다만 지금까지 어떠한 모양으로 일을 해왔는가에 따라 결과는 달라진다.

본인의 적성에 맞는 좋은 일은 그 좋은 환경 조건에 힘입어 발전하게 되지만 묵은 일은 묵은 환경 조건에 따라 쓸모없는 형태로 정리되어 사라지게 되고, 나쁜 일은 나쁜 환경 조건에 걸려 이러지도 저러지도 못하는 처리 난관에 부딪친다.

공사를 불문하고 출장 · 여행 · 외출이 많아지고, 이때 좋은 방위를 택하여 대인 접촉, 거래 수습을 갖게 되면 원만한 거래와 신용이 증대되므로 영업자는 이러한 경영 노력에 힘써야 한다.

서신 연락이나 주변 거래 알선으로 먼 지방거래 · 해외 · 물품 취급 등 유리한 소식을 접하게 되고, 또한 의욕적인 힘이 생기며 재기 불능 상태로 묵은 일, 분열된 친구와의 재접촉 등으로 뜻하지 않는 행운을 얻기도 한다.

3년 전에 분수에 맞지 않는 일을 벌여 놓은 사람은 연쇄적인 부진 상태로 앞으로 지속할 것이냐 중단할 것인가에 대하여 기로점에 서서 고민하며, 이러한 문제가 여난 · 주색잡기(노름) · 분실로 오는 손실 · 도난으로 오는 손실에도 지장이 오고, 입으로 오는 화근에도 조심해야 한다.

어떻든 간에 영업거래 · 주선 · 대인 접촉이 활발해지고 성실하게 자신의 소망에 주력한 사람은 사회적으로 인정을 받게 되어 자격 취득 · 진학 · 승진 · 결혼이 성사된다.

이때는 과감한 결단력으로 매사를 자신 있게 처리해 나가면 금전 융통이 원만해지고 주변으로부터 신용과 신망을 얻어내어 거래 영역이 확장하는 기회가 된다.

일정하게 마음을 정하지 못하여 이것저것 손을 대어 손실을 자초하게 되고, 승욕 때문에 신변의 변화, 호운을 파괴하는 일도 적지 않다.

년의 길 방위는 동남 · 남 방위를 이용하면 사업이 발전하고 독신자는 결혼 성사 가능하다.

년의 흉 방위는 子년에 남세파 · 酉년에 동세파 오황살 · 卯년에 서세파 암검살 · 午년에 북세파이다.

◉ 六白金星 중궁의 해

지금까지 해 왔던 본인의 행위가 주변환 경조건에 따라 일시에 표면화되어 좋은 변화는 잘 몰라도 나쁜일에 대한 변화는 극단적인 악화일로를 걷게 된다.

새로운 개업 · 독립 · 장영을 벌리면 뜻대로 잘 풀리는 영감이 생기는 반면, 주변으로부터는 많은 권고, 유혹의 손길이 접근하여 이러한 권고에 힘입어 일을 벌이게 되면 일생을 후회하고, 이로 인해 발생하는 문제 때문에 시달림을 받게 된다.

★ 대략 승패의 조언, 유리한 말이나 조건이 생기면, 성공한다는 일관성만을 생각하지 자기 실력에 대한 조건은 생각하지를 않고, 성급하게 달려드는 일면 때문에 신중성을 잃기가 쉽다.

또한 말의 출처나 방위를 추적하여 본인과의 상생 방위인가 하는 것을 확인하는 것도 하나의 방법이며 만일 좋은 방위에서 나온 말이라면 시간이 걸려도 좋은 결실을 걷을 수 있는 것이 특징이다.

본명성이 중궁에 진입할 때는 9년간의 행적을 돌이켜보고 잘못은 반성하고, 행동보다는 정신력을 가다듬어 자신에 대한 능력 개발, 계몽에 힘써야 하며 선악을 다루어 나가는 구심점을 삼아야 하는 것이다.

자신감을 내세워 거만해지며 남을 하찮게 보는 경향으로 주변사람의 반감을 사게 되고, 또한 억지인 줄은 알면서 합리화시키려고 말도 안 되는 말을 늘어 놓게 된다.

★ 심리적으로는 전직 · 여행 · 이주 등 현실의 환경에서 탈피하고 싶어지고, 또한 바라는 변화도 생기게 되지만 어떠한 변화가 되었던 간에 변화를 하게 되면 매사가 뜻대로 풀리지를 않고, 번뇌에 시달리게 되며, 하는 일마다 이득보다는 손실이 많게 된다.

다만 간지에 따라 막혔던 재고의 문이 터져 상당한 재력이 형성되는 사람도 있다. 대략 근친자간에 분쟁이나 생사별이 생기고, 상속 재산의 손실, 감정과 고집으로 오는 불운을 자초하는 경우가 많다.

일정한 곳에 가만히 있지를 못하고 변화가 많으며 좋은 일이 생겨도 얼마를 못 가서 다시 흉 작용이 발생하게 되고, 일이 잘 풀리지를 않는 사람은 회복세에 들어간다. 또한 여성은 이성, 애정문제로 해서 심리적 고통을 면하기 어렵다.

★ 년의 길방위는 남 · 서 · 북 방위로 음력 3월에 북 방위, 10월에 남 방위가 대길 방위이다.

년의 흉 방위로는 辰년에 서북세파 암검살 · 戌년에 동남세파 오황살 · 申년에 동북세파, 丑년에 서남세파이다.

◉ 五黃土星 중궁의 해

위신이나 권위를 중시하고 지금까지와는 달리 스케줄이 커지며 지나칠 정도로 활동 무대가 커져 주변으로부터 반감을 사기 쉽고, 적은 일보다 큰 일에 인연이 많이 생기게 된다.

★ 때로는 윗사람이나 선배 도움으로 거래 주선이 원만해지고, 자금 사정이 좋아져 개업 · 자영 · 독립 · 한 판 승부에 기대를 걸어볼 수 있지만 주색잡기(노름) · 경마 · 주식 등에는 본래 六白金星은 하늘이란 뜻이 있어 하늘의 태양 빛은 지구를 비춰줄 뿐 그 빛을 돌려 받을 수 없는 '시여'란 뜻이 있기 때문에 노름을 하게 되면 처음 돈을 보는 사람에게 완전히 털리게 된다.

즉 돈을 빌려주어도 돌려받는 것보다 상대에게 기증하는 마음으로 거래하는 것이 속이 편하다는 뜻이 된다.

그렇다고 전혀 요행운이 없는 것은 아니고, 요행이 돈을 따더라도 얼마 못 가서 그 돈을 제공하여야만 되지 그렇지 않으면 그에 상응하는 재난을 면하기 어렵다는 뜻이 있다.

또한 주변 유지 · 선배 · 상사와의 유대 관계는 발전을 기약할 수 있는 길이 되고, 유지나 선배의 의견을 무시하는 행각이나 자만은 자멸을 재촉하는 결과로 변하게 된다.

착실한 열성과 적극적인 노력은 어떠한 행운도 가져오게 되지만 오직 이러한 해는 연상 · 선배 · 유지의 힘이 조화됨으로써 발생하는 협조 관계만이 주선 거래 확장 · 알선 · 지원 등으로 모든 것이 조화 있게 이루어 질 수 있는 것이다.

새로 시작해야 할 창업 · 개업 등에 일부분이라도 투자할 수밖에 없는 사정이 생기고 때로는 의견 대립 등으로 분쟁이나 마찰의 암시도 있으므로 매사 참고 자제하면 좋아진다.

가정 불화나 금전 대차 관계에 대한 연쇄 파동으로 오는 신용 추락과 본의 아닌 실수로 오는 교통 재난, 다침 등의 암시도 도사리고 있다.

잠시 참으면 될 일을 참지 못하여 생기는 좌절과 관재구설수가 있고, 특히 윗사람과의 충돌과 여행으로 오는 재난에 조심해야한다.

년의 길 방위는 서남 · 서 · 북 · 동북 방위로 음력 2월에 서남 방위, 7월에 북 방위, 8월에 동북 방위를 사용하면 사업 확장이 가능하고 재력이 좋아진다.

년의 흉 방위로는 申년에 동북세파 · 巳년에 서북세파 · 寅년에 서남세파 · 亥년에 동남세파이다.

◉ 四綠木星 중궁의 해

들뜬 기분으로 즐거운 일상생활이 되고, 금전 융통이 좋아져 영업거래로 오는 음식 접대가 많으며, 주연교제 · 강연회 · 결혼 피로연 · 파티 참가가 많아진다.

★ 이때에 한하여 본인의 본명성 간지(干支)가 년으로 공망일 때는 어떠한 금전관계가 되었든 간에 마찰이 생기게 되므로 될 수 있는 한 금전거래 관계는 피하는 것이 좋다.

개업 · 자영 · 독립 · 확장에 좋은 기회가 되지만 어디까지나 많은 거래처 확보와 대인 접촉이 필연적이 되므로 연회접대 · 강연회 · 회식 등으로 사업 확장을 넓혀나가는 것이 효과적이다.

왜냐하면 다음 해의 변화를 위하여 많은 사람을 알아 놓게 된다면 장차 자신의 진도에 대하여 대변화를 가질 수 있는 기회가 되고, 성취력이 강하게 작용하기 때문이다.

또한 이때는 금전 융통도 잘 되고, 하는 일도 잘 풀리게 되지만 매사 원만하다 하여 마음대로 행동하게 되면 집안문제에 대한 분쟁, 주변사람으로부터 공격받는 확률이 높은 것이 특징이다.

주색잡기(노름) · 경마 등 일확천금의 요행도 바라게 되고, 또한 돈 많은 이성과의 결합도 꿈꾸게 되지만 대략 이때는 '입' 은 푸짐하지만 실속이 없고, 남자는 여자로부터 원한을 사게 된다.

처음에는 놀라고 실망하는 일이 많지만 꾸준한 끈기와 교섭으로 매사를 참고 일을 끌고 나가면 결국 본인의 소망이 성취되어 기쁨을 맛볼 수 있다.

어떠한 관계가 되었든 간에 마시고 먹고 즐기는 관계가 많아지며, 또한 금전 흐름도 좋아 충동적인 흥분으로 돈 씀씀이가 거칠어져 적자를 보는 일이 많다.

이어 내려오는 거래 관계는 좋은 성과를 걷어들일 수 있지만 새로운 신종사업은 불리하며 사업소를 이전하더라도 본인이 운영하는 동질성의 업종을 취급하였든 빈 장소를 인계 인수 형식으로 얻어내는 것이 더욱 발전할 수 있다.

겉모양은 유연하고 내면이 강직하며, 앞뒤를 생각지 않고 함부로 말하기도 하고 때로는 입장이 난처해지면 적당히 얼버무리기도 하고 거짓말을 하지만 말솜씨에 비하여 복이 적고 그렇다고 주변 신망을 잃는 것이 아니라 두터운 신망을 얻는다.

신앙심이 두터워 신부 · 승려 · 목사직으로 변신하는 사람이 많고, 오래 끌어온 환자는 죽게 된다.

년의 길 방위는 남 · 남서 · 동북 방위가 길 방위가 된다.

년의 흉 방위로는 酉년에 동세파 적살 · 卯년에 서세파 본명살 · 子년에 남세파 · 午년에 북세파 동남에 암검살 서북에 오황살이다.

◉ **三碧木星 중궁의 해**

자의든 타의든 간에 주변환경 조건이 불안해져 어떠한 변화를 바라게 되지만 이러한 변화가 뜻대로 풀리지 않고 벽이 부딪치게 되며 앞으로 나갈 수 있는 계획을 세워 나갈 수가 없을 것이다.

이때는 확실한 변화를 가질 수가 없으며, 때가 때인 만큼 싫증과 의욕 없는 현재하고 있는 일에 대하여 변화보다 현실을 충실하게 지켜나가는 데 노력하여야 한다.

계획성 없이 막연하게 벌이는 개업 · 독립 · 사업 확대 등은 될 수 있는 한 피해야 하고, 다만 토지 · 가옥 · 부동산 확장에는 운이 따르며, 특히 금전 저축운이 좋아 이때 들어 놓은 적금은 어떠한 형태가 되어도 불입할 수 있는 특혜가 생긴다.

★ 다만 본인과의 상생할 수 있는 방향의 은행에 적금을 들어 놓으면 더욱 효

과가 크다.

운세 침체로 매사 뜻대로 풀리지 않아 자연 남의 힘에 의존하게 되어 또한 차용 금액도 많아지는 반면 불시에 지출할 문제도 많아진다.

때로는 주어진 좋은 기회를 주저, 고집으로써 놓치고 일의 시초의 거래 수습 · 영업교제 · 부하 · 후배 · 아랫사람에 대한 일 등은 일시적인 수습일 뿐 어떠한 명분이 되었든 간에 얻는 것보다 고민하는 일이 많이 생긴다.

영업 · 정책 · 집안 변화 때문에 바빠지며 지금까지 매사 순조로웠던 사람은 어려운 환경 조건에 시달리게 되고, 수난에 헤매던 사람은 구사일생의 후원자를 얻든지 의외의 호전으로 안정을 찾을 수 있다.

오로지 이때는 현명한 자신의 판단만이 자신의 진로를 찾아낼 수 있고, 침착하고 유연한 마음가짐이 밝은 진로를 약속받는다.

★ **표이귀문의 표문에 진입함으로써 즉, 동북 간(艮)궁에 표귀문(表鬼門) 숨기는 것보다 표면에 밝혀지는 일이 많고, 개혁과 혁신의 변화를 바라게 된다.**

잘 풀리지 않는 일을 고민하면서 지속해야 할 형편에 많은 신경질이 날카롭게 작용하는 반면, 주변 집안 식구로부터도 구설에 올라 처지가 난감해진다.

년의 길 방위는 동남 · 남 · 북 방위로 음력 3월에 북 방위, 9월에 남 방위를 사용하면 사업 발전은 물론 재력이 형성된다.

년의 흉 방위는 戌년에 동남세파 · 未년에 동북세파, 적살 · 辰년에 서북세파 · 丑년에 서남세파, 서에 오황살, 동에 암검살이다.

◉ 二黑土星 중궁의 해

무엇보다 머리 회전이 빨라지고 앞을 내다보는 선견지명이 생겨 새로운 발상, 아이디어, 모양이 착상 등에 관심이 많아지고 색다른 특수한 모형 개발과 제품 등에 신경이 많이 쓰인다.

물론 물직적인 것보다 정신면으로 성실하게 목적을 위하여 노력한 사람은 사회적으로 인정을 받게 되어 본인이 바라는 자격취득 · 진학 · 승진 등 명예운이 생긴다.

또한 이때는 지금까지 나름대로 연구하고 머리를 써 가면서 경영해 온 업소는 그 나름대로의 노력이 빛을 발산하여 주변사람의 마음을 사로잡게 되어 발전한다.

이때는 물질적인 사업 경영보다 우선 앞을 내다볼 수 있는 사회정세, 미처 개발할 수 있는 물품이나 선전 효과, 즉 머리를 얼마만큼 잘 쓰는가에 따라 성패가 달라진다.

다만 성급하게 서두르면 실수가 많고, 벽에 잘 부딪치게 되며 본인의 대인 관계 역시 본인의 접촉 강도에 따라 의견 대립 · 구열 · 배신의 강도도 달라지게 된다.

이때는 설마 하고 믿었던 일이나 사람에게 피해를 당하는 기회로 체무보증 · 계약서 취급 소홀 · 인감 남용 · 부주의로 오는 분실 등 투기나 투자로 오는 하자로 큰 손실이 예상된다.

또한 동정을 받아야 할 사람이 동정하는 분수에 맞지 않는 동정으로 불화가 생기고 전혀 가망이 없는 일에 매달려 실패를 자초하는 일도 적지 않다.

뜻하지 않는 이성이나 색정문제로 고민하게 되고 남자는 여자로부터 원한을 사게 되며 주변과의 거래 관계가 극에서 감정으로 대립하게 되어 형사 소송문제 등으로 호소하는 실정에 놓이게 된다.

이때의 운세 양상은 성쇠양립의 운기로 일시적인 희망에 넘쳐 모든 일이 잘 풀리는 것 같이 보이지만 사실은 겉모양뿐이지 내면에는 골탕먹는 것이 더 많아 지속성이 없는 것이다.

다만 주변과의 유대 관계에 노력하고 미래에 대한 설계를 세워 앞으로 행복을 쟁취할 수 있는 기초를 설계하는 데 좋은 기회가 된다.

또한 현재까지 이어온 사태가 떨어져 나가고 새로운 조류가 흘러들어오며 가까운 근친과의 헤어짐이 생기고, 연하연상의 여자 관계로 금전 손실도 발생할 수 있다.

년의 길 방위는 동남 방위로 이러한 방위 활용이 좋다.

년의 흉 방위로는 亥년에 동남세파 · 申년에 동북세파 오황살 · 寅년에 남서세파 암검살 · 巳년에 서북세파이다.

◉ 一白水星 중궁의 해

★ 이 해는 六白金星이 북 방위 감(坎)궁에 진입하면서 오황살의 대충 암검살을 받게 되므로 그 영향 때문에 주변환경 조건의 악화는 물론, 해로운 일을 많이 받게 된다.

물질이나 심리적인 괴로움을 많이 받게 되고, 하는 일마다 의욕이 상실되어 중간에서 끝나는 일이 많으며, 웬일인지 하는 일마다 마음이 불안하고 피로가 많아져 좌절된다.

★ 지금까지 북 방위를 좋은 방위로 이용한 사람은 기력 축적이 무의식중에 축적되어 있어 웬만한 흉사가 아니면 원만하게 넘길 수 있다.

이러한 기력 축적이 없는 사람은 우선 쓸데없는 생각을 일소하고 오직 한 일에 신념을 갖고 몰두하면 잘 넘길 수 있는 방법이 된다.

자신도 모르게 북 방위를 흉 방위로 사용한 사람은 남에게 전혀 밝힐 수 없는 비밀, 이성 관계, 불륜, 범법 행위 등으로 고민하게 되고, 때로는 집안 일이 전혀 풀리지 않고 영악되는 위기에 몰린다.

대인교제 · 영업거래 등에 장해 요인이 생기기 쉽고, 신변상의 변화 · 주거지 · 직종 변화 등으로 얽히게 되며 물질면으로 시달리게 된다.

매사 자기본위로 주변 의견을 받아들이지 않고, 강압적으로 밀고 나가 주변으로부터 원한을 사는 일이 많아지며 회사를 위한다는 명목으로 부하나 아랫사람을 함부로 다루었다가 그들로 하여금 멱살을 잡히는 수모도 겪게 되어 알아주지 않는 충정에 고독감을 느끼게 된다.

때로는 지나친 욕심 때문에 유혹에 휘말려 적은 금액이지만 본전 생각으로 대금으로 이어가는 대손실로 파탄 상태로 넘어가는 일도 생기게 된다.

또한 수술을 필요로 하는 병, 주변과 집안을 막론하고 상하 구분 없이 반박하고 다투게 되는 경우가 이때는 많이 생기게 된다.

연구 · 계획성은 좋지만 실행성이 없고, 주저하다 좋은 기회를 놓치게 쉬우며, 매사 고난이 많지만 이때는 본업보다 부업으로 많은 수입을 얻는 것이 특징이다.
년의 길 방위로는 동 · 서남 · 서북 방위가 된다.
년의 흉 방위로는 子년에 남세파 오황살 · 酉년에 동세파 · 午년에 북세파 암검살 · 卯년에 서세파이다.

◆ 七赤金星인 년운

◉ 九紫火星 중궁의 해

마음에 자극받는 일에 대해서는 바로 행동으로 옮기려는 충동이 생기고, 취미에 맞는 일에는 성패를 불문하고 적극적으로 그 일에 달라붙는다.
또한 지금까지 갈피를 제대로 잡지 못하고 질질 끌어오는 일에 대해서는 암흑에서 광명이란 암시가 있어 뜻하지 않는 지원 등으로 잘 풀린다.
활기찬 생동감에 원기가 왕성하여 주변사람이 볼 때 무엇인가 해낼 수 있는 큰 힘에 자극을 받게 되고, 신뢰성이 증진되어 주변의 이목을 한 몸에 받게 된다.
육체적인 몸을 활용하여 기쁨과 즐거움을 얻으며 신변상의 변화 · 개업 · 독립 · 자영 · 이사 등으로 새로운 변화를 혁신할 수 있는 기회로 볼 수 있다.
또한 이때는 경영하는 사람으로서는 더 이상 선전 효과를 얻어낼 수 있는 좋은 기회로 새로운 아이디어나 신제품 모형 변화 등 약간만 손질을 하고 선전을 해도 효과는 바람을 타고 전달되고 소문은 소문을 물고 소득에 이익을 주게 된다.

올해는 발전하는 해로 특히 젊은 사람과의 인연과 연관성이 있어 젊은 사람을 상대로 하는 업이나 젊은 사람의 도움을 얻어 사회적인 이목을 끌어 모으는 일도 한 방법이다.

주변 충고나 조언에 따르면 하는 일이 잘 안 되고 막히게 되므로 이때는 무엇보다 직통 거래가 효과적으로 거추장스러운 중개 접촉을 피하고 바로 거래에 임하는 방법이 좋다.

또한 건실한 노력자는 사회적으로 인정되어 자격 취득 · 진학 · 승진의 영예를 얻지만 지금까지 숨겨온 불법 행위 · 탈세 · 불륜 등은 밝혀지며 여자의 원한 관계는 병을 유발시키게 된다.

성급하게 서둘러 연구하는 열성이 없어지고 가시적인 모양 치장에 신경쓰게 되어 내실면이 허술해지기 쉬우며, 남의 의견을 수렴하는 것 같이 보이지만 실제면은 자기본위이다.

이러한 해는 젊은 사람의 의견을 존중하고 따르면 어떠한 일이든 발전된다.

년의 길 방위는 동남 · 서남 · 서북 방위로 음력 5월에 서북 방위를 사용하면 사업운이 강화되고 재력이 형성된다.

년의 흉 방위로는 남방위 암검살, 북방위 오황살이고, 戌년에 동남세파 · 丑년에 서남세파 · 辰년에 서북세파 · 未년에 동북세파이다.

◉ 八白土星 중궁의 해

★ 七적금성이 동남 방위 손(巽)궁에 진입하므로 손궁의 상의가 강하게 작용하여 七적금성의 본의를 둔갑시키게 된다.

특히 이러한 해에 새로운 개업·독립·사업 확장에는 좋은 기회가 되고, 주변 거래 주선 등이 원만해져 교류 확장에는 큰 성과를 얻을 수 있으므로 기회를 놓치지 않도록 상술을 원하는 사람은 명심해야 한다.

또한 장거리에 대한 여행과 해외여행 등이 많아지고 이때 여행 방위의 상생 방위를 맞추어 여행을 하게 되면 일석이조의 효과를 얻어 유력한 동업자는 물론 좋은 인재를 만나게 된다.

영역과 거래 확장으로 뜻하지 않은 원방거래·무역거래·거래 취급소 확장 등이 생기고 하는 일마다 신용이 증대되어 발전을 보장받을 수가 있다.

사업 규모와 종류에 따라 거래량의 차이가 생기게 되지만 어떠한 여건이든 나름대로의 발전이 생기게 되겠지만 일의 대소를 불문하고 지나치게 이것저것에 의하여 신경을 쓰고 지나친 간섭은 자격, 기세를 죽이게 되어 일의 좌절은 면할 수가 없을 것이다.

즉 사소한 일에 매달리게 되면 주어진 좋은 운기도 스스로 죽이게 되어 좌절되기 쉽고, 좌절의 근원은 대부분 분수에 맞지 않는 과욕 때문에 발생하는 것으로 항상 마음을 안정시키고 주어진 현실에 충실하게 노력하면 자연 좋은 기회는 찾아오게 된다.

일이 잘 풀려 나가면 본인도 모르게 자만하게 되므로 조심해야 하고, 풀릴 때 설마 이쯤이야 한 거래 주선과 교제 접촉은 분쟁으로 발전하여 결국 주변 구설에 올라 난처한 처지에 몰린다.

상담 거래나 거래 교섭은 단번으로 결과를 얻기에는 힘이 들고, 많은 시간을 두고 몇 번이고 접촉해야만 성사가 가능하다.

때로는 거래상 악평을 받는 일도 생기지만 이럴수록 좋은 방위를 활용하여 악운을 소멸해야지 그렇지 못하면 '이사' 잘못으로 가정운이 나빠지고 우환이 속출한다.

건실한 노력자는 자격 취득 · 승진 · 진학의 영예를 얻을 수 있고, 미혼 남녀는 좋은 혼담이 생기며, 많은 인적 교류에 유흥을 즐기며 때로는 색다른 연애로 도취된다.

지력, 승욕으로 걸기 좋아하고 일에 임하는 실력은 인정되지만 억지와 강인을 주변이 싫어하고, 독선이 영역을 넓힐 수 있는 교제 범위를 좁혀 버린다.

년의 길 방위는 동 · 서 방위로 음력 4월에 서 방위를 사용하면 금전거래 · 거래 관계가 좋아지고 발전한다.

년의 흉 방위로는 寅년에 서남세파 오황살 · 申년에 동북세파 적살 · 亥년에 동남세파 암검살 · 巳년에 서북세파이다.

◉ 七赤金星 중궁의 해

'천반의 중궁' 에 七적금성이 진입하게 되면 본인이 갖고 있는 성격이 더욱 증폭되는 현상으로 좋고, 나쁜 면을 불문하고 어떠한 면이 되었든 간에 표면화되어 본인 나름대로의 행동력만이 본인의 진로를 결정 지을 수 있다.

★ 9년간에 걸친 행적 변화에 따라 운세가 달라지고, 이때를 기하여 사전에 좋은 방위를 많이 이용하여 기력을 축적한 사람은 별 문제가 안 되지만 자신도 모르는 사이에 흉 방위를 범한 사람은 강력한 흉의 작용에 시달리게 된다.

올해는 새로운 일의 시작보다 지난날을 돌이켜보고 반성하고 회계하며 지난 심경을 참고로 하여 개혁하고 올바르게 살아가는 방법을 찾아야 하며 사람으로 거듭나는 기회를 삼는 것이 좋다.

매사를 반성하는 시각으로 자세히 살펴보면 현실에 대한 새로운 눈을 찾게 되고 이러한 새로운 운을 당장에 실행하기보다 신중하게 분석하고 계획함으로써 명년을 대비하면 반드시 성공한다.

변화가 많은 해로 쓸데없는 가정 분쟁과 금전 유통의 마찰, 혼담 분열 문제, 영업 거래, 주선 알선 등 어려운 변화가 많아지고, 때로는 신변상의 문제, 주거, 직장 변화도 생기기 쉽다.

이때는 본인의 일보다 남의 일로 분주해지고, 또한 하면 안 되는 일을 억지로 무릅쓰고 하던지, 부득이한 사정 때문에 인수하여 손실을 보는 예도 적지 않다.

이때의 업무 부진이나 병난은 일반 시각으로 보는 것보다 죽은 사람의 '영' 객불에서 오는 예도 적지 않다.

무리한 계획이나 분수에 넘치는 일을 일으키면 어떠한 형태든 좌절하게 되고, 매사 낙천적으로 자중하고 마음의 갈등을 피하고 안정을 찾는 것만이 좋은 방법이다.

이 해의 개업 · 독립 · 자영 등은 어떠한 형태든 문제가 생기고, 애정과 이성문제 역시 암초에 걸리게 된다.

년의 길 방위는 동남 · 남 · 서북 · 동북 방위로 음력 11월에 동남 방위를 이용하면 거래가 번성하고 재력이 형성한다.

년의 흉 방위로는 子년에 남세파 · 卯년에 서세파 적살 · 酉년에 동세파 오황살 · 午년에 북세파이다.

◉ 六白金星 중궁의 해

★ 서북 방위 건(乾)궁에 진입하여 발전할 수 있는 좋은 기회가 되지만 동남 방위 손궁에 오황살이 비박하여 있으므로 대충 관계로 암검살을 받는다.

이러한 해는 어떠한 일이든 주변환경 조건이 원만하지 못하여 만족한 결과를 얻어낼 수 없고 본인이 생각하는 모든 일이 이상한 장벽에 부딪쳐 뜻을 이루는 데 힘이 든다.

특히 암검살의 해에 많이 발생하는 문제는 본인이 전혀 알 수 없는 의욕과 자신감이 용솟음치고 우선 가만히 앉아 있을 수 없는 힘이 생기며 특히 건(乾)의 한 판 승부 의욕에 인생을 걸어보려는 충동이 생긴다.

또한 본인 역시 허황된 꿈으로 한 판 승부를 피하여 노력하지만 이상하게도 이러한 기회가 주변을 맴돌고 유혹하며 만일 도박이나 경마라면 마음의 동요 때문에 억지를 무릅쓰고 도전하여 처음에는 약간의 손실이 본전 생각으로 확대되어 큰 재력 손실을 입는다.

이러한 때는 현상 유지에 노력하는 것만이 좋은 방법이지 무엇인가 한다 하면 주변 유지, 선배와의 의견 충돌이 생기고 육친과의 금전 마찰, 대출, 부지문제 등의 분쟁이 생기기 쉬우며, 부동산 관계 역시 불투명한 유혹에 빠져 손실을 보는 일도 적지 않다.

처음에는 약간의 금전 여유가 있어 유리한 조건과 유혹 때문에 성급하게 일을 저질러 놓으면 그 일의 대소를 막론하고 결과적으로 딱한 사정에 휘말려 후회하게 된다.

이러한 해는 전혀 완성이 없는 것이 특징이고 대략 7, 8%에서 중단되는 일이 많으며, 금전 마찰과 이성문제, 건강문제도 설마 괜찮겠지 하는 병이 중병으로 변하기 쉽다.

때로는 설마 하고 거래한 대상에서 수입이 생기고, 전혀 따보지 못한 도박 · 경마 · 투기판에서 의외의 요행을 얻는 사람도 있지만 그 금액 관리를 미흡하게 하면 얼마 못 가서 날아간다.

위신을 잘 찾아 주변과의 거리감이 생기는 반면 남을 하찮게 봄으로써 더욱 소외되고, 때로는 지나치게 앞을 내다봄으로써 실패하는 일이 많으며, 언쟁 · 사건 · 유산 상속 문제 때문에 고민하게 된다.

년의 길 방위는 남 · 서 · 북 방위로 음력 9월에 남 방위를 사용하면 명예와 재운을 얻게 된다.

년의 흉 방위로는 辰년에 서북세파 암검살 · 戌년에 동남세파 오황살, 이 방위를 이용하면 두고두고 흉살의 작용에 시달린다. 未년에 동북세파 · 丑년에 서남세파이다.

◉ 五黃土星 중궁의 해

★ 본래의 七적금성의 본궁, 서 방위의 태(兌)궁에 진입하므로 태궁의 상의가 더

욱 증폭되어 본인 개인이 갖고 있는 장단점이 강도 높게 나타나고 놀기 좋아하고 먹기를 잘하는 일면이 주변사람이 볼 때는 일하는 시간보다 놀고 있는 시간이 많은 것 같이 보인다.

또한 외식 · 식사 · 주연 대접이 많아 흥청망청 놀고 손님 대접이 많은 것이 돋보이고, 주변과의 대화나 수습교제가 원만하고 설득력이 있어 많은 사람이 신뢰하고 믿어 준다.

때로는 말솜씨가 좋은 것이 화근이 되어 무의식중에 한 말이 상대에게 상처를 주어 본의 아닌 말 잘못으로 좋은 유대 관계가 부서지게 된다.

이러한 해는 될 수 있는 한 쓸데없는 말은 삼가는 것이 좋고, 외적 영업 거래는 원만하게 잘 풀리는 것 같이 보이게 되지만 실지면은 다른 것이 통례이다.

항상 분주하고 바쁘며 사람 출입 역시 많으며, 결혼문제나 금전문제, 파티, 강연, 집회 참석 등 수입금도 많고 지출금도 많지만 총괄적으로 계산해 보면 적자다.

이때 주의할 점은 금전 보증 등 중간에 서서 주선해 주든지 책임을 지고 융통해 주게 되면 본인은 그 돈을 한 푼도 써보지도 못하고 의무적으로 변재하야 할 운에 놓이게 된다.

집안 식구의 우환과 이성 관계로 발생하는 문제 등 남으로부터 원한을 사게 되고, 또한 자식문제 · 중상모략 · 신변에 상처를 받는 재난 등으로 집안이 불안해지며 어떠한 거래 등 승부를 거는 일은 좌절된다.

★ 다만 월기성과 본명성 관계가 상생되고, 간지가 생합되면 본인이 바라는 소망이 성취되는 것으로 성취 상태는 일은 7일, 70일, 7개월로 환산한다.

五황토성의 중궁의 해는 七적금성은 자기 본궁 태(兌)궁에 진입하므로 태궁의 상생 관계를 주로 본다.

올해는 어떠한 목적이 되었든 간에 공사 불문하고 모임 참석과 연회 관계 등으로 바빠지고 이성 관계로 오는 고민도 발생하지만 독신자는 결혼의 기회도 얻을 수 있다.

또한 가정적으로도 원만하고 기쁘고 즐거운 일이 생기고, 주변과의 유대 관계도 좋아지고 화목하며, 금전 융통도 잘 되어 안정세로 평할 수 있다.

년의 길 방위는 서남 · 서북 · 동북 · 북 방위가 대길 방위로 음력 5월에 서북 방위, 7월에 북 방위, 서북 방위를 신중하게 살려나가면 반드시 재운을 얻게된다.

년의 흉 방위로는 寅년에 서남세파 · 巳년에 서북세파 · 申년에 동북세파 · 亥년에 동남세파이다.

◉ 四綠木星 중궁의 해

이 해는 주변에서 흐르는 환경 조건이 본인으로 하여금 색다른 방향으로 유도하는 일이 많고, 어떠한 모양이든 사항 변화를 갖게끔 만들게 되며 본인도 색다른 변화를 바란다.

집안 개수 변화는 몰라도 새로운 중대사의 변화는 발전보다 좌절이란 뜻이 강하게 작용하므로 새로운 개업, 독립, 자영 변화보다 현재까지 해 온 일을 충실하게 지키는 것만이 현명한 방법이다.

착실하게 노력하고 운영해 왔지만 부진 상태로 재정난에 허덕이는 업체는 이상하게도 주변으로부터 주선 거래 확대 등에 힘을 입어 구사일생의 위기에서 벗어날 수 있다.

또한 호황 속에 놀기 좋아하고 일이 잘 풀려 왔던 업체는 이상할 정도로 부진 상태로 경제난에 허덕이는 상태로 돌변하여 호운을 만회하기 위하여 금전 융통, 사체 등을 이용하여 사업체 보완 등을 시도할 때 흉 방위를 손에 대면 금전 반제 불능으로 이어져 결과적으로 문을 닫고 만다.

다만 이때는 근면한 노력가는 저축이 가능하고 부동산, 상속운이 있으므로 저축이 잘 안 되는 사람은 본인과 상생하는 좋은 방향에 있는 은행이나 신용금고 등을 이용하면 저축이 가능해지는 것이다.

또한 복잡하게 얽힌 부동산문제나 상속문제에 있어서도 좋은 날짜를 택하여 상호간에 대화로써 풀게 되면 원만하게 해결된다.

★ 이때 七적금성의 둔갑 진입은 동북 방위로 간(艮)궁에 진입하는 것으로 간(艮)의 상의와 七적금성의 상의가 혼전되어서 나타난다.

간(艮)의 표귀문(表鬼門)의 변화궁으로 어떠한 환경이든지 표면으로 바뀌는 혁신의 기회가 된다.

그러므로 이때 어떠한 변화를 갖고 싶어도 마음이 선뜻 정할 수 없고 불안하며, 주변환경 역시 변화에 어려움을 주게 된다.

개업 · 독립 · 확장에는 '표귀문' 의 변화가 있으므로 반드시 좋은 방위 선택으로 임해야지 그렇지 못할 때는 불행을 면하기 어렵고,

불행 중 다행으로 확장 후 알고 보니 길 방위였다.

이성 관계로는 임신으로 오는 시비가 많고, 가까운 근친 사이의 칼부림으로 생기는 찰과상도 생각할 수 있으며, 행방불명 · 거래나 교섭 부진으로 뜻대로 안 되고 바라는 일이 먹혀들지 않는다.

이때의 흥망은 오직 본인의 견통력과 냉정한 판단력만이 자신의 운세를 좌우하게 되고, 특히 좋은 방위를 어떻게 활용하는가에 따라 운세가 달라진다.

특히 직장인은 충동적인 변화로 직장을 그만두든지 또는 새로운 신규사업을 부업으로 만들어내면 반드시 뒤에 가서 후회하는 사람이 많다.

년의 길 방위는 동 · 남 · 서 방위로 음력 10월에 동 방위, 12월에 서 방위를 이용하면 사업 증대와 재력이 생긴다.

년의 흉 방위로는 子년에 남세파 · 卯년에 서세파 · 酉년에 동세파 오황살 서북, 암검살 동남이다.

◉ 三碧木星 중궁의 해

주변환경 조건이 주변사람으로부터 어떠한 명분이 되었든 간에 주목을 받게 되고 성실하고 자신의 목적을 위하여 노력한 사람은 사회적으로 인정되어 자격 취득 · 승진 · 진학 · 공사 계약 · 명예를 얻는다.

성실한 좋은 일은 주변으로부터 신망을 얻지만 지금까지 숨겨 온 나쁜 일, 비밀, 탈세, 범법행위 등은 폭로가 되어 주변 사회로부터 기탄을 받게 된다.

또한 이때는 본인이 앞으로 살아 나가는 방향을 생각하고, 특히 명예 · 위신에 관한 정신적 부담을 생각하여 머리를 이용하는 계획 능력과 선견이 작용한다.

새로운 개업 · 독립 · 자영 등에 새로운 아이디어를 구상하여 보다 좋은 색다른 특색을 살려 사업 번창을 시도하는 사람도 있겠지만 이러한 변화는 지금까지 단골손님은 떠나고 새로운 손님으로 대차되는 이산 집합의 뜻이 되고 이어 온 리듬이 깨져 차질이 많아진다.

물질면보다 정신적 재능이 인정받는 해로 상품 연구 개발과 발명, 발상의 묘를 살려 내부의 질보다 표면의 상표 선전이 더욱 효과를 걷을 수 있으며, 일은 속결 처리가 유리하다.

문서상의 체결 관계, 금전거래, 물질 주선 등 필요 이상의 대립이 흥분으로 이어지면 관재구설, 소송 사태로 일이 몰리게 되므로 문서, 금전, 부동산 거래에 있어서는 신중해야 한다.

어떠한 일이 되었든 간에 오래 지속할 수 없고 싫증이 빠르고 한 일에 매달려 있기를 싫어하여 이것저것 변화가 많은 반면 직장과 주거의 변화도 생기기 쉽다.

때로는 남의 일로 분주하게 뛰어 다녀야 하고 애써 일을 해놓으면 칭찬보다 구설수에 오르기 쉽고, 이때 직감적으로 불리할 것 같으면 적극적으로 밀고 나가는 길이 현명하다.

음흉한 일은 확실히 드러나고 묵은 병이나 상처의 재발 기회가 되며, 설마 한 병은 급환자로 돌변하기 쉽고, 이때 변화는 신진대사의 경향권이 커진다.
일은 크게 확장하려는 의욕은 좋지만 매사 독행으로 처리함으로써 주변사람이 잘 따라주지 않고 가까이 하는 것을 저주하므로 고립되기 쉽고 여자문제로 번민을 반복하게 된다.
년의 길 방위는 동남 · 동북 방위로 음력 8월에 동북 방위에서 나오는 부동산은 큰 돈으로 연결된다.
년의 흉 방위로는 未년에 동북세파 · 戌년에 동남세파 · 辰년에 서북세파 · 丑년에 서남세파 동 암검살, 서 오황살이다.

◉ 二黑土星 중궁의 해

일에 대한 의욕이 사라지고 맥 빠진 기분에 힘이 없어지며 색다른 일을 시작해 보려 하지만 무엇 하나 수습이 잘 안 되고, 또한 주변의 호응보다 반대에 부딪쳐 할 수 없게 된다.
억지를 무릅쓰고 일을 벌였다 하더라도 일시적인 호운은 있다 하더라도 얼마 못 가서 힘만 들뿐 전혀 호전되기에는 힘들게 된다.

★ 七적금성의 둔갑 진입은 북 방위의 감(坎)궁에 진입하므로써 감(坎)궁의 상의 '고난의 별'과 七적금성 상의가 혼전하게 된다.

이때는 초조하고 성급한 만큼 하늘에서 본인의 기력을 제재시키는 기간으로 매사 느긋하게 하늘의 섭리를 기다리고, 기력 축적에 노력하는 것만이 무사히 넘길 수 있는 방법이 된다.
부족한 돈을 충당하여 새로운 일을 벌였다면 일의 성공보다 하는 일마다 말할 수 없는 슬럼프에 걸려 손실을 자초하게 되고 충당한 빚 독촉 때문에 중도에서 하차된다.

신변상의 변화 문제나 주거 변화가 생기기 쉽고, 또한 현실적으로 불가능한 일을 억지로 맞게 되어 이러지도 저러지도 못하는 난관한 처지에 놓이게 된다.

또한 가까운 주변을 위하여 헌신적으로 노력하지만 오히려 비웃음과 원망을 사게 되고, 올해 샘이나 땅을 파헤친 자리를 메우면 여자로부터 원한을 사게 되든지 중풍에 걸리는 병난 등으로 시달림을 받게 된다.

이러한 해는 물질난과 음식으로 오는 병으로 정신적인 충격을 받으며 부지런한 노력에 비하여 큰 결과가 별로 없고, 연애 · 대인 · 가정 · 접촉 관계에 있어서 의견 충돌이 많은 것이 특징이다.

외면적인 물질과 행동력보다 정신면을 위주로 하는 정신 연구 분야 · 선전 분야 · 본업보다 부업 · 음성교제면에 이익이 크다.

비교적 순조로운 편이지만 주어진 좋은 기회를 주저하다가 놓치기 쉽고, 주변사람과 맞장구를 치다가 구설이나 거짓말 때문에 오해받는 일이 생긴다.

년의 길 방위는 동남 방위로 이 방위를 활용하면 거래가 좋아지고 재력이 형성되며 사회적으로 인정받는다.

년의 흉 방위로는 寅년에 서남세파, 본명살 · 申년에 동북세파 오황살 · 亥년에 동남세파 · 巳년에 서북세파 서남에 암검살이다.

◉ 一白水星 중궁의 해

한 치의 눈앞을 내다볼 수 없는 환경이 점진적으로 안개가 사라져 앞의 향방을 찾아내게 되지만 서남 방위의 곤(坤)궁은 '아직' 이란 뜻이 있어 '아직' 달리는 데는 역부족이다.

다만 지난 과거를 경험 삼아 장래를 위하여 어떠한 계획을 단단히 세워 놓고 새로운 개업 · 독립 · 자영을 벌이는 데 큰 목적을 삼을 수 있는 계획수립 기간이지 행동으로 옮기는 데는 '아직' 이란 뜻이 막고 있는 것이다.

착실하고 건실하며 올바르게 살기 바라고 금전도 한 푼 한 푼 쓸데없는 지출을 삼가고 오직 정기적금 등을 이용하여 착실히 불입함으로써 주변 신뢰를 얻어 목적을 달성할 수 있다.

또한 사업 확장에도 신경을 쓰게 되지만 사업면보다 부동산에 운이 따르게 되므로 금전이 있으면 부동산에 손을 대면 효율적이고, 특히 좋은 방위 토지는 싸고도 고가를 받아낼 수 있다.

때로는 남에게 맡기면 하는 일에 만족하지 못하여 본인이 직접 간여하고 참견함으로써 주변사람이 싫어하고 고립되기 쉽고, 때로는 일이 얽혀 해결하는 데 어려움이 많다.

곤(坤)은 이귀문(裏鬼門)의 사선이라 가까운 근친자 중 행방불명, 행사 재난, 난산으로 죽는 임신부도 생길 수 있고, 대략 이때 발병은 합병증에 의한 발병율이 높은 것이 특징이다.

대략 실패하는 원인은 시기적으로 불리한 점, 분수에 맞지 않는 일을 무릅쓰고 일을 벌이는 일 등은 대략 무산되고, 시간을 두고 신중하게 검토하고 계획한 일은 성취할 수 있다.

활동범위를 넓히기 위하여 야심적으로 행동하면 오히려 넓히는 것이 아니라 좁히는 결과가 되고, 한산한 사태를 참고 견디면 매사 안정을 찾고 회복될 수 있다.

이때의 자만은 의외의 대립 상태로 오히려 자신이 무시하게 되고 욕심은 이상하게도 두 가지 어려운 문제로 번져 나간다.

'외유내강' 하여 남의 말을 잘 받아들이지 않고, 지나칠 정도로 이것저것 따지고 추정하는 사고력은 좋지만 때로는 주어진 좋은 기회를 놓치게 된다.

때를 기다리고 출동 준비에 만전을 기하는 시간이지만 먹을 것은 먹고, 놀 것은 놀아야 하는데 일에만 매달려 있어도 돌아오는 대가가 적다.

년의 길 방위는 동 · 서북 방위로 음력 10월에 동 방위를 이용하면 사업 발전과 재운이 좋아진다.

년의 흉 방위로는 午년에 북세파 암검살 · 子년에 남세파 오황살 · 酉년에 동세파 · 卯년에 서세파이다.

◆八白土星인 년운

◉九紫火星 중궁의 해

하는 일마다 거래 수습이 확실해지고 일이 잘 풀려 자신력이 생겨 주변사람으로부터 신용이 두터워지고, 이때 새로운 개업 · 독립, 자영 · 사업 확장을 위해서는 좋은 기회가 된다.

또한 뜻하지 않은 옛 친구나 지인으로부터 편지나 전화 연락으로 장래성이 유망한 특종품을 소개받기도 하고, 해외무역에 관한 상담도 생기게 되므로 이때의 주어진 좋은 기회를 절대로 놓쳐서는 안 된다.

★ 이러한 호운기를 맞이할 때는 될 수 있는 한 년의 좋은 방위를 찾아 여행을 하게 되면 뜻하지 않는 요행을 얻을 수 있으며, 특히 해외여행으로 멀리 갈수록 효과는 큰 것이다.

잘못하여 흉 방위를 갔다 오면 지금까지 경기가 좋았던 환경은 일시에 사라지고, 때 아닌 감기에 시달리게 되고, 사업과 주선 거래도 실수만 연발되어 주변으로부터 불신만 초래한다.

재연과 주색잡기로 오는 집안 마찰, 돌발적인 사건으로 인한 업무 차질이나 거래처에 지장을 주어 신용을 잃게 되고, 매사 실패의 원인은 본인보다 남에게 의존한 것이 연쇄 파동으로 이어져 실패하는 일이 많다.

건실한 사업자는 신용거래가 활발해져 크게 발전하며, 근면한 직장인은 본인의 역량이 상사에게 인정되어 승급의 영광을 얻게 된다.

자신의 목적을 위하여 노력한 사람은 자격 취득 · 진학 · 바라는 소원을 성취할 수 있고, 미혼자는 좋은 혼담이나 연인이 생기게 된다.

이때 어려운 일에 직면하면 혼자서 생각하지 말고 상사나 주변사람의 의견이나 충고를 받아들이면 좋은 해결책이 생기는 것이 특징이다.

이때 운기는 물품거래나 자격 취득 등의 현실적인 유통거래는 좋지만 부동산문제, 거래는 불리하다.
집안 수리 잘못으로 병자가 생기기 쉽고, 남자는 여자로부터 원한을 사기 쉽다.
남에게 지기 싫어하고 독선적인 행동으로 일에 대한 지속력을 잃어 후회하는 일이 많으며 순순한 면보다 가시적인 행동으로 쓸데없는 지출이 많고, 경제 관념 역시 희박한 면이 있다.
년의 길 방위는 동 · 남서 · 서 방위로 음력 6월에 동 방위를 이용하면 강력한 재운을 얻을 수 있다.
년의 흉 방위는 辰년에 서북세파 · 丑년에 서남세파 · 戌년에 동남세파 적살 · 未년에 동북세파이다.

◉ 八白土星 중궁의 해

본명성이 중궁에 진입하는 해로 기분으로는 무엇을 해도 비약적인 발전을 얻을 수 있는 자신감이 생기게 되므로 잘못 실수를 하면 새로운 개업이나 자영 등에 손을 대기 쉬워 본의 아닌 어려운 환경 조건을 만들기 쉬워지니, 이때는 기력 축적의 해로 현상 유지만이 안정하다.
때로는 유리한 조건으로 유혹하는 일도 생기지만 발상 근원자의 방향이 상생 방위라면 상당한 수입이 가능하지만 대략 이때는 이리저리 진전이 늦어져 말로써 끝나는 일이 많다.
어떠한 일이 되었든 간에 잘 먹혀드는 일이 별로 없고, 어떻게 먹혀들면 뜻하지 않는 실수로 부득이 변경하지 않으면 안 되는 번거로운 사태로 입장이 난처해진다.

때로는 말도 안 되는 집안 분쟁이 일어나고 일에 대한 부진 상태로 멀리 떠나가기 바라며 어떠한 모양이 되었든 간에 마음의 안정이 잘 안 되고, 동요가 심하여 현실에서 탈출하게 된다.

조상의 묘를 이장하든지 상가집의 흉 방위를 이용하게 되면 집안 우환으로 시달림을 받는다.

높은 산을 정복한 정복감에 사로잡히는 반면, 내면으로는 고민이 많고 순조로운 사람은 운기가 내리막이 되어 예상치 못하는 장해와 사건에 휩싸이게 된다.

자신감으로 일을 추진하면 좌절되기 쉽고, 상대가 하찮게 보이더라도 존중하고 겸손한 자세로 극진히 접대하면 좋은 주선으로 큰 힘을 얻게 된다.

또한 이때는 주어진 좋은 기회가 찾아온다 할지라도 주변으로부터 오는 오판이나 불투명한 조언 때문에 분별이 없어지므로 현실을 참고 지켜보는 것이 제일 안전하다.

신변상의 변화나 현재에 대한 번민이 많아지고, 강렬한 중궁의 재난 기력을 받게 되면 가까운 근친자의 음력 9월이 내의 생사별 형태가 일어나기 쉽다.

특히 가옥 · 산림문제 · 상속문제 등이 많이 발생하고 인척 · 양자문제 등이 대두되며, 자식에 대한 문제나 주변환경 조건이 어떻게 하든지 방침의 변화 정신적인 변화를 갖게끔 만들어 놓는다.

년의 길 방위는 동 · 동남 · 서북 방위로 음력 10월에 동 방위, 4월에 동남 방위로 이용하면 사업 거래가 번창하고 재력이 형성된다.

년의 흉 방위로는 寅년에 서남세파 오황살 · 巳년에 서북세파 · 申년에 동북세파 암검살 · 亥년에 동남세파이다.

◉ 七赤金星 중궁의 해

힘의 과시를 위하여 사업 확장 · 투기 · 투자 등 본인의 능력을 평가받아 보고 싶고, 또한 이러한 기회는 주변사람의 원조나 주선 등 유리한 조건 · 개업 · 독립 · 자영업체가 많이 나오는 것이 특징이다.

착실하고 건실한 노력을 아끼지 않고 충실하게 일하는 사람은 뜻하지 않는 좋은 여건을 만나며, 권위 · 위신을 지켜가면서 일하면 매사 요란하고 시끄러우며 일이 뜻대로 풀리지 않는다.

★ 八백토성의 상의, 변화의 상의가 서북 방위 건(乾)궁에 둔갑 진입함으로써 六백금성의 상의 '일발 대역전의 변화' 실현가능성이 전혀 없다고 볼 수 없다.

지금까지 서북 방위를 좋은 방위로 이용하여 많은 기력을 축적한 사람은 이때 한 판 승부를 걸게 되면 요행운이 따라 바라던 일이 성취된다.

그러나 서북 방위를 잘 모르고 흉 방위로 이용한 사람은 흉재 상태가 여실히 나타나 일시에 하던 일이 벽에 부딪치고 좌절하는 사태로 변한다.

분수에 맞는 일이라면 몰라도 분수에 맞지 않게 크게 기획하고 실행함으로써 일의 확대에서 오는 부작용으로 번민하고 고난이 따른다.

때로는 이러지도 저러지도 못하는 어려움에 밀려 갈 바를 찾지 못하여 정체 상태에 놓이게 되지만 때를 기다리는 것이 현명하고, 또한 몸을 움직일 수 없는 불순 상태도 조심해야 한다.

상대 거래는 끈기 있게 몇 번이고 앞질러 교섭하게 되면 먹혀들지만 일단 일이 진행하는 도중에 배반이나 분열이 생기면 다시 진행시키는 어려움이 많아진다.

매사 왕성한 활동력 때문에 주변 유지, 선배나 상사의 도움으로 승진 · 주선 거래 알선 등으로 큰 이익을 얻는 반면 금전 충돌 · 잡기(노름) 등으로 선배와의 마찰로 곤욕을 당하는 사람도 적지 않다.

장래를 위한 이전과 가옥 확장에는 좋고, 친척의 지원과 상속의 기쁨으로 일이 발전할 수 있으며, 다만 조심할 것은 윗사람과의 마찰, 높은 곳의 추락, 교통 재난의 암시가 있다.

년의 길 방위로는 남 방위로 이 방위를 이용하면 사업 확장 · 명예가 발전하고 재력이 형성된다.

년의 흉 방위로는 子년에 남세파 · 卯년에 서세파 암검살 · 酉년에 동세파 오황살 · 午년에 북세파이다.

◉ 六白金星 중궁의 해

별로 사교성이 없는 八백토성인이지만 이러한 해는 자의든 타의든 간에 많은 사람이 모이는 집회 · 파티 · 결혼 피로연 등에 참석하는 일이 많아지고, 이러한 모임 석상에서 주고받는 정보나 유리한 권유를 놓치지 않고 실행에 옮기면 손해보다 이득을 얻는다.

★ 주기적인 八백토성의 금전운은 항시 있는 것이 아니고 서 방위 태(兌)궁에 둔갑 진입하므로 태궁에 七적금성의 금전운 변화를 갖게 되는 것이다.

이 때문에 자신의 본명성이 어느 위치에 둔갑 진입하는가에 따라 해년마다 달라지며 미리 닥쳐오는 주기를 파악하여 이용하는 것이 무엇보다 중요한 열쇠가 된다.

이때는 금전운이 상승하는 기회로 새로운 개업 · 독립 · 자영 · 추진에도 좋은 기회가 되지만 어디까지나 본인의 분수에 맞는 운영체제와 확장 방법만이 안정을 찾고 번성한다.

또한 하는 일마다 잘 풀린다 하여 들어오는 대로 금전을 쓰게 되면 오히려 남는 것보다 적자를 면할 수 없게 되므로 무엇보다 절제가 아쉬워진다.

이때의 일 진행방법은 급진적으로 일을 수습하든지 그렇지 않으면 완전히 늦추면 일이 원만하게 풀리지만 서서히 풀려고 하면 어떠한 일이든 깨진다.

일을 추진하는 데에 있어 새로운 시작보다 기정된 일을 인계 인수 형식으로 이어 가면서 받는 것이 효과적이다.

즉 이러한 뜻은 현재 취급하고 있는 직종으로 부득이한 환경 조건 때문에 이사를 하게 된다면 새로운 입지 조건보다 동일한 직종을 취급하였던 장소를 선택하든지 그렇지 않으면 전체 물건을 인수하는 형태가 더욱 좋다는 것이다.

미혼자는 의외의 연애 · 혼담이 이루어지고 당장 눈앞의 이익은 불리하지만 장래성이 있는 투자는 좋은 결과가 생기며 이때는 '입' 과 '돈' , 이성 문제가 화근이 되기 쉬우니 조심하여야 한다.

년의 길 방위는 동북 · 북 방위로 이용하면 사업 번성 · 재력 형성 · 부동산 운이 따른다.

년의 흉 방위로는 辰년에 서북세파 암검살 · 未년에 동북세파 · 戌년에 동남세파 오황살 · 丑년에 서남세파이다.

◉ **五黃土星 중궁의 해**

지금까지 끌어왔던 사업 · 영업 방침 · 집안 일 등 대내외를 막론하고 본의든 타의든 간에 주변환경에 의한 조건 변화로 나름대로의 개혁 변화가 필요하고 변화를 갖지 않으면 안 될 부득이한 사정에 몰린다.

이때 우물쭈물 주저하다가는 해결이 안 되므로 본인의 역량에 알맞은 신중한 변화만이 살아날 수 있는 길이다.

후계자는 상속운에 대한 문제가 어떠한 모양이 되었든 간에 나오고, 이때 저축과 적금한 금액은 죽지 않고 나오는 것이 특징이다.

★ 새로운 개업 · 독립 · 증축을 바라는 사람은 월일을 잘 살펴 날짜가 공망이나 일파에 걸린 날짜는 반드시 피해야 하고 이사하는 방위 등에는 더욱 신경을 써야만 한다.

만일에 월일의 공망 · 파살 · 흉 방위를 모르고 이사하면 그 변화로 하여금 이어지는 재난 사고로 얽히고 이러지도 저러지도 못하는 막막한 형편으로 변한다.

보기에 딱딱하고 편굴하여 상대하는 데 힘들고 매사 남을 믿지 못하고 직접 손을 대야만 마음을 놓는 바람에 시간을 다투는 일에 어려워 좋은 기회를 놓친다.

재난이나 영락으로 새로운 길을 모색하는 일이 많지만 뜻이 이루어지기 힘들며 자식이나 아랫사람으로 걱정해야 하며 이 또한 집을 두 개로 하였든지 두 개로 이어져 병자가 생긴다.

이때는 양면운으로 지금까지 순조롭던 사람은 점진적으로 부진으로 이어가고 부진했던 사람은 의외의 구원의 손길이 찾아와 구사사일생 위기를 모면할 수 있다.

상승 운기는 기쁜 감정 변화를 가져오고 행복을 주게 되지만 자기 마음대로 생각하고 행동하므로 일을 그르치는 사람도 적지 않다.

가까운 인척 관계와의 금전거래로 손실이 생기고 지나친 대망의 꿈에 사로잡혀 분수를 잃어버리는 사람도 적지 않게 발생한다(대망의 꿈 : 종교적으로는 왕신자를 말한다).

년의 길 방위는 남 · 서 · 서북 방위로 음력 1월에는 남 방위, 12월에 서 방위를 활용하면 명성이 번창하고 큰 재력을 잡을 수 있다.

년의 흉 방위로는 寅년에 서남세파, 적살 · 申년에 동북세파 본명살 · 巳년에 서북세파 · 亥년에 동남에 세파이다.

◉ 四綠木星 중궁의 해

지금까지 해 온 일에서 동떨어진 색다른 일에 손을 대보고 싶고,

현실된 환경 조건에서 벗어나려는 의욕 때문에 오랫동안 다녀왔던 직장을 버리고 개업·독립하는 사람도 적지 않다.
또한 이상한 것은 주변 조건이 어쩔 수 없이 변하지 않으면 안 되는 부득이한 사정에 놓이는 일이 많지만 이때는 새로운 독립·개업면보다 머리를 이용하여 새로운 사업계획을 세워 놓는 것이 좋지 실행에 옮기는 데는 부적합한 기회이다.
즉 말하자면 행동과 실행력보다 머리를 쓰는 기회로 사업 확장, 계획 일환으로 주변사람과의 거래 주선 등으로 납득시켜 가면서 계약 추천을 받는 선전 효과를 겸비한 거래가 효과를 얻는다.
때로는 타의를 무시하고 일방적으로 본의를 관철시키려 하다가 분쟁·마찰·소송문제로 번지기 쉬우니 신중한 자제력이 필요할 때이다.
충실한 노력가는 옳고 그름이 판가름이나 표면화되며 탤런트 지망생은 일약 스타의 꿈이 열리는 행운도 얻을 수 있다.
지금까지 사이가 좋았던 애인·동료·인척 관계에 의견 충돌로 오는 절교나 이별이 생겨 묵은 것은 사라지고 새로운 대인 접촉이 생기게 된다.
다른 때와 달리 겉모양에 신경을 쓰게 되어 멋에 치중하게 되고 영업면에도 내실보다 가시적인 면을 중시하여 모양과 선전지 지출이 많아진다.
또한 주변 유혹에 현혹되어 사기극에 말려들기도 쉽고, 사기 치는 일도 생기며, 가부간에 물질적인 실체보다 정신 작용만이 이득을 주고 여행과 외출이 잦아진다.

목적을 위하여 착실히 노력한 사람은 사회적으로 인정을 받아 명예를 얻으며 자격 취득, 승진과 진학의 영예를 얻는다.

여성 권위가 강한 집안은 가정 분쟁이 생기고, 이때 발생하는 사건은 위급하게 서두르면 서두를수록 이로움보다 흉상이 더욱 나타나고 도난, 유실물에 조심해야 한다.

사실과 전혀 맞지 않는 사실을 알면서 억지를 쓰는 일이 생기고 쓸데없는 일까지 간섭하여 주변이 싫어하며 일관성 없는 말과 행동 때문에 버림 받는다. 자랑하는 습성과 억지 배짱은 자신의 영역을 좁히는 결과가 된다.

년의 길 방위는 동 · 서 · 동북 방위로 음력 4월은 서 방위, 10월은 동 방위로 이 방위를 이용하면 사업 번성 · 재운이 좋아진다.

년의 흉 방위는 子년에 남세파 본명살 · 午년에 북세파 본명적살 · 卯년에 서세파 · 酉년에 동세파, 동남 암검살, 서북 오황살이다.

◉ 三碧木星 중궁의 해

★ 八백토성인 북 방위에 감(坎)궁에 둔갑 진입하므로 감궁의 一백수성의 고난의 상의와 八백토성의 상의의 변화가 조화를 이룬다.

북 방위는 매서운 추위로 만물이 동결 침체되고, 활동에도 제한을 받게 되며 우선 물질난에 직면하게 된다.

이때는 원기도 없거니와 하고 싶은 의욕이 상실되어 밖으로 나가 활동하는 것보다 집안에서 지내기를 바라며 자영자 역시 영업활동보다 업소 내에서 시간을 보내는 일이 많다.

매사 의욕 상실로 일에 대한 태만으로 주변사람까지 의욕을 잃게 하여 가까이 오는 것을 싫어하는 일이 많고, 특히 물질과 금전 융통 관계는 어렵지만 대인 접촉과 교제운이 좋아 될 수 있는 한 많은 사람을 만나 대화를 하다 보면 뜻하지 않은 기회도 얻어낸다.

또한 모든 일을 본인이 직접 나서는 것보다 이때는 아랫사람(부하) 운이 따름으로 부하를 믿고, 본인이 표면에 나서는 것보다 부하에게 모든 권한을 이양하여 1년간 대행시키는 것도 흉 운세를 막는 비법이다.

이때의 새로운 개업 · 독립 · 자영은 금해야 하고 주변환경 조건에 기죽지 말고 힘찬 원기를 회복하는 자세여야만이 주변사람의 호응을 받게 된다.

남에게 속임수에 걸리기도 하고 남을 속이려고 하여 손해를 보며 또한 신변상, 주거 변혁으로 고민이 따르며, 아랫사람의 재난과 병 등으로 입장이 곤란해진다.

★ 여행 · 출장 · 방위 선정 잘못으로 병의 발생 · 도난 · 분실물 · 재난 등의 위험을 자초하게 된다.

이러지도 저러지도 못하는 '진퇴양난'의 어려움이 있고, 묵은 일을 처리해 보려고 애를 써보지만 뜻대로 풀리는 일은 하나도 없는 것이 특징이다.

젊은 남녀의 사랑 역시 고난과 기쁨이 엇갈리는 상태가 많아 신중한 행동이 필요하며 이성교제의 섹스 교제는 더욱 열기가 강해진다(一백수성은 섹스궁).

이때 남의 일감을 받아 놓게 되면 일이 풀리지 않아 자연 신용을 잃는 예가 많다.

년의 길 방위는 동남·서남·동북 방위로 활용하면 사업이 번성하고 부동산과 재운이 따른다.

년의 흉 방위로는 丑년에 서남세파·未년에 동북세파·戌년에 동남세파·亥년에 동남세파이다.

◉ 二黑土星 중궁의 해

★ 八백토성에 암검살을 서남 방위 곤(坤)궁에서 받게 되므로 二흑토성의 상의와 도난의 화(禍) 가까운 인척과 친구로 하여금 뜻하지 않는 손해 또는 가슴아픈 상처를 받게 되어 어쩔 수 없이 단교하는 사태도 벌어진다.

한 일에 모든 것을 집념하면 집안 일에 말썽이 생기고, 어떠한 모양이 되었든 간에 현실과 이성이 잘 먹혀들지 않고, 주변환경 조건이 이상하게 진로를 막게 된다.

암검살의 해는 운세가 침체하여 토지운도 따르지 않으며, 이때 새로운 개업·독립·자영업은 일시적인 성황은 있다 하더라도 결과적으로 경영상 어려움이 많아지고 부득이 손들고 만다.

환경 조건이 어려울수록 색다른 변신을 바라지만 이때는 암검살을 자각하고 변화보다 현재 주어진 일에 착실히 노력하는 것만이 유익하며 이때의 감언 유혹과 상담은 불리하다.

때로는 남의 일 때문에 죽도록 돌봐주고 욕을 먹기 쉬우며, 어떠한 일이 되었든 간에 일단 일이 끝난 뒤에 완전히 매듭을 진 후에 손을 대야지 그렇지 않으면 손재수가 생긴다.

이때는 지나친 의욕은 버리고 주어진 일을 착실하고 대중을 상대로 하는 일, 공동업체나 협동하는 일에 근로의욕이 생기므로 직장인으로서는 제일 좋다.

마음이 대담해지고 의심이 많아 일을 남에게 맡길 수 없어 고생이 많으며 남의 의견을 받아들이기 싫어해 고립되기 쉽다.

이때는 대략 가까운 근친자와의 마찰과 생사별이 일어나기 쉬운 해이다.

이때 될 수 있는 한 지방 유지의 부인과 회사의 부사장, 보좌역, 차장 등의 감언 유혹에 말려들면 반드시 구설과 손재를 보게 된다.

년의 길 방위는 동 · 남 · 북 방위로 음력 1월 남 방위, 10월 동 방위를 활용하면 큰 어려움은 적은 어려움으로, 적은 어려움은 자연 소멸한다.

년의 흉 방위로는 寅년에 서남세파 암검살 본명살 · 申년에 동북세파 오황살 · 亥년에 동남세파 · 巳년에 서북세파이다.

◉ 一白水星 중궁의 해

젊은 생동감이 넘치고 무엇인가 하려는 의욕이 용솟음치며, 이것저것 색다른 일에 손을 대고 싶지만 하고 싶은 일 한 가지만을 신중하게 검토하고 정리하여 실행에 옮기면 상당한 성과를 얻는다.

또한 이때는 하고 싶은 의욕이 많아 선정하는 과정에 있어서 헷갈리는 일이 많아 주어진 좋은 기회를 놓쳐 후회하는 일도 생긴다.

색다른 발상, 새로운 아이디어를 현재하고 있는 일에 조화를 시키면 좋은 결과를 얻을 수 있고, 이때는 주변 의견을 받아들이는 데 젊은 사람의 의견에 따르면 매사 무난하다.

새로운 신상 변화로 거듭나기 바라지만 어쩔 수 없이 공동 의사에 따르지 않으면 안 될 사정에 놓이며 때로는 말 못하는 비밀 때문에 고민이 많다.

또한 중요하게 취급하던 일을 언쟁 · 분쟁 · 주변환경 조건으로 어쩔 수 없이 중단하지 않으면 안 될 사정에 놓이게 된다.

이해는 성급해지고 이것저것 간섭하고 손을 대어 구설과 관재수가 생기며 때로는 근친자의 묵은 병, 눈병으로 시달린다.

지금까지 은밀한 계획으로 정도를 지켜 온 일은 만족스러운 성과를 얻을 수 있지만 부정으로 숨겨 온 일들은 표면화되어 상응하는 대가를 치르게 된다.

가옥, 부동산문제가 발생하지만 새로운 교제를 통한 의외의 후원자가 나타나 새로운 길이 열리며 이때 조심할 것은 운전으로 오는 재난과 추락에 조심해야 한다.

이 해는 주변 정보를 많이 얻어낼 수 있는 기회로 이러한 정보 속에 새로운 길, 아이디어가 생기게 되므로 정보 입수의 폭을 넓혀 나가는 데 좋은 기회가 된다.

년의 길 방위는 동남 · 서남 · 서북 방위가 된다.

년의 흉 방위로는 酉년에 동세파 본명살 · 子년에 남세파 오황살 · 卯년에 서세파 적살 · 午년에 북세파 암검살이다.

◆九紫火星인 년운

◉九紫火星 중궁의 해

마음의 안정성이 없어 새로운 개업이나 독립, 현실 생활에서 바꿔 보려 노력하지만 주변환경 조건이 어떠한 형태가 되었든지 독립하는 데 장해를 주게 된다.

지금까지 매사 순조로운 사람은 현실 상태를 지킴으로써 안정을 찾을 수 있고, 순조롭지 못한 원인 분석으로 재수정하는 계기를 만들어야 한다.

올해는 직접적인 행동력보다 일에 대한 장래 전망에 머리를 사용하는데 효과가 있으며, 기분적으로 들떠 있어 분수에 넘치는 일에 손을 대면 실패하기 싫고, 부득이한 사정 때문에 일을 벌여야 할 사람은 좋은 방위를 찾아 행동해야지 그렇지 않으면 흉 방위의 늪에서 빠져 나오기 힘들다.

들뜬 기분 때문에 신변상 주거 변경을 바라지만 뜻대로 잘 안 되고, 가까운 근친자와의 헤어짐이 생기며, 대략 이때 발병하는 병은 일시적으로 회복되지만 주로 죽을 병에 걸리는 일이 많다.

음양이 경지에 다다른 시기로 오직 자신의 행동력만이 행운을 잡을 것인가, 불행을 잡을 것인가의 양단 기로점에 서게 된다.

집안문제 · 애정문제에 대한 마음과 육체적인 어려운 고민이 생기고 일정한 곳에 있으면 속이 터져 여행이나 외출이 잦아지며 근일

간 놀라는 일을 만난다.

또한 변혁기로 사업 거래가 번성한 사람은 일시적인 침체로 한산해지고 부진했던 사람은 희망에 차 번성해지며 이때 직장이나 주거 이동이 생기게 된다.

★ 九자화성이 중궁에 둔갑 진입은 다른 기성과는 달리 중궁 五황토성의 상의를 크게 받는다.

때문에 좋은 방위를 택하여 기력을 잡았다 하더라도 중궁 상의의 작용 일부가 나타나고, 본인뿐만 아니라 집안 식구 전체에게 영향을 주게 된다.

또한 근친자의 생사별 · 행방불명 · 불상사가 속출되고, 남의 일을 별로 신경도 안 쓰고 받아 놓고 일을 방치해 두었다가 일을 망쳐 놓는 일도 생긴다.

독립보다 현실을 지키는 것만이 다음 해를 위하여 안정하다.

년의 길 방위는 동남 · 서 · 동북 방위로 사용하면 사업이 번창하고 재력이 형성되며 저축이나 부동산 운이 생긴다.

년의 흉 방위는 未년에 동북세파 · 戌년에 동남세파 · 丑년에 서남세파 · 辰년에 서북세파, 남에 암검살, 북에 오황살이다.

◉ 八白土星 중궁의 해

현재 하고 있는 일에 승부를 걸어 보기도 하고 마음으로는 보다 많은 수입과 거래를 바라며 일에 대한 적극성으로 의외의 상사나 주변사람의 도움으로 승진과 진학, 거래 주선 등으로 영역이 넓혀진다.

또한 원조자가 생기고 투기에 대한 관심도 많거니와 투기로써 재력을 키울 수 있는 좋은 기회도 되므로 이때 결정을 내리는 데 독단으로 내리지 말고, 상사 · 선배 · 육친 등의 의견을 자문하여 신중하고도 침착하게 일을 진행하면 좋은 결과를 얻는다.

★ 九자화성이 서북 방위 건(乾)궁에 둔갑 진입하면 건궁의 상의 六백금성과의 조화가 되어 '금극화'의 극이 된다. 그러므로 필요 이상 일을 크게 벌여 심신 괴로움을 자초하는 상태가 되기 쉽다.

이러한 극기는 프라이드가 높아 주변사람과의 인화 관계가 잘 안 되고 주변 평이 좋지 않아 거리가 침체되기 쉬우며, 운명적으로 무엇인가 될 듯하면서 잘 안 풀린다.

또한 이때는 윗사람 · 선배 · 상사와의 관계가 무엇보다 성패의 열쇠가 되고, 남의 의견을 받아들이지 않고 무시하게 되면 그에 상응하는 대가를 받게 된다.

일에 대한 판단 실수로 지나치게 투자하여 이러지도 저러지도 못하는 답답한 상태에 몰리기도 하고 근친자의 변사 · 오진 · 처방 잘못으로 중병으로 만들어 놓는다.

또한 무리한 확장은 고난을 자초하는 결과를 만들어 놓고, 유리한 공동업은 상대의 공동운 여부가 성패를 좌우하게 된다.

신변상 주거 변화, 상속문제 등으로 어려운 분쟁이 생기게 되고 지난 과거 서북 방위를 좋은 방위로 여행하여 기력을 축적한 사람은 사업이 이때를 기하여 번성하게 되고 흉 방위로 사용한 사람은 매사 침체되며 흉사가 속출한다.

년의 길 방위는 남 · 북 방위가 된다.

년의 흉 방위는 寅년에 서남세파 오황살 · 巳년에 서북세파 본명살 · 申년에 동북세파 암검살 · 亥년에 동남세파이다.

◉ **七赤金星 중궁의 해**

★ 九자화성은 서 방위 태(兌)궁에 둔갑 진입하지만 동 방위 오황살의 대충 영향으로 암검살의 살기를 받게 되어 사람과의 교제가 많아지고, 공사 불문 바빠지지만 좋은 결과는 기대할 수 없다.

무엇보다 금전문제로 바빠지고 또한 예정되었던 금전 회수가 지연 · 차질 · 부도 사태로 갚아야 할 차용금을 갚지 못하여 또다시 금전을 차용하여 갚게 되므로 이중 부채의 어려움을 당하는 사람도 적지 않다.

때로는 남을 보증한 문제로 써보지도 못하고 변재 · 관재구설에 휘말리고 이러한 나쁜 면은 금전문제 뿐만 아니라 전반적으로 나타나는데 특히 건강면으로는 주의하여야 한다.

이상한 것은 성격상 고집이 강해지고 주변사람이 이렇게 하면 좋겠다 하면 저렇게 해야 한다고 억지를 써서라도 주장을 세우는 바람에 편굴한 사람으로 보인다.

이때는 큰 소망보다 규모가 작은 소망이 이루어지는 일이 많고 이성 관계 · 집안 분쟁 · 주변과의 거래 관계에 있어서도 본인이 한발 죽고 달라붙으면 매사가 원만하게 돌아가지만 교만하면 좌절을 피할 수 없다.

상품 판매 취급도 고가품 취급보다 하품 취급하는 매상이 더 좋고, 집안에 환자 발생 시에는 병원의 오진으로 하여 신경질이 난다.

문서상의 실수 · 가까운 근친간의 생사별 · 흑백은 분명히 가려지게 되지만 말 · 금전 · 유흥 · 식당 등에서 실수가 많이 발하게 되고, 취미와 오락 등으로 금전 낭비가 많아진다.

돌아가는 의견을 결집시켜 파헤치는 수단은 좋지만 실행보다 말이 앞서고 거짓말이 많으며 모양에 조화롭게 칠을 칠했지만 그 모양의 칠은 결국 벗겨져 본색을 나타나게 되므로 진실성이 필요한 때이다.

년의 길 방위는 남 · 서남 · 서북 · 북 방위로 음력 1월 남 방위, 2월 남 방위, 3월 북 방위, 억지를 쓰더라도 길 방위를 활용해 보면 결과가 나온다.

년의 흉 방위로는 子년에 남세파 · 卯년에 서세파 본명살 암검살 · 午년에 북세파 · 酉년에 동세파 오황살 본명적살이다.

◉ 六白金星 중궁의 해

★ 표귀문(表鬼門), 동북 방위 간(艮)궁에 둔갑 진입하므로 전반적으로 좋은 변화보다 나쁜 영향을 많이 받는 특징이 있다.

본의든 타의든 간에 어쩔 수 없이 환경 조건으로 부득이 변하지 않으면 안 될 형편에 놓이는 경우가 많다.

★ 간(艮)궁의 상의는 八백토성이고 본인의 본명성은 九자화성이 조화되는 상태

로 오행상으로 볼 때 '화생토' 가 된다.

대략 이때의 변화는 금전 관계로 인한 차등과 곤경이 많고 부동산(가옥, 임대차 관계) 토지 고정 자산 문제가 발생되지만 '화생토' 로 어떠한 어려운 곤경이라 할지라도 원만한 수습 처리가 가능하다.

때로는 경영상 어려운 사태에 손발이 되어 줄 수 있는 진실한 후원자도 생기고 부진 상태에서 탈피할 수 있는 묘책을 제공받을 수 있는 좋은 전화위복의 기회도 된다.

년월운이 좋을 때는 부동산에 대한 투자와 확장에 관한 물건이 나오며 이러한 기회를 놓치지 말고 투자해 놓으면 장래성이 유망하여 부동산에 관한 상속 타협도 생길 수 있다.

대내외를 막론하고 부지런히 노력하지만 노력에 비하여 성과가 적고 신변상의 변화로 불안하며 집안 식구와의 조화도 원만하지 못하여 인생의 서글픔을 느끼게 된다.

일을 크게 벌이면 실패하는 일이 많고, 집안 수리 잘못으로 발병자가 생기며 병자도 한때 좋아져도 재발의 중병으로 변하기 쉬우니 신중하게 치료해야 한다.

가정 · 직장 · 사업 관계가 부진했던 사람은 점차 회복세로 돌아가고 좋았던 사람은 부진 상태로 변하며, 이때는 가까운 사람과의 생사별 또는 지금까지 방침으로부터 변화가 생기게 된다.

또한 본의에 따라 밀고 나가 고립무원 상태로 본인이 만들어 놓게 되므로 매사 겸손한 자세만이 무사히 넘길 수 있는 열쇠이다.

년의 길 방위는 동 · 서 · 북 방위로 음력 3월 · 7월 북 방위, 10월

동 방위, 이러한 방향에 있는 부동산을 사놓으면 앞으로 큰 재력으로 변한다.

년의 흉 방위로는 丑년에 서남세파 적살 · 辰년에 서북세파 암검살 · 未년에 동북세파 본명살 · 戌년에 동남세파 오황살이다.

◉ 五黄土星 중궁의 해

지금까지 해 내려온 일에서 탈출하기 바라고 어떠한 모양이 되었든 주변으로부터 주목을 받게 되어 착실하게 목적을 위하여 노력한 사람은 사회적으로 인정을 받아 명예 · 자격 취득 · 승진 · 진학의 영예를 얻는 반면 숨겨 온 비밀, 감추어 온 비리는 발각되어 사회적으로 기탄을 받는다.

특히 九자화성인은 남을 하찮게 보는 경향 때문에 쓸데없는 일로 마찰되기 쉽고, 때로는 상대의 명예훼손까지 자극을 주어 관재구설에 오르기 쉬우니 조심해야 하며, 이때는 마찰과 분쟁보다 머리를 이용하여 매사를 이끌어 나가면 상당한 효과를 얻을 수 있다.

보이기에는 매사 착실하고 실속 있게 보이지만 마음은 급하고 색다른 이동을 바라며 말만 그럴듯하지 말과 실적이 전혀 다르다.

때로는 여자로부터 원한을 사게 되고 문서 취급상의 실수 · 수표 취급 소홀 등으로 분쟁이 일어나고 어떠한 모양이든 간에 민 · 형사의 문제가 발생하며, 또한 깜짝 놀라는 일도 생긴다.

가장 가까운 사람과의 이별과 새로운 이성 · 대인교제가 생기고 새로운 아이디어 발상은 주변으로부터 호평을 받게 되나 의외의 지난 과거사는 표면화되어 입장을 난처하게 만든다.

이때 발생하는 문제는 질질 끌지 말고 빨리 처리하는 것이 자신을 위해서 좋고 또한 모양에 별 관심이 없는 사람도 웬일인지 멋에 관심이 많아져 몸 치장이나 집 치장 등으로 금전 지출이 많아진다.

매사 독단 전행하며 주변사람이 싫어하여 거래 주선이 끊기는 경우가 많아져 손실의 암시가 있고, 가까운 인척, 친구 사이의 분쟁 · 금전거래 손실 · 신상 변화로 주거 이동도 생기기 쉽고, 보기와 달리 일이 뜻대로 풀리지 않는다.

옛것은 사라지고 새로운 것이 모여드는 '이산 집화'의 운기로 물질면보다 정신면을 활용하여 덕 보는 이(離)궁의 둔갑 진입이다.

독립과 개업을 원하는 사람은 좋은 방위로 이동하는 것이 좋고, 현 위치에서 개업이나 독립을 하게 되면 '이궁' 모양에만 신경을 쓰게 되어 결과적으로 실리를 얻을 수 없다.

년의 길 방위는 동 · 동남 · 서남 · 동북 방위로 음력 6월, 동 방위는 대길신 방위다.

년의 흉 방위로는 亥년에 동남세파 · 申년에 동북세파 · 寅년에 서남세파 · 巳년에 서북세파이다.

◉ 四綠木星 중궁의 해

★ 九자화성인 '화'가 북 방위 감(坎)궁에 둔갑 진입하므로 감궁의 상의 一백수성 '물' 속에 '불'이 진입하는 상태가 되고 불의 원료는 기름, '기름과 물'의 이질 때문에 이러한 해의 九자화성인은 일시적인 열기 효과는 있다 하더라

도 얼마 못 가 시들어지고 뜻대로 풀리지 않는다.

금전 손실에 있어서도 돈을 버는 것보다 잃는 것도 힘들면서 버리는 형태로 사람의 애간장을 태워 가며 손실을 보게 된다.

일을 열심히 성실하게 하여도 결국 일한 장소의 부도 사태로 한 푼도 받지 못하는 억울함을 주변에게 아무리 호소하더라도 먹혀들지 않는 일도 생긴다.

그렇다고 가만히 놀고 있을 수 없는 처지로 현실에 주어진 일에 욕심을 내지 말고 착실히 일하는 것만이 현명한 방법이며 이때 지나친 의욕을 행동에 옮기게 되면 그 목적이 어떻든 간에 표면, 이면으로 지금까지 벌어 놓은 재력을 송두리째 뽑아버리는 사태로 변한다.

육친, 이성간에 표면상으로 드러나지 않는 비밀적인 지원은 기대할 수 있지만 주변 교제상 술도 마시고 외식, 대접 등의 접대비 지출도 상당히 생기게 된다.

또한 일에 대한 자신감이 없어지고 때로는 숨겨 내려온 비밀이 탄로나 입장이 난처해진다.

이때는 가정과 직장을 막론하고 연쇄적인 어려움이 꼬리를 물고 일어나며, 특히 자식이나 아랫사람으로 인하여 이러지도 저러지도 못하는 안타까운 사정에 몰리게 된다.

오직 정신 수양을 필요로 하는 연구 개발이나 종교적 신앙에 의존하는 공은 일시적인 행운의 기력을 열 수가 있으며, 또한 좋은 방위 선정으로 기력을 축적하는 방법도 좋은 효과를 얻을 수 있다.

본인의 거래 의욕은 대단하면서 남의 일에는 별 관심이 없고, 일을 맡아도 성의 부족으로 방치하게 되어 자연 주변 신용을 잃으며 고립에 반항하여 언쟁과 관재구설 등이 발생하게 되므로 자제력이 아쉬울 때이다.

년의 길 방위는 동 방위뿐이다.

년의 흉 방위로는 子년에 남세파 본명적살 · 午년에 북세파 본명살 · 酉년에 동세파 암검살 동남, 오황살 서북이다.

◉ **三碧木星 중궁의 해**

일단 막혔던 주변환경 조건에서 구질구질하고 답답한 심경에서는 벗어날 수 있지만 아직 시기상조이며 색다른 세련에 화려한 멋을 좋아하는 본인으로서는 별로 신통한 변화가 없는 것같이 느끼지만 주어진 일에 착실히 노력하면 자연 그 답이 나온다.

매사 본인의 주관으로 일을 처리하지 말고 이면에서 내면을 돌아보면서 처리하는 것이 큰 효과를 얻어내며 사장의 지위보다 보좌역에 좋고, 일하는 것도 능동적인 조건보다 수동적인 자세만이 발전할 수 있는 기회이다.

기분적으로도 지금까지 제멋대로 행동한 사람이라도 웬지 올바른 길을 택하여 착실하고 건실하게 살아가기 바라며 또한 지금까지 집안에서 하는 일없이 놀고먹는 사람도 어떠한 직장을 가지려고 노력하게 된다.

취업에도 하루 속히 취업하려는 마음은 간절하지만 마음 맞는 취업 자리 때문에 상당한 시간을 잡아먹게 되지만 결국 본인이 바라는 장소에 취업이 가능해진다.

토지운이 따름으로 토지에 관한 투자는 장래에 대하여 재력과 연관을 가질 수 있으며, 때로는 전혀 가망성 없는 일을 요행을 바라보고 억지로 일을 벌이려 하지만 대개 좌절과 실패로 끝나게 되므로 하든 일로 시간을 보내는 일도 많다.

오로지 이때는 온순하게 지혜로운 사람을 의지하고 따르는 것이 현명한 방법이 되며, 발병 자체도 '이것쯤이야' 하는 안일하게 생각한 병이 위독 상태로 변하게 된다.

이 해를 잘 넘기는 방법은 행동보다 건실한 장래 계획을 세우는데 좋은 기회가 되고, 불만을 품지 말고 주어진 현실에 적응하는 것이 제일 안정하다.

어떠한 문제가 되었든 간에 자식과 배우자, 집안문제가 일어나고 성의 있는 대인교제만이 주변과의 화합이 가능하여 안정을 찾을 수 있다.

밖으로는 유연하고 내면이 강직하여 타협을 싫어하며 이때는 산사적(山師的)이 되어 평범한 생활에 만족하지 못하고 결국 큰 일을 벌여 이로 하여금 신병상의 변화, 주거 · 직장 변화 등으로 번뇌를 번복하는 일이 많다.

년의 길 방위는 동남 · 서북 · 북 방위로 음력 3월 · 7월에 북 방위를 활용하면 심리적인 기분 전환은 물론 사업 번영으로 재력이 좋아진다.

년의 흉 방위로는 丑년에 서남세파 본명살 · 辰년에 서북세파 · 未년에 동북세파 적살 · 戌년에 동북세파, 동방위 암검살, 서방위 오황살이다.

◉ 二黑土星 중궁의 해

계획하고 바라던 일을 적극적으로 행동으로 옮기면 일이 잘 풀리고 새로운 아이디어와 발견하는 데 뛰어난 재능이 작용하는 해이다.
지금까지 색다른 창출이나 목적을 위하여 성실하게 노력한 사람은 그 목적이 달성하는 해로 자격 취득 · 진학 · 진급의 영광을 얻으며 또한 하고 싶은 일을 실행하면 뜻이 이루어진다.
이때는 심기 왕성하여 어떠한 일이 되었든 적극적으로 달라붙어 자연 주선 거래 조건과 환경이 쇄신하는 바람에 어두웠던 거래라도 의외의 좋은 성과를 걷을 수 있고, 좋은 일감도 얻을 수 있다.
젊은 사람과의 인연이 있어 젊은 사람의 의견을 될 수 있는 한 많이 수렴하여 실행하는 것이 보다 좋은 효과 방법이고, 장래성이 있는 유망 형틀임을 알아야 한다.
때로는 저돌맹진격으로 주변을 무시하고 뜻대로 밀고 나가려 하지만 주변사람이 볼 때는 단기로 제멋대로 굴러먹는 행동으로 보여 원한을 사게 된다.
선악의 양기가 싹트는 기회로 지나친 욕심 때문에 겉모양은 그럴듯 화려하고 거창하게 보이며, 영업이 잘 되는 것 같이 보이지만 내실을 알고 보면 진실성이 없고 적당하게 얼버무려 수입을 얻어

내려 하여 일시적인 효과일 뿐 장래성이 불투명하다.

생각지도 않은 중년 여성으로부터 후원을 받을 수 있는 암시가 있고, 본인의 재능이 이 여성에게 인정받게 되어 적극적인 지원을 약속받을 수도 있다.

때로는 이것저것 생각 않고 오직 일이 잘 되고 성공할 것으로만 생각하여 분수에 맞지 않는 일을 벌여 곤욕을 치르기도 하며 일이 뜻대로 풀리지 않으면 화가 치밀어 상대를 자극함으로 결국 관재구설 시비에 휘말린다.

년의 길 방위는 서북 방위로 음력 5월에 이용하면 바라던 꿈이 실현된다.

년의 흉 방위로는 寅년에 서남세파 암검살 · 巳년에 서북세파 · 申년에 동북세파 오황살 · 亥년에 동남세파이다.

◉ **一白水星 중궁의 해**

지금까지 거래 수습하던 일, 정리 정돈 해야 할 일, 인생을 과일로 비교한다면 잘 익어 수확이 기대되고, 불리하고 고난의 요건은 바람으로 날려버리며 오직 주변환경 조건이 유리하게 한 상품 가치로서 돋보이게 보인다.

경영자로는 지금까지 해 온 결과가 나타나고 필요없는 것은 정리되며, 개업이나 독립 역시 지난 일은 모두 해결 정리되고, 부하나 주변사람으로부터 신망을 얻는다.

지난날의 친구나 한때 스쳐 지나갔던 인연이 있는 사람, 어떠한 형태였던 간에 일시적인 안면 있는 사람으로부터 사업성이 좋은 일을 권고받게 되고, 희망적인 사업체임을 자인하고 일을 벌이면 큰 발전이 기대된다.

이때의 인사 이동 · 사업 확대 · 자격 취득 · 진학 · 승진 등 영광을 얻어낼 수 있는 수습 과정이다.

★ 다만 조심해야 할 것은 '천반'에 본인의 간지(干支)가 공망(空亡)이 아니면 어떠한 일이 되었든 간에 적극적으로 행동에 임하여도 좋다.

다만 지나치게 분수에 맞지 않는 일은 삼가여야 하고 오직 장래성 있는 일이라면 열성을 다하여 일하면 그 결과는 다음 해에 거둬들일 수 있다.

당연 일이 성사하는 일, 주선 거래, 알선 상담이라도 단독적인 직접 거래보다 중개인을 중간에 넣어 거래 상담하는 것이 더 효과를 걷을 수 있다.

또한 신변상의 변화로 직장이나 주거의 변화를 바라게 되고, 뜻하지 않은 친자간의 충돌, 집안의 불화로 매사 뜻대로 풀리지 않는다.

★ 좋은 혼담이 생겨 결혼할 수 있으며, 지금까지 애쓴 노력은 사회적으로 인정받고, 남을 도와주던지 도움을 받게 되던지 양단간의 일이 벌어지게 된다.

남에게 지기 싫어하는 강정 때문에 주변사람과의 불화 · 언쟁 · 관재구설에 걸리기가 쉽고 이때 방위 선택의 잘못으로 흉 방위로 주거의 이동이나 확장을 하게 되면 불명예 · 파면 · 파산 등이 일어나게 된다.

★ 년의 길 방위로는 동 · 서 · 동북 방위로, 음력 8월에 동북 방위, 12월에 서

방위를 이용하면 금전,운 사교운이 따르므로 적극적인 활용이 아쉬워진다.

년의 흉 방위로는 子년에 남세파 오황살 · 卯년에 서세파 · 午년에 북세파 암검살 · 酉년에 동세파이다.

1판 1쇄 인쇄 | 2008년 1월 18일
1판 1쇄 발행 | 2008년 1월 25일

지은이 | 임정환
펴낸이 | 문해성
펴낸곳 | 청학출판사
주소 | 서울시 은평구 신사1동 3-12호 3층
전화 | 02)354-8646 **팩시밀리** | 02)384-8644
이메일 | mjs1044@naver.com
출판등록 | 1996년 7월 2일 제8-190호

ISBN 978-89-87023-66-3 (03150)